A Problem From Hell

地獄的難題

世界警察為何無法阻止種族滅絕？

America and the Age of Genocide

Samantha Power

薩曼莎・鮑爾——著　黃楷君——譯

各界盛譽

「有些書優雅記錄歷史，有些書則創造歷史。這本書兩者兼備。鮑爾具有引人入勝的說故事天賦，以及一名記者對內幕秘辛的渴望。透過閱覽新解密的文件與進行大量獨家採訪，她打造出一部令人難以忘懷的歷史著作，講述面對種族滅絕時，選擇挺身而出與袖手旁觀的美國人。這是一部講述我們國家歷史的前所未有著作，它改變我們看待美國與世界各國角色的方式。」

——桃莉絲·基恩斯·古德溫，知名歷史學家、普立茲獎得主

「在尋找不要破壞主權、參與阻止種族滅絕的一般行動論據時，美國官員極富創造力。膽小和傳統導致無止盡的恐怖暴行。薩曼莎·鮑爾的寫作學識與熱情兼備，令人佩服，她完全聚焦在人類因為冷漠和被動付出的代價，並讓讀者逐漸感到羞愧和沮喪。」

——史丹利·霍夫曼，哈佛大學巴特威瑟大學教授

「薩曼莎·鮑爾完成一本珍稀著作，主題和著作本身同等重要。她以高度的敘事熱情和認真細心的學識，帶領我們深入歷史場景幕後，描繪在外交政治的灰色地帶以及怠惰無為的氛圍下，良善意圖的辭

令如何失敗無效。」

——菲利普．葛維齊，《我們要通知你，我們和我們的家人明天都將被殺害：盧安達故事》作者

「薩曼莎．鮑爾完成一本非常必要且強而有力的著作，暴露我們尚未準備好履行『絕不重蹈覆轍』背後所隱含的承諾。她的研究首開先河，她的寫作清晰精確而引人入勝。這部著作是至關重要的里程碑。」

——雅爾耶．尼爾，開放社會基金會執行長

「一部不同凡響的著作……她賦予本書敘事調查報導的極致說服力與驅動力……她也為這本書帶來受法學訓練學者特有的嚴謹精確。許多學者已經忘記如何研究和說故事，才能實際吸引讀者。鮑爾出色面對這項挑戰。這是這十年來少數的關鍵著作之一，任何一位學習歷史、法律、哲學或外交政策的學生都非讀不可。」

——大衛．馬隆，國際和平學院院長

「強而有力……鮑爾以極度清晰鮮明的筆調，訴說這段令人遺憾的漫長歷史，繪聲繪影呈現親歷災難的人們，向美國人傳遞她的憤怒。」

——《華盛頓郵報》

「生動而寫實的深入研究。任何想了解為什麼美國已永久進入國際關係新時代的人，都必須閱讀這本書。」

——《洛杉磯時報》

「說服力高得令人心痛……薩曼莎．鮑爾這本至關重要、可讀性極高的著作，主要都聚焦於本世紀種族滅絕幾乎未受控制，也缺乏外界實質回應後所發生的歷史，尤其是在美國。」

——布萊恩．厄克特，《紐約書評》

「內容令人不安……鮑爾的著作可能會成為預防種族滅絕的教科書，因為她徹底揭露了過去失敗的常見藉口，同時提供令人信服的架構，有助於預測未來的結果和暗示政策回應。這本書也非常引人入勝、行文流暢……這足以保證多數的學生和決策者都會閱讀這本書。」

——凱姆．考夫曼，《外交政策》

「她的書是少數可以製造新聞話題的著作，描述非常重要的獨創主題，非讀不可……鮑爾是如此精熟的作家，她產出一本構想絕佳、研究出色、熱情與學識兼顧的著作。無論是厭世者和愛好人性者，孤立主義者和國際主義者，同樣都應該將本書列入『必讀』類別。」

——史蒂夫．韋恩伯格，《丹佛郵報》

「薩曼莎·鮑爾開創性的著作探討一個關鍵問題：美國為何經常遲遲不回應明確的種族滅絕證據。她優雅地主張美國政府官員不僅對柬埔寨、伊拉克、波士尼亞和盧安達發生的種族滅絕事件知情，在某些案例中，甚至採取行動予以掩蓋。相對於這些人，有人則賭上自身性命與職涯極力阻止悲劇發生。」

——南·古德保，《紐瓦克明星紀事報》

「歷史清算需要時間……鮑爾透過純粹的個人投入與犀利的知識深度推進這個過程。她閱讀過任何成文和發表的文本，跟任何可能有話可說的人都對談過。無論我們如何閃避現實，她都已經在本書中集結並詮釋這些事實……鮑爾的書應該被從頭到尾徹底閱讀。」

——珍妮佛·里寧，《哈佛雜誌》

「振奮人心……這是這十年內關於美國外交政策最重要的著作之一……鮑爾是美國外交政策集團的新良心代表。」

——羅米希·拉特奈薩爾，《時代雜誌》

「精彩又令人憤怒……震驚、可怕、令人信服的閱讀經驗……簡言之，鮑爾的著作是歷史、法律和政治學的大師級作品，任何關心預防重大人權侵害議題的人都不可不讀。」

——國際特赦組織英國分部

「世人曾以為，『種族滅絕』只是個留在上個世紀的歷史名詞。但在敘利亞、蘇丹、羅興亞、巴勒斯坦、甚至新疆的慘劇新聞裡，不僅數萬生命在無差別的仇恨中殞落，人們對『種族滅絕』一詞的控訴、定義與無所作為之爭辯，卻也一再捲土重來——正如《地獄的難題》本書試圖敲響的警鐘一樣：納粹大屠殺、波士尼亞、庫德斯坦、盧安達的種族滅絕，距離我們並不遙遠，歷史教訓的嘶吼與悲劇重返的暗影威脅，至今更無所不在。」

——張鎮宏，《報導者》國際新聞主編

目錄

推薦序

一隻袖珍腦的巨大美國龍何時才能伸張正義？

邱師儀　東海大學政治系教授

外交史家肯楠（George F. Kennan）認為美國是隻坐在沼澤裡反應遲鈍的大恐龍，她的腦袋只有針尖大小，幾乎要砍斷她的尾巴才會讓她感覺到利益受損，但這隻大恐龍一旦被激怒發狂起來，不只會摧毀對手，連自己的棲地都會被牽連。歷史上跟這隻恐龍沒利害關係的種族滅絕事件，美國總統、國務卿與國防部長就會一次又一次的聳聳肩，不是無動於衷就是反應過慢。美國的麻木不仁有時候比加害者還更影響深遠，盧安達大屠殺時期駐地的聯合國將軍、加拿大裔的達萊爾，他窮盡一切力氣希望美國人道救援，最後只換來一場空。他踩在圖西族人屍堆上結束任務，回到加拿大罹患重度憂鬱症，幾次都想結束自己的生命。

這本書的作者是現任美國國際發展署署長鮑爾，她曾任美國駐聯合國代表，本身是律師出身。鮑爾在二〇〇〇年初期於哈佛甘迺迪學院擔任人權研究員，她對於種族滅絕多年來的紀錄與分析，在二〇〇二年收錄在這本出版的專書當中。這些種族滅絕事件包括鄂圖曼土耳其殘殺一百萬名亞美尼亞人；赤東波布殺害回教徒、僧侶與少數族群約兩百萬人；伊拉克海珊謀害庫德族人介於七到十萬；盧安達胡圖族殺害圖西族與溫和派胡圖族八十萬；賽爾維亞總統米洛塞維奇殺害波士尼亞穆斯林，此外還在斯雷布雷尼察與科索沃發動大屠殺，從一九九二年初以來，有超過二十萬人身亡，每兩人中就有一人流離失所。

閱讀此書是一個很虐心的歷程，當中有許多加害者殘虐的細節描述，包括性侵婦女、殺害幼童甚至食人。這一切也許不是要對讀者進行「恐怖行銷」，但要提醒身處安全之域的讀者，任何一場種族滅絕後所透露出來的數字，都是數千數萬倖存母親與孤兒的絕望眼神。就像一九九五年在斯雷布雷尼察的穆斯林女子因絕望而自縊，讓當時的高爾副總統與時任參議員、後來的總統拜登發出怒吼，甚至引發國務院史無前例大規模的公務員辭職潮，作為最後的抗議。這個強大的美國為什麼不做些什麼？

美國從開國元勳華盛頓以降，就勸告美國人不要多管閒事，國內的個人主義不是轉化為對外的孤立主義，不然就是不介入主義。美國的不介入、不譴責和不參與幾乎是美國政府的ＤＮＡ，袖手旁觀的原因為何？鮑爾提到有幾項：包括美國政府不知情；美國政府已經夠忙碌無法再做更多，與做了也無效；然後最重要的是美國總統沒有意願介入。一直以來，歷任總統都不想涉入與狹義美國利益關係不大的種族滅絕，但同時總統也害怕背上種族滅絕幫兇的汙名，所以柯林頓終於在斯雷布雷尼察屠殺後，下定決心要領導北約積極介入南斯拉夫。美國的介入是否真的有效？鮑爾認為答案是肯定的。因為美國介入，海珊不再使用毒氣對付庫德人；盧安達一間飯店因為美國外交官的幾通電話，讓胡圖民兵不敢攻擊飯店裡的圖西族居民；美國領銜北約轟炸波士尼亞，讓三年半的戰爭落幕。美國介入當然有效，只是美國政府害怕美軍的傷亡，與後面所衍生出來的政治責任。但美軍如果選擇介入，只要不讓自己落得像越戰一樣打爛仗，介入後「支持介入」的美國民意也會激增為多數，從珍珠港事變、進攻巴拿馬到老布希對伊拉克開戰都一樣。民意的支持是每任總統決定美軍可以介入的必要條件之一。至於介入方式，則是能空襲則空襲，並且避免派遣地面部隊與扶植次要敵人打擊主要敵人。

然而，美國也常常選錯邊，為了便宜行事而選擇與獨裁者站在一起，包括支持腐敗的柬埔寨龍諾政權，美國只在乎龍諾是個堅定的反共人士。在那個年代，許多暗黑外交都與尼克森和季辛吉有關，道德高位從來不是他們的考量。美國支持的龍諾政權對抗的，是後來施行種族滅絕的赤柬，包括化名為波布的赤柬領袖。作為美國敵人的赤柬，竟然在一九七八年赤柬與越共的戰爭中，成為了美國的友人。美國這樣做只是為了拉近與支持赤柬的中共的關係，並且一同對抗曾讓美軍吞下敗仗的越共與支持越共的蘇聯。於此背景之下，一九七九年與美國斷交的中華民國遂成了犧牲品。極度弔詭的是，在越共入侵赤柬後，解救赤柬種族滅絕犯行下倖存百姓的，不是美國，反而是越共，美國成了名副其實的幫兇。鮑爾還提到，美國喜歡以打上一場戰爭的思維處理下一場戰爭，越戰後美國對於東南亞的種族滅絕事件不聽不看；又柯林頓政府下的特種部隊在索馬利亞的傷亡，也讓美軍遲遲不願意介入隨後發生的盧安達大屠殺。

信奉現實主義者的人，可能會認為本書所描繪的聯合國與國際法毫無用武之地。在一開始就連美國總統與參眾議員都擔憂《種族滅絕公約》會讓美國南方蓄奴主成為被告而拒絕接受。國際法是需要轉化為國內法才具有執行效力，即使美國後來願意簽署，也還是加上「保留」的附帶條件，也就是一條單項「選擇退出」的條款。從許多意義來看，萊姆金所創造的「種族滅絕罪」，無法讓種族滅絕的加害者直接受到懲罰。把這些加害者繩之以法的，仍舊是美國直接或間接的干預。因為美國領導北約對於塞爾維亞的空襲，最後導致米洛賽維奇的失勢，並因此而被捕與被審判。此外，盧安達與柬埔寨懲治種族滅絕罪犯，都想要在自己的國家進行並用自己的方式為之，例如盧安達希望處死罪犯，但聯合國特設法院禁止死刑。柬埔寨甚至有包庇被告的情事發生，聯合國能置喙的空間受限。這些都是政治現實，種族滅絕罪只是提供一個名義上的道德框架來催化懲治行動。國際刑事法院（International Criminal Court 或ＩＣＣ）在二〇〇二年成立運作後，沒有各成員國對於《羅馬規約》的簽署，就無法管轄加害者藏匿的國家。換言之，ＩＣＣ缺乏普遍的領土管轄權，書中也提到很多在ＩＣＣ之下還逍遙法外的種族滅絕罪犯。

反觀今日，美國政府對於種族滅絕犯行是否更願意挺身行動了？美國民眾是否更願意支持美軍的人道救援？從二〇一一年敘利亞內戰流離失所的難民、二〇一七年羅興亞人遭緬甸軍隊鎮壓、二〇二二年俄烏戰爭與二〇二三年爆發的以哈戰爭。在拜登總統與國務卿布林肯主政之下，美國似乎更願意以「種族滅絕罪」追究，ＩＣＣ也在二〇二三年三月對俄羅斯總統普丁發布通緝。雖然美國依舊小心翼翼不願意在烏俄戰場直接參戰，但援烏行動仍在持續當中，但這不是沒有代價，所謂的「烏克蘭倦怠」已在美國保守派之間蔓延開來，神似當年對於越戰的不耐。「軍援而不派兵」可能會是這個時代美國對於盟國的援救方式，「天助自助」卻是美國盟友包括臺灣應該要有的體悟。

推薦序

記憶與感知苦難，以行動破解地獄的難題

施逸翔　台灣人權促進會　資深研究員

我們從沒有離開過地獄，當我們以為地獄的難題不再。

二〇二四年一月二十三日，臺北意外寒冷。當人們爭相追逐瑞雪訊息時，遠在日內瓦的聯合國人權理事會，正在針對中國人權狀況進行普遍定期審查（Universal Periodic Review, UPR）。那是比超強寒流與瑞雪更嚴酷的人權侵害，全球關注維吾爾人、西藏人、香港人與各項中國侵害人權的社群，肯定都在線上同步觀看這場為時近四小時，共一百六十二個會員國馬拉松式接力，回應中國人權議題的國家報告。國際特赦組織臺灣分會的夥伴們為此舉辦一場非正式的「中國 UPR 直播觀測 viewing party」，在溫暖的會議室裡，臺灣的人權團體、廢死團體、藏人團體與港人團體聚集在一起，過去曾被中國關押迫害的李明哲也在。我們開了線上共筆，協力記錄各國如何「建設性」配合中國發表無恥的謊言，在空中建構一個虛幻的中國人權大國，當然，我們更不會放過所有直言指控中國侵害各項人權的國家。

坐在我旁邊的在臺流亡藏人札西慈仁，不時拿起手機與他各國的藏人夥伴傳訊息。忽然，札西興奮地說，日內瓦聯合國場外有許多聲援藏人與維吾爾的團體正在集會抗議中國。此刻，排在第一百三十九棒的美國代表，正以毫不停頓的語速，在五十五秒內念出以下字句：「我們呼籲中國立即釋放任意被關

押的人口，不再實施監控，包含對中國、新疆、西藏與香港的人，也不再迫害少數民族的文化語言與信仰。中國應該關閉西藏和新疆的寄宿學校，不再酷刑拷打維吾爾人；中國應該終止強迫勞工、強迫婚姻；應該廢除《香港國安法》與中國的《反間諜法》；不再採取措施傷害婦女、LGBT+以及香港澳門移工。中國應該允許聯合國進入相關地區，特別是新疆和西藏。我們譴責現在中國對新疆犯下的危害人類罪與種族滅絕。」

在《地獄的難題：世界警察為何無法阻止種族滅絕？》一書中，作者薩曼莎　鮑爾嚴厲批判美國政府在歷次種族屠殺危機中，明明有能力介入阻止浩劫，卻消極以對。她在書中寫道：「一直以來，美國國內幾乎不會有人堅決主張實施人道干預，隨後美國伺機而動，給人希望卻又表現被動消極，最終導致悲劇發生。於是大屠殺持續進行，絲毫不受美國的行動阻礙，人們的暴行還常因為美國無所作為，而更無法無天。」曾在美國歐巴馬政府時期，擔任常駐聯合國代表的鮑爾，如今面對拜登政府代表對中國的直白譴責，也會持有同樣立場嗎？

當今，有鑑於美中兩國在政治與經濟場域中的鮮明對抗，拜登政府在聯合國場域，當然不會只對中國提出上述那段只有五十五秒的口頭批評。儘管在這場定期審查最後，中國代表團全面否認對新疆維吾爾族實施種族滅絕，認為那是部分國家「以政治污染人權的陰謀」與「試圖干預中國內政」的手段，但二〇二二年，來自中國新疆警方電腦系統大量外洩的資料「新疆公安文件」（Xinjiang Police Files），卻揭露數千張新疆大規模再教育營照片，以及官方下令擊斃試圖逃跑者的相關文件。這些資料都明確符合猶太裔波蘭國際律師拉斐爾·萊姆金當年創立「種族滅絕」（Genocide）一詞的定義。萊姆金曾提及：「種族滅絕的意思是『各式各樣行動的協調計畫，旨在摧毀民族群體的生命根基，意圖消滅該群體本身』。種族滅絕的犯罪者會企圖破壞一個族群的政治與社會制度、文化、語言、民族情感、宗教以及經濟結構。他們希望根除目標群體中個別成員的人身安全、自由、健康、尊嚴與生命。」

為了對抗中國政府對新疆維吾爾人的壓迫，二〇二一年，拜登總統快速簽署《防止強迫維吾爾人勞動法」（*Uyghur Forced Labor Prevention Act*）。這項強而有力的法案，透過全球商品產業鍊的機制，實質因應中國強迫勞動的人權議題，並多次公開呼籲全球領袖加入行列。而如果有組織或政權對中國在新疆侵害人權的行為保持沉默，那他們就是「共犯」。二〇二三年十月，美國在國會聽證會上，亦針對涉及維吾爾人強迫勞動的中國遠洋漁業與海鮮製品，進行嚴厲的批評，並決議全面退出中國海鮮商品市場。這些行動都是抗議中國觸犯人權罪行的明證。

如果在一九七一年十月二十五日，聯合國的二七五八號決議文沒有讓在臺灣的中華民國政府退出聯合國，我國政府的聯合國代表或許也能參與這場「中國人權定期審查」，與各國政府一起接力進行「建設性對話」，聲援臺灣的香港人、西藏人與維吾爾人盟友，並嚴厲譴責中國政府讓臺灣公民被失蹤與被「指定居所監視居住（RSDL）」的措施，如同八旗文化的李延賀（富察）的遭遇。事實上，中華民國政府在聯合國打擊種族滅絕的人權事務中，也曾扮演重要的角色。在本書第四章，鮑爾以鮮明的筆觸，讓我們清楚看見萊姆金如何積極推動聯合國大會討論《防止及懲治滅絕種族罪公約》，並讓該公約比《世界人權宣言》還要早一天的在一九四八年十二月九日正式通過。在眾多投下同意票的會員國中，中華民國政府也包含在內。諷刺的是，由於後來臺灣退出聯合國，中共政權承接過去中華民國批准這項公約的法律效力，當前正在對維吾爾族實施種族滅絕的中共，卻成為代表「中國」批准公約的國家。

過去在一九五三年五月二十二日，臺灣因應聯合國批准《滅絕種族罪公約》，曾通過一條名為《殘害人群治罪條例》的國內法。這項法條比起二〇〇九年國內通過的《兩公約施行法》的出現時間更早，其實才是臺灣史上第一部人權公約施行法。當年，主導推動立法的立委武誓彭，曾指出法條幾項重點，包含：（一）在批准《滅絕種族罪公約》後，應依照公約第五條規定，凡是加入公約的國家，都須制定在本國能施行的法律，使公約推行更有效。（二）根據公約而立的法律，具有一般性體例。如果是公約記載的內容，那一定得放入條例中；如果是公約未記載的內容，則不能隨意加入。因此在《殘害人群治罪條例》中有關治罪的範圍、適用場合、處罰對象都不能任意更動。不過刑罰輕重度與負責管轄的法院，則能依照本國法律制定。值得一提的是，當年臺灣立法者也對該如何翻譯「Genocide」一詞感到傷腦筋。原先，這個詞彙被翻譯成「危害種族」，但考量到這項譯名無法完整包含公約規定，政府曾在聯合國大會上，提案將法條修改為「防止及懲治屠殺人群罪」公約。不過後來政府代表與聯合國秘書長經過一番討論，也認為「屠殺人群」不妥當，最後才將法條名稱改為「殘害人群」。

雖然臺灣實際因應人權公約立法，但假使萊姆金仔細審視臺灣早期立法者審議與通過《殘害人群治罪條例》的過程，那他肯定會很失望。因為這些立委開口閉口還是停留在普通刑法層次，花費許多時間爭執公約的文字是否適用於國內刑罰，以及刑期過輕還是過重。他們恐怕完全無法認知薩曼莎在《地獄的難題》各章揭示的「種族滅絕」本質，包含土耳其對亞美尼亞人的屠殺、納粹屠殺猶太人、赤柬的暴行，以及後來的盧安達大屠殺等。這些種族滅絕事件，已超出一般刑事犯罪規模，是來自國家政府有意識且系統性的暴行。想當然，這些立委也無法理解萊姆金揭示的種族滅絕兩個階段，那就是：「第一，摧毀受壓迫群體的民族習性；第二，強加壓迫者的民族習性。壓迫者可能會對他們准許留下的受壓迫群體，強制灌輸自身習性，或在移除當地人或殖民那塊領地後，在那裡強加他們的民族習性。」當時針對這項法案，立委陳海澄還一再堅持必須遵守國父孫中山的遺教與三民主義，表示不能刪除條例中的「國族」二字。可以肯定的是，一九五三年中華民國在鮮明反共脈絡下通過的《殘害人群治罪條例》，根本無法解決種族滅絕的地獄難題，這個條例甚至沒有被好好看待與落實。

在臺灣通過《殘害人群治罪條例》六十、七十年後，二〇一三年，民進黨立委因應法輪功受到迫害的遭遇，期望透過修改《殘害人群治罪條例》，對來臺的中共官員保有追訴的法律基礎；二〇二三年，在臺港人與人權團體亦引用這項條例，針對修正後的《入出國移民法》內容，亦即「嚴重侵害國際公認人權之行為者，不得入境」的條文提出抗議，稱之為人權惡棍條文。然而，無論是立法者的訴求或民間團體的抗爭，都未能影響臺灣政府認真落實《殘害人群治罪條例》（或者說該項條例的法源《滅絕種族罪公約》）的立法精神。在此同時，在美中競爭的國際局勢下，儘管臺灣的國際盟友美國未忽視中國政府對維吾爾人的壓迫，但當他們面對以巴衝突下，以色列政府針對巴勒斯坦人民的種族屠殺時，卻未能投以相同的人道關注，反而呈顯出對種族滅絕模稜兩可的雙重標準。當今的美國似乎再次落入本書作者鮑爾批評的範疇。

身而為人，在聽聞與目睹無辜人民受苦時，必定會對「苦難」有所共感，例如二〇二二年，遭受俄羅斯砲火攻擊成為難民的烏克蘭人；二〇二一年受到緬甸軍政府無情鎮壓的緬甸人民；二〇一九年被黑警與黑道暴力攻擊的香港反送中抗爭者；在中共暴政底下，以自焚方式控訴人權受到侵害的西藏運動人士；以及整個世代都被送進再教育營的維吾爾族群。這些苦難都一再針刺旁觀者心靈，提醒人性尊嚴與價值的最後防線。

儘管如同書中提及，萊姆金在推動聯合國批准《滅絕種族罪公約》時，唯恐另一項人權法案《世界人權宣言》會壓縮到他的倡議空間，但上述提及的真實苦難，卻一再彰顯每年十二月十日國際人權日成立的原初意義。國際人權日的存在，絕非只為了紀念一九四八年，羅斯福夫人手上那張薄薄的文件；這天的意義是在於提醒世人，必須用盡全力記得在這個糟糕的世界上，所有無法享有基本人權、仍未脫離苦難的人們。世界人權宣言的重量，是由不同時空下人們的創傷與苦痛所堆疊出來。我們不能忘記最初是由於二次世界大戰中人性尊嚴遭受的踐踏，以及納粹德國對猶太人的暴行，催生出這個重要的日子。

然而，我們更不能忘記的是除了「紀念」之外，現實需要透過更多行動來改變，尤其從二戰至今，比納粹大屠殺更嚴酷的苦難仍一再發生。國際人權日的意義，在於我們必須以行動克服「苦難」。假設今天，有來自以色列、巴勒斯坦、敘利亞戈蘭高地的被迫害平民，來臺灣尋求政治庇護或申請難民庇護，臺灣政府可以做甚麼？由於臺灣目前並未建立《難民法》與完整的庇護機制，即便政府想支持以色列人民，在法律上仍什麼事都無法做。我們不知道臺灣政府是否會通過像是「撐港專案」相關的行動方案，但如果政府與人民期待能藉由行動協助外國人民，那我們台權會至少能做到的，是一起倡議難民法制，協助規劃更完善而合乎人道的庇護機制。

在二〇二三年十月七日清晨，以色列與巴勒斯坦爆發近年來最嚴重的武裝衝突。這起衝突始於恐怖組織哈瑪斯的「阿克薩洪水行動」，並造成至少一千四百名以色列人與外國公民罹難。在這場人道危機中，作為發動攻擊的恐怖組織哈瑪斯當然責無旁貸，但我認為以色列政府也必須為此負責，言下之意並非是指以色列政府沒有發揮國防國安實力，竟然讓這次恐怖攻擊成功。反而，我認為以色列政府過去十年來，都以違反國際人權法與人道法的方式，實施系統性的種族隔離政策，嚴重侵害巴勒斯坦人的公民、政治、經濟、社會與文化等權利，完全不為巴勒斯坦人留後路，以色列政府侵門踏戶的卑劣手段，是醞釀極端恐怖組織世代仇恨的溫床。如果說要把誰送到國際刑事法庭審判，我認為哈瑪斯跟以色列政府，都是第一批應該被以危害人類罪審判的犯罪加害者。

如果巴勒斯坦與新疆維吾爾的種族屠殺仍持續發生，那麼沒有人真的離開過地獄。

序言

一九九五年六月的某個星期天，我意外認識了希德蓓拉．吉米克（Sidbel Zimic），她是一名九歲大的塞拉耶佛人。在聆聽數小時附近砲擊熟悉的「嗖嗖」墜落聲和爆裂聲響後，我移動到幾個街區外某個社區，那裡有一棟曾經屹立不搖的公寓。那棟公寓滿目瘡痍，布滿三年來砲彈碎片和砲火留下的鮮明凹痕。那棟建築沒有窗戶、水電和瓦斯，除了在塞拉耶佛無處可去而有抱有自尊的居民，沒有人還住在那裡。

希德蓓拉十多歲的姐姐一臉茫然，站在距離公寓入口不遠處。她身旁的遊樂場上有一灘腥紅淺池，一隻藍色拖鞋、兩隻紅色拖鞋和一條把手為甜筒形狀的跳繩被丟在裡面。波士尼亞警方已經用明亮的淡藍色塑膠布，蓋住人行道上染紅的區塊，布上還印著白色的聯合國標誌。

希德蓓拉在她的社區裡是個眾所皆知的書呆子，大家都知道她辦過許多場選美小姐大會。希德蓓拉和她的玩伴會充分利用行動受限的童年，選出「公寓小姐」、「街角小姐」和「社區小姐」，並為她們加冕。在那寂靜的早晨，希德蓓拉央求她母親讓她到屋外透氣五分鐘。

吉米克太太悲痛欲絕。一年半前，在一九九四年二月，一枚砲彈墜落在距離他們家僅兩個街區的市中心主要市集，將六十八名顧客和小販炸成碎片。那場駭人而寫實的屠戮景象，在美國引發廣泛輿論同情，也促使美國總統比爾．柯林頓和他的北大西洋公約組織盟友採取行動。他們發布一份史無前例的最後通牒，威脅在波士尼亞的塞爾維亞人：若他們不停止轟炸塞拉耶佛，或繼續進行柯林頓所說的「謀殺無辜百姓」行為，那將會受到大規模空襲。

「任何人都不該懷疑北約的決心。」柯林頓警告。「任何人，」他重複這個詞彙以達到效果，「**任何人**如果再砲轟塞拉耶佛，那必須……做好準備接受後果。」[1]在美國的有感承諾後，塞拉耶佛的二十八萬名市民，逐漸適應在北約不完美保護傘下的生活。他們戰戰兢兢度過幾個月後，開始零星外出，沿著米利亞茨卡河（Miljacka River）散步，重建附有戶外露臺的咖啡廳。年幼的男孩女孩蹦蹦跳跳踏出陰冷的地下室，脫離他們父母的視線、恢復戶外運動。他們品嘗童年的滋味，貪婪地渴望陽光和玩樂。這些孩子的父母感謝美國，大力讚揚造訪波士尼亞首都的美國人。

然而不久美國便退縮了。美國國內的輿論認為國家不值得賭上自身士兵安危，或挑戰想保持中立的歐洲盟友，來拯救波士尼亞人性命。柯林頓與他的團隊將種族滅絕等相關措詞改成「悲劇」和「內戰」，藉此降低大眾期待，好讓外界認為美國愛莫能助。美國國務卿華倫．克里斯多福（Warren Christopher）一直都對美國涉入巴爾幹半島事務不感興趣。長久以來，他將事件訴諸歷史背景，緩解美國不干涉引發的道德不安。「那真是個不幸的問題，」克里斯多福表示「三方陣營——波士尼亞人、塞爾維亞人和克羅埃西亞人——之間的深仇大恨幾乎令人難以置信。這個問題太可怕了，數百年來都無法被解決。真是個地獄的難題（a problem from hell）。」[2]在市集慘案發生後幾個月，柯林頓也承繼這種心態，將波士尼亞視為**對他而言的**地獄難題。他希望這個問題能自行燃毀、從新聞頭版上消失，在他的總統任內不再繼續糾纏。

塞爾維亞民族主義者接收到了這些暗示。他們明白，如今他們能繼續任意轟炸塞拉耶佛和其他擠滿市民的波士尼亞城鎮。這使得父母得和子女展開拉鋸，尋求將孩子留在室內的可能誘因。希德蓓拉的父親記得：「我把洗手間改造成遊戲室。我買給女兒芭比娃娃、芭比車等所有玩具，只為了讓她們好好待在家中。」可是他的寶貝女兒卻一意孤行，催促道：「爸爸，拜託讓我過自己的生活。我沒辦法一直待在家裡。」

起初，塞爾維亞砲手很認真看待美國的承諾，塞拉耶佛人因此被短暫解救。這種承諾提高波士尼亞人的期望，他們期待再次過上安全的生活。然而，後來塞爾維亞的政治、軍事與準軍事領袖的殘忍暴行卻只受到譴責，而非受到美國之前承諾的軍事干預。

一九九五年六月二十五日，希德蓓拉親吻她母親臉頰，臉上浮現勝利的微笑。不到幾分鐘後，一枚塞爾維亞炸彈擊中她和十一歲的雅米娜・帕耶維奇（Amina Pajevic）、十二歲的莉里雅娜・洋伊奇（Liljana Janjic），以及五歲的瑪雅・斯科里奇（Maja Skoric）在玩跳繩的遊樂場。她們四人全數身亡，讓戰爭期間波士尼亞境內被屠殺的孩童總數，從一萬六千七百六十七人，提升到一萬六千七百七十一人。

如果有任何事能讓人學會什麼是邪惡，那肯定就是這起事件了。在遊樂場慘案發生時，我已經在波士尼亞報導新聞將近兩年，早已放棄期待每天從頭頂呼嘯而過的北約噴射機會轟炸塞爾維亞人，阻止他們砲擊這座遭到圍攻的首都。我也開始預想四散在國內各地的穆斯林平民將會面臨的最壞情況。

在我拜訪悲慟的吉米克家十天後，一九九五年七月六日，波士尼亞的塞爾維亞勢力開始攻擊當地被稱為「安全區」的斯雷布雷尼察（Srebrenica）。但當時我沒有特別驚慌。我以為就算是在波士尼亞的塞爾維亞人，也不敢奪取聯合國守衛的土地。七月十日晚上，我順道拜訪美聯社分社。那年夏天，我因為美聯社的分社有熱情堅定的記者和正常運作的發電機，而將那裡視作暫時的家。當晚我抵達時，我被眼前的景象大大震懾。電話周圍陷入一片混亂，數日以來，塞爾維亞人對斯雷布雷尼察持續惡化的攻勢，突然**急轉直下**。塞爾維亞人已經準備好拿下這座城鎮，他們發布最後通牒，要求那裡的聯合國維和部隊投降繳械，否則將面臨密集的轟炸攻擊。大約有四萬名穆斯林男女和孩童身陷重大險境。

儘管慢了一步才掌握這波攻擊規模，我還來得及趕上在美國的截稿時間。一篇刊登在《華盛頓郵報》的早報新聞，應該能讓美國決策者羞愧到出面回應。由於當時其他記者非常慌亂，我花了十五分鐘才等到一通沒被佔線的電話。電話打通後，我聯絡《華郵》國際版副主編艾德．科迪（Ed Cody）。儘管我知道美國讀者已經厭倦來自巴爾幹半島的壞消息，但這次攻擊風險似乎特別大。波士尼亞的塞爾維亞將軍拉德科．穆拉迪奇（Ratko Mladic），並不是以試探或小規模掠奪土地的方式發布政治訊息，他正在攻佔一大片受到**國際保護**的領土，並挑釁世界來阻止他。我開始依據我的理解，滔滔不絕向科迪說明情況：「塞爾維亞人正從四面八方逼近斯雷布雷尼察安全區。聯合國表示目前已有數萬名穆斯林難民，湧入他們在城鎮中心北方的基地。再過幾小時，塞爾維亞人就會完全佔領那個地區。這會釀成大災難，聯合國的安全區就要淪陷了。」

我當時剛成為《華盛頓郵報》撰稿人，之前有人曾告訴我，科迪面對中東的腥風血雨有豐富的經驗，不太容易驚慌失措。他在這種情況下聽完我說明，提出了幾個敏銳的問題，這些問題讓我相信他已瞭解這場即將上演的危機的嚴重性。但緊接著，他說出讓我大為震驚的話：「嗯，根據妳告訴我的資訊，就算這件事繼續發展，塞爾維亞人也不會在今晚拿下那座城鎮。」我的表情因為預期他下一句將說出的話而扭曲，他也隨即說出口：「聽起來，**等到斯雷布雷尼察淪陷時**，我們再報導就行了。」

我提出異議，但沒有極力反對。我內心有一半認定塞爾維亞人會放棄攻勢，也不想發布假警報。但到了隔天下午，斯雷布雷尼察淪陷了。居住在那塊飛地上萬分驚恐的人民，落入穆拉迪奇將軍手中。這名戰爭罪嫌疑人也是對塞拉耶佛進行殘忍圍攻的主謀。

我曾經在塞拉耶佛工作，在那裡，塞爾維亞狙擊手會對成群拖著髒水罐到城鎮另一頭的老婦人練習射擊。那裡原先風景如畫的公園，如今已成為蜂擁而至的年輕死者長眠的公墓。我曾經訪問數名體重掉了四五十磅的消瘦男子，他們待在塞爾維亞集中營的日子在他們身上留下永久傷疤。那陣子我也才報導過那起四名女童遭殘殺的慘案。儘管我有這些經驗——或者說，可能正因為有這些經驗，我只能透過親眼見證的事物來臆測。我從未想過穆拉迪奇將軍會如此有系統地處決他拘捕的每一名穆斯林男性與男孩，也從未想到他有能力這麼做。

斯雷布雷尼察淪陷後數日，一名同事從紐約打電話給我，表示波士尼亞的駐聯合國大使聲稱，波士尼亞的塞爾維亞人已經在一座足球場謀殺了超過一千名來自斯雷布雷尼察的穆斯林男子。這不可能是真的。「不可能。」我簡單說。我朋友重述大使的指控。「不可能。」我又說了一次，語氣堅決。

我並沒有說錯。穆拉迪奇並未處死一千名男性，他殺害了超過七千人。

我回到美國後，希德蓓拉和斯雷布雷尼察仍縈繞在我心頭。當我想起美國提出的保護承諾，讓一名孩子離開地下室、走到暴露在外頭的塞拉耶佛遊樂場時，我不寒而慄。我想起在斯雷布雷尼察遭到謀殺的穆斯林男子和男孩，也想起自己沒有提早發布適當警訊的無能。還有儘管有人命危在旦夕，外界仍拒絕干預。這一切都讓我久久無法釋懷。我發覺自己不斷回想到之前和同事多次的辯論，關於當時是否該介入。我們曾經在記者會上、驅車進行長途旅行中，還有訪問波士尼亞與美國資深官員時高聲爭論：如果同樣的罪行發生在不同地方（巴爾幹半島會喚起古老仇恨與易燃的緊張局勢）、受害者身分不同（多數暴行都是針對有穆斯林信仰的個體），或事件爆發時間點不同（當時蘇聯剛解體，舊世界的秩序還沒被人們對新世界的想像取代，聯合國也還沒替他們生鏽的運作機制上油、擺脫過時的想法與措施），美國與他的盟友會如何反應。一九九六年，當遠離事件現場，我開始探索美國對過往大屠殺事件的反應。不久後我便發現，這次美國對波士尼亞種族滅絕事件的回應，實際上是在本世紀中最堅定的一次。歷史上美國從未介入阻止任何一場種族滅絕，甚至鮮少在事發當下提出譴責。

在調查二十世紀幾起重大種族滅絕事件過程，有幾個例子特別顯眼。除了波士尼亞的種族清洗事件，我還調查了鄂圖曼土耳其時期的亞美尼亞人屠殺、納粹的猶太大屠殺、柬埔寨波布（Pol Pot）的恐怖統治、薩達姆·海珊消滅伊拉克北部的庫德族人，以及盧安達胡圖族系統性殲滅少數圖西族。儘管這些事件規模不一，也不是每起事件都意圖根除某一族群所有成員，但這些事件都符合一九四八年聯合國通過《防止及懲治滅絕種族罪公約》（*Convention on the Prevention and Punishment of the Crime of Genocide*）的條件。美國在外交、經濟、法律或軍事領域上，也都有進行有意義介入的選項。這些種族滅絕罪行發生在歐洲、亞洲、中東和非洲，受害者涵蓋各式各樣的種族和宗教。他們之中有亞洲人、非洲人、高加索人、基督教徒、猶太教徒、佛教徒和穆斯林，犯罪時間則分布在美國強權發展的不同階段。亞美尼亞種族滅絕（一九一五年—一九一六年）是在第一次世界大戰期間發生，那時美國尚未成為世界領袖。猶太大屠殺（一九三九年—一九四五年）發生時，美國正準備開始擔任世界領袖的角色。柬埔寨（一九七五年—一九七九年）和伊拉克（一九八七年—一九八八年）的種族滅絕是在猶太大屠殺之後、冷戰期間和越戰後發生。波士尼亞大屠殺（一九九二年—一九九五年）和盧安達種族滅絕（一九九四年）則在冷戰後發生，當時美國在國際間已享有前所未有的至高地位，人們從猶太大屠殺中學到的**教訓**也達到高峰。美國決策者針對這些罪行，從事件背景和外交政策思考方面提出各式回應。在二十世紀過去三十年間，每位上任的美國總統：尼克森、福特、卡特、雷根、布希和柯林頓，都曾做出預防與制止種族滅絕的相關決策。然而，儘管每起事件性質以及當時美國政府的人員組成有諸多差異，但橫跨各時期、地理環境、意識形態和地緣政治分野，美國回應種族滅絕的政策卻出乎意料地相似。

為了瞭解美國對種族滅絕事件的回應，我訪問超過三百位曾經制定或影響美國政策的人。這些人大多都是白宮、國務院、五角大廈與中央情報局不同階級的官員，有些人是國會山莊的議員和職員，有的則是曾報導屠殺事件的記者，或試圖改善局勢的非政府倡議人士。開放社會基金會（Open Society Institute）提供我一筆補助金，讓我能造訪波士尼亞、柬埔寨、科索沃和盧安達，親自與受害者、犯罪者和旁觀者對話。我也曾到訪位於荷蘭海牙的前南斯拉夫戰爭罪國際刑事法庭，以及位於坦尚尼亞阿魯夏（Arusha）的盧安達聯合國國際法庭。非營利組織「國家安全檔案館」（National Security Archive）根據《資訊自由法》（*Freedom of Information Act*），監督美國官方將機密文件公諸於世。受惠於此，我得以取用數百頁新開放調閱的政府紀錄。這些素材相較於以往，讓人更清楚辨別相關人物、動機與屠殺事件之間的影響。

在解釋美國為什麼沒有對某些特定種族滅絕事件做出回應時，有些人會主張美國並不清楚實際情況、美國知道但不在意，或者儘管瞭解情勢，美國也幫不上忙。但事實上，我發現美國決策者對那些罪行瞭若指掌。有的美國人十分關注屠殺事件，為了採取行動而奮鬥，在個人生活和工作中做出龐大犧牲。從過往至今，美國確實有無數次機會能阻止屠殺，然而，體面正派的男男女女卻一再選擇別過頭去。我們全都對種族滅絕袖手旁觀，關鍵的問題在於為什麼如此。

這個問題的答案，似乎就隱藏在不同種族滅絕事件發生之前、期間和之後美國做出的重大決策——包含決定袖手旁觀的決策。為了探討本世紀以來，美國對不同種族滅絕事件的反應，我提出以下幾個問題：在這些大規模屠殺開始前，是否曾出現過警訊？美國有多認真看待這些警訊？誰負責判斷這些警訊？當時是否有任何理由讓人相信被預估發生的暴力在本質與數量上，和不幸在地方發生的普通殺戮不同？一旦暴行展開，人們能取得哪些機密或公開情報？對於大屠殺的調查與分析，又會受到哪些限制與阻礙？美國官員如何以及何時承認種族滅絕正在發生？美國政府內部或外部有哪些人，希望採取何種作為？採取作為的風險或代價是什麼？誰反對他們？誰佔上風？民意和菁英階層的意見為什麼分歧？最終，後人是如何去記憶種族滅絕事件，如何記憶美方的回應與那些極力主張干預的美國人？為了重建事件地敘事，我將多數案例區分為「預警」、「承認」、「回應」和「餘波」這幾個部分。

有別於我在前南斯拉夫各地旅行時抱持的假設，布希和柯林頓政府對波士尼亞暴行的反應，事實上與過往美國對任何一起種族滅絕事件的回應如出一轍。每每在事件發生前後，大規模流血衝突的警訊會激增，具有煽動性的政治宣傳不斷湧現升高，人們被屠殺和驅逐出境的消息也隨之浮顯。美國決策者會試圖理解這些駭人事件，難民故事與有關暴行的報導數量，會多到讓人無法否認。但往往美國國內幾乎不會有人堅決主張干涉，隨後美國伺機而動，給人希望卻又表現得被動消極，最終導致悲劇發生。於是大屠殺持續進行，絲毫不受美國的行動阻礙，且人們的暴行經常是因為美國無所作為，才更加無法無天。

這本書主要的研究成果，可概括為以下幾點：

- 儘管媒體繪聲繪影報導，美國的決策者、記者和公民在匯聚對抗惡行的想像力時，速度往往極為緩慢。他們在殺戮發生前，總會假設理性的行動者不會進行看似沒必要的暴力。他們相信透過善意的協商和傳統的外交手段，能成功阻止悲劇。一旦屠殺開始，他們會假設一般民眾若不惹是生非，就能倖免於難。他們會力勸停火並進行人道捐款援助。

- 在國內的政治領域，阻止種族滅絕的戰役已經戰敗。美國政治領袖會將社會普遍的沉默，解讀為人民冷漠的指標。他們推論美國如果不涉入其中就不用付出任何代價，一旦介入將會面臨極高風險。潛在的影響力來源，包含國會山莊議員、編輯委員會、*非政府組織和一般選民形成的政治壓力，都不足以改變政治領袖的算計。
- 美國政府不僅刻意不派遣軍隊，還鮮少採取持續的干預措施阻止種族滅絕。
- 美國官員在討論這些暴行時，對自身（與美國大眾）編造出假設美國出面干涉，可能造成的暴力結果。他們將屠殺描繪成雙向且無法避免的衝突，而非種族滅絕。他們堅認美國提出的任何回應都是徒勞的，甚至可能弊大於利，為受害者帶來不合理的後果，同時危害美國珍貴的道德或戰略利益。†有些美國官員大力主張干涉，在利益至上的冰冷制度中提出道德觀點，卻被貼上情緒化的標籤。美國會避免使用「種族滅絕」一詞，這讓他們能空泛地憑著良知反對種族滅絕，且在事發當下拒絕介入。

在大屠殺的年代，敢於對袖手旁觀的世界提出最尖銳挑戰的，是那些拒絕保持沉默的人。每個案例中都會有一群特立獨行的美國人挺身而出，即便大環境一再將他們引導到別人口中不利於行動的**處境**（context），他們依然沒有忘記是非判斷。他們拒絕接受自己無法影響美國政策，或者美國無法影響那些劊子手。這些人在奮鬥過程並不孤單，但也缺少夥伴。透過瞭解他們嘗試達成的目標，我們能看見美國原先能做什麼，也能看見自己可能嘗試過的行動。同時藉由理解這群人如何以及為什麼失敗，我們更能看見美國作為一個國家，是怎麼放任這些悲劇發生。

一九一五年，美國駐君士坦丁堡的大使老亨利・摩根索（Henry Morgenthau Sr.）力勸華府譴責土耳其，並對土耳其的戰爭盟友德國施壓，以回應土耳其驅逐與屠殺亞美尼亞少數居民的行為。摩根索也違反外交慣例，以個人身分抗議暴行、指責土耳其政權，並為了人道救濟募款。前總統西奧多・羅斯福也加入他的行列，更進一步號召伍德羅・威爾遜（Woodrow Wilson）領導的美國政府加入第一次世界大戰，以武力阻止屠殺。但美國堅守中立立場，主張土耳其內政與他們無干。在種族滅絕事件發生期間，大約有一百萬名亞美尼亞人被謀殺，或因為疾病與飢餓死亡。

---

* 此處的編輯委員會（editorial boards）意指在新聞界，擁有專業知識與資深經歷的編輯、作家、記者等人組成的顧問團體，對媒體報導內容與新聞價值的定調握有重要影響力。

† 我借用了阿爾伯特・赫緒曼（Albert O. Hirschman）在《反動的修辭：悖謬論、無效論、危害論》〔*Rhetoric of Reaction: Perversity, Futility, Jeopardy*（Cambridge, Mass.: Belknap Press, 1991）〕一書中提出的託詞種類——無效、悖謬與危害。赫緒曼闡述那些反對行動的人，如何傾向對提議的舉措表達可能帶來意外後果的異議，而非直接反對提議的目標。

猶太裔波蘭國際律師拉斐爾・萊姆金（Raphael Lemkin）曾在一九三〇年代告誡眾人留意希特勒的計畫，卻遭到冷嘲熱諷。一九四一年，萊姆金在美國尋求庇護後，無法為身處在危險中的猶太人爭取到任何保護方法。同盟國拒絕譴責希特勒的暴行、不供歐洲猶太人庇護，也拒絕轟炸通往納粹集中營的鐵路軌道。勇敢無懼的萊姆金發明了「種族滅絕」（genocide）一詞，促使聯合國通過史上第一份人權條約，該條約專門用來禁止種族屠殺這種新型犯罪。然而令人遺憾的是，萊姆金在有生之年，卻目睹美國參議院抵制《防止及懲治滅絕種族罪公約》。來自威斯康辛州的美國參議員威廉・普羅麥爾（William Proxmire），懷抱崇高而不切實際的理想。他接棒萊姆金，在參議院席上發表了三千兩百一十一次演說，大力呼籲參議員批准這份聯合國公約。經過十九年來每天上演的獨白後，普羅麥爾確實成功讓參議院通過《種族滅絕罪公約》，但美國的批准卻附帶許多限制條款，讓公約變得幾無效力可言。

有一群在柬埔寨的美國外交官和記者，曾向美國官方警告當地有群凶惡的共產黨反叛分子，人稱「赤柬」（Khmer Rouge）。這群外交官和記者受到其他人嘲諷，被認為落入反共產主義政治宣傳的陷阱。他們無法影響越戰後的美國，讓美國以任何政策介入東南亞。波布在四年的任期中，造成約兩百萬名柬埔寨人身亡，但這些屠殺的惡行幾乎不曾引起華府一絲抱怨。華府甚至在赤柬被推翻後，仍在外交上承認造成這起種族滅絕的政權。

美國參議院外交委員會的幕僚成員彼得・加爾布萊斯（Peter Galbraith），曾為他的參議員上司裴爾（Claiborne Pell）起草懲罰性法案，阻止美國提供薩達姆・海珊政權農業與製造業信貸，以反擊他在一九八七年至一九八八年間試圖消滅伊拉克鄉村地區的庫德族人。但由於白宮、國務院和美國的農業遊說團體渴望與伊拉克維持友好關係，以便銷售稻米和小麥給伊對方，這項國際制裁法案被堅意否決。於是，當海珊政權以毒氣攻擊並處決約十萬名庫德族人時，他們還收到美國慷慨的財務援助。

羅密歐・達萊爾（Romeo Dallaire）是一九九四年在盧安達指揮聯合國維和部隊的加拿大少將。盧安達大屠殺開始前三個月，達萊爾曾尋求許可要求民兵組織繳械，以防止盧安達圖西族滅絕。然而，聯合國的上層卻否決他的提議，達萊爾只能眼睜睜看著他四周的屍體累積成堆。同時，華府撤除多數由他指揮的維和士兵，並採取激烈手段阻止聯合國授權增派援兵。當時，無線電廣播是當地協調與維持種族屠殺運行的重要工具，但美國卻拒絕使用技術干擾。就連當時每天平均有八千名盧安達人被殺害的議題，都從未成為美國資深官員的優先考量。在一百天內，大約有八十萬名盧安達人遭到殺害。

有一群國務院外交官和國會山莊議員，努力不懈地嘗試說服頑固的官僚機構，轟炸在波士尼亞實施種族清洗的塞爾維亞人。這些官僚體系人員監督被清洗的電報內容，將衝突重新包裝成「棘手」與「陳舊」的難題，並對波士尼亞火力不足的穆斯林維持武器禁運。有幾名外交官因為感到不齒而辭去公職，隨後，他們在美國政府體制之外同樣令人沮喪的位置，目睹斯雷布雷尼察安全區淪陷，發生歐洲五十年來最大規模的屠殺。從一九九二年到一九九五年間，每夜新聞都播放著塞爾維亞人猛攻的消息，大約有二十萬名波士尼亞人遭到殺害。直到美國意識到他們不得不出兵，堪薩斯州的共和黨人兼參議院多數黨領袖鮑伯・杜爾（Bob Dole）也出面說服國會解除武器禁運令，美國的政策才有所改動。杜爾讓柯林頓總統徹底瞭解波士尼亞戰爭的情勢，促使柯林頓發動北約轟炸攻勢。然而到彼時，波士尼亞的種族滅絕已大致結束，一個多族裔國家已經毀滅。

這本書之所以刻意聚焦在**美國**的決策者和美國公民的回應，有幾個原因：首先，比起其他任何強權，美國是否採取行動的決定都更影響受害者命運。第二，從第二次世界大戰開始，美國已經擁有極為強大的能力遏止種族滅絕。美國應該能在不侵害本國安全的狀態下，運用自身龐大資源制止屠殺。第三，美國已相當明確承諾投入猶太大屠殺的紀念與教育工作。美國大屠殺紀念館矗立在國家廣場上，相當引人注目地與林肯紀念堂和傑佛遜紀念堂比鄰而居，距離越戰退伍軍人紀念碑也只有數尺之遙。博物館每天吸引了五千五百名訪客參觀，每年有兩百萬名訪客，幾乎是每年白宮參訪人數的兩倍。第四，近年來，美國領導者都浸淫在猶太大屠殺歷史意識高漲的新文化中，一再承諾會避免種族滅絕再發生。一九七九年，吉米．卡特總統宣稱，有鑑於對猶太大屠殺的紀念，「我們必須與所有文明的人民締造堅定不移的誓約，發誓全世界絕不會再沉默以對，一定會及時行動，阻止這種可怕的種族滅絕罪行再度發生」。[3]五年後，隆納德．雷根也再次宣告：「就像你們一樣，我要直截了當地說：『絕不重蹈覆轍！』」[4]在一九九一年，老喬治．布希總統也異口同聲。布希以「二戰退伍軍人、美國人，以及當今的美國總統」身分發表演說，表示在造訪過奧斯威辛後，他「下定決心，不只要記住這段歷史，更要付諸行動」。[5]在成為總統前，還是候選人的柯林頓曾為波士尼亞問題指責布希。「如果我們曾經從猶太大屠殺的可怕中學到什麼教訓，」柯林頓說：「那就是面對種族滅絕時，保持沉默麻木的高昂代價。」[6]柯林頓一上任，就在大屠殺紀念館的開幕儀式上，責備美國在二戰期間無所作為。「即便我們對犯罪的認識，已經從片段的意識轉變為不容質疑的事實，我們做的仍遠遠不夠。」他說，「我們絕不允許屠殺再次發生。」[7]上述這些具前瞻性而撫慰人心的「絕不重蹈覆轍」宣言，證明美國積極進取的精神，但卻從未改變這個國家在實質上或政治上，完全未準備回應種族滅絕暴行的事實。在面對實際的屠殺時，這些誓言證實了美國承諾的空洞虛偽。

在我開始研究美國與種族滅絕關係前，我曾稱美國對波士尼亞的政策是一種「失敗」。如今我的想法已改變。儘管要承認這件事令人氣餒，但這個國家在面對種族屠殺時始終如一的不干涉政策，很遺憾地證明美國政治制度並非失靈，反而是冷酷無情地高效運作。目前，這個國家機制**正在運轉**。[8]過去沒有任何一位美國總統把阻止種族滅絕視為優先要務，也沒有一位美國總統因為放任大屠殺發生，而付出政治代價。因此，種族滅絕到處肆虐絕非巧合。

第一章 種族謀殺

烈火試煉

一九二一年三月十四日，在柏林夏洛騰堡區（Charlottenburg）潮濕的一日，一名二十四歲的亞美尼亞男子躡手躡腳跟在一名身穿厚重灰色大衣、揮著手杖的男子背後。那位亞美尼亞人名叫索戈蒙・泰赫利里安（Soghomon Tehlirian），他將一把左輪手槍抵在男子後腦杓，扣下扳機並大吼：「這是替我死去的家人報仇！」那名魁梧的目標應聲倒地。如果你在現場聽到槍聲，看見那名年輕犯人因為憤怒而扭曲的表情，你可能會推測自己目睹一場為了不尋常罪行而復仇的凶殺案。但那時你不會知道，這種罪行被稱為「種族滅絕」。在當時這個詞彙還未出現。

這名亞美尼亞暗殺者泰赫利里安迅速被制伏。正當一群路人以拳頭和鑰匙毆打他時，泰赫利里安用拙劣的德語大喊：「我外國人，他外國人，這不會傷害德國……！不關你們的事。」「這是一次在國際場合中執行的種族制裁。泰赫利里安剛謀殺的人穆罕默德・塔拉亞特（Mehmed Talaat），是前土耳其內政部長。塔拉亞特曾率先發起清除土耳其的「亞美尼亞人問題」。一九一五年，他指揮行刑隊殺害、刺殺、重擊、餓死將近一百萬名亞美尼亞人。[2]

當塔拉亞特和青年土耳其黨人（Young Turk）的領導階層下令將亞美尼亞人驅逐出境前，外界早已知道亞美尼亞人正身陷險境。土耳其在一戰加入德國陣營，在對抗英國、法國與俄羅斯時，塔拉亞特清楚表明帝國會鎖定基督教子民。一九一五年一月，《紐約時報》報導提及，塔拉亞特曾說土耳其沒有空間容納基督徒，他們的支持者應建議他們自行離去。[3]到了三月末，土耳其開始要求鄂圖曼土耳其軍隊中的亞美尼亞士兵繳械。一九一五年四月二十五日，同盟國入侵土耳其當天，塔拉亞特下令圍捕並處決君士坦丁堡約兩百五十名重要的亞美尼亞知識分子。在土耳其六個東部省分，當地的亞美尼亞貴族都面臨大致相同的命運。起初，鄉村地區的亞美尼亞男子被迫成為馱獸，負責運送土耳其的物資到前線。不久，這樣的工作也被認為對叛國的基督教徒來說太高貴。教堂受到破壞與褻瀆，亞美尼亞學校被關閉，那些拒絕改信伊斯蘭教的教師遭到殺害。掌權者在整個安那托利亞（Anatolia）下達驅逐令，要求將亞美尼亞人重新安置在敘利亞沙漠中準備好的營區。事實上，土耳其當局知道那裡沒有備妥任何必要設施，遭到放逐的亞美尼亞人有超過一半在途中身亡。「藉由在嚴寒時節持續將孤兒驅逐到目標營地，」塔拉亞特寫道：「我們能確保他們永

索戈蒙・泰赫利里安。
（圖片來源：Hairenik Archives）

久長眠。」[4]

「官方公告」開始在城鎮各處出現，比如以下為一九一五年六月發布的公告：

我們的亞美尼亞同胞因為企圖破壞鄂圖曼土耳其國土的和平與安全，……必須被送到整頓好的內陸地區……根據命令，所有鄂圖曼土耳其人都必須按照字面意思，絕對服從以下指示：

一、除了病人，所有亞美尼亞人都必須在這份公告公布後五天內離開。

二、他們可以在旅途中攜帶想要的個人動產，但禁止出售土地或剩餘財產，或到處留給其他人。[5]

青年土耳其黨人塔拉亞特、戰爭部長恩維爾帕夏（Enver Pasha）與公共工程部長傑瑪爾帕夏（Djemal Pasha），為大規模驅逐亞美尼亞人的決策辯解，聲稱這是平定亞美尼亞人叛亂的必要手段。[6]俄國在前一年對土耳其宣戰時，邀請居住在土耳其境內的亞美尼亞人對抗鄂圖曼土耳其統治，有一小群人確實照做了。兩位著名的鄂圖曼土耳其亞美尼亞人，率領兩支擁護沙皇的志願軍反抗土耳其，但多數的亞美尼亞人都對君士坦丁堡效忠。儘管如此，這並未阻止土耳其領導階層以亞美尼亞「革命起義」與戰爭為藉口，消滅土耳其的亞美尼亞人。事實上，在種族滅絕中遭到殺害的平民只在乎生存，幾乎沒有人策畫任何陰謀。土耳其的暴行針對的是女性、孩童和沒有武裝的男性，這些受害者並非伴隨戰爭出現的「副產品」，而是土耳其領袖精心設計的結果。

一九一五年六月，那名後來暗殺塔拉亞特的青年的家鄉埃爾津詹（Erzindjan）遭到淨空。當時十九歲的索戈蒙・泰赫利里安在大約兩萬人的隊伍中行進。他的母親和兄弟姐妹陪在他身邊，其中有兩名十五歲與十六歲的妹妹、帶著一名兩歲半孩子的二十六歲姐姐，以及兩名二十二歲和二十六歲的哥哥。這趟旅程令人痛心。應當保護行進民眾的憲兵，先是將泰赫利里安的姐妹拖離隊伍，抓到樹叢後方強暴她們，接著，他親眼看見一名男子用斧頭將他哥哥的頭部劈開。最後士兵射殺他的母親，並重擊泰赫利里安的頭部，讓他失去意識。他被留在原地任憑死去，數小時後，他在滿地屍體中醒來。他看見他的一個姐妹遭亂刀砍碎的遺體，以及哥哥粉碎的頭骨。其他親戚已不見蹤影，泰赫利里安猜想自己是隊伍中唯一的倖存者。[7]

承認

國際社會一如既往，幾乎沒有質疑在一戰爆發後九個月土耳其展開的恐怖暴行。德國與這個殘暴政

位於鄂圖曼土耳其帝國亞拉吉爾村（Arapgir）使徒教會學校的亞美尼亞孩童。照片中只有四名兒童在土耳其屠殺中存活。（圖片來源 John Mirak ／ Project SAVE Armenian Photograph Archives）

權結盟，擁有最佳立場影響對方。然而德國官員多半維護塔拉亞特的行動，並嘲諷同盟國稱土耳其為恐怖政權，他們表示這種說詞「全然是無中生有」、「嚴重誇大不實」。德國人附和土耳其的說法，表示土耳其實施的任何嚴苛政策，都是有分寸地回應亞美尼亞人在戰時叛國的罪行。[8]儘管德國總理親自接見德國的基督教傳教士，耳聞傳教士提供的大屠殺目擊證詞，卻拒絕受理他們的訴求。柏林當局不願意得罪土耳其盟友。

英國和法國正在和鄂圖曼土耳其帝國交戰，因此選擇公開他們的暴行。英國外交部蒐集屠殺罹難者和逃亡的亞美尼亞難民的照片。一支以倫敦為據點、積極強硬的親亞美尼亞遊說團體，協助鞭策英國媒體報導這些野蠻行徑。[9]但有人卻不太相信這些傳聞。英國外交大臣愛德華・格雷爵士（Sir Edward Grey）就是其中一例。他警告英國對屠殺缺乏「直接的理解」，極力主張「屠殺並非全為單向的」，並告誡這種譴責很可能沒效果。當俄國外交部長起草一份公開威嚇的聲明，並期望同盟國能共同發表時，格雷表示他懷疑這種訊息能否影響土耳其行徑，甚至認為那可能讓土耳其採取更嚴重手段對付亞美尼亞人。[10]其他英國官員也主張，既然英國已經在和土耳其對戰，那終止殺戮最有利的方法就是擊敗德國、奧地利與土耳其聯軍。一九一五年五月二十四日，同盟國政府確實發布一份共同聲明，史無前例地譴責土耳其犯下「違反人道與文明的罪行」。這份聲明警告土耳其官員與他們的代理人，必須為屠殺負起**個人責任**。[11]但普遍來說，同盟國都忙於打下勝仗。當土耳其發動針對少數亞美尼亞人的滅絕行動，德國軍隊則在比利時以毒氣對付同盟國部隊。一九一五年五月，德國軍隊以魚雷襲擊「盧夕塔尼亞號」（Lusitania）客輪，殺害一千兩百名乘客（其中包括一百九十名美國人）。德國人也剛開始以齊柏林飛船襲擊倫敦。[12]

在這場世界大戰中，美國堅決保持中立，拒絕加入同盟國的聲明行列。威爾遜總統選擇不對土耳其和支持他們的德國施壓，以免引國內的輿論關注這些暴行，進而要求美國介入。土耳其沒有侵犯美國人權益，威爾遜因此沒正式提出異議。

不過在土耳其境內，美國的旁觀者角色卻遭受質疑。老亨利．摩根索是在德國出生的猶太人，他在十歲時來到美國，一九一三年被威爾遜總統指派為駐鄂圖曼土耳其帝國大使。他鼓動美國對土耳其進行外交干涉。從一九一五年的一、二月開始，摩根索收到他派駐在鄂圖曼土耳其帝國各地的十位美國領事，傳來的逼真破碎情報。起初他並未意識到這些危害亞美尼亞人的暴行，在本質上和戰時的暴力有什麼不同。土耳其內政部長塔拉亞特保證，這些不受控制的部分僅僅是針對「暴民暴行」，並在不久後就能遏止暴民。摩根索聽信了他的謊言。[13]到了四月，屠殺正式爆發時，土耳其當局切斷摩根索和其他領事之間的聯繫，並開始審查他們的信件。摩根索不願意根據謠言回報當地情勢給華府，土耳其人也讓他無法查核真相。

儘管摩根索大使起初不願輕信屠殺傳聞，但到一九一五年七月，他已經改變立場。有太多絕望的亞美尼亞人前來求助於他。他還收到信任的傳教士消息指證，這讓他無法再懷疑。這些人坐在他辦公室裡，淚水滑落臉頰，向他滔滔訴說各種駭人的故事。摩根索比較這些證詞和多位領事在改道傳送的電報中敘述的恐怖事實，發現兩者出奇地相似，於是他得出令人驚訝的結論：被他稱為「種族謀殺」（race murder）的事件正在進行。一九一五年七月十日，他發送電報到華府，描述在土耳其發生的戰役：

亞美尼亞人遭到迫害的比例前所未有地高。來自各區廣泛回傳的消息指出，土耳其當局正有系統地嘗試根除一般的亞美尼亞人，任意逮捕與嚴重虐待他們，並將他們全面驅逐到帝國另一端。同時，強暴、搶劫和謀殺事件頻傳，並演變成大規模屠殺，讓亞美尼亞人傷亡慘重而飽受貧窮之苦。這些舉措並不是為了回應人民或狂熱的訴求，純粹是君士坦丁堡以軍事必要性為名下令，而且這種隨機專斷的暴行，經常在不可能發生軍事行動的地區進行。

回應

當時有兩項無法改變的背景條件限制了摩根索的行動。首先，威爾遜政府下定決心不介入第一次世界大戰，因此向土耳其挑釁似乎不是達成這個目標的好方法。其次，國際上的外交禮節要求大使尊重母國政府，而美國政府期望他們的外交官不插手和國家利益無關的事務，如同摩根索寫道：「土耳其當局已經明確通知我，我沒有權利干預他們的內政。」──但他仍警告華府：「他們似乎已訂出有系統的計畫，要摧毀

美國大使老亨利・摩根索。

（圖片來源：Henry Morgenthau III）

亞美尼亞民族。」[14]

土耳其當地的目擊者力勸摩根索訴諸美國的道德力量，否則「整個亞美尼亞民族都會遭到消滅」。[15]大使於是竭盡所能，持續發送猛烈電報給華府，並且幾乎每次和塔拉亞特開會時都會提起此事。他和這名內政部長的交流讓他火冒三丈。某次摩根索提出有關屠殺的目擊報導，塔拉亞特厲聲回嘴：「你到底為什麼對亞美尼亞人如此感興趣？你是猶太人，這些人是基督教徒，……你有什麼好抱怨的？你就不能讓我們隨心所欲處置這些基督教徒嗎？」摩根索回答：「你似乎沒有意識到我在這裡的身分是美國大使，不是猶太人……。我不是以任何種族或宗教名義勸你停手，這只是身而為人的懇求。」塔拉亞特面露疑惑。「我們對美國人也很好。」他說，「我不懂你為什麼要控訴。」[16]

但摩根索不斷向塔拉亞特和其他資深官員抗議，警告他們最終將遭受輿論公審，尤其在美國。塔拉亞特已經預先準備好答案，他大聲說道：「我們才不在乎未來！我們只活在當下！」塔拉亞特相信連坐制。他認為，就算只有某些亞美尼亞人拒絕繳械或抱持煽動意圖，連帶懲罰所有亞美尼亞人也是合情合理。「我們因為沒有區分無辜和有罪的亞美尼亞人備受譴責，」塔拉亞特告訴一名德國記者，「但這件事絕對不可能辦到。儘管他們今天清白，明天可能就犯罪了。」[17]

相較於日後的種族清洗犯罪者經常掩飾他們的「功績」，塔拉亞特卻大肆吹噓。根據摩根索所說，塔拉亞特總愛告訴朋友：「我在三個月內解決亞美尼亞問題的進度，原比阿卜杜勒．哈米德（Abdul Hamid）三十年的統治期間更多！」[18]從一八九五到九六年間，土耳其蘇丹阿卜杜勒．哈米德殺害了約二十萬名亞美尼亞人。塔拉亞特還曾詢問過摩根索，美國政府是否能要求過去長年和亞美尼亞人做生意的紐約人壽保險公司（New York Life Insurance Company）和紐約公平人壽（Equitable Life of New York），提供土耳其當局亞美尼亞投保人的完整名單。「他們現在幾乎全死光了，也沒有留下任何繼承人。」塔拉亞特說，「現在的受益人應該是政府。」[19]

塔拉亞特的要求激怒了摩根索，他當場氣沖沖離開塔拉亞特的辦公室，再次發電報給華府，懇求他的上級多加留心：

我誠摯央求外交部緊急且詳細考量此事，如此則可能達到遏止土耳其政府的效果，也必定能提供目前不被允許的有效救濟機會。我很難克制自己不採取一些行動，阻止他們消滅一個種族。然而，我明白自己是以大使身分來這裡，必須遵守不干涉他國內政的原則。[20]

摩根索必須提醒自己，主權國家的特權之一，就是政府和政治家可以在他們自己的國界之內隨心所欲。「嚴格說來，」他提醒自己，「我無權介入。根據當前情勢殘酷的合法性，土耳其政府對待土耳其他們人民的方式，是純粹的國內事務。除非這件事直接影響到美國人的性命和利益，否則美國政府不會關注。」[21]這樣的狀態令大使感到惱怒。

《紐約時報》針對在土耳其發生的恐怖暴行進行定期而持續的報導，在一九一五年間共發表一百四十五篇新聞。由於摩根索和《紐時》發行人阿道夫．奧克斯（Adolph Ochs）是舊識，他們的關係為傳播消息幫了一個大忙。一九一五年三月起，這份報紙便提及土耳其對亞美尼亞人進行的「大屠殺」、「殺戮」和「暴行」，並轉述來自傳道士、紅十字會幹部、地方宗教權威人士和大屠殺倖存者的描述。「我們可以抱持十足把握地說，」一名記者在七月提到，「除非土耳其迅速被擊潰，否則基督徒很快就會在鄂圖曼土耳其帝國絕跡。」[22]到了一九一五年七月：《紐約時報》的頭條新聞開始大肆報導亞美尼亞人「滅絕」的危機。前英國駐美大使布萊斯子爵（Viscount Bryce），懇求美國政府運用對德國的影響力。布萊斯就像求助於摩根索的傳道士一樣，主張：「如果有任何力量能阻止土耳其政府下毒手，那便是中立國家的表態，尤其是重視人道的美國的裁決。」[23]一九一五年十月七日，《紐約時報》以斗大醒目的標題寫著：「目前估計已有八十萬名亞美尼亞人遇害」。那則新聞報導布萊斯在上議院的證詞，他大力呼籲美國表明在土耳其發生的「某些罪行，就算是在世界大戰的動亂下，國際社會的輿論也不能容忍」。[24]到了十二月，報紙頭條標題寫道：「百萬名亞美尼亞人身亡或流亡」。[25]由於遺體不可勝數，受害者的人數只是估計值，但無論是政府機關官員或非政府組織幹部，都肯定土耳其的暴行「在現代史無前例」，土耳其人的作為已逐漸「等同於幾近殲滅整個種族」。[26]

那些在土耳其目擊恐怖景象的人們，深知美國讀者難以理解如此駭人的惡行，於是他們在歷史上尋找他們認為大眾已消化並瞭解的類似事件進行比擬。有篇報導寫道：「這些暴行的本質與規模，已讓任何過去曾犯下的罪行都顯得微不足道……相較於目前土耳其統治者的所作所為，在阿卜杜勒．哈米德統治下出現的相似暴行，如今顯得溫和而節制。」在阿道夫．希特勒出現之前，阿卜杜勒．哈米德和比利時國王利奧波德二世（Leopold II）訂下歐洲人心中殘暴的標準，後者在十九世紀末、二十世紀初，掠奪剛果的橡膠資源。[27]

由於土耳其持續阻絕國外記者接觸流亡隊伍，記者們往往須推測自己的消息來源是否可靠。「土耳其政府成功將他們對全體亞美尼亞人的所作所為，遮掩得密不透風，」一名美聯社通訊記者沮喪地提到：「長達數週，君士坦丁堡每天都出現大量關於亞美尼亞人的謠言……，但實際上發生什麼事仍是未寫的篇章。沒有任何報社記者獲准造訪受影響的地區，來自這些地區的傳言也都不可靠。土耳其政府的三緘其口不應被視為好的徵兆。」[28]不出所料，在美國的土耳其代表以否認和辯解模糊焦點。土耳其領事傑拉勒．穆尼夫貝伊（Djelal Munif Bey）跟《紐時》提到：「那些被殺害的人都是反叛分子，他們被捕時都是現行犯，否則就是在策畫謀反土耳其政府，而非像一些編造出來誤導美國人的報導所說，被殺害者身分是婦女和孩童。」但這名領事也補充，如果實際上有任何無辜生命被犧牲，那是因為在戰時「政府完全不可能區分身分。不僅違法者會遭受懲罰，其他被牽連的無辜之人也會被連帶影響……，亞美尼亞人只能怪自己。」[29]

那些意圖進行祕密屠殺的土耳其人並不樂見自己成為焦點。一九一五年十一月，塔拉亞特提醒官方摩根索知道的太多了。「重要的是說服在那些地區的外國人，驅趕亞美尼亞人的行動事實上就只是將他們驅逐出境。」塔拉亞特寫道，「為了保全面子，重要的是在短時間內展現出溫和處理的表象，再適時適採取慣常舉措。」一個月後，塔拉亞特憤怒地發現，外國人取得路旁充滿屍體的照片，因而建議「立即掩埋」這些屍體，或至少把他們藏到看不見的地方。[30]

摩根索感受到土耳其對國際社會的輿論十分敏感，於是懇求他的上級擱置外交禮節和中立立場，以「人道之名」發布政府對政府的直接呼籲以阻止殺戮。他也力勸美國政府說服德國皇帝，制止土耳其人

「消滅一個信仰基督教的種族」。此外，他還請求華府向土耳其施壓，迫使他們准許運送人道救援物資到那些被驅逐出境的亞美尼亞人手中。這些人正在沙漠中面臨活活餓死的危機。[31]然而，由於在土耳其發生的恐怖事件並未威脅到美國人，美國仍堅守一戰期間的中立立場。華府並未按照摩根索的建議行動，反而，美國官員力勸摩根索向民間尋求協助。

摩根索確實得到來自美國政府以外的協助。公理會（Congregationalist）、浸信會（Baptist）和羅馬天主教等教會都捐款相助。單單在一九一五年，洛克菲勒基金會（The Rockefeller Foundation）就捐出二十九萬美元。最值得注意的是，有一群傑出的美國人儘管都沒有亞美尼亞血統，卻成立一個亞美尼亞暴行委員會（Committee on Armenian Atrocities）。[32]這個委員會為了救濟亞美尼亞人，除了募到十萬美元，更舉辦一場備受矚目的遊行，號召來自紐約市一千多個教會和宗教組織的代表團，齊聲譴責土耳其的罪行。

然而，儘管委員會呼籲人們「採取行動」，卻未主張美國進行軍事干涉。他們擔憂美國如果宣戰，會對在土耳其的美國學校和教會造成衝擊。除此之外，委員會成員對他們在亞美尼亞的基督教教友抱持的同情，也讓部分人們成為和平主義者。委員會公開斥責暴行，卻反對向土耳其宣戰，這讓前總統西奧多．羅斯福嗤之以鼻。在一封寫給亞美尼亞委員會祕書塞繆爾．德頓（Samuel Dutton）的信中，羅斯福猛烈抨擊「不計代價維持和平的人」偽善至極。他提及這種人總愛以「安全第一」為最高行動原則，和那種在「一艘即將沉沒的輪船上，先於婦女和孩童跳上救生艇的男人」是採取一樣的原則。羅斯福又寫道：

那些為了亞美尼亞人舉辦的大型聚會，如果只是要提供參與者感性、無用又安全的發洩途徑，那無論如何都不會達到任何成果。這些聚會可說是成事不足，敗事有餘……在我們將榮譽和責任放在第一位、願意冒險賭上某些事物，成就自身和他人的正義之前，我們將一事無成，我們也活該受其到他強大國家人們的輕視。[33]

羅斯福對於在這種情勢下依然有人提議保持中立感到不解：「在事件中，有一方是絕望而遭受追捕的人，他們的小孩被謀殺、婦女被強暴；另一方則是邪惡而勝利的非法之徒。」他評論維持中立立場是「把當前的安全，放在當前的責任與未來的安全之上。」[34] 後來在戰爭期間，有人以他們為亞美尼亞人發起的救濟運動作為不向土耳其開戰的理由，這讓羅斯福更加憤怒。一九一八年，羅斯福寫信給亞美尼亞委員會中最具影響力的成員克萊弗蘭．道吉（Cleveland Dodge），提到：「放任土耳其人屠殺亞美尼亞人，然後徵求許可去幫助倖存者，接著再以已經幫助過倖存者為藉口，主張不該再採取唯一能永久阻止這種屠殺的策略。這樣的做法既愚蠢又可惡。」[35]

面對美國強硬的中立立場，摩根索試圖採取變通的方法。一九一五年九月，他提議要籌集一百萬美元，將那些從屠殺中逃脫的亞美尼亞人送到美國。「從五月起，」摩根索表示：「已經有三十五萬名亞美尼亞人被屠殺或餓死。目前共有五十五萬名亞美尼亞人能夠被送往美國。我們必須拯救他們。」土耳其接受這項提議後，摩根索呼籲美國西部各州籌措資金來準備一艘船，負責運送和照顧亞美尼亞難民。

他訴諸美國自身的利益，主張：「亞美尼亞人是品行端正又勤奮的種族，可以成為定居在人口較不稠密的西部地區的好公民。」[36]他知道他必須先發制人，反駁那些預設亞美尼亞人是不速之客的人。然而，土耳其甚至毫無誠意幫助亞美尼亞人離開。土耳其阻斷難民出境，讓摩根索的計畫一籌莫展。[37]

當美國傳教士被逐出土耳其後，他們回到母國講述自身的遭遇。長老教會傳教士威廉・謝德（William A. Shedd）選擇直接寫信給新上任的美國國務卿羅伯特・蘭辛（Robert Lansing）：

我相信有許多深思熟慮的美國人，像是我自己，都認為我們政府的沉默十分危險。當一個政府對一群非戰鬥群體（多數受害者是無助的婦孺），犯下如此重大的罪行，我們的政府卻絲毫沒有公開抗議，這等於錯過為人道精神奮鬥的難得機會。美國如果不採取行動，便要承擔極大風險讓美國之名蒙受恥辱，並減弱我們為人道與正義發聲的正當性。當然，我明白由我來建議外交事務的處理程序可能有些放肆，然而，這群大量在土耳其受苦的人民情況非常危急，唯一有望發揮影響力的，正是美國政府。[38]

但是，國務院的近東事務部（Division of Near East Affairs）建議蘭辛：「無論我們對亞美尼亞人遭遇的折磨感到多遺憾，目前也不能採取任何積極作為幫助他們。」[39]蘭辛指示摩根索持續告知土耳其當局，他們的暴行會「損害美國人對土耳其人的好感」。[40]後來，他終於要求德國嘗試制止土耳其，但他也對土耳其的安全考量表示理解。在一九一六年十一月，蘭辛寫道：「我能理解亞美尼亞人對鄂圖曼土耳其政府眾所皆知的不忠行為，加上他們的居住地位於軍事區域，這或多或少對土耳其構成正當理由，可以將亞美尼亞人驅離家鄉。」[41]摩根索審視當下事實，看見了一場冷血的滅絕行動；蘭辛同樣理解與消化許多事件後，卻是看見土耳其消除國內威脅的努力，並認為儘管這令人遺憾，卻能夠被理解。

摩根索待在君士坦丁堡二十六個月後，在一九一六年初離職。他再也無法忍受自己如此無能為力。他回憶道：「我沒辦法阻止亞美尼亞的毀滅，土耳其已經變成我的惡夢之地。我已用盡我一切資源。」[42]在摩根索的任期中，總共有超過一百萬名亞美尼亞人死亡。摩根索成為外界眼中愛惹是生非的人物，他之後再也沒有受到威爾遜政府其他派任。威爾遜總統的決策反映出美國壓倒性的民意，那就是盡可能不介入一戰，能隔岸觀火愈久愈好。當一九一七年四月，美國終於加入對抗德國的作戰，美國仍拒絕對鄂圖曼土耳其帝國宣戰或斷絕關係。「只要是戰爭所需，我們就應該照做，」威爾遜告訴國會：「但在我看來，我們只應按照緊急且實際的考量來行動，無須顧慮其他任何因素。」[43]最後是土耳其提出要和美國斷絕外交關係。

美國對土耳其恐怖暴行的不回應，建立了未來一再重複的模式。一次又一次，美國政府不願拋下中立立場，公開譴責友邦國的暴行。儘管美國官員獲知大量平民遭到屠殺，但他們對實情抱持疑慮，又主張即便美國立場轉趨強硬，也難以改變現狀，這讓他們合理化自身的無所作為。而即便一再有最接近屠殺事件發生地區的美國人，對美國政府的預設和政策提出質疑，試圖撼動這些政治界高層的想像力，然而這些倡議卻都無法讓華府動搖。往往美國會提供遭受「種族謀殺」的倖存者人道救援，卻放任犯罪者不管。

餘波

一九一八年，第一次世界大戰落幕時，戰爭罪問題在巴黎和會上成為重大議題。英國、法國和俄國主張德國、奧地利和土耳其政府，應該要為違反戰爭法和「人道法則」負起責任。這些國家開始籌畫二十世紀第一場國際戰爭罪法庭，希望能審判德皇與他的部屬，以及塔拉岦特、恩維爾帕夏和土耳其的其他主要犯罪者。然而，美國國務卿蘭辛卻代表美國提出反對意見。總體來說，威爾遜政府反對同盟國提議削弱德國勢力，但也反對某種被稱為**普世**的正義原則，作為懲罰他國的理由。蘭辛主張人道法則**因人而異**，他的言論反映當時美國普遍民意。蘭辛認為主權國家的領袖應該免受起訴，表示：「主權的本質」正是「無須負責」（The essence of sovereignty is the absence of responsibility.）[44]美國只能審判那些侵犯美國人民或美國資產的行為。[45]

美國表明，假使國際上成立這樣的法庭，那美國不會參與其中。當時在美國人的思維中，國家不受干涉的權利，毫無疑問凌駕於任何個體伸張正義的權利之上。戰後日益高漲的孤立主義，讓美國不願捲入明顯脫離狹隘國家利益的事務。

最初，即便缺少美國官方支持，英國在戰時提出審判土耳其領導者的承諾，似乎仍能被實現。一九一九年初，英國仍有約三十二萬名士兵佔領土耳其。英國於是向願意合作的蘇丹施壓，逮捕數名土耳其劊子手。當時，在八位率領土耳其對抗同盟國的鄂圖曼土耳其領導人中，總共有五人被逮捕。

一九一九年四月，土耳其在君士坦丁堡成立法庭，審判兩名地方高層官員。這兩名官員被指控驅逐亞美尼亞人和「**違反人道與文明**」，被判定有罪。法庭發現許多婦孺被暴力脅迫加入流亡隊伍，男性則被謀殺：「那些男人的雙手被綁在背後，遭到預謀殺害。」警察指揮官泰弗菲克貝伊（Tevfik Bey）被判十五年勞役，副總督凱瑪勒貝伊（Kemal Bey）則被判絞刑。塔拉亞特和的他同伴在缺席的狀況下，也被判定有罪。法庭發現這群人擬定由上而下、精密執行的計畫，必須為指揮屠殺的責任負責：「亞美尼亞人遭遇的災難並非地方或個別事件。那是中央組織預謀決策的結果……種種的犧牲和暴行，都是以中央組織發布的口頭和書面命令為根據。」[46]

穆罕默德．塔拉亞特被判死刑，但他以平民身分在德國過著平靜的生活。德國拒絕同盟國提出的引渡要求。塔拉亞特意識到他在歷史上的位置，開始撰寫他的回憶錄。其中，他對大屠殺的暴力規模輕描淡寫，主張任何傷害都是典型而**令人遺憾**的戰爭特徵，是由**不可控因素**造成（塔拉亞特多半以被動語句描述屠殺事件）。他寫道：「我承認，並不是所有地方的驅逐行動都是合法的……有些官員濫用他們的權威，許多地方的人採取預防措施，也有無辜平民受到攻擊。」塔拉亞特承認政府有責任避免這種事發生，並應懲處**濫用職權與殘暴的行徑**。但他也辯解若是這麼做，那會引發人民極度不滿，土耳其無法承擔在戰爭期間分裂的後果。「我們已經用盡全力，」他聲稱，「但我們偏向擊敗外敵後，再解決國內困境。」他提到，雖然也有其他國家在戰時採取激烈的預防手段，「但沒有人關心這些措施造成的不幸結果」，因為「所有人都在關注我們，我們的所作所為在全世界引發迴響」。就連在試圖洗白自己形象時，塔拉亞特也忍不住責怪亞美尼亞人自食惡果。他寫道：「我承認我們驅逐許多東部省分的亞美尼亞人」，但「最該為這些行為負責的對象，是被驅逐的人民本身」。[47]

起初，針對塔拉亞特及其黨羽的審判前景被看好，但國際間的熱情逐漸冷卻，不久，政治界也插手干預。當土耳其的民族主義領袖穆斯塔法・凱末爾（Mustafa Kemal，後被尊稱為「土耳其人之父」）在家鄉迅速獲得愛戴，鄂圖曼土耳其政權開始害怕人民認定政府屈從於英國的計謀，而強烈反抗政府。此外，凱瑪勒貝伊遭判處死刑後被帝國各處的民族主義者奉為烈士，土耳其為避免動盪惡化，開始釋放輕罪的嫌犯。英國對無能而政治化的土耳其司法系統愈發感到失望，而將土耳其司法系統形容為**荒謬**。由於佔領土耳其的英軍擔心土耳其永遠不會審判任何一名拘留的嫌犯，於是將許多被捕的戰爭罪犯，從土耳其運送到馬爾他（Malta）和木卓斯（Mudros，位在愛琴海利姆諾斯島的港口），對這些人執行最終國際審判。但後來國際審判受到的支持也消失了。一九二〇年，在同盟國對種族屠殺事件提出譴責與承諾的五年後，凱末爾迅速鞏固他對土耳其的掌權，公開譴責一九二〇年的《色佛爾條約》（Treaty of Sèvres）形同叛國。這項條約迫使鄂圖曼土耳其人承諾交出戰爭罪嫌疑犯，提供國際法庭進行審判。英國人一度堅信，他們至少能起訴八名因侵害英國人而遭拘留的土耳其人。但在一九二〇年，溫斯頓・邱吉爾（Winston Churchill）甚至放棄這個希望。當時，凱末爾逮捕二十九名英國士兵，英國政府的當務之急就是要拯救那些士兵的性命，無暇顧及其他事務。[48]

一九二一年十一月，凱末爾透過協商交換英國戰俘，終結了國際法庭審理土耳其戰犯的承諾。那些遭到監禁的英國人，被用來換取所有英國拘留的土耳其嫌犯。一九二三年，歐洲列強以《洛桑條約》（Treaty of Lausanne）取代《色佛爾條約》，在條約中完全沒提及對土耳其罪犯的相關起訴。前英國首相大衛・勞合・喬治（David Lloyd George）因此將這份條約形容為「悽慘、懦弱又無恥的屈服」。[49]

第二章 沒有名字的罪

在種族屠殺中倖存的亞美尼亞青年索戈蒙．泰赫利里安，對國際條約或地緣政治一無所知。他只知道從戰爭開打後，他的人生就變得空洞虛無。塔拉亞特必須為此負責，但這位前土耳其內政部長永遠不會受到審判。泰赫利里安在家人被殺害、自己頭部受傷後持續失眠，經常癲癇發作。一九二〇年，他找到生活目標，加入復仇行動（Operation Nemesis）。那是以波士頓為基地的亞美尼亞祕密計畫，旨在暗殺涉入攻擊亞美尼亞人行動的土耳其領袖。他被指派負責謀殺塔拉亞特，這項罪行讓他在亞美尼亞社群贏得永久的光榮，也讓他一時間在全球變得聲名狼藉。

泰赫利里安在柏林等待審判時，有位名叫拉斐爾．萊姆金的二十一歲猶太裔波蘭人，正在利沃夫大學（University of Lvov）攻讀語言學。偶然間，他在地方報紙讀到有關塔拉亞特暗殺事件的短篇新聞。萊姆金十分好奇，於是向他的一位教授提起這起案件。萊姆金詢問，為什麼塔拉亞特沒有因為屠殺亞美尼亞人被逮捕？教授表示沒有任何一條法律可以逮捕他。「你可以想像，有個農夫擁有一群雞。」他說：「他殺了那些雞，但這是他家的事。如果你干涉，就是在侵害他。」

「泰赫利里安殺害一人是犯罪，但他的壓迫者殺害超過一百萬人卻不是犯罪？」萊姆金問道：「這真是太矛盾了。」[1]

「國家主權」的旗幟竟然能包庇一名意圖消滅整個少數族群的人，這件事讓萊姆金膽戰心驚。萊姆金向教授論稱：「主權意指實施獨立的外交與內政政策、興建學校、鋪設道路……各式各樣促進人民福祉的作為。不能將主權視為殺害數百萬無辜人民的權利。」[2]然而制定規則的是國家政府，尤其是列強大國。

萊姆金從相關文獻中讀到，英國曾經試圖審判土耳其的犯罪者，但以失敗告終，也發現各國政府鮮少只出於正義的承諾就尋求法律制裁。唯有在面臨政治壓力、發覺審判有助於戰略利益，或罪行本身影響本國公民時才會這麼做。

萊姆金對於該如何評斷泰赫利里安的行為感到兩難。一方面，萊姆金相信這位亞美尼亞人維護了「人類的道德秩序」，也引發世界關注土耳其的屠殺事件。泰赫利里安的案件很快成為一場對已故的塔拉亞特屠殺亞美尼亞人的罪行，進行的非正式審判。那些為泰赫利里安辯護所援引的目擊證詞和書面證據，都讓鄂圖曼土耳其政府的恐怖暴行被揭露，受到前所未有的關注。《紐約時報》寫道，在審判中引用的文件「完全證實土耳其當局的目的並非驅逐，而是滅族」。[3]不過，萊姆金對泰赫利里安的態度也感到不安。泰赫利里安的表現像是一名「自我加封的人類良心執法官」，並且，他因為今日所謂的「暫時性精神錯亂」理由獲判無罪。[4]萊姆金深知激情經常曲解正義，不能再讓塔拉亞特這樣的屠殺凶手免責，必須制定法律懲罰這些罪犯。

十年後的一九三三年，萊姆金成為一名律師，正計畫要在馬德里國際刑法會議上，向齊聚一堂的傑出前輩同僚發表一場演說。[5]萊姆金擬定一份草稿，呼籲眾人關注希特勒的崛起和鄂圖曼土耳其政府屠殺亞美尼亞人的行徑。多數歐洲人都忽略這種犯罪，或將之歸類為**東方**現象。這位年輕律師疾呼，這種犯罪一旦發生就會一再出現，如果曾在那裡發生，在這裡也會發生。萊姆金提出一項激進的方案。他堅認國際社會如果真的希望防止亞美尼亞人經歷的大屠殺，那全世界國家都必須團結起來，投入倡議運動，禁止這類行為再次發生。萊姆金以此為目標，準備一項能防止滅絕某個民族、種族和宗教群體的法案。這項法案奠基於他所謂的「普遍制止犯罪」（universal repression）概念，此一法律觀念是現今「普遍管轄權」（universal jurisdiction）的前身，意即這些罪行的煽動者與犯罪者，無論他們的犯罪地點、國籍或官階地位為何，也不論他們是在什麼地方被捕，都必須遭受懲罰。[6]假使有人／體系企圖像屠殺亞美尼亞人般消滅一整個民族、族裔（ethnic）或宗教群體，那將會成為國際犯罪。如同蓄奴和海盜，這些人無論在何處都會受到處罰。萊姆金主張懲處的威脅將會改變人們的實質作為。

野蠻暴行

早在拉斐爾．萊姆金聽說泰赫利里安的故事前，他就對暴行的受害者懷抱強烈而奇特的情感。一九一三年，十二歲的萊姆金閱讀諾貝爾獎得主亨利克．顯克維奇（Henryk Sienkiewicz）的小說《你往何處去？》（*Quo Vadis?*），該書敘述羅馬皇帝尼祿在一世紀時屠殺基督教改信者。萊姆金在波蘭東部沃科維斯克（Wolkowysk）附近一座廣闊綿延的農場長大，距離當時隸屬於俄國沙皇領土的比亞維斯托克城（Bialystok）約五十英里。雖然萊姆金是猶太教徒，但他的許多鄰居是基督徒。當時他對尼祿竟然會把基督徒拿去餵獅子感到震驚，並詢問他的母親貝拉，皇帝為什麼能讓觀眾為此叫好歡呼。貝拉是一名畫家、語言學家兼哲學學者，親自在家教育三個兒子。她向萊姆金解釋，一旦國家決心要消滅某個族裔或宗教群體，警察和全體公民都會成為幫兇，而非人類性命的守護者。

少年時期的萊姆金經常纏著他的母親，要她詳細講述歷史上的大屠殺事件。萊姆金因此認識了迦太基（Carthage）洗劫、[*]蒙古入侵和法國胡格諾派（Huguenot）新教徒被迫害[†]等事件。他愛書成癡，快速閱覽許多格外嚴肅的書籍。這些書對他日後在嘗試阻止種族滅絕的暴行時發揮重要的影響力。「當時我是個敏感的年輕人，比較多愁善感。」萊姆金在數年後寫道：「惡行發生的頻率之高，讓我感到驚恐……最至關緊要的，是罪犯總能因為有罪免罰（impunity）而有恃無恐。」[‡]

萊姆金在比亞維斯托克區的成長過程，曾不幸與屠殺議題切身相關。一九〇六年當地發生集體屠殺事件，其中約有七十名猶太人遇害、九十人受重傷。萊姆金聽說那些暴民執行了詭異的毀屍儀式：他們剖開受害者肚子，在裡頭塞滿枕頭和羽絨被的棉花。當時坊間流傳著猶太人喜歡將基督教少年的遺體磨碎，做成無酵餅（matzoh，猶太人紀念逾越節所吃的食物）的傳說。他十分憂心這種錯誤的傳聞，會導致更多殺戮。萊姆金發現他後來稱為的「流血的譜系」（a line of blood）：從羅馬殺害基督教徒，一路延續到他周遭的猶太人遭遇的屠殺。[7]

一戰期間，當亞美尼亞人在塔拉亞特嚴峻的統治下受苦時，俄羅斯人和德國人的戰爭突然來到萊姆金家的農場門前。[8]萊姆金的父母將家族的藏書和他們少量的貴重物品埋起來，帶著兒子躲藏到他們農地四周的森林裡。在戰爭中，砲火將他們的農舍炸毀。德國人奪走他們的作物、牛隻和馬匹。萊姆金的兩兄弟之一塞繆爾，因為肺炎和營養不良在森林裡死去。

戰間期讓萊姆金和他的波蘭同胞得以暫時喘息。波蘭在蘇波戰爭（Russian-Polish war）中罕見地獲勝後，[§]萊姆金在一九二〇年進入利沃夫大學就讀。他在童年時期研讀的《妥拉》（*Torah*），[¶]激發他對命名力量的好奇。長久以來，他也對能增進文化豐富性且具深刻意義的字詞很感興趣。萊姆金對語言很有一套，他精通波蘭語、德語、俄語、法語、義大利語、希伯來語和意第緒語（Yiddish）。上大學後他開始研究語言學，那是一門有關語言演變的知識。他接下來的計畫是學習阿拉伯文和梵文。

然而，當一九二一年萊姆金讀到塔拉亞特遭到暗殺的文章時，他的研究興趣從語言學轉移到對自身黑暗童年的關注。萊姆金轉學到利沃夫法學院，遍尋古代和現代法典，希望能找到防止屠殺的法律。他十分關注地方新聞，當他聽聞在新成立的蘇聯國家發生屠殺事件時，他的調查變得更具急迫性。之後萊姆金成為一名地方檢察官，並在一九二九年開始兼職起草一份國際法案。這份法案將促使他母國和其他

---

* 迦太基洗劫源自第三次布匿戰爭。西元前一四九年，古羅馬向古迦太基發動戰爭，在為期三年圍城後，羅馬攻破迦太基城，造成多數迦太基人戰死，餘下迦太基人被俘為奴。

† 胡格諾派為十六到十七世紀法國新教信奉喀爾文思想的教派，又名為雨格諾派、休京諾派。由於胡格諾拜與法國傳統舊教羅馬天主教會不容，長期受到迫害，新舊教頻頻發生武裝衝突。一五七二年八月，巴黎舊教徒在聖巴托羅謬（又譯聖巴多羅買）紀念日前夕，對新教徒展開清洗，屠戮持續三天三夜，造成約五千至三萬人死亡。此次事件被稱為聖巴托羅謬大屠殺。

‡ 在國際人權法中，「有罪免罰」意指侵犯人權的加害者不受法律制裁。

§ 蘇波戰爭為一次世界大戰結束後，新成立的蘇俄與波蘭第二共和國政權，因領土擴張與擴大權力等問題引發的戰爭。

¶ 《妥拉》（*Torah*）為一般常稱的《摩西五經》，為猶太教經典。其字面意思為指引，意指引導猶太教徒的生活方式。

國家的政府承諾他們將同心協力，阻止消滅特定族裔、民族和宗教群體的惡行。一九三三年，過度自信的萊姆金在馬德里向他的歐洲法律界同僚正式提出這份法案。

萊姆金認為無論是一個族群的身體或文化都必須受到保護，於是他在馬德里會議上，提出禁止兩種相關的行為——「野蠻暴行」（barbarity）與「蓄意破壞」（vandalism）的法律草案。他將「野蠻暴行」定義為「預謀消滅國族、種族、宗教與社會集體的行為」，並將「對於這些群體特殊創造力的藝術和文化作品進行破壞」，歸類為「蓄意破壞」。[9]接下來三十年間，萊姆金都投入制裁這兩種特定行為：消滅一個族群與破壞他們的文化知識生活。

萊姆金首次提出法案時，碰到兩件讓他感到沮喪的事。首先，當時的波蘭外交部部長約瑟夫．貝克（Joseph Beck）正試圖討好希特勒，因而不允許萊姆金前往馬德里，親自發表他的想法。[10]萊姆金的草案只能在他缺席會議的狀況下被朗誦出來。其次，萊姆金發現只有極少數人支持他的提案。戰間期的歐洲國家奉行孤立主義和民族主義，同時面臨經濟衰退問題。因此，歐洲法官和律師對萊姆金提出的「震撼良知」罪行，都顯得無動於衷。那時國際聯盟已四分五裂，難以制定共同法律，更別說要團結起來為身處險境的少數族群立法。儘管各國代表詳細討論「集體安全」的議題，但他們提到這個詞時，並沒有將**國內**群體的安全包括在內。除此之外，根據當時某位代表所述，這種野蠻罪行「極少發生而無須立法」。多數出席會議的律師（他們代表三十七個國家）都難以理解前一世代發生在鄂圖曼土耳其帝國的罪行，與文明大陸的律師有何關聯。雖然德國代表團才剛退出國際聯盟，數千個猶太家庭已開始逃離納粹統治的德國，這些律師仍對希特勒會帶來重大災難的預言感到半信半疑。當萊姆金的計畫在會議上被提出時，德國最高法院院長和柏林大學校長選擇離席抗議。[11]後來萊姆金以他一貫的拘謹語氣說：「我被潑了冷水。」[12]

萊姆金在會議上提出了一項道德挑戰，在場律師並未完全否決他的提議，而是擱置這項提案。萊姆金注意到：「他們不會說好，也**不能**說不好。」就算只是透過外交手段，這群律師也尚未準備同意跨越國界的干涉；但他們也沒準備好承認自己會袖手旁觀、放任無辜人民死去。

萊姆金回到波蘭後被指控企圖利用他的提案，提升猶太人的社會地位。外交部長貝克猛烈抨擊他「羞辱我們的德國朋友」。[13]這場會議結束不久，反猶的華沙政府以萊姆金拒絕停止批評希特勒為由，開除他副檢察官的職位。[14]

儘管萊姆金丟掉飯碗，並因他提出的法律草案受到懲處，他依舊沒懷疑自己的策略。他總是說，歷史「比律師和政治家更有智慧」，野蠻的罪行總以近乎「生物機能的規律性」一再重複。[15]不過他也發現，生活在太平時期的人們，似乎很難聽取或關注這些及早行動的警告。設想暴行似乎太遙遠，策畫消滅某族群的概念太不人道，而弱勢族群的命運又距離局外人的中心利益太遙遠。但當有人犯下相關罪行時，被牽連的國家要出手制止，卻往往已來不及。各國將會永久陷入處理種族屠殺後果的窘境，無法看見或不願預先行動阻止憾事發生。即便如此萊姆金沒有放棄。接下來數年，萊姆金在布達佩斯、哥本哈根、巴黎、阿姆斯特丹和開羅的法律會議上，都穿著燙得齊整的西裝挺身而出，以威嚴的法語講述這項提案的急迫性。

萊姆金不是唯一一位記取歷史教訓的歐洲人，希特勒也是其中之一。馬德里會議後六年，一九三九年八月，希特勒會見他的下屬軍官，發表一段惡名昭著的指導演說。希特勒提到近期歷史帶給他們的中心教訓，就是「史書是由勝者撰寫」，他宣稱：

我們都知道成吉思汗明知故犯，隨隨便便讓上千名婦女和孩童送死。但他在歷史上卻只被視為建國者……戰爭的目的不是追求明確進攻的戰線，而是實際殲滅敵人。透過這種方式，我們才能獲取我們需要的生存空間。**今天還有誰在談論亞美尼亞人的屠殺事件？**[16]

一週後，也就是一九三九年九月一日，納粹入侵波蘭。一九四二年，希特勒將塔拉亞特的骨灰交還給土耳其，土耳其政府將這位已故英雄的骨灰供奉在伊斯坦堡自由之丘（Hill of Liberty）的一座陵墓中。[17]

逃亡

如果在一九三九年九月，萊姆金已經有身分地位可以公開表示：「我早就警告過了」，他絕對會這麼做。但他就像當時所有急忙逃亡或作戰的猶太人一樣，一心只想著保住性命。德意志國防軍（Wehrmacht）入侵波蘭後六天，他聽到廣播節目指示身體健全的男子離開首都。萊姆金趕往火車站，只帶了一組刮鬍用品和一件夏季外套。當納粹德國空軍（Luftwaffe）轟炸並焚燒火車，萊姆金在附近的

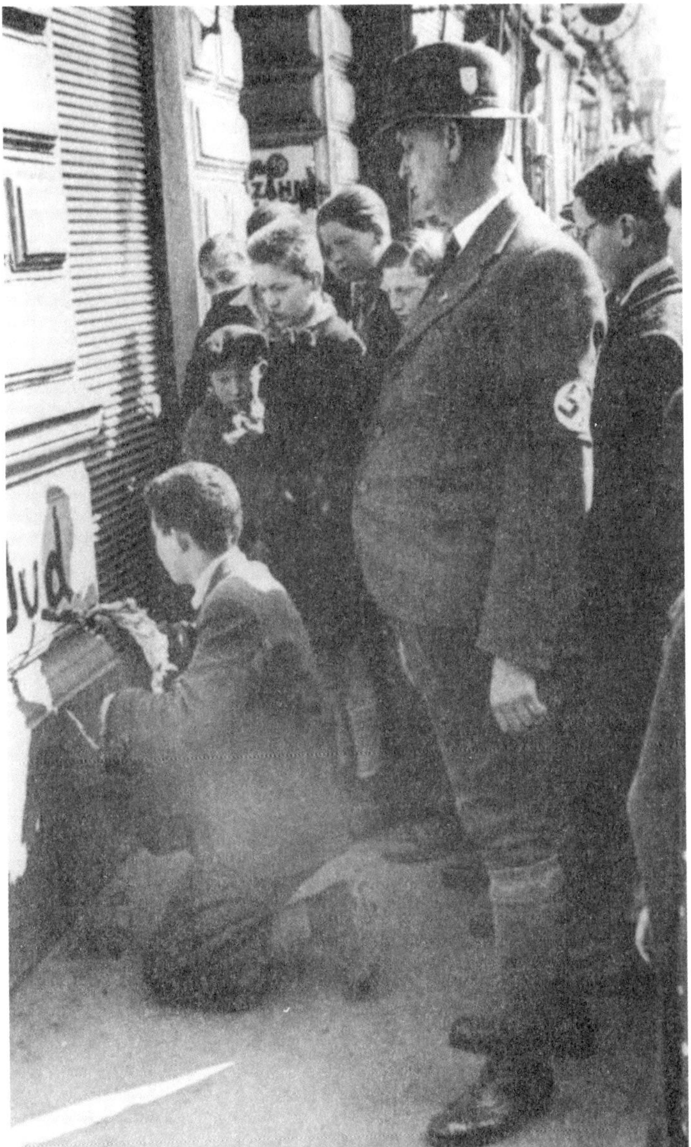

德國與奧地利合併期間，一名奧地利維也納的猶太男孩，被迫在他父親的店鋪外牆寫上「猶太」。

（圖片來源：Österreichische Gesellschaft für Zeitgeschichte，USHMM 照片檔案庫提供）

森林裡躲藏，徒步數天之久，加入他所謂的「游牧社群」（community of nomads）。他親眼看見德國轟炸機擊中一輛塞滿難民的火車和一群擠在鐵軌旁的孩童。和他同行的夥伴中有三人在一場空襲中喪生，另外有數百名和他一起逃亡的波蘭人因為疲憊、飢餓和疾病而倒下。

根據蘇聯和德國的祕密協議，亦即被稱為《德蘇互不侵犯條約》（Molotov-Ribbentrop pact）的條款，蘇聯在德國進攻後不久也入侵了波蘭，隨後波蘭被分割為蘇聯區和德國區。萊姆金不斷逃亡，直到一九三九年十一月，他終於落腳在波蘭蘇聯佔領區的一座小鎮，並說服一個虔誠的猶太家庭庇護他幾天。儘管萊姆金受到溫暖慷慨的接待，但這個猶太家庭對希特勒殘忍的暴行抱持消極又一廂情願的想法，令他感到沮喪。

「猶太人受苦不是什麼新鮮事，」這個猶太家庭的一家之主是名麵包師傅，他堅稱：「身為猶太人最重要的是不被激怒，要活得比敵人更久。猶太人必須等待和禱告。全能之神將會幫助我們，祂總是會伸出援手。」

萊姆金詢問那名男子是否聽過《我的奮鬥》（*Mein Kampf*）那本書。男子說他聽過，但他不相信希特勒會堅持履行他的恐嚇。

「如果希特勒必須和猶太人做生意，他怎麼能消滅猶太人？」那名麵包師傅問萊姆金，「我承認在希特勒統治下有些猶太人會深受其害，但這就是猶太人的命運：注定要受苦和等待。」

萊姆金主張這次和其他戰爭不同，德國人不只要奪取領地，還想完全消滅猶太人。

「在上一場戰爭中，我們從一九一五到一九一八年間，在德國人控制下生活了三年。」麵包師傅說，「那絕對稱不上是好日子，但我們還是找到方法存活下來。我賣麵包給德國人，我們用他們的麵粉替他們烘焙。我們猶太人是永垂不朽的民族，絕對不會被消滅。我們只會經歷磨難。」[18]共計有數百萬人都抱持與這名男子一樣的懷疑。他們相信理性、人際往來與商業貿易，於是選擇待在原地，賭上自己的命運。只有一小群猶太人擁有萊姆金的先見之明。絕大多數人只預期受到迫害，甚至可能偶爾發生集體屠殺，但不相信他們會走向滅絕。

萊姆金仔細觀察這名男子，並反思：

許多世代的想法都透過這名男子傳達出來。他無法相信現實（也就是希特勒的意圖），因為那極度違背天性、邏輯和生活本身，違背他屋裡麵包溫暖的香氣，更違背他貧窮但舒適的床鋪……。試圖用事實讓他心神不寧或困惑沒有用，他已經打定主意了。[19]

萊姆金搭火車到波蘭東部，他的兄弟和父母在那裡生活。他哀求他們一起逃亡。「我因為生病過著退休生活超過十年。」他父親說：「我不是資本家，俄國人不會來騷擾我的。」他的兄弟附和：「我在新政府接管我的商店前，就已經拋棄那間店，並將身分登記為雇員。他們也不會動我的。」萊姆金事後回想到：「我在他們所有人眼中看到同樣的懇求——不要提起我們必須離開這溫暖的家、我們的床、我們的存糧、我們習慣的安全感……。我們將會受苦，但我們終究會找到活下去的辦法。」隔天他感覺到即便這些人還活著，但他彷彿已參加他們的葬禮。他提到：「絕大部分的我正在警醒而極致的殘酷中死去。」[20]

萊姆金離開沃科維斯克前，他的母親告誡他人生圓滿的重要性。她提醒他，比起他一年寫一本書的目標，發展感情生活更加重要。萊姆金當時不曾有過約會對象，他開玩笑地說，在他得到「游牧者」這個新身分後，他的感情運或許會比他是「定居社會的成員」來得更好一些。他跟父母提及他計畫先前往瑞典旅行，接著希望能到美國去。因為那裡是決定重大決策的地方。

萊姆金心意已決。他漫不經心地向父母道別後，出發前往立陶宛的維爾紐斯（Vilnius），那是一座擠滿難民的城鎮。他把身上剩餘的錢都花在兩封電報上。這位一絲不苟的學者發送第一封電報到巴黎，詢問他的出版商是否收到他在戰爭爆發一週前寄出的一份手稿。第二封電報內容則是請求庇護。他將電報發送給一名在瑞典擔任司法部長的友人。[21]萊姆金等待瑞典領事館通知時，在鎮上拜訪一些猶太知識分子，沒有人計畫要離開。

萊姆金難以適應流浪的生活。雖然他熟識的朋友十分慷慨，但當他們開始變得淡漠，他感覺自己的人格「土崩瓦解」。「我人生中有三件想避免的事：戴眼鏡、禿頭和成為難民。」他寫道：「如今這三件事接連降臨在我身上，無可挽回。」[22]萊姆金買了本字典，忙著閱讀每一天的報紙來學習立陶宛語。他只有在法國出版商寄來一份包裹時打起精神，出版商在包裹裡放入他最新著作的長條校樣，內容是關於國際金融規範，還有幾冊一九三三年萊姆金提出禁止野蠻暴行和蓄意破壞的法律草案。這位律師一找到空閒時間，就著手修改起稿件。

由於萊姆金的庇護請求獲得批准，他在一九四〇年二月搭船前往中立國瑞典。僅僅五個月，萊姆金便能以瑞典語講課，他認為這項成就讓他能「從現代人的『難民』挫折中振作起來」。[23]他在斯德哥爾摩大學教授國際法時，開始蒐集納粹在每個佔領城市發布的法令。他透過一間在華沙待過的法律事務所，以及駐歐各地的瑞典大使、紅十字會代表團與德國佔領電臺，蒐集任何納粹部門在被佔領國公開的官方公報。透過彙整這些法令，萊姆金希望展示多種能用法律來散播仇恨、煽動謀殺的惡意手段。他也希望這些由納粹寫出的法令和條例，可以被當作「客觀確鑿的證據」，讓他口中眾多「盲目世界」抱持懷疑的人能看見真相。[24]

萊姆金非常渴望能離開中立的斯德哥爾摩書堆，前往他心目中理想化的美國。由於他曾與一名杜克大學的教授合作，將波蘭刑法翻譯為英文，他獲聘為杜克大學教員，負責教授國際法。萊姆金搭機到莫斯科，再搭乘西伯利亞鐵路到海參崴，接著坐上一艘小船前往日本港口敦賀（Tsuruga）。萊姆金和其他難民把那艘船稱為「漂浮的棺材」。隨後他搭上更大的船從橫濱前往溫哥華，再到美國的入境關口西雅圖，在一九四一年四月十八日抵達美國。

舊運動，新開始

萊姆金搭乘火車到北卡羅來納州，為長達一萬四千英里的旅途畫下句點。在抵達當晚他接獲邀請，要在與杜克大學校長共進晚餐時發表演說。萊姆金在沒做準備也還未完全掌握英語口說的狀態下，力勸美國人效仿摩根索大使為亞美尼亞人做的事。「如果距離這裡一百公里的地方，有老弱婦孺將被殺害，」萊姆金問：「難道你不會趕去幫忙嗎？那麼為什麼當距離從一百公里轉變成三千公里時，你心中的決定就改變了？」[25]首次演講後，萊姆金在美國各地發表數百場演說。他為自己買了一套白色西裝、一雙白色鞋襪和一條深色的絲質領帶，以便在商會、女性團體和大學師生面前亮相。許多觀眾會在萊姆金演說後向他攀談，為美國不願加入對抗希特勒的行列致歉。

萊姆金在杜克大學時收到一封來自他父母的信，那封信寫在一張只有一般信紙四分之一大小的紙條上。「我們一切安好。」信中寫道：「我們希望你健康快樂。我們都很想念你。」幾天後，在一九四一年六月二十四日，萊姆金聽到廣播宣布德國軍隊對蘇聯宣戰，廢止將波蘭分割為德國區和蘇聯區的《德蘇互不侵犯條約》，希特勒軍隊如今大舉入侵波蘭東部。學校同事問他：「你聽說納粹的消息了嗎？」萊姆金茫然鬱悶地低著頭。「我們很遺憾。」他們說完連忙離開現場。[26]

雖然失聯家人的安危讓萊姆金感到驚慌擔憂，但他讓自己忙於宣傳希特勒的罪行。美國普遍的輿論和立陶宛相同，都認為納粹是在對歐洲軍隊開戰。當萊姆金告訴美國政府官員德國正在消滅猶太族人，他得到的回應不是冷漠就是懷疑。但當希特勒對美國宣戰後，那時已能流利使用九種語言的萊姆金認為，他可能可以獲得更多聲望。一九四二年六月，華盛頓特區的經濟戰委員會（Board of Economic Warfare）和外國經濟管理處（Foreign Economic Administration）雇用他擔任首席顧問。到了一九四四年，美國戰爭部（U.S. War Department）延攬他以國際法專家的身分加入組織。然而，他所描述的恐怖故事並非美國政府關心的焦點。「我的同僚只是出於禮貌表現出些微興趣。」他記得：「他們幾乎都全神貫注在自己的任務上……。他們非常擅於將話題轉到他們想要的方向。」[27]

萊姆金努力和上級建立起關係。他與羅斯福的副總統亨利・華萊士（Henry Wallace）見面，嘗試針對副總統調整他傳達訊息的方式。在會面前，他認真研究田納西河谷管理局（Tennessee Valley Authority）的灌溉計畫，他知道這會引發華萊士的興趣，因為副總統是在愛荷華州的玉米田長大。萊姆金還不經意提及他自己在農場的成長歷程。萊姆金在幾個場合與華萊士碰面，屢次向他介紹禁止消滅族群的提案，他記得：「我滿懷希望期待對方回應，卻音訊全無。」[28]

接下來，萊姆金試圖直接與羅斯福總統接觸。有一名助理力勸他將提案摘成一頁的備忘錄，這讓萊姆金震驚不已。他沒想到他必須「將數百萬人的痛苦、眾多國族的恐懼，還有從死亡中獲救的希望」精簡成一頁紙張。不過他成功辦到了。他在備忘錄上建議美國採納禁止野蠻暴行的條約，敦促同盟國宣告戰爭的首要目標是保護歐洲少數族群。數週後，一名情報員轉達總統的口信。羅斯福表示，他認知到少數族群正面臨危險，但目前美國難以正式通過這樣的法律。他向萊姆金保證美國會對納粹提出警告，並要他保持耐心。萊姆金勃然大怒。「如果人們是在等待錄用通知、預算分配或造路計畫，**耐心**是恰當的字眼。」他提到，「但當受害者的脖子已經被套上繩索，被絞死的危險迫在眉睫，**耐心**一詞豈不是在侮辱人的理智和本性？」[29]萊姆金相信**雙重謀殺**正在發生：其一是納粹殺害猶太人，其二則是同盟國心知肚明希特勒的滅絕行動，卻拒絕宣傳惡行或表達譴責。萊姆金接到羅斯福拒絕採納提案的回應後離開部會，緩緩走過憲法大道，試圖不去想這會帶給他父母何種後果。

萊姆金非常肯定政客永遠會把自身利益放置於他人利益之前。為了把握任何影響美國政策的機會，他必須把自己的訊息傳達給一般大眾，再由人民向領袖施壓。他事後寫道：「我發覺我採取錯誤的路線。政治家正在把世界搞得一團亂，唯有當他們感覺到似乎要淹沒在自己製造的泥濘中時，才會急忙讓自己脫身。」[30]那些在萊姆金面前表達深刻共鳴的美國人沒有讓外界聽到他們的聲音，而多數美國人則漠不關心。萊姆金跟自己說：

> 納粹在全歐洲各地，都在用我同胞的鮮血書寫死亡之書。現在就讓我來告訴美國人民這個故事，告訴在街上、教堂、在家前面的門廊、在廚房和客廳裡的人們。我肯定他們會瞭解我……我會將這些在歐洲四處散播死亡的法令公諸於世，他們將不得不相信我。承認真相將不再是對我個人的恩惠，而是作為必要的邏輯。[31]

一九四二、四三年，當萊姆金在華府和全美各地遊說，呼籲人們採取行動時，他想起一九四一年八月，英國首相邱吉爾發表的一場演說。邱吉爾在英國廣播公司電臺上，公開力勸同盟國做出決議。「納粹的武器和野蠻攻擊，已將全歐洲摧毀殆盡……隨著納粹的軍隊進攻，每個地區都將被滅絕殆盡。」邱吉爾怒斥：「我們正在面對一個沒有名字的罪。」[32]

拉斐爾・萊姆金。

（圖片來源：New York Times Photo Archive）

萊姆金的運動突然有了明確的目標：尋找一個新的詞彙。他在腦中重播邱吉爾的演講，以及他在馬德里提案時得到的律師回應。或許自己沒有將他宣導的罪行和典型的戰爭暴力充分區隔開來。如果他能用一個單一詞彙精準描述，暗示這種犯罪極度特別與邪惡，民眾和政客可能會更積極阻止。萊姆金開始思考他能如何將他的國際法知識、預防暴行的目的，以及長久以來對語言學的興趣融合在一起。他深信這之中需要改進的，只有他提倡的法律和道德的包裝方式。於是他開始尋找一個能符合他個人和數百萬人真實經驗的詞彙。這項終極之罪將由他來命名。

第三章 有名字的罪

請相信這些令人難以置信的事實

儘管萊姆金當時沒意識到，但他其實有一群作為目擊者，同樣感到失望而悲痛的夥伴。他與這群人形成某種虛擬的社群。相隔一洲之外，一樣是猶太裔波蘭人的敘穆勒・齊格波伊姆（Szmul Zygielbojm）的主張，和萊姆金在美國戰爭部提出的觀點十分相似。一九四二年五月末，當關於納粹恐怖暴行的傳聞仍被貼上「謠言」的標籤時，齊格波伊姆身為倫敦波蘭民族議會（Polish National Council）一員，公開發表一份波蘭地下組織「猶太社會主義聯盟」（Jewish Socialist Bund，簡稱為猶社聯）準備的報告。過去兩年間，齊格波伊姆都在歐洲和美國各地旅行，講述波蘭被佔領後的可怕境況。但這份猶社聯報告對希特勒的種族滅絕陰謀，提供了最完整、精確且駭人的描述。納粹已經派遣機動殺戮隊（Einsatzgruppen）到被征服的東歐地區。猶社聯報告中提到一九四一年夏季，立陶宛和波蘭的情景：

十四到六十歲的男性被驅趕到同一個地方，通常是廣場或公墓。他們在那裡被納粹用機關槍射擊，或用手榴彈殺害。他們還必須挖掘自己的墳墓。孤兒院的孩童、養老中心的院民和醫院的病人都被射殺，婦女在大街上被殺死。在許多城鎮，猶太人被帶到「未知的目的地」，並在鄰近的森林裡慘遭毒手。[1]

猶社聯報告告訴讀者，毒氣卡車在波蘭的忽母諾鎮（Chelmno）周遭徘徊，從一九四一年冬天到一九四二年三月，每天平均毒殺一千人（每輛卡車九十人）。這份報告揭露德國已經開始「消滅歐洲所有的猶太人」。目前已經有超過七十萬名猶太人遭到殺害，還有數百萬人岌岌可危。寫下報告的作者群請求波蘭流亡政府向同盟國施壓，請求對同盟國國內的德國公民展開報復。[2]一些人則公開疾呼同盟國應該為了納粹的暴行轟炸德國，並在德國全境領土投撒傳單，跟德國公民訴說正在發生的暴行。一九四二年六月二十六日，齊格波伊姆參與英國廣播公司節目時，傳遞了同樣的訊息。他以意第緒語朗讀一名住在猶太區的猶太婦女，寫給她住在另一區的姐妹的信：「我的雙手不停顫抖，我沒辦法寫字。我們來日無多了，天曉得我們是否還能見彼此一面。我邊寫信邊掉淚。我的孩子正在嗚咽抽泣，他們想要活下去。我們祝福妳。如果妳沒有再收到我的信，妳就知道我們已經不在人世了。」齊格波伊姆表示，猶社聯的報告和這封婦女的信是「對全世界的呼救」。[3]

那年稍早，時年二十八歲、信奉羅馬天主教的波蘭外交官揚．卡爾斯基（Jan Karski）偽裝成猶太人，戴上大衛星臂章，穿越地道偷渡到華沙猶太區。他還冒充成烏克蘭民兵，潛入波蘭和烏克蘭邊界附近的貝烏熱茨（Belzec）納粹滅絕營。一九四二年末，卡爾斯基以小型微縮膠捲拷貝數百份文件，藏在一把鑰匙的手柄中，將膠捲帶出來並逃離納粹陣營。他安排在倫敦與齊格波伊姆和他的同事伊格納澤·史瓦茲巴特（Ignacy Schwarzbart）會面。當晚史瓦茲巴特在檢查卡爾斯基帶來的文件時大為震驚，隨後他發布電報給紐約的世界猶太人大會（World Jewish Congress），描述波蘭猶太人的慘況：

波蘭的猶太人幾乎已滅絕，只要閱讀報告就能得知數萬名猶太人被驅逐與殺害。他們在貝烏熱茨被迫挖掘自己的墳墓，大批猶太人自殺、數百名兒童被活活丟進水溝。在貝烏熱茨、馬烏基尼亞（Malkinia）的特雷布林卡區（Treblinka）滅絕營，數千具屍體暴露在外。在沃達夫斯基（Wlodawski）的索比堡區（Sobibor）有萬人塚，孕婦被謀殺。裸體的猶太人被拖進行刑室，蓋世太保要求更高的報酬，以便更快速屠殺與追捕逃犯。波蘭全境每天都有數千名受害者。**請相信這些令人難以置信的事實**。[4]

隔天，卡爾斯基在史瓦茲巴特與齊格波伊姆位於皮卡迪利圓環（Piccadilly Circus）附近的辦公室與他們見面。卡爾斯基向他們訴說華沙猶太區的裸體屍體、黃星臂章、飢餓的兒童、獵猶行動和人肉被燃燒的氣味。卡爾斯基將受困於華沙的猶社聯領袖萊昂·費納（Leon Feiner）的私人訊息轉達給齊格波伊姆。費納指示齊格波伊姆停止徒勞的抗議，改為極力主張報復性轟炸、散布傳單與處決同盟國手中的德國人。[5]卡爾斯基表示，當他警告這些提議「激烈又不切實際」時，費納反駁：「我們不知道什麼手段實際、什麼手段不切實際。我們命都要沒了！就按照我的話做！」[6]卡爾斯基的記憶力驚人，他完整背誦費納對每位猶太領袖的臨別呼籲，要他們採取激烈手段促使民眾相信這些報告：

我們全都快沒命了，讓他們（同盟國內的猶太人）也赴死吧。讓他們擠進邱吉爾等英美重要領袖和代理機構的辦公室。讓他們到權威人士的家門前宣告絕食。在那些人相信我們並採取某些行動、拯救我們仍存活的同胞前，絕對不要撤退。讓他們在世人的冷眼旁觀下慢慢死去，這或許就能喚醒世界的良知。

齊格波伊姆聽到費納的訊息後從座位上跳起來，開始在房間來回踱步。「這不可能成功的，」他說：「完全不可能。你明明知道會發生什麼事。他們只會派兩名警員，把我拖走送到收容所裡……你想他們會放任我慢慢死去嗎？絕對不會的！……他們絕不會讓我斷氣。」[7]激動的齊格波伊姆不斷質問卡爾斯基，這位傳話人則哀求齊格波伊姆相信他已竭盡所能。兩週後，齊格波伊姆在英國廣播公司節目上宣告：「如果再不採取行動阻止歷史上最惡劣的犯罪，光是繼續過活，光是身而為人都堪稱恥辱。」[8]

卡爾斯基前往美國，會見最高法院的法官費利克斯・弗蘭克福特（Felix Frankfurter）。弗蘭克福特和藹地聽他把話說完後，回答：「我不相信你說的。」當卡爾斯基震驚地表達抗議時，弗蘭克福特打斷他並解釋道：「我並不是指你在說謊。我只是說，我無法相信你說的這些事。」[9]弗蘭克福特完全無法想像卡爾斯基描述的暴行，他並不孤單。以賽亞・伯林（Isaiah Berlin）從一九四二年起任職於華府的英國大使館，他也認為那只是場大屠殺。納胡姆・戈德曼（Nahum Goldman）、哈伊姆・魏茲曼（Chaim Weizmann）、大衛・班古里昂（David Ben-Gurion）等其他主要的猶太復國主義者也都如此認為。[10]

德國人盡其本分發布例行性的否認聲明，並用「重新安置」這種委婉的說法掩蓋「最終解決方案」。希特勒的國民教育與宣傳部部長約瑟夫．戈培爾（Joseph Goebbels）為了對付有關暴行的傳聞，將矛頭指向英國在印度和其他地區的權力濫用。他視這種策略為「能夠安然避開猶太人這個尷尬話題的最佳機會」。[11]總部設在瑞士的國際紅十字委員會記錄猶太人被驅逐出境的情況，但沒有公開提出異議，因為他們斷定：「公開抗議不僅無效，還可能讓遭到控訴的國家對委員會態度變得強硬，甚至導致雙方關係破裂。」[12]他們認為介入是徒勞無功的，也會阻礙組織到監獄探訪、投遞人道救援包裹，與替分隔兩地的家人傳遞訊息。維持中立是最高原則。

同盟國掩蓋希特勒「最終解決方案」的真相，已成為許多歷史學術研究的主題。[13]無論是在機密或公開文獻中，都有相當多關於希特勒種族滅絕行動的情報。美國一直到一九四一年十二月在柏林都設有大使館，在布達佩斯和布加勒斯特的大使館持續到一九四二年一月。維琪法國（Vichy France）*的大使館延續至一九四二年末。[14]英國人則運用精密的解碼技術攔截德國的消息。在日內瓦，主要的猶太組織都設有代表，這些代表透過世界猶太人大會的主席史蒂芬．懷斯（Stephen Wise，又被稱為懷斯拉比）等人轉達無數寫實的難民報告。一九四二年七月，世界猶太人大會的日內瓦代表傑哈特．里格納（Gerhard Riegner）告知美國國務院，有位顯赫的德國企業家轉述，希特勒下令以毒氣消滅歐洲猶太人。一九四二年十一月，認識羅斯福總統本人的懷斯拉比在一場華府記者會表示他和國務院握有可靠情

＊ 二戰期間納粹德國扶植的傀儡法國政府。

報，能證實約兩百萬名猶太人被殺害。波蘭流亡政府也藏有大量資料，舉例來說，截至一九四二年秋季，齊格波伊姆已開始定期和戰略情報局（Office of Strategic Services）*局長威廉·唐諾文將軍（General Bill Donovan）的特別助理亞瑟·古德鮑（Arthur J. Goldberg）開會，討論滅絕營相關事宜。

然而，這些情報的重要性經常被淡化。舉例來說，一九四二年六月，倫敦的《每日電訊報》（*Daily Telegraph*）刊登猶社聯的聲明，報導有七十萬名波蘭猶太人與全歐洲超過一百萬名猶太人遇害。《紐約時報》也轉載《電訊報》報導，但將資訊深藏在報紙內頁。[15]之後一個月，當里格納在電報中提及希特勒的陰謀時，英國和美國的官員和記者都對「未經證實的資訊」的真實性抱持懷疑。如某位瑞士的國際版編輯所述：「我們沒有收到如照片般精確的描述，只有剪影輪廓。」[16]一九四四年，當羅斯福的戰爭難民委員會（War Refugee Board）委員長約翰·彼勒（John Pehle）想發表關於兩位奧斯威辛脫逃者的報導時，美國戰爭情報局（U.S. Office of War Information）局長拒絕他的請求。局長表示，美國民眾不會相信如此瘋狂的故事，歐洲人則會因為這些事而士氣低落，讓抗爭行動崩潰。美國駐瑞典大使赫薛爾·強森（Hershel Johnson）在一九四三年四月寄來電報，詳述華沙猶太人的滅絕情形。但他在訊息結尾提到：「這件事離奇至極，……讓我不知道是否該寫成正式報告。」[17]一九四三年十一月，史達林、羅斯福與邱吉爾在聯合聲明中，由於認為未握有可靠證據，而刪去提及毒氣室的段落。華特·拉克（Walter Laqueur）是研究同盟國如何回應猶太大屠殺的先驅學者，他的主張用另一種話來說是這樣：儘管許多人都認為猶太人已不在人世（no longer alive），他們卻不一定相信猶太人已經死了（dead）。[18]

為什麼人們會活在「知情與不知情的模糊狀態」之中？[19]首先，希特勒對所有文明造成的威脅，有助於轉移外界注意力。人們並未留意他針對猶太人的迫害，普遍的反猶太主義對此也有所貢獻。新聞報導的讀者對猶太人的偏見，未必使他們對希特勒殘暴的行徑幸災樂禍；但他們對猶太人命運的漠不關心，可能讓他們快速掠過那些新聞，轉而關注戰爭其他面向。還有一些人相信同盟國已經盡其所能，而沒花時間消化報導。為了一件他們無法控制的事沮喪是沒有意義的。這種認知相當棘手。卡爾斯基後來回想，同盟國的領袖是因為認定「完全無法拯救猶太人，應該採用的戰略是以軍事力量打敗德國」，而「拋棄他們的良知」。[20]同盟國政府相信打贏戰爭是阻止希特勒謀殺平民最有效率的方法，因此嘗試藉由擊敗希特勒，間接幫助受害的猶太人。但他們拒絕猶太領袖的要求，不願將拯救歐洲猶太人列為戰爭目標。

絕大多數人純粹是不相信他們讀到的東西。因為身分（而非作為）被攻擊的概念太令人坐立難安也太過陌生，難以被立即理解。人們從未見證某個種族被徹底滅絕，而無法想像這種陰謀。德國火葬場和毒氣室的故事聽起來也十分牽強，但猶太人會被驅逐出境的原因倒能被理解——希特勒需要奴役猶太人以推動戰爭。土耳其在迫害亞美尼亞人期間，人們不輕易相信種族屠殺的傾向已十分顯著，但到了一九四〇年代卻變本加厲。在一戰時，有一則被稱為「比利時暴行」的新聞被過度宣傳，引發人們強烈

* 美國於二戰期間成立的情報組織。

反彈[21]。當時有一批記者忠實轉述嗜血的「匈人」（Huns）*如何切斷修女的手腳並強暴她們，甚至肢解比利時的嬰兒，據稱德國人還建立一座「屍體轉化工廠」（corpse-conversion factory），在工廠中水煮人體的脂肪和骨頭，並將其製成潤滑油和甘油。[22]在戰時盟軍對德國野蠻暴行的報導，有許多在一九二〇、三〇年代受到媒體駁斥，留下懷疑的風氣。儘管多年後許多事蹟受到證實，但二戰爆發時人們仍不相信這些故事。[23]於是當納粹的毒氣卡車和種族滅絕的陰謀出現時，許多人相信這些傳言是同盟國為了政治宣傳而虛構或修飾的故事。就像戰略家傾向於「打上一場仗」——也就是採取適用於上次對付敵人的戰術。政治領袖和一般公民也會將「歷史的教訓」過度運用在截然不同的新挑戰上。

一九四三年，華沙猶太區的猶太人被趕往火車站驅逐出境。隊伍前方的四位家庭成員中，只有那名男子存活。

（圖片來源：National Archives，USHMM 照片檔案庫提供）

在宣傳納粹恐怖暴行的行動中，齊格波伊姆試圖解決人們出於直覺而不願相信那些平白無據的暴力報導的現象，但他在過程中愈來愈絕望。在一九四三年，他獲知自己的妻小死於華沙猶太區。同年四月在百慕達會議（Bermuda conference）上，經過十二天徒勞無功的祕密會議，同盟國拒絕多數擴大難民安置計畫的溫和提案，繼續嚴格限制在美國和未受佔領的歐洲地區能暫時避難的猶太人人數。[24]五月十日，在一場倫敦的晚宴上，戰略情報局的亞瑟·古德鮑（Arthur Goldberg）通知齊格波伊姆，美國否決他轟炸奧斯威辛和華沙猶太區的要求。古德鮑日後回憶：「我以合乎情理的悲痛心情，告訴他我們的政府還沒準備好按照他的請求行動，因為我們的最高指揮部認為不應為此出動戰鬥機。」[25]

齊格波伊姆忍無可忍，他寫了一封信給波蘭流亡政府的總統和總理，解釋他下一步的行動：

> 謀殺波蘭全猶太民族的罪責，首先落在犯罪者身上，但全人類也應該間接承擔。截至目前，同盟國人民和政府沒有付出任何努力，為阻止這項罪行採取具體行動。
>
> 這些國家袖手旁觀納粹屠殺數百萬手無寸鐵的人民，虐待老弱婦孺，已經成為幫兇……
>
> 我無法再保持沉默，也無法眼睜睜看著剩餘的波蘭猶太人——這群我代表的人民一一死去，還繼續苟活……

* 一戰時對德國士兵的貶稱。一九〇〇年，德軍準備前往中國鎮壓義和團起義時，德皇威廉二世（Wilhelm II）曾呼籲士兵要像匈奴一樣凶猛進攻、名留青史。後來其他歐洲國家便以「匈人」稱呼德國士兵，形容他們的野蠻行徑。

> 我希望能夠藉由自殺表達我最強烈的抗議，控訴世界旁觀與放任猶太民族滅絕而無所作為。我知道人命價值有多微不足道，尤其在今日。但既然我在生前束手無策，或許我的死能打破冷漠，刺激那些有能力也應當採取行動的人。[26]

一九四三年五月十二日，敘穆勒．齊格波伊姆在他帕丁頓（Paddington）的公寓中，吞下過量的安眠藥。在他的追悼會當天，納粹鎮壓華沙猶太區起義並屠殺該區居民的新聞，傳入倫敦和華府。[27]一九四三年六月四日，《紐約時報》刊登齊格波伊姆的自殺遺書，新聞標題寫著：「波蘭人呼籲救援猶太人的遺書」，另一個標題是「他譴責冷漠」。《紐約時報》那篇報導的最後一句話暗示，齊格波伊姆「透過自殺達成的成就，可能比他生前達成的更多」。然而事實上，無論齊格波伊姆是死是活，都無法動搖同盟國的政策。[28]

以他們自身的文字為證

拉斐爾．萊姆金在華府也考慮過結束自己的性命，但最終認定自己的身分太特別，不應該就此放棄。畢竟當別的人首次仔細思索如何預防暴行時，他已經思考此事超過十年。萊姆金認同自己這項目標並很快付諸實行。當讀到自己家鄉的駭人報導時，萊姆金和齊格波伊姆一樣相信那些情報，並利用自身法律與語言的優勢。

一九四四年十一月，卡內基國際和平基金會（Carnegie Endowment for International Peace）出版萊姆金撰寫的著作《歐洲納粹佔領區的軸心國統治》（*Axis Rule in Occupied Europe*，以下簡稱為《軸心國統治》）。這本七百一十二頁的著作，講述軸心國勢力與其附庸國，在十九個被納粹佔領的歐洲國家和領地施行的統治與法令。萊姆金待在瑞典期間已經開始蒐集這些法律，到美國也持續彙整，這是他任職於美國政府的工作內容之一。儘管萊姆金聲稱自己極度渴望喚起一般大眾關注，《軸心國統治》是本枯燥且墨守於法律條文的參考書。[29]書中提起多項提案，例如在戰後將財產歸還給被掠奪者，並給予被迫在德國勞役的外國人數百萬賠償金。書中也重申萊姆金在一九三三年馬德里會議上的提案，將消滅特定族群的行為判定為非法，也主張擬定一份國際條約作為審判和懲罰犯罪者的基礎。

不管這本書提出的建議是否有用，萊姆金相信自己真正的貢獻是為他蒐集的原始法令留下複本（法令佔據此書約三百六十頁篇幅）。他認定這些法令會帶來奇蹟，能戰勝群眾，尤其是英美讀者普遍的懷疑和失望心態。他寫道：「英美讀者對人權和人格固有的尊重，可能讓他們懷疑軸心國政權是否如同目前為止被形容的那般殘忍無情。」透過呈現希特勒和他的顧問群編寫的文件，萊姆金確保沒有任何一位美國人可以指控他誇大事實或進行政治宣傳。

有些學者仍拒絕接受暴行的報導，試圖以相對主義立場去看待德國的責任。對於《軸心國統治》一書最嚴厲的評論，出現在一九四六年的《美國社會學期刊》（*American Journal of Sociology*）。評論者梅希爾・帕伊（Melchior Palyi）指責萊姆金沒有探討納粹行為背後「情有可原的境況」。根據帕伊所述，萊姆金撰寫了一份「檢察官的案件摘要」，而非「公正」的調查。這位評論者聲稱，萊姆金對納粹的指控中，幾乎每九條就有一條可以用來控訴同盟國。「當然，」他寫道：「兩者之間存在重大差異：納粹無恥地展現出他們蓄意計畫的惡行，而西方同盟國則是誤入非法歧途，再用人道等其他慣用說法假以掩飾。」[30]

不過，多數評論都對《軸心國統治》一書持正面意見，並未隨意採取這種錯誤的對等觀點。《美國國際法期刊》（*American Journal of International Law*）形容萊姆金彙整納粹法律是「一大壯舉」。[31]另一位評論者寫道：「德國警察的恐怖手段早已人盡皆知，但看到事件被以冰冷的法律術語描述出來，可能會讓人更加憤慨。」[32]那段時期，萊姆金對於責任的根源以及個人和集體相對應的罪責，持有較矛盾的看法。時至今日，這些問責理論也在持續辯論對抗。一方面，萊姆金主張應該懲罰那些造成納粹恐怖暴行的**個體**；另一方面，他也擁護初步的集體責任理論，主張不僅將暴行歸咎於犯罪者，同時，犯罪者的公民同胞也無能阻止惡行，還經常主動表達支持，因此也應該負起責任。近期，丹尼爾・喬納・戈德哈根（Daniel Jonah Goldhagen）在他的著作《希特勒的自願行刑者》（*Hitler's*

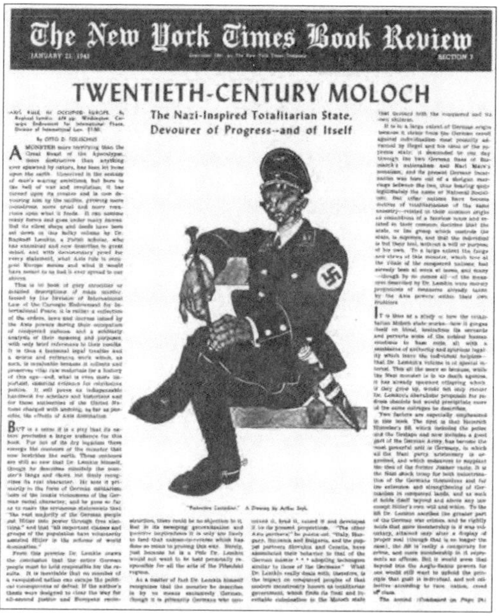

The New York Times Book Review

TWENTIETH-CENTURY MOLOCH

The Nazi-Inspired Totalitarian State, Devourer of Progress--and of Itself

《紐約時報書評》刊載有關拉斐爾・萊姆金《歐洲納粹佔領區的軸心國統治》一書封面報導。

（圖片來源：The New York Times Book Review © 1945 The New York Times Co.）

Willing Executioners）中，再次提出這項理論。[33]在《軸心國統治》一書中，萊姆金寫道：「如果德國人民沒有隨意接受（納粹）計畫，自願參與行刑，並且還從中獲得許多利益，那今日的歐洲不會遭受如此全面的破壞。」他拒絕接受除了最資深的德國當權者外其他人都只是「聽命行事」的說詞，堅稱：「在人民中所有重要的階級和群體，都是自願協助希特勒征服世界的陰謀。」[34]

一九四五年一月，《軸心國統治》登上《紐約時報書評》的封面。評論者寫道：「在枯燥艱澀的法律術語中，浮現如今支配全人類的怪獸的輪廓。」這頭怪獸「豪飲鮮血，獸化牠的僕人，並從根本腐蝕人類某些最崇高的情感。自始至終，所有一切都披著權威與虛偽合法性的外衣，讓人們無所適從」。這位評論者讚揚萊姆金精準描述「歐洲納粹佔領區的軸心國統治代表的意義，以及如果軸心國勢力蔓延到我們國土將會帶來何種影響」。但他認為萊姆金將罪行歸咎於所有人是錯誤的主張，透過探詢德國人民的「邪惡天性」，萊姆金反而是灌輸了「反向的納粹主義」。評論者寫道：「想必萊姆金博士不會希望自己只是因為擁有波蘭人身分，就必須為畢蘇斯基*政權的所有作為負起個人責任。」[35]

* 約瑟夫·畢蘇斯基（Józef Pilsudski，一八六七年—一九三五年），現任波蘭政治家與獨裁者，曾任「波蘭第一元帥」與第二共合國領袖，領導波蘭獨立與民主化，卻也因實施威權政治飽受批評。

詞彙就只是詞彙

《軸心國統治》會廣為人知，並不是因為它在當時和後來，激起有關個人與集體罪責本質的辯論；反之，是因為萊姆金堅持不懈地完成這本相當晦澀且忠於法律條文的大部頭著作。那是他履行對自己與對想像共謀者邱吉爾的誓言。自從萊姆金在一九四一年聽到邱吉爾的廣播演說後，就下定決心要找到一個新的詞彙，取代「野蠻暴行」和「蓄意破壞」。這兩個詞彙讓他在一九三三年的馬德里會議中敗下陣來。萊姆金在尋找一個用語，能描述對民族地位所有層面的攻擊，包含了身體、生命、政治、社會、文化、經濟和宗教。他希望這個詞彙不只暗示全面消滅，還暗指希特勒其他的破壞手段，諸如大規模驅逐出境、分隔男性和女性以降低出生率、經濟剝削、讓人民逐步挨餓致死，以及壓迫能成為民族領袖階層的知識分子。

過去曾修習語言學的萊姆金，深知選擇這個詞彙至關重要。他考慮了一些候選詞。「大屠殺」（mass murder）無法如他希望含括犯罪背後的異常動機。「去國族化」（denationalization）是在描述企圖摧毀一個民族、抹去其文化人格。由於這個詞已經被用來指涉剝奪別人的公民身分，因此無法適用。而「日耳曼化」（Germanization）、「匈牙利化」（Magyarization）和其他特定詞語，意指強制性的文化同化，這幾個詞很快就被排除，因為它們無法適用於普世情況，也無法表達對生命的殘害。[36]

萊姆金廣泛閱讀語言學和語意學理論，在新創詞彙的過程中，他效法自己敬佩的詞語創造者。其中，喬治・伊士曼（George Eastman）的想法讓萊姆金特別感興趣，伊士曼表示他之所以選擇「柯達」

（Kodak）作為他推出的新相機名稱，是因為：「第一，這個詞非常簡短；第二，它不會讓人發音錯誤；第三，它在形式上沒有和其他字相似，除了柯達相機外不會讓人產生其他任何聯想。」

萊姆金認為他需要一個無法在其他脈絡中使用的詞（「野蠻暴行」和「蓄意破壞」都可以在其他情況中被使用）。他認為尋找的詞彙要帶有「一絲新穎的色彩」，同時「盡可能簡短強烈地」描述一件事。[37]

不過，萊姆金的新創詞彙必須達到伊士曼沒有做到的事——這個詞必須或多或少讓聽者不寒而慄，並立即引發譴責。在萊姆金現存筆記本中有一頁內容幾乎難以辨認，他在上頭潦草寫下「**那個詞**」（THE WORD）並圈起來，再畫一條線將那個圈圈和他堅定寫下的「**道德判斷**」（MORAL JUDGEMENT）連在一起。他新造的詞語將滿足所有這些條件。這個罕見的用語將激發社會的厭惡與憤慨，成為他所謂的「文明的指標」。[38]

萊姆金最終選定的詞彙是個混種詞，結合了希臘文派生詞「geno」，意指「種族」或「部族」，以及源自「caedere」一字的拉丁文派生詞「cide」，意為「殺戮」。「種族滅絕」（genocide）這個詞簡短、新穎又不會讓人發音錯誤。這個詞彙令人持續聯想到希特勒的恐怖惡行，也能讓聽者背脊發涼。

萊姆金對語言擁有非比尋常的信任。許多與他同代的猶太人都對語言感到失望，相信與其嘗試以必然不夠貼切的詞語和文字盡力描述猶太大屠殺，保持沉默更為適切。奧地利作家兼哲學家尚·亞梅里（Jean Améry）就是許多遠離文字的猶太大屠殺倖存者之一，如同他寫道：

那種感覺是否如同「燒紅的烙鐵緊貼我雙肩」？是否像「鈍木樁打入我腦袋底部」？——譬喻永遠無法精準描寫，最終我們只會在猶如旋轉木馬般的比較中被絕望地牽著鼻子走。痛苦依舊，我們無須多言。感受的性質既無法比較，也無法形容。那些感受代表語言溝通能力的極限。[39]

希特勒造成的苦痛超出言語表達的範疇。

然而，萊姆金卻已準備好重新投入語言領域。他初到美國時因為擔憂家人而飽受折磨，於是將籌備寫作《軸心國統治》和創造新詞，視為有助於轉移注意力的方法。與此同時，他無意以「種族滅絕」一詞涵蓋或傳達希特勒的「最終解決方案」。這個詞彙源自萊姆金對野蠻暴行和蓄意破壞的原始詮釋。在《軸心國統治》一書中，他表示「種族滅絕」的意思是「**各式各樣**行動的協調計畫，旨在摧毀民族群體生命的根基，意圖消滅該群體本身」。[40]種族滅絕的犯罪者會企圖破壞民族的政治和社會制度、文化、語言、民族情感、宗教以及經濟生計。他們會希望根除目標群體中個別成員的人身安全、自由、健康、尊嚴與生命。如同萊姆金寫道：

種族滅絕有兩個階段：第一，摧毀受壓迫群體的民族習性；第二，強加壓迫者的民族習性。壓迫者可能會對他們准許留下的受壓迫群體強制灌輸自身習性，或在移除當地人或殖民那塊領地後，在那裡強加他們的民族習性。[41]

一個群體不一定要被消滅肉身才代表經歷過種族滅絕，他們也可能被剝奪代表他們身分的所有文化痕跡。「要自然形成一種文化需要數百年到數千年的時間，」萊姆金寫道：「但種族滅絕可以立即摧毀一種文化，就像烈火可以在一小時內焚燬一棟建築。」[42]

打從一開始「種族滅絕」的定義便引發爭議。許多人接受創造新詞的概念，同意以特定詞彙指稱如此可怕且無可挽回的行為，彷彿只要說出這個詞就能激起所有聽者的情緒。他們也承認讓希特勒罪行成為旁觀者在未來展開行動的標準是不明智也不理想的。政治家與公民必須從歷史中學到教訓，而非變得麻木。他們必須在殘殺升級到猶太大屠殺的規模前，早早回應這一類大規模的暴行。然而，也有人認為希特勒的「最終解決方案」和萊姆金提出的詞彙間的關聯，會不斷混淆決策者和一般民眾，讓他們誤以為唯有像希特勒般有要消滅某個族裔、民族或宗教群體所有成員意圖的罪行，才稱得上是種族滅絕。

其他人批評的並非萊姆金對「種族滅絕」的定義，而是認為他太過天真。他們說萊姆金的創新相當有趣，但詞彙就只是詞彙。單單為種族滅絕貼上標籤，不必然能使政治家擱置其他利益、恐懼或約束。他們提及，就算在馬德里會議上的律師採用萊姆金的提案，這個標籤的存在或應用與否，都不會影響希特勒的決策與意識形態，或外界對希特勒罪行無力的回應。萊姆金以誇大的自衛言論回應這些批評，他跟一群北卡羅來納州的聽眾說他的馬德里提案遭到否決，正是「你家兒子此刻在世界各地冒著生命危險打仗的數千個原因之一」。[43]

儘管面臨諸多批評，「種族滅絕」這個詞仍發揮影響力。萊姆金自豪地炫耀他收到來自《新韋氏國際字典》（*Webster's New International Dictionary*）的信件，通知他「種族滅絕」一詞已經被承認並納入辭典。其他辭典編纂者也跟著收錄這個新詞。[44] 萊姆金在《軸心國統治》出版後立刻動筆的書中提到：「個別的造詞者」唯有在「所造之詞符合大眾需要和品味」時，才會看到他的詞彙被人吸收理解。他堅稱辭典編纂者和世人迅速接受「種族滅絕」一詞，可以說是一種「社會的證明」，意味著世界已經準備好面對這項罪行。[45]

確實，當前的事件似乎符合萊姆金的假設。在卡內基基金會出版他的著作當週，羅斯福政府的戰爭難民委員會首次對歐洲譴責德國人大規模處決人民的指控表達正式支持。[46]「德國的暴行如此驚駭且殘忍，讓文明開化的人民難以相信這種惡行竟真實發生。」委員會聲明：「不過，美國和他國政府都握有確鑿證據。」許多記者在報導委員會報告時，都提到萊姆金新創的詞彙。例如《華盛頓郵報》的發行人尤金·邁耶（Eugene Meyer）被萊姆金成功說服，在一九四四年十二月三日，該報編輯部認可「種族滅絕」是唯一適用於揭露一九四二年四月到一九四四年四月的悲劇真相的詞彙。那段期間，約有一百七十六萬五千名猶太人在奧斯威辛滅

威廉·貝斯特（William Best）中士迎接他領養的布亨瓦德（Buchenwald）集中營倖存者，時年十九歲的約瑟夫·古特曼（Joseph Guttman）。照片攝於一九四八年十二月二十四日的紐約。
（圖片來源：National Archives，由 USHMM 照片檔案庫提供）

絕營中被毒氣毒死和火化。「或許將這些殺戮稱為『暴行』並不正確，」《華盛頓郵報》那篇標題名為〈種族滅絕〉的社論寫道：「暴行是指肆意的殘暴……但這些殺戮的特點在於它們是被系統性地執行，而且是蓄意所為。毒氣室和火爐並非隨意建造而成，而是經過科學設計、用來消滅整個族裔群體的設施。」[47]

萊姆金毫不掩飾自己渴望看到「種族滅絕」成為國際知名的詞彙。他在宣揚這個新觀念時，還研究了科學界和文學界重要人物發明語彙的前例。[48]不過，這個詞彙打開知名度還只是開端。萊姆金認為世人最終接受「種族滅絕」此一用語，代表列強已經準備好採用這個詞彙，同時反對這種行為。

第四章　萊姆金的律法

「只有人類才有律法，……你非制定法律不可！」——拉斐爾・萊姆金

以紐倫堡為開端

歐洲的戰爭在一九四五年五月八日結束，同盟國解放納粹滅絕營後，希特勒的瘋狂程度已昭然若揭。幾乎所有聽起來十分牽強的事蹟都被證實為真。大約有六百萬名猶太人，以及五百萬名波蘭人、羅姆人（Roma）、共產黨人等其他「不良分子」遭到消滅。美國和歐洲領袖發現一個政府如何對待自己的公民，也代表著該政府會如何對待它的鄰居。儘管一般來說主權仍被認為是不可侵犯的，但有些學者已經開始溫和主張，不應將主權的界線上綱到允許屠殺的程度。[1]

拉斐爾・萊姆金從來都不需要大量的鼓勵，但同盟國的說法讓他相信，世界或許已經準備好聆聽不同主張。如果要預防或懲罰種族滅絕，「種族滅絕」就不能只在《韋氏字典》裡佔有一席之地。為這項罪行命名只是禁止這種犯罪的第一步，這將會是一條漫長的道路。當然，法律是德國在消滅猶太人時會被運用（或濫用）的許多工具之一。如同前德國司法部長漢斯・弗蘭克（Hans Frank）以「法律對德國

而言，是有用且必要的手段」一席話，總結納粹的核心假設。[2]沒有人比萊姆金更清楚德國為達成他們的滅絕目標而部署的法律細節。但對萊姆金來說，近期發生這些褻瀆法律的狀況，只是更加突顯必須透過人為介入法律，來恢復其完善的必要。國際法需要一套更高普世基準來支撐。萊姆金表示，我們必須「以總體道德理論取代優等民族理論」。[3]

如同諸多國家過去曾為海盜、偽造、販運女性、奴隸、毒品以及日後的恐怖主義定罪，新創立的聯合國將會決定種族滅絕是否被判定非法。在一封給《紐約時報》的信中，萊姆金寫道：

> 如果全世界會對販賣毒品給個人有所顧慮，但以毒氣殺害數百萬人卻是內政問題，這似乎與我們的文明觀念相悖。綁架女性並強迫她們賣淫是國際犯罪，但讓數百萬名婦女不孕卻是一國內政事務，這似乎也違背我們的生命哲學。[4]

萊姆金無法理解如果海盜行為是國際犯罪，為什麼種族滅絕卻不是。「人類和他們的文化無疑比船隻與貨物更重要，」他在一場劍橋的戰後國際法會議上疾呼：「莎士比亞肯定比棉花更寶貴。」[5]起初，萊姆金在美國備受禮遇。歷經多年在國際會議上遭受嘲笑或忽視，他突然發現自己在美國首都聲譽卓著，國內的重要刊物也經常向他邀稿。

二戰結束後，三個戰勝國（和法國）在德國紐倫堡成立國際軍事法庭，審判主要的納粹犯罪者。這場審判在國家的盔甲留下重要凹痕。紐倫堡憲章以「違反人道罪」起訴罪犯，這項名義與一戰時期，同盟國用來譴責土耳其殘害亞美尼亞人暴行的概念相同，引發相當爭議。當人們知道紐倫堡法庭斗膽審判歐洲官員對自身國民犯下的罪行時，未來的犯罪者將再也無法確保他們的政府或國界，能保護他們免除審判。

紐倫堡法庭對國家主權的侵犯，讓一些人預期萊姆金可能會在一旁喝采。然而事實上萊姆金卻對法庭提出嚴厲批判。儘管紐倫堡以「違反人道罪」起訴人，但同盟國並未如萊姆金希望的，懲罰不限時間與地域發生的屠殺惡行。法庭將侵略戰爭（「危害和平罪」）和侵犯另一國主權視為主要罪行，並僅僅起訴希特勒**跨越國際公認的國界後**，犯下的違反人道罪和戰爭罪。[6]納粹被告被審判的只有他們在二戰期間（而非戰爭之前）的暴行。按照這點推斷，如果納粹消滅德國全數的猶太人口，但從未入侵波蘭，他們在紐倫堡法庭上就不會被究責。根據國際法，沒有跨越國際邊界的國家和個人仍能自由執行種族滅絕。因此雖然紐倫堡法庭樹立良好典範，起訴了希特勒及其黨羽，萊姆金認為這對阻止未來可能出現的下一個希特勒幫助不大。

一九四六年五月，萊姆金以類似半官方顧問（或遊說者）身分，拜訪瓦礫遍布的紐倫堡，親自宣傳他的理念。他知道紐倫堡憲章的條款無法更動，但他希望檢察官使用的語彙可以加入「種族滅絕」一詞，並在法庭的舞臺上突顯這一點。就算最終判決無法懲罰種族滅絕，法庭至少能幫忙普及化這個詞。當時萊姆金在耶魯法學院兼職教課，他向院長衛斯理．史特吉斯（Wesley Sturges）表示發展國際法比教學更重要，說服院長予以准假。

戰爭落幕後，萊姆金多數時間都在追查失蹤家人的下落。他在紐倫堡見到他的哥哥伊萊亞斯（Elias

Lemkin）、伊萊亞斯的妻子和他們的兩個兒子。他們告訴萊姆金，他們是家族僅存的生還者。其餘至少有四十九人都在華沙猶太區、集中營或納粹的死亡行軍中喪生，包含他的父母、男女長輩和堂表手足。[7]根據某位律師所說，他記得萊姆金曾在紐倫堡司法宮的走廊上遊蕩，看起來「痛苦萬分」。

如果說過去的萊姆金堅持不懈，父母雙亡則迫使他更加努力。每天他都在司法宮的走廊攔住律師，請他們聆聽他的訴求。有些人對他血淋淋的戰爭故事深感同情，有的人則感到惱火。班傑明・費倫茲（Benjamin Ferencz）是紐倫堡檢察官泰福特・泰勒（Telford Taylor）屬下一名年輕的律師，他們正準備起訴機動殺戮隊，也就是在東歐屠宰猶太人的機動殺人小隊。在他的記憶中，萊姆金是個披頭散髮又迷惘的難民，比起絞死納粹戰爭犯，他更在乎讓種族滅絕列入法庭應受懲罰的犯罪清單中。多數檢察官都試圖迴避他，將他視為嘮叨不休的煩人精，或用意第緒語來說，是個討厭的傢伙（nudnik）。「我們全都忙得不可開交，沒時間思考他這項新提議。」費倫茲回想：「我們只希望他不要干涉，好讓我們能證明這些人犯下大規模謀殺罪。」

萊姆金確實贏得一次偶然的勝利。由於他先前努力遊說，在一九四五年十月紐倫堡起訴書的第三罪狀陳述中，二十四名被告全都被描述「蓄意且系統性進行種族滅絕，即消滅種族和民族群體，迫害特定佔領區的平民人口」。這是國際法律領域首次正式提及種族滅絕。一九四六年六月二十六日，英國檢察官大衛・馬克斯威・費夫（David Maxwell Fyfe）對納粹嫌犯康斯坦丁・馮・諾伊哈特（Constantin von Neurath）說的話讓萊姆金為之振奮：「現在，被告，你知道我們在這場審判起訴書中，指控你和你的同夥犯下種族滅絕等罪狀。」[8]那年夏天萊姆金寫信向費夫致謝，感謝他「如此大力而實質地支持種族滅絕這個概念」。他也力勸費夫將「種族滅絕」一詞納入紐倫堡判決書中。[9]

一九四六年末，疲憊的萊姆金從德國搭機前往英格蘭和法國，參加兩場和平會議。他的提案再次被拒絕，理由是他正試圖「將國際法導向不適宜的領域」。隨後他因為高血壓而進入巴黎一間美國軍醫院。[10]當一抵達醫院病房，他在廣播上聽到兩則新聞，讓他相信自己必須立即回美國。首先，他聽到紐倫堡審判的公告，事後他將那天稱為在他人生中「最黑暗的日子」。十九名納粹被告被判有罪，罪狀包括危害和平罪、戰爭罪與違反人道罪，其中完全沒提及種族滅絕。不過，萊姆金聽到第二則新聞：新成立的聯合國大會已經開始研擬秋季議程內容。於是萊姆金辦理出院，搭機前往紐約。在飛機上他草擬了一份譴責種族滅絕的聯合國大會決議範例。

填補漏洞：從創造詞彙到制定聲明

萊姆金在紐約的目標，是要制定一條分開消滅族群和跨國界侵略兩者的國際法。雖然在納粹案例中，種族滅絕伴隨跨國入侵的行動，但這並非常態。[11]萊姆金提到，紐倫堡法庭距離宣判種族滅絕非法的目標，僅僅「推進一至兩成」。[12]這為殺手留下太多可鑽的漏洞。政治家對於阻止戰爭感到有興趣，但不太在意種族滅絕。「種族滅絕不是戰爭！」萊姆金寫道：「種族滅絕比戰爭更危險！」[13]在歷史上，戰爭當然比種族滅絕讓更多人喪命，也讓倖存者留下永久傷疤。不過，萊姆金主張當某個族群成為種族滅絕的目標，且該族群實際受到肉體或文化上的破壞，那將造成人類永久的損失。儘管有些人歷經種族滅絕倖存下來，他們也將永遠被剝奪身分中非常寶貴的一部分。

一九四六年十月三十一日，萊姆金抵達新設立的聯合國臨時總部。總部位於長島，設置在史佩瑞陀螺儀公司（Sperry Gyroscope）一間荒廢的軍工廠。[14]當時人們還難以想像今日的聯合國總部會變得嚴密牢固，幾乎難以進入。因此彼時若有未經授權的狂熱律師，將任何一間聯合國空辦公室當作暫時的落腳處，如同萊姆金一位匈牙利友人形容「就像寄居蟹一樣」，保全也願意睜一隻眼閉一隻眼。[15]萊姆金於是花費大把時間在通風良好的走廊遊蕩。

那時凱瑟琳・泰爾奇（Kathleen Teltsch）和亞伯拉罕・邁克爾・羅森塔爾（Abraham Michael Rosenthal）是《紐約時報》的菜鳥記者。他們兩個都喜歡萊姆金，但也記得當時這位戴著鋼框眼鏡的狂熱教授愈挫愈勇，開始會在走廊上追趕許多通訊記者和外交官，對他們說：「你和我，我們必須攜手改變世界。」人們總是避之唯恐不及。泰爾奇回憶道：

> 他總是在那裡，宛如陰影或鬼魂般飄盪在走廊，不斷從口袋掏出紙條。他不太受歡迎，因為人人都知道他會消耗許多時間。如果他成功拖住你，你就會受困許久。截稿時間在即的通訊記者常會發狂似地逃離他。但他會追在他們後頭，領帶在空中拍動，隨時準備好說種族滅絕的故事。

羅森塔爾的辦公桌在《紐約時報》辦公室中最靠近門邊，萊姆金一天會探頭進來幾次，提供種族滅絕故事的新視角。羅森塔爾說：「我不記得是怎麼認識他，但我記得自己**老是**碰到他。」萊姆金會提著他的黑色公事包，人們看到便說：「那個討厭鬼萊姆金囉……他要跟你說種族滅絕的故事。」[16] 多數曾費心留意萊姆金的記者，都納悶他如何維持生計。他的學識足以讓自己保有一種不張揚的尊嚴，但他的衣領和袖口邊緣皆已磨損，黑鞋破舊。記者常看到他在聯合國附設餐廳攔下代表，但從未見過他進食。萊姆金在急忙說服代表支持他時，經常因飢餓而昏厥。他孤軍奮戰又長期失眠，夜晚時常在街上遊蕩。[17]《紐約郵報》（*New York Post*）一名記者形容他「一個月比一個月「更蒼白、消瘦、寒酸」。他似乎下定決心，永遠都不要停下腳步。

無論記者和聯合國代表再怎麼覺得萊姆金煩人，他在紐約努力倡議的時機絕佳。民眾對同盟國解放集中營的景象仍歷歷在目，紐倫堡法庭的訴訟點燃眾人對國際法的興趣，聯合國也抱持極高期許，希望成為維護集體安全的組織。強大的成員國似乎也準備好投入影響力與資源，確保聯合國成功運作。在世界各地，人民都相信聯合國的承諾，甚至在美國也不例外。這個組織帶來充滿可能的時代氛圍。一九四五年當聯合國策畫者在舊金山開會，完成聯合國憲章時，美國作家埃爾文．布魯克斯．懷特（Elwyn Brooks White）言簡意賅道出許多人的希望。「前往舊金山與會的代表，肩負有史以來被人類交付最驚人的工作。」懷特寫道：「我們多數人的生活寄託在這群人從魔術帽裡拉出的兔子，我們後代子孫命運也是如此。」[18]

剛成立不久的聯合國具有極高新聞價值，如果你想完成某事，聯合國就是提出建議的最佳地點，[19] 許多倡議人士會向這個新組織宣揚一些政策法案。不過外交官們已經默默認得萊姆金，多虧他在塞給他們的沉重包裹裡，裝了他的筆記、信件和七百一十二頁的《軸心國統治》著作。萊姆金是那位在二戰前就預知種族滅絕必須被禁止的人物。因此，當聯合國代表在新大會上開始辯論是否應通過一項有關種族滅絕的決議時，英國聯合國代表就指出國際聯盟由於無能接納萊姆金的馬德里提案，讓戰前犯下暴行的納粹在紐倫堡法庭免受刑罰。這席話當然令萊姆金眉開眼笑。

長達十年的遊說讓萊姆金學會同時宣導危急關頭的價值與利益。他強調，種族滅絕的代價不只由受害者承擔（在紐約幾乎沒有人能同理這些受害者），旁觀者也會有所損失。摧毀外國民族或族裔的身分認同，將會對世界文化遺產造成重大損害，全人類都會受苦，那些不覺得自己會遭受種族滅絕的人也不例外：

> 如果被德國毀滅的民族，例如猶太人，無法創造聖經，或孕育愛因斯坦與斯賓諾莎；如果波蘭人沒有機會獻給世人哥白尼、蕭邦和居禮夫人；如果捷克的胡斯（Huss）[*]和德弗札克（Dvo ák）[†]、希臘的柏拉圖和蘇格拉底、俄國的托爾斯泰和蕭士塔高維契（Shostakovich）[‡]都不曾存在，我們的文化將會多麼貧瘠。我們只要意識到這一點，就會完全明白此事對全人類的影響。[20]

聯合國大會會期快結束時，萊姆金把目標放在幾位開發中的國家大使，力勸他們提出種族滅絕的決議。他提出「大國可以用武力保衛自己，小國則需要法律保護」的思維被證實極具說服力。萊姆金在說服巴拿馬、古巴和印度代表簽署一份決議草案後，他「像個狂喜之人」，急急忙忙衝到祕書長辦公室，遞交提案文本。[21]萊姆金也獲得聯合國指導委員會（UN Steering Committee）美國代表亞德萊・史蒂文森（Adlai Stevenson）的重要支持。由於希望能讓預期會反對的蘇聯立場更加中立，萊姆金拜訪了捷克斯洛伐克的揚・馬薩里克（Jan Masaryk）。在會面前，他匆匆瀏覽過馬薩里克的父親托馬斯・加里格・馬薩里克（Thomas Garrigue Masaryk）的著作，托馬斯的寫作主題大多是關於民族的文化性格。萊姆金告訴揚・馬薩里克，如果他的父親仍在世，必然會為了通過《滅絕種族罪公約》努力進行遊說。萊姆金力勸他說服俄國外交部長安德烈・維辛斯基（Andrei Vishinsky），說到蘇聯無須畏懼法律，就像「盤尼西林也不是西方要傷害蘇聯的陰謀」。揚・馬薩里克拿出他隔天的約會行事曆，匆匆記下：「維辛斯基。種族滅絕。盤尼西林。」他在二十四小時內打電話給萊姆金，通知他已順利說服維辛斯基支持這項議案。[22]

在特別委員會中，種族滅絕的用詞引起爭議。有人提議以「消滅」（extermination）一詞取代「種族滅絕」（genocide）。不過，被萊姆金認為經驗最豐富的代表——沙烏地阿拉伯法官阿布杜・穆尼姆・貝・里亞德（Abdul Monim Bey Riad）提出辯護，認為「消滅」也可適用於昆蟲和動物。他也警告「消滅」一詞會將這種違法的罪行，限制在該群體全數成員都遭殺害的情況。萊姆金提出的「種族滅

* 胡斯（Jan Huss，一三七二年—一四一五年）捷克的基督教思想家，亦為宗教改革先驅。

† 德弗札克（Antonín Leopold Dvo ák，一八四一年—一九〇四年），捷克民族樂派作曲家。

‡ 蕭士塔高維契（Dmitri Shostakovich，一九〇六年—一九七五年），俄國作曲家。

絕」是更廣泛且重要的概念，既含括摧毀肉體以外的破壞行為，也能要求列國在一切傷害造成以前做出回應，因此意義更廣泛的「種族滅絕」被保留下來。

一九四六年十二月十一日，距離二戰最後的休戰協議一年，聯合國大會一致通過一項決議，譴責種族滅絕等同於「剝奪整個人類群體的生存權」。這種惡行「震驚人類的良知」，並且「違背道德原則與聯合國的精神和目標」。萊姆金往往對聲明不以為然，但令他欣慰的是這項決議指派一個聯合國委員會，負責起草一份完備的聯合國合約以禁止這項罪行。如果這項議案通過大會授權並由三分之二的聯合國成員國簽署，便將成為國際法。

有篇《紐約時報》的社論表明，這項決議和隨後的立法將會象徵國際法史上的「革命性發展」。社論編輯寫道：「在這項決議正式通過前，消滅整個群體的權利十分盛行，而如今已不復存在。從現在起，沒有任何政府可以殺害自己一大群人民而豁免於懲罰。」[23]萊姆金回到他在曼哈頓的一棟破舊公寓，他拉下窗簾，沉睡了整整兩天。[24]

填補漏洞：從決議到立法

萊姆金依照聯合國祕書長崔格夫・李（Trygve Lie）的吩咐，幫助聯合國準備滅絕種族罪公約的初稿。[25]然而，聯合國的正式程序開始運轉後，這位波蘭律師便辭退這項工作，他知道自己在外部應該能貢獻更多。一九四七年萊姆金開始研究種族滅絕歷史，他隨身攜帶一份鼓鼓的檔案夾，裡面塞滿不同案例的駭人細節。他非常認真看待他的事業，也很看重自己。他懷抱滿滿的誠意寫道，聯合國代表對他蒐集的「馬龍尼人（Maronites）、非洲赫雷羅人（Herreros）、法國雨格諾新教徒、白山戰役（Battle of White Mountain）後的波希米亞新教徒、哈藤塔人（Hottentots）、一九一五年被滅絕的亞美尼亞人，以及被納粹消滅的猶太人、羅姆人和斯拉夫人」等檔案特別感興趣。[26]後來，許多古板的聯合國代表純粹為了阻止他繼續每天冗長列舉大屠殺案例，而答應為這項公約投下贊成票。

這個階段十分關鍵。萊姆金相信如果他繼續施壓，最終便能催生出法律。羅森塔爾經常以務實的指責挑戰他：「萊姆金，將大屠殺明文規定為犯罪有什麼好處？單單一張紙就能阻止未來的希特勒或史達林嗎？」信念堅定的萊姆金則強硬反擊：「只有人類才有律法。一定要制定法律，你懂我的意思嗎？你非制定法律不可！」據羅森塔爾所述：「他並不天真，他並不期待罪犯放棄或停止作惡。他只是相信如果法律到位，那遲早會產生效果。」[27]

萊姆金是法律界的夢想家，他沒有任何在波蘭政界的經驗，也才剛接觸美國和聯合國的政治程序。從這點來說，他的政治直覺出奇地敏銳。他在猶太大屠殺期間學會一個教訓，就是如果要讓滅絕種族罪公約正式通過，必須訴諸各聯合國代表的國內政治利益。他取得各個聯合國會員國最重要的國內組織清單，組成一個為二十八國團體代言的委員會，並聲稱委員會有超過兩億四千萬名會員，數量十分驚人。這個委員會對萊姆金來說更像聯合陣線，他們會彙整請願書，寄給各個聯合國代表，呼籲他們通過公約。聯合國的外交官如果猶豫不決，就會收到母國組織傳來的電報，那份電報通常是由萊姆金擬稿。他用這些信件讓代表們感受到「藉由為滅絕種族罪公約奮鬥」，他們彷彿是「在陳述自己國內人民的心願」。[28]萊姆金親自寫信給來自大多數國家的聯合國代表和外交部長。在天主教國家，他會對主教和大主教宣揚理念。在斯堪地那維亞（Scandinavia），由於工會的工人十分活躍，他會寫短箋給大型勞工團體。他還曾攔下賽珍珠（Pearl Buck）、伯特蘭·羅素（Bertrand Russell）、阿道斯·赫胥黎（Aldous Huxley）和嘉比列拉·米斯特拉（Gabriela Mistral）等知識分子。在一九四七年十一月十一日，米斯特拉曾在《紐約時報》發表一篇呼籲文章，有篇《紐約時報》的社論給了萊姆金一個封號——「透過六十個民族發言的男子」。

雖然萊姆金下定決心要看到種族滅絕的犯罪者被起訴，他並不認為滅絕種族罪公約應該自立一個永久的國際刑事法院。他表示世界「尚未做好準備」，設立法院會太公然冒犯國家主權。反而，根據「全球性制止犯罪」原則，種族滅絕的犯罪者應該受到與過去海盜一樣的刑罰：無論暴行在何處發生，任何國家都能審判種族滅絕嫌犯。

一九四八年八月，萊姆金湊出一筆經費搭機到日內瓦，去遊說負責監督《滅絕種族罪公約》實際條文起草工作的聯合國小組委員會。[29]他已經不在國務院任職或執教，而是仰賴宗教團體的捐助維生，也向一名住在長島的表親借款。他對這趟日內瓦之行的感受相當奇特，畢竟這是他從一九三八年遊說那些「麻木不仁的人們」禁止野蠻暴行後，第一次拜訪前國際聯盟的所在地。歐洲的「鮮血仍在流淌」，他希望這次他的訴求能得到不同回應。他也知道比起在紐約，他在日內瓦擁有一個更明確的優勢。這裡的聯合國代表遠離他們熟悉的總部，可能比較寂寞，也比較願意忍受他。萊姆金明白自己容易讓人煩躁惱怒，他在進入辦公室前常常會在外頭停留一會兒，向自己發誓不要提到種族滅絕的話題，而是和對方聊到藝術、哲學和文學這些他擅長的主題。他跟自己說如果他真的能三緘其口，最終他的同伴會更願意支持他的行動。在日內瓦發表關於種族滅絕的正式演說時，萊姆金變得更加大膽。他寫道：「我毫不猶豫大聲朗讀那些含括大量細節的歷史檔案。」[30]確實，他總是血淋淋描述虐待和屠殺的寫實可怕故事，而且無論這項法案去到何方，他都會追隨到底。萊姆金已決定好要為一九四八年九月的聯合國大會會期做好準備，他先在法國的蒙特霍（Montreux）附近稍作休息，恢復多年來不停奔波所消耗的元氣。他造訪了當地一間賭場，甚至邀請一名年輕女子一起跳探戈。他深深著迷於她的美貌，回憶起：「那女孩說出的一字一句都聰明又有意義。」她說自己有印度血統，在智利出生。萊姆金發現有機可乘，便告訴她，她會對他跟大屠殺有關的工作感到有興趣，因為印加人（Incas）和阿茲特克人（Aztecs）也曾遭到屠戮。[31]這名年輕女性可能從沒聽過這樣的搭訕臺詞，她很快就離去了。

萊姆金回到日內瓦後，參與了法律委員會（Legal Committee）每一次的會議。在會議空檔，他會替代表準備備忘錄。[32]他認為他們必須仰賴大規模暴行的歷史案例，讓法案能涵蓋各式各樣的滅絕手段。他照慣例以那句老格言提醒每位代表：「立法者的想像力必須超越罪犯的想像力。」[33]《滅絕種族罪公約》主要的英國反對者是哈特里・莎克羅斯（Hartley Shawcross），由於他已在紐倫堡法庭起訴納粹被告，而認為制定種族滅絕法只是浪費時間。一九四八年秋天，莎克羅斯曾在走廊上遇見萊姆金，並評論道：「委員會變得愈來愈情緒化，這是個惡兆。」當時萊姆金已經累得幾乎無法站起身，但聽到這席話備受鼓舞。[34]法律委員會批准草案，提交給大會，並預定在一九四八年十二月九日舉辦這項議案的投票。

經過一整年對草案激烈的鬥爭，一九四八年，委員會對《防止及懲治滅絕種族罪公約》做出結論，將種族滅絕定義為：

蓄意全面或部分消滅某一民族、族裔、種族或宗教團體，並犯下以下任一行為者：

甲、殺害該團體分子；

乙、致使該團體分子在身體上或精神上遭受嚴重傷害；

丙、故意使該團體處於某種生活狀況中，以毀滅其全部或局部生命；

丁、強制施行辦法意圖防止該團體內生育；

戊、強迫轉移該團體兒童至另一團體。

一個群體被判決犯下這項新成立的種族滅絕罪，必須曾（一）實施前述任一行為，（二）意圖全面或部分消滅（三）任一受保護的族群。法律並未要求消滅整個族群，只要有意圖摧毀大部分數量的成員。如果犯罪者並未**因對象的身分**鎖定某個民族、族裔或宗教群體，那麼殺戮行為就僅僅構成大屠殺罪，而非種族滅絕。

當然，萊姆金反對國家發起任何形式的屠殺，但他爭取立法的目標聚焦在國家恐怖暴行的一個子集。他相信這種罪行將導致最大量死亡人數、最為常見，也會造成最嚴重的長期傷害，無論對目標族群本身，或其餘社會都是如此。這項罪行與加害者抱持何種動機來消滅某個族群並沒有關聯。因此，伊拉克以庫德族少數民族聚居重要邊界的地域為由，從一九八七年至一九八八年試圖淨空那裡的庫德族人，這也是種族滅絕；盧安達政府聲稱圖西族武裝反叛分子對軍事構成威脅，在一九九四年企圖消滅國內佔少數的圖西族，這也是種族滅絕。一九九二年，波士尼亞的穆斯林和克羅埃西亞人宣告從南斯拉夫獨立後，南斯拉夫的塞爾維亞人試圖掃除國內所有非塞爾維亞人，這也是種族滅絕。滅絕種族罪的重點是有一群人意圖消滅某個族群的原因，是基於該族群成員的身分，而非因為他們做了某些事。如果大會通過這份公約，未來將沒有人能免於懲罰——領導人、公職人員、一般公民都無一例外。這份條約將確保一項新的事實：各國再也沒有法律權利能不受干涉。公約不僅授權，更要求各界像過去美國外交大使摩根索嘗試的，開始干預實施種族滅絕國家的內政事務。如果一國政府實施或允許種族滅絕，簽約國就必須採取行動去預防、制止和懲罰犯罪，過去從沒有法律文件如此要求過。儘管各國有一定程度的自主權能決定採用何種手段，但無論如何都必須有所行動。我們可以將這項公約解讀成批准軍事性干預。這項法案甚至透過強調「壓制」這項罪行作為神聖的法律義務，暗示軍事干預的必要，不過法條本身或起草者都未討論使用武力的問題。儘管如此，這一大進展已足以說服國家領導人公開譴責或懲治另一國家的罪行。

《滅絕種族罪公約》大膽地填補紐倫堡審判的許多漏洞。這份公約讓國家（和反叛分子）在侵犯另一國或攻擊國內「敵人」時，都必須對種族滅絕負起法律責任。這項一九四八年成立的條約，對太平時期或戰時、國內與國外發生的種族滅絕行為皆一視同仁。

比起預防，公約的執法機制對懲治的規範更加明確。簽署國有義務在國內通過種族滅絕法，並為了發生在領土內外的種族滅絕事件，審判任一名公民或公職人員。各國必須審判自己的種族滅絕嫌犯，以及在國界內遊走的其他嫌疑人。這樣的規定也有缺漏，以戰後德國為例，這代表國際間須仰賴前納粹黨黨員審判納粹罪犯——不過即便那些種族滅絕的始作俑者持續掌權，他們也不會願意冒著被逮捕的風險離開母國。《華盛頓郵報》有篇社論支持將種族滅絕定罪，根據該文描述，種族滅絕罪的基本概念，是這項法案「會以某種封鎖線包圍有罪的國家」。種族滅絕犯罪者將受困於母國，而這種「對無助少數族群進行迫害且未受到譴責」的行為將會蒙受罵名。「種族滅絕不會再是專屬於任何國家的內政問題，」那篇社論如此總結，「無論種族滅絕在何處發生，整個文明世界都必須共同關注。」[35]如果聯合國通過這項公約，種族滅絕將會成為所有人的責任。

萊姆金曾以為一九四八年十二月九日這天永遠不會到來。當這一天真的來臨時，他站在巴黎夏洛特宮的記者席上，緊盯聯合國大會的辯論，克制自己出聲打斷。終於，會議迎來投票時刻。聯合國五十五名代表對這份條約投下同意票，沒有任何反對票。在萊姆金將「種族滅絕」一詞介紹給世人後短短四年，聯合國大會一致通過禁止這項暴行的法律。[36]萊姆金記得：

> 大廳燈火通明，旁聽席都滿座，每位代表面露嚴肅莊重的神情。多數人都對我友善地微笑。約翰・福斯特・杜勒斯*以有些冷靜務實的語氣對我說，我為國際法做出重大的貢獻。法國外交部長羅伯特・舒曼（Robert Schumann）感謝我的努力，表示他很高興如此偉大的盛事在法國發生。沙潔福†說，這項新法案應該叫做「萊姆金公約」。接著伊瓦特博士‡宣布開始投票表決滅絕種

族罪公約的決議。有人要求唱名表決。最先投票的是印度，在印度表示「贊成」後，現場出現無數張「贊成票」，緊接著是如雷般的掌聲。我感覺到相機閃光燈在我臉上閃爍……。全世界都在微笑贊同，而我只有一句話回應這一切：「謝謝。」[37]

依照公約前言所述，世界各國承諾「防止人類再度遭受這類邪惡浩劫」。在公布唱名表決結果後，和萊姆金在日內瓦成為朋友的澳洲籍大會主席赫伯特·伊瓦特，宣布通過這份公約是「國際法發展史上的劃時代事件」。他呼籲所有國家都簽署這份公約，也敦促各國國會盡快批准此約。在一片讚美聯合國與國際法做出承諾的聲浪中，伊瓦特宣稱，政治干預偽裝成人道主義的日子已經過去了：

今天，我們正在為這些人類群體的存在，建立國際性的集體保護措施……。無論是誰以聯合國的名義行動，都代表著在這偉大組織中體現的普世良知。聯合國和其他負責監督公約實行情況的機構，將會根據國際法，而非片面的政治考量出手干預。在這個與人類群體神聖生存權利息息相關的場域中，我們在今天宣告，國際法將永保最高地位。[38]

* 杜勒斯（John Foster Dulles，一八八八年—一九五九年）為美國共和黨人，一九五三年至一九五九年間曾擔任美國國務卿。

† 沙潔福（Sir Zafrullah Khan，一八九三年—一九八五年）為巴基斯坦外交官，曾於一九六二年至一九六六年間擔任聯合國大會主席。

‡ 赫伯特·伊瓦特（Herbert Vere Evatt，一八九四年—一九六五年）為澳洲法學家，時任聯合國大會主席。

這是聯合國首度正式通過人權公約的里程碑。

所有熟悉《滅絕種族罪公約》的人都對它的幕後推手瞭若指掌。《紐約時報》讚美萊姆金「耗費十五年奮鬥」達到的成就。在表決過後，記者想找萊姆金分享他的勝利，但卻遍尋不著。「依我們對他性格的瞭解，」《紐約郵報》記者約翰・霍亨貝格（John Hohenberg）回憶道：「他應該要在走廊上驕傲地昂首闊步，宣揚自己的功勞，以及一直以來他夢想中的協議的種種優點。」[39]但他卻不見人影。當晚記者終於找到他時，他獨自待在黑暗的會議廳啜泣。根據羅森塔爾描述，萊姆金「哭得撕心裂肺」。[40]這名長久以來對記者死纏爛打的男子，在此時卻揮手要他們離開，請求道：「讓我自己一個人靜一靜。」[41]萊姆金終於獲得勝利，寬慰和悲痛之情淹沒了他。他形容這份公約是「他母親的墓誌銘」，以此確認「她和數百萬人並未白白死去」。[42]

那天晚上，萊姆金發了高燒。兩天後他再度住進一間巴黎的醫院，困在病床上三週之久。儘管醫師群認為他飽受高血壓導致的多重併發症之苦，他們卻難以做出明確診斷。萊姆金解釋自己的病痛，說那是「種族滅絕症」（Genociditis），或「為滅絕種族罪公約奮鬥導致的精疲力竭」。[43]

不幸的是，儘管萊姆金不會知道，但最艱難的困境尚未到來。在經過將近四十年後，美國才批准那份條約，而過了五十年後，國際社會才首次做出種族滅絕罪的判決。

第五章 一對最致命的敵人

萊姆金的遊說行動

歷史上從沒有任何一個國家下定決心預防暴行，更遑論透過法律來執行，而萊姆金必須讓這兩件事發生。首先，在聯合國大會上投票贊成總族滅絕禁令的二十個會員國，必須在國內批准公約，才能讓公約成為正式的國際法。其次，世界最強大的民主政體——美國——必須帶頭執行種族滅絕禁令。過去由於美國不參與干預行動，使得國際聯盟形同虛設。因此初期所有在聯合國發起新倡議行動的人士，都決意處處拉攏美國加入。「這份條約就像一艘載著倖存者的船，」萊姆金寫給自己：「絕對不允許這艘船沉沒。」[1]

在清點二十個會員國是否在國內批准公約後，萊姆金再度成為一臺單打獨鬥、跑遍全球、擁有多語聲道並且只闡述單一議題的遊說機器。如果仔細研究萊姆金的文件，那人們會非常敬佩他維持的通信量。他曾寄出以英文、法文、西班牙文、希伯來文、義大利文和德文寫成的信件。早在電腦跟影印機普及以前，他會手寫每一封信，配合特定的人物、組織或國家更改內容。偶爾，萊姆金會從耶魯法學院的學生助理，或從他定期合作的猶太團體志工中徵人，不過這些幫手在他如此嚴格的監工下，鮮少能長期與他合作。萊姆金利用朋友、朋友的朋友和熟人的熟人來熟悉某個國家。當他想知道在烏拉圭該採用什麼溝通策略時，由於他從未造訪該國，因此會事先將一連串詳盡的問題寄給一名遙遠的聯絡人。他會打聽該國推動批准公約行動的情況，詢問要核准國際條約的程序為何。他會寫信給最具影響力的政黨領袖、民間的婦女團體或公民團體領導人，以及當地知名報紙的編輯。通常他會請他的聯繫人判斷猶太社群在當地的影響力。萊姆金常常改變他的宣傳措辭，如果那個國家尚未批准公約，他會呼籲該國盡快完成，也會附加早早完成締約的丹麥立法樣本；如果那個國家過去曾經歷種族滅絕，他會提醒該國國民若允許暴行再度發生，人類得付出的代價。不過如果那個國家過去曾**施行**種族滅絕（像土耳其），萊姆金便不會提起該國暴行，以免讓潛在的簽署國卻步。

防止及懲治滅絕種族罪公約

經聯合國大會一九四八年十二月九日決議案兩百六十A（三）通過並提議簽署批准或加入，按照第八條於一九五一年一月十二日生效。

締約國，

鑒於聯合國大會在一九四六年十二月十一日決議案九十六（一）中曾聲明滅絕種族係國際法之一種罪行，違背聯合國之精神與目的，且為文明世界所不容；

認為有史以來，滅絕種族行為殃禍人類至為慘烈；
深信為免人類再遭此類邪惡浩劫，國際合作實所必需；
茲議定條款如下：

第一條 締約國確認滅絕種族行為，不論發生於平時或戰時，均係國際法上之一種罪行，承允防止並懲治之。

第二條 本公約內所稱滅絕種族係指蓄意全部或局部消滅某一民族、人種、種族或宗教團體，犯有下列行為之一者：
（甲）殺害該團體之分子；
（乙）致使該團體之分子在身體上或精神上遭受嚴重傷害；
（丙）故意使該團體處於某種生活狀況下，以毀滅其全部或局部之生命；
（丁）強制施行辦法意圖防止該團體內之生育；
（戊）強迫轉移該團體之兒童至另一團體。

第三條 下列行為應予懲治：

（甲）滅絕種族；
（乙）預謀滅絕種族；
（丙）直接公然煽動滅絕種族；
（丁）意圖滅絕種族；
（戊）共謀滅絕種族。

第四條
凡犯滅絕種族罪或有第三條所列行為之一者，無論其為依憲法負責之統治者、公務員或私人，均應懲治之。

第五條
締約國允各依照其本國憲法制定必要之法律以實施本公約各項規定，而對於犯滅絕種族罪或有第三條所列之行為之一者尤應規定有效之懲罰。

第六條
凡被訴犯滅絕種族罪或有第三條所列行為之一者，應交由行為發生地國家之主管法院，或締約國接受其管轄權之國際刑事法庭審理之。

第七條
滅絕種族罪及第三條所列之其他行為不得視為政治罪行，俾便引渡。

締約國承諾遇有此類案件時，各依照其本國法律及現行條約予以引渡。

第八條

任何締約國得提請聯合國之主管機關遵照聯合國憲章採取其認為適當之行動，以防止及懲治滅絕種族之行為或第三條所列之任何其他行為。

第九條

締約國間關於本公約之解釋、適用或實施之爭端，包括關於某一國家對於滅絕種族罪或第三條所列之任何其他行為之責任之爭端，經爭端一方之請求，應提交國際法院。

一九五〇年十月十六日，第二十個國家批准了《滅絕種族罪公約》，這主要歸功於萊姆金在幕後督促。[2]距離萊姆金初次提案後第十七年，意圖消滅民族、族裔和宗教群體的行為終於成為一項國際犯罪。萊姆金告訴記者：「這是人類勝利的日子，也是我人生中最美好的一天。」[3]

有個更困難也更重要的挑戰，就是得確保美國參議院批准公約，而且美國政府會執法。當一九四八年聯合國大會通過這份公約時，幾乎所有人都認為美國會是首批在國內批准公約的國家。就許多方面而言，聯合國能通過公約，可說都是美國努力的結果。一九四六年，萊姆金曾與幾名美國國務院的律師合作，準備第一份公約草稿。而聯合國經濟暨社會理事會（Economic and Social Council）的特設委員會（Ad Hoc Committee）曾在日內瓦彙編另一個版本的公約本文，該委員會的主席正是美國聯合國代表約翰・馬克托斯（John Maktos）。美國也是一九四八年第一個在聯合國大會簽署條約的國家。

一九四九年六月，哈利・杜魯門（Harry Truman）總統誠心替《滅絕種族罪公約》背書，他主張美國「長久以來都是弱勢民族眼中自由與民主進步的象徵」，是時候宣告「震驚世界的種族滅絕罪」非法，因此他呼籲美國的參議員批准這份條約。當時的副國務次卿迪恩・魯斯克（Dean Rusk）也強調必須藉由批准公約，來「向全世界展現美國維繫自身國際事務道德領袖地位的決心」。要獲得參議院三分之二的票數，似乎只是例行程序罷了。

不過，美國支持公約的人們必須在人權範疇外，尋找曾獲得美國支持的條約前例。魯斯克表明：「我們應該明確指出，《滅絕種族罪公約》並非首例，過去美國也曾和其他國家合作，壓制已經成為國際問題的犯罪或準犯罪行為。」他列舉那些國際合作的例子，但內容有點虎頭蛇尾：「一八八四年，美國曾參與多邊的《保護海底電纜公約》（*Convention for Protection of Submarine Cables*）……美國也曾參與一九一一年與英國、俄國和日本簽署的公約，旨在保育和保護北太平洋的海狗。」對國際決策者來說，賦予簽署國義務去懲治那些破壞海底電纜，或傷害遠洋海狗的條約，似乎與禁止種族滅絕面對的挑戰不大相同。因此，當魯斯克試圖主張批准《滅絕種族罪公約》是先前許多公約行動的自然結果時，儘管他的說詞令人欽佩，但也略顯荒謬。魯斯克提及：「過去美國曾和其他國家合作，打擊殺害海狗這類較輕微的犯罪行為。假設要制止最令人髮指的罪行，也就是消滅人類群體時，其他國家自然也會尋求美國合作。」[4]後來魯斯克在他的證詞中坦承，沒有任何證據顯示有人曾違反海狗公約。

批評者

在接下來數月到數年內，美國早期領導推動《滅絕種族罪公約》的行動大多已消退。有些反對美國批准公約的意見，源自對法條內容合理性的不滿。像公約簡單的遣詞用字沒有具體說明這種暴力需要具備那些本質，才足以觸發全球或某國回應。萊姆金曾希望能創造出一種神聖不可侵犯的犯罪類別，能讓全世界攜手預防和懲治。可是新的公約沒有釐清人們對「種族滅絕」定義的混淆和誤解。有批評者就聲稱，滅絕種族公約根本沒有訂定觸發各國行動的高標準，反而給出彈性過大的低標準。

根據聯合國條約的定義，當時「種族滅絕」存在幾個固有的定義問題（至今依然如此）。其中之一又可稱為人數問題，必須有多少人被殺害和／或被驅離家鄉，發生的大屠殺或種族清洗才算是種族滅絕。人們對這點沒有共識，也無法形成共識。如果法條要求達到事先規定的殺戮人數比例，局外人才該有所回應，那犯罪者將會獲得一段能為所欲為的時間到十分卑劣的程度。如果只有等到某個群體完全或幾乎被滅絕，法律才開始生效，那公約實質發揮的效用不大。法案的起草者聚焦於犯罪者的意圖，以及他們是否企圖摧毀一個集體。他們認為這或許能確保判斷和制止種族滅絕的行動不會太遲。如果政治家希望防患未然，就必須訂出更廣泛、以意圖為基礎的定義。

然而，有些美國參議員擔心，更廣泛的用語會被使用來對付美國。在美國，這項法案最具影響力的敵人，是備受尊敬的美國律師協會（American Bar Association）。艾弗德・史威佩（Alfred T. Schweppe）是美國律師協會的聯合國推動和平與法律委員會（Committee on Peace and Law Through the

United Nations）主席，在一九五〇年，他曾在一場美國參議院小組委員會的聽證會上，挑戰公約中對「種族滅絕」的定義：

> 用個令人反感的例子來說明，（公約的定義）顯然並不意味著，如果我想把五個中國人趕出鎮上，我就一定有意消滅世界上總共四億的中國人，或美國國內二十五萬名中國人。然而，他們確實屬於某個種族群體，而且假設那個群體只有五人、十人或十五人，我也確實純粹因為他們屬於某個種族，就拿槍在某個社區追趕驅逐他們……。我想你們有嚴重的問題要解決。那正是我的擔憂所在。[5]

參議員布里恩．麥馬洪（Brien McMahon，康乃狄克州的民主黨代表）是參議院第一個小組委員會的主席，他本人支持批准公約，但也提出許多問題。這樣的疑問往往演變成對訂定確切人數的要求。他曾問道：「假設某個群體共有二十萬人，那是否代表你必須殺害十萬〇一人，才能符合公約定義的人數？」萊姆金強調，局部的消滅顯然必須「足夠重大並影響到一個團體整體的存續」，他生動地寫道，局部消滅意指「切除某個民族的大腦，導致他們全身癱瘓」。[6]最終，麥馬洪的小組委員會建議在公約中附上一條「說明」，表示美國將公約中的「局部」一詞，詮釋為「一個團體的重要部分」。即使這樣的修改應該足以消除參議員的疑慮，許多人仍忽略小組委員會建議的折衷用語，繼續表達不滿。[7]多年後，當赤柬、伊拉克政府和波士尼亞的塞爾維亞人開始消滅少數族群，那些反對美國出面回應的人士，便常忽視《滅絕種族罪公約》的條款，否認種族滅絕正在發生，並聲稱死亡人數或被消滅的人口比例過低。

此外，由於《滅絕種族罪公約》列出意圖消滅某團體的犯罪手段，不只包含殺害其成員，也含括嚴重傷害成員的身體或精神、蓄意破壞生活條件、防止生育或強制讓兒童脫離該團體等，這些公約內容都招致批評。事實上，人們如果要達到種族滅絕，不可能獨立執行這些罪行。他們必須建立一整套計畫，才能全數或局部摧毀某個特定團體。公約之所以納入謀殺以外的行為，目的是要確保國際社會留意與譴責小規模屠殺、人口遷移和絕育等「比較輕微」的犯罪，一方面因為這些行為本身是邪惡的，另一方面也是因為這些行為的下一步，往往就是消滅該族群的性命。在刑法中，犯罪意圖通常很難被證明，要證實種族滅絕的意圖更加艱難。那些實施種族滅絕計畫的人，鮮少會在錄音帶或文件上記錄他們的企圖；一個群體絕大部分成員被消滅前，也不可能證明有人抱持滅絕整個群體的意圖。《滅絕種族罪公約》的起草者相信，太早行動總比太晚行動來得好。當一群人開始驅逐他們之中另一群體，例如一九一五年的土耳其人，或一九九二年波士尼亞的塞爾維亞人，那可能是更大規模毀滅計畫的徵兆。

然而，反對法案的人忽視禁令條款背後的論據。他們反而把注意力全集中在新法案的措辭可能被曲解，或被應用在太過氾濫與輕微、實際上不構成介入他國內政正當理由的行為上。有人暗示如果美國批准公約，反對美國的人就能開始調查十九世紀美國原住民部落被消滅的歷史。[8]南方州分的參議員擔心善於創造新想法的律師，可能主張美國南方的種族隔離政策造成「精神損害」，並將其視為種族滅絕。[9]國會議員也警告，這份公約會讓具有政治傾向的煽動者，把美國政府或參議員本人拖上國際法庭。

我們早該清算美國政府對原住民族的暴行，但這份公約並不溯及既往，無法用來敦促此事。儘管美國對待異族的惡劣紀錄，絕對有可能被控為種族歧視和侵犯人權，但除非有志之士誇大解讀《滅絕種族罪公約》，否則南方州的國會議員很難被指控種族滅絕。萊姆金本身就曾處理過這個議題，他說：「針對黑人的問題來說，白人的目的是要將該種族隔絕在不同生活層級，而非摧毀他們。」[10]黑人婦女全國理事會（National Council on Negro Women）的發言人厄妮絲・卡特（Eunice Carter）也同意萊姆金的看法，在聲明中提及：「對一人或數人動用私刑，與因為種族、宗教或政治理念消滅某族群的行為並沒有關連。」黑人婦女全國理事會也支持這份公約，因為婦女和兒童往往是種族滅絕首當其衝的受害者，如果種族滅絕「不受控制與懲治」，少數族群將會時常身陷險境。[11]

另一方面，一九五〇年的參議院小組委員會已經透過附加一條保護南方州的明確法律「解釋」，清楚聲明「種族滅絕並不適用於私刑處死、種族暴動或任何形式的種族隔離」，試圖消除參議員的恐懼。但反對公約的人並沒注意到這段（尷尬的）建議，也沒有認知到無論美國是否批准公約，他們都能在被指控實施種族滅絕時，提出對方在「捏造」的反駁。在接下來數十年，問題將不是太多國家在國際法庭上指控別國進行種族滅絕；反之，問題在於太少國家這麼做。直到二〇〇一年末，都沒有任何國家在國際法院公然挑戰美國、指控美國犯下種族滅絕罪。南方的反彈聲浪主要是受到仇外情結和孤立主義驅使，讓他們有意讓美國脫離一切的國際體系。

萊姆金本人也成為仇外人士詆毀的對象。一九五〇年，參議院的外交關係委員會成員亞歷山大・史密斯（H. Alexander Smith，紐澤西州的共和黨代表）憤憤不平表示，公約的「頭號宣傳者」竟然是

「說得一口破英語的外國男子」。這名參議員聲稱，他知道「許多人對這個到處跑來跑去的傢伙十分惱怒」。參議員亨利．卡伯特．洛奇（Henry Cabot Lodge，麻薩諸塞州的共和黨代表）支持批准公約，但他建議有人能告訴萊姆金，他「對自己的事業造成很大的傷害」。大多數的批評都是針對萊姆金的猶太人身分，而非他不屈不撓的態度。史密斯說他本身「很同情猶太人的遭遇」，但「他們不該表現對（公約）的擁護，卻還是這麼做」。[12]同時，即便萊姆金發明了「種族滅絕」的概念，參議院的小組委員會並沒有邀請他出席國會批准公約的聽證會。

萊姆金在回想美國國會為什麼反對他提倡的公約時，提及：「如果有人不喜歡芥末，那他總能找到不喜歡的理由，就算你已經指出前述理由並不正當，結果也是一樣。」批評者抗議這份條約太過廣泛（可能連累到美國），又不夠廣泛（無法牽連蘇聯）。雖然公約保護了「因為身分」而淪為目標的「民族、族裔或宗教團體」，但法條並沒有保護政治團體。蘇聯代表團與他們的支持者（大多為東歐的共產國家和部分的拉丁美洲國家）主張，如果把政治團體納入公約，將會限制正試圖鎮壓國內武裝叛亂的國家。[13]蘇聯的立場反映出他們對外來勢力入侵的恐懼。他們擔憂這項公約會對史達林殲滅中亞各地少數民族，與他對付所謂反革命「敵人」的行為進行懲治。毫不意外的，史達林並不想締造國際干預的權利，以免他的類似行為被阻止。或者說，在他眼中避免種族滅絕是不必要的干涉。由於萊姆金認為倘若將政治團體納入規範對象，會導致法律委員會分裂，並讓法案胎死腹中，因此他在遊說時也主張排除政治團體。[14]但美國的批評者非但沒糾正法案的這項缺陷或透過其他方法補足缺漏，反而抗議：某個國家可能因為膚色問題造成五人精神損害，被認定觸犯種族滅絕；但另一個國家因為黨籍卡的顏色殺害十萬人，卻不會被認定為種族滅絕。有鑒於《滅絕種族公約》的規範對象排除政治團體，在一九七〇年代末，當赤柬開始消滅一整批所謂的「政敵」時，要證明他們在柬埔寨犯下種族滅絕就變得更加困難。

當然，美國反對條約的核心原因幾乎與條款內容無關，畢竟任何法律都需要經過法庭詮釋，意義才會愈發清晰。這份公約也不例外。事實上，美國的反彈是源自他們對任何侵害美國主權的行為根深柢固的敵意，一九五〇年代的紅色恐慌更強化這種心態。如果美國批准這份條約，參議員憂慮他們會因此讓外界能頻頻過問美國內政，或讓國家被捲入某種「難纏的同盟關係」。他們很難理解，當國家對待自己公民的方式成為國際合法監督的目標，將如何有利於自身。對美國來說，阻止種族滅絕並非他們的優先事項，國際法也幾乎沒提供世界上最強大的國家任何報酬。

一九五〇年五月，麥馬洪的參議院小組委員會提出的報告傾向支持批准條約。但當次月北韓入侵南韓時，外交關係委員會將表決延期。這場戰爭觸發了美國的反共恐慌潮，共和黨參議員約瑟夫・麥卡錫（Joseph McCarthy）和約翰・布里克（John Bricker），批評聯合國是一個讓美國捲入戰爭的「世界政府」。他們擁護各州權利，主張參與國際條約會讓聯邦政府被踐踏。他們也指出《滅絕種族罪公約》會犧牲美國主權和各州，讓聯合國和聯邦政府更強大。參議員威利斯・羅伯森（A. Willis Robertson）是維吉尼亞州的保守派民主黨人，也是布里克的支持者。他曾寫道，有群人要求聯邦政府出面為人權制定規章，但他已經「受夠這些不切實際的善心人士，在我們自己的國家製造麻煩」。美國人民無疑不需要聯合國施加「同類的壓力」。[15]一九五二年，布里克提出限縮聯邦政府權力的訴求，獲得參議院共和黨人壓倒性支持，於是他提出美國憲法修正案，縮減總統批准外國條約的權力。

一九五三年，艾森豪接任杜魯門的總統職位後，萊姆金理所當然視這名前美國將軍為盟友。當艾森豪率領軍隊解放布亭瓦德集中營後，曾火速發送一封電報給陸軍參謀長喬治・馬歇爾（George Marshall），譴責納粹的殘暴行徑：「有人曾告訴我們，美國士兵不知道自己為何而戰。」艾森豪在成堆的死屍旁反思，「如今，士兵至少會知道自己在對抗什麼。」然而，每一名將軍都曾接受過慎選戰役的教育，而艾森豪迅速放棄為《滅絕種族罪公約》奮鬥。一九五三年，艾森豪總統為了安撫布里克的支持者，而否認包含此項公約在內的所有人權條約。[16] 國務卿約翰・福斯特・杜勒斯承諾：「對於任何參議院還在考慮的（與人權有關的）公約，政府絕不會選邊站。」他也斷然推翻紐倫堡判例，指控《滅絕種族罪公約》超出條約的「傳統限制」，企圖在其他國家造成「內部的社會變革」。杜勒斯宣告美國將透過教育來提倡人權，而非透過法律途徑。

《滅絕種族罪公約》絕非盡善盡美。然而無論公約多麼模稜兩可，如果美國參議院批准公約，將能向世界和美國人民示意，美國認定種族滅絕是國際犯罪，不管在何處發生都應當受到防止和懲治。批准公約也將使美國政府必須起訴在美國沿海遊蕩的種族滅絕嫌疑犯，並賦予決策者權力和義務，為阻止未來的種族滅絕而「採取行動」。

後方民眾

萊姆金一如早期嘗試爭取國際支持般，如今也試圖透過巡迴演講、報紙專欄和大批郵件創造一群在美國的擁護者。為了讓艾森豪反轉立場，萊姆金向支持陣營的社群組織借用信紙，申請補助金來支付郵資，以寄出數千封信給任何一名他認為能觸動道德心弦，或可以運用人脈引起美國參議員注意的人士。雖然他多數的信件都混雜著恭維奉承和道德呼籲，但有時他也會不經意直接脅迫他的聯絡人，要求他們秉持良心。塞爾瑪・史蒂芬斯（Thelma Stevens）是衛理公會婦女理事會（Methodist Women's Council）的志工，某年夏天她讀到萊姆金的信，其中的段落讓她大吃一驚。他在語氣和悅的信中夾雜要求組織倡議運動的要求，以勸說參議院通過公約：

> 這份公約關乎我們的良知，也在考驗個人與邪惡之間的關連。我知道在七月和八月工作與制定計畫很炎熱，但即便不顯得多愁善感，或使用華麗詞藻，我們還是別忘了：比起炎熱的夏季，奧斯威辛和達豪集中營（Dachau）滾燙的火爐更讓人難以忍受。而在一九一五年亞美尼亞種族滅絕期間，數十萬名亞美尼亞基督徒在阿勒坡沙漠中被焚燒至死，那致命的烈焰更是殘酷。[17]

儘管萊姆金不苟言笑，但他知道自己必須贏得菁英階層支持。他與《紐約時報》編輯部的格楚・塞繆斯（Gertrude Samuels）的通信成果最為豐碩。在探討是否要批准公約的論戰期間，塞繆斯都持續在報紙上發表社論，內容往往像直接出自萊姆金之筆。起初這些社論附和他的信念，後來則反映他的挫折。有一篇社論指出將種族滅絕定罪是「本世紀最偉大的文明構想之一」，並抨擊參議院「冷漠拖延」。另一篇則採用一九五〇年六月六日萊姆金寫給塞繆斯信中相同的語句，說道：「人道就是我們的委託人。」那篇社論宣告：「每延遲一天都是在對犯罪讓步。」[18]萊姆金恨不得人人都來抄襲他的言論。

萊姆金也試圖動員美國的民間團體。那時，我們今日十分熟悉的國際人權組織還不存在，國際特赦組織要到一九六一年才成立，赫爾辛基觀察會（Helsinki Watch）則到一九七八年才設立，後來擴展為人權觀察會（Human Rights Watch）。不過，早在一九九〇年代，在非政府組織壯大起來、發生劇烈權力轉移的四十年前，萊姆金已經爭取到美國公民組織、教會和猶太教堂的廣泛支持。[19]聯合國滅絕種族罪公約美國委員會（U.S. Committee for a United Nations Genocide Convention）成立，該單位由各種團體的代表與領袖組成，包括全國基督教會理事會（Federal Council of Churches of Christ）、美國聯合國協會（American Association for the UN）、全國婦女理事會（National Council of Women）和美國勞工聯盟（American Federation of Labor）。[20]當萊姆金試圖不斷削減美國反對公約的聲音時，美國猶太委員會（American Jewish Committee）、美國猶太復國理事會（American Zionist Council）和聖約之子會（B'nai B'rith）也在財務上援助他。

戰爭剛結束時期，幾乎無人聞問那場如今廣為人知的種族滅絕行動，萊姆金如今處於劣勢。[21]儘管美國猶太人後來成為宣導猶太大屠殺紀念行動與教育的一股強大力量，但當時的他們沉默不語，並渴望融入社會。他們擔心激發更嚴重的反猶太主義，強烈拒絕被稱為受害者。部分美國人則對滅絕議題十分反感。

在極少數提及希特勒種族滅絕行動的例子中，美國電視節目和電影都表露一種企圖，就是既想告訴觀眾事發經過，又不想讓觀眾感到疏離。舉例來說，在一九五三年五月，電視節目《這是你的人生》（*This Is Your Life*）在某一集中，首次向眾多美國電視觀眾引介一名猶太大屠殺的倖存者。主持人羅夫・愛德華茲（Ralph Edwards）簡單介紹漢娜・布洛克・科納（Hanna Bloch Kohner），她是一名成功逃離奧斯威辛滅絕營的三十多歲女性。「看著妳實在很難相信，妳在還十分年輕的人生中，竟然在短短七年就見證一生的恐怖和悲劇。」愛德華茲如此宣稱，並告訴漢娜，她看起來「就像剛從大學畢業的年輕美國女孩，完全不像在德國歷經希特勒殘酷清洗而存活的猶太女子」。自始至終，愛德華茲都沒提到有六百萬名猶太人遭到謀殺，反而以一種那個樂觀年代特有的重生語氣說道：「漢娜・布洛克・科納，這是妳的人生。在妳人生最黑暗的時刻，美國對妳伸出友誼的援助。而妳對收留妳的土地堅定不移的奉獻與忠誠，反映妳的感激之情。」[22]

在一九五五年，《安妮的日記》（*Diary of Anne Frank*）的改編戲劇開始演出。這齣劇獲得一座普立茲獎、一座東尼獎最佳話劇獎，還有如潮水般的觀眾佳評。但這齣舞臺劇的批評者和劇迷都注意到，年輕的安妮拒絕對人性失去信念的表現，反映當時美國的社會氛圍。[23]一九五九年，《安妮的日記》的電影版首度上映，並拿下三座奧斯卡金像獎。但片中大幅刪減有關猶太大屠殺的情節描述。電影導演喬治・史蒂文斯（George Stevens）曾在美軍服役，並曾和美國盟軍進入過達豪集中營。他在舊金山放映這部電影較早的版本，在片中最後一幕，安妮身上穿著的集中營制服在霧中搖曳。但在映後，史蒂文斯卻覺得那一幕「對觀眾衝擊過大」而將其剪去。[24]電影改成採用舞臺劇版充滿希望的結尾，安妮宣告：「儘管經歷這一切，我依然相信人性本善。」但實際上在安妮的日記中，她在這句話後面繼續寫道：

「但我完全沒辦法在迷惘、痛苦與死亡的基礎上，重新建立希望。」這段文字因為被史蒂文斯與舞臺劇導演加森・卡寧（Garson Kanin）認定太過嚴肅與抑鬱，而遭到刪減。卡寧曾說，他認為引發觀眾沮喪的情緒，並不是「合理的戲劇結尾」。[25]

好萊塢小心翼翼嘗試以更寫實方法描繪那些恐怖景象。一九六一年的電影《紐倫堡大審》（*Judgment at Nuremberg*）由茱蒂・嘉蘭（Judy Garland）和史賓塞・屈賽（Spencer Tracy）主演，片中放入集中營血淋淋的真實影像，震驚了數百萬名觀眾，但電影鮮少提到具體的受害群體。[26]美國天然氣協會（American Gas Association）作為電視臺的主要贊助商之一，曾抗議一九五九年電視劇版的《紐倫堡大審》提到天然氣毒氣室，哥倫比亞廣播公司屈服於壓力，因而刪去相關段落。[27]而在一九五九年之前，《紐約時報》都不曾使用過「種族滅絕」此一詞彙。[28]

到了一九六〇年代末才有美國民眾開始談論大屠殺。接著「猶太大屠殺」（Holocaust）一詞才被以大寫形式，具體指稱德國消滅歐洲猶太人的行動。當時許多文本已廣泛提及「猶太大屠殺」這個詞彙，以至於到一九六八年，國會圖書館（Library of Congress）必須創建一個新的著作類別，將其命名為「猶太大屠殺：一九三九年至一九四五年的猶太人處境」。[29]一直到一九七一年，《期刊文獻讀者指南》（*Readers' Guide to Periodical Literature*）才納入這個主題標題，但當時美國還沒有任何出版著作在記錄與追悼希特勒殘害猶太人的罪行，就連埃利・維瑟爾（Elie Wiesel）的《夜：納粹集中營回憶錄》（*Night*）和普利摩・李維（Primo Levi）的《奧斯威辛倖存者》（*Survival in Auschwitz*）這類名著，都還難以找到出版商。[30]是要到一九七〇年代，美國人才真正準備好討論這段恐怖的歷史。

如果說在一九五〇年代美國仍不願面對希特勒的「最終解決方案」，那麼老是提著裝滿駭人故事的公事包、以堅定且咄咄逼人態度向他人遊說的萊姆金在國會山莊很難結交到朋友，就不是那麼令人意外的事了。

挑釁

萊姆金將他日益加劇的挫敗感發洩在讓人意想不到的對象上——人權團體的發言人。一九四五年，在舊金山起草聯合國憲章的會議上，聯合國的小國成員以及美國教會、猶太人、勞工和婦女團體，都曾協力確保聯合國在創始憲章中七度提到人權。由於這些人權的內涵與執法機制都懸而未決，聯合國成立人權委員會（Human Rights Commission），並由愛蓮娜．羅斯福（Eleanor Roosevelt）擔任主席，旨在草擬一份「國際人權法案」。其中包含了《世界人權宣言》（*Universal Declaration of Human Rights*，簡稱 UDHR），以及兩份具有約束力的法律公約。

起初，比起人權議程的實體內容，萊姆金對它被提出的時機點更加惱怒。從一九四四年起，萊姆金便努力讓各國官方接受他的意見，甚至從一九三三年起就為了立法禁止種族滅絕而四處奔走。然而，聯合國大會在通過《滅絕種族罪公約》隔天，也就是一九四八年十二月十日，就通過這份深具歷史意義的世界宣言，這令萊姆金心煩意亂。他感覺愛蓮娜．羅斯福等國家名人與《世界人權宣言》，聯手搶走聯合國表決通過滅絕種族罪公約的光彩。[31]

《世界人權宣言》含括三十條關於公民、政治、經濟與社會正義原則的條文，但本身不具有約束力。[32]萊姆金表示，這套懷抱理想的原則只像「約會」，而要求各國付出特定行動的公約更像「婚姻」。[33]他天真地相信，無異議通過公約意味著各國都想履行他們的法律承諾。因此他擔心如果滅絕種族罪公約和愛蓮娜的宣言牽連在一起，自己的法案影響力就減弱。

不過萊姆金是在人們企圖將這份初步宣言合法化，並以種族滅絕禁令為範本，將宣言轉化成具有法律效力公約的行動中，才真正被激怒。[34]他簡直無法相信外交官、法案起草者和關心這個議題的公民，竟然企圖讓低階的權利侵犯行為，成為國際法規範的對象。他深信國際法應當保留給最極端、最有可能躲避國家起訴的犯罪。將蓄奴和種族滅絕規定為國際犯罪是十分恰當的，但限制言論和媒體自由則非如此，而且顯然無法實際執法。萊姆金認為更有具正當性也更急迫的目標，必須和人權團體平淡無奇的關注議題區分開來。

他在一篇題為〈聯合國正在扼殺自己的孩子〉的未發表社論中提出警告，指出當時正在倡議的人權公約條款將「侵犯」到**他的**公約：「同一套條款既適用於在集中營毆打大批人民，也適用於父母打小孩屁股的行為。簡單來說，一方是會改變文明進程的種族滅絕罪，另一方則是不文明的個人行為，這兩者之間的分界消失了。」[35]萊姆金擔心如果所有侵權行為都受到國際關注，各國將會對國際法反彈，不去回應最嚴重的罪行。

萊姆金也預測一些批評《滅絕種族罪公約》的人，會透過另一種方式扼殺他的法案，那就是透過人權法案，他的預測相當正確。這些人主張人權法案十分廣泛，足以涵蓋種族滅絕罪，因此不需再另立專門的種族滅絕條約。[36]有些人開始聲稱種族滅絕不過是一種罪大惡極的歧視形式。想當然爾，萊姆金堅稱消滅群體不應該被納入以偏見為名的罪行。一九五三年，他在一段筆記中嚴厲寫道：「種族滅絕必然包含破壞、死亡和毀滅，歧視只是可悲地否認某種生活條件。不平等和死亡不能相提並論。」[37]

萊姆金開始到處遊說，爭取將人權法案中與他公約重疊的條款移除。這項行動預告了非政府組織甫剛成立，便捲入勢力範圍的爭奪之戰。在人權法案中，有兩項條款特別令萊姆金苦惱，分別為「人人都應享有不受剝奪的生命權」以及「任何人都不得加以刑求，或施行殘忍、不人道或具侮辱性的待遇跟刑罰。」如果人權法案包含這些條款了，那滅絕種族罪公約的反對者就會聲稱種族滅絕已經「被包括」在這項法條中。萊姆金極力向錯愕的美國官員勸說，堅持人權法案應刪去提及生命權和不受不人道待遇權利的段落。他收到助理國務卿約翰・希克森（John D. Hickerson）的親切回信，對方表示：「要將這兩項權利排除在全世界普遍認定的最基本人權外，無疑十分困難。」[38]但萊姆金認為國際法不應該忙著處理最基本的問題。

當萊姆金對人權條約與倡議者進行攻擊時，他發覺自己不由自主和那些侵犯人權的惡名昭彰的人一樣，提出了相同主張。[39]他的憤怒讓他忽略自己和擁護人權的對手間擁有的共同點。猶太裔法國律師勒內・卡森（René Cassin）是在人權委員會中發動起草《世界人權公約》的領導者，一九六八年，卡森因為自身的努力榮獲諾貝爾獎。他有二十九名親戚在納粹集中營喪生，包含他一個姐妹。對於來自蘇聯不滿外界干預內政的批評聲音，卡森的回應簡直像出自萊姆金之口。「我們此時此刻已經擁有干預權，這項權利已經存在了。」卡森說道：「為什麼？因為我們不希望一九三三年的悲劇再次發生，不希望當德國屠殺自己的國民時和其他人，還要鞠躬說：『你擁有主權，你主宰自己的國家。』」[40]

萊姆金、卡森和羅斯福也蓄勢待發準備對抗相同對手。參議員布里克和麥卡錫聯手嘲諷聯合國所有舉措都是世界政府和社會主義的手段，並認為那將吞噬美國主權，為共產主義陣營統治世界與達到國際化的陰謀推波助瀾。聯合反對種族滅絕禁令和人權法案的同夥不只有布里克這樣的反共人士，也有來自蘇聯和蘇聯集團、擔任聯合國各國代表的忠誠共產主義者。

然而，萊姆金並沒有意識到這點，或去尋求雙方的共識，反而像他對手為他貼上烏托邦思想的標籤般，同樣譴責人權擁護者太過理想化。人權公約草案中有一項條約，理所當然要求締約國「不分種族、膚色、性別、語言、宗教、政治或其他觀點、國籍或社會出身、財產、出生以及其他身分等任何區別」來尊重人權。萊姆金認為這項條約不切實際得可笑。他表示：「歷史已經透過一連串艱辛的革命與演化，試圖達成這項目標。但過去從沒有哲學家或律師對這種獨一無二的機會抱持幻想，認為能用法令取代歷史進程。簡言之，這只是烏托邦的敘述，但烏托邦存在於小說和詩歌中，而非法律。」[41]

焦點回到美國，參議院外交關係委員會撤銷了未來所有關於《滅絕種族罪公約》的聽證會。一九五七年，當又有一波國家簽署該項公約，《紐約時報》再度讚揚萊姆金，形容他是「極具耐心且沒有任何公職身分的男子」。[42]

但萊姆金逐漸失去耐性，他的健康狀況也開始惡化。他將每一年締結公約被延誤的事放在心裡，長年奮鬥的壓力也傷害他的身心。有很長一段時間，萊姆金消失在公眾視野，並切斷與少數友人的聯繫。萊姆金的摯友麥斯威爾·科恩（Maxwell Cohen）形容他「對與他關係密切的朋友非常溫暖，但他的固執和焦躁也為他樹立許多敵人」。儘管萊姆金曾和科恩家人共度許多週末和夏季，但他們總是稱呼他為「萊姆金博士」。萊姆金可以用他舊時的翩翩風度追求異性，但他總與人保持距離。根據科恩描述，「很多女性被他吸引。他是個十分迷人的男子，內心的尊嚴非比尋常。」但萊姆金一直沒為她們空出時間，他告訴科恩：「我無法承擔墜入愛河的代價。」[43]

萊姆金的敵人與他本身的失望與日遽增。在一九五〇年、一九五一年、一九五二年、一九五八年和一九五九年，他都曾獲得諾貝爾和平獎提名。[44]但記者已不再聯繫他，聯合國和國際法過去承諾的「多邊合作時刻」也已經過去。萊姆金依靠猶太和東歐流亡團體的小額捐款維生，他開始動筆撰寫四卷的種族滅絕歷史。他將即將完成的第一卷題名為《種族滅絕研究緒論》，第二卷包含古代的種族滅絕史，第三卷聚焦在中世紀的種族滅絕史，第四卷則會帶領讀者認識現代的種族滅絕。儘管萊姆金認為這樣的著作集是人類不可或缺的，美國出版商卻只預見慘澹的銷量。戴約翰出版公司（John Day Company）社長通知他，公司已經做出決定，「無論是精簡版或完整版，」他們都無法「成功銷售一本關於種族滅絕史的書」。[45]杜爾、斯洛恩暨皮爾斯出版社（Duell, Sloan and Pearce）的查理斯・皮爾斯（Charles Pearce）回覆萊姆金詢問，表示：「我們不可能為這樣一本書找到夠多有意願購買的讀者。」賽門舒斯特出版社（Simon and Schuster）的審稿人則形容出版這部著作集有「極高的商業風險」。[46]萊姆金接著嘗試推銷他的長篇自傳，他在序言中自信地宣稱：「這本書將呈現一個不具公職身分的個體，如何憑藉一己之力成功為世界設下一套道德律法，又如何為此激發世界的良心，內容必定耐人尋味。」這本書的書名會沿用《紐約時報》對他的描述，被題為「沒有任何公職身分的男子」，然而他得到同樣令人失望的回饋。

當萊姆金被指控與全世界為敵時，他總是堅稱：「我沒有在對抗全世界，我只是在對抗一群極少數人，他們自作主張認為自己有權為世界代言。你們所謂的『全世界』事實上都站在我這一邊。」他主張，如果美國的《滅絕種族罪公約》批評者真的相信自身受到全國人民支持，那他們會直接承認自己反對《滅絕種族罪公約》，並接受參議院針對這項議案進行辯論

一九五九年八月二十八日，歷經二十五年為禁止種族滅絕的奮鬥，萊姆金在米爾頓・比奧（Milton H. Biow）位於公園大道（Park Avenue）的公關辦公室倒地不起，死於心臟病發，有些文件從他外套的接縫掉出。他在曼哈頓西一一二號街的單身公寓中，留下滿屋子為外交部長和外交大使準備的備忘錄，公寓裡還有大約五百本書，每本都被閱讀、重讀又畫滿重點。萊姆金出版了十一本著作，多數都跟國際法有關，但有一本是藝術評論，一本則是關於玫瑰栽種法。他過世時五十九歲，身無分文。兩天後，《紐約時報》一篇社論提到：

> 各國外交官如果曾多少擔心在聯合國走廊遇見稍微駝背的拉斐爾・萊姆金博士向他們攀談，如今已不用為此心神不寧。他們不需要再想盡辦法，對如此耐心而無私奮鬥十五年的萊姆金博士解釋，為什麼他們沒辦法批准《滅絕種族罪公約》……。在行動中死去是萊姆金最後的主張，更是他的遺言，獻給擔憂禁止殺戮協議將侵犯到我國主權的國務院。[47]

萊姆金創造了「種族滅絕」一詞，曾協助起草一份禁止這項罪行的條約，也見證世界最強大的國家拒絕簽署這項法案。最終，只有七人出席萊姆金的喪禮。[48]

後繼者

萊姆金死後，《滅絕種族罪公約》在美國長年無人聞問，直到一九六〇年代中才有起色。密爾瓦基（Milwaukee）有一名國際律師布魯諾・比特克（Bruno Bitker），力勸精瘦的威斯康辛州參議員威廉・普羅麥爾繼續完成滅絕種族禁令的理想，這引發社會大眾對公約的第二波關注。當時全球已有將近七十國批准法案，普羅麥爾無法理解美國參議院為何遲遲沒有動作。[49]

普羅麥爾和萊姆金不同的是他已享有優渥的權貴生活，他是耶魯大學校友，擁有哈佛大學兩個碩士學位。他的妻子艾希・洛克菲勒（Elsie Rockefeller）的曾祖父是石油大亨威廉・洛克菲勒（William A. Rockefeller），也是約翰・洛克菲勒（John D. Rockefeller）的弟弟兼生意夥伴。*不過，普羅麥爾和萊姆金一樣，也是一位習慣打破常規的獨行俠。儘管他在伊利諾州一個立場堅定的共和黨家族長大，卻在一九四〇年代末宣布加入民主黨，並搬到威斯康辛州，那裡是破除舊習的民粹主義者羅伯特・拉福萊特（Robert La Follette）的家鄉。專欄作家瑪麗・麥葛瑞（Mary McGrory）將威斯康辛比喻為「一個日耳曼裔的肥胖老婦人，肚子裝滿啤酒和起司，偏愛狂野男子和失敗者」。[50]

普羅麥爾在一九五二、一九五四和一九五六年的威斯康辛州州長選舉失利後，隔天一早就現身在密爾瓦基的各家工廠，發放「敗選感言」明信片給昏沉無力的工人。[51]一九五七年，普羅麥爾參與已故的約瑟夫・麥卡錫參議院席位競選，他不僅沒切割先前的選舉，反而擁抱「三度敗選」的標籤。「我們把那些從來沒有向女孩求婚失敗的男性選民讓給對手吧。」普羅麥爾在某一集廣播節目中宣告：「我要的是輸家的支持……如果所有曾在生意、情場、運動場或政界失利的選民，都把票投給我這個明白什麼是失敗與反擊的男人，我很樂意將那些從未輸過、一生順遂的支持者讓給我的對手。」[52]

如果普羅麥爾想在立法前線選一項失敗的法案，那《滅絕種族罪公約》便是他最佳的選擇。自從一九五三年艾森豪和參議員布里克達成協議，同意不再考慮批准條約後，參議院就再也沒有提出這項議案。一九六七年一月十一日，普羅麥爾在參議院議場起立，發表他首次的種族滅絕演說。他以輕鬆的語氣宣布打算啟動一波倡議行動，直到美國批准條約才會停止。他在多數人都興致缺

參議員威廉・普羅麥爾（威斯康辛州的民主黨代表）。（圖片來源：Ellen Proxmire）

* 約翰・洛克菲勒（一八三九年—一九三七年），美國實業家、慈善家，創立標準石油公司（Standard Oil），世界史上第一名億萬富翁。

缺的空蕩參議院宣稱：「參議院的無所作為已經成為國家恥辱。我今天正式宣告，從此刻起我將日復一日在這裡演說，提醒參議院的失職與及時行動的必要性。」[53]

普羅麥爾透過每日發表一場演說作為推動批准公約的手段，是他在參議院遵循的許多慣例之一。他在參議院任職的二十二年間，他特別重視（並自誇）絕不會錯過任何唱名表決，並總計參與超過一萬次表決。他是出了名的鐵公雞，因為參與反對政治分贓計畫運動，而且每月都會頒發金竹槓獎（Golden Fleece Awards）給浪費公帑的政府機構而聞名全國。一九七五年，金竹槓講首屆獎項頒給國家科學基金會（National Science Foundation），他們提供八萬四千美元資金給一項跟「人為何墜入情網」有關的研究。後來其他「光榮獲獎」的機構，獲獎原因包含：以兩萬七千美元調查囚犯逃獄理由；投入兩萬五千美元探討人們為什麼在維吉尼亞州網球場作弊、說謊跟舉止粗魯；投入五十萬美元研究猴子、老鼠和人類咬緊牙關的原因。這個獎項觸怒普羅麥爾許多在參議院的同事，他們認為自己被犧牲，為普羅麥爾獲得聲望的噱頭宣傳。[54]

儘管普羅麥爾因為向某些同事「敲竹槓」跟他們變得疏遠，有些參議員仍加入他推動批准《滅絕種族罪公約》的奮鬥行列。裴爾同樣是一位民主黨人，他來自羅德島州，也支持普羅麥爾的目標。[55]一九四三年，同盟國成立戰爭罪委員會（War Crimes Commission），調查跟納粹暴行相關的指控。裴爾的父親赫伯特．裴爾（Herbert C. Pell）在二戰期間擔任該委員會的美國代表，卻幾乎無法讓羅斯福政府的高級官員回應他的訴求。一九四四年末，老裴爾得知戰爭罪辦公室受到預算問題影響即將關閉，儘管他提議自掏腰包，支付秘書薪資和辦公室租金，羅斯福團隊仍拒絕了他，後來裴爾將辦公室關閉的消息公諸於世，政府才推翻原先決定。數十年後，當小裴爾公開為《滅絕種族罪公約》發言，他回憶起當年看著父親嘗試忍受外界對納粹暴行的忽視：

> 我記得我父親逐漸意識到當時駭人的情勢時歷經的震驚跟恐懼，儘管他是個溫和的人……。我深信當時議員間有個不成文的共識，就是要忽視德國的猶太問題，我們和英國人都不會以任何特定方式介入……我們只會苦惱地扭絞雙手，無所作為。[56]

裴爾的支持讓普羅麥爾更加堅持不懈，努力讓萊姆金的法案起死回生。普羅麥爾的每日例行公事，變得和敲法槌跟晨間禱告一樣規律且容易預測，不過也像天氣一樣多變。每段演講都必須是原創的。這名參議員善加利用他的實習生，每週都把準備種族滅絕演說的任務交給他們。他的辦公室累積了像萊姆金一樣多的檔案，這些檔案記載過去一千年來每起重大種族滅絕事件，每天實習生都會從這些檔案中提取一個新主題。週年紀念也派得上用場，普羅麥爾經常在談話中，援引亞美尼亞人的種族滅絕和猶太大屠殺。

但遺憾的是，普羅麥爾的最佳素材是早報。一九六八年，奈及利亞為了對付試圖獨立的比亞夫拉（Biafra），對信仰基督宗教的伊博族（Ibo）反抗勢力發動戰爭，並切斷平民的糧食來源。「總統先生，挨餓平民的需求顯而易見，他們哭喊求救的聲音簡直響徹雲霄。」普羅麥爾宣稱：「如果世界各國再任憑自己被哄騙，認為消滅數十萬國民只是一國的內政事務，我們的道德勇氣等同破產，對別人的人道關懷也會成為脆弱的掩飾。每增加一位無辜死亡的男女老少，我們肩負的責任都大大增長。」[57]但美國支持奈及利亞維持國土完整。詹森總統的政府還沒從越戰的巨大損失，以及馬丁．路德．金恩和羅伯特．甘迺迪的暗殺事件中站穩腳步。他們選擇跟隨國務院非洲事務局（Africa bureau）跟英國盟友，這兩者都堅決反對比亞夫拉脫離奈及利亞。美國官員還對蘇聯計畫入侵非洲表達憂慮，他們也覬覦可能蘊藏大量石油的伊博地區（Iboland），因此延後這場衝突引發的實質飢荒與大多數的救濟手段。儘管奈及利亞政府毫不掩飾他們的目標，美國仍堅持從拉哥斯（Lagos）運送糧食。一名奈及利亞指揮官表示：「飢餓是正當的戰爭武器。」[58]最終，奈及利亞擊潰伊博族的反抗勢力，殺死與餓死超過一百萬人。

從一九七一年三月起，東巴基斯坦的孟加拉人民聯盟（Awami League）民族主義者，在提議召開的國民大會上贏得壓倒性多數席位。他們提出溫和的自治訴求後，巴基斯坦軍隊殺害一百到兩百萬名孟加拉人，強暴約二十萬名少女和婦女。由於尼克森政府對印度懷抱敵意，利用巴基斯坦作為與中國的中介，而並未表達異議。一九七一年四月六日，美國駐達卡（Dacca）的總領事亞徹．布洛德（Archer Blood）在屠殺開始不久，發了封電報到華府提出控訴：

> 我們的政府沒能公開譴責暴行……與此同時還千方百計安撫西巴基斯坦的統治政府……。人民聯盟的衝突很不幸適用於被濫用的種族滅絕一詞，但我們的國家卻表示這場衝突完全是主權國家的內政事務，而選擇不介入，甚至不進行道德干涉。美國人民已經對此表達反感，我們也以專業的公僕身分表達異議。

這封電報總共有二十名美國駐孟加拉外交官，與九名美國國務院的南亞雇員簽署背書。[59]「納粹德國和亞洲次大陸的暴行相距了三十年，」普羅麥爾提及：「但死亡人數卻相差不遠。在巴基斯坦佔領孟加拉期間，那些認為種族滅絕罪已成為歷史的人都猛然醒悟。」[60]後來印度軍隊入侵與孟加拉勢力的抵抗，才阻止巴基斯坦的種族滅絕，並促成孟加拉獨立建國。亞徹．布洛德被撤職受召回國。

一九七二年春夏，蒲隆地歷經胡圖族率領的暴力反叛後，掌握統治大權的少數民族圖西族人，追捕殺害數萬名胡圖族人。[61]當時每天的屠殺速率高達一千人，美國大使托瑪斯．派翠克．梅拉迪（Thomas Patrick Melady）和他的副手麥可．霍伊特（Michael Hoyt）在寄回華府的電報中，再三提到「消滅」、「血洗胡圖族」以及「數千人」被處死的訊息（有的人被「大錘」攻擊致死）。大使館官員也持續補充資訊，記錄夜晚在機場附近挖掘又填滿的亂葬崗數量。例如在一九七二年五月，霍伊特寄出的一封機密電報提到：

在布瓊布拉（Bujumbura），我們可以看到大聲叫囂的男子包圍胡圖族人，在街上用棍棒將他們毆打至死。到處都是軍隊，青年革命團體被捕，受過教育的胡圖族人被處死，其中還包含中學學生。我們能推斷一個月後，這裡只會剩下相對少數受過教育的胡圖族人存活。死亡人數可能超過數萬人……每天夜裡，卡車都在通往機場的路上不斷往返，將新鮮的屍體運到萬人塚。[62]

儘管有這些血淋淋的報告，梅拉迪大使和他在華府的上級都不認為美國應該譴責屠殺。美國是蒲隆地咖啡在世界上最大的購買國，咖啡佔蒲隆地的商業收入百分之六十五，但國務院卻反對中止貿易。[63]梅拉迪向華府保證，他對事件的回應會「遵循我國拒絕介入他國內政事務的嚴格政策，並為美國建立投入緊急救援的形象」。[64]國務卿威廉・羅傑斯（William Rogers）在電報中表示，大使館官員「百分之百避免暗示美國政府在眼前的悲劇問題選邊站」是正確的決定。[65]一名小官員呼籲展開行動時，國務院官員問他：「你有認識任何為人權發聲的官員，事業因此飛黃騰達嗎？」[66]

美國的決策者把希望寄託在非洲統一組織（Organization for African Unity）和聯合國。梅拉迪曾寫道：「我們一般建議的解決方案是讓非洲人解決非洲的問題。」[67]然而，非洲統一組織發誓與發動種族滅絕的蒲隆地政府「團結一心」，而聯合國僅僅發起一個徒勞無功的調查事實任務，當地的殺戮依舊無法無天。「目前為止，我們能維護本國兩大主要利益：避免受到牽連與保護我國人民。」梅拉迪回報並補充：「此時我們還無法確定有多少人死亡……不過已經不會再懷疑十萬這樣的數序。」[68]事實上，在一九七二年四月到九月間，共有約十萬到十五萬名蒲隆地胡圖族人遭到謀殺。

美國的行政部門克制不做過多公開評論，但參議員普羅麥爾出面批評非洲統一組織和聯合國沒有調查和譴責屠殺，並呼籲美國政府以行動阻止殺戮。他指出《滅絕種族罪公約》清楚載明，這種犯罪不僅是內政問題，更違反國際法，需要受到國際社會關注。「美國已經忽略種族滅絕議題太久。」普羅麥爾說：「在一九七〇年代發生種族滅絕的證據，應該讓我們的自滿態度有所動搖。」[69]

普羅麥爾不缺殘酷的新聞作為他的論證基礎，他的幕僚從各式各樣資料中汲取素材，但有時他們的創意會乾涸。即便是鬱鬱寡歡的萊姆金擁有他整理關於中世紀屠殺的檔案夾，每天要想出一篇新的演講也十分困難。某天晚上，一名在普羅麥爾辦公室積極進取的實習生正努力準備隔天一早的演說，一支害蟲防治團隊來訪，要為參議員的工作區域消毒。隔天上午，普羅麥爾在議場起身，宣告昨晚有滅蟲人員拜訪他的辦公室，「總統先生，這再次提醒我批准《滅絕種族罪公約》的重要性。」有時要讓宣傳批准公約的敘事有所變化是相當艱難的任務，不過在普羅麥爾的幕僚中，沒有人想過把一篇舊演講塞進他的議會資料夾，希望他不記得自己曾看過同樣的講稿。「普羅擁有老鷹般的記憶力，他是我遇過頭腦最敏銳的人。」普羅麥爾的公約顧問賴瑞．帕頓（Larry Patton）表示：「我從不膽敢嘗試。」

普羅麥爾利用他的每日獨白，反駁美國人民從萊姆金時代開始便培養出的根深蒂固誤解。強勢的右翼孤立主義團體絕不會改變立場，但普羅邁爾相信多數的美國人並沒有真的反對批准公約，他們只是被誤導了。一九六七年，普羅麥爾在議會第一百九十九場演說中提到：「這麼說來，真正反對公約的不是團體或個人，而是在世界各個角落都作為對人權來說最致命的一對敵人——無知和冷漠。」[70]他透過演講教育大眾。當批評者對條約百般挑剔，強調內容的不足時，普羅麥爾則回應：「我不會反駁這類批評或懷疑言論。但如果美國參議院總在等待沒有任何缺陷的完美法律……任何國會的立法紀錄都會是一片空白。我很驚訝這群人每天深知通過任何立法都是創造可能的藝術，卻對一份禁止種族滅絕的國際公約吹毛求疵。」[71]

普羅麥爾相信美國在輿論上能做的遠遠更多，並能進一步影響國家和個人行為。「美國是世界上最偉大的國家。」他說：「世界上最偉大的國家施加的壓力，或許能讓潛在的違法者在犯下種族滅絕罪前三思。」[72]但美國既沒有批准聯合國的《滅絕種族罪公約》，也沒有譴責犯下種族滅絕的政權。美國甚至沒考慮出動美軍來介入。

起初，普羅麥爾以為通過公約最多只需一兩年時間。「我無法想像比種族滅絕更可恥離譜的犯罪。」他回想：「在所有國會未定的法案中，這項法案似乎無須多費功夫。」他列舉出在參議院冷落公約期間曾批准的條約，指出：

> 這一百多份條約包含：與哥斯大黎加簽訂的鮪類捕撈公約、橫跨雷尼河（Rainy River）的橋樑工程、與加拿大簽訂的比目魚保育公約、允許美國有照駕駛人在歐洲公路行駛的道路交通公約、與古巴簽訂的蝦類保育公約、與馬斯喀特（Muscat）和阿曼（Oman）簽訂的友好條約。另外還有一個名稱很繽紛開胃的「粉紅鮭魚議定書」（Pink Salmon Protocol）。我不是要暗示不應該批准這些條約……但這裡每一份條約……目的都是增進利潤或享樂。[73]

相反地《滅絕種族罪公約》對付的是人。由於這項公約並非為了促進美國人的利潤或享樂，而無法輕易贏得正面支持。反對條約的人往往更多且更勇於表述，因而比普羅麥爾原先預想的更受到認同。不過普羅麥爾沒有被失敗影響，反而在下一個十年繼續他的倡議行動。他甚至在一九六七年隨興發誓進行每日演講，以及在整整十九年發表三千兩百一十一次演說後，仍會在空蕩蕩的參議院會議廳起立，身上穿著招牌的粗呢外套與常春藤學院風領帶，堅持主張批准公約會增進美國的利益與國家最寶貴的價值。

第六章　柬埔寨：無助的巨人

一九七五年四月十七日，距離普羅麥爾為了讓美國通過《滅絕種族罪公約》開始提出倡議後八年，赤柬讓柬埔寨退回原點。經過五年內戰，柬埔寨激進的共產主義革命分子打敗美國支持的龍諾（Lon Nol）政府，進入首都金邊。

戰敗的政府期望能「和平移交」，於是下令在城中每座建築物上都懸掛白色旗幟與布條，來迎接共產黨反叛分子。但不久後，首都的所有居民都意識到赤柬勢力不是來和談的。經過數日不停播放單調軍樂，其中夾雜〈行軍越過喬治亞〉（*Marching Through Georgia*）和〈故鄉老友〉（*Old Folks at Home*）等軍歌，舊政權在十七日的中午時分放送最後一集廣播節目。[1]政府的主播表示他們與共產黨已展開對談，但他話音剛落，廣播室裡一名赤柬官員就嚴厲打斷他，說道：「我們不是來協商，是來佔領的。」[2]

橫暴的征服者穿著具有標誌性的黑色軍服，他們披著紅白格紋圍巾，腳踩舊橡膠輪胎裁切成的胡志明拖鞋，呈單列行軍進入柬埔寨首都。士兵剛打完一場為了掌控國家與人民的野蠻戰役，臉上都露出疲憊神色。他們帶槍行動，搜刮如電視、冰箱、汽車等物資，在大街中央堆成火葬用的燃料堆。赤柬的領導階層受毛澤東思想影響，招募那些符合毛澤東所謂「一窮二白」的人從軍，而不是受過教育的民眾。「一張白紙，沒有負擔，」毛澤東曾提到：「好寫最新最美的文字，好畫最新最美的畫圖。」[3]

當赤柬幹部一抵達首都，他們肩上唯一的重擔，是上級下達迅速處決的命令。這些上級從不公開露面，而是透過無線電廣播跟行動式擴音機，大聲放送他們的要求，命令市民立刻離開首都。這些好戰的征服者宣稱，美國的B－52轟炸機即將「把城市夷為平地」，並以此作為驅離的理由。赤柬堅稱只有將市民撤離一整座城市的距離才能確保安全。共產黨士兵目的明確，他們排成縱隊進入城市，走在金邊枝葉茂盛的林蔭大道一側；對側則是數十萬名臉色蒼白的柬埔寨平民跌跌撞撞前行，服從赤柬的強硬命令。在接下來幾天內，總共有超過兩百萬人被驅趕上路。赤柬士兵割破首都各地的汽車輪胎，市民只好緩慢步行，一小時最多前進半英里。這個畫面讓人回憶起一九一五年，土耳其驅逐亞美尼亞人的場景。群眾的腳步沉重，把道路塞得水洩不通，隊伍後方留下掉落的拖鞋、衣物，有時還有斷氣的屍體。多數柬埔寨人和外國人開始意識到這場革命不同於以往的第一個徵兆，是金邊主要的醫療系統甘密醫院（Calmette Hospital）在槍口下遭到淨空。在不安的市民中零星混雜著身穿住院服的纖瘦病人，他們拖著自己的點滴架、雙手扶著病友，或由他們發抖的親友推著病床前進。體弱的人因為缺水不支倒地，嬰兒在路邊出生，中暑的孩童向母親尖叫呼救，父親和丈夫則被指揮的槍口瞄準恐嚇。有些柬埔寨人前往法國大使館懇求庇護，猛力跳上環繞使館的帶刺鐵絲網，並將他們的行李箱甚至孩子扔過圍牆。不過多數柬埔寨人都順從地長途跋涉離家。

雖然從表面上看來，赤柬淨空金邊的徵兆類似於我們今天所謂的「種族清洗」，但實際上赤柬沒有因為種族而予以差別待遇。他們要淨空整座首都。

當時幾乎所有美國公民都離開了。一週前，也就是一九七五年四月十二日，當赤柬從四面八方逼近首都時，美國大使約翰·昆瑟·迪恩（John Gunther Dean）帶領大使館員工和美國公民撤離。美國支持的政府元首龍諾，口袋裝著很大一筆「隱居」用美金逃亡。他在夏威夷檀香山東邊的中上階層郊區買了一棟房子。西里克·馬塔克親王（Prince Sirik Matak）是前龍諾政府的盟友兼總理，前不久因為批評柬埔寨政權腐敗被居家軟禁，如今他被釋放，並被指定擔任官方元首。在撤離當天早上七點，迪恩大使提供馬塔克美國離境直昇機的一個座位。馬塔克十分崇拜美國，他的公寓裡還掛著尼克森總統跟斯皮羅·阿格紐（Spiro Agnew）副總統的照片。早上九點，迪恩收到這名柬埔寨新元首的手寫便條，感謝迪恩提供他運輸工具，但表示：「唉，我無法以如此儒弱的方式離開。」便條上寫道：「至於你，特別是你偉大的國家，我從沒有一刻認為你們會拋下擁抱自由的民族。你拒絕保護我們，讓我們束手無策……。如果我在這裡死去，死在我深愛的國家……我唯一犯下的錯誤，就是相信你們美國人。」[4]迪恩在童年時期也曾逃離希特勒統治的德國，然而他登上直昇機，腋下夾著一面折起的美國國旗。馬塔克向法國大使館尋求庇護，那時外國人已經開始在那邊聚集，祈禱會有好的結果。

一九七五年四月二十和二十一日，外國人能留在柬埔寨的時間進入倒數階段，原本在法國大使館的柬埔寨人流落街頭。法國副領事尚·迪哈克（Jean Dyrac）曾服役於國際縱隊（International Brigade），他在西班牙對抗法蘭西斯科·佛朗哥（Francisco Franco），並在法國抵抗運動（French Resistance）期間對抗逮捕與虐待他的納粹。但現在赤柬卻告訴他，如果使館內的柬埔寨人不離開，在那裡避難的一千三百人都會被斷水斷糧。赤柬的警告讓父母與孩子、夫妻跟摯友被拆散，離別令人悲痛欲絕。原先期望在大使館獲得短暫庇護的柬埔寨人，再也沒有任何機會隱身在大量的撤離者中，隱瞞他們過去的身分。他們只能獨自承擔曾與資本主義西方國家牽連的汙點，以及隨之而來更加悽慘的命運。柬埔寨的高級政府官員也沒機會獲救，副領事迪哈克陪同幾名被推翻的政權成員走到門口。西里克．馬塔克總理自豪地走出大使館，但提著一箱美金的前國民大會主席宏本侯（Hong Boun Hor）焦慮到必須注射鎮靜劑。迪哈克把人員交出給赤柬後把頭靠在柱子上，淚水滾落臉頰，他再三重複說：「我們再也不是人了。」[5]包括西里克．馬塔克在內的官員都曾相信美國的保證，現在他們卻被趕上清潔卡車的後車廂載走。

赤柬的鐵幕迅速降下。接下來的三年半柬埔寨成為黑洞，外人無法進入，大約兩百萬名柬埔寨人也無法生存。

美國的反應依循往例。早在赤柬佔領金邊以前，大量跟這個組織殘酷冷血的警告，與美國觀察員和柬埔寨公民一廂情願的想法勢力相當。赤柬戰勝後，透過鎖國延緩與混淆外界對他們野蠻程度的判斷，儘管後來事實已浮現，美方不介入、不譴責也不參與政策的立場，幾乎沒受到質疑。當時美國被剛結束的越戰壓得喘不過氣，國內缺少像萊姆金一樣的人物，沒有官員每天宣示這個議題的存在，也沒有個人或組織去說服美國決策者。柬埔寨人的死沒有重要到讓美國人關注，因此雖然有人將柬埔寨的種族滅絕類比為猶太大屠殺，也各自提出訴求，但在赤柬實施恐怖統治的三年內，國際社會從未對美國的沉默提出質疑。就政治層面而言，美國不可能發動軍事干預。密切關注不斷擴大的暴行則令人不適，但選擇忽視不用付出任何代價。這正是在赤柬恐怖統治之前、期間和之後，兩名美國總統、多數國會議員、外交官、記者和國民的作為。

預警

背景：波布統治前的美方政策

一如萊姆金曾指出，戰爭和種族滅絕幾乎息息相關。一戰期間，鄂圖曼土耳其人殺害超過一百萬名亞美尼亞人；二戰期間，德國消滅六百萬名猶太人、五百萬名波蘭人、羅姆人、同性戀者和政敵。之後在兩伊戰爭期間，伊拉克針對國內少數庫德族族群發動攻擊；巴爾幹半島內戰期間，波士尼亞的塞爾維亞人開始毀滅穆斯林與克羅埃西亞人；當盧安達的胡圖族民族主義者消滅大約八十萬圖西族人時，盧安達軍隊也打了一場對抗圖西族反叛勢力的內戰。歷史上充斥正規武裝勢力間的衝突，這種衝突解放並觸發的激情，會引發消滅特定「不良群體」的戰役。戰爭將這種極端暴力合理化，可能讓怨恨或投機的國民認為自己獲得准許，能將鄰居視為攻擊目標。對外界來說，軍隊之間的戰爭也能掩蓋種族滅絕，讓外人在初期難以辨認消滅平民的行動，因此只會採取慣例的外交措施。柬埔寨在發生種族滅絕前有兩場戰爭——美國的越戰和柬埔寨的內戰。這兩場戰爭讓許多人轉而支持赤柬，也讓新興共產主義運動的野蠻行徑被掩蓋。

美國對一九七五到一九七九年間的柬埔寨恐怖統治沉默以對，跟他們前十年在該區域扮演的角色有密切關聯。美國打越戰的目標是要避免另一張「骨牌」——南越——成為共產黨領地。在一九六八年初，駐紮在越南的美軍人數達到五十五萬人的巔峰；同年，越共發動令人震驚的新春攻勢（Tet offensive），襲擊南越所有主要美軍基地，導致大約四千名美國人死亡，讓美國國內反戰聲浪升高。[6]

而一九六八年美萊村（My Lai）屠殺的報導，以及美國使用落葉劑和燒夷彈引發的眾怒，都只讓後方的反戰躁動更加白熱化。[7]美國人在越南喪命，美國的榮譽受到玷汙，而且北越要打贏戰爭了。

一九六九年，理查德．尼克森上任為總統。儘管尼克森發誓將終結越戰，事實上卻將戰場擴大到柬埔寨。由於北越部隊在鄰國柬埔寨避難，對尼克森政府而言，柬埔寨成為具有一定重要性的「附帶戰線」。美國認定柬埔寨和越南兩個共產主義組織團結一致，而投入大量資源到戰事中。一九六九年三月，尼克森下令B-52轟炸柬埔寨。[8]國家安全顧問亨利．季辛吉（Henry Kissinger）和幾名美國軍事顧問在早餐時間擬定轟炸計畫，這次任務代號因此被稱為「早餐行動」（Operation Breakfast），為了避免國內抗議聲浪，轟炸行動被列為最高機密。當轟炸機找不到共產黨基地的確切位置後，尼克森擴大任務規模。他授權軍方秘密攻擊其他避難處，在早餐行動後展開令人倒胃口的其他任務，這些任務分別被命名為午餐、點心、晚餐、甜點和晚飯任務。第一階段的轟炸持續十四個月，被稱為「菜單行動」（Menu），美國轟炸機出擊高達三千八百七十五次。[9]

尼克森沒有就此停手。一九七〇年四月，他對難以捉摸的北越陣營感到挫折，而命令美國地面部隊「清除」柬埔寨境內的北越據點。尼克森警告：「如果在危急時刻，世界最強大的國家——美利堅合眾國——表現得像個可憐無助的巨人，極權主義和無政府勢力將會威脅世界各地的自由國家和自由制度。」大約有三萬一千名美軍和四萬三千名南越軍力湧入柬埔寨，名義上要預防當地共產黨對駐越南美軍策畫「大規模攻擊」。[10]尼克森堅稱這次侵略行動只是「突襲」，與柬埔寨人完全無關，一切都是為了美國與越南的戰爭。後來國防部長詹姆斯．施萊辛格（James Schlesinger）向國會證實：「柬埔寨存續的價值，在於該國對南越存續的重要性。」[11]

美軍在柬埔寨展開地面攻擊前一個月，美國欣然接受親美總理龍諾發起的政變，龍諾推翻柬埔寨長久的統治者諾羅敦．施亞努親王（Prince Norodom Sihanouk）。施亞努是柬埔寨獨立建國之父，他從一九四一年登基王位以來，已具備古代吳哥王朝神王（deva-raj）的氣質。施亞努對飲食與生活十分講究，他既是電影導演、美食家又好女色，也是一位受人民愛戴的國家領袖。不過當時他和美國的敵人中國建立友誼，因而疏遠美國。他也因為試圖讓柬埔寨在美國越戰中保持中立，激怒了尼克森總統。美國官員相信龍諾對美國的計謀會更加順從。

然而，美國支持了一名失敗者。龍諾雖然親美，但他就像當時許多美國資助的獨裁者一樣貪腐、專制而無能。他隱居在柬埔寨首都金邊的別墅裡，對國家事務極度不了解，並篤信一名空想僧侶的神秘建議。那位僧侶的名字是「瑪普魯莫尼」（Mam Prum Moni），意思是「純淨光榮的偉大智者」。龍諾唯一會果斷採取的行動，都是擴大自己權力的計畫。他剝奪國民基本自由、暫停國會運作，並在一九七一年十月宣布是時候結束「過時的自由民主制度這種了無新意的遊戲」。一九七二年，他自行宣布為總統、總理、國防部長兼軍隊元帥，但美國只在乎龍諾是個堅定的反共人士。一九七〇到一九七五年間，美國花費了約十八億五千萬美元支持龍諾的政權，根據依尼克森所述，這體現「最純粹的尼克森主義（Nixon Doctrine）」。*[12]

---

* 尼克森主義是尼克森總統延續終結越戰政見提出的概念，他主張除非受到核武強國威脅，美國將不再承擔世界自由國家的防衛責任。

當美國在一九七〇年四月發動地面入侵時，正值柬埔寨五年內戰之初，這場殘忍的戰爭最終由施行種族滅絕的赤柬得勝。當時在柬埔寨，一方陣營是龍諾與美國，另一方則是越南共產黨員和一小群神秘激進的柬埔寨共產革命分子。赤柬的領袖們曾在巴黎受教育研讀毛澤東思想，並受到中國大規模的政治與軍事支持。他們是一群對更早期施亞努親王的極權統治感到失望，並受到共產主義抵抗運動吸引的年輕人。他們在沙洛特紹（Saloth Sar）的領導下，在一九六〇年代離開柬埔寨城市，到柬埔寨和越南鄉村地區策畫革命，這名領袖就是後來改用化名的波布。[13] 雖然是施亞努的專制統治讓赤柬武裝起來，但當龍諾在一九七〇年的政變中掌權，赤柬開始轉而對付龍諾的政府軍隊，並與他們過去的勁敵——也就是虛位領袖施亞努親王——組成令人難以置信的聯盟。畢竟這名討人喜歡的男士曾帶領國民獨立建國。赤柬贏得數百萬名信賴施亞努的柬埔寨人的支持。儘管在一九七三和一九七四年，曾有人質疑行事作風較溫和的施亞努是否曾發言支持赤柬，但柬埔寨人相信他的判斷。「我不喜歡赤柬，他們大概也不喜歡我。」親王在一九七三年說道：「但他們是純正的愛國者……雖然我是佛教徒，但比起腐敗的美國傀儡龍諾統治的佛教柬埔寨，我寧可選擇更誠實愛國的紅色柬埔寨。」[14]

即便有美國撐腰，龍諾政權打贏戰爭的機會也非常渺茫。他的軍隊是準備來閱兵而不是打仗用的。[15] 龍諾的著名事蹟，是他曾在一九七二年派遣飛機在金邊周邊地區灑下神聖加持的沙子，以袪退瀆神的共產黨敵人。龍諾的官員誇大柬埔寨軍隊的力量、羅列幽靈部隊，並利用美援塞飽他們的口袋、填滿外國銀行帳戶，為自己興建富麗堂皇的宅邸。相反地，正規軍隊士兵經常領不到薪水，被棄之不顧。柬埔寨軍隊和反叛軍相比，雖然享有絕佳人數優勢，但許多士兵都缺乏為龍諾而戰的熱情。那些實際投入戰爭的士兵，都仰賴美國的轟炸與後來提供的軍事援助。

美國之所以關注內戰期間的柬埔寨，完全出於對越南的考量。因此當一九七三年一月美軍撤離越南後，美國變得難以為轟炸柬埔寨辯解。一九七三年八月，國會終於插手禁止空戰，這讓尼克森總統怒不可遏。他責怪國會削弱區域安全，並且「讓盟友和敵人都開始質疑美國的決心」。一九六九年三月到一九七三年八月，美軍戰機總計在柬埔寨鄉村地區投下五十四萬噸的炸彈。[16]美國持續提供龍諾軍事和財務援助，警告如果讓赤柬得勝，「血洗事件」就會接踵而至。

美國的B－52轟炸突襲殺害數萬名平民。[17]碰巧外出的村民回家時只看到沙塵和泥土，其中混雜燒焦而血淋淋的屍塊。龍諾的地面部隊用大量猛烈的砲兵彈幕，綏靖某些他們懷疑有敵軍活動的區域跟村莊。到了一九七三年，柬埔寨的通貨膨脹率超過百分之兩百七十五，有四成道路和三分之一的橋樑皆已無法使用。[18]由於當地經濟失衡，美援在龍諾政府總收入的佔比攀升到百分之九十五。

美國的轟炸攻擊幾乎沒有削弱越南或柬埔寨的共產勢力，還可能造成反效果。憎恨美國帶來混亂與破壞的柬埔寨人，受到赤柬的和平承諾和反美主張吸引。英國記者威廉・蕭克羅斯（William Shawcross）等人認為美國介入是赤柬軍隊壯大的主因。契圖（Chhit Do）是一名來自柬埔寨北部的赤柬領袖，後來叛離共產黨，他曾如此形容美國轟炸的影響：

> 每次一發生轟炸，赤柬就會帶民眾去看那些彈坑，看坑洞有多大多深、地面如何被炸出坑洞又燒得焦枯……一般人……在巨大炸彈和砲彈落下時，有時真的會嚇到在褲子上便溺……他們的腦袋

會直接停止運轉，長達三四天都無聲地四處遊蕩。人民極度驚恐、近乎瘋狂，準備好聽信其他人告訴他們的話……。這正是赤柬這麼容易贏得民心的原因……由於人們對轟炸不滿，而持續跟赤柬合作、加入赤柬，把他們的孩子送去給共產黨。[19]

西里克．馬塔克親王曾是龍諾的盟友，他告誡過美國官員不要支持不受歡迎的龍諾政權。「如果美國繼續支持這樣的政權，」他警告：「你們會幫了共產黨。」[20]美國光是干預柬埔寨就造成巨大損害，並間接促使一個殘暴政權崛起。

不為外人所知的未知

種族滅絕在開始之前往往讓人難以理解。一個政權要對某族群施行種族滅絕的意圖是如此駭人聽聞，暴行規模又如此龐大，以至於有能力瞭解情勢與預測暴行的外人，鮮少能想像到種族滅絕將發生。整個一九三〇年代，許多觀察希特勒的外交官、記者和歐洲猶太人正是如此，而在赤柬掌權前就在預測他們行動的外交官、記者和柬埔寨人更是如此。大規模暴力迫近的預兆無所不在，但往往遭到忽視。

在一九七五年四月金邊淪陷以前，柬埔寨共產黨的名聲已經大到足以讓某些美國人擔憂。一九七三年六月，三十二歲的美國外交官員肯尼斯．昆因（Kenneth Quinn）偶然與赤柬接觸。他以美國地方顧問的身分，在越南工作長達六年，最後兩年被派駐在朱篤（Chou Doc）。朱篤是緊鄰柬埔寨邊界，位於湄公河流域的越南省分。有一天，昆因登上朱篤郊外一座山，俯瞰方圓十英里內的地域。當他掃視柬埔寨那一側的地平線時，對看見的景象感到震驚且不寒而慄。「柬埔寨的村莊都群集成圈。」昆因回想：「當我眺望時，我看見每個聚落都陷入火海，並飄出黑煙。我不知道發生什麼事，只知道肉眼所見每個柬埔寨村莊都失火了。」

困惑的昆因把他看見的景象手寫下來，然後將信紙塞到信封，送上飛往最近的美國領事總部的飛機，領事人員再將信件內容重新打成現場報告寄回美國。昆因也開始去瞭解柬埔寨內部分歧的詳情。在接下來幾週內，他訪問數十名逃到越南的柬埔寨難民，包含一名前赤柬官員。那些難民形容的殘暴事蹟與他親眼看見地平線在燃燒的景象，都在他腦海中揮之不去。昆因迎來他所謂的「頓悟時刻」。他得出結論，雖然赤柬在一九七〇年展開軍事戰役時，可能還是行為端正的「男童軍革命分子」，但到了一九七三年六月，他們已經展開更激進的計畫，目的是要在一夜之間讓整個柬埔寨共產化。赤柬正在將人民從祖居的家園驅趕到新建的公社，並焚燬舊村莊以落實政策。

一九七四年二月，昆因將一份四十五頁的機密報告寄回華府，報告的標題是〈在南柬埔寨打造共產社會的赤柬計畫〉。昆因寫道：「赤柬的計畫與納粹德國和蘇聯等極權政權的舉措大同小異，尤其是他們企圖改造社會上個體成員的心理這部分特別相似。」他描述赤柬對宗教、父母跟僧侶的攻擊，以及大量採用的恐怖統治。他在報告中指出：「人民被捕後往往從此失蹤，或者在被監禁六個月後在獄中死去。」被指控「應該受到」這般對待的「罪犯」，都在逃離赤柬領地，並對赤柬的政策提出質疑。[21]當時，昆因的語氣仍透露出他對赤柬社會改造手法的血腥程度感到十分震驚：「赤柬強迫所有人離家，去興建新的集體生活公社。他們燒毀民眾擁有的所有物品，讓他們無路可退。他們拆散孩子和父母、剝除僧侶的法衣、殺害那些拒絕服從的人，並制定出一種無法挽回的安置方法。」

由於當時美國政府官員很少訪問難民，昆因的報告讓從他國務院同僚的報告中脫穎而出，其他官員幾乎完全仰賴政府的官方資料來源。不過昆因也力勸他的上級開始區分柬埔寨和越南的共產黨。過去越南絕對提供過武器、軍事顧問跟直接的戰鬥與後勤援助給赤柬，但這兩個團體已經開始爭執對立。昆因的信詳細描述赤柬如何清除柬埔寨的越南平民，並破壞越南的補給線。他的分析與華府的主流看法截然不同，華府的輿論普遍認為赤柬只是北越人和越共的延伸分支。昆因的報告從未被採納，後來他回想起自己震驚的覺悟：

> 我當然失望至極。當時我還年輕，不懂政府是如何運作的。我以為所有人都會讀我寫的那份厚厚的報告，但那只不過是一些紙張罷了。當我回華府時，他們還是在用老方法分析柬埔寨，彷彿河內政府在治理當地。他們會在聽完我說話後表示：「是沒錯，可是……」

雖然媒體偶爾會提到不同共產「派系」間的「內鬥」，但美國認定共產陣營是鐵板一塊的迷思很難被改變。美國介入柬埔寨的理由是不同共產勢力正在集結加入革命。赤柬反叛分子的領導階層百般隱匿，身分成謎，即便昆因陳述在山頂上看見的景象，也無法動搖美國人假設所有共產主義分子都是一夥的想法。

有些人則開始不再將這兩個鄰居混為一談。伊莉莎白・貝克（Elizabeth Becker）在一九七二年成為《華盛頓郵報》的特約記者。她到職時二十五歲，留著一頭金色短髮，身材嬌小，求知慾無窮無盡，可能會被誤認為只是一個青少女。當時多數力求表現的年輕記者都蜂擁到鄰近的越南，想讓事業飛黃騰達，但貝克選擇報導被稱為「附帶戰線」的柬埔寨。她長久駐紮金邊，從未因為短期休假或其他工作離開。她和更資深、更有名望的同事不同，選擇與柬埔寨人同住，因為身處在更好的位置而能聽到零星謠言。

當貝克抵達柬埔寨時，越南只剩下兩萬五千名美軍，美國各大報社的通訊記者也準備返國。起初，貝克和其他美國同事都採用同樣方法區分反叛分子，例如根據反對的政權（他們稱之為「反龍諾的叛亂者」），或普遍追求的意識型態（例如稱之為「柬埔寨共產黨」或「在地共產反叛分子」），以便於區分被認定指揮當地反叛人士的北越陣營）。記者們使用簡便的稱呼，完全沒提及革命勢力的目標與作風。

一九七四年初，大約在昆因廣傳他詳細的報告之際，貝克開始注意到金邊的柬埔寨人因為得知神秘的反叛勢力正席捲全柬埔寨，變得愈來愈驚慌失措。赤柬已經佔領百分之八十五的國土，似乎一定會拿下剩餘領地。貝也克發現，三輪車駕駛、渡河船船長和政治家都在飢渴地閱讀一本小書。那本書的封面很容易辨認，上面的柬埔寨被描繪成一顆被湄公河撕成兩半的心。《高棉靈魂的悔恨》（*Regrets of the Khmer Soul*）是伊斯・沙林（Ith Sarin）出版的日記，這名作者以前是金邊的學校教師。他在一九七二到一九七三年間，耗費九個月行遍赤柬領地，訪問赤柬士兵和農民。貝克和一名日本友人兼同事石山幸基付錢請人翻譯沙林的日記，她認為現在正是時候，提出一個至今沒有任何美國記者提過的問題。她替

《華郵》寫了一篇新聞，題名為〈赤柬是何方神聖？〉，並以一種後來多數人都難以相信的方式回答這個問題。

《華郵》在一九七四年三月，為貝克的長篇特別報導留下整版頁面。報導中大量引用柬埔寨政府和西方外交部門的消息來源，也援引伊斯．沙林的日記。貝克引用沙林對赤柬的描述，包含他們嚴明迷人的紀律，和令人生畏的嚴厲管理。「我注意到赤柬大大幫助了人民，無論是興建水渠、收成作物、建造房屋或挖掘煤倉。」沙林提到：「我也看到他們強迫所有人穿上黑衣，禁止閒談，並嚴厲懲處任何違反他們命令的人。」[22]

貝克也引用叛逃柬埔寨人的說法，這些人已經逃離赤柬領土，抵達由美國政府控制且日益縮減的領地。貝克的文章是第一篇提到波布的報導，當時外界仍以波布的本名沙洛特紹稱呼他。她的報導也首次指明赤柬和越南共產黨緊張的關係。除此之外，她還首次描述赤柬統治的殘暴。

儘管貝克形容赤柬統治下的生活嚴峻刻苦，但她並沒有稱之為野蠻。儘管她提到赤柬的統治紀律嚴格是一項客觀事實，但她並不認為他們抱有犯罪意圖。在報導中幾處，貝克本人對這個組織平等的主張很感興趣，這點同樣也吸引柬埔寨人和外國人。貝克寫道，當聲名狼籍的龍諾政府逮捕赤柬女兵時，那些女性冷靜沉著的態度讓政府將領十分震驚。貝克引用某名外交官的說法，提及：「他們抱怨這些未婚女子膽大包天，竟敢直視男人雙眼，不像好女人那樣扭捏端莊拖著腳走路。」貝克並沒有暗示赤柬統治下的生活令人愉快，但她也沒指出人民無法生存。[23]

對於多數在柬埔寨的美國觀察員來說，貝克的敘述太過大膽。《紐約時報》的記者希德尼．尚伯格

（Sydney Schanberg）質疑她在不曾去過赤柬領地的狀況下，就發布這篇新聞。赤柬拒絕讓貝克入境，但貝克表示她不能只因為無法親眼見證，就忽略那些恐怖的故事。她告訴尚伯格：「我們必須公布自己能揭發的消息。」貝克在美國同時受到右派和左派嚴厲批評。美國政府官員說她受騙上當，才會相信赤柬不是越南的傀儡；左翼知識分子則是責備她聽信中央情報局警告，誤以為赤柬即將展開血洗屠殺。遠比這些批評更嚴重的，是這篇調查報導引發的另一個後果。貝克的密友兼同事石山幸基在她刊登有關沙林日記的新聞後，想進一步嘗試成為進入赤柬領地的第一名記者。「很奇怪的是，」貝克回憶道：「當我愈瞭解赤柬，就愈知道我絕不想近距離跟這些人見面。但幸基的結論是他想見見他們，知道得更多。」幸基在赤柬戰線後方失蹤，不久貝克另一名日裔同事也步上他的後塵。

從一九七四下半年到一九七五年，記者試圖查明赤柬的領導階層是何方神聖，但波布與他的主要夥伴喬森潘（Khieu Samphan）和英薩利（Ieng Sary）完全隱身在幕後。由於赤柬堅決隱藏身分，他們本身的謎團和他們為柬埔寨人帶來的苦難幾乎受到同等關注，就連龍諾政府也搞不清楚自己在對付誰。一九七四年四月，當赤柬的喬森潘造訪紐約時，貝克的報導沒有聚焦在喬森潘在聯合國的發言，而是圍繞在他是否是喬森潘本人，因為外界謠傳施亞努親王已經將他處決。貝克寫道：「有些柬埔寨人說，他在相片中看起來過胖、聲音過高。而且他在平壤只發表一場法語演說，他們覺得這很可疑，因為他在巴黎拿過經濟學博士學位。」[24]赤柬的嚴格保密，讓即便是最瞭解情況的柬埔寨觀察員也困惑不已。

施亞努位居赤柬陣線之首，他持續安撫民心，也持續誤導民眾。如同某位西方國家外交官所說：「柬埔寨人知道施亞努的軍隊在外面，並認為一旦軍隊回到內部，一切就會恢復到像是流奶與蜜之地的美好狀態，或者恢復成魚米之鄉。」[25]一九七四年，施亞努寫信給美國國會幾名民主黨議員，並在信中宣稱赤柬即將屠殺龍諾與其支持者的謠言是「無稽之談」。施亞努向議員們保證，赤柬陣線掌權後不會建立社會主義的共和政體，而是會建立「瑞典式的王國」[26]。施亞努是聯盟對外的門面，但很難判斷這個門面是否真正影響共產運動幕後的核心。

無論再怎麼擔心四處傳播的謠言，幾乎沒有一名柬埔寨觀察員在事態變得一發不可收拾前，掌握到未來的局勢。

一廂情願

外國人建立對赤柬印象的方法，如同他們慣有的模式。他們會聽從當地友人和同事的直覺。從邏輯上推測，通常那些最直接受到威脅的人，應該最能有所根據地預測系統性殘忍暴行即將發生。然而那些最岌岌可危的民眾，常常最無法意識到危險。儘管當時赤柬在佔領的鄉村地區施暴的傳聞讓柬埔寨人民心生恐懼，但他們仍懷抱堅定的希望。

法蘭索．朋肖（François Ponchaud）是一名法國籍耶穌會的神父，他會說高棉語，並且跟柬埔寨人同住。他在赤柬佔領金邊前，就曾在當地聽到令人不寒而慄的謠言。柬埔寨人說：「他們殺光逮捕到的士兵，連家人也不放過。」柬埔寨人也警告：「他們會把人帶到森林裡去。」然而，在每一名柬埔寨人的心靈對決中，當下發生駭人戰爭的具體徵兆，更勝於未知狀況引發的抽象恐懼。在內戰期間，柬埔寨平民的傷亡人數極高，大約有一百萬名柬埔寨人喪生。[27]雙方陣營都開始養成不留戰俘的習慣，除非他們計畫要刑求俘虜來榨取軍事情報。吃人的情況十分普遍，士兵都被告知如果吃下被捕敵人的肝臟，能更感受到征服者勝利的力量。國內的稻作已經全數被毀，超過三百萬名柬埔寨人流離失所，以致於到了一九七五年，首都人口從六十萬人增長到超過兩百萬人。每一天的困苦如此難耐，柬埔寨人理所當然偏好赤柬的理念，而非龍諾的現實。此外，多數人都假設赤柬的暴行是激烈交戰的產物，而非意識形態或天生冷酷造成。當時有關赤柬最不祥的警告，都被視為龍諾的政治宣傳，人們因此不予理會。如同朋肖後來指出：「我們以為，高棉人畢竟是高棉人，赤柬絕對不會對自己的同胞採取這種極端手段。他們已經勝券在握，肆無忌憚的報復能為他們帶來什麼精神上的好處？」[28]

在金邊淪陷前幾個月，當地流傳的對話與萊姆金在二戰期間成為難民，在波蘭東部、拉脫維亞和立陶宛四處流浪時，偶然聽到的言論十分相似。為什麼希特勒要圍捕手無寸鐵的人民？為什麼他要在二戰期間從東部戰線轉移珍貴的資源，只為了消滅他們？那是因為消滅猶太人本身就是一大勝利，他認定這種勝利會讓他名留青史。同理，波布將根除與舊政權有所牽連的人視為單一的政策目標。此外，他也要消滅受過教育的人、越南人、信仰伊斯蘭的占族人、佛教僧侶和其他「資產階級人士」。暴力並非革命不幸的副產品，而是革命不可或缺的特徵。但柬埔寨人就像在他們之前許多被針對的民族一樣，因為依據合理狀況作出假設而有所鬆懈。

當赤柬反叛分子從四面八方逼近首都，一般人民開始想像他們受到剝奪、被砲彈和子彈折磨的日子即將結束。他們告訴自己，一旦龍諾和赤柬之間的內戰落幕，柬埔寨擺脫外國介入，他們就能恢復佛教的和平傳統。由於高階政治是菁英管轄的範疇，多數的柬埔寨人都假設政治人物會去報復龍諾政府的七名高級官員組成的「謀反派系」，其他人則都不會被波及，終於能自由正常生活。「我完全不懂政治，」有人曾引述一名二十九歲的柬埔寨人麥沃（My Vo）的話，他在金邊落入赤柬手中的前兩週時說：「我只是個夾在其中的平凡人……如果這邊贏了，我會去當行政助理。如果另一邊贏了，我也會去當行政助理。我不在乎贏的人是誰。」[29]柬埔寨人只希望戰爭盡快停止。

柬埔寨人五年來都在衝突中度日，因此將赤柬的和平承諾，視為極具吸引力的替代選項。共產黨對一群只曉得不義的人民談論正義。他們對一群只瞭解貪腐的人民解釋秩序，並且在龍諾政府只能帶來更陰暗現實的情況下，許諾一個沒有帝國主義、更加光明的未來。柬埔寨人已經親眼看著他們的領袖與美國交好，美國卻以轟炸入侵他們的國家作為回報，因而渴望享有不被外界干預的自由。

美國各大報都反映出這種樂觀氛圍。尚伯格寫道，一旦赤柬打贏戰爭，「就不需要再任意施行恐怖手段」。[30]他也理性推斷什麼是「必要的」措施，他提及：

> 我們知道赤柬曾做過一些非常殘忍的事。許多記者失蹤後再也沒有回來。但我們都得出結論，與其說結論，其實更像是一廂情願的想法。我們認為赤柬進入金邊後，便不需要再如此殘忍。他們會處決一些人，像是在赤柬「七大叛徒清單」上的人物，但僅止於此。我們與一些人交談，也和我們想保持樂觀的柬埔寨朋友對話。沒有人相信他們會被屠殺，完全令人難以置信，你會無法理解那樣的情況。

尚伯格、《紐約時報》的攝影記者艾爾・羅科夫（Al Rockoff）和英國記者喬恩・斯偉因（Jon Swain）由於完全無法「搞清楚」後續的情勢發展，選擇在美國大使館撤離公民後，繼續待在柬埔寨。他們想留下來報導柬埔寨戰後和平的「過渡期」，[31]抱持的希望與好奇心多過恐懼。

血洗屠殺？

通常暴行的預警傳聞都會受到質疑。在濫權暴行發生時，通報示警的人往往是難民、記者和救援工作者，抗拒相信的人則往往是美國政府決策者。有人無論如何就是無法想像，有的人則不願採取行動，或希望能延後行動。他們因此不是輕視那些傳聞，就是將傳聞放到更寬廣的「脈絡」中，藉此為那些恐怖的行動找到理由。當柬埔寨發生種族滅絕時，當地的暴行警告再次被低估。不過這次忽視警告並將之視為幻想的人們不是美國政府官員。

一九七五年初，傑拉德・福特（Gerald Ford）政府的美國高層決策者一再重申，赤柬得勝後將會迎來一場血洗屠殺。一九七五年三月，福特總統親自預測，如果金邊落入赤柬手中，當地會發生「大屠殺」。[32]國家安全會議（National Security Council）在同月分發布給國會和媒體的背景說明文件，甚至提到猶太大屠殺。那份簡要的備忘錄警告：「共產黨正在對柬埔寨平民發動總體戰，他們在實施一種從納粹時期以來，可能是最嚴重的系統性恐怖統治。這顯然是血洗屠殺的前兆，他們企圖對柬埔寨人民施加史達林式的獨裁統治。」[33]美國駐金邊大使迪恩表示，他擔心赤柬會採用「不受控制也無法控制的解決方案」，亦即殺害「陸軍、海軍、空軍、政府官員和佛教僧侶」。[34]

然而，相信這些預警的人少之又少。尼克森和福特政府已經發布太多次有關東南亞的假警報。除此之外，赤柬的身分和行動十分機密，這讓美國的警告就像根據謠言和二手敘述推測而來。儘管美國政府官員認真提出末日般的警告，許多美國人仍相信那是源自福特政府對反共的偏執，或者政府想爭取國會支持八千兩百萬美元的龍諾政權援助計畫。他們不相信政府握有任何共產黨在謀殺同胞的具體證據。在歷經水門事件（Watergate）和越戰後，美國人總是懷疑政治是否還有真實可言。

一九七五年四月十三日，在金邊淪陷前夕，尚伯格發表一篇快電，題名為〈沒有美國人的中南半島：多數人民的生活好轉〉。他寫道：「很難想像一般柬埔寨人民的生活在美國人離開後，除了好轉，還會有其他任何改變」。[35]

許多國會成員都同意這樣的說法。美國國會議員由於先前輕信政府，如今感到受騙。另一方面，警告即將發生新一波血洗屠殺也不是延續血腥內戰的適當藉口。剛從柬埔寨返國的貝拉．艾布札格（Bella Abzug，紐約州民主黨眾議員代表）曾在一場眾議院的聽證會上表示：

> 有人主張我們必須提供軍事援助，如果不這麼做，就會發生屠殺。然而，我們真正發現的事實是，此刻發生的血洗事件已經是最嚴重的。如果有更嚴重的事件，也是因為我們提供軍事協助所造成……。如果我們在接下來三個月內提供軍事援助，很可能導致七萬五千到十萬名柬埔寨人喪

> 命或傷殘，假如我們受邀對那些人發表演說……而他們問你：「為什麼我非死不可？」……或「為什麼要讓我的身體重殘？」——你們會怎麼回答他們？難道我們要說，這麼做是為了避免一場屠殺嗎？[36]

艾布札格建議，美國只要改變政策，就能和赤柬合作並「安排政權和平轉移」。[37]參議員喬治・麥戈文（George McGovern，南達科他州民主黨代表）是反戰運動領袖，他完全不相信美國政府對柬埔寨共產黨的任何描述。他期望赤柬能組成一個政府，「由柬埔寨受過最高等教育、最能幹的知識分子治理」。[38]各大報的社論版面和國會的反對意見觀點一致，根據《華盛頓郵報》一篇社論所述，「當前持續的流血衝突，比未來可能發生的**血洗屠殺**更不祥」。[39]在金邊的西方記者則用〈她很窮，可是她很誠實〉（*She Was Poor but She Was Honest*）的輕快曲調唱著：

> 噢，當赤柬來到鎮上，
> 會發生可怕屠殺嗎？
> 是，當赤柬來到鎮上，
> 會發生可怕屠殺。

最早寫出赤柬相關報導的年輕《華盛頓郵報》記者貝克非常悲觀。她在赤柬佔領金邊前就離開柬埔寨，不願在現場親歷她知道接下來會發生的事。貝克除了擔心柬埔寨人和她失蹤的同事下場悽慘，還意識到當地新聞不可能引發外界興趣。世界各國急著把這個區域的問題拋諸腦後，她預計自己無法報導接踵而至的恐怖暴力，外界也只會袖手旁觀。貝克的這兩項預測都成真了。

承認

從蒙眼布後方

儘管多數外國人在金邊淪陷前都抱持樂觀態度，但多數擁有非共產國家護照的外國人，都沒有留下來檢驗新政權。到了一九七五年四月初，幾乎所有美國和歐洲記者都已經離開金邊。已經有二十六名記者失蹤，[40]多數人則漸漸認同貝克看法，認為極度醜惡的事要發生了。美國大使館秘密籌畫撤離，他們等到美國海軍陸戰隊在首都郊外取得一處直昇機停機區當天早上才公布訊息。四月十二日，外交人員和

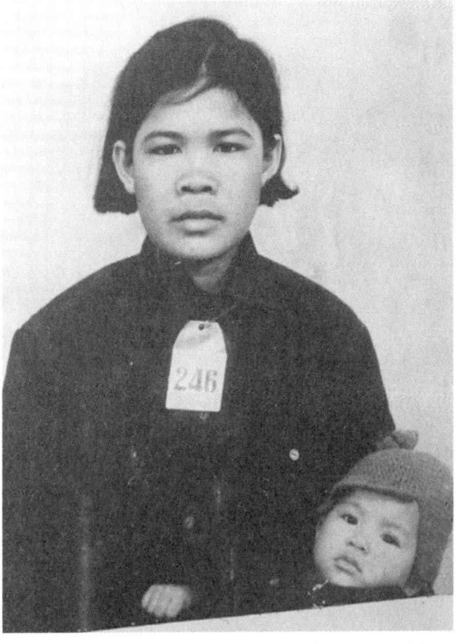

一名柬埔寨婦女和她孩子的合照，攝於吐斯廉刑求中心，在拍攝照片不久後兩人都遭到謀殺。（圖片來源：Samantha Power）

多數美國通訊記者在鷹遷行動（Operation Eagle Pull）中，都搭乘美國直昇機離境。福特總統表示，他帶著「沉重的心情」下令美國撤離。

在金邊，並非所有跡象都那麼嚴峻。施亞努親王這個在赤柬聯盟有名無實的領袖始終都在散布矛盾的訊息。一方面，他曾信心十足提到赤柬有意願建立一個民主國家；另一方面，他也提到赤柬不需要他。施亞努親王曾說：「赤柬會像吐櫻桃籽一樣把我吐掉。」[41]不過在赤柬戰勝後那段期間，施亞努親王比起預告未來情況，更展現出幸災樂禍的態度。「我們辦到他們說我們永遠辦不到的事。」他吹噓：「我們打敗了美國人。」[42]當恐怖的金邊淨空計畫開始隔天，困惑的西方記者在新聞報導開頭，再度提出整整一年前《華盛頓郵報》記者貝克就提過的問題：「赤柬是何方神聖？」

當時有數百名勇敢、愚蠢或倒楣的外國人留在金邊。四月十七日，他們也聽到同樣一道無情的命令，這道命令讓他們的柬埔寨朋友嚇得落荒而逃。他們不相信赤柬聲稱美國B－52轟炸機準備砲轟城鎮的消息，但他們試圖為民眾大批撤離提出合理的解釋。他們認為赤柬無法餵飽首都膨脹的人口，因此將人群疏散到鄉村地區，能讓人民更接近糧食來源。驅離人群讓赤柬更容易區分舊政權的盟友和一般柬埔寨人民。又或許赤柬領袖只是想挑選他們在首都的住處。所有人都假定撤離只是暫時性措施，等新興的共產政府感覺局勢穩定後，柬埔寨人肯定能回到他們的家園生活。

其餘外國人由於被禁止在城內活動，只能擠在法國大使館內，等赤柬進城淨空後離開。[43]最早有關新赤柬政權的情報來自一些記者、救援工作者和外交官，他們在行動受限在大使館前，對當地留下一些簡略印量。多數人都看過令人害怕的赤柬幹部驅趕發抖的柬埔寨人離開鎮上，但他們並沒有目睹殺戮。

「沒有人在我們面前屠殺人民。」尚伯格回想。赤柬戰勝那天，他在一間醫院附近探聽情報時，差點連同他的同事羅科夫和斯偉因遭到處決。「我們確實認為這些人很異常。你會有種預感，如果自己做他們不喜歡的事，他們就會槍斃你。但我們並沒有意識到接下來會發生什麼事。」

五月六日，最後一隊卡車載著尚伯格，和最後幾名見證過赤柬統治的西方目擊者離開柬埔寨。在這趟悶熱窒息的旅程中，這些被撤離的人從蒙眼布後方窺探外面的世界。當時赤柬掌權不到三週，但有些跡象已經很明顯，後來人們才理解那是種族滅絕開端的徵兆。柬埔寨所有主要城鎮都被淨空，沒有任何居民留存。稻田荒廢，燒焦的汽車殘骸聚集成堆。穿著藏紅花色長袍的僧侶被迫在農田勞動，腐爛的屍體堆在路旁，這些人大多被射殺或毆打至死。他們還看見赤柬士兵低頭進行早晨的「思考集會」。[44]這群被載離柬埔寨的人留下最主要的印象是，不到幾週前這個國家還生氣蓬勃，現在人民卻都消失無蹤。

當最後一批外國人已經安全撤離，出境的記者開始發布直接赤裸的頭版報導。他們坦誠，目前發展的局勢遠比他們預期的更緊迫。尚伯格在《紐約時報》的封面報導寫道：「無論是柬埔寨人或外國人，所有人原先都滿懷希望，預期城市淪陷能緩和局勢……**我們全都大錯特錯**……我們以為就算由共產黨統治，柬埔寨還是有可能保持靈活彈性，改變不會過於劇烈，一般民眾也不會成為被針對的對象。如今，我們對對柬埔寨未來抱持的願景，被證實毫無根據可言。」[45]尚伯格引用一位不具名西方官員的證詞，對方曾目睹無情的撤離行動，並驚呼：「他們瘋了！這完全就是種族滅絕。他們這麼做會比在城裡展開肉搏戰殺死更多人。」[46]同一天，《華盛頓郵報》刊登一篇關於撤離的新聞，提到有人表達「自然淘汰的種族滅絕」令人擔憂害怕，「只有強者才能在過程中生存」。[47]

雖然在柬埔寨最後一段日子的駭人經驗讓尚柏格等人受到驚嚇，但他們依然不相信美國多數的情報是正確的。尚柏格坦承自己低估赤柬專制壓迫的程度，但也在同一篇文章中指出美國的官方預測令人誤解。他提到，美國政府曾說共產黨缺乏訓練，可是記者遇到的是一支紀律嚴明、組織健全的軍隊。美國情報界預測他們會殺害「多達兩萬名高級官員和知識分子」，可是尚柏格少數和赤柬接觸的經驗，讓他仍深信如此大規模的暴力不會發生。他寫道：

謠傳有高級軍官和文官遭到處決，但這都是未經證實的傳聞。只要曾目睹接管過程，人們便會知道舊政權的高層職員將要或已經面臨懲處，有人可能已經遇刺，許多人民也會在跋涉到鄉村地區途中，因為路途困苦而喪命。但這些情況顯然和西方世界預測的大規模處決截然不同。[48]

當記者離境後，最後的獨立資訊來源隨之枯竭。有九個與柬埔寨友好的共產國家在金邊仍設有大使館，但就連這些外交人員的活動範圍都被限縮在一條約兩百碼長的街道，人們身邊也隨時會有赤柬官方的「保鑣」隨行。[49]接下來的三年半內，美國大眾只能從稀少的資訊來源，拼湊出高棉鐵幕背後的生活樣貌，包括赤柬少量的公開聲明、政令宣傳用的柬埔寨廣播電臺、備受質疑的難民口述，以及稀缺又可疑的西方情報來源。

美國官方的情報與民間的懷疑聲音

最初赤柬掌權時，美國官員積極公開許多他們知道的資訊。福特政府譴責赤柬濫用暴力，提醒大眾更早有關赤柬會發動血洗屠殺的預測已被證實。在金邊淪陷後隔天，季辛吉在國會山莊聲明赤柬會「試圖消滅所有潛在敵人」。[50]一九七五年五月初，福特總統表示他握有「確切的情報」，包括柬埔寨的無線電通訊在內，都證實已有八十到九十名柬埔寨官員和他們的配偶遭到處決。[51]福特跟《時代雜誌》提及：「赤柬連官員的妻子也殺，並表示妻子和她們的丈夫沒兩樣。很遺憾要向大家描述這麼恐怖的事，但我們很肯定消息來源正確無誤。」《新聞週刊》（*Newsweek*）引用一名美國官員的證詞，提到「已有數千人被處死」，並暗示死亡人數可能上升到涵蓋「數萬名效忠龍諾政權的柬埔寨人」。美國官員攔截到部分的赤柬通訊內容，並堅信他們情報的真實性。「我不是在處理三手傳言，」其中一名情報分析師跟《新聞週刊》說：「我告訴你們的，是柬埔寨人在通訊過程說的話。」[52]聯合專欄作家傑克·安德森（Jack Anderson）和萊斯·懷頓（Les Whitten）發布赤柬秘密無線電通訊洩漏的翻譯內容，這兩人在接下來幾年間，也會定期轉述暴行相關報導。「消滅所有高階軍官、政府官員。」其中一道赤柬命令指出：「秘密進行任務。也要逮捕那些欠共產黨血債的地方官員。」另一支負責傳達共產黨高級司令部命令的赤柬分隊則呼籲：「處決從少尉到上校所有軍官，還有他們的妻子跟孩子。」[53]在五月十三日一場記者會中，季辛吉指控赤柬犯下「重大暴行」。[54]福特總統再度舉出「血洗屠殺正在發生的鐵證」。[55]

然而美國政府的信譽有限。季辛吉過去在柬埔寨引發血洗事件，也因為過去美國的政策損害自己的名聲。如同批評者當初聽到福特政府預測即將發生血洗屠殺時，將之視為供應大量援助給腐敗龍諾政權的明顯藉口如今許多人也認定美國政府提供恐怖故事，是為了正當化美國入侵柬埔寨和越南的行動。東南亞其他地區發生的事件，只是更證實美國政府的資訊來源不可靠。過去美國也曾警告如果西貢（Saigon）淪陷將導致屠殺，但當西貢在一九七五年四月三十日失守時，政權移交過程遠比外界預期得更溫和。美國大眾已經學會忽視他們認為是官方造謠和反共宣傳的資訊。多數人要經過整整兩年，才會承認這次的屠殺傳聞是真的。

在此同時，美國政府也失去柬埔寨內部的可靠消息來源。危機時期關閉美國大使館的副作用之一，是會大大損害美國的情報蒐集能力，當時，連記者也被禁止造訪柬埔寨，內部消息更近乎斷絕。由於種族滅絕的加害者相當謹慎阻隔觀察者親臨他們犯罪現場的機會，記者必須仰賴成功逃脫的難民提供目擊證詞或二手描述。記者受到的訓練是要親自造訪現場，或仰賴多重資訊來源比對確認以證實他們的報導，因此起初他們傾向迴避發表難民的敘述。如果他們真的刊載這些描述，也會照例加上警語和免責聲明。

一九七五年四月十七日，金邊落入反叛勢力手中當天，一名赤柬游擊隊隊員命令店主棄店鋪而去。

（圖片來源：Christophe Froehder ／ AP/Wide World Photos）

一九七五、七六年在媒體上發布對柬埔寨的譴責或引用的相關情報，記者幾乎都會加上提醒，說明他們只掌握「未經證實的傳聞」、「不確定的敘述」或「非常片面的資訊」。如此謹慎的態度有其必要，但如同亞美尼亞種族滅絕和猶太大屠殺時期一般，這麼做會讓局勢顯得曖昧不明，並削弱說服力。那些傾向忽視的人也更有理由保持冷漠。「我們不知道事情的全貌。」讀者會說：「在完全瞭解情況前，我們無法得出明確的結論。」然而，政治人物、記者和國民與其說是在等待完整報導出現，不如說是藉此確保在事態變得無法挽回前，他們不會在情感或政治上涉入其中

如果說多數的種族滅絕事件都具備這種難以親臨現場的特性，柬埔寨可能是最極端的例子。赤柬很可能是二十世紀運作最為機密的政權。他們將國家完全封鎖。一名赤柬高級官員表示「唯有透過保密」，才能「贏過那些搞不清楚誰是誰的敵人」。[56]當一九七七年九月，波布正式以赤柬領導人身分現身時，記者公然猜測他的身分。「有人說他以前是法國橡膠園的工人，擁有越南血統。」法新社（AFP）報導道：「也有人說他其實是農蘇恩（Nuong Suon）。農蘇恩是諾羅敦．施亞努在一九五〇年代逮捕的一名共產主義報社記者。」[57]一家中國攝影通訊社公布波布的照片時，有分析師指出波布「神似」前共產黨秘書長沙洛特紹。當然兩人長相相似並非巧合。

赤柬在統治期間會對外發言。他們透過廣播鞭策幹部，宣告必須「完全擊垮敵人」、「根除受汙染部分」、「將太長部分截短成適當長度」。[59]每日美國外國廣播資訊處（Foreign Broadcast Information Service）都會翻譯廣播，但這些廣播內容都是些委婉的說法。隨後，赤柬會激昂地聲稱在雨季種稻多麼令人「喜悅」、貪腐已經告終，並宣稱他們在全國各地展開行動，以修復美國轟炸造成的損害。

美國的社論往往會忽視國內較不關注的國家，這個特點在越戰餘波中呈現指數性強化，新聞編輯部普遍受到「東南亞疲乏」的現象影響。美國軍隊在部署越南期間，造訪該區域的美國記者逐漸減少，只有美國三大報紙——《紐約時報》、《華盛頓郵報》和《洛杉磯時報》（*Los Angeles Times*）仍有特派記者留駐在泰國曼谷。這些記者也得負責報導越南、寮國和柬埔寨，這三國被合稱為VLCs，意思是「極度無望之地」（very lost causes）的新聞。美國軍隊一歸國，美國大眾便對這個地區的新聞興致缺缺。有的記者偏好報導越南船民、美國戰俘和留在當地的美國人命運。這些記者要負責報導如此廣大地區，因此很晚才造訪泰柬邊界，聽到當地人轉述恐怖的故事。[60]那些順利抵達的記者發現，許多柬埔寨難民經歷可怕的苦難、飢餓與壓迫，但鮮少有人親眼見證屠殺。赤柬佔領首都後不久，便匆忙建起帶刺鐵絲網柵欄，阻止人民越界前往泰國的亞藍（Aranyaprathet），並沿著邊界設置地雷。想當然爾，那些能述說最嚴重經歷的柬埔寨人皆已死亡，或仍受困在國內。美國官員估計每五個試圖逃往泰國的柬埔寨人中，只有一人能夠倖存。

美國媒體報導柬埔寨的數量急遽減少。在一九七〇年到一九七五年柬埔寨內戰期間，美國仍活躍於東南亞，每年《華盛頓郵報》和《紐約時報》會刊登超過七百篇關於柬埔寨的新聞。光是在一九七五年四月，當赤柬接近金邊時，這兩大報紙就合計發表了兩百七十二篇柬埔寨報導。但到了一九七五年十二月，外國人都離開柬埔寨後，兩家報紙的相關報導數量暴跌到只剩八篇。[61]一九七六年一整年，赤柬忙著殲滅平民百姓，兩報合計刊登了一百二十六篇報導，到了一九七七年只剩一百一十八篇。[62]事實上，這個數字還誇大美國對柬埔寨困境的關注。在此時期，多數的新聞都相當簡短，會出現在國際新聞版面末尾，並往往聚焦在柬埔寨受到共產黨統治後的地緣政治影響，而非柬埔寨人的苦難。**每年**只有兩三篇新聞會關注赤柬統治下的人權狀況。[63]一九七五年七月，《紐約時報》發表一篇強而有力的社論，問道：「如果有辦法，」外界能「做些什麼來改變」赤柬的「種族滅絕政策」和「野蠻暴行」。那篇社論主張，曾經公正批評龍諾的美國官員，如今肩負「必須公開發聲的特別義務」，畢竟「沉默絕對無法動搖」波布。[64]儘管這家報社的編輯部呼籲美國打破沉默，他們接下來長達三年卻都不再提及這個議題。

柬埔寨在電視上的戲份甚至更少。一九七五年四月至六月間，有人可能會預期那是民眾對柬埔寨最好奇的時候，但美國的三大電視網合計只留給柬埔寨不到兩分半鐘的播放時間。在赤柬統治柬埔寨整整三年半間，電視播放柬埔寨消息的時間低於六十分鐘，每個電視臺每月平均只播放不到三十秒鐘。一九七六年，美國廣播公司曾報導一篇關於柬埔寨人權的新聞，但之後長達兩年都不再處理相同主題。[65]

相關報導的數量與篇幅短少，純粹只因美國的編輯和電視製作人不感興趣。在缺少能吸引讀者與觀眾注意力的照片、影像和個人敘述，也沒有美國民眾公開抗議赤柬的不法行為下，他們不太可能對此感興趣。當然，如果那些駭人惡行沒有被報導，大眾也不可能群情激憤。

合理推諉：政治宣傳、對政治宣傳的恐懼和政治宣傳的藉口

美國人由於忽略赤柬戰線後方的恐怖暴行而產生的罪惡感，被一群敢於表述的懷疑論者稍微緩解。

這群懷疑論者時常質疑難民證詞的真實性。他們抱持懷疑態度的許多理由很常見，像是他們會緊抓著赤柬高官少數的公開聲明不放，那些官員一貫反駁血洗屠殺的主張，向觀察者確保只有前統治政府的菁英才需要擔憂。「你們不該相信跑去泰國的難民，」一九七五年十一月，負責外交事務的柬埔寨副總理英薩利拜訪曼谷時說：「因為這些人都是罪犯。」他呼籲在泰國的難民回到柬埔寨，並保證他們在當地會受到歡迎。[66]一九七七年九月，波布表示在金邊他們「盡可能殲滅最少人」，這些人約佔反對革命的柬埔寨人「百分之一或二」。比起完全否認暴行，赤柬承認部分殺戮的行為讓他們更具可信度，這種讓步矇騙了許多觀察者。[67]

另一個減弱赤柬政權邪惡程度的因素，是許多柬埔寨人死於飢餓和營養不良。外界將該現象與「常見」的經濟與氣候環境聯想在一起，這或許幫助掩蓋這場災難的人為因素。除此之外，那些述說恐怖經歷的難民也被假定為舊政權成員。在泰國的國際救援工作者也被指責政治動機，因為許多成員接受美國國際發展署（U.S. Agency for International Development）資助，或被認為是反共人士。[68]

儘管在許多情況下，美國左派選民或許最可能讓美國政府羞愧，至少能促使政府譴責赤柬，但當時左翼陣營的主要言論，卻是嘲笑美國初期對赤柬的暴行指控，並認為那是保守派「編造神話」的手段。左派陣營甚至更猛烈追擊在赤柬戰勝前，就已經存在對大屠殺可能發生的討論。一九七五年九月，反戰的中南半島資源中心（Indochina Resource Center）兩位名主任喬治・希德布蘭德（George Hildebrand）和加雷思・波特（Gareth Porter）發表一份研究，挑戰淨空金邊導致飢荒發生的主張。他們表示赤柬將人民撤離首都，是要回應柬埔寨人「迫切的根本需求」，而且他們「是在謹慎計畫如何供應糧食、飲水、休憩和醫療照護後才執行這些舉措」。[69]隔年，兩人出版了膾炙人口的著作《柬埔寨：飢餓與革命》（*Cambodia: Starvation and Revolution*）。他們在不曾造訪該國情況下駁斥暴行的傳聞，並主張淨空城市會改善柬埔寨人的福祉，在尼克森執政期間，人民的生計已遭摧毀殆盡。他們相信歐美媒體、政府和反共人士正在共謀誇大赤柬的罪行，以利冷戰的政治宣傳。國務院許多成員閱讀書中的敘述，諾姆·杭士基和愛德華·赫曼更表達支持，[*†]兩人在《國家》（*Nation*）雜誌一起發表一篇名為〈第四權曲解〉（"Distortions at Fourth Hand"）的文章，讚揚希德布蘭德和波特。該篇文章一如標題所示，怪罪記者採用三手和四手的資訊來源。[70]

懷疑論者的動機各異。有些左派人士極度渴望看見平等主義的共產革命群體再度掌管另一個東南亞國家，因而不顧恐怖暴行的傳聞。許多真正關心柬埔寨人民福祉的人士，因為貪腐濫權的龍諾被廢黜而鬆了一口氣。而大多數人都已學會質疑美國官方單位提出的任何主張。然而，撇除政治和近代歷史因素，最重要的一點是這些人作為凡人，無法想像難民要求他們想像的事。

接下來十五年，人權組織會著手蒐集難民證詞，讓濫權的政府和袖手旁觀的外界同感羞愧。然而在柬埔寨屠殺時期，世界最大的人權組織——國際特赦組織還不會強力發表回應。國際特赦組織在一九六一年成立時，組織預算為一萬九千美元，但當時他們的年度花費已經增加到約六十六萬美元。國際特赦組織是個透過寫信進行聲援的組織，最適合替政治犯爭取出獄。從一九七〇年代起，他們傾向關注一小群特定知名的受害者，而從未回應相傳在柬埔寨發生的大規模屠殺。組織沒有派遣觀察員到泰柬邊界，反而多仰賴粗略的媒體報導。一九七五年九月，國際特赦組織的報告聲稱：「無法證實大規模處決的指控。」他們的研究部門指出，有些指控奠基於「薄弱證據和二手描述」。[71]隔年在組織的年度報告中，有關柬埔寨的部分只有一頁多。其中雖然提到「大規模處決的指控」，但也補充「似乎只有極少數的難民實際目睹處決」。[72]

一九七七年三月，國際特赦組織倫敦總部寄出一份內部政策文件給各國分會，解釋組織為何保持沉默。國際特赦組織既不信任「保守意見」，也質疑難民的證詞。那份文件寫道：「難民提出的指控可能不甚公正，必須接受仔細檢驗。事實上，他們經常只提供片段資訊，而且容易以偏蓋全。」[73]當然，死者無法訴說他們的故事，而生者——亦即難民——只能描述他們經歷過的惡劣對待，或講述親眼目睹的事件。但他們歷經的往往是「比較輕微」的罪行，也無法證實所見之事。

即便國際特赦組織幹事握有可靠證據，他們操作方式和聯合國負責監督人權狀況的委員會十分相似。他們會盡可能避免公開羞辱，並會直接聯繫該國政府。一九七七年，國際特赦組織在該年政策報告中，描述他們採取的策略：「有鑑於現在國際社會對柬埔寨情況的辯論引發許多爭議」，比較恰當的做法是與赤柬私下聯繫，而非公開讓他們難堪。[74]每年國際特赦組織都會寄信給赤柬政權，要求對方針對

---

* 諾姆．杭士基（Noam Chomsky，一九二八年—）美國語言學家、哲學家、認識科學家、史學家與政治活動家，被譽為「現代語言學之父」。喬姆斯基為分析哲學領域的重要人物，並作為認知科學領域的創始人。他的著述內容豐厚，內容涵蓋語言學、戰爭、政治與大眾傳播媒體。喬姆斯基本身是無政府主義與自由意志社會主義的堅定支持者。

† 愛德華．赫曼（（Edward S. Herman，一九二五年—二〇一七年），美國經濟學家、媒體學者與社會批評家。與諾姆．杭士基合著有《製造共識》（*Manufacturing Consent: The Political Economy of the Mass Media*），評論美國媒體與新聞的操控關係。

虐待與失蹤人口的特定傳聞，提供進一步資訊。如果波布政權沒有回應，國際特赦組織按照慣例，會在隔年年度報告中指控對方。一直到一九七八年，赤柬殺戮與讓人民挨餓的行動已展開三年之久，組織才終於接受難民主張，尋找更多途徑公開發表譴責。一些懷疑暴行真偽性的人則大力強調，關於有多少柬埔寨人被殺害的爭論是無解的。他們堅稱死傷人數的估計數值毫無根據。班．基爾南（Ben Kiernan）是一名年輕的澳洲歷史學者，他後來成為批評赤柬的重要人物，他曾反對在缺乏「證據的情況下，支持任何引用數據的說法」。基爾南表示：「人們常隨口說出受害者人數的龐大數據」。[75]記者也加入這場數據論爭，指出估算數字的變化，時不時還透露出沾沾自喜的語氣。《華盛頓郵報》的路易斯．希蒙斯（Lewis Simons）觀察發現，一九七七年七月外界估計的死亡人數驟減。某次他寫道：「原先大家常說，一心復仇的共產黨統治者處決了大約八十萬到一百四十萬名柬埔寨人」，但西方的觀察者卻突然開始「主張多種原因導致數十萬人死亡」。[76]一九七五年到一九七九年間，赤柬的觀察者提出的數據和傳聞確實透過口耳相傳而來，這些數據往往未經證實，但柬埔寨當地的情勢也導致數字無從證實。人們完全無法進入柬埔寨，分析師只能盡可能猜測暴力規模，這些推測往往大相逕庭。

赤柬執政的確切狀態如此撲朔迷離，以致於後來記者威廉．蕭克羅斯所說的「政令宣傳、對政令宣傳的恐懼以及政令宣傳的藉口」，合理化大眾的冷漠。[77]儘管那些相信難民證詞的人主張難民的敘述幾乎如出一轍，都揭示了柬埔寨普遍存在的濫權模式，但對於那些想轉頭漠視或不確定關心柬埔寨有何效用的人來說，難民說法的相似性正巧證明編造證詞的事實。

這不是一九四二年

許多人一旦親自接觸精神受創的難民後就會改變立場。查爾斯・特威寧（Charles Twining）是一名三十三歲的外交官員，他曾在越南服務，並在一九七四年勤奮地學習高棉語，這讓他的國務院同事十分不解。一九七五年六月，特威寧被派駐到曼谷的美國大使館，他在抵達當地一週內，就證實自己新學到的語言技巧非常有用。他被派往泰柬邊界，訪問抵達泰國時疲憊、憔悴又嚇壞的難民。起初，特威寧無法相信他聽到的故事。「難民會跟你說一些只能用不可置信來形容的故事。」他提到：「我不斷跟自己說：『當今不可能發生這種事。現在不是一九四二年，現在是一九七五年。』我真的以為我們已經遠離那些日子和暴行。」[78]特威寧第一次出差後，甚至沒有提交報告，因為他認為難民的回憶實在令人「不敢相信」，可能會在華府遭到訕笑。然而，隨著他一次次搭乘四小時車前往邊界，他發現愈來愈難否認暴行的現實。柬埔寨人曾聽見挨餓的嬰兒嚎啕大哭，曾看著赤柬幹部用塑膠袋悶死佛教僧侶，他們看過十幾歲的戰士機械式地用鋤頭重擊別人後頸，殺害他們所愛的人。

特威寧指向一小罐牛奶，請難民比出赤柬每天餵他們多少米飯。難民說每人拿到的米飯，只能填滿這個手掌大的容器一半。特威寧表示，如果他們只吃這個份量無法存活。難民不僅同意，還告訴他任何人只要表達不滿，就會被拖到赤柬口中的「安卡勒」（*Angkar Loeu*）。「安卡」是不具名也不露面的「上級組織」，他們自誇永遠不會犯錯，並擁有「和鳳梨一樣多的眼睛」。[79]起初，多數的柬埔寨人都相信那些失蹤的人是被帶到上級組織，接受再教育或額外訓練跟修業。儘管每天生活痛苦至極、死訊頻傳，他們仍保持樂觀。他們往往在森林中被一大堆屍骨絆倒時，才會發覺真相。多數人看見這些具體惡行的產物，都相信如果被上級組織傳喚，意味著那人必死無疑，光是意識到這點，就讓多數人都不敢冒險逃跑。

難民希斯鄧（Seath K. Teng）跟家人被赤柬拆散時年僅四歲。事後她還記得，赤柬強迫四名孩童分食一碗米粥，她因為飢餓而強烈腹痛。「吃得最快的人就能吃比較多。」希斯鄧表示：

我們一週工作七天，不曾休息。唯一能放下工作的時間，是要去觀看某人被處決過程，赤柬把那當作對我們的警告……會場中央有一名雙手綁在背後的女人，她懷有身孕，肚子凸起。她面前站著一名年約六歲的小男孩，男孩手中握著一把斧頭。他尖叫呼喚我們，要我們看他接下來做的事，並表示如果沒好好看，下個被處決的人就是我們。全部的人應該都目睹了，因為當天只有那名女子被殺。那個小男孩就像來自地獄的惡魔，他的雙眼發紅，完全不像人類。他用斧頭背面重擊那名可憐女人的身體，直到她不支倒地。他一直毆打她，等累得無法繼續才停止。[80]

到了一九七五年八月，特威寧聽到這類故事的數量，已經多到讓他改變立場：

我記得有一次。我在泰國一個叫做尖竹汶府（Chantha Buri）的地方，這個省分緊鄰柬埔寨的拜林鎮（Pailin）。我坐在邊界一間陰暗小屋，突然有二三十個柬埔寨人如鬼魂般從森林現身。他們告訴我那些艱難恐怖的故事，我完完全全被震撼。某人在事後對我說：「你知道他們講故事前會先排練過。」但這些柬埔寨人才剛跋涉數週抵達這裡，他們的身材削瘦、皮膚曬得黝黑，而且已經好幾天都穿著同一套衣服。我敢說他們身體都已經發臭。我只知道一件事，就是他們非常真誠，真誠至極。從那刻起，我相信了……。

這批焦慮激動的倖存者散發的臭味，讓特威寧震驚到相信了他們的故事，他開始以猶太大屠殺的視角看待未來聽到的證詞。「我的頭腦想要也需要一種表述事情的方式。」他回想：「而猶太大屠殺是我所知道最相近的事件。這些經驗在我聽來就像滅絕，赤柬在消滅整個階層的人，任何戴眼鏡、受過高中教育、信仰佛教的人。我自然而然就將這兩起事件聯想在一起。」儘管納粹和赤柬有相似之處，特威寧跟其他在邊界地區的人還是逐漸拼湊並理解赤柬殘暴的特殊之處。他們發現，新柬埔寨厭惡自由、無法容許異議與歡笑，並在生活中所有層面都受命於上級組織制定的規則。到了一九七五年年末，那些知道現實足以令人擔憂，卻樂觀到予以否認的人，都開始相信柬埔寨淪為煉獄的情況。

難民跟這些人說

- 國民不能移動。就算只是到鄰近城鎮也需要通行證，城市在槍口下被撤離淨空。
- 國民不能餵飽自己。在多數區域，國家每天都只提供一個罐頭或更少量的米。
- 他們不能隨心所欲讀書，只許閱讀赤柬的宣傳手冊。圖書館被劫掠一空，說外國語言意味著「汙染」，這導致許多說外語的人被判死刑。

- 他們不能追憶往事，禁止提起過往生活的回憶。家庭被拆散，孩童被送去接受「再教育」，並被勸誘告發父母，因為父母可能試圖隱瞞自己的「資產階級」背景。「柬埔寨」成為殖民用詞，如今由「民主柬埔寨」（Democratic Kampuchea）取代。
- 他們不能調情。只有上級組織能批准性關係，人們之間的婚姻配對，會在公社集會時一齊宣布。
- 他們不能禱告。禮拜堂和廟宇被劫掠，虔誠的穆斯林經常被迫吃下豬肉。佛教僧侶被免除聖職，佛塔被改為糧倉。
- 他們不能擁有自己的私人財產。所有金錢和財產都被廢除。國家銀行遭到炸毀。收音機、電話、電視、汽車和書籍都被集中到中央廣場焚燒。
- 他們不能和外界聯繫。外國大使館被關閉，電話、電報和郵遞服務皆中止。

赤柬重視勞動到致命地步。他們將柬埔寨人送到鄉村，命令人們每天從早上四點到十點、下午一點到五點，以及晚上七點到十點都要農耕。共產黨幹部會將每年的收成運送到中央儲糧處，但拒絕分配農產給負責收割的人民。國家計畫沒有必要在乎人民健康，於是飢餓和疾病迅速吞噬這個國家。赤柬一掌權便終止幾乎所有的外國貿易，並拒絕提供人道救援。

赤柬也殲滅「敵人」。波布認為柬埔寨有兩種敵人——外敵與內敵。外敵反對赤柬的社會主義，包含像美國等「帝國主義者」與「法西斯主義者」，以及蘇聯和越南等「修正主義者」和「霸權主義者」。內敵則是他們認定不忠的人。[81]更早以前，赤柬已命令龍諾政權所有軍官和文官在中央會場集合，並謀殺他們，無一人例外。一個名叫薩烏斯賓（Savuth Penn）的孩子在赤柬下令撤離時年僅十一歲，他回憶道：

他們用船把我父親和剩餘的軍官，都送到城市西北方的偏遠區域……接著大規模處決這些人。他們沒有替被處決的人蒙眼，就用機關槍、來福槍和手榴彈屠殺……我父親被埋在死屍之下。幸運的是只有一顆子彈射穿他的手臂，兩顆子彈卡在他的頭骨。那兩顆卡在頭骨的子彈，因為先射穿其他屍體，而削弱衝擊力。我父親在死屍堆下一動也不動，直到天黑，他才在夜裡試圖走回家鄉……。赤柬威脅如果有任何人窩藏敵人，整個家族都會遭到處決。我父親的親戚非常緊張，他們試圖找到保全家族的解方。他們討論應該毒殺我父親，把他的屍體藏在地下，或給我們一臺牛車，讓我們試圖逃往泰國。我父親的姊夫做出最終決定。他告訴赤柬士兵我父親所在位置。幾名士兵帶著手電筒爬上樓，發現他躲在我們小屋的角落。接著士兵把父親帶到稻田中央，用手電筒照射，並射殺了他。[82]

這種殺戮是金邊的記者和美國大使館官員預期的形式，即針對赤柬所謂叛徒的政治報復。但他們沒有預期到這個政權竟如此執意要攻擊越南裔、華裔、占族穆斯林和佛教僧侶，並把他們全都歸類為叛徒。柬埔寨的排外情結早已存在，長久以來，越裔、華裔和（非高棉人的）占族人都飽受歧視。然而是到了波布統治開始，赤柬才完全消滅這些族群。佛教在過去是官方國教，也是柬埔寨的「靈魂」，因此佛教僧侶成為滅絕目標更令人意外。赤柬將僧侶汙名化為「反動派」，禁止所有宗教實踐。他們焚燬僧侶的藏書室、摧毀廟宇，並將部分廟宇改建成監獄和行刑處。拒絕脫下僧袍的僧侶則被處決。

赤柬的暴行規模更令人驚駭。根據特威寧在泰柬邊界蒐集到的資訊，赤柬正在消滅「階級敵人」，也就是所有「知識分子」，或那些完成七年級學業的國民。赤柬即便是對忠誠的激進派人士也疑神疑鬼，開始攻擊自己的支持者。無論對象是誰，只要有一瞬表現出不忠都難逃一死。考量到柬埔寨人當時的生活慘況，這幾乎涵蓋所有人。有一名反對波布的證人事後證實，第一兄弟（這是波布的外號）看見「四周的敵人、前方的敵人、後方的敵人、北方的敵人、南方的敵人、西方的敵人、東方的敵人、四面八方的敵人、來自內外的敵人步步逼近，無暇喘息。」[83]每日國民都生活在「chap teuv」的恐懼中，chap teuv 為拉丁美洲人所謂的「被失蹤」。子彈太珍貴，必須節省使用，赤柬偏好以農具手柄攻擊敵人。

赤柬革命背後的關鍵意識形態是「留你沒益處，殺你沒損失」。[84]民主社會對個人自由的保障，體現在這句金句中：「寧可十名罪犯逍遙法外，也不願一人無辜受刑。」而赤柬社會的基礎則是罔顧個體，他們甚至改編這句格言，宣稱：「寧可錯抓十人，也不放任一名罪人逍遙法外。」[85]對赤柬來說錯殺十人比讓一個罪犯存活來得更合理，即使被判有罪的人，可能只是因為接受為上級組織服務的命令時，表現得不夠欣喜若狂。

金邊淪陷不久，《紐約時報》的記者亨利．卡姆（Henry Kamm）造訪了三座位於泰國邊境的難民營，三處的難民彼此間毫無聯繫。一九七五年七月，卡姆寫了一篇長文刊登在報紙。同份報紙上有一篇社論，將赤柬的作為與「蘇聯消滅富農或古拉格群島」進行比較。*[86]一九七六年二月，《華盛頓郵報》的大衛．格林威（David Greenway）發表一篇頭版新聞，描述柬埔寨的嚴峻情況。「西方人要解釋當地的情勢有如盲人摸象。」格林威寫道：「我們必須對暴行的敘述保持懷疑，尤其是在與難民對談時，他們常會盡可能將經歷描述得很黑暗。但太多人都鉅細靡遺描述同樣的故事，以至於你無法懷疑在某些地區的確發生報復的行動。」[87]整體而言，儘管所有人都很晚相信事實，也沒有人對那些恐怖暴行投注應有關注，但在一九七五和一九七六年間，外交官、非政府工作者和記者確實都蒐集到跟死亡行軍、飢餓和疾病有關的可怕敘述。媒體沒有將這些報導放在最顯眼的版面，政治人物也沒有回應，但這些故事確實已浮上檯面。

最終對赤柬殘忍暴行最具影響力且最詳盡的調查，來自法國神父法蘭索．朋肖。朋肖會說高棉語，他在一九七五年五月初從法國大使館撤離前，已經在柬埔寨生活十年。他先後在泰國邊境和巴黎聽取難民報告，並翻譯柬埔寨的廣播報導。一九七六年二月，赤柬掌權不到一年，《世界報》（*Le Monde*）刊登神父的調查結果，表明從一九七五年四月以來，約有八十萬人遭到殺害。[88]這項調查對當時專跑華府

---

*《古拉格群島》（*Gulag Archipelago*）為俄羅斯作家亞歷山大．索忍尼辛（Aleksandr Solzhenitsyn）的著作，根據報章雜誌等文件、多人採訪和作者親身經歷，描寫蘇聯時期勞改營的狀況。「古拉格」指蘇聯的強迫勞動制度，包括監獄和勞改營等舉措，作者以「群島」比喻勞改營的龐大網絡。此書被蘇聯列為禁書，僅在地下流通，一九七三年首次在西方出版，蘇聯解體後才正式在俄羅斯出版，二〇〇九年成為俄羅斯高中的指定讀物。

線的記者伊莉莎白・貝克來說，已足夠令人信服。「他的報導一刊登，我就相信了。」她回想：「你必須知道誰能帶領你。在柬埔寨的法國神職人員都過著高棉人的生活，而非外國人的生活。我們需要朋肖才能把世界喚醒。」不久後，一名前赤柬官員來到巴黎，聲稱他用十字鍬處決了約五千人。並估計已有六十萬人慘遭殺害。[89]一九七六年四月，赤柬政權成立一年後，《時代雜誌》刊登一篇報導露骨描述處決的過程，並將柬埔寨形容為「中南半島的古拉格群島」。隨後，多篇相關新聞也出現。「赤柬接管柬埔寨一年後，當地仍一片寂靜。如今事實愈來愈清晰，那種寂靜是墓地的死寂。」《時代雜誌》寫道：「現在人們幾乎能肯定，柬埔寨政府是世界上數一數二殘忍、落後且仇外的政權。」[90]

外交官、記者和救援工作者不再假定柬埔寨人誇大其詞，但他們得踏出全新一步，才能進入理解的階段。關於這點，你只要回想二戰期間，波蘭證人揚・卡爾斯基和美國最高法院法官弗蘭克福特的對話就能明白。當時弗蘭克福特對這名目擊者說：「我不是指你在說謊，我只是說我無法相信你說的事。」猶太大屠殺的倖存者埃利・維瑟爾曾提出「資訊」和「理解」的不同。最初在柬埔寨，觀察者甚至很抗拒將難民的敘述認可為真實的「資訊」。那些證詞隨手可得，無論是死亡行軍、路邊處決，或謀殺富人、知識分子，甚至辦公室助理。然而，一直要到一九七七年四月，第一批照片才從柬埔寨被偷渡出來，那些相片記錄的是嚴苛的強制勞動，而非系統性消滅整個族群和階級。[91]由於柬埔寨嚴密封鎖，各國政治人物和公民都能躲在合理推諉的迷霧中逃避現實。即便他們接受那些資訊，也沒有真正理解其中蘊含的道德暗示。對於那些遠在華府的人來說，泰國邊境的柬埔寨難民營距離他們一萬英里之遙，他們需要好幾年時間，才能理解未經處理和證實的資訊。

回應

無效、反常與危害論

有些人主張共有數十萬名柬埔寨人遭到殺害，並試圖爭取媒體報導那些恐怖事蹟。他們以為表明這些事實，會促使美國和其他西方政府採取行動。一般來說，在種族滅絕發生期間，政治決策者、記者跟專欄作家會為了扭轉結果而發布聲援，或呼籲美國提供軍事、經濟、法律、人道或外交回應。這類言論背後都蘊藏某種訊息，那就是「如果我擁有權力，我就會這麼做」。這樣的訊息在許多電視和新聞文章中有些隱晦，但在多數社論中都表露無遺。然而在赤柬統治前三年，就連最關心柬埔寨的美國人，包含特威寧、昆因和貝克等人，都絕口不提那段時期與制度的限制。他們知道如果讓大眾關注柬埔寨的屠殺，那會像揭開國家尚未痊癒的瘡疤，提醒美國自身過往的罪孽，並引發外人質疑美國是否有制止恐怖暴行的計畫。他們對美國的冷漠既不意外也不憤慨，並已接受美國的不介入是已確立的背景條件。當美軍在一九七三年從越南撤離，美國人就認定不該再提起與看見東南亞的事務，並從政策面角度視之為無法解決的問題。「就算柬埔寨發生了**兩次**種族滅絕，也沒有人會關心。」艾莫惠（Morton Abramowitz）回想。當時他是國防部的亞洲專家，並在一九七八年成為駐泰國的美國大使。在赤柬統治期間，他記得：「民眾一心只想遺忘那個地方。他們完全不想知道那裡發生什麼事。」

早在一九七四年，外交官員肯・昆因便已從越南山上，看見赤柬殘忍暴行的初期跡象。之後他被轉調回美國，在國家安全會議擔任中南半島分析員。昆因記得美國在撤離越南後，要擬定有建設性的計畫難如登天：

> 當時國家仍處於備受打擊的狀態。社會瀰漫一股強烈氛圍，認定我們無能為力，我們不管了，一切到此為止。我們已經走人了，雖然很痛苦，但已經結束了……。越戰是如此令人傷感、煎熬與痛苦的經驗，全國都大大鬆了一口氣，認為國家必須重新整頓。**我們的**國家必須重新整頓。

有些人對那個區域仍保持好奇。如果用軍事用語表達他們的目的，那就是他們想「打上一場仗」。多數觀察者無法或不願依據當地傳來的消息看待那些事件，或只將柬埔寨視為越南沒有好好善待的孩子。他們也從這個角度詮釋柬埔寨的事件。如同貝克事後寫道：

> 無論政府內外，有太多人在越戰期間為了堅持立場，賭上他們的名聲、事業和自尊。每個陣營都希望戰後的情勢能支持他們過去採取的立場，證明自己是對的。新聞消息被視為……攻擊美國舊敵的彈藥，也作為美國有罪或榮耀的證明。[92]

在探討什麼因素決定美國如何回應柬埔寨暴行時，歷史脈絡確實佔有非常重要的因素。無論是福特總統或一九七七年一月上任的卡特總統，都不會考慮再派遣美軍回東南亞。然而，有那麼多美國人斷言

完全無計可施依然令人驚訝。當時在美國，人們連能夠採取的**軟性**回應都放棄了。

美國幾乎沒有譴責屠殺。福特政府在初期曾這麼做，但當華府開始對事件充耳不聞，美國官方很快不再公開譴責。被派駐到曼谷美國大使館的柬埔寨觀察員特威寧，持續蒐集並傳播大量駭人的難民口述紀錄。[93]但這些報告只讓美國政府低調要求國際特赦組織展開調查。一九七六年六月八日，在國務院發布給各地大使館的一份機密人權政策報告書中，包含以下新聞稿綱要：

> 我們都在關注傳聞的柬埔寨情勢，並已經準備好支持任何能進一步調查柬埔寨國內違反人權狀況的有效行動。有關柬埔寨情勢的消息難以被證實。我們（美國政府）掌握的資訊和記者取得的消息大同小異，主要來源都是難民。但這些傳聞數量多到令人難以忽視，並絕對能讓國際或私人人道組織展開進一步調查。
>
> ……我們已敦促國際特赦組織調查柬埔寨情況，但須避免任何公開行動，免得讓人誤認為美國在主導反抗柬埔寨，或讓外界相信柬埔寨的主張，以為我們是報導他們罪行的幕後推手。[94]

美國除了隨意呼籲「進一步調查」，並沒有主動發起果斷調查，或根據已經掌握到的事實採取行動。

美國官員能公開譴責波布的殺戮是種族滅絕，但他們沒這麼做。我沒找到任何一名美國官員記得自己曾採取相關行動，他們連單純閱讀《滅絕種族罪公約》，檢查柬埔寨發生的事件是否符合公約條件也沒有。因為《滅絕種族罪公約》排除了政治團體，而赤柬犯下這麼多兇殺都是針對他們認定的政敵，因此在現實中會比一般預期的更難符合種族滅絕條件。不過，即使許多殺戮都符合公約條款，卡特政府內部依然沒出現任何派系，主張美國應該改變對柬埔寨的政策。在這樣的背景下，沒有人想到要求國務院法律顧問局發布種族滅絕的判決，就不那麼令人意外。美國不介入原則的「現實」，也讓這種判決沒有實際意義。再者，既然美國並非公約簽署國，種族滅絕聲明也不會賦予美國採取行動的法律義務。

美國能做的就是敦促他們的同盟在國際法院起訴，控告種族滅絕。國際法院無法介入個別的刑事犯罪，也沒有確保判決效力落實的權力。但如果國際法院認為種族滅絕正在發生，他們能夠作成判決，認定柬埔寨應對此事加以負責，並要求採取暫時保護措施。這至少可以向柬埔寨人暗示，至少有一個機構將對赤柬的屠殺進行審判。

普羅麥爾希望美國能向國際法院求助，以做出種族滅絕判決，但他知道美國必須先批准《滅絕種族罪公約》。到了一九七七年初，距離他開始每天發表呼籲批准公約的演說已經十年，在這十年間，他起身演說一千七百六十一次，並經常援引赤柬犯下的「典型種族滅絕案例」。[95]在一九七七和一九七八年，普羅麥爾愈來愈關注赤柬。「消滅兩百萬名柬埔寨人，這個人數等同於殺害科羅拉多州所有男女老少。」他宣告：「也等於殺害麻薩諸塞州波士頓所有人，或華盛頓特區所有人，包括你和我。」儘管柬埔寨的受害者人數仍有爭議，但他明白最好先預估，而非默默等待。「我們今晚離開參議院時，赤柬將會醒來，展開另一天的血腥任務。」他說：「種族滅絕的絞繩又將猛力一拉，勒緊另外一千五百七十七名柬埔寨農民的脖子。」[96]然而，連那些已經批准公約的國家，也順從國際外交的細緻禮節。有的國家則抗拒跟拒絕在法院上挑戰國際社會另一個成員國。柬埔寨本身在一九五一年已經批准《滅絕種族罪公約》，自始至終卻無須回應種族滅絕控訴。

美國除了能雙邊譴責赤柬的恐怖暴行、試圖爭取盟友在國際法院提起種族滅絕訴訟，應該還能在聯合國大會、安全理事會（Security Council），或從萊姆金時期開始突然出現的許多聯合國委員會譴責犯罪。但無論是美國或其他歐洲國家都沒這麼做。以色列是第一個在聯合國提起柬埔寨議題的國家。以色列代表哈伊姆．赫佐格（Chaim Herzog）知道在柬埔寨，多數情況都是高棉人對高棉人施暴，因此警告當地可能正在發生「自我屠殺」（auto-genocide）。[97]後來，在一九七八年三月，英國的聯合國代表為了回應英格蘭各大教堂的群眾壓力，在聯合國人權委員會（UN Commission on Human Rights）提議討論這項議題。他呼籲指派一名專門的人權調查員負責調查。[98]赤柬將人權委員會貶低為偏袒帝國主義的組織，並表示將徹底「擊潰」他們。[99]而蘇聯、南斯拉夫和敘利亞等國一如往常聯合起來，阻擋這個缺少實質意義的救援路線，讓針對柬埔寨人權紀錄的調查討論推遲整整一年。紅色高棉的種族滅絕延續長達三年，沒有任何官方聯合國組織曾譴責屠殺。

經濟學家阿爾伯特．赫緒曼觀察到，不願付出行動的人會指出那些提議的措施無效、反常，而且會造成危害。美國與他的盟友主張，對赤柬這種鎖國政權表達意見，或採取軟性制裁都將徒勞無功。他們藉此為自己的沉默辯解，主張不管是正常的外交手段、象徵行動和批評，都不可能影響正在犯下大規模暴行的革命激進分子。外交官員特威寧在國會中提到：「我不確定柬埔寨的領導階層是否會在意我們……說了些什麼。」[100]由於美國沒有資助赤柬政權，也無法暫緩貿易或軍事援助。

即便美國進行雙邊譴責，他們對赤柬內部的影響很可能微乎其微。令人遺憾的是由於只有極少數美國官員公開斥責種族滅絕，我們無從得知實際效果。不過赤柬和美國聲稱的正好相反，他們並非毫不在意外界評價。儘管孤立隔絕，赤柬領袖仍高聲駁斥外國勢力的指控。當英國在日內瓦的聯合國委員會提出柬埔寨違反人權的議題時，赤柬回應聲稱，英國公民不過享有成為奴隸、竊賊、娼妓或失業的權利。一九七八年四月，赤柬的英薩利遞交一封信給聯合國，譴責「帝國主義者、擴張主義者和併吞主義者的政治宣傳機器」竟指控他們實施大屠殺。英薩利提出合乎邏輯的論點，解釋赤柬為什麼絕不會大規模屠殺人民：「（赤柬）沒有理由減少人口或維持現有人口數，」他寫道：「當今柬埔寨的八百萬人口遠低於我國潛力，我們需要超過兩千萬人。」[101]

美國的決策者也舉例表示，如果採取比較直言不諱的態度，可能會導致反效果。赤柬可能會被公開譴責激怒，而更暴力對待無辜人民，或進行更嚴密的行動。許多外交官因為懷抱期望而落入陷阱，他們誤信赤柬即將現身，不再與外界隔絕。[102]外界對赤柬如何對待公民的關注，當然可能讓統治者變得更殘暴仇外，但我們很難想像這個政權如何變得更加惡劣。採取孤立政策通常是讓關心的國家失去影響暴力政權的唯一手段，但從柬埔寨的案例來說，就算美國表明事實也不會有任何損失。可以想見，如果來自國外的譴責更多，那些仍與外界保持秘密無線電聯繫而且受過教育的赤柬官員可能被說服，轉而推動更人道的政策，甚至反叛波布和他的派系。

美國也可以對赤柬主要的支持者中國施壓，利用中國可觀的影響力制止赤柬繼續殺人。但卡特政府決心不要冒險傷害與赤柬兩個區域盟友——泰國和中國——迅速發展的關係。泰國屬於反共陣營，但他們的首要目標是牽制越南，因此與赤柬仍維持友好關係。而中國當然視赤柬為意識形態的同盟。從一九七二年尼克森拜訪北京後，中國一直是美國外交政策圈的主角。中國長期提供赤柬軍事顧問、輕型武器和彈藥。根據傳聞，在一九七八年初，中國增加對赤柬的軍援，包括提供一百臺輕型坦克、兩百枚防戰車飛彈、大量一百二十和一百三十毫米口徑的長程槍枝，以及超過十二架戰鬥機。儘管有關赤柬暴行的駭人傳聞不斷，美國並沒有抗議中國與柬埔寨的交易。[103]一九七七年五月，卡特總統說美中關係是「我國全球政策的核心」，中國是「全球和平的關鍵」。[104]雖然中國最有可能影響赤柬作為，但卡特政府並不打算冒著破壞常態的風險，提出赤柬侵害人權的問題。

類比與倡議

美國對柬埔寨的政策沒有在行政部門受到質疑。國務院和白宮官員都認為美國束手無策，而沒有做出任何實際行動。一直要到幾名國會成員開始要求美國政府以更寬廣視野看待那片潛力之地，情況才有所轉變。史蒂芬．索拉茲（Stephen Solarz）是來自紐約的民主黨眾議員，一九七四年，他以反戰政見贏得選戰，在較早年也曾阻擋美國政府繼續資助龍諾政權。索拉茲和他的多數同事不同，沒有因為美國中斷對柬埔寨的資助就對當地失去興趣。一九七五年八月，他和眾議院代表團出訪泰國，並曾在那裡和美國大使特威寧搭乘直昇機到亞藍。這名男子未來將會因為多次訪問國外，在國會得到「馬可．波羅」的外號。索拉茲在泰國聽到的故事，讓他想起二戰期間猶太人被驅逐出境的經歷。他本身也是一名猶太人，所屬選區在美國擁有最多的猶太大屠殺倖存者，他感到怒不可遏。「赤柬正在殺害任何戴眼鏡的國民，」索拉茲說道：「如果戴眼鏡，那便暗示他們能閱讀；如果他們有閱讀能力，就暗示他們已經被資產階級的病毒感染。赤柬的大躍進運動，讓毛澤東主導的大躍進就像實驗的一小步。」

一九七六年，儘管有傳聞指出將近一百萬名柬埔寨人死亡，美國國會卻不曾為柬埔寨侵害人權問題專門舉辦一場聽證會。索拉茲和幾名熱心的議員已經安排好在《國會紀錄》（*Congressional Record*）刊登駭人的媒體文章，並在議會辯論時偶爾譴責赤柬。參議員克萊伯恩・裴爾曾和普羅麥爾合作推動批准《滅絕種族罪公約》，日後他也將比任何一名參議員都更竭盡所能，試圖懲罰薩達姆・海珊以毒氣攻擊伊拉克庫德人。他在這個時期同樣關注柬埔寨。一九七六年，他在參議院議員席上宣告：

> 如果有一百萬人被估計遇害的消息正確，那柬埔寨已經有將近五分之一的人口被消滅。這個野蠻屠殺的紀錄在近代歷史上，僅次於納粹在二戰期間對猶太人的暴行。我很驚訝我們幾乎沒調查與譴責柬埔寨的情況。目前為止，聯合國人權委員會都對該國情勢視而不見。[105]

到了一九七七年，索拉茲和裴爾等人終於爭取到足夠關注，在國會舉行專門討論柬埔寨暴行的聽證會。其中一場聽證會上，索拉茲對美國的沉默政策和對死亡人數無止盡的爭論深感挫折，而爆發激動情緒。當時，中南半島專家加雷思・波特再次表示，對赤柬恐怖暴行的指控是「荒唐十足而誇大的謊言」。波特堅稱關於「種族滅絕狂人領導的政權已導致一到兩百萬名柬埔寨人受害」，是「憑空捏造的說法」。索拉茲勃然大怒。他高喊：「我簡直不敢相信，竟然有人能認真主張這一切都沒有發生。」106在接下來的一年半內，索拉茲試圖讓眾議院通過決議，要求卡特總統將注意力轉移到阻止殺戮。

有的美國人在喚起大眾對赤柬暴行的關注時，會將倡議內容與猶太大屠殺連結在一起，索拉茲也是其中之一。索拉茲後來耗費超過二十年時間泡在一間書房，他的書架塞滿一百二十三本有關猶太大屠殺的書，還有五十二本跟希特勒和納粹德國有關的書。他回憶道：「猶太大屠殺就像羅塞塔石碑一樣，是這一切的關鍵。對我來說，猶太大屠殺是二十世紀的核心事件，它影響我的世界觀最深，也形塑我看待美國在世界扮演角色的方式。」

在一九七〇年代中末期，希特勒消滅猶太人的行動終於成為學術和公眾焦點。一直到一九六〇年代，「猶太大屠殺」一詞才被普遍使用，但在一九七〇年，坊間已經有兩本書首開先例，分析美國對猶太大屠殺的冷漠態度。這兩本書分別是亞瑟・摩斯（Arthur Morse）的《當六百萬人身亡：美國冷漠的歷史》（*While Six Million Died: A Chronicle of American Apathy*），以及亨利・費恩戈德（Henry Feingold）的《救援的政治：一九三九至一九四五年的羅斯福政府》（*Politics of Rescue: The Roosevelt Administration, 1939–1945*）。

讓「最終解決方案」變得「家喻戶曉」的關鍵契機，是分成四部、長達九個半小時的改編電視劇《大屠殺》（*Holocaust*）。這齣電視劇由詹姆士・伍茲（James Woods）和梅莉・史翠普（Meryl Streep）主演，在一九七八年的收視觀眾高達一億兩千萬人左右。同年卡特總統指定成立一個特殊委員會，負責猶太大屠殺的紀念和教育工作，並在華盛頓特區的國家廣場（National Mall）興建這起恐怖事件的紀念碑。

到了一九七七年，由於大眾普遍都相信柬埔寨正在發生血洗屠殺，呼籲美國介入的倡議人士便試圖將波布的暴行比擬為希特勒的惡行，以刺激決策者和一般公民。聯合專欄作家傑克・安德森和萊斯・懷頓總共發表了十五篇有關柬埔寨的評論文章，並在多篇文章中援引猶太大屠殺。[107]一九七七年七月二十一日，他們寫道：「大眾為了人權騷動爭論，卻忽略了世界上最殘忍的獨裁政權。阿道夫・希特勒在最惡劣的時候，都沒有小小的柬埔寨共產黨統治者來得暴虐。」[108]幾個月後，安德森和懷頓將赤柬的恐怖統治，稱為「從納粹將猶太人趕進毒氣室以來最嚴重的暴行」。[109]當一九七八年《大屠殺》開始播映時，安德森指出「另一個大屠殺故事」也正在上演，而且「每一部分都和近期的歷史電視劇如出一轍」。安德森提到，納粹以「安置」、「搬遷」與「特殊行動」等委婉用語，來掩蓋他們的罪行。赤柬同樣引入一套消毒過的措辭。「他們在討論消滅政策時，絕口不提高棉語的『殺戮、暗殺、處決』等詞。」他指出：「他們使用的高棉語詞彙是『baoh、caol』，字面意義為『掃蕩、驅趕』或『掃蕩、摒棄』。」[110]隔天，安德森又寫了篇題名為〈柬埔寨：當今的猶太大屠殺〉的專欄，文中指責卡特總統轉過頭去，漠視柬埔寨人的滅絕危機。[111]

一些人附和安德森的說法，也採用同樣類比。《經濟學人》（*Economist*）形容赤柬的殘忍「會讓希特勒也畏縮」。[112]一九七八年四月，在《紐約時報》一篇題名為〈沉默有罪〉（"Silence is Guilt"）的社論中，專欄作家威廉・薩菲爾（William Safire）也提起《大屠殺》這部迷你影集，並質問為什麼世界無所作為。「說起被殺害的人數，」薩菲爾寫道：「在這個世代能與阿道夫・希特勒匹敵的，就是柬埔寨的共產黨領袖波布。」[113]一九七八年五月十日，國際救援委員會（International Rescue Committee）和自由之家（Freedom House）的里奧．切爾內（Leo Cherne）在《華爾街日報》（*Wall Street Journal*）寫道：「每個國家的冷漠無情都助長獨裁者的理想，無論是納粹德國的種族純淨，或民主柬埔寨的政治純淨皆然。」一九七八年五月，《紐約時報》一篇頭版新聞提到，泰國的難民「讓人想起一九四五年歐洲的集中營倖存者」。

經過幾個月後，國會變得更投入和關注柬埔寨。參議員鮑伯．杜爾（堪薩斯州的共和黨代表）受到一名柬埔寨難民拜訪，對方的經歷令他動容。他將柬埔寨的危機比喻為「納粹德國的滅絕營和史達林俄羅斯的暴行」。[114]普羅麥爾一如既往呼籲美國批准《滅絕種族罪公約》，並對赤柬發出譴責，指出他們的行為與消滅猶太人的相似處：「這不是普通的種族滅絕。赤柬沒有集中營和偽裝成淋浴間的毒氣室，他們從事的是土法煉鋼的種族滅絕。」[115]

唐納．弗萊瑟（Donald Fraser，明尼蘇達州的民主黨代表）是國會最勇於發聲的人權倡議人士，一九七七年七月，他出任眾議院國際關係小組委員會（International Relations Subcommittee）主席。同年肯．昆因被派駐擔任國務院亞太事務局新任助理國務卿理查德．霍爾布魯克（Richard Holbrooke）的特別助理，昆因告訴他的主管：「這是公開我們所知道一切的大好時機。」霍爾布魯克和特威寧現身國會，終結國務院兩年來的沉默政策。霍爾布魯克提到：「記者和學者推測從一九七五年以來，共有五十萬到一百二十萬人喪生。」美國情報單位指出：「赤柬每處決一人，就有其他數人死於疾病、營養不良等原因，如果政府本身沒有採取一種透過最嚴苛手段完全改造社會的政策，這些死亡原先是可以被避免的。」[116]霍爾布魯克的結論是「我們應該明確表達意見」，儘管他承認不確定「我們的言論將有何影響」。[117]這也是特威寧首度被公開邀請轉達他血淋淋的調查結果。美國對波布的暴行瞭若指掌，一九七八年二月十三日，國務院傳送的一份電報清楚表明：「赤柬再次強調要徹底消滅前朝政府所有殘餘勢力，並處決所有來自非貧窮農工階級的人民。」[118]儘管如此，特威寧想起當時他在聽證會上的心態，說道：「由於我很確定實際情況，要在國會議員面前報告輕而易舉。但當討論到**應該有何作為**時，我卻突然感受到巨大的無力感。」

在一九七八年，美國社論作家經常針對這個主題發表討論，國會日漸升高的壓力，終於讓每天關於人權侵害的報導有所增長。一九七八年夏季，《華盛頓郵報》和《紐約時報》開始每個月刊登兩到三篇關於柬埔寨人權狀況的新聞，儘管新聞數量仍然不多，但遠多於一九七五到一九七七年每年平均只刊登兩三篇的頻率。至於媒體對死亡人數的估計，早期都只提到「大規模死亡傳聞」，到了一九七八年末，已經變成「數十萬人，甚至可能接近兩百五十萬人」與「一到三百萬人喪生」。[119]

要到一九七八年，非政府人士才開始呼籲比起毫無作為，嘗試影響赤柬但失敗更加可取。「即便可能無法戰勝邪惡，我們也不須在邪惡面前保持沉默。」一九七八年五月，聯合專欄作家史密斯．漢普斯東（Smith Hempstone）在《華盛頓郵報》寫道：「卡特總統可以多次談到這個議題。他可以指示安德魯．楊（Andrew Young）在每次民主柬埔寨代表起身發言時，走出聯合國大會以示抗議。在任何有用的論壇上，每次美國代表都能喚醒世界的良心，譴責犯下如此暴行的人。」[120]但這些行動從未被落實。

一九七八年四月，卡特總統首次堅定發表公開譴責。他傳訊息給一個正在奧斯陸調查暴行傳聞的獨立委員會，提及：

美國不能逃避譴責柬埔寨政府的責任，柬埔寨政府是現今世上最嚴重違反人權的一群人。數千名難民都對他們的政府提出控訴，過去三年，該國實施的種族滅絕政策，導致數十萬柬埔寨人民死亡。國際社會每個成員都有義務抗議該國或其他任何國家。這類殘忍且系統性侵害人民權利的政策，讓人民無法享有正常生活與基本尊嚴。[121]

此時卡特總統已就職長達十六個月，金邊已淪陷三年。

一九七八年六月初，有個自稱柬埔寨人權團結促進會（United People for Human Rights in Cambodia）的團體，在白宮前絕食抗議。自由之家在華府召開名為「柬埔寨：美國能做什麼？」的座談會。國際特赦組織更堅決呼籲要詳細追查柬埔寨的實況。他們從一九七七年到一九七八年的報告，撤銷早期許多免責聲明。那份報告引用朋肖的主張，認為被處決的柬埔寨人最少絕對有十萬人，已經遇害的人數則可能「多達兩到三倍」。[122]國際特赦組織不再只是私下寫信給赤柬，更呼籲赤柬政權允許獨立調查員進入柬埔寨，並向聯合國人權委員會提交他們自己的意見書。[123]他們在意見書中引用難民和媒體敘述，聲明儘管許多指控依然「未經證實」，但這些證詞的數量和一致性「令人極度擔憂」。[124]公眾和政治團體終於注意到這群迫切需要幫助的人民。

雖然美國的菁英階層都斷定「必須有所作為」，但仍未明確定義如何作為。美國大使安德魯．楊在檯面下力勸聯合國秘書長寇特・華德翰（Kurt Waldheim）出訪柬埔寨，國務卿賽勒斯・萬斯（Cyrus Vance）則命令美國大使館與地主國討論在聯合國大會提出柬埔寨議題的可能性。卡特的副國務卿華倫・克里斯多福批評赤柬大規模侵害人權，但只承諾「國際社會將提高關注當地極惡劣的情勢」。[125]美國在制定外交政策時一如既往保持被動，只發布為數不多的公開聲明，並從未投入政治資本，試圖認真改變赤柬行為。

軍事什麼？哪位喬治？

當柬埔寨的報導數量穩定增加，美國立法機關也隨之舉辦聽證會，有一名孤單的美國官員主張應該由外在軍事力量介入，將赤柬從柬埔寨驅逐。這個人是來自南達科他州的民主黨參議員喬治・麥戈文，他也是在一九七二年總統選舉時獲得民主黨提名，曾以反越戰作為政見的**那個**麥戈文。麥戈文曾在國會帶頭，試圖禁止撥款給美國在中南半島的軍事行動，更曾參與通過《戰爭權力法》（*War Powers Act*）。*他表示自己一直都將越南「牢記在心，銘記越南長達十年，勝過任何其他關注的公領域議題。」[126]麥戈文的反戰資歷無懈可擊，但他將柬埔寨發生的事件等同於種族滅絕，並認為那將帶來無可避免的嚴峻後果。麥戈文認為自己的判斷有兩層意義。首先，美國必須譴責赤柬。自從赤柬展開恐怖統治，美國幾乎沒批評過他們。其次，這代表美國必須貢獻軍事力量，阻止那些可怕暴行。一九七八年八月，麥戈文公開呼籲卡特政府部署一支國際軍隊，發動人道干預。他認為美國與其盟友是時候提問：

「我們要眼睜睜目睹整個民族被屠殺，或要集結軍力快速行動以終結殺戮？」[127]記者團爭相致電訪問。「他們認為那是條大新聞。」麥戈文回想當時情況。「他們納悶著：『這名鴿派人士怎麼變成狂暴的鷹派了？』」一篇《華爾街日報》的社論大肆抨擊麥戈文的立場「令人費解」。在接下來數週內，麥戈文安排三名職員幫忙接聽響個不停的電話。有人打來指責他反對越戰，卻又將柬埔寨的慘況歸咎於美國撤軍。更多人則打來為他的提議喝采，也有老朋友略帶膽怯請他澄清看法。

麥戈文認為推翻赤柬是美國從越南撤軍後自然衍生的義務，而非挑戰。他以為美國在越戰中扮演的角色，更加重美國的責任。因為他相信赤柬崛起，是美國介入中南半島的沉痛代價。麥戈文深知他前後立場有極大對比，不過他在聽證會上，將赤柬的暴行與猶太大屠殺相互比擬：

除非遇上極端情況，我是最不可能熱烈支持軍事介入的人。但發生在柬埔寨的事件，確實是我聽過最極端的。如果在幾年內，七百萬人口中就有兩百五十萬人被殺害，從比例上而言，希特勒的迫害反而顯得很溫馴。[128]

麥戈文主張美國應該在政治軍事上帶頭行動。他認為越南和柬埔寨除了地理環境外，兩國情況幾乎

---

* 一九七三年美國國會通過《戰爭權力法》，規定總統對外發動戰爭前四十八小時內須通知國會，並獲得國會同意授權宣戰，才可以發起軍事行動。

完全不同。在越南，美軍對抗的是廣受支持的領袖胡志明在當地率領的獨立運動。柬埔寨則不然，波布和「幾名狂熱分子」正在強迫數百萬名柬埔寨人接受他們的願景。由於波布的統治相當「嗜血」，身受其害的百姓不可能支持他；麥戈文甚至相信，柬埔寨人會欣然接受有人拯救他們脫離「屠殺迫害人民的政權」。[129]

麥戈文不是第一位如此提議的美國人。一九七七年，保守派評論家小威廉・巴克里（William F. Buckley Jr.）曾在《洛杉磯時報》提出相似建議，小威廉或許是麥戈文所有潛在夥伴中最不可思議的一位。「我的提議很認真。」巴克里寫道：「為什麼國會不授權必要資金，資助一支國際軍隊進犯柬埔寨？」他主張這支軍隊應該由來自馬來西亞、泰國、日本、菲律賓甚至越南的亞洲部隊組成，軍隊不需要建立一個民主國家，他們只需要「去柬埔寨，奪走一名、兩名、三名甚至六名殘暴獨裁者的權力，因為這些獨裁者在血腥的二十世紀，已為他們的國家帶來最糟糕惡劣的慘況。」[130]

麥戈文和巴克里假設的前提，即軍隊能迅速擊潰一小群野蠻的殺人兇手遭到國務院挑戰。一九八七年，外交官員道格拉斯・派克（Douglas Pike）在參議院聽證會上，曾以中南半島專家的身分作證，他同意波布政權十分兇殘，但表示柬埔寨軍隊在對抗他們過去的盟友越南時，戰力極為強大。

「如果赤柬政權跟外界描述的一樣惡劣，」派克問道：「那要怎麼讓人民願意戰鬥？」他堅稱國際軍隊會面臨頑強抵抗：「我想就算對金邊發動一場中南半島快攻，也無法導正錯誤，我們不該抱持這種想法。」派克表明：「要控制柬埔寨政府，就必須控制他們的村莊。你必須在村莊部署軍力。單純想剷除金邊的領導階層聽起來不錯……但實際上並非如此。」[131]

當麥戈文呼籲介入時，國務院亞太事務局的副助理國務卿羅伯特·歐克里（Robert Oakley）也在場，他聽得目瞪口呆。歐克里表明對卡特政府來說，多邊軍事介入並非「當前被關注的事項」。美國不會考慮發起或參與入侵行動。今日當我們閱讀歐克里的證詞時，可以感受到他已失去對美國的信心，認定美國沒有能力影響世界，甚至無法正確判斷世界情勢發展。「我們並未掌握過去我們催眠自己有的情報，」歐克里提醒委員會成員：「我們已經學到許多教訓，包含美國能介入他國內政事務到什麼程度，以及我們是否有能力影響其他國家。」[132]

麥戈文感到很困惑。他早已聽過許多論述說明實際情況比表面上更複雜，以及要在村莊驅逐赤柬幹部有多困難，麥戈文也發覺根本沒人願意用外部武力終結屠殺。他並未提到《滅絕種族罪公約》，對他來說，外界必須發起行動鎮壓犯罪不是出於法律，而是正在發生的暴行本身：

> 我認為我們不該輕率地排除國際社會應阻止這類無差別屠殺的責任。我理解暴行發生的地點距離我們家園十分遙遠，當事者也與我們不同膚色。儘管如此，面對這種顯然是種族滅絕的事件，我認為國際社會至少該考慮介入的可能性。[133]

當時，國際十分推崇兩名受到蘇聯審判的政治異議分子，輿論也公開譴責蘇聯對兩位人士的監禁。但美國卻對至少一百萬名柬埔寨人喪生視而不見。麥戈文認為美國與其打「上一場仗」，不如關注當前的種族滅絕。「我厭惡沒必要又計畫不周的軍事冒險。」他說：「這就是為什麼我反對美國軍事介入越南。但我們不能因為厭惡無正當性且不必要的愚蠢介入，而不阻止在完全不同時空下發生的大規模屠殺，那不能成為我們不作為的藉口。」[134]麥戈文記得當時他一些過去的對手歡欣接受他的「立場翻轉」，也有人對他的主張表達悲痛：

那時迪恩·魯斯克已經卸任，但我記得他聽到我呼籲軍事介入後發表公開聲明，表示「這才叫諷刺」。魯斯克的言外之意是我終於改變立場了。當然，一直以來我都不是和平主義者。我始終認為有些軍事介入是必要的。我從未有一刻後悔我在二戰擔任過轟炸機飛行員。對抗種族滅絕是值得戰鬥的目標。[135]

然而，麥戈文的提議不了了之。國務院發布聲明，表示卡特政府正高度關注柬埔寨「駭人聽聞」的情勢，但無意「透過軍力」解決「柬埔寨的慘況」。官方的聲明補充：「我們也沒觀察到國際社會有支持（這類）計畫的意見」。[136]事實上，麥戈文並不期待政府倉促回應訴求，但他希望自己的舉動「引發的震驚」，至少能刺激卡特政府、一般民眾和國際社會討論他們抗拒至今的恐怖暴行。[137]他的訴求確實在特定區域引發效應，就連不在意外界諸多意見的赤柬也不得不出面回應。一九七八年八月二十六日，麥戈文收到來自這個激進政權的一封信，對他「肆無忌憚的無恥攻擊」提出批判，聲稱美國才是在柬埔寨犯下種族滅絕罪的兇手。

一九七八年十月，麥戈文許多參議員同事在寫給國務卿萬斯的信中連署。[138]總共有八十名參議員呼籲國際採取行動，阻止柬埔寨的種族滅絕。他們力勸國務卿在聯合國安理會立即提案討論此項議題，並批評卡特政府的委靡態度。一九七八年八月，美國終於將一份厚達六百六十七頁、根據難民證詞做出的暴行報告，提交給聯合國人權委員會。但參議員發現，這份遲來的書面報告「相對於柬埔寨正在發生的滔天大罪，似乎相當的低調」。[139]

初次造訪

到了一九七八年，赤柬開始感受到外界愈來愈常攻擊他們。他們的代罪羔羊從自身國民，轉變成他們的鄰居。在一九七七年，赤柬就已經開始試圖滲透越南南部，兩國的邊境衝突日益白熱化。一九七七年十二月初，越南受夠波布的攻勢，加上他們有蘇聯撐腰，而派出約六萬名兵力的部隊，跨越柬埔寨邊界。[140]接著，雙方的政治宣傳戰開打，這公開印證一九七四年肯．昆因的判斷，中南半島並不是鐵板一塊的共產勢力。一九七七年十二月三十一日，柬埔寨外交部絕口不提過去跟越南的衝突，對越南「凶猛野蠻」的進攻發出譴責，並將之比擬為希特勒併吞捷克斯洛伐克的行動，波布與越南斷交。一九七八年一整年，赤柬採取許多改善公開形象的措施。他們邀請外交訪客與友好代表團、誓言展開改革，也暗中減輕他們對外界的仇視。一九七八年三月，波布宣布柬埔寨「對朋友敞開雙臂……邀請他們來拜訪我們的國家。」[141]

《華盛頓郵報》的華府線記者伊莉莎白．貝克在一九七四年離開柬埔寨後，一直強烈要求返回柬埔寨。她寫了超過一打信件向赤柬的「光榮革命」致敬，希望獲得簽證，她還記得那些「令人作嘔」的信件。每當英薩利在聯合國年度大會期間拜訪美國，貝克都會長途旅行到紐約當面懇求他。一九七八年十一月，她收到赤柬的一封電報（郵戳顯示來自北京），邀請她到柬埔寨。她是入選的三十名西方訪客之一。

貝克一刻都沒遲疑。一九七四年驅使她離開柬國的恐懼，被窺探高棉鐵幕後方的焦急渴望取代。從赤柬鎖國以來，貝克感覺自己像被「關進一副棺材」。她提及：

> 當時我沒猜到他們會與外界如此隔絕。我的意思是，你可以去機場，但航班告示板上永遠不會顯示「金邊」。一想到這點我就非常傷心。我必須回去看看那裡發生什麼事。既然赤柬忙著屠殺自己的人民，我不認為他們會撥空陪我們。沒人勸我「不要回去」。

貝克和《聖路易郵電報》（*St. Louis Post-Dispatch*）的理查德．杜德曼（Richard Dudman）成為一九七五年四月赤柬攻佔金邊以來，第一批獲准進入柬埔寨的美國記者。蘇格蘭學者馬科姆．考德威（Malcolm Caldwell）也加入他們的行列。考德威是一名同情赤柬政權的左翼人士。這三人從中國搭乘兩週一次的航班抵達柬埔寨，中國是唯一一個仍保有柬埔寨降落權的國家。接下來的十天內，貝克、杜德曼和考德威參加一場「被關在孵化器中的革命導覽」，他們的行程包括參觀整潔的公園、聆聽有關越南進攻的冗長演說，以及觀賞政治宣傳影片。[142]在訪問全程，這三名外國人都被禁止獨立探索。他們只能和上級組織親自挑選、能代表赤柬的人交談，就連這些會面也受到一名全程在場的嚮導操控。貝克一行人沒看見任何類似於她記憶的事物，以及難民在泰國邊境的描述。赤柬推派出漁工、橡膠園工人與紡織工，談論革命的喜悅和豐碩生產力的成果。

直到貝克偷溜出她的住處，她才大致瞭解波坦金村（Potemkin village）背地裡的情況。如果金邊主要的莫尼旺大道（Monivong Boulevard）如同被剃得清潔溜溜的下巴，專門留給訪客參觀，那被剃掉的鬍渣全部被丟棄在周邊街道。金邊的商店和住宅都遭到剷平，家具與各種工具雜亂堆放。當地的法國大教堂和美麗的寶塔，也像日後波士尼亞許多一夜之間化為瓦礫的宗教聖壇般消失得無影無蹤。即便是參加赤柬嚴密控管的活動，貝克也發現這個國家失去一切生機。事後她回想道：「那裡沒有小吃攤、沒有家庭、沒有在運動的年輕人，就連在人行道上也看不到人們在嬉戲。沒有人出門散步，也沒有貓狗在巷弄玩耍。」[143]她在鄉村看見的民眾都悶悶不樂在猛烈勞動，沒想過休息。柬埔寨令人驚豔的佛寺也被改建成穀倉。

我們很難確切想像貝克等人當時有多困惑。他們已經聽過柬埔寨難民轉述屠殺和飢餓的情況，也懷疑死亡人數高達數十萬人。但他們對嗜血的波布政權幾乎一無所知。要設想赤柬呈現出純潔愉快表象背後的真實核心，必然不能缺少想像力，但貝克不管從實際經驗或道德層面都無法想像。她回憶道：

> 當時，我們三人彷彿盲人摸象，沒人瞭解赤柬政權的內部運作，他們如何管理各地區、政黨如何控制國家、秘密警察如何運作、當地是否曾經存在刑求跟滅絕中心、痛苦跟死亡帶給人的折磨有

多劇烈……。我們摸到這頭巨獸的尾巴、雙耳和四足，但對牠的整體外形毫無概念。[144]

當兩週的參訪行程節奏開始慢下來，貝克等人作為柬埔寨首批訪客的光榮感早被消磨殆盡。一九七八年十二月二十二日是訪問團在國內最後一日，在這一天，貝克成為史上首位訪問鼎鼎大名的波布的美國記者。儘管她曾聽說「第一兄弟」的個人魅力，但他的微笑遠比她預期的更討喜，舉止也更加優雅。然而不久，他的魅力便蕩然無存。他對待貝克和她同事杜德曼的態度，彷彿施捨他們一次覲見，而非訪問。波布發表長達一小時對越南激烈又偏執的控訴，預測北大西洋公約組織和華沙公約組織將為柬埔寨開戰。他警告道：「柬埔寨如果是越南的附庸國，將會對東南亞和世界造成威脅……因為越南已經是蘇聯的附庸國，並在東南亞執行蘇聯的戰略。」[145]諷刺的是，在接下來幾個月美國決策者在制定政策時參考的假設，與波布的假設相互呼應。

來自蘇格蘭的馬克斯主義者考德威獲得准許，得以個別訪問至高無上的革命領袖。事後他和貝克交換筆記時，欣喜地描述波布多麼精通革命經濟理論。當晚就寢前，貝克最後一次和她那名狂熱的同事爭論難民口述紀錄的真實性，考德威仍拒絕相信那些言論。貝克也與他爭辯革命是否值得敬佩，但考德威不願放棄自己的看法。半夜，貝克被她房外的騷亂和槍砲聲吵醒。外頭至少傳來六發槍聲，接著貝克度過她人生中最漫長、駭人而鴉雀無聲的一個半小時。當她聽到赤柬嚮導的聲音時，她發抖走到大廳。嚮導表示杜德曼平安無事，被謀殺的是真正的信徒考德威。

貝克不清楚考德威為什麼遇害，但她懷疑當有一方想羞辱另一方，或要堵住一個通往外界的缺口，以防止它擴大時，一場謀殺能喝止愛管閒事的外國人再次來訪。一九七八年十二月二十三日，貝克和杜德曼帶著裝有考德威遺體的木棺抵達北京。兩天後，越南全面入侵柬埔寨。

餘波

越南的「人道」救援

卡西．紐烏（Kassie Neou）是當今柬埔寨最重要的人權倡議者之一，他成功在波布的瘋狂統治和外界的冷漠中倖存。在種族滅絕發生前，他是一名英文教師。他冒充成計程車司機，摘下眼鏡，夜以繼日地工作，以便養成「計程車司機的舉止」。他必須讓赤柬相信自己沒受過教育。儘管如此，紐烏依然被捕，他五度受到刑求，在赤柬監獄中與另外三十六名獄友度過六個月。在這三十七名被用鐵扣環綁在一起的人中，只有紐烏倖存。年輕的警衛處決其他人，但因為愈來愈喜歡紐烏在睡前講的伊索寓言故事，決定放他一馬。今

左起依序為伊莉莎白．貝克、理查德．杜德曼和馬科姆．考德威，一九七八年十二月三人在吳哥窟的神廟前合影。

（圖片來源：Elizabeth Becker）

日當紐烏談起那段恐怖經歷時，他都會拉起褲腳，展示他腳踝上那塊白化粗糙的皮膚。那是當時他被腳鐐銬住的部位。革命分子的罪行令人如此不敢相信，以致於他因為留下能證明自身經歷的實質證據，內心某部分鬆了口氣。

儘管紐烏曾大力批評美國在更早以前介入柬埔寨內政，但在受到監禁期間，他和許多柬埔寨人一樣，不禁夢想美國能來拯救他同胞。「如果你和我們受一樣的苦，就會無法想像竟然沒人出現來終結痛苦。」他記得「每天你醒來時，都會告訴自己：『有人會來的，一定會有事發生。』如果你不再期望獲救，就再也無法懷抱希望。希望是唯一能讓你活下去的東西。」恐怖經歷的倖存者往往記得自己曾保有相似且必要的幻想。他們表示如果沒有這些幻想，那透過死亡擺脫絕望的誘惑將會吞噬他們。

紐烏幻想美國讓他免於一死，但最終是美國的敵人越南，在一九七九年一月趕走嗜血的共產黨激進分子。一九七八年終於開始譴責赤柬的美國，此時回應立場完全翻轉，選擇支持柬埔寨的種族滅絕罪犯對抗越南侵略者。

越南的入侵帶來人道結果，但他們的動機並非人道考量。越南與支持越南的蘇聯，長久以來確實都在阻止外界調查他們前革命夥伴犯下的暴行。然而在一九七八年，當赤柬對越南的侵略逐漸加劇，越南開始詳細列舉赤柬種種屠殺行徑。越南官員摘錄朋肖的著作《零年》（*Year Zero*）作為廣播的政治宣傳。他們呼籲柬埔寨人「為苦難起義，推翻波布和英薩利朋黨」，並說赤柬「比支持希特勒的法西斯主義分子更加野蠻」。越南也開始重新灌輸與訓練赤柬叛逃成員，以及從柬埔寨奪佔領土上擄獲的柬埔寨囚犯。越南比過去更奉承親近蘇聯，他們加入經濟互助理事會（Council for Mutual Economic

Assistance），與蘇聯簽署二十五年的友誼合作條約，收到蘇聯有史以來最大量的運輸軍事資源。蘇聯加入越南的反赤柬之戰，對赤柬的「種族滅絕政策」表達譴責。

過去一年來，美國一直沒有認真考慮恢復與越南的外交關係，但他們並不樂見越南推翻鄰國政權。[146]一九七八年八月，艾莫惠大使從曼谷的美國大使館打了一封秘密電報給國務院。他寫道：「無論是高棉人或整個世界都不會想念波布。但柬埔寨維持獨立對我們來說很重要，尤其柬埔寨國內不能存在強大的河內勢力，或受到河內當局完全支配。」[147]美國官員完全沒有像紐烏等人期望般鼓勵推翻赤柬政權，反倒力勸越南三思。一九七八年十一月，國務卿萬斯傳訊給越南，說道：「你們難道不明白如果入侵柬埔寨會發生什麼事？那不是為當地帶來和平的辦法。難道不能嘗試一些聯合國管道，以某些方法利用聯合國？」[148]

美國不贊成越南戰勝有其理由。美國計畫在一九七九年元旦與中國復交，中國對越南與其軍事政治支持者蘇聯抱有敵意，這大大影響美國對入侵行動的態度。這不是第一次，也不會是最後一次地緣政治勝過種族滅絕，利益勝過義憤。

河內政府發覺赤柬與外界隔絕，並受到西方國家排斥，而認為如果推翻波布政權將獲得讚揚。此外，不管外界看法為何，越南都無法再承擔赤柬繼續侵佔湄公河三角洲。從一九七八年十二月二十二日開始，越南戰機每天突擊柬埔寨領空四十到五十次。一九七八年十二月二十五日，大約十萬人組成的十二支越南部隊從陸路報復赤柬攻擊。他們聯合約兩萬名的柬埔寨叛黨分子，快速湧入柬埔寨鄉村地區。儘管美國情報單位預測赤柬是強大的軍事敵人，但更早之前，有先見之明的麥戈文預言赤柬會迅速垮臺。赤柬領袖缺乏民意支持，他們幾乎立刻逃到柬埔寨北部叢林，並跨越泰國邊界。

一九七九年一月七日，越南人迅雷不及掩耳地攻佔金邊，贏得勝利。

頭骨、遺骸與相片

越南一佔領柬埔寨，就四處發現大規模謀殺的證據。他們以此強化自身干預並進行傀儡統治的正當性。緊接著，在越南推翻政權後幾個月跟幾年間，三三兩兩來訪柬埔寨的記者都會被恐怖故事轟炸。每個鄰里開始公開自己的萬人塚，在墓地能看到從地底突出的遺骸。悲痛萬分的國民將責任歸咎於個人，他們會說：「波布殺了我丈夫」，或「波布毀掉那座廟」。很快粗估的死亡人數出現。赤柬統治的三年半期間，在七百萬人口中總計約有兩百萬名柬埔寨人不是遭到處決，就是活活被餓死。[149]少數民族尤其作為政權目標，其中少數越南裔被完全殲滅。波布在戰勝前，有五十萬名占族穆斯林生活在柬埔寨，如今只剩下約二十萬人存活。六萬名佛教僧侶幾乎全數喪生，只有一千人倖存。

在金邊，代號為S－21辦公室（Office S-21）的吐斯廉審訊中心（Tuol Sleng Examination Center），迅速成為最惡名昭彰的恐怖統治象徵。[150]有兩名越南記者在緊鄰首都名為「野芒果丘」（Tuol Svay Prey）的區域，發現這個中心。在越南攻佔金邊隔天，這兩名記者和越南軍隊在附近鄰里遊蕩。他們聞到一股像腐肉的味道，便把頭探進那座曾是女子高中、如今草木茂盛的宅院。很快他們就調查到有一萬六千名柬埔寨人來到這個中心，只有五人活著離開。[151]

吐斯廉中心由四棟三層樓高、粉刷成白色的水泥建築組成，最高樓層有一排六號汽車旅館（Motel 6）*風格的陽臺走廊，從上面能俯瞰綠地庭院。那裡曾是年輕女學生的運動場。有棟一層樓高的木造建築將中心分為兩個部分。大約在一九七五年末，曾擔任學校老師的康克由（Kang Keck Ieu，外號「杜克」〔Duch〕）開始管理中心設施，將原本清白無辜的場所變成一片暴虐之地。人們在吐斯廉發現的多數器具，都是「功能兩用」的粗糙園藝工具。A棟建築設有單人牢房，室內空間被隔成許多小房間，每個房間都有一座金屬床架、一只用來存放囚犯糞便的彈藥箱，以及園藝剪刀、鉛管和鋤頭。當一九七八年越南記者第一次進入這些囚室時，他們在染血的受害者旁發現這些工具。囚犯的咽喉被割開、遺體還銬在床柱上，他們的血仍緩緩從床鋪滴落到芥黃與白色相間的磁磚地板。

當越南人在這荒蕪的審訊中心四處徘徊時，還發現其他裝置，包括更笨重的酷刑器具和波布的半身像。他們搜索四周住宅，找到數以千計的文件、筆記本和相片。多年後，這些文件遺物將被用來鞭策當權者以種族滅絕和違反人道罪，起訴年邁的赤柬領袖。

經營審訊中心的職員如同納粹，在官僚行政上顯得一絲不苟。在吐斯廉，一名囚犯的時間由四項基本活動組成。審訊中心會拍下囚犯照片，不是在抵達時拍，就是在死前拍攝。他們會刑求虐待囚犯，通常是在倒吊時處以電刑，讓囚犯頭部浸在水罐中。他們還會逼迫犯人簽署供狀，承認自己具有中央情報局或越南探員身分，並要求犯人準備「叛徒網絡」的名單。接著他們就會謀殺囚犯。低階囚犯往往很快

* 六號汽車旅館是美加地區的連鎖平價旅社，多為兩三層樓建築，二樓房間房門皆面對開放的陽臺走廊，可以俯瞰中庭或停車場。

被處決，更資深的獄友活命時間則會較長，以延長刑求時間。一九七八年五月二十七日，吐斯廉創下單日最高死亡紀錄，共有五百八十二人被處死。每天赤柬處死的對象經常會依循特定身分。例如一九七七年七月二十二日，赤柬「解決」公共工程部（Ministry of Public Works）的職員。[152]越南記者還找到四名美國人的照片和供狀。一九七八年，這幾名美國男子在柬埔寨外海駕駛遊艇時失蹤。他們希望獲得殘忍的刑求者憐憫，於是寫下詳盡又離奇的自白，描述他們策畫的中央情報局陰謀，以瓦解柬埔寨政權。

如果有一份文件能記錄赤柬政權的組織特性與恐怖統治，那便是張貼在吐斯廉審訊中心的囚犯指引。那份指引的部分內容如下：

一、你必須順從回答我問你的問題，不要試圖迴避。
二、不要試圖以虛偽的想法製造藉口逃走。
三、既然你是一位膽敢阻撓革命的傢伙，就不要裝傻。
四、你必須立刻回答我的問題，不准浪費時間思考。
六、在接受笞刑或電刑時，不准大聲哭喊。
七、安靜坐下，等待命令。如果沒有命令，就什麼都別做。如果我要你做某件事，你必須立刻去做，不准抗議。
九、如果你違反規定中任何一點，就得遭受十記鞭打或五次電擊。[153]

在許多被保留下來能將人定罪的文件中，還有一份「審訊者手冊」。那是四十二頁給吐斯廉刑求者的指南，要求組織人員同時對囚犯施加政治壓力與酷刑。指南寫道：「囚犯不准逃避酷刑，唯一的差別是受刑多寡……我們必須傷害他們，好讓他們快速回應。不要太過殘暴，讓他們太快死去，如是你就得不到所需資訊。」[154]

越南在柬埔寨扶植的政權夠精明，他們控制首都後，立即開始設立吐斯廉大屠殺博物館。新任的領導人將這些被謀殺的囚犯快照，轉化成或許是二十世紀下半葉最強烈可見的暴行控訴。這些相片中有外型、膚色與體型各異的男孩和女孩、男人和女人。有人曾被毆打；有人鬍子刮得很乾淨，看起來冷靜沉著；有人則看起來已經發狂，也有人十分認命。照片中的人，都像德國集中營的囚犯般穿著號碼衣，每個人雙眼都散發出最後一絲喘息。這一雙雙眼睛質問著審訊者，他們懇求、屈服、控訴、乞求、嘲諷。對訪客來說，這些照片提醒曾經發生的歷史，人們的眼神刺激訪客面對受害者臨終前的極端處境，那比柬埔寨各村莊的成堆頭骨，更能達到震撼效果。眾多喪命的柬埔寨人透過眼神，向世人傳遞自己曾是生命的事實。他們多麼希望如此活著。

美國政策：選擇小惡

吐斯廉刑求中心的存在，證實了赤柬政權的墮落腐敗。[155]雖然赤柬被推翻後，並沒有很多人立即造訪柬埔寨，但諸多赤柬殘酷的證據，已讓美國人知道該為赤柬戰敗歡慶。剛成為人道鷹派人士的參議員麥戈文得知越南戰勝後，認為這樣的發展實在很諷刺。「經過那麼多年對骨牌效應跟共產黨陰謀的預測，」他提及：「竟然是**越南**阻止波布屠殺。無論越南的動機是什麼，他們透過軍力制止種族滅絕，他們應該拿到諾貝爾和平獎。」當時，外交官員查爾斯·特威寧已經被調到國務院紐澳事務辦公室。他聽到越南戰勝的消息時欣喜若狂。特威寧回憶道：「我不知道還能用什麼方法改變情勢。我們之中熟悉赤柬的人都歡欣鼓舞，但也很快意識到其他人會將赤柬被推翻，解讀為**我們的敵人越南接管了柬埔寨**。」一些知名的美國官員公開坦承自身兩難的心境。例如美國駐聯合國大使安德魯·楊跟紐約記者說：「我常常認為一國越過另一國邊界是絕對錯誤的，但我對柬埔寨的案例並不會感到特別憤怒。這個國家殺害自己大批人民，我不知道任何一位美國人能否對這件事有明確立場……這是極度模稜兩可的道德處境。」[156]

一九八一年，眾議員史蒂芬·索拉茲（紐約州的民主黨代表）與喬爾·普里查德（Joel Pritchard，華盛頓州的共和黨代表）在金邊的吐斯廉博物館。（圖片來源：Stephen Solarz）

然而，美國官方出於利益考量與理性計算歸納出的結論，很快就蓋過柬埔寨觀察家零星表達寬慰的聲音。越南的勝利，讓卡特總統面臨艱難的道德與政治抉擇。誰的惡比較輕微？是屠殺大約兩百萬名柬埔寨人的赤柬政權，還是明目張膽侵犯國界，如今佔領鄰國並有蘇聯撐腰的共產政權？卡特在權衡各項政治因素後，決定支持被驅逐的赤柬。美國有顯而易見的反對理由，那就是阻止越南（與蘇聯）勢力在該地區擴張。美國政府表示有意願阻止世界上任何地區的跨國界侵略行為，但他們實際上是選擇性採取這項原則。一九七五年，美國的盟友——盛產石油並反共的印尼入侵東帝汶，殺害十萬到二十萬平民，美國卻視若無睹。[157]針對柬埔寨的案例，卡特的選擇背後最重要的考量，可能是美國的親中立場，當時中國仍是垮臺的波布政府最主要的軍事和經濟支持者。國家安全顧問茲比格涅夫．波辛斯基（Zbigniew Brzezinski），透過中蘇稜鏡看待這個問題。既然美國的利益受到中國直接影響，那表示也間接受到赤柬影響。猛烈抨擊赤柬，可能會危及美中新建立的友好關係，猛烈抨擊越南則不會讓美國付出任何代價。

當美國訂定政策並堅持親中壢廠後，國務卿萬斯立即呼籲越南「從柬埔寨撤軍」。美國完全沒肯定越南驅逐赤柬，反而開始大力譴責他們。卡特政府在實施種族滅絕的政權與美國敵國間，選擇他們認定的小惡，儘管幾乎不可能存在比種族滅絕更重大的惡。

金邊的新政府是由韓桑林（Heng Samrin）和洪森（Hun Sen）領導，這兩人都是在一九七七年叛逃到越南的前赤柬官員。與此同時，赤柬靠著泰國、中國、新加坡、英國和美國的軍事醫療援助，在邊境重新組織。[158]當蘇聯提供越南和韓桑林政府武裝裝備之時，中國開啟鄧小平通道，讓中國武器能通過泰國，運送到赤柬游擊隊手上。[159]波辛斯基跟貝克說：「我鼓勵中國支援波布。我鼓勵泰國對赤柬伸出援手……波布令人憎惡。我們絕不能支持他，但中國可以。」[160]這場軍事與政治衝突，瀰漫中蘇代理人戰爭氛圍。越南與蘇聯集團幾國主張柬埔寨人民的心願成真了，選擇支持種族滅絕政權簡直荒唐可笑。而中國、東南亞國家協會（ASEAN）的多數成員國，以及被罷黜的赤柬官員則主張，無論過去政權弊病為何，都不能作為外國勢力入侵的藉口。

赤柬善盡他們責任，展開差強人意的改善形象行動。一九七九年十二月，喬森潘取代波布成為首相，並邀請記者聆聽他的事件版本。他否認種族滅絕的指控，說道：「談論系統性的謀殺實在很齷齪。如果我們真的殺害那麼高比例的人民，就沒有人力可以對抗越南了。」[161]然而，如今恐怖暴行的證據已浮出水面，喬森潘無法完全否認濫權。他精明地承認，在波布統治下約有一萬人遭處決，並承認政權的「錯誤」和「缺陷」。喬森潘誓言，如果赤柬重新執政，他們不會再淨空城市、限制行動與宗教，也不會廢止貨幣。為了尋求美國幫助，喬森潘也擱置美國過去的罪惡。「這些事已經過去了，」他指的是尼克森入侵柬埔寨一事，「不應該再提起。」[162]他深知美國之所以支持赤柬，並非他們對赤柬有任何一絲喜愛，而是因為敵視越南。於是他警告柬埔寨如果缺少美國幫助，並依靠莫斯科支持，「越南人會繼續擴張到其他東南亞地區跟麻六甲海峽，試圖控制南太平洋和印度洋。」[163]他採用的是當時盛行的骨牌效應理論。

由於美國國內沒有呼籲支持越南的聲音，卡特政府的政策選擇變得更容易。美國最忠實的反共人士仍為了美國戰敗對越南憤恨不平；美國的左派人士大多漠不關心；死硬派共產主義者則一頭霧水，他們不明白東南亞為什麼突然分裂成兩個敵對且激烈鬥爭的共產陣營。一九六〇年代美國發生的大規模抗議，是對美國帝國主義和美國軍人送命的反動。這兩者在一九七九年的越柬衝突中都不太可能發生，因此那些曾將相關議題推為主流的社運人士，並沒有再度現身。政府得以將他們的政策算計簡化為單純對地緣政治的考量，而不引發異議。

這個議題並不簡單。柬埔寨人本身對終於擺脫赤柬興高采烈，但他們也反對越南佔領。越南讓人民從地獄解脫，但並沒有帶來柬埔寨人渴望的自由。隨著時間愈久，越南聲稱他們只是為了阻止暴行和捍衛邊境的主張，就顯得愈來愈空洞。高達約二十萬人的越南軍隊在柬埔寨鄉村巡邏，柬埔寨政府部門充斥越南籍顧問。而越南扶植的政權因為未能妥善處理潛在的飢荒，而招致更多批評。傳聞柬埔寨由於耕種中斷和收成欠佳，面臨飢荒的威脅，新政府卻將之斥為西方的政治宣傳。接著在國內顯然需要外援時，新政權又急著利用糧食作為政治武器，而非確保柬埔寨人能填飽肚子。長久以來幻想能獲救的前英文教師卡西．紐烏，仍記得他對越南入侵的反應：「我當下的反應十分天真，單純覺得『好險我們活下來了』。但我重新思考後發現大事不妙，我們的土地被佔領了。越南人將我們從必死的處境中拯救出來，我們應該對此感謝他們。但多年後，我們的感覺是：**我們已經說過謝謝，你們怎麼還在這裡？**」

赤柬攻佔金邊後，曾是赤柬名義上領袖的施亞努親王遭到居家軟禁。他在波布統治期間，已經失去三個女兒、兩個兒子和十五個孫子女。施亞努親王再次意識到政治契機來臨，於是在赤柬被廢黜後現身，同時批評赤柬和越南人。「這是一場惡夢，」他說：「越南就像一個口中有塊非常美味蛋糕的人，那塊蛋糕就是柬埔寨。越南唯一能做的就是吞下蛋糕。」[164] 對許多柬埔寨人而言，他們被越南人佔領的感受，類似於波蘭受到納粹統治後被蘇聯接管的「被解放」之感。

沒那麼差勁的政權？

聯合國資格審查委員會（Credentials Committee）是紐約聯合國總部一個鮮為人知的組織。這個由九名成員組成的組織，意外成為國際上辦論如何處理柬埔寨問題的據點。資格審查委員會每年例行開兩次會，決定各國是否有「資格」擁有他們的聯合國席位。一九七九年九月，當召開例行會議時，戰敗的赤柬政權和戰勝的越南扶植政權都遞出資格申請。來自共產與非共產世界的聯合國代表爭論該認可哪個政權，以及哪個政權違反國際法程度較嚴重。

美國方面受到三個地緣政治因素影響，不可能同意剝奪赤柬的聯合國席位。首先，美國決意不原諒越南的入侵行動。第二，美國想取悅中國。第三，就長遠政策來說，美方希望資格審查委員會能按照往例，作為形式上的文書資訊交換中心，而非權衡政權相對「善惡」程度的政治組織。如果委員會不再只按往例蓋橡皮圖章，開始審判成員國功過，美國擔心委員會下一步可能會剝奪以色列的聯合國資格。

在資格審查委員會上，羅伯特．羅森史托克（Robert Rosenstock）是代表美國的律師。秘書處試著選用那些會將授予資格視為程序規定問題，而非實質問題的人士擔任代表。羅森史托克表示，美方想要的是那種不會「因為一個政府可憎，就開始大吵大鬧」的人。羅森史托克並不覺得柬埔寨投票案特別難抉擇：

> 我們是資格審查委員會，不應該興風作浪……如果官方要我們改變長久以來的運作模式，華府一

定早有人打電話來，跟我們說：「聽著，赤柬這些傢伙壞透了，新來的越南人沒那麼差勁，我們應該剝奪比較惡劣的政權的資格。」但這件事沒有發生。華府對這件事的看法是「他們都一樣差勁，所以我們維持現狀就好」。

羅森史托克適切地主張，委員會要審核的並非政府對待自身國民的行為。既然一九七八年聯合國大會已經接受赤柬資格，委員會就應該再次接受他們。組織必須執行「程序規定」，而非政治工作。一九七九年九月十九日，經過一些激烈辯論後，儘管剛果提出讓柬埔寨聯合國席位保持未定狀態的折衷方案，委員會最終仍以六比三票數通過，授予赤柬政權聯合國資格。委員會甚至沒有審查越南扶植的韓桑林政府的資格。[165]

「有人囑咐我要策畫影響委員會的投票結果，」羅森史托克說：「於是我就照做了。」投票日當天，全紐約最開心驚喜的男人便是赤柬的英薩利。[166]他在計票結束後，雀躍地來到羅森史托克面前伸出手。英薩利表示：「非常感謝你為我們做的一切。」羅森史托克出於本能，握了英薩利伸向他的手，接著向一名同事喃喃說道：「我想我現在明白彼拉多的感受了。」*

赤柬尚未贏得這場戰役，赤柬與越南兩個對立政權的道德與法律辯論戰場，只是從資格審查委員

* 彼拉多（Pontius Pilate）為西元一世紀的羅馬總督，曾判處耶穌釘十字架極刑。根據新約聖經的記載，彼拉多拒絕承擔處死耶穌的責任，表示他是因為輿論壓力才如此判決。

會，移到兩天後的聯合國大會。在大會上，多位代表發言批評資格審查委員會認可赤柬政權的提議。這些批評的聲音，主要來自蘇聯集團的聯合國代表。代表們聲稱，赤柬的殘暴程度已經嚴重到讓他們喪失統治權。而新的政權掌控柬埔寨領土，代表人民意志，應該被視為合法統治者。有些人提到猶太大屠殺。格瑞那達的代表將越南解放軍，比擬為打敗並治理德國的同盟國解放軍。蘇聯和白俄羅斯共和國代表則援引《滅絕種族罪公約》條文，提及該法條明令否決種族滅絕政權的資格。他們表示已經逃往泰國邊境的波布和英薩利，不僅沒有資格擁有聯合國席位，甚至該被引渡回柬埔寨，依照公約接受種族滅絕罪的審判。

大會上的辯論劍拔弩張，不同陣營針對新舊政權的猛烈抨擊多次交鋒。儘管多數代表都支持美國和中國觀點，同意不應認可越南的入侵行動，但沒有人質疑波布犯下的暴行。每位代表在贊成維持赤柬的聯合國席位時，都急忙聲明前提，表示他們「並不支持」波布政權、「並不容許他們的人權侵害」，也「無意為他們可憎的罪行找藉口」。他們強調投票保留赤柬政府的席位，「不代表同意赤柬領導人過去的政策」。[167]

美國將羅森史托克在資格審查委員會的主張，沿用到聯合國大會。「長達三年時間，」美國代表理查德．佩特里（Richard Petree）說：「我們都在國際社會最前線努力，企圖以和平手段促成這些作為與政策的重大轉變。」然而，截至目前由於缺少「較有力的主張」，過去聯合國大會授予席位的政權，應該再次獲得席次。[168]當時，國際間的道德價值岌岌可危，各國對和平、穩定、秩序與法治的承諾，以及對執行聯合國憲章義務的堅持都日益減弱。在聯合國憲章中，不干涉主權國家是神聖的原則之一。當時沒有人以人道介入為由，挑戰這項原則。

那些投票贊成保留赤柬席位的國家，提出的主張多半自相矛盾。他們首先堅持，認可越南扶植的柬埔寨政權代表容忍外部介入、准許外國強權勢力入侵小國，會讓世界變得「更加危險」。但他們接著又主張，繼續認可波布政府不代表容忍種族滅絕，或允許其他地方的獨裁者隨心所欲虐待國民。

儘管如此，美國的立場占上風。在一九七九年九月二十一日，歷時六個半小時之久的第一場辯論會後，大會以七十一票贊成、三十五票反對（三十四國棄權，十二國缺席）的結果，認可資格審查委員會的決議。事後，《華盛頓郵報》頭版引用赤柬喬森潘的發言，寫道：「這是個公平又有遠見的立場，我們誠摯感謝美國的幫助。」[169]

雖然多年以後，波布才被歸入本世紀的狂人行列（現代人們普遍這樣認識他），但在一九七九年，許多人已領會到他統治的恐怖程度。造訪柬埔寨的人能去參觀吐斯廉，目睹當時依然在國內各地四散的遺骸；人們能將死亡人數做成統計表，並和柬埔寨友人交談，當地人往往毫無預警突然淚流滿面。羅森史托克回憶道：「我當時的認知，已經讓我在跟英薩利握手時感覺不太舒服。我並不熱衷於把自己比擬為彼拉多。我的意思是，當那個人在我面前伸出手時，我感到作嘔。噢，那一刻真是糟糕透頂。」但那種感受沒有糟糕到讓他或其他更資深的同事挑戰美國政策，那也是美國出於對越南的反感和取悅中國的慾望，而制定出的政策。

即便一九七九年聯合國大會投票支持美國立場，但赤柬官員出席聯合國依舊讓許多美國人惱怒。一九八〇年，在資格審查委員會投票前夕，十名美國參議員簽署一封信，呼籲美國在投票時棄權，以便

「同時遠離兩個」殘暴政權。《華盛頓郵報》社論認為美國認可赤柬的政策沒有任何效用，而力勸美國空出投票席位。「在地緣政治上，這沒有為美國帶來明顯益處。」社論寫道：「在政治上，河內政府已經利用此事合理化對韓桑林的支持，以及對聯合國救援工作提出質疑。在道德上，現在的情況則難以言喻。」[170]《華郵》接著發表一篇題名為〈捏住鼻子外交〉（*Hold-Your-Nose Diplomacy*）的社論，文中指出：「美國的外交政策中有許多僥倖躲過災難的時刻，但這次並非其中之一。」[171]然而，沒有任何美國遊說團體真的大力推動空席方案。針對同一個議題，五名來自東南亞國協的國家大使（包含印尼、馬來西亞、新加坡、泰國和菲律賓）則力勸白宮堅持立場。他們為了替赤柬的聯合國席位爭取支持，還與眾議院的亞太事務小組委員會（Asian and Pacific Affairs Subcommittee）成員召開秘密會議。[172]經過短暫擱置後，國務卿艾德蒙・莫斯基（Edmund Muskie）宣告，由於越南仍拒絕撤離柬埔寨，美國將再次同意授予波布政府席位。他強調，美國的決定「絕對沒有暗示」對赤柬政權「任何支持或認同」。莫斯基表示：「我們痛恨並譴責該政權惡劣的人權紀錄。」[173]這次聯合國大會的投票結果為七十四票同意、三十五票反對，三十二國棄權。到了隔年，是否該認可赤柬席位的辯論已經淪為形式。[174]

一九八二年，在東南亞國協施壓下，赤柬加入一個正式聯盟。聯盟成員包含非共產勢力，也就是所謂的施亞努國民軍（National Army of Sihanouk），以及宋雙（Son Sann）率領的高棉人民國家解放陣線（Khmer People's National Liberation Front）。這個聯盟共享柬埔寨在聯合國的席位。在美國要求下，中國供應武器給施亞努和宋雙，美國則從一九八二年開始提供非致命的秘密援助。起初，這筆秘密援助資金預估為一年五百萬美元，到了一九八五年，資金已成長到一千兩百萬美元，美國國會則授權高達五百萬美元的公開援助。

當赤柬的游擊隊在鄉村地區與韓桑林政權對戰時，赤柬聯盟持續佔據聯合國席位。赤柬的戰術和過往大同小異。他們的軍人會逮捕跟處決外國遊客，讓不幸生活在赤柬掌權地區的柬埔寨人陷入恐懼。[175]受到國際認可對赤柬的影響十分重大，合法的赤柬聯盟獲得國際資金與人道支援；與此同時，非法的越南扶植金邊政權則被當作賤民般對待。不久之前，柬埔寨人民才剛被偏執的赤柬孤立，如今又被美國及其盟友孤立。[176]

聯合國成員國忽略所有柬埔寨國內取得的證據，以及組織締結懲罰種族滅絕暴行的承諾，仍然拒絕援用《滅絕種族罪公約》，在國際法院上以種族滅絕罪起訴柬埔寨政府。聯合國官方組織甚至克制對種族滅絕的公開譴責。一直要到一九八五年，聯合國才短暫克服官僚怠惰和政治分歧發起調查。到了那時，由於調查暴露赤柬**透過身分**選擇殺害對象的事實，包含謀殺高比例的占族穆斯林、佛教僧侶和越南人，於是要證明該政權針對特定族裔、民族和宗教群體犯下種族滅絕罪變得相對容易。聯合國防止歧視暨保護少數族群小組委員會（Subcommission on Prevention of Discrimination and Protection of Minorities）的主席完成對赤柬罪狀的詳盡紀錄，在一九八五年發表的最終報告中，將赤柬的暴行形容為「納粹主義以來世界上發生的最嚴重罪行」。小組委員會指出，赤柬的恐怖統治同時施加於政敵、族裔與宗教少數群體，但判定這依然適用「種族滅絕」一詞。尤有甚者，根據聯合國種族滅絕問題特派調查員班・惠塔克（Ben Whitaker）所述，「就算採用最嚴格的定義」，赤柬也犯下了種族滅絕罪。[177]

但即便如此宣告，情況依舊毫無改變。赤柬的旗幟仍在聯合國大樓外飛揚，赤柬的外交部長英薩利仍擔任聯合國的柬埔寨代表，彷彿赤柬的恐怖統治從未發生。一直到冷戰緩和，一九八九年五月，蘇聯總書記米哈伊爾・戈巴契夫（Mikhail Gorbachev）造訪前宿敵中國後，柬埔寨才不再是超級強權棋盤上的一顆棋子。當中國和蘇聯對透過赤柬和越南打代理戰爭失去興趣，美國也就沒理由繼續支持赤柬。一九九〇年七月，國務卿詹姆斯・貝克（James Baker）寫了封信給參議院多數黨領袖喬治・米切爾（George Mitchell），說明美國對赤柬聯合國地位的新政策布局。從今以後，美國都會投票反對赤柬聯盟留在聯合國，也終於支持在越南和柬埔寨輸入人道救援。[178]儘管如此，為了協調敵對陣營簽署和約，美國在巴黎展開談判時仍與中國和赤柬站在同一陣線，在巴黎和平協定中拒絕使用「種族滅絕」一詞，這讓一場通宵談判面臨一個極為尷尬的時刻。據在場美國官員所述，施亞努親王因而起身表示：「我同意用種族滅絕，我同意用種族滅絕，我同意用種族滅絕。」但由於美國的立場再次占上風，這場協定並未提到種族滅絕，取而代之的描述是「過去普遍受到譴責的政策與作為」。[179]

第七章 大聲發言與尋找大棒

「我們作為一個國家，應該最先批准《滅絕種族罪公約》……但我們幾乎可能要吊車尾了。」

——美國最高法院首席大法官厄爾・華倫（Earl Warren）1

綁手綁腳

普羅麥爾參議員透過每天發表《滅絕種族罪公約》相關演講，吸引大眾關注柬埔寨種族滅絕，這項慣例的成效至今都不大。但他在爭取人們對公約的支持時運氣更糟。在美國，有一小群極端分子堅決反對國家批准公約，他們是「自由遊說團」（Liberty Lobby），該組織被反誹謗聯盟（Anti-Defamation League）稱為「美國最強大的反猶太主義代言人」。他們每週出版《聚光燈》（*Spotlight*）小報，擁有三十三萬付費訂閱戶，並號稱在全美四十六州設立了四百二十五座電臺。當美國試圖將國內與納粹勾結人士跟戰爭犯除籍並驅逐出境，也引發該團體猛烈抨擊。自由遊說團聲稱，如果批准《滅絕種族罪公約》，那會導致「讓非洲食人族改信基督教的傳教士」因為「破壞當地文化理由」，在國際法庭遭受種族滅絕審判。別的極右派團體紛紛附和。約翰・博齊協會（John Birch Society）將《滅絕種族罪公約》

稱為「邪惡共產主義的極端曲解」。[2]批評公約的人士再度提出舊有說法，主張通過條約代表「如果我們傷害一個猶太人或其他少數族群的情感……你我就可能在耶路撒冷、莫斯科或旁遮普（Punjab）某處被逮捕或受審。」[3]

這些團體令人意外地對立法程序施加龐大且不成比例的影響力，至少乍看之下如此。普羅麥爾表示，這些批評《滅絕種族罪公約》的團體，是「政治人物的夢想。我們每個人都由衷希望，要是能跟我們對手的立場相同就好了。」[4]在國會，這些遊說團體的做法還算常見，他們更強烈直接表達意見，相較於被動支持該法案的美國主流團體，他們的反對主張更加有效。「我們就別再欺騙自己了。」一九八六年普羅麥爾宣告，所謂聲譽受損的組織倡議方式可能「出奇地有效」。

普羅麥爾指出其中的挑戰性：

> 負責任、受到敬重且名聲良好的公約支持者，鮮少針對法案進行討論。就算他們開始討論，也會以實際、低調且不帶有情緒性的理性措辭來談論，這無法刺激任何人。絕大多數的美國人都同意公約支持者的看法，但他們不會為此激動。他們在情感上沒受到感動，也很少仔細聆聽，如此一來結果是什麼？我們打包回家。我唯一一次聽到有人提起《滅絕種族罪公約》，是來自一群激烈尖銳的民眾。他們只透過自由遊說團出版的小報《聚光燈》，或約翰．博齊協會的某份出版品來了解公約內容。[5]

人權倡議家對吉米・卡特總統寄予厚望。他們期望他在任期內能激發更廣泛且更有活力的支持基礎。卡特在一九七七年三月的聯合國演說上，確實曾讓這項法案重新獲得關注。一九七八年，普羅麥爾等人在利用電視劇《大屠殺》引起參議院辯論時，卡特也助了普羅麥爾一臂之力。然而這項議題再次迅速脫離公眾討論範圍。卡特反而利用他的立法影響力，確保美國批准一九七七年的《巴拿馬運河條約》（Panama Canal Treaty），和一九七九年的《第二階段削減戰略武器條約》（Start II）。「卡特的問題在於他有很多其他問題需要處理。」前聖約之子會的國際政策研究部門（International Policy Research）主任威廉・科瑞（William Korey）表示。當時，科瑞十分積極參與一九六〇年代成立的批准人權暨種族滅絕條約特設委員會，這個委員會的宗旨是要提高尚未被批准的聯合國條約支持度。

一九八〇年代初，儘管普羅麥爾、科瑞與其他條約支持者疲憊又惱怒，但他們開始感受到美國社會的嶄新氛圍，人們對公約的接受度愈來愈高。美國律師協會是長期以來反對批准公約的最大力量，但他們在一九七六年宣告不再繼續反對。科瑞藉由萊姆金的人生故事，短暫吸引到許多注意力。一九六四年，科瑞在《週六評論》寫了一篇關於美國無能批准公約的文章，該篇文章題名為〈一名難堪的美國人〉（*An Embarrassed American*）。之後，科瑞接到一通來自羅伯特・萊姆金（Robert Lemkin）的電話。羅伯特是拉斐爾・萊姆金的堂弟，居住在長島的亨普斯特德（Hempstead），職業是牙醫師和業餘雕刻家。羅伯特意外翻出他堂哥存放私人物品的一只寶箱，其中包含信件、筆記本、種族滅絕著作草稿，以及羅伯特為這名脾氣暴躁的波蘭裔美國人雕刻的半身像。科瑞詢問紐約公共圖書館（New York Public Library）館長瓦丹・喬治恩（Vartan Gregorian）能否策畫一場展覽，主題是關於萊姆金不為人知的一面。碰巧喬治恩擁有亞美尼亞血統，他欣然同意。一九八三年十二月，萊姆金在聯合國草創期經常碰面的老友凱瑟琳．泰爾奇在《紐約時報》寫了篇短文，介紹這檔紐約的展覽。[6]經過三個月展出後，科瑞在美國幾份主要日報，發表數篇專欄文章，疾呼批准公約的必要性。[7]

由於如今猶太大屠殺已成為公眾討論的主題，《滅絕種族罪公約》的倡議人士也開始投入柬埔寨倡議人士曾做過的事。他們在推廣理念時，將不同事件與猶太大屠殺連結。普羅麥爾經常講述波蘭平民在猶太大屠殺期間拒絕袖手旁觀的故事。「總統先生，我們能做得比喬羅斯特克家族（Chrosteks）和華特．烏卡洛家族（Walter Ukalos）還少嗎？他們盡其所能阻止納粹的駭人暴行。如果是我們，也會竭盡全力阻止未來的猶太大屠殺嗎？經過這麼久時間，我們會願意加入另外九十六個已經批准《滅絕種族罪公約》的國家行列嗎？」[8]普羅麥爾援引安妮．法蘭克（Anne Frank）之死，在她生日當天宣告：

> 總統先生，我國簽署的任何條約，都無法彌補安妮．法蘭克和六百萬名在大屠殺中喪生的猶太人。但我們有義務加入其他已經批准《滅絕種族罪公約》的國家，去向他們表明，我們對奪走安妮．法蘭克生命的悲劇同感悲傷。總統先生，我們必須表明，自己決意阻止這類悲劇再次發生，我們會將種族滅絕的罪犯繩之以法。[9]

在同盟國解放納粹集中營的四十週年前後，普羅麥爾特別強調美國戰時的冷漠態度。他指出，美國眾議院在希特勒的第三帝國（Third Reich）期間，發表了七十八篇有關歐洲猶太人被迫害的演說。「儘管有這些演說和決議，」他說：「殺戮仍繼續發生，垂死之人的呼救被漠視，我們的移民政策絲毫沒改變。無怪乎希特勒在駁斥外國憤怒聲浪時，曾譏諷誰還記得亞美尼亞人？」[10]作家埃利・維瑟爾是猶太大屠殺的倖存者，當他初次造訪德國時，普羅麥爾將維瑟爾與批准公約的行動連結在一起。「我們怎麼能在同情維瑟爾先生的理想時卻毫無行動？《滅絕種族罪公約》能建立起行動的機制。」[11]

雖然普羅麥爾為自己建立無政治立場的形象，但為了通過法案，他提出極度政治的理由。他和其他公約的支持者，主要仰賴的都不是道德論點。訴諸道德的做法已經愈來愈過時。他們就像萊姆金一樣，會特地說明不批准公約將損害美國的**利益**。如果說萊姆金曾憑藉直覺，向官方描述他們會承受的文化損失並以此勸誘他們，那普羅麥爾與一些倡議人士則主張，不批准公約將一步步破壞美國的冷戰外交政策。「顯然我們無法批准公約這點……已經成為蘇聯史上最有力的政治宣傳利器。」一九八六年，普羅麥爾在一場演說中提到：「而且我們還把這項利器拱手送給他們。」一九八五年秋天，美國的聯合國大使珍妮・科克派翠克（Jeane Kirkpatrick）曾在參議院外交關係委員會作證。科克派翠克表示，美國拒絕「清楚申明對公約的支持」引發反美政治宣傳，「這與我們國家的利益背道而馳。」普羅麥爾引用科克派翠克的發言，問道：「科克派翠克大使是某種支持世界大同的國際主義者嗎？她會輕易被蘇聯或共產陰謀欺騙嗎？」[12]蘇聯在一九五四年已經批准《滅絕種族罪公約》，《紐約時報》形容此一舉措就像艾爾・卡彭（Al Capone）加入了「反酒館聯盟」。*[13]普羅麥爾同意蘇聯十分偽善，他們並沒有因為已同意

---

* 艾爾・卡彭（1899-1947）為美國黑幫，曾在一九二〇年代美國禁酒期間，經營非法私酒生意。

這項國際法，就遵守法條規定。即便如此，他仍認為美國不該持續疏遠國際結構。美國是唯一一個尚未批准公約的強權國家。

聯合國人權委員會和赫爾辛基協議（Helsinki accords）審查會議上的蘇聯代表時常表示，一個連《滅絕種族罪公約》都還沒簽署的國家，沒有資格在人權議題上教訓蘇聯。「共產國家太常只在口頭上承諾義務，為什麼我們要允許他們在這些辯論中，擁有道德的優勢？」普羅麥爾問道。美國可以將公約視為儲備的外交武器。「任何西方民主國家都不可能會犯下種族滅絕罪。種族滅絕比較可能發生在非民主、極權或共產國家。」他說：「如果我們自己綁手綁腳，就沒辦法發起道德之戰，對抗種族滅絕。」[14]

普羅麥爾的幕僚蒐集了截至當前，美蘇代表在國際場合尷尬衝突的次數，頻頻以此對參議員轟炸。普羅麥爾記得，某次聯合國防止歧視小組委員會開會時，美國的委員會成員莫里斯·亞伯拉姆斯（Morris Abrams）呼籲必須「執行強力手段」打擊種族歧視。蘇聯代表立即轉向亞伯拉姆斯，詢問美國是否已批准《滅絕種族罪公約》，畢竟那是所有人權條約中最基礎的一份公約。愧疚的亞伯拉姆斯默默表示，他「當然非常遺憾，自己的國家尚未批准《滅絕種族罪公約》。」[15]

芮塔·豪瑟（Rita Hauser）是尼克森總統的聯合國人權委員會代表，她曾在一九七〇年的參議院委員會上表明：

> 我們經常援引這份公約的條款……持續猛烈攻擊蘇聯的作為，尤其是針對蘇聯國內猶太社群、烏

克蘭人、韃靼人（Tartars）、浸信會信徒等族群的待遇。正因為我們的反常……而經常在辯論中引發反駁，被質問道：「你們有什麼資格引用一個自己都還沒簽的條約？」[16]

雖然普羅麥爾早已在參議院議場講述許多這類故事，蘇聯的策略也早已廣為人知，但他相信雷根總統會比前任總統更被蘇聯代表的辯論招數激怒。雷根是知名的冷戰鬥士，他不會允許「邪惡帝國」占據任何道德優勢。

普羅麥爾也受到基層的特設委員會支持，他們正試圖累積由下而上的壓力影響高層。隨著一九八四年十一月的總統選舉將近，科瑞在幕後操盤，遊說現任總統雷根和競選候選人華特．孟岱爾（Walter Mondale）的外交政策顧問。儘管科瑞沒有成功說服孟岱爾的競選團隊，但在九月初，雷根一名外交政策顧問偶然來電，表示總統已經準備好改變他對《滅絕種族罪公約》的立場，並支持批准公約。科瑞驚訝得啞口無言。

在每一屆總統大選的週期中已經形成一項傳統，候選人會將聖約之子會的年度大會，作為對猶太社群發表演說的機會。在一九八四年的大會前夕，國務院發言人約翰．休斯（John Hughes）公開宣布，雷根總統將簽署《滅絕種族罪公約》。「我國對於防止和懲戒種族滅絕的承諾不容置疑。」休斯表示：「但我們未批准這份條約，已經導致美國在許多國際場合遭受不必要的批評。」[17]雷根在他的第一任期並未支持公約。事實上，一九八一年，共和黨參議員兼參議院外交關係委員會主席查爾斯．波希（Charles Percy）為條約召開聽證會時，雷根政府沒有派遣任何一名代表出席作證。然而，非政府倡議人士的遊說，以及普羅麥爾經歷重重考驗、不甘心讓這個議題在國會消失的精神，都間接讓總統（兼候選人）在聖約之子會演說時改變路線。蘇聯的質疑激怒了雷根，雷根的顧問也相信透過支持這項舉措，總統至少能贏得一些猶太人的選票。然而或許最重要的，是當時參議院會期只剩三週，雷根團隊知道要等到雷根重新當選後，才可能提出通過條約的議案。「執政政府這一步非常精明。」當時的一名參議院助理說道：「當時已經沒有時間召開議院辯論，讓總統必須在會議上接受保守派挑戰，但總統仍有時間獲得政治利益。」[18]

雷根遲來的轉變為《滅絕種族罪公約》的倡議人士帶來小小勝利。不過，這其實只讓他和所有前任美國總統相去不遠，只有艾森豪除外。雷根政府沒有任何徵兆顯示他們準備好投資必需的政治資本，來推動完整的參議院批准程序。不過那是雷根在比特堡（Bitburg）鑄下大錯之前。

比特堡風暴

一九八五年四月，雷根政府宣布下個月要在西德的比特堡墓園（Bitburg Cemetery）獻上花環。雷根參訪之旅的目的是要紀念二戰結束四十週年。然而，當媒體報導總共有四十九名納粹武裝親衛隊（Waffen SS）官員被葬在比特堡墓園，雷根政府又拒絕拜訪猶太大屠殺紀念館後，輿論開始大力抨擊總統的遲鈍。《華盛頓郵報》和《紐約時報》要求雷根總統取消參訪，並將這次事件稱為「雷根執政期間最尷尬、造成最嚴重政治傷害的事件」。[19]代表兩百五十萬名退役美軍的美國退伍軍人協會（American

Legion）表示感到「極度失望」。[20]在共和黨佔多數的參議院中，大約有八十名參議員呼籲雷根「重新評估他的參訪行程」。[21]參議院的共和黨領袖鮑伯．杜爾從個人立場公開對雷根喊話，希望他取消行程。超過兩百五十位眾議院代表直接寫信給德國總理海爾穆．柯爾（Helmut Kohl），請求他更改會面地點，讓美國總統免於蒙羞。猶太組織發動激烈抗議，包含親以色列遊說團美國以色列公共事務委員會（American Israel Public Affairs Committee）、美國猶太大屠殺紀念理事會（U.S. Holocaust Memorial Council）、猶太倖存者相關組織，以及最知名的幾名猶太裔美國領袖，都向美國政府表達憤怒和警告。大屠殺倖存者維瑟爾表示，他在猶太團體間「鮮少看過如此激憤的情緒」，並批評這次事件作為「武裝親衛隊復興的開端」。[22]雷根在一場剛好要表揚維瑟爾的白宮典禮上，試圖提出參訪比特堡的「政治與戰略理由」安撫對方。但維瑟爾在公開評論中拒絕接受雷根的辯解，他表示：「這個問題無關乎政治，而是牽涉到善惡。我們永遠不能混淆兩者。我曾目睹武裝親衛隊執行任務，也曾見過他們的受害者。這些受害者是我的朋友，也是我的父母。」[23]

雷根以各式理由為參訪之旅辯護，他希望「鞏固」德國和美國之間的友誼，也必須履行對柯爾總理的承諾，因此超越德國的罪行是重要的。在一場訪問中，雷根聲稱德國士兵是納粹的「受害者」，「他們無疑等同於集中營的受害者」。[24]為了回應眾怒，雷根增加參觀柏根—貝爾森集中營（Bergen-Belsen）的行程，但他拒絕取消訪德，儘管這麼做可能可以平息批評聲浪。他寧願讓民調支持度猛跌，也不願表現出向輿論壓力屈服的樣子。「這麼做只會讓我像是對某些不利的評論認輸。」[25]雷根說。他責怪記者引發這場爭議，「一旦記者掌握某件事，就會像狗一樣啃咬不放。」雷根繼續破浪前行。儘管他的共和黨策略顧問預測參訪比特堡會讓他失去猶太人的支持，他也不予理會。一九八五年五月五日，雷根在訪德之旅中於比特堡停留當日，波士頓、邁阿密、亞特蘭大、密爾瓦基、費城、紐華克、西哈特福德和紐哈芬都有民眾上街抗議。

高洪株（Harold Koh）是美國司法部的律師，當時年紀為二十九歲。一九八四年，他曾提供雷根政府一份厚達五十五頁的法律分析，解釋美國為什麼可以批准《滅絕種族罪公約》，而不會對美國公民造成太多風險。他從未收到白宮回覆。「他們對通過公約毫無興趣。」高洪株

一九八五年四月十六日，埃利・維瑟爾出席紐約記者會，在猶太社群與退役軍人團體領袖的陪同下，表達對雷根總統計畫參訪比特堡墓園「深感悲痛」。

（圖片來源：AP/Wide World Photos）

回想：「普羅麥爾是城裡唯一一個會談論這件事的人。」然而，當比特堡風暴來襲時，高洪株接到一名國家安全會議的參謀匆忙來電，表示總統計畫立即推動批准種族滅絕法。「比特堡不是讓華府立場轉變的理由**之**一，」高洪株說：「而是**唯**一的理由。」高洪株熬夜準備新聞稿綱要，並親自開車送到白宮。那名國家安全會議官員前來接下文件，他是一名穿著制服的軍官。事後，高洪株才知道那名男士是奧利弗・諾斯（Oliver North）中校。當時雷根總統已經決心強迫國會通過條約，以安撫他的批評者。這是從一九四八年以來通過公約的最佳機會。

多年來，許多美國總統都對通過條約表達支持。然而，當隆納・雷根出於自願推動措施，長久以來共和黨在參議院外交關係委員會的反對立場遭到重大打擊。「沒有雷根我們絕對辦不到。」普羅麥爾表示：「他重挫了右翼陣營。」

保留條件

儘管雷根支持《滅絕種族罪公約》，批評公約的共和黨人並沒有消失。他們只是將敵意轉移到其他地方，拖延參議院進行正式投票，並堅持加入許多附加條件。他們知道那能削弱條約效力。參議員傑西・赫姆斯（Jesse Helms，北卡羅萊納州的共和黨代表）、歐林・哈契（Orrin Hatch，猶他州的共和黨代表）和理察・盧格（Richard Lugar，印第安納州的共和黨代表）意識到雷根總統的支持讓法案通過勢在必行，於是推行嚴格的參議院「維護主權方案」，其中包含「RUDs」三項條件，分別為保留和詮釋（reservations）、解釋（understandings）與聲明（declarations）。這些對《滅絕種族罪公約》的詮釋和免責聲明，既能讓美國免受種族滅絕指控，也能讓美國批准公約成為象徵性舉措。

倡議人士遊說美國批准公約的理由之一，是要賦予美國法律地位去做他們在柬埔寨種族滅絕期間無法做的事，那就是在國際法院提起種族滅絕訴訟。公約中提到的國際法院是典型的解決爭端程序，有超過八十份雙邊、多邊條約和國際協議都如此約定。然而，一九八四年四月，尼加拉瓜在國際法院控告美國在他們港口部署水雷。當法院支持尼加拉瓜行使管轄權時，美國退出這起訴訟案。無論是美國的總統或參議院外交關係委員會的共和黨員，都沒準備好目睹美國被國際法院審判。因此，當時他們為《滅絕種族罪公約》加上有效保留的附帶條件，那就是一條單項的「選擇退出」條款。這項保留原則主張，國際法院在訴訟案中傳喚美國前，美國總統必須先同意國際法院的管轄權。只有美國能決定他們是否出席國際法院。這等同於在審判前，先取得一名被告殺人犯的同意，才能審判他。假使這項公約希望稍微接近「嚴格意義上的法律」（這是約翰·奧斯丁的說法），*那各國必須事先同意國際法院的管轄權，法官才能獨立詮釋並應用《滅絕種族罪公約》，不需要每次都取得某國許可。

美國保留的法律後果，讓他們往後如果懷疑另一個國家犯下種族滅絕罪，並試圖將犯罪者帶到國際法院，被告國可以主張美國的保留條件不適用於互惠原則。這樣一來美國就會被有效阻擋，再也沒辦法對犯罪國提起種族滅絕訴訟。[26]普羅麥爾反對保留原則，他就像推動立法《滅絕種族罪公約》般奮鬥。他一如往常在議院發言，詳細說明美國採取此一立場的後果：

如果我們加上保留條件，未來當我們試圖要求像波布和伊迪．阿敏†這些人的黨羽出席法庭，解釋他們的所作所為時，他們都能逃過一劫。為什麼呢？因為按國際法規定，他們可以利用我們的保留原則予以對付。如果我們能決定哪些訴訟案能上法庭，他們也可以這麼做。道理就是這麼簡單。

如果這份條約是在二戰前起草簽署，赫姆斯和盧格參議員會主張，希特勒能選擇哪起案子應交由國際法院審判嗎？議會中真的有任何人這麼認為嗎？我非常懷疑。[27]

普羅麥爾的發言得到裴爾參議員大力支持，裴爾和另外七名參議員一起準備跟保留原則有關的詳盡評論報告。「原先，美國批准這份國際法的代表性公約，能贏得政治與道德聲譽，但這項維護主權方案的保留原則將有損於美國名聲。」裴爾的報告指出，美國是在「防禦性地抱緊一個保護罩，但至今只有具備充分理由害怕種族滅絕指控的國家才會這麼做」。[28]

參議院外交關係委員會受到政黨路線影響而嚴重分裂。一共有九名共和黨員和一名民主黨員投票支持條約附帶保留條件；其餘八名民主黨員則只投「出席」的票表達抗議。《滅絕種族罪公約》創造的執

---

* 約翰．奧斯丁（John Austin，一七九〇年—一八五九年），英國法學家，他提出的法律實證主義和法理學分析方法理論，奠定了英美法律。

† 伊迪．阿敏（Idi Amin，一九二五年—二〇〇三年），烏干達第三任總統。一九七一年發起政變奪權，之後施行恐怖獨裁統治，殘殺異議人士，估計共有數十萬人遇害，阿敏並有「食人暴君」的外號。

行手段之一，對美國來說仍然完全不可行。

一九八六年二月十一日，參議員杜爾提議正式投票，表決美國版本的《滅絕種族罪公約》。他宣稱：「美國作為一個保護人類尊嚴與神聖不可侵犯的自由國家已經等待夠久了。我們必須修正對這基本人權議題的異常立場。」[29]一週後，距離聯合國大會全體無異議通過這項法案三十八年，同時距離杜魯門總統請求參議院給予公約「建議和同意」三十七年，美國參議院終於壓倒性批准決議，總共有八十三人支持，十一人反對，六人棄票。在此之前，已經有九十七個國家領先美國批准公約。

參議院議員將榮耀歸於他們認為應得的人物。派翠克．莫尼漢（Patrick Moynihan，紐約州的民主黨代表）將普羅麥爾的奮鬥媲美於萊姆金，並感謝他在美國參議院歷史上「無可比擬」的努力：

> 長達十五年，威廉．普羅麥爾不斷要求這個機構完成憑良心而言，早該在將近四十年前就完成的事務。當這項法案沒被立即採納前，創造「種族滅絕」一詞的男士，也就是拉斐爾．萊姆金先生將之視為己任。他成功促成聯合國大會通過這項公約，接著卻目睹自己新移居國家的參議院拒絕批准條約。這傷透了他的心。萊姆金在逝世時孤窮一身，無法諒解我們為什麼無法批准條約。事實上，如果沒有威廉．普羅麥爾進入這個機構，我們絕不會完成這件事，普羅麥爾就是這樣的人，如果某件事值得他去做，他並不介意耗費十五年時間投入其中。
>
> 我想向這名參議員致敬，他提升了這個機構的品質。這名參議員一定會為自己身為議院一分子感到驕傲。[30]

事實上，普羅麥爾每天發表演講的時間長達十九年，他總計演說了三千兩百一十一次。如果將這個數據分為每年計算，這個數字令人望而生畏。以下表格列出參議員每年演講的次數。

在《滅絕種族罪公約》曲折的審議歷程中，一直維持反對立場的參議員對條約附帶的保留條件表達贊同，正是這些保留條件讓公約變得有名無實。即便公約的影響力已遭削弱，赫姆斯和其他十一名參議員仍投下反對票。日後，赫姆斯提出警告，指出一九八八年被建立起來起訴種族滅絕罪、戰爭罪和違反人道罪等犯行的國際刑事法院（International Criminal Court），將會在「一抵達美國參議院後就失效」。但赫姆斯卻對這項毫無殺傷力的決議表達讚許，聲稱多虧附帶的保留條件，「我們的國家主權和人民自由得以被保護，免於受到國際法院侵害。」並表示「我們大可單純投票通過譴責種族滅絕的決議，這是每個文明人都會做的事。」[31]

普羅麥爾一些幕僚鬆了一口氣。幕僚長霍華德．舒曼（Howard Schumann）為普羅麥爾工作長達二十七年，他回想自己在一九八八年的喜悅之情。「我們努力這麼久，感覺像那些年來我們一直都在等油漆乾。」舒曼說：「當公約終於通過時，那對我們來說可是件大事，就像第一個小孩出

年份	演講數量	年份	演講數量
1967	199	1977	178
1968	158	1978	159
1969	176	1979	168
1970	208	1980	166
1971	186	1981	165
1972	162	1982	147
1973	184	1983	150
1974	168	1984	131
1975	178	1985	170
1976	142	1986	16

普羅麥爾每年演講次數。

生。」不過對於最熟悉該法案的幕僚來說，勝利的感受喜憂參半。賴瑞・帕頓已經奉獻十年半的人生對抗反對法案的意見，但他認為這場勝利染上汙點，因為委員會實際通過的法案，並不是他長年奮鬥的版本。「我們打輸了保留原則之役。」帕頓回憶道：「我認為反對方去除掉少數能讓公約具有實質效力的適當機制之一。」儘管如此，普羅麥爾決定接受並支持有缺點的批准決議。「身為一個終於批准公約的國家，」帕頓說：「至少我們能運用外交手段譴責種族滅絕，甚至可能阻止種族滅絕發生。」

不尋常的是，儘管長久以來的鬥爭已經結束，參議院的批評者仍拖延程序。完整批准公約的程序需要通過「執行立法」，讓種族滅絕在美國聯邦法律中成為一項罪行。然而幾個月過去，普羅麥爾對無人處置條約感到愈來愈憤怒。「為什麼今天我要起身談論這件事？」一九八八年二月普羅麥爾問道：「我會起身，是因為自從美國參議院以八十三比十一的壓倒性票數批准《滅絕種族罪公約》後，如今已經過了兩年。在這兩年期間，國會都沒能完成立法工作。這簡直不可思議。事實上，這可說是美國參議院的恥辱。」普羅麥爾指出，執行立法的草案已經擬定，眾議院和參議院司法委員會（Judiciary Committee）各自的主席也已提出議案，但隨後參議院沒有召開聽證會。普羅麥爾指出參議院甚至「表達一點關心或預告行動的消息都沒有」。這種情況令人感到諷刺與心酸。在一九八五年，《滅絕種族罪公約》終於獲得雷根由衷支持，並在一九八六年贏得參議院壓倒性贊同。但如今來到一九八八年，根據普羅麥爾所說，國會「沉睡不醒」。他說道：「我們偽善的嚴重程度應該獲頒國際特別獎。參議院引起轟動地通過批准《滅絕種族罪公約》議案，讓我們藉此向世界承認這項可怕的罪行。但接下來我們怎麼處置這種犯罪？我們什麼也沒做。我們大聲發言卻兩手空空，沒有握著懲罰的棒子。」32

直到一九八八年十月，參議院才終於通過《滅絕種族罪公約施行法案》（*Genocide Convention Implementation Act*），這項法案被稱為「普羅麥爾法案」（*Proxmire Act*）。法律讓種族滅絕在美國境內成為應受懲罰的罪行，刑罰內容則包含無期徒刑和高達一百萬美元的罰金。在議決過程，一直到長期反對公約的斯特羅姆·瑟蒙德（Strom Thurmond，南卡羅萊納州的共和黨代表）放棄堅持必須施以死刑，法案才通過。瑟蒙德之所以放棄反對立場，只是為了換取共和黨法官獲得批准，當時參議院的司法委員會一直拖延不讓他們上任。

之後，雷根總統在芝加哥簽署執行立法，讚揚萊姆金的貢獻，並宣稱：「今天我們終於拍板定案了。我很高興能履行哈利·杜魯門對全世界人民，尤其是對猶太人許下的承諾。」[33]普羅麥爾表示，他並未受邀參與總統簽署的程序。

參議院提出的「維護主權方案」，揭露了美國對批准條約我行我素的態度，以及對國際法早已存在的敵意。這件事觸怒了美國的盟友。截至一九八九年十二月，共計有九個歐洲國家（丹麥、芬蘭、愛爾蘭、義大利、荷蘭、挪威、西班牙、瑞典和英國），針對美國在批准決議中納入的幾項條件提出正式異議。

儘管普羅麥爾相信批准種族滅絕禁令，能刺激參議院批准其他人權條約，例如《經濟社會文化權利國際公約》、《消除對婦女一切形式歧視公約》、《兒童權利公約》，以及日後禁止設置地雷的國際條約，然而參議院並未通過這之中任何一項。

一九八八年十月十九日，普羅邁爾在冷清的參議院會議廳最後一次起身，發表關於《滅絕種族罪公約》的演說。他注意到參議院遲至此時才通過立法，已經促使《紐約時報》的專欄作家羅森塔爾寫下一篇題名為〈一位名叫萊姆金的男士〉（*A Man Called Lemkin*）的文章。羅森塔爾在一九四〇年代末、五〇年代初，曾在聯合國被萊姆金窮追不捨。當時高齡七十二歲的普羅麥爾起身速度比二十一年前稍慢了些，當年他發誓接下萊姆金推行運動的火炬。普羅麥爾要求《國會紀錄》收錄羅森塔爾那篇文章。「這是為了向一位名叫拉斐爾·萊姆金的傑出男士致敬。」普羅麥爾說：「這號人物在幾乎不可能辦到的逆風情勢下，創造出深遠的改變……萊姆金在二十九年前逝世，他是個偉人。」[34]

在雷根政府支持下，美國參議院終於批准《滅絕種族罪公約》。然而，當美國總統和參議院首次有機會執法時，受到戰略和國內政治影響，他們都選擇和薩達姆·海珊的種族滅絕政權站在同一邊。批准公約似乎完全沒讓美國變得更願意採取行動阻止種族滅絕，反而只是讓美國官員更謹慎使用種族滅絕這個詞彙。

第八章 伊拉克：撇除人權問題與使用化學武器

一九八七年三月，美國參議院批准《滅絕種族罪公約》後一年，伊拉克總統薩達姆・海珊指派他的表弟阿里・哈桑・馬吉德（Ali Hassan al-Majid）擔任伊拉克五大行政區之一——北部公署（Northern Bureau）的秘書長。這位伊拉克獨裁者賦予馬吉德至高無上的權力。海珊宣告：「只要是馬吉德同志的決定，無論是軍事、文職或安全機構，所有國家機構都必須執行。」根據新任的北部公署首長所述，他開始運用這些絕對權力來「解決庫德族問題並屠殺暴徒」。[1]

伊拉克從一九八〇年與伊朗開戰後，海珊特別關心國內的「庫德族問題」。庫德族在伊拉克一千八百萬人口中，佔據超過四百萬人。儘管海珊的保安部隊可以控制那些城鎮裡的庫德人，但巴格達當局發現，他們很難密切監管庫德族居住的鄉村區域。武裝的庫德人利用山脈屏障，策畫謀反伊拉克軍隊。有些人甚至與伊朗結盟。海珊決意鎮壓叛變的最佳方式，就是讓庫德族人無法生存。

馬吉德命令庫德人搬出他們世居數百年的家園，住進集體中心，好讓國家能監視他們。只要任何庫德人留在所謂的「禁區」，或拒絕遷入新政府住宅中心，都會被認定為叛國，並被標記為消滅對象。伊拉克的特別警察和正規警員執行馬吉德的主要計畫，他們以官僚的精確嚴格手法進行種族清洗，開始施放毒氣和殺害庫德人。官方的攻擊始於一九八七年，並在一九八八年二月到九月史稱為「安法爾行動」

（Anfal campaign）期間達到高峰。阿拉伯文的「安法爾」（anfal）一詞可翻譯為「戰利品」，源於《古蘭經》（*Koran*）第八章。該章節描述穆罕默德擊潰一群不信者後，在西元六二四年獲得神啟。啟示宣告：「這群人受到懲罰，是因為他們違抗真主與祂的使者。誰若違抗真主與其使者，真主就會對他施以嚴厲懲罰。你們試試看這種刑罰吧。不信道的人，將來必定會受到火刑。」海珊下令要讓伊拉克的庫德人遭受伊拉克軍隊嚴懲。庫德族的村莊和其中的物品都成為「戰利品」，也就是伊拉克軍事行動的獎勵。伊拉克士兵服從海珊的期望和馬吉德的明確命令，劫掠毀壞可見的一切。在八波持續不斷且謹慎協調的安法爾行動中，他們毀滅，或「海珊化」（Saddamized）了伊拉克鄉村地區的庫德人生活。

雖然官方宣告這次的攻勢是平反叛亂任務，但武裝的庫德族叛軍絕不是唯一的目標。海珊將他的攻擊鎖定每一位住在新定禁區的男女老少。被包圍的庫德族男人不是在激戰或對政權造成軍事威脅時遭到殺害，他們是成群被公車載到偏遠地區，按照大規模處決計畫被機關槍射殺身亡。

海珊並不像希特勒針對猶太人般，期望消滅伊拉克所有庫德人；他也不像波布下令殺害所有受過教育的族人。事實上，居住在城市的庫德人和其餘伊拉克國民一樣驚恐。海珊的首要目標甚至可能不是種族滅絕，他的主要目的，是要鎮壓庫德族的叛變。但消滅伊拉克鄉村的庫德人，是他選擇終結叛亂的手段，這在當時已相當明顯。庫德族平民之所以遭到圍捕、處決或以毒氣殺害，並非因為他們任何所作所為，而純粹因為他們是庫德人。

一九八七至一九八八年間，海珊的軍隊摧毀了數千座伊拉克庫德族村莊和小村，殺害將近十萬名伊拉克庫德人。幾乎所有死者都手無寸鐵，許多人還是婦女跟孩童。雖然有關伊拉克殘殺庫德族的情報跟新聞幾乎立刻浮上檯面，但美國的決策者和西方記者似乎將伊拉克的暴行，視為企圖鎮壓叛變尚可理解的行動，或兩伊戰爭附帶的嚴重後果。美國既然已選擇在那場戰爭中支持伊拉克，就不會表達抗議。美國因此否認他們握有伊拉克使用化學武器的決定性證據，並堅稱海珊最終會改變心意。直到一九八八年九月，一架載著數萬名庫德人的班機抵達土耳其，才迫使美國譴責伊拉克政權對自己人民使用毒氣。儘管華府建制派終於對化學武器攻擊表達譴責，但他們就像對十年前的波布和一九一五年的土耳其暴行一樣，也將海珊更廣泛的破壞行動視為「內政」。

從一九八三到一九八八年間，美國每年供應伊拉克超過五億美元的信貸，讓伊拉克能透過名為農產品信貸公司（Commodity Credit Corporation）的計畫，購買美國農產品。一九八八年九月，當攻擊發生

一名庫德族寡婦拿著被伊拉克軍方「消失」的家族成員照片。（圖片來源：Peter Galbraith）

後，美國參議員克萊伯恩．裴爾在國會提出一個制裁方案，切斷供給海珊的農業和製造業信貸，以懲罰他殺害手無寸鐵的平民。裴爾受他的外交政策助理彼得．加爾布萊斯影響，主張即便伊拉克是美國盟友，也不能讓他們在放毒氣殺害自己人民後還逍遙法外。然而，布希政府並沒有暫停農產品信貸公司計畫，也沒有停止供應任何其他給伊拉克政權的補貼；反而在一九八九年，也是海珊被證實攻擊、毒殺、驅逐自己的人民**後**一年加倍提供金援，每年伊拉克的農產品信貸飆升到十億美元以上。原先裴爾的《防止種族滅絕法案》（*Prevention of Genocide Act*）原先能對海珊處以刑罰，如今卻被徹底破壞。

儘管當時美國剛批准《滅絕種族罪公約》，但在他們有機會強而有力表達對種族滅絕零容忍的立場時，像是疾呼伊拉克摧毀庫德族的行動必須停止，美伊兩國的特殊利益關係、共享的經濟利潤，以及美國在地緣政治上的親伊拉克傾向，都妨礙國內的人道關注。雷根政府迴避處理種族滅絕問題，庫德人和日後的美國則付出代價。

預警

背景：唯一的盟友是山

庫德族人是四散在土耳其、伊朗、敘利亞和伊拉克的無國籍之民。約有兩千五百萬名庫德人，分布在大約二十萬平方英里的土地。受到兩個伊斯蘭教派、五條國界和三種庫德族語言影響，庫德人四分五裂。一九九二年，各國強權曾承諾給予庫德人自己的國家，然而，在土耳其拒絕批准《色佛爾條約》後（也就是那份要求起訴土耳其對亞美尼亞人的暴行且近乎無效的條約），這項計畫便從此擱置。在二十世紀，伊拉克的庫德人頻頻策畫叛變，希望能贏得自治的權利。由於時常騷動的什葉伊斯蘭社群，在伊拉克佔據超過一半人口，海珊尤其堅決打消庫德族的自主訴求。

庫德族戰士以「敢死隊」（peshmerga）為名，這個詞意指「面對死亡的人」。他們在二十世紀逐漸走向獨自面對死亡的處境。每當更具有戰略利益的可能出現，曾與他們結盟的西方國家就會馬上背叛他們。庫德人因此常說他們「唯一的盟友是山」。

長久以來，美國決策者都認為伊拉克庫德族是十分惱人的一群人。庫德人沒有想對伊拉克人民造成任何傷害，但就像科索沃的阿爾巴尼亞人在整個一九九〇年代的狀況，他們錯在為自己的族群要求自治。巴格達美國大使館的中東專家海伍德・蘭金（Haywood Rankin）認為，每年多次造訪庫德族領地十分重要。「你必須瞭解，」蘭金說：「庫德人是極度惱人且棘手的民族。他們都無法跟彼此和平相處，遑論和其他人。他們實在令人無法忍受，要應付他們是絕對的惡夢。」

經歷數十年苦難與戰爭，伊拉克庫德人不僅要擔心高壓統治且反覆無常的盟友，還得對自己人提高警覺。每當他們設法擺脫巴格達當局的控制，內部便會爭吵不休甚至彼此開戰。《華盛頓郵報》的通訊記者強納森・蘭達爾（Jonathan Randal）將庫德民主黨（Kurdish Democratic Party）的領袖馬蘇德・巴爾札尼（Massoud Barzani）和庫德斯坦愛國聯盟（Patriotic Union of Kurdistan）的領袖賈拉勒・塔拉巴尼（Jalal Talabani）的對立，稱做中東版本的哈特菲爾德家族和麥考伊家族衝突。*一如蘭達爾所述，「庫德斯坦（Kurdistan）就算沒有庫德人也可以存在，但卻也因為庫德人才會存在。」許多美國外交政策決策者也同意這樣的說法。[2]

伊拉克政府對鄉村區庫德人最暴力的行動在一九八七年展開，並在一九八八年的安法爾行動達到高峰，規模和精準程度前所未見，這是伊拉克長期壓迫庫德人的最有力證明。一九七〇年，伊拉克提供庫德人在庫德斯坦自治區（Kurdistan Autonomous Region）明確的自治權力，但自治區範圍僅涵蓋庫德人認定領土的一半，也排除庫德族人口密集、盛產石油的省分。庫德人拒絕這項提議後，海珊在一九七四年單方面強制施行此一計畫。庫德人相信他們會獲得伊朗、以色列和美國的支持，當時，美國對伊拉克和蘇聯簽訂的友好條約感到不安。庫德人在他們的傳奇領袖穆斯塔法．巴爾札尼（Mullah Mustafa Barzani，瑪斯伍德的祖父）的領導下起義。然而，一九七五年，伊拉克在美國的支持下，和伊朗簽訂《阿爾及爾條約》（Algiers agreement）。兩國暫時解決歷史邊界的衝突，伊拉克承認伊朗的邊界位置，伊朗的國王和美國則撤銷對庫德人的支援。巴爾札尼遭到背叛，起義行動頓時挫敗。當時美國的國務卿亨利．季辛吉公對美國政策與庫德人命運的翻轉發表評論，表示「秘密行動不應該與傳教工作混為一談。」[3]海珊則公開警告：「那些叛國賊絕對無法逃過懲罰。」[4]他迅速展開報復行動。

海珊下令將伊拉克北部四千平方英里的庫德族領地阿拉伯化。他引入大量的阿拉伯社群稀釋種族混居區域的庫德人比例，並要求庫德人離開任何他認為具有戰略價值的地區。從一九七五年開始到一九七〇年代末，伊拉克沿著他們與伊朗的邊界，斷斷續續設置六到十二英里寬的「禁區」。伊拉克軍隊摧毀在禁區範圍內的每一座村莊，將庫德族居民重新安置到集中營（mujamma'at），也就是在國內沿著主要公路分布，受到軍隊管控的大型集體聚落。數萬名庫德人被驅逐到伊拉克南部。有鑑於日後海珊對待庫德人的方式更為激烈，這個階段的壓迫顯得相對溫和。當時伊拉克政府還會提供補償，地方的庫德族政治與宗教領袖為了讓重新安置的過程更加順利，常常會在伊拉克軍隊與推土機抵達之前離開家園。除此之外，許多被驅逐到伊拉克沙漠地區的庫德族男性，數年後確實活著歸來。然而驅逐行動仍造成庫德族人的損失。根據復興黨報紙《革命報》（*Al-Thawra*）所述，[†]在一九七八年夏季的短短兩個月，就有兩萬八千個家庭被驅離邊境，人數多達二十萬人。庫德族文獻則寫道，在一九七〇年代末，共有近五十萬名庫德人遭到遷移。[5]

一九八〇年伊拉克與伊朗開戰後，庫德人的前景愈發黯淡。伊拉克不顧一九七五年短暫解決兩國邊界爭議的《阿爾及爾條約》，讓戰爭拉開序幕。伊拉克政府重新主張國土涵蓋整個阿拉伯河流域，以此向新的何梅尼（Ayatollah Khomeini）政權證明自己才是該區強者；同時，他們也對伊朗持續支持伊拉克國內的庫德族反叛人士表達不滿。何梅尼反過來鼓動伊拉克的什葉派起義反抗海珊，這讓伊拉克誓言支持伊朗的反叛運動。邊境的小型衝突開始出現。一九七九年四月，伊拉克處決了什葉派的重要教士穆

* 哈特菲爾德家族（Hatfields）與麥考伊家族（McCoys）為美國西維吉尼亞州和肯塔基州邊界的兩大世仇家族，一八六三至一八九一年間曾發生數次械鬥衝突。

† 復興黨（Ba'ath Party）全名為阿拉伯復興社會黨，一九五一年由福阿德．里卡比（Fuad al-Rikabi）創立，為海珊所屬政黨。

罕默德・巴克爾・薩德爾（Ayatollah Muhammad Bakr al-Sadr）。一九八〇年九月四日，伊朗開始轟炸伊拉克的邊境城鎮。直到今天伊拉克在紀念這場戰爭時，都將開戰日訂為九月四日。然而，是要到九月二十二日，伊拉克才對石油資源豐富的伊朗胡齊斯坦省（Khuzistan）發動攻擊。原先海珊預期伊朗的防禦會立即瓦解。這不是這名伊拉克獨裁者第一次判斷錯誤，也不是最後一次。伊朗面對入侵措手不及。伊朗在革命後的局勢尚不穩定，最高領袖何梅尼又毀掉國王的專業軍隊，這讓該國最初節節敗退。不過在一場戰役中，伊朗重振旗鼓逆襲。後來兩國的對戰成為二十世紀最血腥且徒勞無功的戰爭之一，也賦予海珊將庫德族設為攻擊目標的藉口、動機和掩護。

美國稜鏡：我敵人的敵人

在一九八〇年代，美國拒絕將赤柬擋在聯合國大門外，顯然是受到對越南敵意影響。中東案例也是如此。美國之所以默許伊拉克對庫德人的暴行，也源自對伊朗革命的厭惡。同時，美國也對伊拉克儲藏的石油可能落入何梅尼手中感到不安，他們擔心激進的伊斯蘭勢力會動搖沙烏地阿拉伯和其他波斯灣酋長國的親美政府。因此每當伊朗在戰場獲勝，美國就會更親近伊拉克。這種預備動作，跟美國後來如何回應海珊對庫德人的暴行息息相關。

過去，美國在亞美尼亞種族滅絕、猶太大屠殺和赤柬恐怖統治期間都保持中立，有時也會像一戰和二戰最終時一樣，跟種族滅絕政權對戰。然而，當伊拉克殺害庫德族時，美國卻與施暴政權結盟。

雷根政府不願看到伊朗得勝，從一九八二年十二月開始介入抵銷伊朗的獲益。根據國務卿喬治・舒茲（George Shultz）提出的「有限勢力均衡政策」，起初，美國提供兩億一千萬美元的農業信貸給伊拉克，讓他們能透過農產品信貸公司購買美國的穀物、小麥和稻米。不久，這個金額攀升到每年五億美元。由於伊拉克信用評比很低、違約率高，銀行不願意出借資金，因此美國提供的信貸至關重要。[6]美國也讓伊拉克用進出口信貸購買美國國內製造產品。[7]當巴格達當局驅逐阿布・尼達爾（Abu Nidal）的恐怖組織黑色六月（Black June）後，美國將伊拉克從資助恐怖主義的國家清單除名。在一九六七年，美國與伊拉克曾在以阿戰爭期間斷交；但在一九八四年十一月，兩國恢復邦交。美國對海珊高度仰賴刑求跟處決的情況瞭若指掌，但他們不允許伊朗打敗伊拉克。[8]

伊朗和伊拉克都在逐步累積可能威脅到美國的軍武與意識形態仇恨，有鑑於此，美國政府對於兩國互相殘殺沒有太大異議。即便伊拉克大勝，對美國也沒有太大好處。伊朗可能垮臺，殘忍的海珊則會支配波斯灣地區。美國的思維落入窠臼（如果他們有思考這件事），認為這場戰爭只是海珊和何梅尼之間的衝突。他們幾乎沒想過沒受訓練的青年會被紛紛推上戰場。

當伊拉克愈來愈擁護美國，庫德人則愈發憎恨伊拉克。一九八二年，巴格達當局開始淨空更多庫德族領地，強迫已經被重新安置到住宅區的庫德人再次搬遷。禁區從邊界往境內擴展，政府加強實施迫遷政策。由於伊拉克政府想清除所有不在掌控內的庫德人，任何沒在主要道路或大城鎮定居的庫德人都成為目標。這次當海珊政權驅逐庫德人時，除了沒有補償離開的人民，還切斷所有留下來居民的公共服務，並禁止他們進行交易。然而當時伊拉克將軍事資源集中對付伊朗，執行禁區的政策仍不太穩定。

庫德人一直是機會主義者。當兩伊衝突持續，兩大庫德族政黨都選擇與伊朗合作。一九八三年，庫德族兩大主要派系之一巴爾札尼派，還幫助伊朗士兵攻佔伊拉克的邊界城鎮哈吉翁朗（Haji Omran）。伊拉克軍隊迅速回擊，從巴爾札尼的氏族圍捕約八千名庫德男子，其中共有三百一十五名年齡落在八到十七歲的男童。「我試圖留住我最小的兒子，他是個重病的孩子。」一名母親回憶道：「我向他們求情：『你們可以帶走其他三個兒子，但拜託讓我留下這個孩子。』他們卻只告訴我：『如果妳再多說一句話，我們就會對妳開槍。』接著用步槍槍托重擊我的胸口。他們就這樣把男孩帶走了，當時他才五年級。」男人和男孩都被趕上公車開往南方，再也不見蹤影。那些婦女後來被稱作「巴爾札尼寡婦」。至今她們仍會捧著失蹤的丈夫、兒子和兄弟的照片，就像她們在布宜諾斯艾利斯和波士尼亞同病相憐的姐妹，依然亟欲知道他們男性親屬的命運。海珊毫不避諱坦承他軍隊的所作所為。在一場讓人想起一九一五年土耳其內政部長塔拉亞特公開誇耀自己的豐功偉績的演講中，海珊宣告：「那群庫德人叛國又背棄約定，所以我們予以嚴懲，讓他們下地獄。」[9]雖然庫德人試圖在西方國家揭露他們的悲慘遭遇，但美國與其他盟友都不曾抗議海珊的殺戮。

美國對於中東地區的漠視如此明顯。當海珊取得兩千到四千噸致命化學藥劑，開始實驗以毒氣攻擊伊朗人時，美國甚至一聲不吭。[10]當局的回應彷彿何梅尼政府已將伊朗人民（尤其是伊朗士兵），從道德跟法律義務的領域排除。根據伊朗所述，伊拉克從一九八三到一九八八年間，使用了化學武器約一百九十五次，並殺害或傷害約五萬人，其中許多人都是平民。[11]有一名伊拉克指揮官的話被大量引述，他表示：「每隻蟲子都有殺蟲劑可以對付。」[12]這些武器引起如此巨大的恐懼，就連裝備精良的部隊都可能在遭遇小規模損失後崩潰逃跑。[13]

化學武器的運用和擴散會讓美國損失慘重。儘管如此，美國國務院甚至國會大多放任伊拉克的攻擊不管。最早有關伊拉克以化學武器攻擊伊朗的報導，在一九八三年末傳到國務卿舒茲耳中。但一直到一九八四年三月五日，國務院發言人才發布譴責聲明。即便在那時，舒茲仍採取雙面立場，緩和這次外交行動的嚴厲程度。「美國在譴責伊拉克使用化學武器同時，」發言人表示：「也呼籲伊朗政府接受若干國家與國際組織援助，讓這場流血戰爭落幕。」[14]對許多美國情報界的人來說，就算是這種一視同仁的聲明也太過火。一九八四年三月七日，有一名情報分析師抱怨：「美國採取反對化學武器的強硬立場，已經摧毀（和伊拉克）剛萌芽的外交關係。」[15]當時國內正在努力推動一項新的國際條約，目的在禁止製造、使用與轉讓化學武器。然而這項條約面臨各分的猛烈抵制，其中包含華府的國安組織，以及透過販售化學藥劑獲得大量利益的西德等國家。國際社會能達成的最團結表現，是在一九八七年的聯合國安全理事會上，決議普遍「譴責」對化學武器的使用。[16]

美國官員利用幾個理由，正當化他們對伊拉克使用化學武器的軟弱回應。他們將化學武器形容為最後手段，是伊拉克在更傳統的防禦方式被擊潰後不得已才使用。儘管事實上，是伊拉克首先使用化武攻擊，但美國官員經常將他們的軍事行動描述為防禦攻擊，主要目的是偏離或中斷伊朗的攻勢，而非拓展版圖。[17]當然，這種論述有如走鋼索般危險，因為支持超前部署、防禦性攻擊的陣營，也可能以相同邏輯合理化先使用核武的行動。

美國對於化學武器攻擊傳聞的典型回應，是要求進行進一步調查。聯合國數次派遣事實調查團隊，證實伊拉克確實使用芥子氣（mustard）和塔崩（tabun）毒氣。然而在面對聯合國的報告時，官方依然堅持雙方都有罪。[18]而當海珊意識到自己不會因為運用這些武器對付伊朗遭到制裁，便知道自己有機可乘。

山以外的盟友

參議院的外交關係委員會幕僚彼得．加爾布萊斯在國會山莊監看海灣地區的情勢發展。加爾布萊斯是哈佛大學經濟學家約翰．肯尼斯．加爾布萊斯（John Kenneth Galbraith）之子，也是華府少見的操盤手。他以過人的遊說能力，以及樂意親自探索國外熱點的性格廣受尊敬。不過他也因為出席會議常遲到、穿著邋遢，還有為了達成目標視野狹隘而臭名遠播。我在一九九三年初次與他見面，當時距離安法爾行動已經過了五年，華府舉辦了一場向土耳其總統圖爾古特．歐薩爾（Turgut Ozal）致敬的豪華早宴。賓客名單經過精挑細選，其中包含帕梅拉．哈里曼、*珍妮．科克派翠克和參謀長聯席會議主席柯林．鮑威爾（Colin Powell）。當鮑威爾抵達早宴時，他帶著有如摩西分紅海般的氣勢。他的身材高壯、打扮齊整、自信出眾，和加爾布萊斯這名疲憊不堪且姍姍來遲的三十出頭男子形成強烈對比。當加爾布萊斯趕到宴客廳時，賓客大多都吃完早餐水果盤，開始喝第二杯咖啡。加爾布萊斯注意到現場唯一的空位在主桌，於是笨拙地往宴會廳前方移動。雖然那天才一大早，他的領帶已經像經歷一整天折騰後鬆脫的樣子。他的正面襯衫有一側沒紮進褲子裡，日漸稀疏的棕色直髮雜亂沖天。當加爾布萊斯在鮑威爾身邊一屁股坐下時，將軍狐疑地看著這名年輕的參議院幕僚。在歐薩爾發表談話後的問答環節，多數高雅的賓客都禮貌詢問美國和土耳其關係的未來，或慷慨地讚美土耳其在一九九一年波斯灣戰爭中對美國的協力。很快地，加爾布萊斯就扮演起掃興的角色，提出那天早上唯一艱難的問題。「伊拉克北部庫德人的首要目標是獨立。」加爾布萊斯說：「第二優先是以某種形式聯合土耳其。他們最不想要的就是繼續隸屬於伊拉克，您對此有何看法？」

現場的賓客都倒吸一口氣，擔心這是個典型毫無外交手腕的問題。但事實上，加爾布萊斯知道歐薩爾的祖母是庫德人，因此相對比較同情庫德族遭遇。土耳其總統給予熱烈冗長的回應。

庫德族議題不是第一個讓加爾布萊斯跟華府疏遠的原因。他第一個對美國法律和人道救濟的重大貢獻是麥戈文的修正案。一九七九年夏季，加爾布萊斯起草法案，讓美國能在柬埔寨淪陷，受到越南控制後提供人道援助。儘管這項法案順利通過，但加爾布萊斯相當激烈抱怨委員會修改法案。一九七九年十二月，當委員會必須精簡人事時，加爾布萊斯成為第一批被裁員的幕僚。「當時我一如往常做自己，既沒有讓人印象深刻，也沒有結交好友。」他回憶道：「委員會馬上對我實施懲罰。我關心一些不太穩定的議題，又不是真正的外交政策專家。我太關心人道方面的問題、穿著沒特別體面，也沒有好好梳我的頭髮。」麥戈文親自介入關說，希望能重新雇用加爾布萊斯，讓他直接替參議員裴爾工作。裴爾同樣

＊　帕梅拉·哈里曼（Pamela Harriman，一九二〇年—一九九七年），英裔美國外交官、政治家、美國民主黨人。一九九三年到一九九七年曾任美國駐法大使。

也被認為是會接觸不穩定議題的官員。在那之後不久，加爾布萊斯就發現庫德族的問題。

加爾布萊斯在一九八四年首次代表參議院外交關係委員會出訪伊拉克。雖然日後他將變成華府首要的庫德族倡議人士，但最初他就像所有人一樣，對海珊行為的判斷受到美國在當地總體目標的影響。他認同雷根政府的評估，美國最優先的任務，是要確保伊朗不會贏得戰爭，而當時伊朗似乎即將勝利了。當這名年輕的參議院幕僚抵達伊拉克時，他對庫德族一無所知，也幾乎不了解中東。他在山區看到穿著寬鬆長褲、皮膚曬得黝黑的男子，對他們幾乎沒留下印象。他的觀點幾乎被地緣政治和美國利益完全支配。

一九八七年，加爾布萊斯第二次代表委員會訪問伊拉克。這次他看見的景象，讓他更傾向相信日後對伊拉克施行種族滅絕的指控。現今回想起來，令人意外的是在一九八七年三月，伊拉克已經將殘忍的反叛亂行動升級，但他們竟然還允許美國訪客入境。由於過去伊拉克從未因為對庫德人的暴行遭受制裁，他們必然信心滿滿，認為就算曝光也無須付出代價。除此之外，近期美國與伊朗進行秘密武器交易的報導，也讓海珊提高警覺。[19]因此，駐華府的伊拉克大使尼札爾・哈姆敦（Nizar Hamdoon）希望藉由鋪紅毯迎接加爾布萊斯，讓風向再次偏向伊拉克。

一九八七年九月初，加爾布萊斯接受哈姆敦邀請出訪伊拉克，美國大使館的海伍德・蘭金也與他同行，展開為期八天的事實調查之旅。無論是在伊拉克任何地方，外交官和記者的行動都嚴重受限。想要離開巴格達的外交官必須提早四十八小時向伊拉克外交部申請，而且他們絕對會被跟蹤。只有在非常罕見的狀況下，西方記者才會獲得入國簽證。如果他們撰文時語帶批判，那將會被禁止再次來訪。然而，情報蒐集的最大障礙是恐懼，記者不只會擔心自身性命安全，也害怕危及伊拉克人。蘭金比任何西方外交官都更常去巴格達以外的地方旅行，但他從未遺忘其中的風險。「想必遭到埋伏暗殺或踩到地雷，不是任何人待辦清單的優先事項。」蘭金回憶：「我猜是要像彼得和我這種好奇或愚蠢的人，才會遊蕩到北部。」當時他們一離開巴格達，蘭金就警告他們「必須小心翼翼，不能讓蒐集情報的慾望，妨礙到一般人民想好好活下去的慾望。」在伊拉克《刑法典》一九八四年的修正條文中規定，任何人只要和外國「來往」，造成「對伊拉克軍事、政治或經濟狀況的傷害」，都會被判死刑。[20]如同赤柬統治柬埔寨時期一樣，被認定批評政權的伊拉克人幾乎難逃一死。這個政權的偏執妄想，甚至嚴重到一名英國土木工程師只因為靠在一面工地牆上，不小心讓一幅海珊肖像掉落，就遭到逮捕、毆打和刑求。[21]庫德人非常害怕伊拉克官員。因此當這一對美國偵探在鄉村地區漫步時，他們只能找到少少線索。但他們對鄉村荒涼的景象留下印象。

自從加爾布萊斯結束前一趟公差後，伊拉克與伊朗更致命的戰爭徵兆開始出現。孩童因為砲火而傷殘毀容；伊拉克標誌性的橘白色計程車車頂，綑綁著覆蓋伊拉克國旗的棺材；黑旗在風中飄揚，上面寫著已逝士兵的姓名與他們過世的日期地點。彷彿為了要銷抹這種氛圍，當地出現更多海珊的紀念像，包含各種國家首領的形象照：將軍、商人、戴頭巾的貝都因阿拉伯人、安撫孩童、做禮拜、抽雪茄的政治家，甚至還有穿上傳統長褲，扮成庫德人的肖像。[22]

一九八七年九月六日，加爾布萊斯和蘭金出訪伊拉克幾天後，他們搭乘一臺雪佛蘭開拓者 S10 皮卡車離開巴格達，前往北方。加爾布萊斯在三年前曾經造訪此地，能進行非正式的前後比較。在一九八四年，他能直接駕車到一個名為夏格拉瓦（Shaqlawa）的城鎮。但如今，沿途那些過去已荒廢的檢查哨和軍事堡壘卻充滿人車，到處都是令人生畏的士兵。政府似乎突然開始嚴格執行禁區禁令。

這兩名美國人開車穿過一場沙塵暴，抵達北上道路最後一座阿拉伯大城鎮賈勞拉（Jalawla）外的一個檢查哨。賈勞拉在伊朗邊界十五英里處。衛兵要求他們掉頭。當他們出示伊拉克副總理簽署的旅行許可時，檢查哨的士兵大吃一驚。經過兩小時撥打十幾通困惑又激動的電話後，儘管那名伊拉克衛兵覺得不妥，總算准許兩人在重裝護衛隊陪同下繼續前進。一臺軍用卡車在前方開道，上頭有一名士兵握著一把火箭推進榴彈，後座則有另外六名戴著鋼盔的男子，前座還有兩人。加爾布萊斯跟蘭金的後方則有幾名士兵和一臺高射砲壓隊。

蘭金開車時，加爾布萊斯在地圖上追蹤他們的路線。他們又前行幾英里後，他開始擔心他們走錯路了。他們完全沒看到地圖上的任何地標。他掃視地平線尋找下一座村莊，但沒有發現任何生命跡象。這在接下來路程中變成常態。地圖上以小點標示一座座庫德族村莊，這些村莊過去分布於巴格達到賈勞拉、達爾班迪汗（Darbandikhan）、蘇萊曼尼亞（Sulaymaniyah）和基爾庫克（Kirkuk）的道路，如今卻不見蹤影。「在我們右手邊，」加爾布萊斯回憶道：「除了瓦礫外什麼都沒有，左手邊則會看到等待被拆除的空蕩建築。那景象令人毛骨悚然。」在主要幹道旁只有非常少數的村莊留存，這些殘餘的村落看起來也難逃摧毀，推土機在附近徘徊等待。路上偶爾會出現一些零星電線桿，透露出過往人們生活的痕跡。在一九九〇年代，波士尼亞的記者、外交官和救援工作者愈來愈熟悉這種了無生機、遍布瓦礫的場景；但在一九八七年，無論是加爾布萊斯或蘭金都不曾聽過「種族清洗」，或看過任何類似景象。在某些區域，伊拉克將庫德族村莊夷為平地，抹去村莊曾經存在過的所有痕跡。其中有許多村落從文明伊始就有人居住，但就連墓地和果園也被摧毀，碾成碎粒。

在道路兩旁完好無缺的只有阿拉伯村莊，以及新建的「勝利之城」，也就是伊拉克士兵「集中管理」被迫遷徙的庫德人的貧民區。蘭金在出差結束後整理的一份日誌中，形容其中一座城鎮卡拉爾（Kalar）的景象：「那裡的新建築景象十分壯觀，就像醜陋的蜂窩一樣，全都以水泥建成格子狀結構，看起來怪誕而髒亂。」[23]那天，當兩位美國人沿著那條道路開車，他們總共看到二十三座被摧毀的城鎮和村莊。有的只剩下瓦礫堆，連一面牆都不剩。當他們繼續駕車往北時，看見許多豐富的自然景觀，有夾竹桃、橄欖和石榴樹林。然而他們幾乎看不見人影，也沒遇見任何一名牧人。

兩伊戰爭的殘酷和庫德族村落的景象（或者說村莊不復存在的景象），讓加爾布萊斯留下深刻印象。但在他心中，不同類型的暴力和絕望混雜在一起，包含伊拉克人、庫德人和伊朗人三者之間。除了被拆毀的庫德族村落，他同樣對於在南部港口巴斯拉（Basra）看到的景象感到難忘。那裡曾是伊拉克最輝煌的城市，但如今鎮上在的共和醫院（Republican Hospital）殘破失修，有的病床床單染上血漬，野貓和蒼蠅在病房閒晃，屍體也被隨意運送出入院區。蘭金在日誌中記錄他們遇見的人。「多數病人看起來都很消極地聽天由命。」他寫道：「有些人不帶感情地談論妻子、子女或祖父母同時喪生，彷彿那是日常而且早已能預期的事。」[24]伊朗對巴斯拉的攻擊始於一九八七年一月，截至那年六月，兩國對那座城鎮的爭奪戰發展成突如其來的停戰期。分析專家預估大約有四萬名伊朗人和兩萬五千名伊拉克人死亡，讓這場對戰成為二戰以來最血腥的戰役。

伊朗和伊拉克的衝突毫無意義又野蠻凶殘，同時與一次世界大戰驚人地相似。伊拉克利用化學武器對付伊朗；戰場前線多年來停滯不變；在殘酷的壕溝戰中，一波又一波伊朗士兵爬上地面，消滅整個世代的青年。何梅尼鼓勵士兵為國捐軀，這些精神性的藉口，讓他能掩蓋荒謬的損失和空洞的理想。[25]何梅尼著名的事蹟是利用伊朗的兒童掃雷。他將孩子綁在一起，強迫他們走過戰場和無人地帶，並命令孩子在脖子上掛塑膠鑰匙，那能讓他們打開天堂大門。常常孩童在未經訓練的情況下，被送上前線衝鋒陷陣，跨越沒有掩護的地勢，對抗敵人的機關槍掃射。在這種背景下，伊拉克**只是**摧毀庫德族村落、強迫庫德平民遷移，並暗示庫德斯坦鄉村區不得留下活口，似乎顯得不那麼嚴重。

儘管加爾布萊斯已理解兩伊戰爭付出的人類代價，以及伊拉克對庫德族的攻擊，但在一九八七年關於這場衝突的報告中，加爾布萊斯在負責的四十九頁裡，以十六頁篇幅描述美國在伊拉克的利益。〈波斯灣的戰爭：美國的立場選擇〉（*War in the Persian Gulf: The U.S. Takes Sides*）一文主張，儘管巴格達政府的行為殘暴，美國仍無法承擔伊拉

彼得．加爾布萊斯在伊拉克北部一座被摧毀的村莊前，和庫德人站在一起合影。（圖片來源：Peter Galbraith）

克戰敗的後果。

加爾布萊斯建議美國對伊朗實施經濟制裁，並與聯合國合作結束這場戰爭。他沒有極力主張懲罰海珊對庫德人嚴厲鎮壓，他甚至幾乎沒提到庫德人。當他提起庫德人時，沒有說到他們是需要關注的民族，反而提到庫德族的叛亂，會讓伊拉克更容易遭受伊朗攻擊。加爾布萊斯擔心庫德族問題可能是「伊拉克防禦的致命弱點」，「庫德族的叛亂已獲得巨大力量，並對伊拉克對庫德族區域的掌控，構成重大軍事威脅。」[26]蘭金和加爾布萊斯的報告描述到被毀的村莊，但絲毫沒有大力警告讀者鎮壓的嚴重性，還有未來可能發生的更多暴行。加爾布萊斯將庫德人視為「反叛分子」、「叛亂者」和「伊朗盟友」。儘管手無寸鐵的庫德人遠多過於武裝分子，但這沒有改變他的認知。他的報告中還出現老生常談的觀點，表示直到當代，伊拉克比任何鄰國都更善待庫德族。更急迫的問題是伊拉克的庫德族作為燙手山芋，瓜分了伊朗前線大約十五萬名伊拉克兵力。伊拉克正同時面臨南部（伊朗）和北部（伊朗與伊朗支持的庫德族人）的消耗戰。這才對美國十分不利。

官方知情，官方沉默

雖然加爾布萊斯從兩度造訪伊拉克的個人經驗和傳聞，認識庫德人被消滅的情況，但國務院的美國官員也在系統性監看伊拉克軍隊，並且更深入瞭解海珊殘忍的迫遷行動。「我們伊拉克的消息管道十分靈通。」當時的國務院伊朗與伊拉克辦公室主任賴瑞・波普（Larry Pope）回憶：「最多只會延遲數週。

我們知道有些可怕的事在發生，馬吉德在主導一切。我們有衛星拍到被夷為平地的村落。」一九八七年，國務院公開的人權報告提到「庫德族村莊大量遭到破壞和剷平，庫德人被大規模遷移，庫德族家庭流亡到伊拉克的非庫德地區。」[27]但不管有多深入瞭解實情，巴格達的美國大使館都表現得像是破壞和人口轉移行動擁有正當理由，而且很快就可能平息。大使館主張馬吉德不久就會停止攻擊庫德人。一九八七年四月，大使館的電報指出馬吉德不會在每座村莊都浪費「至少一營士兵」，他「會強迫遷移和劫掠部分村落，然後在夏季慢下腳步，或停止這類行動。這是**蘿蔔與棒子**措施的一部分。」[28]美國大使館一如往常假設伊拉克政府是由理性的行動者經營，這些人想儘快贏得戰爭，而不會將寶貴資源運用在對平民施加不必要的折磨。美國官員學會用不帶情感的語調回報這些攻擊事件，將這些庫德人遭受的嚴厲對待描述得像例行公事。大使館輕鬆隨意指出，馬吉德正展開「無情的壓迫行動，其中包括使用化學藥劑」。[29]

美國媒體沒有放大這個議題。少數關心這個區域的通訊記者想入境伊拉克，卻難如登天。《華盛頓郵報》的蘭達爾曾在一九八五年拜訪伊拉克，但他無法說服自己的編輯群，承擔相同費用、風險和困難讓他再去一趟。某次，他試圖讓《華郵》刊登一名庫德人遭受毒氣攻擊的照片，他的編輯反問：「誰會在乎這種事？」蘭達爾與流亡到倫敦和巴黎的庫德人保持聯繫，力勸他們購買幾臺二手攝影機，為新聞網錄製暴行證據。「我告訴他們，就連猴子也會錄影民眾慘死的畫面。」蘭達爾回憶：「但他們很得意自己擁有跟賽普勒斯互通電報的管道。他們在科技方面非常落伍，負責發號施令的領袖住在山區太久，讓他們搞不清楚世界如何運作。」

海珊則對世界的運作方式瞭如指掌。海珊知道使用化學武器對付外敵很有效，於是將目標轉向他主要的內敵。一九八七年五月，伊拉克成為史上第一個用化學武器攻擊自己國民的國家。逃到伊朗的伊拉克庫德人聲稱，海珊的飛機沿著伊朗和伊拉克邊界噴灑芥子氣。[30]兩大庫德政黨的總部也遭受毒氣轟炸。從一九八七下半年到一九八八年，該區域都持續傳出類似傳聞。

媒體也報導伊拉克以更傳統手段破壞村落。一九八七年九月，《紐約時報》指出，伊拉克在過去六個月已經炸毀大約五百座村莊，但美國國內處理這些敘事時，依舊把它當成一般戰爭狀態。《紐約時報》記者亞倫・科威爾（Alan Cowell）並沒有將突擊事件描寫成殺害無辜人民的攻擊，而是「對拒絕受到庇護的庫德族游擊隊員的無情行動」。[31]外界的無異議似乎讓伊拉克變得更大膽。後來，被庫德人稱為「安法爾・阿里」的馬吉德，持續監督肅清鄉村地區庫德人的行動，他很快就意識到美國相當重視跟伊拉克的關係，無意發揮影響力限制他的迫害行動。外界後來取得馬吉德的對話逐字稿顯示，他在執行任務時幾乎毫不畏懼後果。一九八八年五月二十六日，馬吉德描述一次用毒氣攻擊庫德的計畫。「我會用化武殺光他們！」他高聲說：「誰會有意見？國際社會？去他們的！」[32]馬吉德有恃無恐，持續蹂躪伊拉克的庫德人。

各國不斷對彼此發送信號。我們會發覺在種族滅絕發生前，外部對統治者濫權的初期回應往往顯得膽怯或樂觀其成，似乎都不太關心盟友或敵人的迫害手段。最初，美國面對伊拉克對伊朗使用化學武器、初期以化學武器對付庫德人，還有伊拉克持續夷平庫德族村莊的傳聞，反應都極為溫和。[33]美國絲毫沒暗示海珊，在他以任何手段消滅庫德人之前應該三思。

承認庫德人的廣島

一九八七年，加爾布萊斯遊歷過伊拉克北部的荒廢地帶後，並沒有建議美國政府改變政策，但當地遭到破壞的景觀在他心中揮之不去。他一直懷疑海珊的夷平行動，比他當初認定的更糟糕且規模更大。加爾布萊斯納悶，如果海珊只想鎮壓惱人的庫德武裝分子，為什麼會將目標鎖定在主要是平民居住的地區？一九八八年三月，在伊拉克軍隊以毒氣攻擊庫德族城鎮哈拉布賈（Halabja）後，加爾布萊斯更加憂心。

由於一九八七年，伊拉克摧毀哈拉布賈附近的村莊，讓這座城鎮的人口從四萬增長到將近八萬。哈拉布賈是北部公署首長馬吉德的眼中釘，庫德族反叛勢力的敢死隊把這裡當作一個據點，經常和從附近邊界滲透過來的伊朗革命衛隊（Iranian Revolutionary Guards）合作。此外，哈拉布賈跟巴格達具有重要戰略地位的水源東邊僅僅距離七英里。

一九八八年三月中，庫德族和伊朗聯合作戰，擊潰哈拉布賈的伊拉克士兵。一夜之間，伊朗士兵取代這座邊境城鎮的伊拉克人位置。庫德族平民身為鄰國兩大強權鬥爭下的棋子，陷入冷冽的憂懼中。三月十六日，伊拉克以致命毒氣反擊。「那跟其他炸彈不一樣。」有一名目擊者回憶：「毒氣發出巨大聲響和火焰，破壞力極強。如果你摸到身上已經灼傷的部位，你的手也會灼傷。毒氣會讓東西著火。」34

由於那些戰鬥機飛得很低，目瞪口呆的庫德人看見機身的記號，那是伊拉克空軍的標誌。許多家庭跌跌撞撞躲進他們在住宅外搭建的簡陋防空洞。當毒氣從裂縫滲入時，人們全都慌亂湧上街頭。他們在街上發現彷彿凍結在時間裡的朋友和家人，有如現代版本的龐貝城：有人在嬰兒車後方幾碼處摔倒；有人永遠停止在握著深愛之人的手，或用身體保護兒童不受毒氣傷害的那一刻；有人冷靜地倒在汽車方向盤上。不是所有暴露在毒氣中的人都會立刻死去。有些吸入化學毒物的人繼續在鎮上蹣跚行走，有人因為毒氣而失明，無法控制地咯咯發笑，或因為神經受損而雙膝彎曲。「人們在街上跑來跑去，拚命猛咳。」一名倖存者回憶：「我也用濕布蓋住我的雙眼和嘴巴逃跑……過了一陣子，我們看到一名老婦人倒地身亡。她身上沒有任何出血或受傷跡象，她的臉色蒼白，嘴角冒出白沫。」[35]那些躲過毒氣的人民逃往伊朗邊界。當攻擊消息傳到外界時，伊拉克政府聲稱是伊朗所為。

哈拉布賈很快就被稱為庫德人的廣島。在發生攻擊的三天內，暴露在芥子氣中的受害者，可能會經歷皮膚灼傷、DNA突變、畸形和癌症。此外，同樣作為武器的神經毒氣沙林（sarin）和塔崩，會造成死亡、癱瘓，以及立即而長久的神經精神損傷。醫生懷疑軍方還使用可怕的VX神經毒劑和生物戰劑黃麴毒素（aflatoxin）。大約有五千名庫德人立即喪命，此外還有數千人受傷。通常伊拉克會以消滅與伊朗聯合的叛徒為由，正當化對庫德人的攻擊行動。然而在哈拉布賈，多數與伊朗合作的庫德族敢死隊員都取得防毒面具，真正手無寸鐵的是庫德族平民。

哈拉布賈行動是對庫德人最惡名昭彰且致命的毒氣攻擊，但這只是馬吉德發動至少四十次化學攻擊中的一次。同年春天在古普塔帕村（Guptapa）也出現類似攻擊。一九八八年五月三日，當地一位名叫阿布杜—卡迪爾・亞斯卡里（Abdel-Qadir al-'Askari）的化學家，聽說化學攻擊迫在眉睫。他離開地勢低窪的村莊，匆忙爬到遠處的山頂，以便警告鄰居危機將近。他看見伊拉克戰機開始轟炸時，衝下山到村莊幫助村民。但當他抵達家中時，儘管他們家已準備防禦化學武器的避難所，屋裡卻空無一人。他回憶道：

> 我當下非常害怕，深信無人生還。我從避難所爬出來到附近洞穴，猜想他們可能在那裡避難，但那裡也沒人。當我去到離我們家不遠的小溪，我找到我的母親。她倒在溪邊，牙齒嵌入泥岸⋯⋯我把母親翻過來，她已經死了。我想親吻她，但我道如果這麼做，化學藥劑會沾染我。到現在我仍深感遺憾，當時沒有親吻我深愛的母親。[36]

他拚命尋找妻子和子女：

> 我繼續沿著溪邊走，找到我九歲女兒的遺體，她抱著她的堂姐，也已經在水中窒息而死⋯⋯接著我在家附近搜索。我在兩百到三百平方公尺內，看見數十具家人的遺體，其中有我的子女、兄弟、父親、姪女和姪子。有些人還活著，但我無法分辨他們是誰。我試著檢查是否有孩子還活著。到了那個時候我已經失去情緒，我再也不知道該跟誰哭訴，也不知道找誰幫忙。我在夜裡孤立無援。[37]

亞斯卡里的家族在攻擊前共有四十人，攻擊發生後只有十五人倖存。他失去五個孩子，包括兩個男孩，一個十六歲、一個六歲，以及三個女孩，她們分別是九歲、四歲和六個月大。古普塔帕總共有大約一百五十位庫德人喪生。生還者目睹他們的好友、伴侶和子女死去。

當毒氣攻擊的消息傳到其他村莊，驚恐的庫德人在伊拉克空軍轟炸機抵達前就開始逃亡。馬吉德軍隊的行動相當容易預測。戰機會先在目標村落投下集束炸彈或化學混合劑。倖存的居民落荒而逃，當他們抵達主要幹道，伊拉克士兵和保安警察就會圍捕他們。接著軍警會洗劫那些村莊，或用燃燒彈摧毀村落，讓那裡再也無法供人居住。有些婦女和孩童會被殺害，剩餘的人則被送到拘留場，許多人在那裡死於飢餓和疾病。許多男人就這麼消失，再也沒有任何音訊。庫德人在海珊宣布為非法的區域已經完全絕跡。

官方的懷疑論

毒氣攻擊的傳聞在華府飽受質疑。美國人對伊朗的敵意很深，因而不相信伊朗的消息來源。當一九八七年初，伊拉克對庫德人展開化學攻擊時，美國兩大報對此只有零星敘述，並很快在報導後面補充，他們只是在轉述伊朗「宣稱」的毒氣攻擊。報導表示，巴格達當局是在「反擊」或「報復」庫德族反叛分子。[38]一九八八年，最初有關哈拉布賈事件的報導也大同小異。第一批報導來自德黑蘭的伊斯蘭共和國通訊社（Islamic Republic News Agency），美國媒體再次轉述伊朗對伊拉克不法行為的「說法」，並提供伊拉克官方充足的否認空間。第一波攻擊結束後兩天，《華盛頓郵報》以一篇簡短的新聞摘要寫道：「巴格達當局否認作戰傳聞，表示伊拉克軍隊之前已撤離哈拉布賈和霍馬爾鎮（Khormal）。」[39]

庫德人如同許多近代的種族滅絕受害者，屬於種族滅絕學者海倫・費因（Helen Fein）所說「被連累的受害者」類別。儘管多數種族滅絕受害者是沒有涉入政治的平民，但他們的國族、族裔或宗教群體的政治軍事領袖時常做出某些決策，例如主張族群基本權利、舉行抗議、發動軍事叛亂甚至策畫恐怖攻擊，讓犯罪者有藉口鎮壓，旁觀者則有理由忽視。一九三〇年代，歐洲的猶太人沒有在軍事甚至政治上威脅波蘭或德國的領土完整性，他們在歐洲多數地區都與社會隔絕或同化，但庫德人並非如此。庫德人希望能脫離海珊令人窒息的掌控，他們在私下自白中也表示想完全脫離原屬國家。實際上，庫德族受到兩個因素連累，其一為部分族人曾武裝反抗美國支持的伊拉克政權，其二則是有些族人跟美國的敵人伊朗合作。在這種背景下，身為「游擊隊員」的庫德人遭受壓迫似乎是自作自受。他們身為伊朗的暫時盟友，很容易被認為跟挾持人質、斥責美國是「大撒旦」（Great Satan）的伊朗同一陣營。*

一九八八年三月的哈拉布賈突擊，比先前任何攻擊都吸引到更多關注，人們聚焦於海珊屠殺造成的平民傷亡人數。這起事件由於有多達五千位平民喪生，成為伊拉克化武攻擊中最致命的一次。不過，犯罪現場比較容易到達，也是外界開始注意到這起事件的原因。哈拉布賈距離伊拉克邊界僅十五英里，西方記者可以從伊朗抵達這座荒廢的村莊，並可以親眼目睹野蠻暴行留下的慘狀，否則他們將難以想像。記者有機會在剛經歷種族滅絕的現場，提供罕見的第一手報導。

伊朗仍想打贏與伊拉克的戰爭，因此努力提供死敵戰爭罪的證據。歐洲和美國通訊記者拜訪伊朗的醫院，在那裡親自訪問皮膚長斑脫皮、呼吸困難的受害者。伊朗人也帶記者參觀哈拉布賈，他們看見伊朗士兵和庫德族生還者刻意延後埋葬的多具屍體。一九八八年三月二十四日，《華盛頓郵報》和《洛杉磯時報》在頭版刊登這則新聞，美國的電視也加入，接連幾天大量報導這項消息。記者被嚇壞了，他們發布的快電反映出這點。《華盛頓郵報》的派翠克・泰勒（Patrick Tyler）在報導中描述「非戰鬥人員的死亡面容：四名穿著傳統服飾的小女孩，倒臥在小村阿納普（Anap）南方一條小溪旁，宛如被丟棄的娃娃；花園旁有

一九八八年三月，西方記者拍攝一名庫德族男子和他年幼的兒子在哈拉布賈的化學攻擊中喪命。

（圖片來源：KDP Archive ／ Salahaddin）

＊　一九七九年伊朗爆發伊斯蘭革命，美國駐伊朗大使館被佔領，六十六名美國外交官與平民被扣留為人質，這起事件被稱為「伊朗人質危機」。在事件發生隔天，伊朗最高領袖何梅尼在公開演說中，稱呼美國為「大撒旦」，譴責美國帝國主義與美國對世界各地腐敗政權的資助。後來該詞彙成為伊朗外交聲明中，指稱美國的常用詞語。

兩名女性死者依偎相擁；纏著頭巾的老先生在門前緊抱一名嬰孩。」[40]這是第一次庫德人的臉被展示出來，他們不再是抽象的傷亡人數，或只是「反叛分子」。

美國官員堅持無法確定伊拉克是否該為毒氣攻擊負責。西方記者因為不熟悉伊拉克，也完全沒接觸過庫德人而閃爍其詞。新聞媒體上再次出現免責聲明。「超過一百具老弱婦孺的遺體，仍躺在那座如今被淨空的城市街道、巷弄和庭院。」泰勒寫道：「這些死者是**伊朗聲稱**在伊朗七年半戰爭中，針對平民發動最嚴重的化學武器攻擊受害者。」[41]《紐約時報》在三月二十四日的新聞藏在A11版，新聞題名為〈伊朗指控伊拉克使用毒氣攻擊〉（*Iran Charges Iraq with Gas Attack*）。《新聞週刊》寫道：「上週，伊朗掌握一次可怕的機會**證實自己的主張**，他們開放幾名西方記者參訪哈拉布賈。這座伊拉克東部的城市，近期在一次血腥的短暫圍攻後被伊朗部隊佔領。**根據伊朗當局所述**，伊拉克在戰敗後以化學武器轟炸該城市。**伊朗表示**，這次攻擊殺害了超過四千名平民。」[42]這些新聞描述的不是事實，而是論點，而且還是伊朗提出的論點。受害者無法為自己訴說任何經歷。記者們知道駭人罪行的後果，但沒有目擊犯罪當下，因此不敢擅自指責。於是必要的提醒再次削弱揭露暴行的力道。

伊拉克發起自己導覽該區的參觀行程，則讓事態變得更加複雜。伊拉克否認犯下暴行，並提醒外界戰爭期間總是會發生壞事。在哈拉布賈攻擊事件前後，伊拉克駐法大使在記者會上表示：「打仗時，沒人會在身旁告訴你不要採用不正當手段。戰爭是骯髒的。」[43]然而，「戰爭」也暗示攻擊行動要涵蓋兩組（含）以上的戰鬥人員，但海珊攻擊的主要對象卻是庫德族平民。伊拉克有掩蓋這點的方式，他們表示庫德族反叛分子和伊朗並肩作戰，而伊拉克正在和伊朗打仗，所有人都知道戰爭無情。戰爭的迷霧再次掩蓋種族滅絕行為。

美國官方的立場反映歐洲盟友的立場。不過當他們對哈拉布賈事件幾乎一聲不吭時，國務院發布一項聲明，僅僅批評伊拉克使用的武器。「所有的政府人員都看見你們昨晚看到的報導。」白宮發言人費子水（Marlin Fitzwater）跟記者說：「那些報導駭人聽聞、無法無天、令人作嘔，所有國家都應該有所警惕，謹記為什麼應該禁止化學武器戰爭。」[44]

美國政府沒有發出任何威脅或要求。美國的憤怒源自海珊使用致命的化學藥劑，厚顏無恥地藐視一九二五年的《日內瓦禁止化學戰爭議定書》（Geneva Protocol Against Chemical Warfare）。《紐約時報》的社論譴責伊拉克使用毒氣攻擊，呼籲如果化武攻擊沒有停止，華府應暫停資助巴格達政府。參議員喬治・米切爾（緬因州的民主黨代表）在國會提出有利的參議院議案，抨擊伊拉克使用化武。《華盛頓郵報》的吉姆・霍格蘭（Jim Hoagland）譴責伊拉克出動「奧肯中隊」（Orkin Squadron）對付平民。*一九七五年三月，美國拋棄庫德領袖穆斯塔法・巴爾札尼時，霍格蘭在庫德斯坦山區碰巧跟巴爾札尼見過面，如今他呼籲美國運用長久累積對海珊的一切影響力，阻止更多攻擊發生。[45]

相較於柬埔寨恐怖統治時期，此時有為數更多的人權團體。這些組織更受尊敬，資金也更加充裕。一九八七年赫爾辛基觀察會成立，該組織在一九八一年增設美洲觀察會（Americas Watch），並在一九八五年增設亞洲觀察會（Asia Watch）。但一直到一九九〇年，他們才有資源成立中東觀察會

* 奧肯（Orkin）為一九〇一年成立的美國病蟲害防治公司。

（Middle East Watch），因此他們並未公開評論庫德人的毒氣攻擊事件。「我們沒有相關的專業背景。」肯・羅斯（Ken Roth）解釋，他是觀察會的現任執行長。如今觀察會已經成長為兩百人的大型組織，每年有將近兩千萬美元的預算，但當時他只是一個成員低於二十四人的團隊副執行長。「我們沒有人去過那個地區，認為不能發表無法徹底掌握的言論。我們只會徒增民眾期望，卻不可能履行。」

國際特赦組織的倫敦研究員聯繫上伊拉克庫德人，並證實媒體報導的恐怖事實，但國際特赦組織的工作人員無法進入伊拉克。修爾希・里蘇勒（Shorsh Resool）是一名三十歲的庫德工程師，也是安法爾行動的倖存者，他從未出過國，但不明白為什麼英國廣播公司的阿拉伯文新聞從未報導屠殺消息。他聽說西方人不相信庫德族聲稱高達十萬人失蹤，那個數字聽起來抽象又隨機。於是里蘇勒決心讓數據變得具體。從一九八八年十月到一九九九年十月，他走遍伊拉克北部，躲避伊拉克軍方的巡邏隊，有系統訪問數萬名安法爾行動的倖存者。他彙整出一萬六千四百八十二名失蹤庫德人的名單。根據他的統計調查推斷，實際上大約有七萬到十萬個庫德人被謀殺。然而，當他將證據提供給國際特赦組織的倫敦研究員時，對方問道：「你真的認為大眾會相信有那麼多庫德人在一年內消失，卻沒有任何人知情？」

國際特赦組織確實公開傳播受害者的照片，以及那些確認失蹤的庫德人名單。但正如國際特赦組織美國分會副執行長科特・戈林（Curt Goering）表示：「當時的問題在於我們很難讓組織的基層實際影響當局，至今也是如此。」

美國官員聲稱伊拉克有罪的證據缺乏決定性，同時對「雙方陣營」表示譴責。[46]美國官員提出伊朗也對伊拉克使用化學砲彈的「跡象」，但也不得不承認相關證據令人難以信服。國務院發言人查爾斯・

瑞德曼（Charles Redman）發布一份展望未來、得體合宜的聲明。他表示：「我們呼籲伊朗和伊拉克立刻停止再次使用化學武器，這是對文明和人道的攻擊。」[47]在哈拉布賈攻擊事件後近三週，《華盛頓郵報》刊登頭版新聞，引用美國國防部發言，聲稱：「這並非單方面行動。」[48]在聯合國安理會上，美國阻止伊朗提議為哈拉布賈攻擊事件究責。[49]

無論表面有多混亂，庫德難民堅信他們目擊和經歷的一切。事後，國務院中東專家大衛・科恩（David Korn）訪問數十名庫德族生還者，他回想：「真相就在那裡，但如果你不想去瞭解，就永遠無法得知完整的真相。」破壞行動規模比傳聞更大的事實無法被否認。一九八八年四月十九日，美國國防部情報局（Defense Intelligence Agency）的電報通報：「約有一百五十萬名庫德族國民被迫移入拘留營」、「約有七百到一千座村莊和小型聚落成為迫遷目標」、「根據傳聞，大量庫德人被關進約旦和沙烏地阿拉伯邊界附近的集中營」。[50]這些恐怖事蹟不曾上過頭條新聞，因此美國官員從不急著詳細調查集中營的生活條件或被捕人民的安危。哈拉布賈事件新聞的消失速度和事件爆發時一樣快，國務院絲毫沒減少對伊拉克的援助。

大規模處決

伊拉克的毒氣攻擊受到公眾關注，但多數在安法爾行動中喪生的庫德人是死於大規模處決。從一九八七年到一九八八年攻擊期間，美國官員都知道被俘虜的伊拉克男性被帶走囚禁。不過目前我們還不清楚這些官員何時接獲這場具有儀式性的大規模屠殺發生。雷根政府的高級官員已經明白表示他們不關心庫德人的命運，因此如果美國情報軍官沒有試圖追蹤屠殺發生時囚犯的處境，那也不令人意外。有幾名在伊拉克行刑隊槍口下生還的庫德人，事後出面描述那些遭到馬吉德監禁的人，面臨哪種恐怖的對待。

在安法爾行動發生期間，一些在禁區受到圍捕的庫德人，被丟棄在盛產石油的基爾庫克鎮附近的龐大托普札瓦（Topzawa）拘留中心。倖存者表示，那裡一次大概會有五千名庫德人，但人口汰換速度很快，每天當地會開進又開出一輛輛載滿庫德族男子的公車，婦女和孩童透過鐵窗，看到外面庭院中的男子被銬上手銬、粗暴毆打。常常一兩天後，衛兵就會宣讀一份名單，名單上的男子會被成群驅趕，衣服被剝光到只剩下短褲綑綁在一起。他們會再次被迫坐上沒有窗戶的綠白相間車輛，那種車讓人聯想到救護車。五十到九十歲的老年人會搭十二到十五小時的車，被運送到薩勒曼之坑（Pit of Salman，或稱Nugra Salman），那是一座荒廢而滋生大量蝨子的設防監獄，每天平均有四五人死於飢餓、疾病和身體虐待。[51]如果有男性正值作戰年紀，那他們的命運會更加悽慘。

一九八八年四月，一名未婚的二十五歲建築工人歐濟爾（Ozer），在伊拉克以轟炸機和推土機逼迫他二度離家後，被送到托普札瓦拘留中心。一天早上八點左右，他和其他數百人被拖上封閉的車輛，車內充滿長久累積的尿液和人類糞便，並且溽熱難耐。經過一整天路程，歐濟爾乘坐的九車車隊來到一條泥濘道路上，他瞥見前方只有一片沙漠和黑暗。歐濟爾和其他男子知道自己死期將至，開始祈禱、哭泣，並遵循伊斯蘭傳統，請求彼此寬恕原諒。[52]囚犯能聽見附近頻頻傳來槍響和尖叫聲，伴隨推土機引擎的吱嘎聲。運送歐濟爾的公車司機打開遠光燈，好讓伊拉克警察比較容易殺害公車前方的男子。歐濟爾和同車獄友眼睜睜看著一支身穿制服的行刑隊，把庫德族男子拖到車燈前射殺，再丟到剛挖好的坑洞。

歐濟爾同車夥伴親眼目睹自身命運，已經無法用一廂情願的想法安慰自己。他們採取不尋常的舉動，拚命抵抗處決。在一陣扭打中，囚犯弄傷其中一名衛兵，但囚犯人數不敵軍隊，外頭的衛兵只是不斷往公車內開槍，一次又一次清空彈匣。歐濟爾被一片飛濺的子彈碎片擦傷，他蜷曲躺在公車地板上，死屍在他身旁堆積。他聽著鮮血從布滿彈孔的車上滴落的固定頻率聲響。最終，歐濟爾在沙漠夜晚的掩護下偷偷逃跑。因為視線不清楚，他意外跌落一條約有四百具流血屍體的壕溝。但他爬出壕溝，找到前往基爾庫克庫德族區的路。

伊拉克政府時常改變處決的手法。根據中東觀察會後來的發現，這些手法包含：

> 成群囚犯被排成一列，從前方開始射殺，再被拖入事先挖好的大型墓穴。有人被粗暴推入壕溝，站在溝內被機關槍射殺；有人被迫兩兩躺下，擠得像沙丁魚罐頭，身旁是成堆的新鮮屍體，之後才被處決；有人則是被綁在一起，被迫站在坑洞邊緣從背後射殺，好讓他們往前跌進坑內。這個方法對殺手而言大概比較有效率。接著推土機會在屍體身上堆一層泥沙。[53]

在某些地區，已經被迫搬離的婦女和兒童也會成為目標。十二歲的泰穆爾·阿布杜拉·阿赫瑪德（Taimour Abdullah Ahmad）是庫德族最知名的倖存者。一九八八年四月，他與父母、十一歲的妹妹蓋拉絲（Gaylas）、十歲的妹妹蕾拉（Leyla）和九歲的妹妹賽爾娃（Serwa）同住。伊拉克軍隊掃蕩他們的城鎮，圍捕他的家人，把他們帶到托普札瓦拘留中心。泰穆爾覺得自己很幸運，沒有被跟成年男人關在一起。他從建築物牆上的小洞看見父親被脫光衣物，只剩下內衣褲，和他最近的同伴銬在一起。然後他父親跟其他男子被拖到中心外。婦女和家人爭相想從同一個小洞窺看，泰穆爾記得所有妻子、母親和女兒都在尖叫、搥打自己，悲痛地拉扯她們頭髮。

泰穆爾與他的母親和妹妹待在建築內一個月，每天靠一塊麵包過活，直到五月末某天早上，衛兵召喚他們，在名單上他們的名字旁打勾，接著把他們趕上綠白相間的公車。泰穆爾與大約五十、六十名婦女兒童同車，公車上坐滿人，車內悶熱且鴉雀無聲，有三名兒童在途中因為脫水死亡。直到傍晚。衛兵猛力推開後門，泰穆爾移除他的眼罩，看見大約有三十臺車和他們的公車結隊同行，車子停在沙漠的埋葬坑旁，每個坑洞大約都有十五平方公尺大，並有一碼深。每個坑洞另一頭都堆著泥土堆。泰穆爾還沒來得及消化理解這個殘忍的景象，衛兵就把他和其他人推到坑洞裡，拆散他和母親與妹妹。[54]

當泰穆爾的左肩中槍時，他朝射殺他的男子掙扎移動，伸出雙手。他記得那名士兵的眼神。「他快哭出來了。」泰穆爾在三年後說，機械式地朗誦他學會一再重複的敘述，「但另一名士兵對他大吼，要他把我推回坑裡。他不得不這麼做。」[56]軍官命令士兵再次開槍，那名士兵照做了，子彈二度擊中泰穆爾，這次是在他腰部上方的右背。泰穆爾躺著不動。當衛兵走遠時，他感覺到身旁一個女孩在移動。「我們逃跑吧。」他悄聲說，但女孩太害怕士兵而拒絕他。

泰穆爾從坑洞爬到地面，往後偷看最後一眼。他看見他的母親、三個妹妹和三個伯母如木材般堆疊在一起。他緩緩離開墓穴，躲避衛兵巡邏車的車頭燈。鮮血從他傷口湧出，他在其中一座土堆後方昏厥過去。當他重新恢復意識時，那些坑洞已經被填滿鋪平。他成功逃脫，被一個阿拉伯家庭庇護兩年。直到一九九一年的庫德族反抗，他才被遣返回北方。他得知自己在安法爾行動中失去二十八名親戚。[57]

伊拉克的兩次勝利

長久以來，美國和歐洲的決策者都拒絕正式會見伊拉克的庫德族領袖，他們唯恐那會激怒海珊。然而，當伊拉克以毒氣大動作攻擊哈拉布賈，造成數萬名手無寸鐵的庫德人失蹤與疑似被殺害，伊拉克庫德族兩大政黨之一的領袖賈拉勒．塔拉巴尼認為，或許他終於能會見西方國家官員。一九八八年六月，曾擔任記者與律師的塔拉巴尼時年五十四歲，他決定碰碰運氣，於是睽違八年首次離開中東。塔拉巴尼前往倫敦，與所屬政黨的當地代表拉蒂夫．拉希德（Latif Rashid）一起鑽研《滅絕種族罪公約》。「我們知道種族滅絕是相當敏感的詞彙，因此非常謹慎確認我們的用法正確。」拉希德回憶。兩人審閱內文、爭論詞彙用法，並將該詞與安法爾行動進行比對。之後，塔拉巴尼公開宣告伊拉克「透過每天進行毒氣攻擊，對我們族人實施種族滅絕」。[58]

幾週後，塔拉巴尼拜訪華府。他表示過去僅僅一年，伊拉克已經摧毀超過一千座村莊，他也描述毒氣攻擊的恐怖景象。塔拉巴尼身穿細條紋西裝，繫著變形蟲花紋領帶的外表，不符合身穿傳統長褲、身上掛滿子彈的庫德族反叛分子形象。他比預期中更精通政治手段，熟練地主張海珊的種族滅絕行動是重大的歷史事件。塔拉巴尼告訴《紐約時報》的記者伊蓮．秀黎諾（Elaine Sciolino）：「這是史上第一次政府使用化學武器對付自己不在前線的國民。」他也為庫德族的軍隊和伊朗結盟辯護，理由是「當你面對種族滅絕戰爭，你有責任竭盡所能反擊」。[59]

國務院的兩伊辦公室主任賴瑞・波普贊同雷根政府與伊拉克往來的政策，不過他對哈拉布賈攻擊事件流出的影像非常反感，他認為美國應該允許塔拉巴尼拜訪國務院，以表達非難。這意味著他忽視華府長期要求不得在任何美國政府機關內與庫德人接觸的「克己慣例」。塔拉巴尼喜出望外。他和波普在戒備森嚴的霧谷（Foggy Bottom）國務院會談一小時。會談過後，最先表示憤怒的並非伊拉克，而是土耳其總統凱南・埃佛倫（Kenan Evren）。剛好他到華府會見國務卿舒茲。埃佛倫擔心任何對伊拉克庫德人的鼓舞，都會讓土耳其一千萬名庫德人變得更加大膽，他因此大發雷霆。舒茲對於塔拉巴尼和波普會面的事一無所知，要求查明「到底誰想到這聰明絕頂的鬼主意？」不出所料，這件事也激怒了伊拉克。伊拉克外交部長塔里克・阿齊茲（Tariq Aziz）取消與舒茲計畫已久的會晤，控訴美國干涉伊拉克內政。伊拉克對美國的聲明與策略尤其感到敏感。國務院急忙安撫伊拉克，公開宣稱「美國並未干涉」那些有庫德族少數群體的國家「內政」。[60]波普受到訓斥，國務院也重申美國只能在政府機關外會見庫德族領袖的政策。「起初我們受到廣大歡迎。每個人對我們都相當友善並很感興趣。」塔拉巴尼的助理拉希德回憶道：「一夜之間，機會之門突然被關上，我們被擋在門外。」最終，波普認為他的舉動雖然溫和，卻遭到反彈。他回憶道：「我們非但沒對伊拉克表達任何不滿，反而還跟外界表示，我們與伊拉克和土耳其的關係，比海珊在境內任何作為都更加重要。」

塔拉巴尼很快就明白美國十分重視與伊拉克的外交關係。儘管如此，這趟出訪仍有斬獲。塔拉巴尼認識了幾名國會成員，也第一次認識加爾布萊斯。他還協助推動參議員米切爾提出的譴責伊拉克使用化武議案，該像議案在一九八八年六月二十四日在參議院以九十一票同意、〇票反對無異議通過。[61]這項決議沒有附帶的懲罰手段，海珊也有把握白宮會站在他那一邊，因此他沒有受到威嚇。在該年六月終到七月，伊拉克在庫德族領域全境策畫化學武器攻擊。

從一九八七年到一九八八年，美國政府的外交精力都集中在孤立伊朗，以及落實對伊朗的武器禁運令。美國也提供伊拉克具體援助。儘管美國沒有販賣武器給巴格達政府，但提供對方空中預警機（AWACS）蒐集到的情報，包括伊拉克進攻的損害評估，以及伊朗軍隊的行動報告。[62]伊拉克部分受惠於美國支援，在與伊朗的戰爭中扭轉局勢。伊朗對伊拉克化學武器帶來可怕後果的宣傳，反而可能鑄下大錯。倖存者的證詞不僅沒有影響輿論，反而讓潛在的志工認定要避開當地招募人員的辦公室。在一九八八年七月，何梅尼同意停火。德黑蘭的電臺以他的名義放送一段聲明，暗示化學武器帶來的影響。「做出這項決定比服毒更致命。」何梅尼表示：「我出賣我的榮耀，吞下戰敗的毒藥。」[63]伊朗與伊拉克雙方陣營都有超過一百萬名士兵和平民在這場戰爭中喪命。[64]戰爭結束後，沒有一吋土地更換所有者。

一九八八年八月二十日，伊朗和伊拉克簽署停戰協定，結束兩方血腥的鬥爭。儘管哈拉布賈可怕的景象曝光，西方世界也短暫展現對庫德人的關注，但庫德人的苦難仍從公眾視野淡出。馬吉德持續採取無情的行動，目標是在當年夏天淨空庫德斯坦的鄉村地區，拖走任何膽敢留在禁區內的庫德人。八月二十五日，伊拉克對庫德族村莊發起新攻勢，他們動用飛機、固定翼直昇機、戰車和數萬兵力的伊拉克部隊，展開馬吉德長達六個月的「最終」進攻。

美國高級官員已經忽視伊拉克攻擊太久，而不得不關注這次行動。當時，蘭金駐守在巴格達的美國大使館，當他得知消息時如是反映：

我們大使館人員以為一旦兩伊戰爭結束，海珊就會讓伊拉克這個充滿發展潛力、長期受苦的國家與其人民，脫離徹底毀滅的狀態。我們告訴自己，如果他不需要再對抗伊朗，就可能成為我們期望的那種領袖。但當他與伊朗簽署停火協定**之後**再以毒氣攻擊庫德人，他就失去掩護。顯然他永遠無法成為那種領袖，他簡直禽獸不如。這些攻擊與伊朗的威脅毫無關連，只是為了屠殺庫德人。

這場伊拉克對庫德人的最終進攻廣為人知。攻擊開始後兩天，《紐約時報》報導伊拉克在七月末，已經派遣至少兩萬兵力的菁英部隊到北部，該篇報導並引用某一名區域專家的言論，表示：「我們感覺伊拉克可能想終結這一切。」一九八八年九月一日，《紐約時報》的長篇頭版新聞描述伊拉克官方部署超過六萬人的部隊，並在開頭寫道：「伊拉克已經展開重大攻勢，目標在一舉擊潰長達四十年的起義暴動。」[65]比起前幾次攻擊，媒體更密集報導此次伊拉克的進攻行動，因為這波攻擊很快造成六萬五千名庫德族受害者湧入土耳其。土耳其政府對大量庫德人流入造成的動盪不太高興，但仍沿著邊界設置難民營，並拒絕賦予伊拉克「追擊」的互惠權利。過去土耳其軍隊在伊拉克北部追捕國內的庫德族武裝分子時，常常請求行使這項權利。庫德族難民和赤柬時期的柬埔寨人一樣，做了相同的事，他們向能自由進出土耳其南部的記者傾訴經歷。這些故事立刻引起加爾布萊斯注意，最終也引發美國國務卿關注。

種族滅絕

加爾布萊斯從三月得知哈拉布賈攻擊事件以來，就一直留意伊拉克北部的壞消息。海珊近期的行為暗示庫德人的不祥遭遇，無論是被根除的庫德族村莊、大量失蹤與可能被處決的庫德族男性，或者海珊一再使用的化學武器。加爾布萊斯開始思忖海珊是否正在實施種族滅絕。

加爾布萊斯從海珊的行動中看出某種內在邏輯，他相信這名伊拉克獨裁者可能在節約使用完整的武裝軍力。海珊知道逐步升級對付庫德人的行動能讓他的士兵保持忠誠，並預先阻止較激烈的國際反彈。除此之外，他也能維持大多由庫德人刺激發展的當地經濟運轉。一九八七年，加爾布萊斯出訪伊拉克時，看到數十座遠離伊朗敏感邊界地帶的村莊和小城市被摧毀；他也知道馬吉德布下天羅地網，在掃蕩婦女和兒童。無論政治傾向如何，所有在庫德斯坦鄉村區的庫德人都很容易遭受攻擊。伊拉克所謂的庫德「通敵者」（*jash*），是指那些替伊拉克政府工作的族人，但他們發現庫德人就算對巴格達政權效忠也無法自保。一九八七年，馬吉德在一場會議上告訴一名通敵者：「我無法留下你的村莊……我會用化學武器攻擊那邊，你和你的家人都會死。」[66]

然而，真正證實加爾布萊斯最糟預測的，是海珊在兩伊戰爭結束後發動的進攻。一九八八年八月二十八日，當加爾布萊斯正在佛蒙特州享用美食，度過悠閒的勞動節週末，他偶然看到一篇《紐約時報》藏在A15版的報導。那篇文章題名為〈傳聞出現更多化學武器攻擊〉（*More Chemical Attacks Reported*），描述伊拉克庫德人跨越邊界進入土耳其，並作證遭受毒氣攻擊的情況。[67]加爾布萊斯腦中浮現庫德族聚落的瓦礫廢墟景象，他呆住了。他反覆閱讀那篇文章的六十三個字，確認沒有遺漏字裡行間任何細節。

加爾布萊斯很肯定化學攻擊的傳聞屬實。雖然他無法準確評估正在發生的毒氣攻擊與人口滅絕行動的殘忍規模，但他相信海珊政權已經開始消滅伊拉克的庫德人。那是種族滅絕。

> 那個當下我突然認清事實，我就是知道那是真的……我知道人們永遠無法完全確定海珊想消滅庫德人，但再也沒有比當時更讓人感到確定。

加爾布萊斯跟一九七〇年代末的柬埔寨觀察員或當時華府多數的伊拉克觀察員不同，他知道在《滅絕種族罪公約》中沒有明文規定要消滅所有伊拉克庫德人，才符合種族滅絕定義。加爾布萊斯為裴爾參議員工作，裴爾是普羅麥爾推動美國批准條約的伙伴之一，那讓他逐漸意識到法條提到「毀滅」一詞蘊含的細微差別。他曾經研究過萊姆金的著述與《滅絕種族罪公約》起草的歷史，知道犯罪者不需要實施和猶太大屠殺一樣全面的攻擊，才能達到種族滅絕標準。種族滅絕涵蓋的範疇之所以有意義，是因為那描述了正在進行或未完成的行動，「猶太大屠殺」指的是已經發生的單一駭人事件。「這類行為會逐漸升級。」加爾布萊斯說：「一九三三年希特勒掌權時，並沒有計畫消滅歐洲所有猶太人，邪惡會引發邪惡。」海珊和希特勒都是法西斯主義的擁護者，兩人都有意毀滅看不順眼或因自身因素具有威脅性的群體，而海珊的目標明顯比希特勒更限縮。到目前為止，他只下令毀滅「禁區」內的庫德人。不過，加爾布萊斯認為居住在巴格達一百萬以上的庫德人最終也會成為目標，他表示：「儘管當時海珊的消滅行動都是針對鄉村地區和小鎮的庫德人，但我認為按照他計畫邏輯，最終可能會消滅伊拉克所有庫德族人口。」

加爾布萊斯趕回華府，開始在國會山莊宣揚他的主張。他對萊姆金的法案瞭若指掌，但對他的遊說過程幾乎一無所知。幾天之內，加爾布萊斯已經草擬新的法案，並發揮他波蘭前輩同樣的耿直與熱忱，著手推動法案通過。

回應

制裁海珊

當八月攻擊的傳聞爆發時，雷根政府有幾個選項。他們可以譴責新一波的毒氣攻擊，要求美國盟友停止摧毀鄉村區的庫德人生活。他們可以呼籲伊拉克釋放前幾次攻擊中逮捕的男男女女，也能威脅中止過去五年來提供巴格達政府的部分經濟補貼。

由於國會掌管開支，加爾布萊斯知道議員對美國如何在國外動用經濟力量，有辦法發揮深遠影響力。參議院議員不能公開向媒體發表演說，也不能透過個人名義發表文章，但如果有一位強大的議員支持，他們能做出更具影響力的事——起草美國法律。多數美國法律都是由行政部門提議，有的則是先由遊說者草擬，再由參議院通過。更多法案是由眾議院與參議院議員，特別是委員會的幕僚起草。加爾布萊斯在參議院的外交關係委員會已經替裴爾工作超過十年，裴爾的父親是羅斯福政府同盟國戰爭罪委員會的代表，他知道議員會想透過美國法律表明立場。他設想得也沒有錯。

參議院經過八月一整月休會，在一九八八年九月七日開議，進入當年度最後幾週會期。加爾布萊斯在主管催促下，在一小時內匆忙完成草案，並使用所有人都能理解的英文寫成（他認為這是他不去讀法學院才有的天賦）。「當時我起草法案的過程沒有經過深思熟慮。」加爾布萊斯回憶道：「我納入所有能想到的制裁手段。」確實，他的法案涵蓋的手段比南非施行種族隔離政策遭受的制裁更加嚴厲，制裁方案包含：禁止伊拉克進口每年價值五億美元的石油；要求美國官員在國際貨幣基金組織（IMF）和世界銀行投票反對貸款給伊拉克；刪除美國每年撥給伊拉克的五億美元農產品信貸，該款項每年讓伊拉克得已購買美國農產糧食；終止每年提供給伊拉克的兩億美元製造業產品進出口信貸；禁止運送任何需要出口許可證的物品到伊拉克（例如敏感技術設備，或任何可能具有軍事用途的物品）。

加爾布萊斯提出的法案最大膽也最新穎的特點之一，是法案沒有要求美國總統證明伊拉克正在施行種族滅絕。要證明這點，往往在暴行仍發生時很難做到，並且與海珊結盟的政府也缺少證實的誘因。不過裴爾提出的法案翻轉義務，要求雷根總統證明伊拉克**沒有**使用化學武器攻擊庫德人，也**沒有**施行種族滅絕。[68]如果雷根想避免制裁，就必須肯定且捍衛伊拉克的行徑。

裴爾參議員請求參議院外交關係委員會的高階委員傑西．赫姆斯共同發起這項法案，赫姆斯答應了。過去，赫姆斯曾為了《滅絕種族罪公約》與裴爾和普羅麥爾對立爭辯，但他時常對公然濫權的政權採取強硬立場。在這次的案例中，赫姆斯和他的妻子偶然認識三名絕食抗議伊拉克暴行的庫德人，並深受感動。兩人在維吉尼亞州亞力山卓（Virginia）的第一浸信會教堂認識這三個人。[69]有四名參議員，包含普羅麥爾、艾爾．高爾（Al Gore，田納西州的民主黨代表）、溫德爾．福特（Wendell Ford，肯塔基州的民主黨代表），以及參議院多數黨領袖勞勃．伯德（Robert Byrd，西維吉尼亞州的民主黨代表）聽說這項草案後，也加入行動。裴爾和赫姆斯以「急件」方式提出議案，繞過那年已經開過最後一次事務會議的外交關係委員會，讓幕僚和參議員幾乎沒時間複審法案。加爾布萊斯將這項法案命名為《防止種族滅絕法案》，他認為這個題名能引起共鳴。他回想道：「我希望這項法案的標題，能吸引眾人關注正在發生的犯罪，並動員支持立法。」他也想減少參議員實際閱讀法案的可能性。如果他將議案稱為「伊拉克制裁法案」，他知道美國商界的遊說團一定會閱讀並阻撓法案。另外，由於他提出的題名具有「高尚道德意涵」的標籤，參議員可能會假設這項法案跟其他具有類似要旨的提案一樣，僅具有督促性質。

有一件不符合道德標準的事正好對加爾布萊斯有利。從一九八七年四月起，海珊使用各式各樣的武器清除庫德人，但他近期的攻勢還包含化學武器，這種屠殺方式比機關槍更令人毛骨悚然，引發美國國會議員議論。美國作為二十世紀只遭受一次攻擊的國家，多數人在討論國外發生的屠殺時都不會感到恐懼。許多美國人在二〇〇一年九月十一日前都相信，大規模謀殺平民的事件只會發生在離家鄉非常遙遠的地方。然而化學武器卻不一樣。化學武器不注重國家地位，也絲毫不受地理環境影響，其駭人的效果已深植在美國人意識中。無論美國的防禦工事有多紮實，毒氣都能夠穿透。早在一九一五年四月，毒氣的恐怖已經進入西方人的想像，當時英國士兵遭受德國芥子氣攻擊，邱吉爾將這種武器稱為「地獄之毒」。在比利時的伊珀爾戰役（Battle of Ypres），這種毒氣造成一萬人受傷、大約五千人死亡，並引發一系列以牙還牙的化學武器攻擊，最終有超過十萬人喪生。這種毒氣讓皮膚起水泡、肺部灼傷。受害者不會立即死亡，在活著的最後幾天將生不如死。英國詩人威爾弗雷德・歐文（Wilfred Owen）曾親身暴露在化學毒氣中，並曾在壕溝中過著恐怖的生活。他將這些經歷帶回家鄉，在戰後英國透過令人心痛的詩作〈甜美而體面〉（"Dulce et Decorum Est"）重現。這首詩描述飽受挫折的士兵看見的「無助景象」，人們「搖曳、嗆咳、窒息」，「口中滿溢肺部被侵蝕的泡沫」。數十年後，歐文的創作依然重要，他筆下描述這種應當被憎惡與避免的武器。毒氣攻擊可能會發生在任何人身上，事實上它**已經**發生過了。無論是毒氣的受害者、科學家或藝術家，都曾詳細描述化學武器引發的嘔吐、水泡、嗆咳、灼傷和脫皮等症狀。

美國參議員知道在一九八〇年代，化學武器已經變得太過容易取得。核子武器需要鈽或高度濃縮的鈾，供應者相當少見。要製作出核子武器還需要精密的化學工程與設備，才能轉化可裂變材料。相比之下化學武器十分便宜，據說製作化學武器，只需要一間車庫和一點高中化學知識。化學武器是窮人的核子武器，新聞媒體上也充滿對流氓國家與恐怖組織儲備致命化學藥劑的描述。

加爾布萊斯發覺大眾對使用和擴散化學武器的恐懼，可以被轉換成某種特洛伊木馬，用以號召國會支持對伊拉克大規模迫害庫德人的懲罰。加爾布萊斯就跟萊姆金和普羅麥爾一樣，為「裴爾—赫姆斯法案」提出以利益為出發點的精明主張，強調在海珊的屠殺手段中毒氣攻擊佔最多數。「過去全球對伊拉克使用化武漠不關心，如今庫德人正為此付出代價。」他寫道：「沒有立即採取行動，最終可能導致每個國家都面臨危險。」[70]私底下加爾布萊斯感到十分憂慮，如果參議院只因為海珊使用化學武器而支持制裁，那海珊可能會修正他的戰術，用其他方法屠殺平民。「這些參議員大多都不在意庫德人安危，而是使用化學武器這種致命手段。」加爾布萊斯回憶：「我沒有因此支持使用化武，我在意的是化學武器被用來消滅庫德族，這些武器跟槍枝一樣邪惡。」儘管如此，這項制裁法案需要一切他能取得的幫助，他也接受了。

在庫德族難民湧入土耳其後一週，制裁法案維持原先名稱《防止種族滅絕法案》，在參議院議會進行提案。隔天，參議院就以口頭表決方式無異議通過法案。由於參議員沒有唱名表決，支持法案的議員姓名沒有保存在書面紀錄，這讓他們在日後更容易擺脫承諾。不過在一九八八年九月九日，加爾布萊斯只注意到這個絕佳的投票結果。參考猶太大屠殺倖存者普利摩．李維的說法，*伊拉克庫德人受到化學武器攻擊似乎反而是一大幸事。這項法案只需要再獲得眾議院批准，就能成為法律。

* 猶太作家李維曾說：「只有在一九四四年被放逐到奧斯威辛集中營是我的一大幸事。」因為當時二戰已近尾聲，集中營並不如前幾年嚴酷，倖存機會較高。

整頓都市狀態

如果說加爾布萊斯因為投票結果鬆了一口氣，雷根政府則因此提高警戒。美國官員知道海珊的大概計畫。從九月第一週開始，國務院的電報通訊持續回報伊拉克消滅庫德人的行動。一九八八年九月二日，在參議院通過《防止種族滅絕法案》整整一週前，當時擔任助理國務卿的前美國駐泰國大使艾莫惠，寄了一份最高機密備忘錄給國務卿，備忘錄標題為「伊拉克庫德人的終章？」艾莫惠舉出八月二十五日伊拉克以化學武器攻擊庫德人的證據，寫道：「伊拉克與伊朗停火後，如今政府軍隊似乎已準備好一次解決庫德族異議分子……巴格達當局可能會毫無克制使用化學武器，來對付反叛人士跟那些支持反叛者的村莊。」艾莫惠承認，「大多數」庫德族村莊都很容易受到攻擊。[71]海珊的部隊會將庫德族平民和士兵，都視為可攻擊對象。

然而，這份備忘錄幾乎沒改變美國國務院和白宮避免批評伊拉克的決心。九月三日，國務院在寄給巴格達美國大使館的電報中，極力要求美國官員向海珊政權強調，美國理解庫德人曾與伊朗人結盟，這是個「歷史」的問題。國務院吩咐美國外交官說明，他們在能「完整考慮」巴格達當局的觀點前，「暫時不予置評」。[72]儘管如此，伊拉克攻擊行動的所作所為，已經在國際社會引發強烈抗議，讓美國處境相當難堪。隔天，美國大使艾波・格拉斯皮（April Glaspie）在諮詢伊拉克外交部副部長尼札爾・哈姆敦時，警告伊拉克正面臨「重大的公共關係問題」。她指出當天早上，英國廣播公司的頭條新聞就是毒氣攻擊事件，並說道：「如果伊拉克沒有發起化武攻擊，庫德人也沒被驅趕到集中營內」，那麼當局就應該允許獨立觀察員進入庫德族領地。哈姆敦否認當局使用化武，但表示格拉斯皮要求的通行權在當時「不可能開放」。此外，戰爭「在幾天內」就會結束。大使館對那場會面做出如是評論：「許多天以來，海珊顯然已經做出決定，將採取軍隊認為必要的一切行動，來平定北部地區。」[73]

國務院官員暗中掌握伊拉克的秘密意圖，但幾乎沒公開透露此事。從八月十日開始，記者陸續收到有關毒氣攻擊的電報，而開始對國務院發言人施壓，要求他們回應八月二十五日的攻擊事件。日復一日，發言人菲利絲・奧克利（Phyllis Oakley）都表示她「沒有任何證據」能證實那些傳聞。她的同事查爾斯・瑞德曼在九月六日表示，他無法證實這些新聞。瑞德曼感受到記者的不滿，而補充一段假設性的譴責。「如果這些新聞屬實，**我們當然會強烈譴責**對化學武器的使用，一如我們過去作法。」她表示：「化學武器是非常惡劣的手段。野蠻至極。」[74]

美國官員不願意批評伊拉克，再次以缺乏完整資訊作為藉口。他們表示來自土耳其邊境的傳聞不一致。例如「世界醫生組織」（Médecins du Monde）的醫師伯納德・貝內德提（Bernard Benedetti）便表示，他們沒有發現任何化武的病例。「有關化學武器的消息是誤傳。」貝內德提跟《華盛頓郵報》說：「這裡的難民主要受到環境過度擁擠與不衛生等因素影響，患有流行性腹瀉與疹子。」[75]土耳其同樣堅稱，一共有四十名醫師和兩百〇五名衛生人員都沒找到任何暴行證據。有一名土耳其醫師跟《紐約時報》表示，一個三歲庫德男孩臉上長水泡，是因為「營養不良」和「環境清潔欠佳」。[76]然而，這些消息來源都不可靠。國際救援機構的醫師缺少診斷受到化武攻擊副作用的專業；同時，土耳其多數石油來自伊拉克，兩國每年的交易量達到二十四億美元。[77]土耳其也經常與伊拉克聯手壓制庫德族反叛分子。

在土耳其飽受驚駭的難民，發現自己的主張受到粗暴挑戰。《紐約時報》的記者克萊德・哈伯曼（Clyde Haberman）描述一名「不情願的受訪者」，對方是十三歲的巴席爾・森賽亭（Bashir Semsettin），他經歷毒氣攻擊後來到土耳其，卻發覺「自己削瘦的身體像展示品一樣，為了滿足好奇的參訪者，而讓身體被拉扯戳刺。」巴席爾的胸部和上背部都有「大理石紋般」的灼傷疤痕，深褐色的條狀傷疤與大塊粉斑並列。他被關在土耳其的醫療帳篷時，有一名土耳其國會議員和一群隨行助理抵達，開始戳弄巴席爾的傷口。

「這是什麼？」國會議員問道。

「灼傷。」土耳其政府的醫師回答。

「哪種類型的灼傷？」議員追問。

「誰知道呢？」那名醫師回應：「我只知道這是火焰以外的熱源導致的一度灼傷。」醫師表示：「如果是由火焰造成，他的頭髮和眉毛也會被燒掉。但我無法判斷傷口是否是化學藥劑造成，什麼東西都有可能。」[78]

雷根政府對伊拉克採取懷柔手段多年，往往習慣同時譴責伊拉克和伊朗兩方，並要求額外調查事

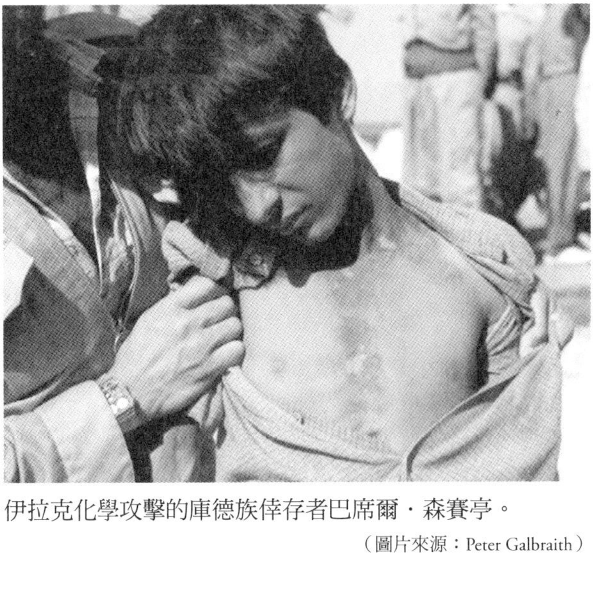

伊拉克化學攻擊的庫德族倖存者巴席爾・森賽亭。

（圖片來源：Peter Galbraith）

實。然而，在九月庫德人大規模逃亡期間，國務院採納的共識開始瓦解。國務院理查・墨菲（Richard Murphy）管理的近東事務局（Bureau for Near Eastern Affairs）和艾莫惠管理的情報研究局（Bureau for Intelligence and Research）採取不同立場。在最後一波安法爾行動發起幾天內，情報研究局攔截到伊拉克的軍事通訊，其中，伊拉克自己證實他們正在對庫德人使用化學武器；另外，有兩名美國大使館官員也花了兩天時間，訪問來自土耳其邊界二十八個村莊的難民。難民證詞與偵聽結果幾乎讓伊拉克罪證確鑿，然而，近東事務局卻仍然沒有被說服。墨菲可能誤信伊拉克政府否認的聲明，而未完全採信伊拉克進行毒氣攻擊的壓倒性證據；或者，他可能認為美國譴責毒氣攻擊將傷害美伊關係，而刻意質疑那些資訊。「我很確定我沒有蓄意偏袒過哪一方。」如今墨菲表示：「我想那是對情報該有的態度——我們提出挑戰。我們會詢問：『你從哪裡取得情報？』『你的消息來源是誰？』『如何知道那些來源可信？』」無論近東事務局的動機是什麼，他們的官員在發覺大量證明伊拉克當局該負責的證據後，依然質疑情報研究局的調查結果。

經過將近兩週激烈的內部辯論後，情報研究局的觀點終於占上風。此時距離馬吉德展開他邪惡的反叛亂行動，已經過了將近十八個月。美國早就知道庫德族村莊遭毀與庫德族男性失蹤等情況，但一直等到引人矚目的難民逃亡潮出現、官方對媒體的質問應接不暇後，國務卿舒茲才決定表明意見。一九八八年九月八日，官方發言人瑞德曼宣布：「美國政府評估情勢後，相信伊拉克在對抗庫德族游擊隊的軍事行動中使用了化學武器。」[79]當有記者挑戰瑞德曼，要他說明為什麼美國過去保持沉默，不願回應化學武器攻擊時，瑞德曼指出：「所有事都有一種演變的方法，這只是事件發展階段的問題。」[80]

國務卿舒茲在證實伊拉克使用化武同一天，對伊拉克的外交國務大臣薩亞敦・哈瑪迪（Saddoun Hammadi）提出這個問題。根據墨菲和其他在場官員形容，舒茲發表了五十分鐘的長篇大論。在會議上，哈瑪迪三度否認美國的指控，表示那些主張「毫無根據可言」。[81]但他也表明伊拉克有責任要「保護自身國家不四分五裂」。伊拉克的觀點一如多數加害者，都奠基在相信國家能因為個人的反叛行為，去懲罰對方歸屬的群體，巴格達當局必須「處理叛徒」。舒茲建議伊拉克逮捕並審判這些叛亂分子，而非使用毒氣。[82]直到當時都保持沉默的英國很快就效法美國作法，發表相似的聲明。

伊拉克外交部長塔里克・阿齊茲也極力否認犯罪。阿齊茲沒有反駁外界指控伊拉克政府逼迫許多住在伊朗邊界的庫德人遷離，但他的說法和一九一五年鄂圖曼土耳其內政部長塔拉亞特的說法如出一轍。他強調：「政府不是在驅逐人民，而是在整頓都市狀態。」[83]

伊拉克國防部長阿德南・凱拉赫拉（Adnan Khairallah）將軍的聲明透露較多內情，凱拉赫拉表示伊拉克有權「以任何可行的手段」保護自己。他問道，在面對「有人想在你國土中心殺害你」時，「你會對他投擲玫瑰嗎？」他也提到戰鬥人員和平民的外觀大同小異：「他們全都穿著庫德族服飾，你無法分辨他們有沒有攜帶武器。」[84]

伊拉克政權正在謹慎觀察華府動向。實際上，九月九日當參議院通過制裁法案，以及舒茲發布公開譴責後，巴格達發生二十年來規模最大的反美示威遊行。大約有一萬八千名伊拉克人被安排參與政府舉辦的「人民」抗議，伊拉克媒體將示威人數報導為二十五萬人，並聲稱有「一大群」庫德人也參與其中。每晚，伊拉克的國營電視臺都播放越南平民被美國燒夷彈燒傷的畫面，以及日本廣島和長崎受害者的畫面。[85]巴格達媒體嘲諷美國的制裁，是「猶太復國主義者」與其他「帝國主義者跟種族歧視統治者」的惡行。[86]對於伊拉克的政治宣傳，雷根政府將之視為美伊關係危機的證明，加爾布萊斯則視為美國對伊拉克具有影響潛力的證據。[87]

當時伊拉克耗費大量精力和資源，抵擋來自日內瓦、紐約和華府的批評。一九八五年，華府的伊拉克大使館聘請愛德華・范克洛伯聯合公關公司（Edward J. Van Kloberg and Associates）協助他們恢復聲譽。尼札爾・哈姆敦大使也同意該公司每安排「一次重要美國報社的訪談」，就支付公司一千美元。這間公司安排幾場電視訪問，成功在《華盛頓郵報》、《紐約時報》、《華盛頓時報》（*Washington Times*）和《華爾街日報》刊登有利於伊拉克的文章。[88]伊拉克亟欲爭取外國投資與重新建設國家的援助，因而積極宣傳「新伊拉克」的形象。他們十分在意外界觀感。

伊拉克的駐美大使阿布杜－阿米爾・阿里・安巴里（Abdul-Amir Ali al-Anbari）邀請任何一名記者到伊拉克北部「親眼看看真相」。這是一種典型的拖延戰術，官方會承諾放行國外訪客，接著等發放許可的動作平息外界怒氣後，再拒絕開放參觀。在某些例子中，獨立觀察員經過無窮無盡的拖延後獲准拜訪禁區。但就像七〇年代貝克在柬埔寨的情況，當地總是會有支政權的精選「安全護衛隊」跟在他們身邊。在安巴里提出邀約後，曾經開放中立國際調查的伊拉克官員很快補充，提及這類任務必須延後到伊拉克北部的「活躍軍事行動」結束後才能進行。[89]在九月終，伊拉克允許二十四名西方記者入境，但記者只能搭乘被嚴密監管的政府直昇機。這趟旅程最終讓巴格達當局相當難堪，當伊拉克政府用飛機載著記者到伊拉克和土耳其邊界一處前哨基地，讓他們見證一千名難民回國時，沒有庫德人出現。反而，記者看見一輛駕駛和乘客都戴著防毒面具的伊拉克卡車經過。[90]

美國的中東專家不滿舒茲在九月八日發布公開譴責，試圖「讓國務卿收回意見」，恢復更溫和立場。[91]九月十日，當格拉斯佩大使再次與哈姆敦會晤時，她承認她曾在一九七七年的開羅親眼見證，光憑催淚瓦斯就能讓民眾灼傷作嘔。格拉斯佩在寄回華府的機密電報中，稱讚伊拉克「在我們公開宣布他們有罪後，甚至相當反常地吞下自尊，向我們做出保證」，而且「姿態出奇地溫和軟化」。[92]

尋找證據

儘管裴爾的《防止種族滅絕法案》在參議院順利通關，但他立即面臨撤回的壓力。一開始批評這項法案的人表示，他們只是不確定伊拉克是否有罪。加爾布萊斯決心消滅這種藉口，揭露美國反對法案的真實原因。一九八八年九月十日，在參議院無異議通過嚴厲制裁法案隔天，加爾布萊斯搭機到土耳其，前往人滿為患的伊拉克邊界。那裡已經搭起數千頂難民居住的帳篷。加爾布萊斯在外交關係委員會的年輕同事克里斯．范荷倫（Chris Van Hollen）與他同行。這兩名幕僚匆匆拜訪一座座難民營，訪問那些目擊證人。

這兩名美國人一開始語帶試探，態度幾乎可以形容為羞怯。但他們每到一個地點，就會有一群人蜂擁而來，渴望講述他們的經歷。我們永遠無法確定這些難民在跟這兩位西方不速之客的短暫會面中，期待得到什麼。有的人可能相信這些外國人會帶來某種形式的救贖，他們會將駭人的敘述轉達給上級，讓正義獲得伸張、財產被歸還，或者強制中止毒氣攻擊。許多深受創傷的平民只是想要有人聽他們說話。無論是在過去，跨越邊界進入泰國和查爾斯・特威寧談話的柬埔寨難民，或者歷經一九九二年塞爾維亞集中營跟一九九五年斯雷布雷尼察大屠殺後倖存的穆斯林，這些人都展露相同的渴望，極力想讓別人知道自身經歷。一直要到日後被寄予厚望的人一再空手而歸，這些心懷渴望的難民，才逐漸磨光耐心。

當時，加爾布萊斯和范荷倫被迷茫的庫德族男女團團圍住。難民指著美國政府詳細繪製的區域地圖，激動地尋找熟悉的地點講述經歷。他們用自身與這兩名美國人都能明白的日常景象、聲音和氣味比喻自己的感受。由於芥子氣、氰化物（cyanide）和神經毒氣的味道非常獨特，倖存者極力想具體描述。阿布杜—雷希亞克・薩里赫（Abdulressiak Salih）跟加爾布萊斯形容，毒氣是一種「類似大蒜和古龍水」的味道。卡哈爾・米凱勒・瑪赫穆德（Kahar Mikhail Mahmood）記得她聞到一股「腐爛蘋果」的氣味。最誠摯但也最沒有幫助的描述則出自雅希耶・巴比爾（Asiye Babir），她記得毒氣是「一種難聞的氣味，像燒焦的尼龍或燒焦的螞蟻。」[93]

當伊拉克官方發動毒氣攻擊時，有的倖存者躲藏在洞穴或跳入附近溪水，避免沾染毒氣。儘管逃亡的瘋狂狀態讓他們不可能事先比對說詞，但他們提出的事發地點大同小異。每個人都記得一連串令人難以忘懷的事件：飛機和直昇機飛過頭頂，施放照明彈偵測風向；當炸彈從天而降，「砰」的一聲爆裂開來時，炸彈冒出黃色或褐色的有害氣體煙霧；鳥兒翻滾墜地，周遭響起尖叫聲，建築景物起火燃燒；人們嘔吐、流血、目睹深愛的人慢慢死去，只有偶然出現的機關槍掃射才能加速死期。加爾布萊斯和范荷倫總共記錄四十九座遭遇化武攻擊的庫德族村莊，他們訪問到的還是夠幸運能逃出伊拉克的庫德人。

加爾布萊斯知道**只有**證詞會在華府遭受何等質疑。他在三月時已經見識過大眾對哈拉布賈攻擊事件的憤怒，如何在美國官員質疑伊拉克是否有罪後平息。在這種情況下，儘管國務卿舒茲已對伊拉克發布譴責，美國行政機關仍不願懲罰他們的盟友。官方可能會緊咬倖存者口述經歷無法被證實的弱點不放。

有鑑於此，加爾布萊斯希望能帶回一些身體的證據，以便於將故事提升為事實。但要找到身上帶有毒氣攻擊症狀的難民相當困難。多數有辦法跨越邊界入境土耳其的庫德人，都沒留下太多毒氣攻擊的疤痕。有人並非因為毒氣，而是聽到毒氣攻擊即將發生的謠言而逃亡。在哈拉布賈攻擊事件發生後五個月，「庫德人的廣島」這項傳聞變得惡名昭彰。有的人則設法躲開致命氣體，在離開避難處或回到自己村莊時才親眼目睹後果。「多數暴露在神經毒氣中的庫德人都當場死亡。」加爾布萊斯表示：「許多湧入土耳其的庫德人則是想避免那種下場。」

當加爾布萊斯正為了找不到身體證據傷透腦筋，助理國務卿艾莫惠則在向國務卿解釋難民證據的自相矛盾之處。在九月十七日的備忘錄中，艾莫惠寫道：

> 我要謹慎指出，受到致命化學武器攻擊的受害者，顯然無法逃離伊拉克⋯⋯如果前往伊拉克北部現場調查，很有可能找到芥子氣藥劑攻擊的證據，但要找到非永久性神經毒或非致命性藥劑攻擊的身體跟醫學證據，機會將十分渺茫。這些藥劑散逸的速度很快，讓人很難在土壤、受害者身體甚至是耗盡的軍火上，找到殘留痕跡。美國政府相信伊拉克在八月末攻擊庫德人時使用了化學藥劑，也意識到在這個狀況下，很難提供公共領域能接受的身體和醫學證據。94

雖然艾莫惠能利用伊拉克軍事通訊攔截的內容作證，加爾布萊斯跟范荷倫知道他們得透過愈多愈好的迴異消息來源，再三證明口述內容屬實。他們和庫德族男性談話後，也試著單獨和婦女跟兒童談話，難民營領袖比較不可能事先安排好婦女跟孩童該說什麼。庫德族難民的臉龐很少顯露情緒。「當時距離事件發生只過了幾天，但族人在講述經歷時很麻木。」加爾布萊斯回想道：「他們沒有啜泣或崩潰。」幾乎所有人都失去深愛的親朋好友，也沒有返回家園的希望。

加爾布萊斯在加入參議院外交關係委員會後，第一次海外參訪碰巧就是在一九八〇年三月前往泰柬邊界。他在那裡聽到難民描述赤柬的暴行，也曾聽過懷疑論的說法，認為難民在誇大其詞。有些外國人可能天生勢利自大，認定未受教育的庫德族沒有能力描述真相。「我們跟自己說這些人的思考並不完整。」加爾布萊斯說：「這種說法包含一定程度的種族與階級歧視，讓我們覺得不應該認真看待農民的言論，或者應該輕視他們。」然而，他在一九八〇年代初造訪柬埔寨後，已經證實過那些懷疑論者錯了。「多年來，我從在難民營經驗學到的真正教訓，就是難民不會說謊。」加爾布萊斯反思：「這不是說我們應該接受一位難民的單一敘事，但從柬埔寨人、庫德人和日後波士尼亞人的案例來按，有數以千計的人民目擊犯罪，我們必須學會相信他們。」

國際特赦組織也在柬埔寨學到教訓。無論組織內部如何懷疑庫德人主張，他們也沒有公開質疑難民敘述，並做了一件過往非政府團體從未做過的事：他們呼籲聯合國安理會立即行動，阻止伊拉克屠殺庫德族平民。國際特赦組織提出在當時相當激進的新主張，主張當有國家在國界內展開大屠殺，這種殺戮將「對國際和平與安全構成威脅」。因此根據《聯合國憲章》，安理會有責任處理問題。國際特赦組織並沒有援引《滅絕種族罪公約》，而是主張他們絕對能證實的事件。研究員並不想引發種族滅絕標籤是否恰當的辯論，以免那分散決策者對不可否認犯罪的注意力。

由於華府尚未批准制裁法案，加爾布萊斯試圖在難民一致的證詞外找到證據。某天，他和范荷倫沿著土耳其邊界開車，兩人遇到一群土耳其的養蜂人邀他們共進晚餐，享用自製麵包與自產蜂蜜。那些養蜂人對他們簡樸的住處有一條電線感到自豪，那條電線連接到一臺二十七吋大的電視。養蜂人招待兩位美國人收看一集土耳其語發音的《一家子》，*他們還提供一樣東西，保證那能輕鬆證明伊拉克曾經使用化學武器，那是幾隻死掉的蜜蜂。養蜂人表示這些蜜蜂死於海珊在附近地區發動的毒氣攻擊。加爾布萊斯將蜜蜂帶回美國進行分析，他發覺要帶著幾枚裝了蜜蜂屍體的夾鏈袋通過海關，可能會造成一些麻煩，於是向農業部長本人申請特殊許可證。這是加爾布萊斯生平第一次也是最後一次，在美國報關單上的「動物產品」項目勾了「有」的格子。在飛回美國的班機上，他的公事包裡塞著裝有死蜜蜂的塑膠袋。偶然間，加爾布萊斯在《國際前鋒論壇報》（*International Herald Tribune*）讀到一篇短文，報導歐洲東南部出現一種危害蜜蜂的蟎蟲，但加爾布萊斯並未因此感到洩氣，仍將幾個夾鏈袋交給中情局。由於他不信任情報單位，自己也留下一份樣本，存放在參議院外交關係委員會同事放午餐的同一臺冰箱。直到一年後，中央情報局分析的陰性結果已出爐多時，才有人把加爾布萊斯發霉的蜜蜂屍體丟掉。

國務院的助理國務卿墨菲等人大力批評加爾布萊斯為了制裁伊拉克付出的苦心，並從他攜帶蜜蜂屍體的新聞指出他已經瘋了。「我從沒有親眼看過那些蜜蜂，」墨菲回憶道：「但當我們聽說他帶著夾鏈袋回來時，我們都大聲抱怨並想著：『彼得又來了。』」

加爾布萊斯在回美國的班機上，寫好他出差報告書的草稿，其中包含約三十五名難民的證詞。有些回憶在他心頭縈繞，例如庫德族老人們堅忍描述子女和孫子的死，庫德族家庭坐在小小的包裹旁，如今那些包裹是他們生命中的全部財產。國會肯定得懲罰海珊，即使這代表加爾布萊斯得承受反抗國務院與白宮的壓力。

類比與倡議

加爾布萊斯並不缺少支持者。如同在赤柬恐怖統治時期，最勇於發聲的美國官員都是不需採納行政機關方針的國會職員。這群人也援引猶太大屠殺的比喻，例如參議院外交關係委員會的主席裴爾，在提出執行制裁的法案時便宣告：

> 這個世紀第二次有殘忍的獨裁政權使用致命毒氣，消滅特定的少數民族……伊拉克的海珊政權無疑打算讓這次行動，成為庫德族問題的最終解決方案。一個民族遭受毒氣攻擊時，世界大多沉默

* 《一家子》（*All in the Family*）為一九七〇年代美國具有代表性的電視劇，該劇運用諷刺手法，描述一名歧視有色人種、反對墮胎與嬉皮的美國保守人士的經歷，並從他荒唐的言論與漸趨開明的態度，彰顯美國七〇年代的社會脈動。

不語，但沉默是共犯。五十年前，當希特勒展開行動，最終導致歐洲猶太人幾乎滅絕時，世界也沉默以對。我們不能再對種族滅絕保持沉默。[95]

由於海珊選擇使用化學武器作為攻擊手段，讓這種類比更能引發共鳴。裴爾發布宣言隔天，指出雖然制裁法案將有損美國部分生意，但美國應該準備好為「最重要的道德議題」犧牲：

過去美國人民為了做對的事都願意付出代價。世界在經歷歐洲猶太大屠殺後，宣示「絕不重蹈覆轍」。令人遺憾的是相同的事再次在伊拉克庫德斯坦發生。我們必須竭盡所能讓伊拉克獨裁政權知道，美國不會在他們屠殺庫德人時袖手旁觀。這項法案得以傳遞這樣的訊息。[96]

當裴爾讀過加爾布萊斯和范荷倫訪談難民的報告後，對那些還在要求提供化學攻擊身體證據的人愈來愈不耐煩。他在受訪時提到蜜蜂的屍體，但記者仍不斷追問，裴爾厲聲回應：「他們沒有帶回人的屍體，如果你們是想問這個。」[97]

在眾議院，有人主張由於美國的盟友不會制裁海珊，美國也不該這麼做。然而，眾議員詹姆斯·比爾布雷（James Bilbray，內華達州的民主黨代表）反駁這個意見。他大聲反問同事是否會因為其他人選擇不對抗希特勒，就允許希特勒繼續橫行霸道。「難道我們要讓子孫看到整個種族被消滅，而我們卻坐視不管？」[98]

當然，這項法案也得到普羅麥爾一些幫助。普羅麥呼籲他的同事為了這個「在西方幾乎沒有支持者」的法案，以及「被遺忘的民族」採取行動。他指出美國政策具有雙重標準，也主張無論種族滅絕在哪裡發生，美國都有必要做出回應：

總統先生，如果尼加拉瓜對自己的人民或鄰國使用化學武器攻擊，美國大眾、政治人物和政府的強烈抗議會淹沒其他新聞。總統會勇於談論這種野蠻行徑，國務卿不會保持沉默，國防部也一定會公開發聲。我們會猛力敲打聯合國與國際社會大門。即便這場種族滅絕發生在遙遠陌生的民族身上，我們也不應該予以差別待遇。儘管當事人不會影響我們的日常生活，他們依然是殘酷化學攻擊的受害者。99

社論作家也跟這群憤怒的議員攜手合作。多年來，庫德人交了幾個重要的媒體朋友。《紐約時報》的威廉．薩菲爾與《華盛頓郵報》的吉姆．霍格蘭，他們和描述赤柬恐怖統治的專欄作家傑克．安德森與萊斯．懷頓相同。薩菲爾嚴厲批評美國政府的被動無為。在一九八八年九月五日的專欄中，薩菲爾憤怒地寫道：「典型的種族滅絕正在發生，世界卻毫不在乎。」他特別斥責電視記者，指出這群人沒有激發大眾去關注與支持美國的制裁行動，儘管已經有約六萬名庫德人聚集在土耳其邊界的帳篷城鎮，而且海珊的「大屠殺規模可能已超越波布」，媒體卻漠視缺席。記者團忽視一場「針對明確族群的種族滅絕行動，這個民族在歷史上無依無靠，媒體也不知道如何宣傳曝光此事」。薩菲爾主張：「無法抵達現場不是記者忽略消息的藉口」，他甚至寫道：「攝影機有能力將大規模暴行的恐怖景象帶回國內，因此攝影師肩負特殊責任，應該監看大屠殺現場，主動向難民取得第一手敘述。」[100]薩菲爾的建議非常具體。他認為美國應該向難民蒐集更多證詞、發起安理會調查，或威脅從波斯灣撤出美國的輪船。如果這一切都失敗了，美國應該「暗中提供針刺防空飛彈（stinger missile）給在山區的庫德族反叛領袖馬蘇德・巴爾札尼，讓他們擊落施放毒氣的砲艦機」。[101]《紐約時報》的編輯委員會同意薩菲爾的觀點，表示從庫德族地區傳來的「不只是種族滅絕的氣味，而是濃烈惡臭」，他們也認為「國家主權不應合理化種族滅絕……世界沉默太久了。」[102]

九月八日，霍格蘭在《華盛頓郵報》刊載一篇社論，題名為〈毫無疑問，這就是種族滅絕〉（*Make No Mistake—This Is Genocide*）。霍格蘭指出：「伊拉克的種族滅絕沒有像希特勒或波布版本的瘋狂步調跟組織」，儘管如此，他仍呼籲美國不要再退縮，或不願「用那個可怕的詞形容伊拉克的行動」。他認為國務院對巴格達政府「低調表達的擔憂」幾乎無法安撫庫德人。這些族人正遭受轟炸、家園被夷平，毒氣攻擊讓他們失去意識。[103]霍格蘭在接下來一篇社論中，繼續談論猶太大屠殺主題。他指出海珊對庫德人的攻擊是「從納粹滅絕營以來，使用毒氣最恐怖的例子」。雷根政府無止盡尋找「證據」，為政府的無所作為提供熟悉的掩護。「過去，納粹用毒氣大規模屠殺猶太人的傳聞，便經常因為缺乏證據被駁回。」他寫道：「那些在二戰期間不想知道真相或不願行動的人，總**能在正確的時機發現證據不足**。」[104]《華盛頓郵報》的編輯委員會也效法霍格蘭，表示：「這個世界有許多事都被消音，庫德族遭遇種族滅絕尤其如此。如果人們連使用毒氣都不認為越界，那我們就沒有任何界線了。」[105]

在這段期間，加爾布萊斯固定與薩菲爾和霍格蘭保持聯繫。他知道在立法戰役中，光是一篇社論都比整份委員會報告更具有影響力。

加爾布萊斯也盡可能援引猶太大屠殺例子。他將自己的出差報告命名為「伊拉克的最終解決方案」。然而，參議院外交關係委員會的幕僚長傑拉德・克里斯蒂安森（Gerald Christianson）想迴避加爾布萊斯似乎有意挑起的爭端，堅持將委員會報告的標題改成「伊拉克的最終攻勢」。克里斯蒂安森認為使用猶太大屠殺的比喻，會疏遠某些國會成員，而那些會被觸動的議員不需要這麼明目張膽的暗示。他主張只要呈現出毒氣、憔悴的難民和破壞行動，就足以引發聯想。

利益團體與國家利益

加爾布萊斯從土耳其回國的那一天，發現國會山莊亂成一團。大約有八十張黃色便條紙散落在他的辦公桌，他提出的制裁法案面臨白宮和國務院劇烈反彈。加爾布萊斯早已預料到這點，但他沒想到眾議院也出現反對聲音。最令人失望的是，許多一週前支持議案的參議員，從那時開始逐漸瞭解法案內容和可能的後果，如今他們都在重新考慮是否改變立場。

國會一部分的反對意見反映出結構性問題。比起參議院的外交關係委員會，眾議院外交事務委員會（Foreign Affairs Committee）的領導階層更順從行政部門的外交政策特權，而當時行政部對制裁法案採取反對立場。眾議員比爾・法蘭澤（Bill Frenzel，明尼蘇達州的共和黨代表）證實該項考量。法蘭澤問道：「如果政府在道德和其他方面總是受到國會質疑，國會又總是想制定自己的外交政策、製造引人注目的新聞，那我們的政府要如何有效領導？」[106]每當國會著手制定外交政策，白宮就會嚇得臉色發白。同理，眾議院擁有貿易管轄權的歲入委員會（Ways and Means Committee）對於把貿易當作政治工具也頗為不滿，因此普遍反對制裁法案。

不過眾人反對制裁法案的真正原因是過度信任外交，更根本的考量則是渴望提升美國的經濟利益。首先，雷根政府無法承認他們多年投資伊拉克，竟然沒有讓海珊這名獨裁者變得更加仁慈溫和。前國務院的中東專家大衛．科恩便說：「美國政府原先很肯定能把海珊改造成**窈窕淑女**。」*有的人則真心相信胡蘿蔔比棒子更有用。當他們提到伊拉克的保證時，將之描述得像是可靠的承諾，認為伊拉克正在改變立場。「如果我們的目標是要避免伊拉克近期再對庫德斯坦使用化學武器，那這個問題可能已經解決了。」一九八八年九月九日某位分析師寫道：「巴格達政府表示攻擊庫德族的行動已進入尾聲，就實際狀況來說，一旦壓制庫德族的叛亂，伊拉克就不需要繼續使用化武。」[107]私下的協議正在發揮作用。九月十七日，伊拉克外交部長塔里克．阿齊茲說道，伊拉克「尊重」國際法賦予的義務。接下來幾個星期，美國官方都一再提起阿齊茲發表那段單一而不完整的聲明，認定那證實華府的溫和說服策略已經奏效。從一開始阿齊茲就不斷否認伊拉克使用毒氣，但這似乎無損於他的可信度。[108]美國官員甚至自行替伊拉克的聲明填空。國務院發言人查爾斯．瑞德曼表示：「我們認為這段聲明，代表伊拉克發誓放棄在國內和國際衝突上使用化學武器。」[109]美國既不懲罰伊拉克過去使用化武，對於他們未來可能使用化武，也不威脅提出懲罰，最多只警告伊拉克若發動進一步攻擊，會讓行政部門「重新考慮」反對制裁的立場。[110]眾議員湯姆．藍托斯（Tom Lantos，加州的民主黨代表）本身身為猶太大屠殺倖存者，他表示：

「官方在檢視一項罪行時，將罪行本身擱置一旁，反而聚焦在犯罪者是否意圖再犯，我真的很想弄清楚這是什麼邏輯。」[111]

然而，雷根政府似乎仍相信經濟誘因跟友好關係能影響海珊政權。當時，詹姆斯．貝克是美國財政部長，他在事後寫道：

外交基本上就是傾向於「改善關係」，美國精神也是。要提議將合作改成對抗總是比較困難，尤其美國現有政策與對伊拉克的支持，都穩固根著在不同選區與官僚的利益中。[112]

國防部情報局公開預測，海珊可能會試圖「徹底擊潰」或「一舉鎮壓」庫德人，但美國外交官輕忽伊拉克對付庫德族的行動後果，並抱持樂觀的期望。[113]

如果美國無法從伊拉克身上獲得農業、製造業與地緣政治的利益，那美國會更快消耗耐心。白宮和國務院對這項參與政策幾乎毫無異議。因此，官方內部的備忘錄往往只會在附帶說明中，簡單對伊拉克的鎮壓行動表達遺憾：「撇除人權問題和化學武器的使用，我們的政治與經濟利益在許多方面與伊拉克一致。」[114]

加爾布萊斯很快發現，阿肯色州生產的稻米有四分之一都會出口到伊拉克。在美國整體稻米產量

*《窈窕淑女》為一九六四年的經典美國電影，描述一名大學教授將社會底層的粗俗賣花女，改造成高雅淑女的故事。

中，大約有百分之二十三的稻米都會銷往該國。有一名代表路易斯安那州參議員約翰．布里克斯（John Breaux）的幕僚，真的眼眶含淚去找加爾布萊斯，當面指控他扼殺路易斯安那州的稻農。每年美國農民也會出口大約一百萬噸的小麥到伊拉克。多年以後，經濟學家約翰．肯尼斯．加爾布萊斯，也就是彼得．加爾布萊斯的父親若有所思對我說：「你絕對要避免招惹到美國農民，他們人數已經不多了，但你還是得照顧他們。」在制裁法案通過不久，行政機關很快獲得美國農業與工業遊說者協助，許多農民與工業業者在閱讀《國會紀錄》後都被嚇到，發現他們的參議院友人已經悄悄偷渡制裁法案。有幾間化學製品公司對諷刺的理解程度無知到令人作嘔，甚至來電詢問如果對使用化學武器的國家實施制裁懲罰，他們的產品可能受到什麼影響。

參議院對法案態度的轉變既明顯又典型。許多在一九八八年九月九日投票贊成制裁法案的參議員，馬上改成投反對票。他們甚至沒花時間證實投票同意《防止種族滅絕法案》，一定會讓他們損失利益團體的支持。委員會幕僚長克里斯蒂安森表示，這種情況經常在國會發生：

> 在許多案例中，參議員和他們的幕僚常會過度反應，去做一些他們認為安撫利益團體必須做的事。他們會超前部署，甚至在有人投訴前就預期問題會發生。他們非常敏感，而且不會跟自己說：「我們十次有九次都按照這個遊說團體的要求投票，這一次能依自己意願去投票也沒關係。」這不是理性的計算，他們認為**沒有任何事**值得冒失去支持的風險去完成。

儘管當時這些反對理由相當明顯，但沒有任何一位批評法案的人敢主張，阻止海珊以毒氣攻擊庫德人是錯的。他們**只是**主張，裴爾和赫姆斯參議員在制定負責外交政策的國會山莊選擇採取經濟制裁手段，**很令人遺憾地**並不恰當。

如今，美國官員自己編造故事的案例已經很常見，這能被歸類到經濟學家赫緒曼提出的無效論、反常論和危害論這三種辯解方式。根據無效論觀點，伊拉克政權已經停止跟外界互動，不會回應外界施壓。此外，即使美國停止進口農產品，其他國家的農民和製造商也會迅速填補空缺。最終海珊仍會擁有他需要的農產品、信貸和貿易。從反常論的觀點來說，對伊拉克實施制裁只會激怒獨裁者，讓他更可能懲罰伊拉克北部的庫德人。像是近東事務局便主張，經濟制裁會「徒勞無功或適得其反」，這麼做只會削弱美國對伊拉克的影響力，並讓歐洲和日本企業有機會幫伊拉克重建經濟。[115]國務院的賴瑞．波普至今都堅稱：「如果我們不做，也會有別人做。」法國與伊拉克的武器貿易十分蓬勃，德國若無其事販賣殺蟲劑與其他化學藥劑給巴格達，英國也將商業利益作為首要考量。國務院有一份祕密的備忘錄列出一系列制裁手段，從經濟到外交領域都有，例如重新將伊拉克列入恐怖主義名單、從巴格達撤離美國大使，或暫停軍事情報聯絡。然而，美國的分析員總結：「這一切制裁行動的缺點都顯而易見。這些手段會在不同程度上重挫我們對伊拉克政權的影響力，並讓對方反彈造成惡性循環。到時候情況將無法被預期跟控制。」[116]巴格達的美國外交官則警告：「如果海珊察覺到，他必須在跟美國維持適當關係和公然受侮辱之間選擇，他會毫不猶豫在半途放棄美伊關係。」[117]

在美國內部的辯論中，我們完全找不到有官員主張，如今海珊比過去任何時候都更無力對抗經濟手段的論點。在兩伊戰爭後，伊拉克正面臨超過七百億美元的債務危機，是全世界人均債務最高的國家之一。如果國會通過《防止種族滅絕法案》，他們會要求華府投票反對國際金融機構借貸給伊拉克，這將重挫伊拉克的信用評級，並讓海珊極力避免大規模的財務危機。另一方面，美國對伊拉克的影響非常大。除了供應大量農業與製造業信貸，美國還是伊拉克最主要的石油進口國。然而，雷根政府認為美國應該儲備而非揮霍影響力。

受到中東分析人員的幫助，美國行政機構與利益團體紛紛提出無效論、反常論和危害論的主張。在舒茲證實伊拉克實施化學武器攻擊後將近一個月，學者米爾頓·維歐斯特（Milton Viorst）在《華盛頓郵報》發表一篇文章，題名為〈毒氣與「種族滅絕」：對伊拉克站不住腳的指控〉（*Poison Gas and 'Genocide': The Shaky Case Against Iraq*）。該文呼籲國會不要對伊拉克實施制裁，因為那將會懲罰到「某些專家認為可能從沒有發生」的罪行。他暗示美國攔截到的伊拉克無線電通訊內容可能「有互相矛盾的詮釋」，並暗指美國可能只是要安撫伊朗，或為了確保美國人質能獲釋才改變立場。維歐斯特表示自己曾在伊拉克花了整整一周「調查這項問題」，他從一架伊拉克直升機上親眼看見數百座庫德村莊的廢墟，但他對此提出辯護，主張伊拉克軍隊只是拒絕保護庫德族反叛分子。他無法確定伊拉克是否使用致命毒氣，儘管在過程中，他都被伊拉克當局護送，但他認為自己有把握斷定「就算伊拉克曾使用毒氣，也不是用來施行種族滅絕」。維歐斯特沒有提到任何庫德人在伊拉克對媒體發言，都會面臨被處決的風險，還指出：「如果當地曾發生過大規模屠殺，知情人士應該會告訴外界。但我或任何我見過的西方人都不曾聽過類似指控。」他寫道：「我在巴格達參加一場庫德族婚禮，庫德人盡情吃喝跳舞，證明任何關於這個族群身陷險境的暗示都是錯誤的。」[118]

反對錯誤用詞

在針對伊拉克罪責的爭辯中，國務院近東事務局輸給情報研究局。但近東事務局成功說服舒茲不要進一步冒犯伊拉克。掌管近東事務局的墨菲寫道：「我們譴責伊拉克使用化學武器對付庫德族叛亂，這動搖美伊脆弱的關係，並招致阿拉伯世界的猛烈批評。我們必須盡快行動，確保外界認為我們的措施是在反化學武器，而非反伊拉克或親伊朗。」他疾呼：「我們尤其該反對使用種族滅絕等錯誤字詞的立法。」[119]墨菲沒有提出任何阻止伊拉克攻擊鄉村地區庫德人口的建議，近東事務局將重心放在維護美伊關係。

舒茲主導國務院聽從墨菲的建議，將所有對伊拉克的批評措辭，幾乎都限縮在對方使用的特定武器，而非攻擊行動本身。舒茲在與伊拉克高級官員的公開和私人會面中，都描述如果使用與擴散化學武器的極高風險。「這隻精靈被關在神燈中很久。」舒茲在解釋這次引發的外交批評時說道，並補充如今「祂被放了出來。」[120]雷根總統利用他最後一次在聯合國的演說，提議籌畫國際會議，鼓勵與鞏固一九二五年《日內瓦議定書國》對禁止使用化武的承諾。雷根的發言人費子水強調，近年來美伊關係已經熱絡許多。「我們希望兩國關係能持續發展，」他表示：「我們對化學戰與化學武器的立場，絕對沒有削弱我們關注雙邊關係的意圖。」[121]

近東事務局內部已做出對種族滅絕問題的評論，他們總結伊拉克是在鎮壓叛亂，而非實施種族滅絕。「儘管伊拉克的軍事行動很殘忍，但他們的目標是收回反叛分子多年佔據的土地。這些叛亂分子與伊朗緊密結盟，收到伊朗的武器與資助而強化力量，形同於伊拉克的第二戰線。」助理國務卿墨菲寫道，既然缺少海珊試圖消滅庫德人的證據，那種族滅絕的指控便十分牽強。「我們沒有看到能證明他企圖消滅全庫德族的證據。」墨菲表示他的想法沒有改變：「種族滅絕是另一回事，我們知道伊拉克正以殘忍方式對待庫德人，但當你使用**種族滅絕**這個詞時必須非常謹慎。對我來說，海珊顯然沒有消滅所有庫德人的意圖。」墨菲從未看過《滅絕種族罪公約》，因此認為種族滅絕意指跟希特勒一樣，要消滅歐洲每一位猶太人的全面行動。

近東事務局所提出的詮釋，很快得到《華盛頓郵報》記者派翠克·泰勒的支持。一九八八年九月二十五日，泰勒寫了一篇標題直接的文章——〈庫德族：並非種族滅絕〉（*The Kurds: It's Not Genocide*）。他寫道，儘管伊拉克「大規模迫遷」庫德人的行動，相當「駭人聽聞且在歷史中留下一頁」，但是「種族滅絕是指消滅一個種族的人口與文化……不是描述伊拉克狀況的正確詞彙。」[122]泰勒也忽視「種族滅絕」的法律定義。他的推測是根據一趟表淺且受到嚴格監控的參訪庫德城鎮行程。他發表文章的地點，是多個未受安法爾行動侵襲的庫德城市之一，只有鄉村地區的庫德人成為滅絕目標，可是泰勒沒有造訪鄉村領域。《華盛頓郵報》的記者強納森·蘭達爾惱火地描述，這些記者缺乏當地經驗，卻往往不負責任又粗暴地一概而論。「所有記者似乎都認為當地人是在他們抵達後才開始生活，他們一下飛機就期望自己立刻成為專家。」蘭達表示：「現場的那群人知道我們何時截稿，把我們當樂器一樣玩弄。」西方記者看到的是熙來攘往的城市生活，但鄉村地區的庫德人仰賴山區，那個區域禁止外人進入。如同一名庫德族發言人所說：

庫德人有句流傳的話：「夷平了山，庫德人一天內就會滅亡。」對庫德人來說，山幾乎等同於神性的化身。山是他們的母親、避難所、保護者、家園、農地、市集、夥伴，也是唯一的朋友。在山區之外的城市定居的庫德人，就算仍被包含在庫德斯坦的範圍，但很快就會喪失真正的庫德族認同。[123]

雷根政府在伊拉克進行破壞行動的十八個月中，一次都沒有譴責過對方，還竭盡所能扼殺參議院的制裁法案。儘管如此，近東事務局仍聲稱自己的目標和人權倡議者相同。墨菲寫道：「我們應該平衡所有跟美國這個重要性日漸增加的國家有關的利益，以便達成**我們的共同目標**，我們的目標是限制化學武器和落實人權。」[124]墨菲曾在一場眾議院聽證會上表示：「我能向你們保證，我們的反對立場和你們的立場完全一樣，並也很強烈與憤慨……。我們共享相同的目標，也就是終結伊拉克和任何其國家使用化學武器。我們希望達成的目標沒有差異。」[125]一如往常，差異在於「手段」。

制裁法案的失敗

赤柬在柬埔寨讓近兩百萬人挨餓受迫至死時，貝克和尚伯格等記者強烈關注當地人民，特威寧和昆因等美國外交官也十分厭惡赤柬的殘忍暴行。然而，他們似乎都認為自己沒辦法克服國內對東南亞議題的疲乏，也無法讓美國回應赤柬的恐怖統治。他們明智的見解會像落在波多馬克河上的雪花一樣，無法激起任何漣漪。因此，儘管他們勤奮記錄恐怖統治事蹟，卻沒有真正遊說美國涉入。在內心深處，他們似乎懷疑美國是否能改善當地情況。經過越戰和水門事件，美國人對制度幾乎不抱任何信心。

赤柬被罷黜後近十年，加爾布萊斯在一九八八年展開運動，目標是懲罰海珊的種族滅絕行動。在短短數年內，國際社會舞臺已大不相同。冷戰正在瓦解，雷根總統絲毫沒有卜特總統的膽怯顧慮，大肆在世界各地耀武揚威。然而，美國不可能再試圖遏止戰略夥伴的侵害人權行為，尤其當這麼做會傷害美國的經濟利益時，就更不可能採取行動。

美國的政治人物出了名受到利益團體控制。[126]沃爾特．李普曼曾如此描述美國議員：「他們只有在想和解、安撫、賄賂、引誘、欺騙，或試圖操縱自己選區內苛刻又具有威脅性的特定團體時，才會在政治上有所長進。對他們而言決定性的考量不在於提案的好壞，而在於……活躍發言的選民是否會立即贊同。」[127]*

然而，加爾布萊斯相信，參議院是能為了政治交易而按照原則行事的機構。參議院不需淪為「地方人物密謀跟愚蠢理由的集合」。[128]在初期參議院對防止種族滅絕法案的表決，似乎證實這個團體可以為了正確原因做正確的事。但當參議院通過法案後的餘波愈演愈烈，加爾布萊斯開始擔憂錯誤原因導致的錯誤結果。

當戰場從參議院轉移到眾議院，最該為破壞制裁行動負責的人是丹．羅斯登考斯基（Dan

Rostenkowski，伊利諾州的民主黨代表），他是眾議院歲入委員會主席，日後將因貪腐醜聞被迫下臺。羅斯登考斯基受國會山莊的抗議風波影響，採取行動讓眾議院以「藍紙條」否決加爾布萊斯的《防止種族滅絕法案》。這種方法，就像眾議院將參議院違憲提出的財稅法案退回參議院。[129]羅斯登考斯基的主張相當薄弱，但一如萊姆金曾說：「如果有人不喜歡芥末醬，他們總會找到理由反對。」羅斯登考斯基不喜歡這個品牌的芥末醬，於是他封殺裴爾和赫姆斯提出的法案。加爾布萊斯震驚不已。「我以為眾議院會接受這項法案，特別重視它並讓它通過。」他回憶道：「我沒想到當如此罪大惡極的事發生，商業利益還能發揮影響。」許多議員表示，參議院的法案「有點太過火了」。對加爾布萊斯來說，這種委婉的說法等同可恥的投降。

不過這項法案並沒有全盤皆輸。眾議院發展出自己版本的法案，支持者稱之為對使用化武的「慎重回應」。眾議院的制裁法案，移除了白宮需提出證明的責任，並刪去任何提到種族滅絕的字眼。經過委員會好幾輪刪改，法案中留下的唯二制裁手段，包含禁止提供購買美國製造業產品的進出口信貸，以及禁止販售可能用來製作化學武器的化學藥劑。但仍然有議員表示這會傷害到美國的製造商，持續反對兩種方法。

* 沃爾特．李普曼（Walter Lippmann，一八八九年—一九七四年），美國作家、記者、政治評論家。李普曼長年擔任多名美國總統、政治人物的重要幕僚顧問，他刊物《新共和雜誌》的「今日與明日」專欄，為美國言論史上歷時最久也最具影響力的專欄，李普曼因而兩度獲得普立茲獎。其著作涵括政治學、新聞學、外交等領域，重要代表作包含《民意》、《幻影公眾》等。

加爾布萊斯幫助那些他認為能動搖立場的人做人情。然而他積極進取、專心致志的態度沒有吸引所有人。「彼得的一言一行都受到許多反彈，」加爾布萊斯的主管克里斯蒂安森記得：「他用錯誤的方法惹怒許多人。他們認為他十分**情緒化**，而對他嗤之以鼻。無論是出於嫉妒或者蔑視他的積極行動，許多議員都不喜歡他。」加爾布萊斯要傳達的訊息，也不是國會議員或國務院官員想聽的，他正在提議的法案無法保障任何可想見的物質利益，還可能造成一些實質損失。「彼得這個人嗎……這麼說好了，彼得就是彼得。」國務院的賴瑞．波普說道：「他非常惱人，是我們執行往來政策時的眼中釘。」

儘管雷根政府反對，在一九八八年九月二十七日，折衷法案在眾議院高票通過，同意與反對比數為三百八十八比十六，兩黨大多數議員都投下同意票。十月十一日，參議院以八十七比〇的票數通過一項修訂法案，幾乎和眾議院通過的版本如出一轍。雖然法案並不太嚴厲，加爾布萊斯認為這至少能代表對海珊殘忍暴行一定程度的責難，並迫使雷根總統落入尷尬處境。雷根政府必須決定他們反對懲罰海珊的程度，是否足夠到對國會議案動用否決權。然而，在一九八八年十月二十一日，加爾布萊斯發現在秋季休會前最後一輪的議會操盤中，眾議員丹提．佛塞爾（Dante Fascell，佛羅里達州的民主黨代表）將制裁法案從確定會立法的賦稅法案中移除。佛塞爾為了維護自身所屬委員會的管轄權，將制裁法案納入一項獨立法案中。由於其他條款存在，這項法案沒有通過機會。國會山莊從來沒有成功送出經濟制裁方案。

為了維持美國政治程序正常運作，政府從來不會向美國人民解釋，是否要公開譴責、懲罰或嘗試制止以化學武器攻擊人民的行為。政府一如既往關起門來做決定，利益團體掌控全局，而定義狹隘的國家利益合理化不人道的作為。

現實的阻礙不只源自利益團體的高聲反對，也因為除了這些特別關注法案的遊說團體之外，沒有與之抗衡的聲音代表庫德人爭取支持。當普羅邁爾提議批准《滅絕種族罪公約》時，有一小群敢於發言、秉持孤立主義的南方州參議員成功阻止議案通過；當赤柬統治柬埔寨期間，社會上聲量最大的人，都是那些質疑難民主張的人。伊拉克的案例也是如此，重要的人權組織如國際特赦組織和人權觀察會，都還在昏暗的辦公室作業而且經費拮据。國際特赦組織主要關注入獄的政治異議分子，人權觀察會則聚焦在拉丁美洲和亞洲的濫權行為。十月七日到十六日期間，總部設在波士頓的人權醫師協會（Physicians for Human Rights）派遣一個醫療團到土耳其邊境，在有計畫聽取難民說明後，人權醫師協會的醫師發表第一份獨立報告，記錄伊拉克大範圍使用化武的情形，並將伊拉克的攻勢描述為「種族滅絕襲擊」。那份報告引發大量但短暫的媒體關注，可是華府當局的重要人士沒有參閱。[130]

加爾布萊斯獲得最有力的政治支持，是來自一群德州貝鎮（Baytown）的煉鋼工人，他們的工廠計畫要關閉並到伊拉克重新設廠，導致數百人失業。他們得知制裁法案能阻止工廠的行動時欣喜若狂，而打電話給精疲力竭的加爾布萊斯，提供熱情的道德支持。儘管比起強大的美伊商業理事會（U.S.-Iraqi Business Council），這群人的效力微乎其微。從一九八〇年代中開始，眾議員霍華德．柏曼（Howard Berman，加州的民主黨代表）便持續推動立法，限制與伊拉克的貿易，但他布局的方向錯了。「那時沒有任何相關的草根行動。」他說：「美國人沒有注意到我們當時對伊拉克的政策，或者他們都不太有興趣。」當法案要表決時，多數議員由於沒聽到他們的選民發表相關意見，都僅僅考慮經濟和戰略利益。

在今日美國的政治圈中，一些最有影響力的遊說團體，當然是代表不同族裔利益的團體。亞美尼亞裔美國社群數十年來一直進行遊說，爭取設立亞美尼亞種族滅絕紀念日，並在二〇〇〇年十一月受到土耳其政府反對的情況下，幾乎獲得美國官方對亞美尼亞種族滅絕的承認。猶太裔美國社群的團體也極具影響力，他們協助爭取數十億美元的救濟資源給以色列，並在華盛頓特區的國家廣場設立大屠殺紀念館。然而，當種族滅絕在土耳其和納粹佔領的歐洲實際發生時，這些遊說團體都還不存在。同理，在柬埔寨發生種族滅絕期間，移居美國的柬埔寨人或移民後代相當稀少。那些移民沒有政治組織，無法吸引大眾關注他們同胞的訴求。至於在庫德族案例中，當加爾布萊斯提出的法案在國會準備通過時，美國既沒有庫德人，也沒有庫德裔社群聯合起來進行遊說。一九八八年六月塔拉巴尼首次拜訪華府時，他的政黨沒有建立華府辦公室或相關聯絡管道，強化這趟出訪的力量。經營該政黨倫敦辦公室的拉蒂夫．拉希德表示：「由於我們沒有駐華府代表，美國領袖很容易假裝庫德人不存在。」

有時候，美國媒體能扮演吸引公眾注意力的角色，讓人民關注海外的不公義事件，或立法結果的利害關係。當時，伊拉克對庫德人的鎮壓、哈拉布賈攻擊行動和大批庫德人離境的現象確實獲得一些關注，但無論是伊拉克政府在鄉村地區更大規模消滅庫德人，或《防止種族滅絕法案》在國會立法程序中擺盪的局勢，都沒有引起媒體太大興趣。報導的稀缺讓國會議員和行政官員能反對法案，而不會引發任何負面評論。

在推動法案受挫後，裴爾參議員曾發表一段關於《防止種族滅絕法案》的檢討：

有時，我們的立法程序會以美國人民能夠理解與認同的方法運作。一九八八年九月九日就是這種時刻。那天，參議院一致通過對伊拉克實施制裁，以回應伊拉克政府對庫德族使用毒氣攻擊……但如今我們面臨的狀況是……只要有幾名資深的眾議員，就能阻撓眾議院和參議院以壓倒性多數，對伊拉克的毒氣攻擊採取反對立場。這次經歷就是許多美國人會質疑國家立法程序的例子。[131]

美國沒有按照倡議人士的訴求，召開聯合國安理會的特別會議，反而加入其他九個國家，呼籲聯合國派遣專家團隊到伊拉克進行調查，並建議這次的事實調查任務，模仿過去聯合國做的有關化學武器調查（這項調查曾證實伊拉克對伊朗使用化武攻擊）。美國官員雖然提出這項建議，卻沒指出先前這些調查都確切證實調查政策本身效用不大。這類聯合國調查團在一九八六、一九八七和一九八八年都曾「做出結論」，推斷伊拉克曾對伊朗使用化武。[132]

一九八八年十一月，伊拉克政府將海伍德．蘭金驅逐出境，他就是在一九八七年陪同加爾布萊斯進入庫德族領地的外交官員。當時蘭金再次前往伊拉克北部，調查伊拉克是否使用毒氣。巴格達當局表示驅逐蘭金的原因，是他「與庫德人交談」。[133]對於這項舉措，美國國務院透過驅逐一名華府伊拉克大使館的外交官作為回應，但並沒有公開宣告這次決策，也沒有將之與使用化學武器或消滅庫德人的行動連結在一起。[134]

那時後，海珊已經破壞庫德族鄉村地區超過十八個月，致命的安法爾行動也持續超過六個月。那段期間，雖然國務院會定期收到關於庫德村莊被摧毀，和庫德族平民被毒氣攻的情報，但雷根政府的官員只有在媒體施壓和國會積極推動制裁的逼迫下，才會出面發言。而他們就算發表意見，在批評時的用字遣詞也非常謹慎，清楚表明除了化學武器外，海珊可以自由以其他手段攻擊庫德人。裴爾參議員首先推動制裁法案，因為比起岌岌可危的地緣政治、農業、製造業或石油利益，他認為阻止種族滅絕更重要。然而，制裁法案的反對者沒有明說這是原則對抗利益的問題。「人們總是不喜歡承認他們正在不容懷疑的原則以及不容質疑的選民利益之間做出選擇。」克里斯蒂安森說道：「他們比較樂意在軟弱的原則和不容質疑的選民利益間權衡。所以比較好的做法，是讓原則顯得曖昧不明或有距離，並且不要讓原則具體化。」

因此，那些不想懲罰伊拉克的人告訴自己，海珊犯的罪行不一定是種族滅絕、庫德人被鎮壓是自食惡果、毒氣攻擊的證據並非萬無一失。美國確實掌握一些情報，能將伊拉克與庫德族武裝分子的軍事作戰，和伊拉克摧毀整個社群區分開來。儘管高層決策者對資訊不流通的主張是正確的，但美國的政策鮮少根據萬無一失的證據做判斷。美國官員必定掌握了足夠證據，知道海珊準備好以任何能運用的手段，解決他的「庫德族問題」。

餘波

安法爾行動後的生存與死亡

一九八八年秋天，加爾布萊斯推動制裁法案未果後，海珊的安法爾行動逐漸趨緩。來自禁區的庫德人不是遭到迫遷、被處決，就是被迫在一份聲明書上簽名或壓印指紋，聲明書內容如下：「我簽署人〇〇〇作證我居住在〇〇省〇〇區，住處編號為〇〇，我同意如果以上資訊有誤，或我在沒有通知相關行政與政府部門的情況下更改地址，我將會遭處死刑。」[135]來自禁區的庫德人被塞入超過十個營區，每個營區都容納大約五萬人，其中主要都是安法爾行動倖存者，他們又被稱為「Anfalakan」。[136]據說大多在監獄中的庫德人被赦免，但有一些人已經被處決。其他庫德人則享有自由，但前提是他們「在權利義務上，不能與伊拉克人站在相同立足點，除非他們能展現出實質良善意圖與正當行為，證明他們已結束跟蓄意破壞者的一切合作……。」伊拉克當局表示將會透過「在他們之間配置嚴密勤奮的告密者」來監控他們。[137]

馬吉德在欣然執行殘忍的任務後，決心不讓收益流失。「對於任何可能發生的事件，都必須及時果斷回應。」他表示：「無論發生的事件多瑣碎，回應規模都要遠大於事件規模。」[138]

到了一九八九年，伊拉克的「庫德族自治區」只剩下幾百座村莊。伊拉克政府從劃定禁區以來，已經摧毀大約四千〇四十九座村莊。[139]一九八九年四月，馬吉德將北部公署交給繼任者管轄。在類似可被稱為傳遞火炬的典禮上，他回憶在任期內所有作為，並宣稱自己仍然有人性：

我想坦承，我不會是當前穩定北方局勢最適合的領導者……當我看到悲劇節目或電影時會哭泣。有一天，我在某部電影中看到一名女子迷路又孤苦無依，我就哭了。但我想告訴你們，我還是做了應該做的事。我不認為你們能做得比我更多。[140]

一九八九年一月，老喬治・布希接管了白宮，他的外交政策團隊針對美國對伊拉克的政策進行初步評估。他們在馬吉德離開伊拉克北部時完成研究，認為伊拉克可能是控制伊朗和推動未來中東和平近程的有益盟友。這份「美伊政策指導方針」重擊在國會擁護制裁法案的議員，和一些已經在國務院進行遊說的人權倡議者。指導方針的內文指出，儘管農業部、商務部、國防部和國務院都支持有利的穩定美伊關係，「有些國會與部會成員，仍然會破壞雙方關係最有益的部分，例如農產品出口。」[141]布希政府不會轉而採取同時控制伊拉克和伊朗雙方的政策。由於在美國相當活躍企業團體，堅決認定伊拉克是商機而非敵意來源，白宮便竭盡所能為這些公司創造機會。「如果我們試圖孤立伊拉克，」國務卿詹姆斯・貝克事後寫道：「我們也會將美國企業與重大商機隔絕開來，尤其是農業利益團體。」[142]於是，海珊又獲得額外的十億美元農業信貸。伊拉克成為美國農產品的第九大購買國，貝克則成為中西部農業州政治人物最喜愛的官員。如同貝克在他的回憶錄中溫和提到：「我們的行政部門在評估先前的伊拉克政策時，沒有排除國內的經濟考量。」[143]

布希政府的指導方針揭露他們的擔憂，如今伊拉克與伊朗的戰爭已經結束，美國將更難公開為伊拉克的違法行為辯解。「原先議題被掩蓋，如今伊朗擴張的威脅已逐漸解除，保護伊拉克免受西方批評的防護罩也跟著消失。」指導方針中提及：「這讓人權成為戰場。那些想證明斷絕美伊關係，或大幅度限制伊拉克才是正當作為的人將大肆運用這點。」國務院堅認庫德人是因為叛亂才引發鎮壓。布希政府因而建議：「我們絕不該讓國家和長達六十年的庫德族叛亂產生牽連，也不該反對伊拉克政府鎮壓的合法嘗試。」[144] 美國官方並沒有解釋該如何區分合法鎮壓和非法鎮壓，但美國對伊拉克政權的本質不帶有任何幻想。指導方針說明：「薩達姆．海珊會繼續除掉那些他視為威脅的人，虐待認為有秘密能揭露的人，他在統治任內不會對民主有任何實質讓步……幾乎沒人預期伊拉克近期將出現人道政權。」然而，一九八九年，當十二個西方國家在聯合國人權委員會上，聯合發起措辭強烈的決議，呼籲指派一名特別調查員「全面調查伊拉克的人權狀況」時，美國卻拒絕加入。[145]

一九八九年十月二日，距離約六萬名庫德人為躲避毒氣攻擊，匆忙逃亡到土耳其一年，布希總統簽署《第二十六號國家安全指引》（*National Security Directive 26*），該項條款的結論提及，「美國和伊拉克的正常關係，有助於我們更長期利益，並促進海灣地區與中東的情勢穩定。」因此，行政部門會「為美國公司爭取機會並嘗試鋪路，參與伊拉克經濟的重建工作」。兩伊戰爭造成的毀損將創造龐大商機。如果在其他環境，例如南非和日後的中國，美國會主張社會的繁榮發展以及和西方接觸，將讓南非和中國更尊重人權，並以此正當化國家中家的經濟往來。不過美國列舉外國投資伊拉克的理由時，幾乎沒提到阿拉伯人和庫德人「長期的人權效益」。顯然海珊在位時，人權情況不會好轉。

一九八九年，在巴格達國際商展上，格拉斯佩大使在美國攤位的歡迎手冊上寫道，美國大使館的首要任務「就是促進我們兩國的商貿與友誼」。有些美國大公司參加這次商會，包括 AT&T 國際公司（AT&T International）、通用汽車（General Motors）、全錄公司（General Motors）、西屋電氣（Westinghouse）和王安電腦（Wang Laboratories），其他公司則推動成立美伊商務論壇，在華府遊說促進貿易關係。[146]

在美國國會，有幾名成員拒絕讓海珊殘忍對待本國人民的議題石沉大海。一九八九年，由於裴爾參議員在眾議院的盟友伯曼死纏爛打，國會終於同意禁止進出口銀行（Export-Import Bank）資助貨物出口到伊拉克。然而，這項禁令有附帶的免責條款，如果國家出於安全需要，布希政府得以忽略禁令。兩個月後，總統就利用這個漏洞。一九九〇年一月十七日，布希無視國會反對，簽署一份指引授權近兩億美元的進出口銀行信用額度。如果說國會和白宮受利益團體驅使，行政部門則是以提升美國國家利益為由正當化立場。無論布希或雷根政府，都不曾公開譴責迫遷庫德人的行動。

焚燒以色列，引火自焚

一九九〇年初，薩達姆．海珊的行為變得愈來愈大膽，致使布希總統必須有所行動，為兩國友好的關係辯解。三月時，伊拉克政府處決一名他們聲稱是以色列間諜的英國記者，有關伊拉克正在強化核武與化學武器的報導開始大量出現。一九九〇年四月二日，海珊在一場對武裝部隊總指揮部發表的演講中越界。他證實伊拉克擁有化學武器，並警告如果以色列攻擊伊拉克，「我對真主發誓，我們會發動能吞噬半個以色列的大火。」[147]後來，這場被稱為「焚燒以色列」的演講，讓美國的以色列支持者很憤怒，尤其是紐約州共和黨參議員阿爾方斯．狄馬托（Alphonse D'Amato）。狄馬托急忙請求加爾布萊斯草擬另一份制裁法案，這項法案被稱為一九九〇年的《伊拉克國際法遵約法案》（*Iraq International Law Compliance Act*）。

布希政府依然希望海珊改變立場，一些有影響力的參議員也站在相同立場。一九四〇年四月，有一名國會代表團從伊拉克返美，成員包含鮑伯．杜爾和亞倫．辛普森（Alan Simpson，懷俄明州的共和黨代表）。兩人曾在伊拉克和海珊會晤兩個半小時，之後興高采烈宣告海珊是美國能合作的領袖。[148]在會面時，海珊抱怨：「美國和歐洲正在發動對抗我們的大規模運動。」杜爾則向他保證：「布希總統不會這麼做的。」杜爾也堅稱，如果國會雙議院都通過制裁法案，布希也會動用否決權。儘管如此，來自國會的挑戰愈來愈猛烈。在一場眾議院聽證會上，藍托斯挑戰繼任墨菲的近東事務助理國務卿約翰．凱利（John Kelly）。藍托斯低沉有力地說：「到底什麼時候行政部才會認清海珊不是好人？」凱利則堅守美國政府立場：「我們相信伊拉克政府的行為仍有可能出現正面改變。」[149]

參議院的反對者持續援引無效論、反常論和危害論，作為保持沉默的藉口。不過一些人已經意識到，允許海珊支配美伊關係的條件，有可能違反人道主義與危及國家安全，他們在一九九〇年說了一九八八年沒說過的話。參議員威廉．柯恩（William Cohen，緬因州的共和黨代表）公開譴責美國膽小懦弱。「侵蝕我們原則的是石油的味道和鈔票的顏色。」柯恩評論。[150]對於那些主張單方制裁伊拉克沒好處的參議員，柯恩表示如果美國因為擔心盟友不會跟進，而避免懲罰海珊，「我們就是受制於隨波逐流的主張，走上海珊實施恐怖統治、攻擊或提出威脅時，然仍繼續供養他的道路。」柯恩也提及希特勒：「我們在歷史上曾聽過張伯倫的雨傘敲擊慕尼黑卵石路面的叩叩聲。」*七月二十七日參議院要投票表決新的制裁法案前，柯恩表示：「如今我們即將聽到農用曳引機在巴格達街道上行駛的隆隆聲。」[151]

參議員南希·卡斯鮑姆（Nancy Kassebaum）來自堪薩斯州，該洲每年出口一百萬噸的小麥到伊拉克。然而，她受到際特赦組織針對伊拉克侵害兒童人權的報告觸動，對參議院遲遲沒對抗海珊感到後悔。她發表令人難以忘懷的宣告，主張無論堪薩斯是否為農業州，都應該支持制裁法案。卡斯鮑姆表示：「我無法相信這個國家任何一位農民，會想把他的產品運送到……一個使用化學武器的國家，一個虐待傷害兒童國民的國家。」[152]一九九〇年七月二十七日，參議院以八十八比十二的票數通過狄馬托的修正案。這個法案禁止美國政府擴大任何種類的財政信貸或協助，包括農產品信貸公司的保證款項，也禁止販賣武器給伊拉克，除非總統能證明伊拉克「實際上遵守」多份國際人權公約的條款，包括《滅絕種族罪公約》。參議院擱置德州共和黨議員菲爾·葛蘭姆（Phil Gramm）提出的修正案，這項法案原先允許布希政府在發覺制裁對美國企業與農民的傷害大過於對伊拉克的傷害時，得以延遲執行條款。

參議院終於通過制裁法案後一週，伊拉克入侵科威特，海珊任命馬吉德擔任被佔領省分的軍政府首長，當時馬吉德的外號為「化學阿里」。

伊拉克在入侵科威特幾小時內，眾議院以四百一十六比〇的票數，通過伯曼眾議員延宕已久的提案，拒絕提供伊拉克進出口信貸。到了這個階段，幾乎沒有人對這種手段提出異議。跨國入侵行動踐踏美國盟友國的主權，也威脅到美國的石油供應。眾議院外交事務委員會主席佛塞爾倉促附加一條布希總統剛簽署的行政命令，要求對伊拉克全面禁運，並凍結伊拉克在美國的資產。

從一九八三年以來，美國政府提供伊拉克的信貸款項總額，達到五十億美元。美國的信貸讓海珊騰出多餘貨幣，讓他愛惜的軍事資產更加強化與現代化，其中包含他儲備的致命化學藥劑。美國的糧食能在佔領科威特期間，填飽伊拉克軍隊的肚子。

庫德族反抗

一九九一年一月十七日，美國開始轟炸巴格達。不久之後，美國的地面部隊就擊潰伊拉克共和國衛隊（Iraqi Republican Guards）。加爾布萊斯接到庫德族領袖賈拉勒・塔拉巴尼來電，向他保證會轉達伊拉克軍隊的動態。加爾布萊斯安排將這些通報訊息，以無線電從伊拉克北部傳到大馬士革，接著以庫德文傳真給在底特律的一名牙醫師，那名牙醫翻譯電報後，會將之傳真到華府。不過，加爾布萊斯很快就發現布希政府內部沒有人要接收這些消息。美國或許已經在和伊拉克打仗，但戰爭沒有讓布希政府更願

* 此指英國首相張伯倫採行綏靖主義政策，於一九三八年簽署慕尼黑協定，割讓捷克斯洛伐克的大片領土給納粹德國，最終此項政策並未阻止納粹擴張。

意處理庫德族問題。國務院官員通知加爾布萊斯，庫德人對搜集情報的用處不大。當塔拉巴尼親自拜訪華府時，同意見他的國務院基層官員堅持不在機構建築內碰面，而是和他約在附近咖啡店。

然而，一九九一年二月十五日，布希總統確實首次公開提到要改變伊拉克政權。至今，庫德人都能逐字引述他發表的演說。「還有另一個方法能阻止流血屠殺，」布希說：「那就是伊拉克軍方和伊拉克人民自力救例，迫使獨裁者海珊下臺。」[153]庫德人早已渴望離開伊拉克許久，他們將這場演說解讀為布希在鼓勵他們發動一次成熟的反叛行動。一九九一年二月二十七日，地面戰爭開始僅僅一百小時，布希就宣告停火。布希擔心這場戰役會演變成「越南的翻版」，於是聽從參謀長聯席會議主席柯林・鮑威爾將軍的明智建言，在海珊在劫難逃前就中止戰爭。伊拉克政府還剩下約三十萬人的戰備部隊和兩千臺戰車。然而，伊拉克的什葉派穆斯林相信同盟會支持，也低估巴格達當局握有的資源，於是在三月二日於伊拉克南部發起反叛，庫德人則在三月六日從北方發起反抗行動。

加爾布萊斯接獲塔拉巴尼有關庫德人計畫發動叛亂的通知，他申請到參議院外交關係委員會許可，出差到中東執行事實調查任務。他的主要目標是要進入庫德族領地，評估華府應該做什麼來幫助庫德人。但他知道自己的主管絕不會批准這麼危險的行動，所以沒說出這部分的旅行計畫。加爾布萊斯比多數美國人都更熟悉這位伊拉克獨裁者的殘暴，他深知現況無法預測，海珊不會避諱表達怒火。在離開敘利亞大馬士革前一天，加爾布萊斯草草寫下一封短信，給他十三歲的兒子安德魯：

親愛的安德魯，

我希望你永遠不會收到這張紙條，但如果你收到了，有些事我希望你知道。

第一，我之所以去庫德斯坦，是因為我相信幫助受害者是正確的事。庫德人正在反抗一個邪惡的政權，他們的族人需要幫助，包括最重要的糧食和藥物。我想如果去到那裡，將有助於我說服國會提供援助。

第二，我最抱歉的是我無法看著你長大。你還是嬰兒時，你母親和我就離異，你和我一直都不像真正一家人。但我非常愛你，也知道你會成為一名傑出、有愛的男人。祝你活出善良、寬容、關愛的人生。

愛你的爸爸

加爾布萊斯前半段的旅程和一名《新聞週刊》的記者同行。兩人在搭乘小船橫渡底格里斯河時，遭受零星的迫擊砲轟擊。加爾布萊斯用一臺 Hi-8 攝影機錄下他狼狽入境的過程，以及庫德族人土地大受破壞的景象。他發現庫德人正在慶祝。那天是一九九一年三月三十日，庫德人已經發起反叛行動近三週。他們接管幾乎所有伊拉克境內的庫德斯坦領地。在札科（Zakho）街上人滿為患，擴音器宣告：「我們解放了庫德斯坦！」庫德人利用運土設備，將被遺棄的伊拉克卡車拖進修車棚。他們炫耀從伊拉克秘密警察檔案庫蒐羅到的文件和錄影帶。在一場與塔拉巴尼的慶祝晚會上，加爾布萊斯敬酒祝賀，並宣告：「伍德羅．威爾遜總統承諾讓世界各個民族自決，《色佛爾條約》賦予庫德人這項權利。我很高興成為第一位站在庫德人自主治理領地的美國政府官員。」然而，隔天早上六點十五分，有人叫醒加爾布萊斯，僅僅告訴他：「是時候該走了。」海珊正在鎮壓反叛行動。

庫德人指望美國的軍事支援，同時高估同盟勢力攻擊對伊拉克軍隊造成的傷害。伊拉克政府的殘暴反擊正在上演，官方動用戰車、裝甲車、重砲和戰機，讓幾乎所有庫德族平民都展開逃亡。[154]

當月月初，美國在和伊拉克談判停火時，沒有堅持禁止伊拉克使用武裝直昇機。後來，美國的指揮官諾曼·史瓦茲柯夫（Norman Schwarzkopf）表示自己遭人哄騙，而允許伊拉克用直昇機來進行聯絡。如今直升機成為伊拉克對付庫德人的終極恐怖武器。由於在一九八七、一九八八年，伊拉克用直昇機來運送毒氣攻擊庫德人，許多庫德人在伊拉克反擊前都逃跑了。

雖然庫德族居住地區盛產石油，但經過八個月的經濟制裁和兩個月戰爭，庫德人幾乎沒有剩餘汽油當作飛機的燃料。多數難民排成蜿蜒的長隊步行離開。大約有一百三十萬名庫德人湧入緊鄰伊朗和土耳其國界的伊拉克山區。伊拉克計畫性地沿路轟炸庫德村莊將之夷平，讓難民無法在途中找到避難處。加爾布萊斯在當地路上遇見一名扛著一袋穀物的男子，那些穀糧早些時候被灑上滅鼠藥，這是他全村僅剩的糧食，而他正試圖洗去穀物上的毒藥。

加爾布萊斯在「被解放」的庫德斯坦待了三十六小時，就又回到敘利亞邊界，那裡正遭受嚴重砲擊。當砲彈在他四周落下時，他衝刺穿越泥灘，到河邊一處堆著沙袋的地點。有一艘小船把他載到敘利亞。隔天，伊拉克人就攻佔能跨越國界的邊境地區。

雖然有人嘲笑加爾布萊斯的攝影晃動不穩，但他錄下的片段是庫德族反抗失敗後的第一批影像。那批影像在一九九一年四月一日成為美國新聞節目的頭條。由於伊拉克與敘利亞邊界被佔領，庫德族難民多花幾天才抵達土耳其邊界。加爾布萊斯事先致電給前情報研究局的助理國務卿艾莫惠，當時艾莫惠已是美國駐土耳其大使。加爾布萊斯警告艾莫惠，不久會有將近一百萬人來到土耳其國門前。四月二日，加爾布萊斯為參議員喬治．米切爾和派翠克．莫尼漢準備一份詳盡的備忘錄，報告庫德人正面臨被屠殺的危險。儘管一九八八年加爾布萊斯推動制裁伊拉克的計畫以失敗告終，但他達成最顯著的結果，是在一九九一年當庫德人再度面臨屠殺危機時，華府人員至少聽過這群不幸的少數民族。裴爾參議員在一九八八年便提過種族滅絕議題，如今他更有權威警告同盟國若不採取行動，庫德人可能會被消滅。

加爾布萊斯沒有取得參議院同意進入伊拉克，已經違反參議院外交關係委員會一項基本規定。當他看過庫德斯坦的景象後，他開始違反其他規定。國會幕僚成員不得在媒體上曝光，但加爾布萊斯在四月一日和四日出現在新聞節目《夜線》（*Nightline*）上，四月十八日又上了一次節目。他還為雜誌《新共和國》（*New Republic*）寫了一篇庫德人反抗失敗的封面報導。四月十七日，莫尼漢參議員在議場代表加爾布萊斯發言。他主張國會應該獎勵「遠超過職責所需的公職服務」。他指出參議院幕僚成員往往不受認可，並表示：「這不是因為我們怠忽職守，而是因為兩百多年以來，我們不曾看過像加爾布萊斯這樣年輕有為的人。他不顧自己的福祉和安危，全心投入關注一群身陷惡劣處境的人民。」[155]

到了四月中，大約有四十萬名庫德族難民抵達土耳其，各界擔憂可能還有五十萬人在路上。[156]加爾布萊斯新獲得的聲望讓他變得更尖銳，而非更圓滑。他從華府的發言中發現，華府似乎認為人道救援機構能解決問題。國務卿貝克在回應土耳其庫德人的安全問題時表示：「我們希望人道救濟工作者能在現場，防止這群人日後被騷擾和迫害。」[157]在某場有四十到五十名危機處理專家出席的救濟會議上，加爾布萊斯大發雷霆，說道：「你們是在告訴我，一群沒有武裝的瑞典人待在飲食補給站，就能讓庫德人有信心下山，面對一個我們總統將之比擬為希特勒的男人？我想你們解決奧斯威辛集中營問題的方式，就是確保一些穿短褲的瑞典年輕女子會在現場提供猶太人食物！」他的暴怒換來眾人的沉默，這不是處理事情的方法。有人告訴加爾布萊斯他在這個議題上投入太多個人情緒。

不過加爾布萊斯提議的替代方案，即要求聯合軍隊介入受到愈來愈多人支持。英國首相梅傑（John Major）開始呼籲布希政府採取行動，威廉．薩菲爾攻擊總統「沒膽量」。[158]他寫道：「如今，那些像庫德人一樣太過輕信他人的人民知道，如果信任布希先生可能會引來殺機。」[159]儘管如此，布希堅定不移，依然授權一千萬美元資助救濟工作作為回應。有一名高層的白宮助理表示：「一百篇薩菲爾的專欄文章也不會改變公眾想法。我們的政策沒有任何負面的政治影響。」[160]

在這場聲援中，作為美國盟友的土耳其卻高聲反對。他們需要美國幫忙擺脫土耳其南部蔓延的庫德族人口。四月七日，國務卿貝克搭乘直昇機到土耳其邊界，並在中途停留的十七分鐘，看見大約五萬名庫德人緊挨著周圍的山脈駐留。這是一場公共關係的災難，他擔心布希政府在波斯灣戰爭中獲得的利益，會全數化為泡影。同時，這場人道災禍也令他動容。根據估計，每天約會有一千名庫德人瀕臨死亡。「我們不能讓這個情況繼續下去。」貝克說：「我們必須做些什麼，而且現在就得做。」[161]

一九九一年四月十六日，美國聯合同盟國家發動撫慰行動，為北緯三十六度線以北的伊拉克北部庫德人開闢一個「安全避難所」。聯合地面部隊將在伊拉克設立救濟營，並由美國、英國和法國的飛機在空中巡邏。[162]

撫慰行動或許是最有前景的指標，反映出後冷戰世界可能用來預防種族滅絕的手段。在中將約翰·沙利卡希維里（John M. Shalikashvili）指揮下，大約有一萬兩千名美國士兵協助巡邏該區，他們屬於各國聯軍地面軍力一部分，部隊總共有約兩萬一千人。這是前所未有的情況，各國出於人道理由介入他國內政。同盟國的行動讓伊拉克庫德人能返回家園，在北約戰機的保護下實行自治。

伸張正義？

直到今天，擠在安置機構生活的庫德族女性依然懷抱希望，相信她們在安法爾行動中倖存下來的男性親屬，仍活在沙漠裡的秘密監獄。有些打聽換來冰冷精確的回應，有的則被迴避打發。一九九〇年九月二十五日，艾比爾（Erbil）當局發布以下指示：「原先官方的標準回答為『他們在成功的安法爾行動期間被捕，目前仍被拘留中。』現在要改為『我們沒有任何關於他們的消息。』」[163]

有一座雕像標誌著被摧毀的哈拉布賈鎮入口，那是一名垂死的父親，正試圖掩護他的兩個兒子不受毒氣所害。超過七萬名庫德人回到那座城鎮，當地的VX毒劑、沙林氣、和芥子氣混合成致命毒害。芥子氣灼傷留下角膜疤痕，最終導致倖存者失明。[164]在烈士醫院的婦產科病房，一再出現流產、裂顎與兔唇等先天缺陷。英國遺傳學者克莉絲汀·戈斯登（Christine Gosden）嘗試研究與治療疾病，並未患者尋求募資。她指出：「那些生還者不僅得面對親屬在自己懷中驟逝的記憶，還必須忍受自己和倖存親友身上的病痛。」[165]戈斯登表示，嬰兒的死亡率比鄰近的蘇萊曼尼亞高出四倍。白血病和淋巴瘤在社區肆虐。庫德族醫師聲稱當地的罹病率，是未受毒氣暴露地區的四倍之多，當地也無法執行化學療法或放射治療。戈斯登認為更深遠的影響，是哈拉布賈攻擊後出生的孩童出現先天畸形，這反映化學藥劑對倖存者造成的永久性基因突變。初步醫學研究發現這些突變病例，可堪比廣島和長崎原子彈震央方圓約一到二英里內的病患。儘管嚴格來說安法爾行動已經在一九八八年落幕，但戈斯登將這場攻擊稱為「持續性的種族滅絕」。庫德族後代將付出代價。

在一九九一年失敗的反抗行動中，庫德人闖入秘密警察機關，找回大堆的政府紀錄。那些檔案被隨意塞進塑膠麵粉袋、茶葉盒與活頁夾，並以釘書針、細線、鞋帶或別針粗糙束起。手抄的總帳簿則被以花卉圖案的壁紙覆蓋，某些阿拉伯文的標題，還是無聊的伊拉克官僚用彩色毛氈筆和迷幻的書法字體寫成的。[166]庫德人蒐集證據並不是想起訴伊拉克官員，或為子孫記錄種族滅絕的歷史。他們反而是想得知告密者的身分。儘管許多文件已經在叛亂時毀損或遺失，但伊拉克官僚極度重視屠殺和種族清洗的細節，庫德人因此得以尋獲大量證據。

一九九二年五月，加爾布萊斯協助協商，將取得的十四噸文件轉運到華府的美國國家檔案館保管。所有區域性「觀察會」的總部人權觀察會，從庫德民主黨手中額外取得四噸資料，並獲得獨家查閱那些文件的權利，而發起前所未有的調查。這份超過四百萬頁的文件，不僅涵蓋安法爾行動的內容，還有一九六〇年代以降伊拉克的鎮壓行動。其中包括明確的格殺勿論令，例如一九八七年六月十四日，來自札科復興黨人民指揮部的命令，該條命令寫道：「親愛的同志，在行動第二階段，任何種類的貨運人口、營養補給品或機械器具，都嚴格禁止進入安全禁區村莊……軍隊成員的職責，是要殺害在這些區域發現的任何人類或動物。」[167]此外，文件還包含消滅個人與村莊的統計數字、會議紀錄、逮捕令、電話監聽筆記和下令大規模處決的行政命令。

在一九九二、一九九三年，人權觀察會派遣研究員到伊拉克的庫德斯坦。他們在當地訪問大約三百五十名大屠殺的倖存者和目擊證人。這些調查員與人權醫師協會的科學家合作，一起挖掘萬人塚蒐集法醫素材。例如他們搜集在土壤樣本與砲彈碎片中發現的化學武器痕跡，以及受害者的骨骸。挖掘人員發現男性、女性和孩童腐屍的雙手仍被繩子綁住。某次他們挖掘過程，還找到一條保存完整的女性髮辮。[168]人權觀察會為期十八個月的調查是非政府組織最具野心的一次行動，人權醫師協會也在這場行動中提供協助。如果美國政府決心阻止暴行，很可能也會在海珊政權犯罪期間嘗試進行這種研究。人權團體也認可攻擊行動的業餘調查員修爾希・里蘇勒更早提出的估計數據。他們發現光是在一九八八年二月到九月間，就有五萬至十萬名庫德人被處決或失蹤，其中有許多人都是婦女跟孩童，而且幾乎全數都是非戰鬥人員。數十萬名庫德人被迫遷。多數被帶走的男性都被行刑隊處決，埋葬在靠近沙烏地阿拉伯邊界，伊拉克西南部尚未被發覺的淺埋萬人塚中，人權組織無法確認那些被消滅或失蹤的人數。庫德族領導人主張，安法爾行動總共殺害了十八萬兩千人。庫德斯坦社會主義黨領袖瑪赫穆德・伍斯曼（Mahmoud 'Uthman）則講述，在一九九一年的某次會議上，安法爾行動的指揮官馬吉德因為聽到這個數字而暴怒。「十八萬兩千人是什麼誇大的數據？」他厲聲說道：「絕對不可能超過十萬人。」[169]

這是史上第一次人權觀察會發現有國家犯下種族滅絕罪。要證明種族滅絕的意圖，往往需要大量受害者作為證據。但在伊拉克的案例中，被沒收的政府文件清楚記錄伊拉克要消滅鄉村地區庫德人的目標。

人權觀察會透過文件證明種族滅絕後，指派律師理查・狄克爾（Richard Dicker）在一九九四年春天提出法律訴訟。狄克爾希望至少能讓加拿大、荷蘭或某個斯堪地那維亞國家在國際法院上控告伊拉克施行種族滅絕，並執行《滅絕種族罪公約》。「我的角色是準備嚴實的論據，來說服某個國家採用法案。」狄克爾回憶道：「當然，我徹底失敗了。」起初，外交官起初主張伊拉克沒有犯下種族滅絕罪。狄克爾回想當時的情況說道：「他們會說：『哎呀，這在我看來不像猶太大屠殺啊！』」不過一旦他們熟悉法律後，多數官員都會放棄這個反對理由，並公開表示擔心在國際法庭上嚴謹審查另一個國家的後果。

如果伊拉克在國際法院被控犯下種族滅絕，法院會提出凍結伊拉克資產的建議，或在本國、外國或某個國際法院懲罰伊拉克犯罪者。儘管從紐倫堡大審後，國際刑罰再也沒有被啟動，但人權律師團希望伊拉克的案子能恢復執行刑罰。經過迪克爾和他同事約斯特・希爾特曼（Joost Hiltermann）數年苦苦糾

一九九一年十二月，法醫人類學家克萊德・斯諾博士（Dr. Clyde Snow）從伊拉克北部艾爾比勒的萬人塚，挖掘出遭到蒙眼的庫德青少年頭骨。

（圖片來源：Susan Meiselas／Magnum Photos）

纏，兩國政府秘密接受這項挑戰。然而這兩國表示除非有歐洲國家加入，否則他們將拒絕起訴伊拉克。直到今天都沒有任何歐洲國家表示同意。

美國參議院已經批准《滅絕種族罪公約》，但狄克爾等人認為美國惱人的條約保留條件，讓他們在任何國際法院控告伊拉克種族滅絕的訴訟中，都可能保持低調。倡議人士擔心海珊會利用美國的保留條件，來否認國際法院的管轄權。[170]雖然人權觀察會沒有要求美國政府參與訴訟，但他們確實希望美國支持起訴。起初，當國務院的法律顧問反對投入這場運動，但在收到狄克爾和希爾特曼寄來無數份訴訟案情摘要與證據備忘錄後，他終於改變想法。一九九五年七月，國務卿華倫·克里斯多福簽署一份公報，判定伊拉克曾對鄉村地區的庫德人實行種族滅絕，並為人權觀察會起訴伊拉克背書。

只是直到今日，都沒有任何一名伊拉克士兵或政治領袖因為對庫德人施暴遭到懲罰。

第九章 波士尼亞：不過是南斯拉夫葬禮的見證人

種族清洗

如果說波斯灣戰爭是對美國在後冷戰世界外交政策的首次考驗，那麼巴爾幹半島的戰爭就是第二度考驗。一九九一年以前，南斯拉夫是由六個共和國組成。但在當年六月，塞爾維亞總統斯洛波丹・米洛塞維奇（Slobodan Milosevic）開始替民族主義之火加油添薪，並加強塞爾維亞的支配時，斯洛維尼亞共和國脫離南斯拉夫，點燃一場相對無痛的十日戰爭。克羅埃西亞也在同一時間宣告獨立，但脫離時面臨的挑戰更加艱難。由於克羅埃西亞擁有一群數量可觀的塞爾維亞少數居民，以及一條風景優美、有利可圖的海岸線，南斯拉夫國民軍（Yugoslav National Army，簡稱為JNA）拒絕放手。克羅埃西亞與塞爾維亞長達七個月的戰爭導致約十萬人死亡、七十萬人流離失所。這場戰爭也讓世界看見塞爾維亞砲兵在杜布羅夫尼克（Dubrovnik）和武科瓦爾（Vukovar）等城鎮猛烈攻擊平民的景象。波士尼亞是南斯拉夫族群混雜程度最高的共和國，國內有百分之四十三的穆斯林、百分之三十五信奉東正教的塞爾維亞人，和百分之十八信奉羅馬天主教的克羅埃西亞人。到了一九九一年末，波士尼亞顯然已經進退兩難。如果波士尼亞共和國繼續留在殘餘的南斯拉夫內，國內的塞爾維亞人會獲得良好的工作和教育機會，穆斯林和克羅埃西亞人則會在米洛塞維奇的壓迫統治下遭到邊緣化，甚至可能受到身體虐待。然而，如果波士尼亞脫離南斯拉夫，他們的穆斯林國民將因為在鄰近地區沒有可以依靠的保護勢力，而變得特別脆弱。波士尼亞的塞爾維亞人和克羅埃西亞人，可以仰賴塞爾維亞與克羅埃西亞提供武裝援助，但該國的穆斯林只能依靠國際社會。

波士尼亞總統辦公室的七位成員，包含兩名穆斯林、兩名塞爾維亞人、兩名克羅埃西亞人和一名南斯拉夫人向歐洲和美國請求指引，以避免流血衝突。西方國家的外交官指示波士尼亞的領導階層提供少數族群人權保護，並策畫「自由平等」的獨立公投。波士尼亞人大致按照他們接獲的指令做事。一九九二年三月，他們舉行一場獨立建國公投，投票結果有百分之九十九點四的選民都選擇脫離南斯拉夫。然而，總統辦公室的兩名塞爾維亞成員是強硬派，他們成功說服波士尼亞多數的塞爾維亞人抵制這次的投票。[1] 人在塞爾維亞首都貝爾格勒（Belgrade）的米洛塞維奇，替這兩名塞爾維亞民族主義者撐腰，於是他們辭職下臺，宣告在舊波士尼亞國界內分裂出自己的塞爾維亞國家。塞爾維亞掌控的南斯拉夫國民軍與當地塞爾維亞勢力合作，貢獻估計約八萬名身穿塞爾維亞軍服的武裝部隊士兵，同時幾乎把波士尼亞當地的兵工廠，全數交給新成立的塞爾維亞軍隊。雖然部隊更換軍徽，但在他們後方備援的軍用車輛仍標示出南斯拉夫國民軍字樣。聯合國在一九九一年施行武器禁運，禁止運送武器到這個地區，讓穆斯林與那些依然認同波士尼亞為多元族裔國家的塞爾維亞人和克羅埃西亞人的處境雪上加霜。這正好讓穆斯林和塞爾維亞人軍力的落差被定型，當塞爾維亞人開始猛烈進攻，目標是打造一個純種族裔的國家時，穆斯林大多無力防備。

一九九一年，德國曾推動承認克羅埃西亞獨立。但在一九九二年四月，歐洲共同體和美國率先在外交上承認新獨立的波士尼亞國。美國決策者希望能靠著宣布波士尼亞合法穩定當地情勢。這項外交舉措能向米洛塞維奇總統「表明」世界支持波士尼亞獨立。然而米洛塞維奇很清楚局勢，他知道國際對波士尼亞國家地位的承認比較偏向外交辭令，而非實質承認。

波士尼亞的塞爾維亞士兵和民兵彙整重要的穆斯林與克羅埃西亞知識分子、音樂家和專業人士名單。在波士尼亞正式退出南斯拉夫數日之內，他們開始圍捕非塞爾維亞人，粗暴毆打甚至時常處決他們。塞爾維亞部隊摧毀多數的文化與宗教場所，以便在他們所謂的「塞爾維亞共和國」（Republika Srpska），抹去任何穆斯林或克羅埃西亞人曾經存在的記憶。[2]在曾舉辦奧運的塞拉耶佛城附近的山丘，塞爾維亞軍隊部署重型高射砲、火箭發射器和戰車，開始以火砲和迫擊砲連續攻擊山下的城市。

塞爾維亞人消滅非塞爾維亞人與其領地的行徑被委婉稱作「種族清洗」（*etničko čišćenje*）。這個詞彙讓人聯想到納粹所說「清洗」（*Säuberung*）猶太人一詞。猶太大屠殺歷史學家勞爾・希伯格（Raul Hilberg）曾談到這個納粹使用的委婉用語：「依心理學觀點來看，整起行動的關鍵就是永遠不要說出那些能適切描述的詞彙。什麼都別說，做就對了，不要描述那些行動。」[3]赤柬和伊拉克北部公署首長瑪吉德都遵從類似經驗法則，塞爾維亞的民族主義者也如法炮製。

在波士尼亞戰爭期間，局外人和局內人都使用「種族清洗」一詞，描述塞爾維亞人與其他波士尼亞民族主義軍隊採行的手段和目的。「種族清洗」的定義是將一個族裔群體從另一個族裔群體控制的領地上根除。雖然起初這個詞彙讓人聽了不寒而慄，但種族清洗很快就變成麻木表達那些行動的簡略說法。

如果詳加敘述那些惡行，那人們將更無法忘懷。

在不同時空下，「種族清洗」一詞代表的意義不同。有時塞爾維亞的無線電廣播電臺會告知全體國民，某座當地工廠已經制定限額，穆斯林或克羅埃西亞員工的數量只能占全體員工百分之一。此外，如同一九一五年的鄂圖曼土耳其帝國，波士尼亞的城鎮也開始四處張貼官方命令，公告針對非塞爾維亞居民的新規定。比如說在波士尼亞北部班雅盧卡鎮（Banja Luka）附近的切里納茲鎮（Celinac），塞爾維亞的「戰時總統辦公室」針對所有非塞爾維亞人發布指令，提及受到「軍事行動」影響，當地從下午四點到早上六點將實施宵禁。非塞爾維亞人禁止：

- 在咖啡廳、餐廳或其他公共場所會面
- 在弗爾巴尼亞河（Vrbanja River）或約沙夫卡河（Josavka River）沐浴或游泳
- 打獵或捕魚
- 在沒有授權的情況下搬遷到其他城鎮
- 攜帶武器
- 駕車或開車旅行
- 舉辦三人以上的集會
- 聯繫切里納茲以外的親戚（所有家戶訪客都必須通報）
- 使用郵局電話以外的通訊工具

- 穿著軍隊、警察或森林保護員的制服
- 未經許可就販售房地產或交換住宅[4]

有時會有人告知穆斯林和克羅埃西亞人，他們有四十八個小時打包行李離開，但通常他們不會接獲任何預警。機關槍槍響或匆促噴灑的煤油氣味是強迫搬家的最初徵兆，幾乎沒有居民自願離去的案例。我們往往傾向將難民湧入鄰國視為戰爭的連帶效應，但清除非塞爾維亞人不僅是塞爾維亞民族主義者明確的戰爭目標，更是他們的首要目標。

塞爾維亞槍手知道他們暴力驅逐和殺戮的行動，不足以確保長久的種族純淨。於是這些武裝掠奪者企圖永久切斷國民和土地的連結。他們強迫父親閹割兒子或猥褻女兒，並羞辱強暴年輕女子導致她們懷孕。他們的所作所為是蓄意的破壞與羞辱政策，好讓這些被公開宣稱為敵對種族的人沒有家園能回歸。他們要羞辱這個種族，好讓前居民在塞爾維亞人控制的領土無法挺起胸膛或再踏上這塊土地。

布希政府與後來的柯林頓政府高級官員，都明白塞爾維亞侵略行動對人類造成的可怕後果。這些事件發生在歐洲，而且不是那種能推給中階官員處理的危機。從國務院、國會山莊與美國報紙社論版，人們比以往更能頻繁聽到如萊姆金般的行動呼籲；聚集在波士尼亞的西方記者也定期提供血淋淋的報導。儘管社會大眾前所未有關注外國發生的暴行，美國、歐洲和聯合國卻在接下來三年半袖手旁觀，目睹大約二十萬名波士尼亞人遭到殺害、超過兩百萬人被迫遷移，一個多元族裔的歐洲共和國領土被分割成三個純種族裔的小國。

國際社會在這場不義的戰爭期間並非毫無作為。由於冷戰已落幕，聯合國成為商討許多國際合作行動的場所。聯合國安全理事會指責主要的侵略者，他們實施經濟制裁、部署維和部隊，並協助運送人道救援物資，最終甚至召開戰爭罪法庭，懲治策畫和實行大屠殺的人員。然而，美國與其盟友沒能來得及以武裝力量阻止種族滅絕。因此，儘管歐洲的犯罪現場引起廣泛媒體報導，菁英強烈遊說干預，美國政府內部更發生自越戰以來最嚴重的分裂，但這些因素加總，也未能使布希或柯林頓總統及時介入，拯救波士尼亞國家與國民免於破壞。

一九九二年春天，在波士尼亞畢耶利納（Bijeljina）的塞爾維亞輔助軍隊。

（圖片來源：Ron Haviv-VII）

預警

血流成河

塞爾維亞人在波士尼亞的暴行有許多事前預警。情報官員如果沒有預測到危機發生，那他們將受到大力譴責；但如果他們預測某個危機，最後卻未發生，也就是提出「偽陽性」警告，那便不會面對那麼嚴重的抨擊。因此，情報單位往往傾向提出過多而非過少的預警。此前，美國的情報單位沒有預測到一九九〇年海珊入侵科威特，以及一九九一年蘇聯解體，因此當遇上巴爾幹戰爭時，美國的分析師特別謹慎，試圖在大屠殺發生前就提出警告。受到一九九一年斯洛維尼亞的短期戰爭與克羅埃西亞較長期的血腥戰爭影響，美國政府官員預測波士尼亞會因為多元族裔背景，以及多數穆斯林國民無法自衛，而爆發最致命的一場戰爭。儘管後來記者提到波士尼亞「爆發」衝突，但更貼切的說法應該是波士尼亞衝突終於到來。確實，許多人都認為那是場幾乎如期到來的戰爭。各界如此規律而鮮明地預測到這場戰爭將極其殘暴，以致於美國官員變得麻木無感。當激戰開始時，美國官員的心理準備幾乎可以說是**太過**充分。他們已經閱讀預警的電報許久，沒有任何事能令他們感到驚訝。

吉姆．胡伯（Jim Hooper）是個難以被取悅的美國外交老將，從一九八九年到一九九一年間，他擔任國務院歐洲事務局（European Bureau）東歐與南斯拉夫事務辦公室（Office of East Europe and Yugoslav Affairs）的副主任。一九七一年，他進入美國政府任職，一九八〇年代末都忙著參與關鍵的騷亂和動盪，包含波蘭共產勢力垮臺後歷史性的圓桌協商、柏林圍牆倒塌，以及捷克斯洛伐克在天鵝絨革命後邁向民主化。然而，自從胡伯在一九八九年初讀到《經濟學人》一篇預測南斯拉夫將解體並引發暴力衝突的文章後，便感到憂心忡忡。一九九一年，當巴爾幹政治領導人的發言變得比以往都好戰，同時擁護民族主義的民兵開始出現，胡伯力勸副國務卿勞倫斯．伊格伯格（Lawrence Eagleburger）盡快出訪該區域。在一九七七至一九八一年間，伊格伯格曾擔任美國駐南斯拉夫大使，並在整個一九八〇年代都與季辛吉合作在當地談生意。他會說塞爾維亞—克羅埃西亞語（Serbo-Croatian），也著迷於南斯拉夫綠意盎然的風景。一九九一年二月，伊格伯格出訪當地，並警告米洛塞維奇不要使用暴力。回國後他跟胡伯說：「原先我覺得你太小題大作，只是按照官僚慣例對我誇大其詞。但在親自造訪當地後，我覺得你太過樂觀，那裡將會血流成河。」伊格伯格認為美國愛莫能助，那是歐洲的問題，任何試圖涉入的行動都會失敗，而且在過程中還會傷害到美國。

一些針對波士尼亞戰爭最高調的早期警告與道德說教來自國會。在事件發生以前，有些人就在關注該區域，例如共和黨參議員鮑伯．杜爾。二戰期間，這名年輕的堪薩斯州人曾在義大利波河河谷（Po Valley），率兵攻擊德國的機槍掩體。當杜爾看見他的無線電人員倒下時，他爬出散兵坑把對方拖回來。過程中，一枚砲彈在附近爆炸，震裂他的肩膀和脊椎。這名年輕的戰爭英雄全身打滿石膏，從義大利被送回堪薩斯州的拉塞爾（Russell），並受到媒體報導。後來，杜爾的報導引發芝加哥一名整形外科醫生漢帕爾．凱利基恩（Hampar Kelikian）的關注。凱利基恩寫信給杜爾，表示如果他能籌到火車票錢，自己將無償為他動必要的手術。於是杜爾的鄰居一起湊錢，填滿設在當地藥局窗邊的雪茄空盒，杜爾曾在那間藥局當過冷飲銷售員。凱利基恩不僅在芝加哥為杜爾動手術，陪伴杜爾度過漫長的復原期，還告訴他許多土耳其屠殺亞美尼亞人的故事。在凱利基恩年輕時，他的三個姐妹在種族滅絕期間遇害，後來他逃到美國。[5]杜爾聽完凱利基恩的故事後大感震驚，他從未聽過這樣的犯罪，進入參議院後便密切關注巴爾幹半島。

從一九八六年開始，杜爾公開譴責南斯拉夫的人權紀錄。他在參議院提出議案，表達對該國系統性迫害阿爾巴尼亞人的特別關注。塞爾維亞的科索沃省有九成人口都是阿爾巴尼亞人，當塞爾維亞軍隊對阿爾巴尼亞人的暴行逐年加重，杜爾隨之提高譴責力道。到了一九九〇年，當東歐其餘地區都邁向自由化，杜爾形容南斯拉夫政府是「暴政與壓迫的象徵」，正在「謀殺、殘害和囚禁」它的國民。[6]

然而，這名堪薩斯州參議員一連串的嚴詞譴責，並沒有讓他做好心理準備，面對一九九〇年八月官方訪問科索沃的旅程。起初，塞爾維亞當局試圖阻止杜爾和另外六名參議院進入塞爾維亞的南部省分，讓杜爾在一場貝爾格勒的會議上憤而離席。接著，塞爾維亞當局嘗試在參訪團內安插一名監視員，避免這群參議員隨意與阿爾巴尼亞人交談。後來，他們提供參訪團一名塞爾維亞司機，司機以危險的高速呼嘯駛入科索沃首都，以防美國國會議員看見這個警察國家的嚴酷景象。當巴士開進普利斯提納（Pristina），數千名阿爾巴尼亞族居民夾道迎接，重複喊著：「美國、美國」。事後，杜爾時常回想起那「令人震驚難忘」的景象：數百名阿爾巴尼亞人奔跑跨越農田，只為了向飛速奔馳的巴士揮手，同時，配備槍枝和警棍的警察粗暴地阻止他們。[7]回國後，杜爾告訴《華盛頓郵報》：「科索沃到處都是戰車和部隊，數百名示威民眾四處逃竄，試圖躲開揮舞警棍的保安部隊，在這個腥風血雨的混亂場景中，還有催淚瓦斯射向空中。」當時有許多人受傷，數百人被捕。[8]杜爾在參議院議場宣告：「美國不能坐視不管，我們有道德上的義務採取強硬立場，捍衛阿爾巴尼亞人和所有南斯拉夫人民的個人權利。」[9]杜爾的見證經歷影響他未來對暴行傳聞的反應。如同他的首席外交政策顧問米拉．巴拉塔（Mira Baratta）所言：「天生具有關心人權議題的傾向是一回事，但當你目睹只想向美國人揮手的民眾被毆打，那就完全是另一回事。一旦親眼見過那種場景，你就再也無法坐視不管。」

法蘭克．麥克洛斯基（Frank McCloskey）是一名來自印第安納州的民主黨議員，他的覺醒時刻是在一九九一年十二月克羅埃西亞戰爭期間。當時他出訪巴爾幹半島一星期，在旅程中，這名議員遭遇到四件事，事後看來這些事件巧妙勾勒出整個南斯拉夫混亂局勢的本質，並讓他做好準備面對米洛塞維奇在波士尼亞的兩面手段。這些事也改變他政治生涯與人生的走向。第一，他在訪問克羅埃西亞的奧西葉克城（Osijek）時，被塞爾維亞的軍隊砲擊，那座大學城讓他回憶起自己的家鄉布盧明頓（Bloomington）。第二，他偶然在距離克羅埃西亞首都札格雷布（Zagreb）東南方約七十英里處的沃欽鎮（Vocin）附近，看見先前發生大屠殺的痕跡。有四十名克羅埃西亞人被謀殺，他們大多超過六十歲，全都遭到鏈鋸分屍。麥克洛斯基是第一批抵達現場的人，成堆肢解的屍塊令他噁心作嘔。第三，當麥克洛斯基獨自旅行到貝爾格勒時，他曾與塞爾維亞官方人員會面。當時，米洛塞維奇總統嚴肅地告訴他，無論他看見什麼或以為看見什麼，奧西葉克都不曾遭到轟炸，沃欽也不曾發生大屠殺。麥克洛斯基記得：「他的發言流暢圓滑，形容自己是愛好和平的人。」米洛塞維奇告訴他，那些屍體是克羅埃西亞政府「作秀的一部分」。第四，貝爾格勒的一名美國大使館官員警告他，雖然克羅埃西亞正在打的戰爭相當慘烈，但波士尼亞的衝突會引發「真正的屠殺」。戰爭幾乎不會偏離這個公式：轟炸、屠殺、不露神色的謊言，以及許多人預先警告更糟的事還在後頭。

一廂情願

美國決策者在面對他們事後承認為種族滅絕的事件時，經常被一廂情願的想法影響。不過從歷史紀錄來看，我們也能知道這是普世現象，這種想法並非僅限於美國人。在波士尼亞戰爭開打前，當地許多國民也不理會無所不在的預兆。他們深信流血衝突不會在此時此刻發生，也不會發生在他們身上。為了在不斷增加的恐怖統治證據中維持這種信念，波士尼亞人找到方法將四處傳播的可怕傳聞，與不適用於他們的情形連結在一起。一九九一年，當塞爾維亞軍隊開始攻擊克羅埃西亞平民時，許多波士尼亞穆斯林告訴自己，那是因為克羅埃西亞總統弗拉尼奧．圖季曼（Franjo Tudjman）信奉民族主義且蓄意阻撓，才讓他們無法和平解決衝突，波士尼亞的領袖會更理智溫和。除此之外，就算塞爾維亞人回應克羅埃西亞宣告獨立的方式過於暴力，他們所愛的南斯拉夫絕對不會針對波士尼亞，畢竟波士尼亞是南斯拉夫領袖狄托元帥（Marshal Tito）的族群混融夢想縮影。即使戰爭很明顯在摧毀波士尼亞，廣播中不斷報導塞爾維亞駭人草率的處決與強暴事件，穆斯林仍持續安慰自己，戰爭絕不會延燒到他們鄰里。「戰爭還遠得很。」他們表示：「我們已經這樣一起生活多年了。」

現在回頭看，當塞爾維亞開始播放「穆斯林極端分子」攻擊波士尼亞城鎮的報導時，非塞爾維亞人就應該以史為鑑。真正的極端分子往往是發布這種宣告的人，以便於辯解自己先發制人的攻擊。但波士尼亞人既沒有準備好面對夜間的槍聲，也沒預料到熟悉的廣播主持人聲音會突然變得嚴厲，告訴他們：「為了自身安全，國民必須待在他們的住宅和公寓。」

多數波士尼亞人都遵從指示。在狄托四十五年的共產統治下，他們已經習慣聽從強人命令。在許多人體內，公然違抗或至少在憂懼國家命令時會抽動的肌肉，已經因為疏於使用而萎縮。有人可能會質疑消息來源，但很少人敢提出挑戰。況且這些指令相當合理：外頭很危險，待在家裡才安全。不幸的是，波士尼亞人的順從對發布指令的人來說也十分合理，因為只要穆斯林待在室內，塞爾維亞警察或民兵就能在他們玩牌、折床單或睡覺時找到他們。

波士尼亞人沒有特別天真或容易受騙。他們只是架設起普利摩．李維比喻為封鎖線的屏障，讓自己避免受到無力阻止的殺戮事件侵害。他們面臨對多數人而言都糟糕到無法衡量的選擇：戰鬥或逃跑。波士尼亞的穆斯林在軍事上無以應付一場戰爭，但他們就像在海珊禁區的庫德人一般，凝視自己曾耕作的農田，或世代在其中漫步的山丘，無法下定決心告別。在這多數地區都是鄉村的國家，許多人不願放棄自己或祖先一磚一瓦搭起的冰冷家壁。他們甚至聲稱頭頂的天空也為自己所有。每個波士尼亞人似乎都有自己的河流：薩瓦河（Sava）、烏納河（Una）、薩納河（Sana）、米利亞茨卡河（Miljacka）、德里納河（Drina）。他們在孩提時期曾在河中沐浴，青少年時期在河畔初次與愛人依偎。他們說：「心與草地之間存在特別的連結。」

由於狄托時代的國族敘事是「同志情誼與團結」，族裔認同被漠視甚至貶低；再加上各族群已經雜處或生活在鄰近村莊多年，許多人更難認真看待來自鄰居的威脅。他們依然堅信友好關係、魅力與理性的力量，也相信個人的命運和性格有其價值。

與此般信念同樣驚人的是它的持久程度。在柬埔寨，就連那些每日深受嚴酷的赤柬統治所苦的民眾，都堅持懷抱希望，說服自己被帶走的人只是去接受再教育。在波士尼亞，即使戰爭已開打兩年，鄰國有超過十萬人遇害，最殘暴的迫遷也已發生，數千名穆斯林和克羅埃西亞人仍拒絕離開塞爾維亞人支配的領土。有些人是因為身無分文，當時塞爾維亞人已經開始收取近一千美元的「離鄉稅」。但多數留下來的人都寧願面對死亡的恐懼，而非離棄家園的現實。外國訪客會懇求他們，提醒他們的堅持已堪稱瘋狂（在我們這些相信四海為家的過客眼中尤其如此）。許多測試鄰里暴徒能耐的民眾，最終無可避免失去自己的家甚至喪命。如果外國訪客在某個時刻見過一個古老的家族，正在動用緊急的麵包、起司和土耳其咖啡存糧，並出示他們失蹤家人的照片，幾個月後再回到原地，那些訪客會發現原先古色古香的巷尾建築已經化為焦黑的瓦礫；或者他們可能會發現那些穆斯林平房完好無缺，但已被塞爾維亞人占領，房屋的窗戶也掛起塞爾維亞國旗，如同曾經被潑抹在門楣上用來保護族人的羊血。* 穆斯林居民已經消失無蹤。

人權團體比以往更快開始記錄暴行。後來被稱作人權觀察會歐洲分支的赫爾辛基觀察會，從

* 譯注：此為《出埃及記》中的典故，耶和華為了幫助以色列人逃出埃及，命令他們每家都要宰羊獻祭，並把羊血塗在門上，當晚所有門上沒有羊血的埃及人家庭的長子都被殺害，唯有以色列人倖免。

一九九一年開始派遣巴爾幹半島的實地考察團。當波士尼亞的戰爭在一九九二年爆發時，這個組織迅速號召到一群身經百戰的律師。在戰爭開打前幾個月，赫爾辛基觀察會派出兩個團隊到巴爾幹半島，第一個特派團留駐當地的時間是一九九二年三月十九日到四月二十八日，第二個則是五月二十九日至六月十九日。調查員訪問了難民、政府官員、戰鬥人員、西方國家的外交官、救援組織幹事和記者。雅爾耶·尼爾（Aryeh Neier）是赫爾辛基觀察會的執行長，他彙編一份厚達三百五十九頁的令人佩服的報告，其中包含系統性屠殺的駭人細節。當尼爾在彙整這份報告時，他發現自己正在主持一場規模擴及整個組織的辯論，主題是塞爾維亞人的暴行是否等同於種族滅絕。

二戰之後，十一歲的尼爾以難民身分從德國移居到美國。他是紐約市史蒂文森高中歷史社的社長，曾聽過一位難民同伴——拉斐爾·萊姆金的種種成就，包括拉斐爾自己創立的新詞。一九五二年，也就是波士尼亞戰爭爆發四十年前，十六歲的尼爾年少輕狂，搭乘地鐵到新的聯合國總部，並在其中一間空著的辦公室找到萊姆金。尼爾詢問這名運動鬥士某天下午是否願意到史蒂文森高中的歷史社演講。萊姆金從不拒絕演講邀約，於是便答應了。他讓未來赫爾辛基觀察會的創辦人首次認識到種族滅絕的概念。

赫爾辛基觀察會的報告在一九九二年八月、戰爭開打僅四個月時便公開發表，該組織發現，波士尼亞的塞爾維亞人進行系統性處決、驅逐與無差別砲轟攻擊，至少提供「種族滅絕正在發生的初步證據」。尼爾將萊姆金的教導銘記在心。報告寫道：「種族滅絕是辭典中最難以描述的犯罪……公約授權聯合國預防並壓制這項犯罪，連帶賦予了採取行動的義務。公約中唯一關於行動方式的指引是採取的行動應為『適當』的手段，而我們將之詮釋成有效的手段。」

赫爾辛基觀察會的任務和國際特赦組織不同。它同時批評犯罪國以及幾乎完全沒有採取行動遏止殺戮的西方政權。然而，儘管他們義憤填膺，組織內許多成員對於呼籲美國使用武力深感不安。「我們陷入困境。」尼爾記得：「觀察會從未主張軍事介入，我們也無法說服自己這麼做。但我們也明白，任何其他的手段都無法阻止暴行。我們最終的決定是某種痛苦掙扎後的折衷方案。」在報告書中，赫爾辛基觀察會形容美國的政策「遲鈍、前後矛盾又受到誤導」。[11]他們成為第一個呼籲聯合國設立戰爭罪國際法庭，以控告那些罪魁禍首的組織。但談論到軍事介入的問題時，觀察會不再堅持：

> 要判定所有預防和遏止種族滅絕罪行可能需要採取的手段，已經超出赫爾辛基觀察會的能力範圍。聯合國可能需要動用軍事力量達成那個目標。決定是否必須使用這類力量介入，並非赫爾辛基觀察會的管轄範疇。赫爾辛基觀察會認為，處理這個問題是安全理事會的責任。[12]

然而，安理會是由多個堅決反對使用武力的國家所組成，美國也是其中一員。

美國的不贊成政策

當南斯拉夫於一九九一年六月解體時，歐洲各國領袖都聲稱他們有權力、實力與意願處理該國瓦解後的情況。歐洲人對《馬斯垂克條約》（*Maastricht Treaty*）時代抱持很高的期望，也非常希望能創造出無國界的大陸，最終得以挑戰美國的經濟與外交優勢。盧森堡外交部長亞克．普斯（Jacques Poos）便宣告：「如果有任何勢力能在這裡有所作為，那必定是歐洲共同體。不是美國、蘇聯或其他任何國家。」[13]於是美國欣然讓位。「是時候讓歐洲挺身而出，展現他們的共同行動。」國務卿詹姆斯．貝克寫道：「南斯拉夫和其他任何問題都適合作為第一個考驗。」[14]無論歐洲聯盟的長期承諾是什麼，巴爾幹戰爭開打不久，歐洲的弱點就暴露出來。到了一九九二年四月，波士尼亞衝突發生時，多數美國決策者都已意識到當時毫無「歐洲」外交可言。他們只得提出季辛吉曾經的疑問：「歐洲的電話號碼是幾號？」然而，由於美國決策者滿心憂慮地想避免親自介入，於是堅持順從實際上並不存在的歐洲領導階層決定。

美國和歐洲官員都採取一種成效甚微的外交舉措。卡特總統的國務卿萬斯和英國工黨前黨魁大衛．歐文（David Owen），被指派擔任聯合國與歐盟協商過程的主席，目標是說服「對戰的陣營」化解他們的歧異。然而，波士尼亞的塞爾維亞民族主義者和塞爾維亞打算透過消滅敵營來解決分歧，於是「和平進程」成為方便的拖延手段。儘管外界公開譴責，美國外交官也警告米洛塞維奇給予塞爾維亞叛軍軍事支援是「極度嚴重」的行徑，然而，由於這些警告不具有實際的威脅，米洛塞維奇不是忽略就是加以掩飾。「對米洛塞維奇來說，真相具備的是相對的利用價值，而非絕對價值。」美國駐南斯拉夫大使華倫．齊默曼（Warren Zimmermann）觀察：「如果真相可以為他的目標服務，就加以利用；如果不行，就棄之不顧。」[15]雖然米洛塞維奇給某些人慣性說謊的印象，但多數的美國和歐洲外交官都持續以外交出訪回應他無外交手腕的行為。米洛塞維奇並沒有像赤柬一樣封鎖外交選項，反而精明地與西方國家的外交人員保持聯繫，自衝突一開始便營造出和平「就在不遠處」的感受。

大部分外交官的外交策略都帶有對紳士的偏好，以致於他們相信了米洛塞維奇的保證。這不是什麼新鮮事。歷史上最惡名昭彰的例子是希特勒說服張伯倫，如果英國和法國允許德國併吞蘇台德地區（Sudetenland），他就不會發動戰爭。一九三八年九月，張伯倫在簽訂臭名昭著的《慕尼黑協定》會議剛結束後寫信給他的妹妹，說道：「雖然我覺得我在他臉上看見冷酷無情的神色，我面前的男士卻給我一種他的承諾可以信賴的印象。」[16]至於米洛塞維奇，齊默曼大使注意到，「許多美國參議員或眾議員走出他的辦公室時，都會驚呼：『怎麼會，他遠遠沒有我預期的那麼惡劣！』」[17]米洛塞維奇通常會以懷疑的疑問來回應美國的抗議，比如波士尼亞的塞爾維亞人行徑與鄰國的塞爾維亞總統究竟有何關係。他知道布希政府已經準備好孤立塞爾維亞人，並將他們貼上賤民的標籤，但不會發動軍事介入。而這位塞爾維亞領袖認為那是他可以接受的風險。

華府的外交政策專家對於美國在後冷戰世界的角色意見分歧。有個陣營相信，新時代會帶來理想的前景。他們認為在波斯灣戰爭中，美國最終於一九九一年選擇對抗海珊政權，隨後在伊拉克北部為庫德人打造出安全避難所，象徵著美國反對侵略行為的承諾。無論在何方，只要危及美國的重要利益或是珍視的價值，同時又在合理的風險範圍內，美國就應該採取行動。布希聲稱波斯灣戰爭「一勞永逸地埋葬了」美國的越戰症候群，讓這個樂觀的陣營大受鼓舞。美國獲得了新的信譽。「因為發生了這些事，」布希總統在美國戰勝後不久表示：「我認為如果我們說出某些客觀正確的話——例如『不要占領鄰國，否則你將必須承擔責任』——人們就會乖乖聽話。」[18]然而，儘管布希總是喜歡把「新世界秩序」掛在嘴邊，他的言論實際上充滿矛盾。無可否認，美國發動戰爭的對象伊拉克，是一個「占領鄰國」的國家。不過，只要影響到美國戰略利益，美國總是會反對侵略行為，甚至偶爾會反向侵略回去。雖然塞爾維亞侵略國際承認的波士尼亞國，顯然讓波士尼亞戰爭升級成國際衝突，但美國高層官員仍視其為內戰；當時國際社會也還無法確知比起二十世紀的多數其他事件，美國是否會更保護或提倡國家**內部**的個人權利。

相較於前者，另一個陣營則積極競爭，想在新世界秩序上留下他們的印記，他們堅信某個國家內部的濫權行為與美國無關。布希政府內大部分的高級官員都是傳統的外交政策「現實主義者」，包括國務卿貝克、國防部長理察・錢尼（Richard Cheney）、國家安全顧問布蘭特・史考克羅（Brent Scowcroft）和參謀長聯席會議主席鮑威爾。美國擁有世界史上最強大的軍力，不是為了從事軟弱的人道「社會工作」。相反地，外交政策團隊應該將心力放在提升嚴格定義的美國經濟與安全利益、拓展美國市場、遏止核武擴散並維持備戰狀態。雖然正是這些人發動了波斯灣戰爭，但他們之所以打仗，是為了制止海珊支配該區域，並讓美國可以繼續取得廉價石油。同理，布希政府在「提供舒適行動」（Operation Provide Comfort）中為庫德人建立安全避難所，是為了關照土耳其這個重要的美國盟友，當時土耳其正亟欲擺脫伊拉克的庫德族難民。

隨著族裔和民間衝突四處爆發，國家主權不再像摩根索的時代般限制美國介入他國事務，布希的外交政策團隊發現，美國必須發展出自己的標準，規定何時該使用軍力。一九八四年，雷根總統的國防部長卡斯帕・溫伯格（Caspar Weinberger）便要求，武力干預（一）只有在保護美國或其盟友的重要利益時才能使用；（二）必須全力執行，勢在必得；（三）必須追求明確定義的政治和軍事目標；（四）必須取得公眾和國會的普遍支持；以及（五）必須是最後手段才能發動。[19]參謀長聯席會議主席鮑威爾如今重申這套謹慎的軍事原則並稍加修改，要求具備「決定性」的力量和明確的「退場策略」。[20]伊拉克最終威脅到美國的石油供應，但南斯拉夫的動亂沒有明顯威脅到美國的國家利益。這場戰爭是「悲劇」，但介入地回報似乎都是人道主義方面的益處。它幾乎絲毫沒有達到行政部門的干預標準。

在處理波士尼亞戰爭問題時，幾名美國官員可能也受到自己個人特質的影響。國務卿貝克非常依賴他的副手伊格伯格，而據齊默曼所述，伊格伯格的判斷可能是來自於他「懂太多了」。伊格伯格知道克羅埃西亞總統圖季曼是狂熱的民族主義者，他因為看見美好的南斯拉夫四分五裂而備感沮喪，於是似乎採取某種「寧願所有人都沒好下場」的態度，而據他的幾位國務院同事所述，他也灌輸貝克這樣的心態。這樣的態度其實並不少見。曾派駐貝爾格勒的記者和外交官在提出分析時，往往都帶有懷念南斯拉夫「同志情誼與團結」理念的傾向，導致他們更同情被指控的南斯拉夫部隊為了維護聯邦存續的努力，而非脫離獨立的民族主義共和國似乎不願妥協的態度。他們所言不虛，克羅埃西亞、斯洛維尼亞和波士尼亞的領導人都強硬執拗，圖季曼事實上還是個狂熱分子。然而，無論再怎麼偏執，這些分離主義國家的領導人比西方國家的任何人都更快瞭解到米洛塞維奇的殘暴程度。塞爾維亞總統的壓迫政策讓非塞爾維亞人失去在南斯拉夫的生存空間。

一九九二年四月，波士尼亞戰爭開打兩週後，副國務卿伊格伯格收到一份「行動備忘錄」，這份備忘錄提出各式各樣詳盡的經濟與外交手段，計畫要孤立貝爾格勒政權。伊格伯格在那份文件末端簽下

「不贊成」的字樣。[21] 批評布希政府回應的人譴責這份簽署是「姑息政策」，但更合適的稱呼應是「不贊成政策」，這種說法更加精確地表明，有多少「溫和」與「強硬」的干預提議都遭到駁回。

美國決策者擁有許多選擇。多數人都登上國內各大日報的社論版。美國也許可以要求取消對波士尼亞穆斯林的武器禁運令，並在聯合國安理會上提出令人信服的論據。「我完全同意布希先生的聲明，美國青年不該為波士尼亞送死。」波士尼亞的穆斯林總統阿利雅·伊澤特貝戈維奇（Alija Izetbegovic）在一九九二年八月初說道：「我們擁有數百數千名有能力、有意願的男性準備好要上戰場，但很不幸地，他們的劣勢是沒有武裝。我們需要武器。」美國也許可以幫助武裝和訓練穆斯林，利用其影響力試圖確保那些武器用於常規的軍事衝突，而非用來對付塞爾維亞平民，或後來的克羅埃西亞平民。但布希總統反對解除聯合國的禁運令。「那裡的武器已經夠多了。」他說，「我們必須用某種方式阻止殺戮，而我不認為愈來愈多（的武器）能夠改善這個情況。」[22]

如果布希政府是認真想要阻止手無寸鐵的波士尼亞人被屠殺，單靠美軍或聯軍（按照波斯灣戰爭或撫慰行動的方式）就有機會占領塞拉耶佛和夠大的周邊領土，保護機場不受大砲攻擊。他們也許能以首都為圓心呈扇形部署，打造通往克羅埃西亞港口城市斯普立（Split）的地面廊道，讓援助物資可以運送到那裡。單單出動美國戰機，或與他們的北約盟國合作，就可以轟炸塞拉耶佛附近的山丘，阻止塞爾維亞的迫擊砲和大砲攻擊首都，或保護人道救援飛機通行。他們也許可以砲轟在波士尼亞甚至是塞爾維亞境內的塞爾維亞軍事和工業基地，以制止塞爾維亞人的侵略行為。或者最激進的做法，是他們可以發動全面戰爭，奪回塞爾維亞人攻占的土地，讓兩百萬流離失所的波士尼亞人返回家園。

相反地，布希政府採取許多主要目的是表達不滿的溫和舉措。除了將齊默曼大使撤離貝爾格勒，美國還關閉在塞爾維亞的兩間領事館、將南斯拉夫駐美國大使驅逐出境，並且把軍力轉移到亞得里亞海，開始執行武器禁運和聯合國的經濟制裁。布希政府並沒有做出任何會讓塞爾維亞人退縮的舉動。只要回報是能夠在波士尼亞建立一個獨立純種的塞爾維亞「小國」，那麼外交和經濟攻擊都值得忍耐。

承認

美國知道些什麼？

美國政府高度監控和掌握這場戰爭的程度，遠遠超過二十世紀的其他任何殘暴戰役。美國分析師向他們的上級提供詳細驚人的報告，說明塞爾維亞戰爭的目的與戰術。比方說，有份四月十四日的機密資訊備忘錄如是描述塞爾維亞人：

> 使用武力、威嚇和挑撥暴力是塞爾維亞人的明確模式，目標是要強制分割（波士尼亞領土）並迫使大批人口遷移……塞爾維亞人使用武力的意圖顯然是要將非塞爾維亞人移出族群混居的區域（包括塞爾維亞人占少數的地區），以鞏固塞爾維亞人聲稱握有約六成波士尼亞領土的主張……藉此打造一個「塞爾維亞人的波士尼亞」。[23]

巴爾幹地區的觀察員對米洛塞維奇的瞭解相當足夠，讓他們可以警告上司米洛塞維奇最喜歡使用拖延戰術。在同一份備忘錄中，分析師寫道：「貝爾格勒當局於克羅埃西亞執行圍攻戰術，在國際監督和譴責最密集的期間限制最具侵略性的行動，但一有機會便將故技重施。」[24] 這份文件在戰爭開打僅一個禮拜時就已寫成。

許多美國官員受派每天處理塞爾維亞的暴行問題，國務院情報研究局的分析師喬恩・偉斯登（Jon Western）就是其中之一。偉斯登是部門裡平步青雲的人物，金髮碧眼、滿腔熱忱的他在一九八八年進入政府工作。偉斯登第一天在情報研究局登錄的日誌，日期是一九九〇年七月十五日，上頭寫道：「這份工作是我一直以來的夢想。」偉斯登在北達科他州長大，此生從未親眼見過屍體。然而在一九九二年，他突然發現自己得面對許多傳聞和照片，描繪著「就好像被絞肉機絞過」的人們。自戰爭伊始，他就被指派一天要篩選約一千份記錄波士尼亞情況的文件——包括外國和美國記者與人權團體的公開報導、當地媒體的翻譯內容、來自事發現場的機密電報、衛星情報、難民證詞、攔截的電話與無線電內容。他負責將這些資料提交給國務卿貝克的晨間情報摘要。

偉斯登在接受情報分析師的訓練時，被教導要以懷疑的態度看待傳聞，而乍看之下，從波士尼亞傳來的故事絕對有讓人不相信的理由。有份電報描述一名九歲的穆斯林女孩被幾名塞爾維亞民兵強暴後棄之不顧，倒在血泊中整整兩天，她的父母從籬笆後方眼睜睜看著她死去。他無法相信。「你接受的教導是要保持客觀，」他記得：「你被訓練不去相信你所聽到的一切。」[25] 偉斯登就和摩根索在君士坦丁堡，以及特威寧在柬泰邊界一樣，面對著他無法消化與理解的影像。但難民仍不斷訴說，讓外界聽見他們的聲音。後來，那個穆斯林女孩的同一則傳聞再度出現在他的辦公桌上，這次另一組獨立的目擊證人向美國調查員證實傳言。[26]

有些影像表面上看起來十分溫和。比如說，偉斯登看見許多張貌似夜空的衛星照片——數百顆發光的小星星點綴著黑色畫布，但這名年輕的分析師知道，那些不是真的星星，而是驕傲的歐洲人被驅離他們的家園後，在森林裡臨時搭建的營地升起小火堆的發光餘燼。一九九二年六月，他被指派針對塞拉耶佛「救濟隊伍屠殺」的電視影像片段進行逐格分析，影片中一枚塞爾維亞炸彈把二十二名顧客炸成碎片。他的工作是一場艱難的視覺苦行。偉斯登在國務院的同事馬修．哈里斯（Marshall Harris）記得：「喬恩的工作最辛苦。無論再怎麼恐怖，他必須閱讀所有送來的資料。我們其他人接收到的是暴行的概略描述，但他必須處理每個瑣碎的細節。」

無論偉斯登的任務有多可怕，他都必須做他的工作。從五月底開始，他著手研究難民的敘事和塞爾維亞的軍事推進是否遵循固定的模式。因為波士尼亞的穆斯林已經被冠上操弄國際同情的惡名，他非常謹慎避免妄下定論。偉斯登要求確鑿的證據。難民可以描述更多關於某日天氣的細節嗎？他們可以回想起所謂集中營的建物外觀顏色嗎？他們可以形容攻擊者所穿的衣服嗎？一九九二年美國國慶日的週末，偉斯登和一位中情局的同事工作了整整三天三夜，鑽研成堆的機密與非機密資料。他們蒐集了波士尼亞全國各地的軍事情報和難民口述紀錄，取得截至目前為止最明確的證據，證實存在一個龐大的集中營網絡。塞爾維亞人在波士尼亞北部布爾奇科（Brcko）採取的戰術，與他們在波士尼亞東部茲沃爾尼克（Zvornik）、西部普利耶多（Prijedor）使用的戰術十分相似。這意味著種族清洗和軍事攻擊是經過計畫與協調的行動。塞爾維亞砲兵會先以密集火力猛攻某個村莊，接著輔助軍隊會發動步兵攻擊，殺害武裝男性，圍捕沒有武器的男性，逼迫發抖的婦女和兒童逃亡。當大部分的塞爾維亞部隊移動到下一座村莊時，輔助軍隊的一名幹部和一群正規兵會留下來「善後」。在幾小時內，他們會掠奪貴重物品，射殺家畜，並炸毀房屋的屋頂。非塞爾維亞人不得在他們的領地上生活。每天大約有一萬名波士尼亞人逃離家園。[27]

塞爾維亞人接下來的行徑容易預測到令人毛骨悚然的地步。偉斯登記得：

我們看著電腦終端機螢幕、掃描衛星影像，或往往只是看電視，都可以預測到攻擊即將發生。我們完全知道塞爾維亞人的下一步是什麼，但我們束手無策。你可以預料到：「兩天內這個村莊會毀滅。」但你什麼事都做不了。你只能坐在原地，等待攻擊發生，盡忠職守地向上級回報。

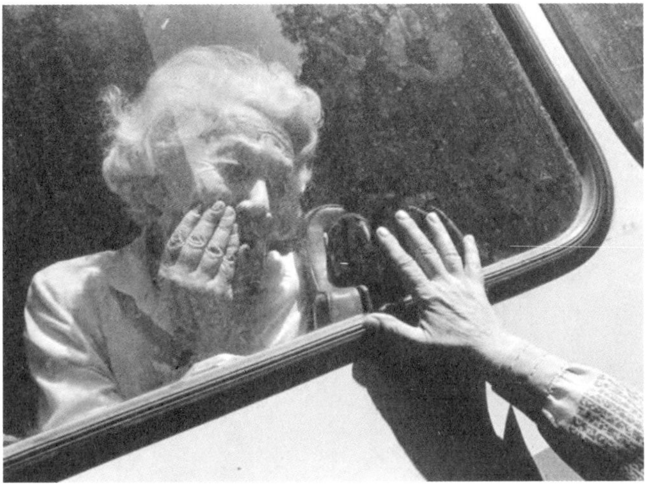

一九九三年，一名女子被迫加入特別為波士尼亞猶太社群安排的車隊中，離開塞拉耶佛。（圖片來源：Gilles Peress／Magnum）

但這條層級鏈缺少了幾枚鏈環。儘管基層和中級官員為了思考可以採取什麼行動而內心沸騰，但行政部門內的高級官員已經給出答案。鮑威爾、貝克、史考克羅、錢尼、伊格伯格和布希已經決定了美國不會發動軍事干預。本案已了結。國務院政策規畫辦公室（Policy Planning Office）的約翰・福克斯（John Fox）記得當時瀰漫著一種氛圍，人人都避免提及美國干預的可能性。「一九九二年的大多數時間，我們都不能提交呼籲美國使用武力的備忘錄。」福克斯記得：「我們能做的最多只是寫些引人注目的內容，最終無法避免地導向必須使用武力的結論。」

這群看法相同且不斷擴大的國務院官員群體，往國務院食物鏈上端傳送一封又一封的電報，希望有某位高級官員會買單。但沒有一個人接受。這些年輕的鷹派人士意識到，有幾股力量在阻撓他們。首先，他們的上級大大限縮所有在國務院機關內的人員理解的「可能性」。美國不會對波士尼亞發動軍事干預，這是事實，而非預測。這影響了那些坐在電腦前，或在國務院內乏味的自助餐廳擦肩而過的人員們的想法，也決定他們是否以及如何表達訴求。其次，他們是在跟像自己一樣的官僚交手，這些人傾向保全自己的勢力範圍和職業生涯，完全沒有無事生非的習慣。第三，他們知道呼籲干預最強而有力的論點是道德訴求，這在奉行現實主義傳統的國務院內**必然**會面臨質疑。福克斯記得當時他提出涵納多種論點的書面訴求，試圖「迎合每個人的胃口」：

我援引歷史，指出過去在這棟建築內，我們曾經讓法西斯主義獲勝，事後證實那不是個太好的決定。我主張我們應該干預，因為那是「正確的事」。如果你明白自己在做什麼，你就幾乎不可能在政府部門提出這樣的主張。這差不多保證了你將不會受邀參與下次會議，還會讓你得到道德說教的臭名。我警告他們，如果我們在此時放任這些屠殺發生，他們就會變成證據確鑿的罪人。在這三種主張之中——訴諸歷史、訴諸道德和強調「掩蓋錯誤」——當然是最後一種最具說服力。

美國的外交官員都知道，國務卿貝克認為美國「與這場戰爭沒有關係」。但他們不因上級的冷漠而氣餒，仍持續提出分析報告。有份令人難忘的情勢概述出自齊默曼大使之筆，他在戰爭開打一個月後，呈交了一封電報給國務卿，標題為「是誰殺死了南斯拉夫？」。那封電報共分成五個部分，每個部分都以童謠〈是誰殺死了知更鳥？〉（*Who Killed Cock Robin?*）的一句詩句開頭。齊默曼已於一九九二年五月十六日被召回華府，寫這封電報是他最後一次以大使身分做出的公務行為。他主張民族主義已經「如同一根箭矢插入了南斯拉夫的心臟」，並公正地責怪巴爾幹半島的領袖，例如克羅埃西亞「心胸狹窄、秘密實行種族主義的政權」，以及米洛塞維奇在貝爾格勒的獨裁統治：

無辜的旁觀者……從來沒有機會對抗侵略成性又毫不退讓的米洛塞維奇。歷史學家可以爭論這號人物的歷史定位，但我很肯定如果米洛塞維奇的父母在生下他以前就自殺，而不是在他出生之後才自殺，我就不會寫這封關於南斯拉夫之死的電報了。米洛塞維奇的影響比其他任何人都大，是他親手埋葬了南斯拉夫。

他觀察到，西方國家的領袖「不過是南斯拉夫葬禮的見證人」。[28]

齊默曼邀請才剛升遷為國務院加拿大事務辦公室（Office of Canadian Affairs）主任的吉姆・胡伯，與他合作擬定對波士尼亞具體的政策選項清單。胡伯認為副國務卿伊格伯格不太可能認真看待他的提議，他認為齊默曼才是必須主張發動空襲的人，但齊默曼堅決表示他會因此失去自己的門路。「這是典型的官僚陷阱，」胡伯說：「如果你帶著壞消息去見老闆，老闆就再也不想看到你了。」胡伯的妻子力勸他無論如何都要接受。「如果你不接受他的請求，」她說：「你往後的人生都會不斷想著，你原本是否有機會改變局勢。」於是胡伯接受了提議。一九九二年的下半年，胡伯都忙著經營加拿大事務辦公室，同時為了公共利益，試圖爭取國務院支持干預。

日復一日處理波士尼亞問題的美國外交官，都愈來愈渴望看到西方國家發動軍事干預。他們之所以沒有如此投入柬埔寨或伊拉克問題，部分原因是他們遭到封鎖，無法進入那些國家或直接目睹屠殺。因為記者也被禁止入境，新聞報導寥寥可數。比起庫德人和柬埔寨人，美國人可能也比較傾向支持歐洲人；但最重大的不同是冷戰已經落幕，不再有地緣政治的考量可以合理化對塞爾維亞犯行者的支持。因此這是二十世紀第一次，美國有可能發動軍事干預以阻止種族滅絕。

不過單靠內部的呼籲，不太可能影響高級決策者如此堅決反對干預的意念。國務院的異議分子需要美國記者、編輯委員會和倡議團體的幫助。起初，他們並未真正意識到這一點。四月至八月初，許多趕到波士尼亞的記者都是初次造訪這個國家，於是他們努力保持「公正中立」來彌補他們對當地的無知。

很多記者都記得自己曾四處搜尋，挖掘關於「所有陣營」所犯下暴行的故事。許多人都沒有將這場戰爭描述成米洛塞維奇企圖由上而下打造純種大塞爾維亞（Greater Serbia）的行動。

然而，一九九二年八月初，美國政府內部支持干預的人士在困境中獲得一大利器——西方媒體終於得以實地造訪塞爾維亞集中營。記者不僅開始挑戰美國的政策，還提供拍攝影像和難民經歷，激起在此之前都保持沉默的菁英發表意見。至關重要的是，人道干預的倡議人士開始贏得承諾促進人權的自由派，以及堅定的共和黨冷戰鬥士兩方的支持，後者相信美國有責任與能力阻止塞爾維亞在歐洲的侵略行動。布希政府不干涉政策的選擇似乎突然變得在政治上站不住腳。

回應（布希）

歐洲的集中營

在波士尼亞北部，由塞爾維亞人管理、惡名昭彰的集中營中，穆斯林和克羅埃西亞的被拘留者遭受不人道的密集關押。農民、工廠工人和哲學家一度被監禁在擁擠的營房中。某位囚犯的鼻子曾靠在他身旁八十五歲獄友的腋下或充滿汗臭的腳邊；尿桶滿溢又濺灑出來，但仍被擺在原地；乾渴的囚犯用雙手捧接他們的排泄物以潤濕自己的嘴唇。波士尼亞的集中營並非滅絕營，但許多負責的指揮官最喜歡處死的手段。這些營地稱不上是死亡集中營，但有約一萬名囚犯在裡頭喪命。波士尼亞的穆斯林沒有像猶太大屠殺時的猶太人一樣，人人都注定會被處死。雖然受傷和羞辱無可避免，但死亡並非必然。這些營地就是**集中**營。雖然集中營經常和毒氣室連結在一起，但集中營並不是納粹的發明。一八九六年，西班牙人曾在古巴當地的一次叛變中使用集中營，英國人在二十世紀初南非的波耳戰爭（Boer War）中也曾營建過集中營。[29]

美國透過自己的間諜衛星、無線電及電話通訊和地面上的特務，從一九九二年五月便已經知道塞爾維亞營的存在。然而，中級和基層的美國官員記得他們上級的辦公室就像個「黑洞」。「我們會往上遞交東西，但毫無回音。」韋斯登說：「我們唯一得到回應的一次，是媒體報導了某個特定事件。」[30]美國的分析師知道穆斯林和克羅埃西亞男子遭到監禁和虐待，但布希政府官員從未公開譴責那些集中營，或要求它們關閉。政府需要公眾的怒火才會採取行動。

當西方記者初次聽到這些集中營暴行的傳聞時，他們並不知道這些敘述是否可靠。六月，第一批穆斯林和克羅埃西亞難民隊伍，從波士尼亞北部跨境進入克羅埃西亞。獨立記者蘿拉．彼特（Laura Pitter）記得她聽到第一波難民描述恐怖遭遇後的反應：

> 他們談論著婦女被迫進入強暴營。他們談論著大量的屠殺事蹟——有些人說他們親眼看到，但當我們繼續追問，很明顯會看出他們只是聽說那些事而已。他們提到有人被丟下懸崖，男性被拘留在營內受虐挨餓。我們熬夜與他們對談，直到凌晨兩點。大量來自各地、形形色色的人都描述著這些相似得不可思議的事情。這些敘述看似可信，但我仍懷疑他們是否全都在重複相同的謠言。

無論我聽了多少，我就是覺得難以置信。我無法相信。事實上，我也確實沒有相信。

彼特當晚坐在同事的公寓裡，辯論著這些傳聞的真實性。她在下個禮拜發出數篇關於難民危機的新聞稿，但只大致提到難民對暴行的「指控」。幾週後，她終於找到一名目擊證人——這名男子在塞爾維亞東正教神父幫助下，逃出塞爾維亞人管理的拘留營。這座被設置在波士尼亞西北部城鎮布爾奇科的拘留營位於一間屠宰場內。這位證人表示，先前用來屠宰牛隻的同一套器械被用來殺害他的獄友。然而，當彼特將她的報導發給合眾國際社（United Press International），通訊社卻拒絕上稿，認為文章有法律上的疑慮，並表示需要超過一名目擊證人，他們才能安心讓這則報導上報。

一名穆斯林婦女塞爾瑪·黑奇莫維奇（Selma Hecimovic）曾照顧過在塞爾維亞人管理的營區內被強暴的穆斯林和克羅埃西亞婦女，他們特地為了強暴設立那樣的營舍。她回憶起記者和人權工作者追問酷刑的受害者和目擊證人的方式：

> 最終，我對於必須不斷**證明事件**感到有些疲憊。我們必須證明種族滅絕，我們必須證明我們的婦女被強暴，我們的孩童被殺害。每次我引用這些婦女的陳述，而記者想要訪問她們，我都想像那些人冷漠地坐在一間高級的房間裡，邊吃漢堡邊喝啤酒，切換電視頻道。我真的不知道這裡還得發生什麼事，穆斯林還得再經歷多少折磨……才能讓所謂的世人有所反應。[31]

第一批備受矚目的塞爾維亞拘留營媒體報導出現在七月，接著一大群美國和歐洲記者紛紛湧入波士尼亞。《新聞日報》（*Newsday*）記者羅伊・古特曼（Roy Gutman）、英國獨立電視新聞臺（Independent Television News）的一支拍攝團隊和《衛報》（*Guardian*）記者艾德・維拉米（Ed Vuillamy）是開路先鋒。一九九二年七月十九日，古特曼從曼亞加集中營（Manjaca camp）發表一篇報導，當時他陪同國際紅十字委員會（International Committee for the Red Cross）進行初次視察的代表造訪該地。古特曼時時刻刻都受到塞爾維亞隨行人員的監視，只被允許與八名挑選出來的囚犯交談。儘管如此，他仍成功拼湊出毆打、酷刑和大規模處決的敘述，主要是透過那些近期獲釋獄友的陳述才得以完成。一名十七歲的生還者描述，他被用一台完全遮蓋的卡車送進集中營內，與他同行的還有他的父親、祖父、兄弟和另外一百五十人。他說在這個由六輛卡車組成的車隊中，有十八人因窒息而死。[32]在一篇題為〈那裡沒有食物，也沒有空氣〉（*There Is No Food, There Is No Air*）的報導中，古特曼轉述一名穆斯林救濟工作者的說法表示，塞爾維亞人占領的普利耶多鎮附近的歐馬斯卡集中營（Omarska camp）裡，每天都有六到十人瀕臨死亡；古特曼七月二十一日的《新聞日報》報導〈宛如奧斯威辛集中營〉（*Like Auschwitz*），則描寫數千名被驅逐出境的穆斯林平民被迫待在上鎖的悶熱貨車中。[33]古特曼後來因為關於集中營的新聞報導獲得普立茲獎，他的「封閉貨車」和「驅逐」等措辭，在在提醒了讀者五十年前發生的事情。他引用一名穆斯林學生說過的話：「我們全都感覺像是身處第三帝國的猶太人。」[34]

古特曼仰賴難民的證詞，讓讀者一窺歐馬斯卡集中營內的情景。它是塞爾維亞人的集中營中最可怕的一座，數千名穆斯林和克羅埃西亞平民——包括普利耶多鎮的領導階層——被關在金屬牢籠中，每隔幾天就集體處決十至十五人。五十三歲的電機工程師阿利亞．盧吉諾維齊（Alija Lujinovic），曾經被關押在波士尼亞東北部的營舍，他說在五月中至六月中約有一千三百五十人被屠殺。不意外的是，就像赤柬和伊拉克政府，塞爾維亞人也拒絕讓想要調查實情的救濟組織成員和記者入境。一九九二年八月二日，古特曼發布了一篇報導，裡頭包含生還者盧吉諾維齊提供的駭人細節，他詳細描述了塞爾維亞人如何劃開穆斯林囚犯的咽喉、剝光他們的衣服，接著把他們丟進薩瓦河，或絞碎加入牲畜的飼料中。

隔天，美國國務院發言人理查德．布歇（Richard Boucher）終於證實，美國握有集中營的證據。他承認，政府知道「塞爾維亞軍隊正在管理他們所謂的拘留中心」，以及「濫權、酷刑和屠殺正在發生」。但他堅稱並不是只有塞爾維亞人這樣做，並補充道：「我也應該要指出，我們已經掌握到一些傳聞，波士尼亞人和克羅埃西亞人可能也設立了拘留中心。」美國政府並沒有其他營舍也發生類似暴行的證據，但布歇仍向多方呼籲開放通行。「**所有陣營**都必須允許國際機構立即且不受阻礙地進入所有拘留中心。」他說：「我們從最一開始就表明有不同勢力涉入這場戰爭；**所有陣營**都有人……在做壞事。」[35]

即使布歇已經放緩力道，他的譴責對其上級而言依然太過。隔天，在伊格伯格的指示下，管理歐洲事務的助理國務卿湯姆．奈爾斯（Tom Niles）撤銷發言，在國會表明，行政部門事實上並未掌握「那麼多已核實的資訊，可以證明這些集中營的存在」。[36]布歇的坦白導致菁英們更強力地施壓，要求干預。當時一名國務院高級官員說：「我們原先打算把球往前推進一步，但（新聞）報導卻推進了兩步。」[37]駐華府的記者因為奈爾斯的退縮而大發雷霆。《華盛頓郵報》的資深通訊記者唐．歐伯多夫（Don Oberdorfer）在他的日誌中寫道：「我很少看到國務院的媒體團——或者說八月還在的那些記者——如此激動。」[38]自那時起，記者便假設行政部門完全是在混淆視聽或說謊。曾經歷猶太大屠殺倖存的湯姆．蘭托斯議員，過去曾表示布希政府對伊拉克暴行的回應「令人作嘔」，如今他再度感到震怒。他握著頭版為集中營報導的《紐約時報》早報，當面質疑奈爾斯。「你記得當年毒氣室以最高效率殺害無辜人民時我們的老藉口吧？我們曾不太誠實地說『我們並不知情』。」蘭托斯挑戰奈爾斯。「現在，要不是布歐先生，就是你在說謊，但你們兩人都在國務卿貝克底下做事，我們可不想在《紐約時報》上看到布歐的聲明，接著又聽你講述完全相反的言論。」[39]因為沒有任何記者曾造訪歐馬斯卡死亡集中營，布希政府仍能聲稱難民的說法未獲證實。

八月五日，布歐表示紅十字會的成員已經造訪九座營舍，並回報「拘留的條件非常惡劣」，但他也聲明：「他們還沒找到任何死亡集中營的證據。」他暗示，這些拘留營尚未達到猶太大屠殺的標準。布歐繼續指出，紅十字會還未獲准探訪最惡名昭彰的幾座營舍。當被問及如果蒐集到不利於犯罪者的證據，美國會怎麼做時，布歐表示他並沒有聽說任何關於戰爭罪法庭的計畫。他也強調，政府並不考慮使用武力。[40]

布希總統對於美國干預問題的態度依然不變。同天發表的訪談報導引述了他的說法，他表示軍事力量「是我目前還沒想過的選項」。面對批評者的異議，他以鮑威爾和溫伯格的原則來回擊。「現在有些人會衝著我說：『投入美國武力。』」布希說，「但在我投入武力到一場戰爭前，我想要先瞭解何時開始、目標為何、如何達成目標，以及何時結束。」[41]這些當然是合理的問題，但沒有跡象顯示有任何美國政府的高層官員試圖提供答案。

類比與倡議

比爾・柯林頓是接下來總統選舉的民主黨挑戰者，他在巡迴訪問全美時，持續累積里程並給出承諾。一九九二年八月五號，奈爾斯在他的眾議院聽證會上從頭到尾支吾其詞。隔日，柯林頓告訴伊利諾州東聖路易（East St. Louis）某所學校的一群黑人青少年聽眾，關於塞爾維亞集中營，「我們可能需要使用武力。我會先使用空軍對抗塞爾維亞人，試圖恢復基本的人道條件。」[42]柯林頓是堅定的多邊主義者。他提及聯合國要求塞爾維亞集中營關閉並停止侵略，「背後應該要有集體行動支撐，包含在必要時使用武力。」他表示，美國應該「準備好給予這樣的行動適當的支持，包括軍事協助」。[43]

在波士尼亞議題上，柯林頓比布希更傾向鷹派，但當時已經可以看出徵兆，前反戰抗議者對**美國**採取軍事行動的主意非常不滿。就連柯林頓在對塞爾維亞軍隊發出最嚴厲的警告時，他聽起來也有些不安，擔憂南斯拉夫議題可能會搶走內政議題的光彩，畢竟他看重後者遠大於前者。他在對伊利諾州青少年發表的言論中，同時強調了他對聯合國的信念以及在他眼裡後方民眾的特殊地位：

> 我希望我們能聚焦關注國內人民的問題。我對於我國有孩童在街頭被殺害深感憂慮。美國今天遇害的人數可能比南斯拉夫更多，或說比過去的南斯拉夫更多。

> 但面對似乎是蓄意且系統性依照族裔背景消滅人類的行為，我想我們無法承擔忽視的後果。聯合國成立的目的正是為了阻止這類事情，而我們也應該加以阻止。[44]

就像許多自由派的國際主義者，柯林頓口中的聯合國彷彿有朝一日會成為擁有自己想法、主體和銀行帳戶的機構，但聯合國有四分之一的預算都仰賴美國提供，任務的授權和資金提供仰賴安理會，維和部隊則仰賴會員國。

儘管如此，挑戰在任總統的柯林頓仍針對他認定的布希致命弱點大力抨擊。無論柯林頓再怎麼對武力反感，如今所有的媒體注意力都突然聚焦在塞爾維亞人的暴行，他絕對不會放棄批評現任總統怠惰的機會。柯林頓以干預政策為基礎進行選戰攻防，在一份書面聲明中批評布希無所作為，主張「如果猶太大屠殺的恐怖經歷曾教會我們任何教訓，那就是面對種族滅絕時，保持沉默麻痺的高昂代價」。[45]柯林頓提倡加強經濟制裁，使用武力協助運送人道救援物資，並開放塞爾維亞集中營供外界調查，以及轟炸正在猛攻塞拉耶佛的塞爾維亞部隊。

波士尼亞令人震驚的真相曝光，更強化了柯林頓的施壓力道。那時英國獨立電視新聞臺的佩妮・馬歇爾（Penny Marshall）和伊恩・威廉斯（Ian Williams），以及《衛報》的艾德・伍里亞米（Ed Vulliamy）終於成功抵達歐馬斯卡集中營。波士尼亞的塞爾維亞領袖拉多萬・卡拉迪奇（Radovan Karadzic）於七月底訪問倫敦。他在一場記者會上否認暴行指控，並要求記者「親自來當地看看」。他很肯定可以在電視臺工作人員抵達前淨空最殘暴的營舍，但他判斷錯誤，英國記者比他更早抵達波士尼亞北部。

起初，當地的塞爾維亞官員不承認他們得到的許可，阻擋獨立電視新聞臺和《衛報》記者來訪；接著塞爾維亞人在營舍附近的樹林部署士兵，開始對記者的車開火。塞爾維亞人聲稱開火的是「穆斯林聖戰士（mujahideen）」，這讓他們的行程太過危險。不過在八月五日，馬歇爾、威廉斯和伍里亞米終於獲得許可，進入據傳為死亡集中營的部分區域。這群記者獲准參訪食堂，看見瘦如紙片、剃光頭的男人吃著稀燉豆；他們瞥見中庭的另一端，嚴厲的塞爾維亞監工正在操練一排又一排的男子。但他們沒有被允許參觀囚犯的寢室，或惡名昭彰的「白宮」，他們聽說那裡是名副其實的人類屠宰場。三位記者對於活動範圍受限十分失望，他們被趕上車又被趕出營舍。然而，他們離開時開車經過另一座特諾波傑（Trnopolje）集中營，碰巧看見一群囚犯剛從卡拉特姆集中營（Keraterm）抵達那裡，卡拉特姆擁有和歐馬斯卡一樣的臭名。這些剛抵達的男子狀態悽慘，獨立電視新聞臺的威廉斯和馬歇爾跳出車外，開始拍攝這幅駭人的景象。獨立電視新聞臺的新聞製作人與他的攝影團隊在匈牙利碰面後，刻意選擇了這個最能讓人回想起猶太大屠殺的片段。「看完他們的十卷帶子後，我建議會震撼世界的影像是那些在鐵絲刺網後方骨瘦如柴的男子。」他說：「那些景象令人聯想到奧斯威辛和貝爾森集中營。」[46]

獨立電視新聞臺於一九九二年八月六日播送特諾波傑集中營首度對外公開的電視影像。那些鐵絲刺網後憔悴枯瘦的穆斯林景象，吸引了草根民眾和菁英的注意力，也點燃公眾對這場戰爭的怒火，程度超過其他戰後的種族滅絕事件。七月時，有百分之四十五的美國人反對美國空襲，百分之三十五的人同意。而今，在沒有任何領袖的引導下，共計有百分之五十三的美國人同意空襲，百分之三十三的人反對。大約有同樣比例的民眾支持美軍投入人道或維和任務。[47]過去布希政府營造出「波士尼亞混亂」無法解決的印象，如今社論作家正面迎擊行政部門。「這不只是『族群衝突』，」《新共和國》的編輯群寫道：「這是分立的塞爾維亞民族主義派系，操縱族群情感以掌權奪地的戰爭……過去已經出現太多『所有派系』都必須為戰爭負責的陳腔濫調。這種怠惰的說法是外界勢力逃避責任的藉口。」[48]

就連那位盡責記錄恐怖暴行的情報官員偉斯登，第一次在電視上親眼看見他長久以來從遠處監視的穆斯林囚犯時也目瞪口呆。「閱讀暴行的敘述和看到那些影像截然不同。」偉斯登說：「我們先前就握有所有我們需要的文件。我們知道所有必須知道的事。但我們唯一沒有的是錄影帶。我們從未**看過**鐵絲刺網後方的那群憔悴男子。這是前所未有的事。」跟當年電視記者得以接觸到哈拉卜賈庫德族受害者冰凍的藍色遺骸時的情況一樣，影像遠比文字更能激起大眾的關注和同情。八月二日至十四日間，三大新聞網播送了四十八則關於波士尼亞暴行的新聞，而過去十二天內只有十則。[49]

即便集中營曝光，難民描述的事蹟依然難以被證

塞爾維亞特諾波傑集中營的穆斯林與克羅埃西亞囚犯。

（圖片來源：Ron Haviv-VII）

實，而那些故事一如往常聽來令人難以置信。《新聞週刊》的喬艾爾．布蘭德（Joel Brand）造訪曼亞加集中營，並在營舍指揮官面前訪問了一位骨瘦嶙峋的囚犯。布蘭德詢問那名男子，他為何如此消瘦。囚犯看著冷峻的塞爾維亞指揮官，聲音顫抖。他將他的身體狀況歸咎於住院，而非挨餓。一直到那名囚犯轉頭時，布蘭德才看到他的左耳已經燒焦脫落。那場訪談突然被迫中止。[50]

記者和電視製作人跟隨獨立電視新聞臺的腳步，轉播那些使觀眾更加聯想到猶太大屠殺的影像。電視製作人往往會在每日報導波士尼亞的新聞時，伴隨猶太大屠殺新聞影片一同播出。伍里亞米在《衛報》曝光集中營報導當天，接受了約五十四場電臺訪問，外界將這起事件連結到猶太大屠殺的趨勢讓他相當沮喪。有個電臺在訪問他前播放了希特勒在紐倫堡集會上大聲疾呼的片段，於是伍里亞米直接掛斷電話。伍里亞米回想當時的情況，提及：「我必須耗費一樣多的時間說『這不是奧斯威辛集中營』，以及說『這件事糟糕到讓人無法接受』。」兩年後，伍里亞米見到大屠殺紀念館館長華特．瑞赫（Walter Reich）時，問瑞赫他認為「近似猶太大屠殺」這樣的說法是否恰當。「是恰當的，」瑞赫說：「幾乎如出一轍。」

全國各地的報紙都一再出現這樣的類比。《辛辛那提問訊報》（*Cincinnati Enquirer*）的吉姆．伯格曼（Jim Borgman）描繪克羅埃西亞和穆斯林骷髏從「塞爾維亞集中營」走過一道標示著「淋浴間」的門，進入一間有蓮蓬頭的房間。*[51]《美國新聞與世界報導》雜誌（*U.S. News and World Report*）形容「緊鎖的火車……再次載著貨運人口跨越歐洲」，並指出「西方國家對這起新的大屠殺的反應，就和希特勒剛開始進行種族滅絕時一樣膽怯」。[52]有篇《華盛頓郵報》的社論宣稱：「自從眾人一再取得共識，禁止某場戰爭的破壞和暴行再發生後，歐洲再也沒有傳出相關的影像。」[53]隔天《紐約時報》社論寫道：「波士尼亞令人不寒而慄的報導喚起了人們對本世紀最可怕惡夢的記憶：希特勒針對猶太人、羅姆人和斯拉夫人的種族滅絕。」《芝加哥論壇報》的社論先是提問：「納粹時代的滅絕營在巴爾幹半島再現了嗎？你說不可能？」接著答道：「再仔細想想……二戰種族滅絕的幽魂已經飄出國外，籠罩波士尼亞。」無論觀眾和讀者再怎麼因為過去種族滅絕的影像而感到不適，都沒有這樣的恐怖事件竟再次**在歐洲**發生而感到不安。

記者報導這些故事，一般是希望能夠動搖西方國家的決策者，但專家和倡議人士公開疾呼動用武力。猶太倖存者和組織放下以色列與中東穆斯林的世仇，尤其大力地批評美國的怠惰。幾位美國猶太領袖在與國家安全顧問布蘭特·史考克羅私下會面時，力主採取軍事行動。美國猶太委員會、美國猶太代表大會（American Jewish Congress）和反誹謗聯盟在《紐約時報》共同刊登一則廣告，標題寫著「阻止滅絕營」。廣告宣稱：

如今在奧斯威辛、特雷布林卡和其他納粹滅絕營等令人毛骨悚然的清單中，似乎加上了歐馬斯卡和布爾奇科集中營……世界各國——包括我們自己的國家——是否可能在猶太大屠殺發生的五十年後會袖手旁觀、什麼事都不做，假裝我們無可奈何呢？……我們必須表明，我們將採取一切必

* 譯注：納粹曾將毒氣室建成淋浴間的外表，騙猶太人入內洗澡後，從蓮蓬頭放出毒氣。

要手段，包括使用武力，來阻止這場瘋狂的屠殺。[55]

一九九二年八月十日，布希總統與以色列總理伊扎克・拉賓（Yitzhak Rabin）會面，拉賓也將這些集中營比作納粹的滅絕營。同日有數千名猶太裔美國人朝白宮遊行抗議。

猶太大屠殺的類比也提到同盟國如何處理危機的部分。由於萬斯與歐文的和平進程永無止境，而且似乎一事無成，許多人因而將一九九二年西方國家的「姑息」與那些一九三八年在慕尼黑對希特勒卑躬屈膝國家的情況相提並論。例如《時代雜誌》便寫道，「報紙和電視螢幕上的可怕影像喚起令人坐立難安的回憶，世界渴望換得和平，不惜任何代價，於是選擇袖手旁觀，放任阿道夫・希特勒進軍奧地利、瓜分捷克斯洛伐克。」[56]《紐約時報》記者安東尼・路易斯（Anthony Lewis）則稱布希總統為「名副其實的張伯倫」。[57]

這波輿論大大幫助了官僚體系內的異議人士。他們開始用看待猶太大屠殺的方式思考許多他們讀到或看到的東西。福克斯回憶：

會引發輿論是因為辨認出那些影像令人大感震驚；因為我們多數人都看過紀錄片而擁有視覺記憶；因為這一切都似曾相識。我們並沒有因此在八月時瞭解更多集中營的狀況。相較於之前，那些影像揭露後甚至有更多人死去……但我們早已看過五百部關於猶太大屠殺的紀錄片。我曾造訪過奧斯威辛。我們全都上過大學課程。猶太大屠殺是我們從事公職必備知識的一部分。

吉姆．胡伯鑽研了國務院軟弱回應猶太大屠殺的歷史。他敦促他的政府同事閱讀英國歷史學家馬丁．吉爾伯特（Martin Gilbert）的《奧斯威辛集中營與同盟國》（*Auschwitz and the Allies*）一書，並提供他們一系列類似於猶太大屠殺的事實，讓他們能在內部使用。特威寧、索拉茲、加爾布萊斯等其他人道介入政策的倡議者，過去便曾將其他種族滅絕事件訴諸猶太大屠殺，但柬埔寨或伊拉克的例子都沒有像波士尼亞這般引起共鳴。波士尼亞戰爭碰巧既發生在歐洲的地理範圍，也具有歐洲意象。

「我們不會善罷干休，直到……」

猶太大屠殺的電視影像，再加上菁英意見領袖的怒火，迫使布希總統必須公開回應。選舉前三個月，由於柯林頓緊咬不放，他不得不面對介入的可能。布希於八月七日星期五召開記者會。對於布希發表言論的景象，福克斯仍歷歷在目：「我記得聽到布希說『我們不會善罷干休』。而我心想，『他究竟會怎麼說完這句話呢？』他會說『我們不會善罷干休，直到我們解放那些營舍』嗎？或是『我們不會善罷干休，直到我們達成目標』？我知道他什麼事都不想做，所以很納悶他能說些什麼。」事實上，布希自己也將整起事件連結到猶太大屠殺：

塞爾維亞部隊包圍囚犯，並將他們關押在這些拘留中心的照片，是必須有效處理這個問題的鐵證。世界無法擺脫對集中營跡象的恐懼。二戰和那些集中營內令人震驚的殘暴種族滅絕，對我們所有人來說都是強烈的回憶，不能讓悲劇重演。我們不會善罷干休，直到國際社會能夠進入任何一座拘留營。[58]

布希發誓在國際社會獲准進入營舍前不會善罷干休，為行政部門留下大量可供操作的空間。單一次國際訪問就能滿足他的通行要求嗎？是否需要派遣外國觀察員駐紮在那些封閉設施內部或其周邊地區？就算這在短期內有效，時間一久，囚犯是否會遭受更嚴重的懲罰？

集中營的報導已讓國務院大感震驚，但許多院內為干預遊說的中階官員擔心，對集中營的大量關注有可能會淹沒更大規模的事實——塞爾維亞人正在殺害或驅逐非塞爾維亞人離開他們所控制或征服的任何領土。儘管如此，就像加爾布萊斯決定要利用美國對伊拉克使用化武的憤怒，院內波士尼亞議題的鷹派人士也選擇利用他們可以取得的武器。他們推論，人們對類似集中營和猶太大屠殺之事件的關注，可能會讓他們也關注起更大規模的種族滅絕行動。

曾在卡特總統任內擔任亞太事務局助理國務卿的理查德．霍布魯克，當時是全美最大的非政府救濟組織國際救援委員會的董事。集中營報導曝光後，他馬上就決定要造訪波士尼亞。他在那裡遇到一位憤怒的英國救援工作者東尼．蘭德（Tony Land），向他表達自己對集中營突然備受關注的驚訝之情。「我們有長達六個月的時間眼睜睜看著塞拉耶佛遭受系統性的破壞，當時世界不怎麼氣惱。」蘭德告訴霍布魯克，「如今出現幾張一群人被關押在鐵絲刺網後方的照片，世界就為之瘋狂。」[59]霍布魯克錄下塞爾維亞人種族清洗後的景象，拍攝一間間被塞爾維亞士兵和民兵炸毀的房子；他看見驚恐的穆斯林將他們的財產契據交給當地的塞爾維亞當局，以換得能搭乘巴士離開該國；他訪問難民，聽他們詳述穆斯林男子被綁架和失蹤的事情。霍布魯克回到美國後，在《新聞週刊》寫了一篇文章，呼籲轟炸塞爾維亞人的橋樑和軍事設施，並解除對穆斯林的武器禁運令。他也反問：「如果現在戰鬥人員的宗教信仰顛倒過來，有支穆斯林軍隊正試圖摧毀兩百萬受困的基督徒和（或）猶太人，西方國家會怎麼做？」[60] 霍布魯克知道柯林頓已經公開為波士尼亞發聲，感覺到這是個機會，於是他撰寫一份備忘錄給柯林頓和副總統候選人高爾，並在裡頭強調：「情況不是像布希政府所描述的那樣，要在越戰和無所作為之間抉擇……現在無所作為可能會導致未來必須干預時投入的規模遠勝於此，付出更高昂的代價。」[61]

雖然布希總統的聲明幾乎沒有解決波士尼亞當地的問題，但確實讓美國高層官僚必須趕緊展開情報行動，蒐集所有可以取得的集中營相關資料。[62] 布希許下承諾後的六週內，情報單位已經彙整出超過兩百座的集中營清單，其中還包括指揮官的姓名。因為美國一流的情報蒐集能力，一直以來任何感興趣的陣營都可以取用這些資訊，但在八月公眾「辱罵」之前，布希政府的高級官員並未花太多心力瞭解情況，因為。知道他們不打算面對的罪行細節是沒有意義的。偉斯登進行調查時，他盡力整理了一份同時包含波蘭、克羅埃西亞和波士尼亞資訊的資料夾。他的上級沒有任何人要求審閱——或欣然接受——他在國慶日週末完成的情報彙整成果。但如今總統已經下令展開人力充足的調查，後續的發展可想而知。誠如福克斯所說：「情報單位會回應任何主管想要知道的事。你可以說，『我對綠眼的雪怪很感興趣。』你就會得到所有你想要的簡報；但當高層要將屠殺怪罪到受害者身上，你就無法獲得太多情報。」

美國政策：外交、慈善救濟、無效論、反常論和危害論

美國政府並沒有將剛發表的、記錄塞爾維亞侵略行動的公開承諾，與遏止侵略的計畫連接在一起。為了緩和集中營影像所引發的壓力，美國和歐洲官員樂觀地指出，聯合國與歐盟預計八月底將在倫敦舉行和平會議。和會上將會說服「各方陣營」停戰。伊格伯格許諾提供四千萬美元的美國人道援助，並表示他期望倫敦的協議能夠「大量減少」對塞拉耶佛的轟炸。

在公眾的怒火下，布希政府採取了另一項看似更重要的對策。一九九二年八月十三日，美國及其盟友通過安理會決議，授權採取「一切必要舉措」協助運送人道救援物資。許多人相信這是要對塞爾維亞人發起軍事干預的前兆，但事實上，這僅是在為聯合國的一個小分隊增援鋪路，而自從一九九二年四月戰爭開始後，這個分隊就已經駐紮在波士尼亞。除了一百名已經在當地的聯合國觀察員，聯合國額外部署了六千名的維和士兵，其中包括約一千八百人的英國軍隊。美國民眾對於貢獻部分維和士兵的支持度很高（百分之八十），美國參議院甚至批准資金，讓美軍參與聯合國軍隊。然而，布希團隊拒絕了出兵的要求，選擇資助別人執行的救濟和運輸任務。[63]安理會決議雖然暗示有意使用武力，但這是為了嚇阻塞爾維亞人停止屠殺。然而，當助理國務卿奈爾斯承認：「我們希望正式通過這項決議後，就沒有必要動用武力。」[64]威脅的力道也隨之大減。布希被問到關於集中營的問題時表示，美國會透過救濟來處理「這些龐大的人道問題」。[65]政府告訴美國人，這些事件可以被視為內戰或人道「惡夢」，但並不是種族滅絕。

隨著壓力升高，布希政府也發展出一套對巴爾幹半島事件的詮釋，以緩和公眾對於介入的積極態度。三種描述出現在每天的新聞稿綱要和行政部門官員的聲明中。裡頭的措辭混淆事實，也部分平息了集中營照片所點燃的道德怒火。因為美國民眾和華府菁英先前並不瞭解這個區域，這場衝突也確實十分複雜，行政部門得以在幾乎一片空白的板子上刻寫他們對事件的詮釋。

第一，高級官員將暴力視作並詮釋為無法解決的「悲劇」，而非一群可識別的犯罪者蓄意實行且可以減緩的暴行。他們說，戰爭的起因是由下而上、從古至今的民族或部族仇恨（而非一位信奉民族主義或投機主義的菁英由上而下的政治陰謀），這些仇恨已經盛行了數百年之久（言下之意是還會再盛行好幾世紀）。這順理成章導向了赫緒曼提為無所作為辯解的無效論。[66]國防部長錢尼告訴美國有線電視新聞網（CNN）：「這起事件十分悲慘，但巴爾幹半島一直是衝突的溫床……數百年來都是如此。」[67]布希說這場戰爭是「錯綜複雜的衝突，源自於古老的仇恨（和）上百年的世仇」。[68]伊格伯格指出，「這很難解釋，但這場戰爭並不理性。民族衝突毫無理性可言。它是一種本能，一種仇恨的情緒，不為任何常見的價值觀或目的，它就是會一直存在。而那種戰爭是最難停止的。」[69]

波士尼亞是受「內戰」蹂躪（而非侵略戰爭），「所有陣營」都對彼此施加暴行。「我已經說過三萬八千次了，」伊格伯格表示：「我也必須對本國的人民說明這一點……這場悲劇不是外界能夠平定的，大家也該是時候明白這道理了。除非波士尼亞人、塞爾維亞人和克羅埃西亞人決定停止互相殘殺，否則外界愛莫能助。」[70]

第二，行政部門官員主張，如果正面迎擊塞爾維亞人，將會造成違反當初預期的後果。軍事介入或解除武器禁運令可能會危及人道救援物資的運送，這麼做也可能導致塞爾維亞人報復穆斯林平民或歐洲的維和人員。因此，這類本意良善的舉措事實上弊大於利。

第三，由於自古以來的仇恨與該區域的特殊地形，軍事干預最後會陷入越戰般的泥沼，危害美國士兵。記者追問布希美國是否會動用武力，而總統對這種可能性輕描淡寫：

所有人都不願意使用武力，原因非常容易瞭解。當今美國有許多聲音呼籲「使用武力」，但他們不需要為將別人的兒女送入險境負起責任，而我得負責。無論如何我都不願見到美國陷入某種游擊戰的泥沼——我們已經經歷過那樣的事了。[71]

有項令美國對涉入望而卻步的因素是介入的預估代價太過高昂。美國軍方強硬地壟斷對可能死傷人數的估算，降低了介入的可能性。自越戰以後，美國將軍就反對美國軍事介入幾乎所有的戰爭，也從未僅基於人道理由就支持介入。一九九二年夏季，布希政府爭論是否該出動美國軍機為塞拉耶佛空運人道救援物資。軍事規畫人員表示，美軍大約需要出動五萬人的地面部隊，才能確保機場方圓三十英里內安全無虞。[72]但實際上，最終只有聯合國出動約一千名加拿大和法國士兵的部隊駐守塞拉耶佛機場，就讓空運順利進行。在參議院八月十一日的聽證會上，參謀長聯席會議主席鮑威爾的助理巴利．麥卡夫瑞（Barry McCaffrey）中將告訴國會，強制停火需要多達四十萬人的軍隊。[73]史考克羅承認，軍方的分析「可能」有所誇大，但也表示「紙上談兵的戰略家」無法真正挑戰參謀長聯席會議。[74]齊默曼大使記得，他對於參謀長聯席會議屢次打出軍事牌深感挫折。「他們從來不會說『不，我們不會』或者『不，我們不行』，」他回想：「他們只是不斷拋出要付出多少代價的數據，那些數字令人無法接受，卻因為提供估計值的是軍方而無法質疑。」

有人提議設立人道救援的陸路廊道時，據史考克羅所述，「執行任務的部隊」估計所需人數又來到三十萬人。這個數字讓人望而生畏，許多獨立觀察員都認為，這與攻擊無武裝平民的塞爾維亞軍隊的素質和投入程度完全不成比例。但軍事專家大量出現並高談闊論，一再重申山脈地貌難以通過，以及狄托的游擊隊員在二戰時期的英勇堅忍，他們曾在會戰中困住納粹士兵長達數月之久。鮑威爾和國防部長錢尼說服總統，軍事介入的風險太過龐大——即便是利用美國的空軍力量，協助運送人道救援物資給波士尼亞的飢餓平民也一樣。

「越戰」這個令人懼怕的單字成為簡略的代名詞，人人都用它來指涉美國若以軍事力量介入巴爾幹半島將導致的一切不利後果。[75]對某些人來說，越戰引發了由衷的擔憂，他們擔心任何缺乏強大公眾支持、沒有牽涉「重大利益」，且發生在高山地形的行動。但許多反對介入者提出越戰的類比，不是因為他們看見兩者局面的相似之處，而是因為他們明白沒有其他主張，比這更可能澆熄公眾對介入的熱忱。

波士尼亞的塞爾維亞人得到啟發，只要有人提出介入的可能性，他們就會嘲諷美國人。他們警告介入會導致許多死傷和「偏離使命」。波士尼亞的塞爾維亞領袖拉多萬·卡拉迪奇利用結盟國家的焦慮，威脅如果北約空襲，他們就會對聯合國的維和部隊展開報復：「我們會決定時機和目標，盡可能讓結果痛苦至極。」卡拉迪奇曾如此警告，挑釁美國採取行動。[76]「美國會先派出兩千名海軍陸戰隊隊員，接著就必須再派出一萬人去拯救那兩千人。」他說：「這是讓越戰重演的最佳方式。」[77]塞爾維亞國內的民族主義者也在傳達同樣的訊息。塞爾維亞激進黨（Serb Radical Party）領袖沃伊斯拉夫・薛謝勒（Vojislav Seselj）敲響塞爾維亞東正教教堂的鐘聲，升起裝飾著顱骨圖案的黑旗後，嘲笑美國人：「我們將有數萬名志願兵，我們將贏得光榮的勝利。美國人將必須送來幾千個運屍袋。這將成為新越戰。」[78]

鮑威爾將軍是反對介入的少數高級官員之一，這一點尤其重要。鮑威爾曾在越南贏得銅星勳章（Bronze Star）和紫心勳章（Purple Heart），並且剛結束波斯灣戰爭的突襲。儘管經常為人遺忘，但當布希政府內部彼此爭論是否該向伊拉克發動戰爭時，鮑威爾便曾遊說反對。他主張，因為他無法提前為美軍明確擬定撤軍計畫，所以最好留在家鄉。然而，美國贏得波斯灣戰爭後，鮑威爾的優勢地位便無可置疑。那些主張波士尼亞不會淪為越戰的人，無法與備受尊崇的老將競爭。許多「巴爾幹鷹派人士」都不曾在越戰中服役。他們近期在巴爾幹半島的經歷幾乎不具分量。齊默曼記得：「我不曾在越戰中服役，但我瞭解塞爾維亞人。他們與越南共產黨成員大相逕庭。他們沒有對波士尼亞的理想。他們的行動不是聖戰，而是掠奪土地。他們不具備士兵的素質，只是業餘士兵，許多人經常醉醺醺的。那裡的情況就是非常非常不同。」

鮑威爾將軍反對美國以任何形式參與運送人道救援物資，或在波士尼亞上空實施禁航區的行動，他不尋常地公開宣傳，好讓美國軍隊和戰機留在國內。他先是打電話請《紐約時報》的麥可・哥登（Michael Gordon）到他的辦公室一趟，向他發表演講，說明為何干預波士尼亞無法奏效。「如果他們告訴我要有限度地介入，」鮑威爾告訴哥登：「意思就是他們不在乎你是否達成任何目標；而如果他們告訴我要『精準』介入，我就會馬上前往掩體，準備作戰。」[79]接著，有篇《紐約時報》社論批評美國軍方抱持「辦不到」的態度時，鮑威爾親自在該報發表了一篇社論回擊，表示反對在一場「民族和宗教根源深遠到可回溯上千年」的衝突中，「為了不明確的目的」以危險的方式部署美軍部隊。[80]

由於一九九二年十一月的選舉將近，鮑威爾不需要在行政部門內部，試圖改變許多人的想法。無論職位為何，布希都不願在波士尼亞賭上美國人的性命。美國的高級行政官員表示，他們視波士尼亞為「愈處理只會愈糟的燙手山芋」，沒有人想要碰這個問題。[81]

行政部門轉移眾人對波士尼亞注意力的方法之一，就是聚焦於發生在索馬利亞（Somalia）的另一起人道危機。布希總統並非從國際媒體報導得知當地的饑荒，一開始的報導相當有限，時間又有所延遲，他是透過美國駐肯亞大使史密斯．漢普斯東、參議員保羅．西蒙（Paul Simon，伊利諾州的民主黨代表）和南希．卡斯鮑姆的個人呼籲才瞭解到相關情況。[82]參謀長聯席會議出於本能反對派遣美軍到索馬利亞，但在一九九二年八月十四日，布希突然改變路線，下令展開一次非常有限的干預。美國派出C-130貨機協助救濟工作，而非地面部隊；布希也承諾要協助運送五百名巴基斯坦維和人員到那個處境艱難的國家。根據參與規畫的高級官員所述，白宮發現這是個大好機會，能夠展現自己並非鐵石心腸，並在共和黨全國代表大會前夕回應國內的批評，而且可以用相對低廉的代價達到目的。從八月中到八月底，晚間新聞的波士尼亞報導數量減少到月初時的三分之一。[83]即使美軍近幾個月內還不會前進非洲，索馬利亞的饑荒仍然開始轉移大眾對巴爾幹半島的注意力。

在官僚體系內，國務院表面的冷淡態度持續受到炙熱的質疑。一九九二年八月二十五日，南斯拉夫事務處的代理科長喬治．肯尼（George Kenney）辭去國務院的職位，震驚首都圈。肯尼離職的消息登上《華盛頓郵報》頭版。「我再也無法問心無愧地支持行政部門處理南斯拉夫危機的方式，不但毫無效果，甚至還適得其反。」這位外交官員在他的辭職信中寫道，報紙也引用了這段文字，「因此，為了讓大眾凝聚更明確的共識，一致認定美國必須立即行動來阻止種族滅絕，我決定辭職表態。」[84]肯尼和許多人一樣，支持解除武器禁運和轟炸波士尼亞的塞爾維亞人。在倫敦的聯合國與歐盟和會上，伊格伯格問道：「有人知道肯尼嗎？」他接著公開反駁這位基層官員的行動並表示：「在我看來，這位年輕人從來沒有踏上前南斯拉夫的土地。」[85]然而，肯尼離職讓公眾初次感受到國務院內如火如荼的鬥爭，提供依然對美國政策不滿的政府官員一個新的選項。「當你從事外交工作時，」跟肯尼在波士尼亞議題上懷抱相似立場的馬修．哈里斯表示：「制度和圈內文化的每個部分都不贊成離職。這似乎從來不被視為一個選項。喬治做了這件事喚醒了我們，讓我們認真思考辭職的可能性。」

一九九二年十一月的選舉逼近，外交政策成為次要事務。詹姆斯．貝克和他幾名高級外交政策顧問被轉派到白宮，處理總統的競選連任事宜。伊格伯格獲得升遷，成為代理國務卿。許多美國官員都認為伊格伯格早就在制定波士尼亞政策，如今他的頭銜反映了他的影響力。

胡伯要求和新任國務卿會面，而出乎他的同事意料，他也確實得到了一次面談的機會。在九月中一場半小時的會議中，伊格伯格似乎願意聆聽。會面結束後，他請胡伯準備一份備忘錄，清楚詳細地說明他對新政策的建議。胡伯和他的另一位專業外交官員同事李察．強森（Richard Johnson）準備了多達二十七頁的備忘錄，並透過異議管道呈交，確保這份報告會送到伊格伯格的辦公桌上。國務院在越戰尾聲引入了異議管道的制度，好讓那些不贊同政策的人能夠把他們的看法傳達給高級官員，不需要經過他們直屬主管的批准。「這是我們唯一一件不需要獲得批准就能做的事。」胡伯回想：「沒有人可以阻止你呈交報告書——你的主管不行，國務卿不行，任何人都不行。」伊格伯格直到選舉結束後才回應，在一九九二年十一月十一日的退伍軍人節（Veteran's Day），他請胡伯和強森到他的辦公室一趟。伊格伯格在會議上頻頻向兩人提問，經過兩個半小時的會面後，他送他們離開辦公室，並稱讚他們勇於批評。伊格伯格咧嘴笑說，「謝謝你們跟我說我的政策是一派胡言。」經常滿面愁容的胡伯一時語塞。強森則疲憊地說：「我看得出來你有在好好聽我們說。」

這兩位異議官員都很驚訝，竟然沒有其他人士傳達過與他們相同的意見。伊格伯格的辦公室主任比爾・蒙哥馬利（Bill Montgomery）告訴胡伯：「只有你們這樣做。官僚體系內沒有其他人告訴他這件事。」關心美國對波士尼亞政策的國務院官員可以分成三種——支持美國介入（以空襲手段為主）的異議官員、積極反對的高級決策者，以及支持轟炸但認為無法成真而毫無行動的官員，最後一種是人數最多的群體。

布希總統本人一直都不太關注波士尼亞的衝突。國家安全顧問史考克羅記得，每週大約會有一次，布希會轉頭問他：「再告訴我一次這是怎麼回事？」在那個時候，七個月內已經有大約七萬名波士尼亞人喪命。

史考克羅非常坦白地談論布希政府回應的規畫，絲毫沒有顯現懊悔之意。如果他必須從頭再次制定政策，盤算後還是會得出同樣的結果。那些暴行雖然惡劣，但是發生在一個其福祉與美國國家利益沒有關係的國家：

我們永遠無法使自己信服，但我們認定需要涉入的程度，必須根據美國牽涉其中的利益來判斷……我們非常注重國家利益，唯有戰火延燒到科索沃，導致我們的盟友面臨捲入更大規模戰爭的危險，波士尼亞才會與國家利益相關。如果戰爭控制在波士尼亞境內，情況可能會很慘烈，但不會影響到我們。

擴散的戰爭會被認定對美國構成威脅；而無論多少平民死去，只在某國境內發生的戰爭並不會造成威脅。

種族滅絕？

雖然此時期經常有人使用猶太大屠殺的類比，但事件是否構成種族滅絕的問題一如往常引發諸多爭議。屠殺、強暴、酷刑、集中營和種族清洗加總起來，說服了赫爾辛基觀察會的律師採用這個術語。塞爾維亞人已經著手消滅波士尼亞的穆斯林人口，即便他們沒有消滅每一個人，他們仍蹂躪了穆斯林社群，並竭盡所能確保他們無法復原。

布希政府始終堅決避免使用這個單字。他們之所以規避「種族滅絕」一詞，是因為判定為種族滅絕將會衍生出道德責任。獨立電視新聞臺播出卡拉特姆集中營片段的隔天，布希在記者會上說：「我們知道這些拘留營內的情況相當恐怖。但老實說，我無法向你們證實某些聲稱當地確實在發生種族滅絕的說法。」[86]決策者偏好使用「種族清洗」一詞。

史考克羅認為，如果是種族滅絕，美國就必須出面回應，但如果是種族清洗就沒有必要，而這正是他用來描述波士尼亞局勢的用詞：

> 我想，對於波士尼亞的情況，我們全都把種族清洗和種族滅絕混為一談了。對我來說，這是兩個不一樣的術語。兩者恐怖的程度相近，但目的不同。種族清洗並不是「我想要摧毀某個民族，完全消滅他們」，而是「他們不能和我們一起生活。他們想住哪就住哪，但不能和我們一起」。有種族滅絕禁令，但沒有殺人禁令。因此，阻止種族滅絕具有一定的國家利益，因為美國必須表現出對國際法的支持。

在赤柬統治期間，關於是否採用種族滅絕一詞的小規模辯論主要在美國的社論版上演。美國政府內部沒有出現這類的辯論，在美國堅決採取不介入政策的情況下，這類的判別被認為沒有實質意義。伊拉克政府攻擊居住在鄉村的庫德人時，雷根政府基於海珊不是在消滅所有庫德人，而是在鎮壓叛亂的理由，駁回加爾布萊斯的種族滅絕主張。波士尼亞的「種族滅絕」辯論則相當值得注意，因為這是有史以來對於是否採用萊姆金的術語所出現過範圍最廣泛、表達最強烈、意見最分歧的一次辯論。

有些辯論「是」或「不是」的美國官員單純將之視為事實問題。塞爾維亞人正在系統性屠殺穆斯林和克羅埃西亞平民，並將他們驅離塞爾維亞人控制的領地。「世代仇恨」的說法暗示一定程度的必然性和自發性，但這場屠殺經過仔細協調、由上而下的本質證明了這樣的說法是錯誤的，更適切的指稱應是「種族滅絕」。這些官員想要蒐集並公布暴行的證據，以便澄清真相，同時證明有群人已經**決定**鎖定非塞爾維亞人為消滅對象；其他人則希望看到塞爾維亞人的攻擊行動被貼上「種族滅絕」的標籤，藉此觸發《滅絕種族罪公約》，美國已正式簽署該公約，而他們認為這賦予美國必須以軍事行動回應的法律義務。他們也從民調和直覺知道，「種族滅絕」一詞可以撼動美國人。後來的一份民調顯示，儘管已有百分之五十四的美國人支持軍事介入波士尼亞，但當那些受訪者得知，某次獨立的派遣任務發現當地正在發生種族滅絕後，支持度便上升至百分之八十。[87]這正是關鍵：無論美國的法律義務為何，這些美國官員希望種族滅絕的判定至少可以使政治人物感到害怕，讓他們覺得如果無所作為，就會付出一些政治代價。這兩個爭取採用「種族滅絕」一詞的理由——闡明暴行的本質，以及引發或利用眾怒——原始動機都是想要促使更高層採取行動。他們認為，只要美國人知道他們在阻止些什麼，絕大多數的美國人都會支持介入，以阻止巴爾幹半島上一群殘忍的少數族群的惡行。

曾陪同胡伯會見伊格伯格的外交官員李察·強森著手調查，強森無法理解明明（一）分隔男性與婦孺；（二）毆打、強暴和謀殺；以及（三）特別針對受過教育者和政治菁英等行徑都符合公約的要求，為何這個「G開頭的字」*的爭議仍遲遲未決。他逼迫國務院和國家安全會議的十六位官員接受正式訪問。強森發現，一切對於塞爾維亞人種族滅絕意圖的困惑，都源自於國務院不願激起道德憤怒，也未能投入所需的人力或物質資源蒐集證據，證明塞爾維亞人系統性試圖摧毀波士尼亞穆斯林群體的重要部分。白宮從未發布指示要求進行研究和分析，以決定是否蒐集到充分論據，可以指控塞爾維亞總統米洛塞維奇或殘餘的南斯拉夫（包含塞爾維亞和蒙特內哥羅〔Montenegro〕）正在實行種族滅絕。

在布希政府的任期尾聲，國務院異議人士的焦點從救援轉移到懲治上。偉斯登便是這麼做的其中一位，此時他更加努力蒐集暴行的證據，希望能將從四月開始蒐羅到的大量證據變成「準備好上法庭」的情報。雖然不存在國際刑事法院，但眾人對於國際社會軟弱無力感到失望、部分熱烈倡議的人士不屈不撓地呼籲起訴，可能再加上波士尼亞的犯罪與二戰時期罪行的呼應，都促使歐洲和美國的決策者開始考慮設立法庭。到了一九九二年十二月，偉斯登等人已經開始回答兩個問題：戰爭罪的證據是否足夠考慮起訴犯行者？這些罪行是否構成法律上的種族滅絕？偉斯登以埋頭苦幹的方式處理這個議題，儘管他的有些同事並不喜歡這樣的做法。「我感覺我們無法找到確鑿的罪證。」偉斯登回想，「米洛塞維奇絕對不會打電話告訴他的黨羽『去執行種族滅絕』。我們必須證明這是經過系統性規畫的行動，由此發展出論據。唯有反向操作，我們才能證明其意圖。」

偉斯登並不孤單。一九九二年十月，在聯合國人權委員會的前南斯拉夫特派調查員塔德烏什・馬佐維耶茨基（Tadeusz Mazowiecki）的建議下，盟國們委託一群公正的專家評估暴行傳聞的真偽。[88] 五名成

＊　譯注：指「種族滅絕」（genocide）一字。

員組成的戰爭罪委員會一九九二年十二月於日內瓦首次召開會議。巧合的是，這場創始會議與萬斯和歐文主辦的多場停火協商之一——聯合國與歐盟的「前南斯拉夫國際會議」（International Conference for the Former Yugoslavia）——是在同一棟大樓內舉辦。到了這個時候，敗選的布希政府正關切著留給下任總統的事務，而南斯拉夫的問題便需要快速補救。在那場會議上，伊格伯格提倡幾項新的舉措，包括實施禁航區、可能解除對穆斯林領導的波士尼亞政府的武器禁運令，以及對戰爭罪嫌犯究責。伊格伯格宣告：

> 一方面，我們具有道德和歷史義務，不能在這個世紀有民族面臨滅絕危機時再度退縮。然而，我相信我們也對塞爾維亞的人民負有政治義務，要讓他們明確知道自己面臨的風險，他們目前正與那些以他們之名執行種族清洗的人共享無可逃脫的命運……他們尤其必須瞭解，那些種族清洗的犯行者即將面對第二次的紐倫堡審判，而因為他們是以人民的名義犯下罪過，所有塞爾維亞人民都將面臨歷史的判決與責難。[89]

伊格伯格一九九二年十二月的評論之所以重要，是因為這位美國高階外交官竟然「指名道姓」。作為這場正義運動出乎意料之外的催生者，伊格伯格表示美國政府已經識別出應該接受審判的十位戰爭罪嫌犯。他的名單包括著名的塞爾維亞軍閥澤勒可．「亞爾干」．拉茲納托維齊（Zelko "Arkan" Raznjatovic）和沃伊斯拉夫．薛謝勒，以及塞爾維亞人的政治與軍事領袖米洛塞維奇、卡拉迪奇和拉德科．穆拉迪奇。[90]伊格伯格也描述了特定的罪行——例如塞爾維亞人圍攻塞拉耶佛、南斯拉夫軍隊在一九九一年破壞克羅埃西亞城市武科瓦爾，以及塞爾維亞人謀殺了兩千到三千名布爾奇科附近的穆斯林。

據伊格伯格所述，雖然他幾個月來都贊同設立法庭的主意，但說服他公開發聲的是猶太大屠殺倖存者埃利．維瑟爾。維瑟爾曾於十一月造訪當地，在貝爾格勒、塞拉耶佛和班雅盧卡停留，也到過曼亞加集中營。維瑟爾返國後，他和伊格伯格進行了一次他所謂的「長談」，說服了伊格伯格公開發聲是種道德義務。但伊格伯格明確表示，他並不是在呼籲強制逮捕他提及的那些名字。才剛被冠以惡名的卡拉迪奇還可以在日內瓦主要會議廳外的走廊自由晃蕩，[91]在接下來的兩年半，他仍是位備受重視的協商夥伴。除此之外，美國並未貫徹伊格伯格的聲明，在國務院或美國情報單位內指派官員對這些領袖提起法律訴訟。據強森所述，國務院終於開始提交證據給聯合國的戰爭罪委員會時，他們將這項任務分派給一位對巴爾幹事務一無所知的人權事務局（Human Rights Bureau）外交官員，以及一位大學剛畢業的國務院短期實習生。[92]

布希政府最接近承認種族滅絕的一次是在一九九二年十二月十八日，美國加入簽署聯合國大會的長篇決議，要求塞爾維亞和蒙特內哥羅軍隊為侵略行動和「惡劣的『種族清洗』政策，等同於一種種族滅絕的形式」負責。[93]美國是眾多表態國家之一，可能沒有被聽見，也肯定無人聽從。

大約在同一時間，胡伯和強森將第二份備忘錄送進國務院的異議管道，爭取種族滅絕的法律判決。這份備忘錄在一九九二年十二月二十日流傳開來，很快就獲得多位助理國務卿簽署，包括情報研究局、法律事務、歐洲事務和國際組織助卿。然而，儘管有那些簽名，但因為適逢節日假期，國務院直到一九九三年一月三日都幾乎處在停工狀態。判定塞爾維亞人正在施行種族滅絕的備忘錄就這樣長達兩週無人審閱，國務院的官員忙著慶祝耶誕節和新年。國務卿伊格伯格回到工作崗位時，終於表示同意，但他也說，在下任政府即將接管之際，要布希政府發布種族滅絕的判決並不公平。一如偉斯登所述：「布希政府的最後舉措不會是說，『噢，順帶一提，這確實是種族滅絕。我們對此什麼事都沒做。糟糕，現在全是你們的責任了！』」在一九九三年一月十九日，布希政府任期的最後一天，人權與人道事務助理國務卿派翠西亞．迪亞茲．丹尼斯（Patricia Diaz Dennis）含糊其辭，令人費解：

> 我們的報告描述了波士尼亞廣泛且經過規畫的暴行，包括強暴和屠殺平民受害者，嚴重程度可能近乎種族滅絕。我們尚未決定這是否是個法律問題。他們在波士尼亞的行徑是種族滅絕，但就像我剛才所說，去年整年在那裡發生的濫權行為顯然近乎符合這個特定法律術語的定義。[94]

在卸任前，布希總統做了一件對柯林頓政府的外交政策影響重大的事——他派遣兩萬八千名美軍到索馬利亞，為飢餓的平民提供食物。雖然布希總統將索馬利亞任務視為純粹的人道任務，但國家安全顧問史考克羅認為這趟任務可以促進兩項國家利益，「與我們不干預南斯拉夫的決定息息相關」。他當時主張，首先美國必須向外界證明「不是因為我們害怕干預外國，只是波士尼亞的情勢不適合這麼做」；其次，史考克羅認為美國必須向穆斯林國家證明，美國之所以決定不插手波士尼亞事務，並非因為受害者的伊斯蘭信仰。「對我來說，索馬利亞讓我們有能力可以證明他們錯了。」他說，「索馬利亞是南半球國家，是黑人國家，又是非基督教國家，符合一切第三世界的典型。」當史考克羅被問到為什麼第三世界與美國的重大利益有關時，他說道：「第三世界領袖的意見之所以重要，是因為要成為『世界領袖』，你必須說服眾人追隨你對他們有利。如果所有人都討厭你，就很難成為世界領袖了。」

介入索馬利亞讓美國更不可能為遏止波士尼亞屠殺採取行動。布希已經下令進行人道干預，美軍當時另有其他任務。

與此同時，波士尼亞持續籠罩在戰火之中。波士尼亞人撐過這場戰爭的第一個冬季後，唯一接獲的好消息是他們主張介入的盟友比爾．柯林頓當選美國總統。他們相當肯定援助即將到來。

回應（柯林頓）

「初期的關鍵考驗」

如果說美國人已經學會不把競選承諾當一回事，那些承諾的海外潛在受益人則往往沒那麼厭倦。柯林頓在競選總統時主張，波士尼亞問題確實與美國有關。儘管布希總統已經利用他元首的地位主張不採取行動，但到了柯林頓就職的一九九三年一月，仍有約百分之五十八的美國人認為，應該動用武力以保衛救援物資運送和阻止暴行。[95]柯林頓選用安東尼．雷克（Anthony Lake）擔任他的首席外交政策顧問。

雷克過去曾為了抗議尼克森總統一九七〇年派兵進入柬埔寨的決定，辭去國家安全會議的職位，因此贏得深具良知的美名。在一九七一年的《外交政策》（*Foreign Policy*）雜誌中，雷克和一位同事反省了擁有高貴情操的美國人竟允許自己發動越戰的過程，從而導致如此不義的後果：「那個問題的答案始於一種根本的理智態度，視外交政策為一套無關生命、毫無感情的抽象概念。」他們寫道：

> 在國內試圖處理高度與**人**相關問題的自由主義，在為海外事件做決定時，卻唐突但順理成章地轉為討論抽象概念。「國家」、「利益」、「影響」、「聲望」——這全都是脫離現實且去除人性的用詞，會讓人很輕易就忽略真實的人民，但我們的決定會影響或甚至結束他們的生命。[96]

然而，雷克和他的民主黨同事面臨這項考驗時，雖然他們更加關注波士尼亞受苦的人民許多，但也沒有介入改善他們的處境。

雷克被任命為國家安全顧問後不久，就收到一份霍布魯克寫的長篇備忘錄，霍布魯克剛從波士尼亞返國。這是他第二次訪問波國，在一九九二年的耶誕節結束後便出發。他造訪了塞拉耶佛，看見那座城鎮的穆斯林為了溫暖他們寒冷的家而焚燒書籍；他住在假日酒店（Holiday Inn），那裡的房間還沾染著先前屠殺留下的血漬；他也訪問了波士尼亞北部塞爾維亞集中營的倖存者。有名男子描述在曼亞加集中營的恐怖生活，並從他的床墊下掏出兩個木偶。這些木偶是他用一塊玻璃碎片雕刻出來的，描繪囚犯被迫站立的姿態，他們低著頭，雙手被綁在背後。霍布魯克作勢要把人偶交還給他時，這名前囚犯阻止了他。「不用還我，」他說：「請帶回去你的國家，向你的人民展示。讓美國人看看我們受到怎樣的對待。告訴美國我們的遭遇。」一九九三年一月一日，霍布魯克在塞拉耶佛機場等待塞爾維亞人批准起飛時，在他的日誌中寫道：「如果我沒有向新（柯林頓）執政團隊傳達我的看法，我就沒有付出足夠的努力，去幫助這些我們剛見到的絕望人民；但如果我積極推廣我的觀點，我又會顯得太有侵略性。我感到進退兩難。」[97]他回到美國後隨身攜帶那兩個雕刻人偶，帶到查理．羅斯（Charlie Rose）的節目上展示，供人拍照並以滿版全彩跨頁的方式刊登在《紐約時報雜誌》。在寫給雷克和柯林頓的新國務卿華倫．克里斯多福的備忘錄中，霍布魯克自告奮勇擔任巴爾幹半島的美國調停者，但他的提議從未獲得回應。

柯林頓的外交政策團隊確實徹底重新檢視了波士尼亞政策。曾於布希政府任職的資深外交官員需要時間適應充滿嶄新可能性的氛圍。波士尼亞事務處科長哈里斯後來注意到，「專業官員經歷布希政府長達兩年不行動、不關心和選前的恐慌狀態，已經習慣魯莽行事，似乎還沒有意識到，他們如今已經可以公開發言，甚至支持軍事解決方案。」[98]

柯林頓團隊至少看似已做好準備，要公正地調查分析這場衝突。一九九三年二月十日，戰爭開打十個月後，估計約有十萬人喪生，曾是卡特政府資深官員的國務卿克里斯多福發布聲明，遠比過往任何布希政府的高級官員所提出的聲明還要嚴厲：

> 這場衝突或許遠在天邊，但絕對離我們所關心的事務不遠。我們無法承擔忽視的後果……大膽的

暴君和害怕的少數族群都在看著，想知道世界是否會容忍種族清洗政策。如果我們希望使自由變得更加普及，如果我們希望鼓勵和平的種族民主國家出現，那我們就必須響亮地說不。[99]

國務卿接著鮮明地描述，塞爾維亞的種族清洗「大規模屠殺、有計畫地毆打、強暴穆斯林等其他族群，不斷轟炸塞拉耶佛等地的無辜人民，強迫全村遷移，（並）在拘留中心不人道地對待囚犯」。他表示他意識到，世界的回應將會構成「初期的關鍵考驗，考驗世人在後冷戰時代會如何處理族裔和宗教少數的重大問題」。

然而克里斯多福提出的解方軟弱無力，他發誓要運用「美國的外交影響力，全力投入找出和平解決方案」。[100]他沒有對塞爾維亞人下最後通牒，也沒有提到軍事力量。塞爾維亞人只須面對參加和平談判的熟悉義務。多數的巴爾幹官員住在國內時都缺乏自來水、瓦斯、電力和基本物資，因此樂於接受外交（和購物）行程的機會，入住紐約、倫敦和日內瓦的豪華飯店。

雖然國務院內支持介入的人士因為新公布的政策含糊其辭而心急如焚，但他們嘗試正面看待這次的公告。「我們發現我們一開始就必須面對這可怕的克里斯多福聲明，」哈里斯回憶：「但我們知道情況十分惡劣，而且不會好轉，尤其是在米洛塞維奇本人看過這份聲明之後。至少這個政府明白當地的局勢。我們認為情勢很快就會迫使克里斯多福修正我國的政策。」

公開的異議

在克里斯多福備受矚目的政策公告前夕，專業外交官員胡伯和強森已經站到國務院「公開論壇」的麥克風前發聲，這個計畫是要讓院內職員和職員的賓客能夠在或大或小的場合，談論急迫的政策困境。庫德族領袖賈拉勒·塔拉巴尼便曾利用同樣的論壇，呼籲美國回應海珊對庫德人的安法爾攻擊行動。然而，一九八八年只有二十餘人出席聆聽塔拉巴尼的發言，但在一九九三年卻聚集超過兩百人要聽胡伯和強森的演說。胡伯為了這十分鐘的短講苦思數週之久，他在其中轉述了先前從伊格伯格的辦公室主任那裡得知的訊息——院內基層人員對介入的壓倒性支持並沒有傳達給上級知道。就因為他的同事聽到大家在茶水間談論波士尼亞，並不代表這個訊息會傳達到七樓，而那裡才是決策權力（具體來說便是國務卿和他或她的最高級顧問群）的核心。

胡伯譴責西方強權僅僅仰賴協商談判，宣稱：

> 如果說南斯拉夫瓦解的衝突，反映的是法律和憲法的歧異，那麼創造性的外交策略和折衷協商就能帶來希望。我們可以依靠我們的專業手段——備忘錄、電報、公報、會議、參訪行程和論題——來促成真正的和平進程。但這場衝突是因塞爾維亞人企圖奪取種族和國家的霸權而起。因此，**唯有**武力可以阻止、翻轉和擊潰它。

這是胡伯在他二十年的官僚生涯中，第一次允許自己的挫折情緒在公開場合爆發。他將美國對和平進程「自我欺騙式」的信任比擬為二戰前的同盟國，提醒聽眾：「慕尼黑協定的問題不在於那些條款或劃定的疆界。」胡伯引用他所閱讀的歷史書籍，大力強調國務院在希特勒進行種族滅絕期間默不作聲。「不是每個機構都能得到第二次機會，」胡伯說，為了製造懸念而停頓片刻。「這正是我們的第二次機會。」國務院應該「明確、正式且公開」宣告塞爾維亞正在施行種族滅絕。胡伯的這番言論未被加密，並透過電報廣傳到所有外交崗位上。他回憶：「你絕對無法相信在那場演說之後，有多少國務院的人員親自來向我道謝。」

儘管如此，胡伯知道很少關注此議題的同事有勇氣挑戰他們的主管。他決定尋求機關外一位具有道德權威之發聲者的幫助，那人便是埃利．維瑟爾。維瑟爾先前就已經扮演關鍵角色，於一九九二年十二月說服伊格伯格公布嫌犯姓名。而在一九九三年四月二十二日，華府大屠殺紀念館的開幕典禮上，維瑟爾臨時對坐在他後方的柯林頓總統說話。「總統先生，我不能不告訴你一件事。」維瑟爾轉身背對講臺、面向總統，令人難忘地說道，「我去年秋天曾拜訪前南斯拉夫。我看見的那些景象令我難以入睡。我是以猶太人的身分這麼說的。我們必須採取行動，阻止那個國家的流血衝突。」[101]

柯林頓總統很快就將這兩次的罪行區分開來。「我想猶太大屠殺是完全不同的層級，」當天稍晚他如此告訴記者：「我想那是人類歷史上前所未有，也無可比擬的事件。」美國對波士尼亞的無所作為，和美國沒能轟炸通往納粹集中營的鐵路，兩者不能相提並論。儘管如此，他承認「種族清洗相當於猶太大屠殺執行到極致的殘暴行為」，並說：「我想我們必須挺身反對。我認為那是不對的。」但接著他再度透露他的矛盾心情，告誡道：「那不代表美國或聯合國就可以投入戰爭。」[102]

一九九三年四月二十八日，在胡伯的請求下，維瑟爾再次公開發聲——這次是對著國務院內人滿為患的迪安・艾齊遜演講廳（Dean Acheson Auditorium）。超過三百人齊聚一堂，聆聽維瑟爾批評美國的怠惰。最戲劇化的時刻不是發生在演講廳內，而是在活動結束後的一場小型午餐聚會上。維瑟爾記得他對政治事務國務次卿彼得・塔諾夫（Peter Tarnoff）大聲喊道：「這些都是集中營哪，我的老天！你就不能解放其中一座嗎？」塔諾夫沒有回應，歐洲事務首席副助卿勞夫・約翰遜（Ralph Johnson）則試圖為行政部門辯解。約翰遜說：「我們擔心如果我們真的嘗試解放集中營，將引發報復，裡面的囚犯會被殺害。」經過一陣漫長尷尬的沉默後，維瑟爾抬起頭，眼神閃爍，接著他輕聲說道：「你有意識到那正是國務院在二戰期間說過的話嗎？」

在胡伯和維瑟爾等人持續試著藉由指涉猶太大屠殺，激發更積極介入的政策時，柯林頓的執政團隊展開難看的卸責宣傳活動，避免稱呼那些事件為種族滅絕。

一九九三年三月三十日，在一場參議院外交活動小組委員會（Foreign Operations Subcommittee）的聽證會上，參議員丹尼斯・德康契尼（Dennis DeConcini，亞利桑那州的民主黨代表）挑戰克里斯多福，問道：「你心裡是否有一絲懷疑，覺得波士尼亞與赫塞哥維納（Bosnia-Herzegovina）真的發生了種族滅絕？」國務卿回答：「我心裡相當肯定強暴、種族清洗等其他幾乎難以形容的行為確實發生了，也絕對和種族滅絕同等嚴重。嚴格的法律定義可能不是現在的重點，重要的是那些行為非常殘暴，惡行不斷，必須加以阻止。」[103]柯林頓和克里斯多福談論這場衝突的方式。彷彿他們還在競選，而不是已經成為最有能力可以阻止戰爭的人物。

印第安納州的民主黨眾議員麥克洛斯基成為國會中推動採用種族滅絕一詞最強而有力的鬥士。一九九二年十一月，麥克洛斯基第二度出訪巴爾幹地區，這次他前往波士尼亞，看見前一年他在貝爾格勒接收到的急迫預言皆已證實為真。他聽說強暴、毆打和用園藝剪刀去勢的傳聞，刺激他回到眾議院的軍事委員會（Armed Services Committee）積極倡議。「那些人的故事令人難以置信。」麥克洛斯基回想，「以塞爾維亞人對知識分子、教師、工程師的所作所為而言，這簡直就是跟波布的統治一樣的情節。」有位八十一歲的穆斯林婦人特別觸動麥克洛斯基，她把麥克洛斯基拉到一旁，描述她看著塞爾維亞人殺害她全家的經過。在塞爾維亞人闖入她家之前，她曾哀求她的兒子射殺她，好讓她不必經歷她知道將親眼目睹的事。但他拒絕了母親的請求，而她必須眼睜睜看著塞爾維亞民兵殘忍地殺害他。她見到麥克洛斯基時，她的回憶令她徹底崩潰，以致於她怪罪她的兒子沒有勇氣殺死她。

麥克洛斯基回到美國後一再講述這位婦人的故事，不僅藉此傳達波士尼亞戰爭的野蠻程度，也傳達戰爭所遺留下來的悲劇。暴行的倖存者往往被視為「幸運之人」，但許多人都留下與所愛之人臨別的記憶，那些情景恐怖到讓他們羨慕死者。那些回憶是加倍的折磨。朋友或親戚被重擊、刺殺或射殺，以及那名受害者在臨終之際行為退化成原始狀態的景象。在波士尼亞，花園往往變成屠宰場，住宅變成煉獄，各個家庭在家裡做著自己的事，鮮少會有在深夜聽見敲門聲的心理準備。而對於那些在半夜遭到處決的人來說，正是因為缺乏準備——他們在臨死前最後一刻都還保有人性——導致他們由於不久前才過著尋常的生活，而無法放棄生命。他們既沒有放棄說服的可能性，也對劊子手的憐憫能力懷抱希望。雖然他們這麼做時深感羞愧，但仍堅持到尊嚴盡失的程度。當受害者的期望被回以一記射進咽喉的子彈，或是在鼠蹊部的一刀，倖存者對他們的回憶就會完全被那臨刑前的情景淹沒。[104]倖存者無法記得朋友和愛人生前的模樣，而是記得他們駭人的死狀。

麥克洛斯基一再重複他出乎常人意料也不受歡迎的巴爾幹血腥故事，往往足以激怒他在國會的同事。在三年半的戰爭期間，他總共造訪該地近十二次。麥克洛斯基回國後，經常在議院走廊追逐潛在的盟友。「當你表明對這些議題的觀點時，別人看著你的眼神好像你住在月球上。」他回憶，「他們會對我說：『但那和伊利諾州的第開特（Decatur）沒有關係』，或是『我的選民對這不感興趣』。」麥克洛斯基的大部分同事都找到了躲開他的方法。麥克洛斯基的同事因為他的立場攻擊他個人時，會令他特別失落，軍事委員會主席羅恩．德勒姆斯（Ron Dellums，加州的民主黨代表）便厲斥麥克洛斯基是個好戰分子。麥克洛斯基回想：「我幾乎就要直接從會議中離席，當場退出委員會。放任人民被殺害和殘害是不義的。對我來說，這是個理所當然的議題。我想我可以瞭解某些人不同意我的看法，但叫我『好戰分子』，那實在太過火了。」

麥克洛斯基設法取得了一份《滅絕種族罪公約》，並經常回顧內文。「種族滅絕有不同的程度，而不同的種族滅絕領袖也擁有不同的破壞能力。」麥克洛斯基回憶。就像萊姆金和加爾布萊斯，麥克洛斯基堅持，猶太大屠殺不該被視為採取行動的門檻。「我必須向眾人證明，《滅絕種族罪公約》裡面沒有任何一段提到，必須要達到納粹規模的犯罪才算是種族滅絕。」

麥克洛斯基和國務卿克里斯多福曾有過一系列令人難忘的辯論，探討是否該採用人稱「G開頭的字「種族滅絕」一詞。第一次的交鋒發生在一九九三年四月一日，一場眾議院國際活動小組委員會（International Operations Subcommittee）的聽證會上：

眾議員麥克洛斯基：先前針對波士尼亞是否發生種族滅絕的問題，國務院對國會的回應是當地發生了一些和種族滅絕同等嚴重的行動。我想就回應一個非常重要且驅動政策的問題而言，那並不是個非常清楚的答案。針對塞爾維亞人系統性的可恥野蠻暴行究竟算不算是種族滅絕，你是否會下令給出清楚明確的裁決？

國務卿克里斯多福：關於波士尼亞情勢的定義，我們絕對會給予回應。你剛所提出的是個法律問題。我已經說過好幾次，那些行為是暴行。屠殺、強暴、種族清洗絕對是一系列的殘暴行動。至於是否符合種族滅絕嚴格的法律定義，我們會在調查研究後再答覆你。[105]

當月稍晚，離任的國務院發言人理查德・布歇請波士尼亞事務處科長哈里斯起草一份聲明，表示「美國政府認為波士尼亞實施的『種族清洗』包含了一些符合國際定義的種族滅絕之行動」。然而，即將就任的發言人湯瑪斯・多尼隆（Thomas Donilon）與國務卿克里斯多福商量過後——據哈里斯所述——這份聲明遭到扼殺。

健康的交流

隨著政策的前景愈來愈明確，那些日復一日為這個議題奮鬥的人士反倒愈來愈不安，而非愈來愈安心。哈里斯身為一名在國務院任職八年的資深官員，斷定就算他公開挑戰行政部門的懦弱，也幾乎不會有什麼損失。克里斯多福現身於國會後不久，正當塞爾維亞人看來勢必會入侵穆斯林掌管的斯雷布雷尼察鎮時，哈里斯起草了一封給克里斯多福的信，指出美國只試圖利用政治和經濟壓力去阻止塞爾維亞人的「種族滅絕」。「實際上，」那封信寫道：「這種路線的結果是西方國家屈服於塞爾維亞的侵略行動。」[106]這樣的政策必須改變。哈里斯商談過的每位國務院專責外交官，都同意為這封信簽名連署，組成一個人稱「十二義士」（dirty dozen）的團體——包括塞爾維亞和蒙特內哥羅、阿爾巴尼亞、羅馬尼亞、保加利亞、馬其頓、克羅埃西亞、斯洛維尼亞的事務處科長，以及幾位涉入東歐事務和美國在聯合國政策的官員。哈里斯相信，如果他有更多時間，他能夠爭取到更多簽名。「當你身處官僚體系，你可以低頭不看，變得憤世嫉俗、疲乏無力且習以為常。」哈里斯表示：「或者你可以抬頭挺胸，試著採取行動。」

基層和中階官員獲得他們在國務院外極具影響力的盟友協助。「十二義士」的異議書外流了出去，而菁英意見領袖異口同聲地大加贊同，讓這群異議人士的訊息更具說服力。戰爭延宕多時，許多美國的顯要人士都對柯林頓的消極感到苦惱。橫跨大西洋兩岸的知名鷹派都插手介入。瑪格麗特・柴契爾（Margaret Thatcher）這名曾在海珊入侵科威特後，勸告布希總統不要「老是搖擺不定」的前英國首相，於某次電視訪談中提及波士尼亞：「我從沒想過此生會看到另一次的猶太大屠殺。」她後來表示，她在思考是否應該開始經營「出租骨氣的生意」。[107]

參議員喬・拜登（Joseph Biden，德拉瓦州的民主黨代表）則與杜爾聯手促進參議院的兩黨合作，要幫助遭到圍困的穆斯林。在布希總統任內，這兩人曾提出法案，只要禁運令一解除，就授權將美國國防部價值高達五千萬美元的軍事武器和裝備，供應給波士尼亞的穆斯林。拜登於四月造訪塞拉耶佛，回國後他變得更加憤怒。拜登的言論和七十五年前的羅斯福十分相似，他控訴柯林頓政府讓救濟工作者和維和人員身處不適合他們工作的環境，接著又把他們的存在當成無所作為的藉口。他表示，新世界秩序之所以一團混亂，是因為美國及其盟友正在重新定義集體安全。「根據這個世代各位領袖的定義，」拜登說：「集體安全的意思是安排各國互相責怪對方毫無作為，這麼一來大家都有藉口可用。集體安全不意味著團結一致，而是一起躲避責任。」[108]

一九九三年五月，在內外部壓力的影響下，柯林頓終於同意採取被稱為「解禁與攻擊」的美國新政策。總統派遣國務卿克里斯多福高調出訪歐洲，去「說服」美國的盟友解除對波士尼亞穆斯林的武器禁運，並轟炸塞爾維亞人；前一年，胡伯和強森在他們二十七頁的異議書中便曾提議過這兩項措施，霍布魯克和其他無數人也曾在媒體如此提議。波士尼亞的穆斯林領導階層持續強調，他們不想要美軍進駐，只希望美國不要再支持聯合國的制裁，因為武器禁運讓他們綁手綁腳，也讓塞爾維亞人取得壓倒性的軍事優勢。

然而，後來證實柯林頓對這項計畫的支持相當粗淺，克里斯多福也毫無說服力可言。據記者伊麗莎白・德魯（Elizabeth Drew）所述，希拉蕊・柯林頓（Hillary Clinton）給了她丈夫一本羅柏・卡普蘭（Robert Kaplan）的《巴爾幹幽魂》（*Balkan Ghosts*），這是一本文筆流暢的遊記，將巴爾幹半島的人民描繪得宛如他們注定要仇恨和殺戮。[109]據傳柯林頓因為害怕陷入該區域無法修復的泥沼中，而突然決定採取解禁與攻擊政策。國務卿克里斯多福和北約秘書長曼弗雷德・沃爾納（Manfred Woerner）開會時，有位在場的北約官員記得，克里斯多福對這項政策異常缺乏熱忱。他頭也沒抬，全程盯著他的筆記本。「後來克里斯多福開始談論美國提議的解禁與攻擊政策，卻強調其缺點而非優點。」那位官員回想，「有一刻沃爾納搞懂了那是怎麼回事——他是受邀來認定這項政策並不明智。問題是他完全不認為那是個壞主意。」克里斯多福回美國後說，他享受了一次與歐洲外交官員健康的「意見交流」。那確實是一次健康的交流。如同前布希政府的國防部官員理查德・佩爾（Richard Perle）所述，「克里斯多福帶著美國政策出訪歐洲，結果帶著歐洲政策回來。」解禁與攻擊政策就此中止。

繼克里斯多福出訪之後，美國和其他聯合國安理會的強權決定了一項折衷方案。他們沒有解除禁運或轟炸塞爾維亞人，而是同意在穆斯林掌管的斯雷布雷尼察東部飛地、首都塞拉耶佛，以及另外四個遭塞爾維亞人圍困、人口稠密的平民匯聚中心設立「安全區」。聯合國秘書長布特羅斯・布特羅斯—加利（Boutros Boutros-Ghali）告訴安理會，需要三萬人的部隊來保護他們，但主要因為美國拒絕提供士兵，已經派兵駐紮波士尼亞的歐洲國家又對此感到疲乏，最後看守、監管與護衛這些小區所需的軍隊只有一小部分抵達當地。柯林頓總統本人稱安全區為「射擊走廊」。問題依然沒有解決，塞爾維亞人仍舊幾乎不受阻檔，而曾短暫讓柯林頓關注這場悲劇的眾怒已逐漸消退。世界的目光已經轉移。安全區變得疏於管理且極度脆弱。

解禁與攻擊計畫出現時，年輕的外交官員一度相信，制度可能會讓他們的異議有所回報。安全區折衷方案令他們一蹶不振。他們視克里斯多福出訪為最後也最好的機會，能夠改變政策並拯救國土正在流失的波士尼亞。參議員少數黨領袖杜爾參議員轉戰社論版，批評柯林頓終於想出「切實可行」的波士尼亞政策，接著又「在共識沒有神奇地出現在他門前時」選擇放棄。杜爾警告，即使波士尼亞問題看似僅危及人道利益，事實上**美國**利益也岌岌可危：如果柯林頓在面對塞爾維亞人在波士尼亞的暴行時袖手旁觀，米洛塞維奇很快就會轉而對付科索沃的阿爾巴尼亞人，挑起區域戰爭；伊斯蘭的基本教義派正在利用西方國家對穆斯林苦難的冷漠，將它當作招募人力的手段；全球動盪正在加劇，因為美國及其盟友已經示意，可以用武力改變國界也無須面臨任何國際制裁的後果。「美國不但沒有領導，還公開表現出猶豫和躊躇。」杜爾寫道：「美國在國際舞臺上愈來愈畏畏縮縮，這正是獨裁者和侵略者夢想中的契機。」他呼籲柯林頓召集他的北約盟友，發布最後通牒：塞爾維亞人必須遵循最新的停火協議，允許所有人道救援團隊自由通行，讓其駭人的重型武器受聯合國控管，並解散輔助軍隊。如果他們沒有達成美國的要求，就應該展開空襲，同時解除對波士尼亞穆斯林的武器禁運，好讓穆斯林可以自己保衛脆弱的安全區。[110]

杜爾，連同國務院內的鷹派人士，全部都遭到忽視。

遠離本國

比起布希，柯林頓政府更強烈譴責波士尼亞人的苦難，但有些因素讓柯林頓放棄使用武力。首先，美國軍方反對干預。柯林頓和他的資深政治顧問對軍事事務沒有太多個人經驗。民主黨從一九八〇年後便未曾入主白宮，而直到一九九三年，柯林．鮑威爾將軍都是參謀長聯席會議主席，他對無關重大美國利益的人道任務抱持很深的敵意，這點依然影響著他的決策。柯林頓總統在競選時曾被公開訕笑「逃避兵役」的事蹟，也搞砸了前人為了讓同性戀士兵在美軍服役付出的努力，因此他對鮑威爾特別恭敬。

第二，柯林頓外交政策的規畫者忠於多邊主義。只有在歐洲夥伴同意且積極參與的狀況下，他們才會採取行動。當時，法國和英國在波士尼亞部署總數達五千人的維和士兵，協助聯合國運送人道救援物資，他們十分擔心塞爾維亞人會對軍隊報復。也相信萬斯和歐文的和平協商進程最終會發揮效用。到了一九九三年，塞爾維亞人已經掌控約七成國土，許多歐洲領袖因此私下極力主張種族分治。柯林頓也擔憂會觸怒俄國人，因為他們同情塞爾維亞的東正教教友。

第三，柯林頓擔心美國的輿論。如同布希團隊過去的做法，柯林頓政府一邊監看波士尼亞的當地情勢，一邊關注民調。雖然美國民眾多數都支持美國介入，但其比例往往會因為民調問題不同而有些微改變，美國官員也不相信這些支持的人民能忍受美國人有傷亡。比較在意民調的官員，會被外界批評採取「白雪公主法」來決定外交政策。那就是他們實際上會問：「魔鏡啊魔鏡，我們該如何得到最高的民調數字？」接著，他們會努力緩和道德憤怒，操縱高級官員採用「悲劇」的意象措辭，而不將正在發生的事件歸納為「恐怖暴行」。「儘管許多人同情波士尼亞的穆斯林，但他們都認為情況太過混亂、複雜和令人沮喪。」國防部長威廉・佩瑞（William Perry）說：「他們說波士尼亞事件是場悲劇，但不是我們的悲劇。他們說我們應該不要再管那裡的局勢。」根據佩瑞所說：「無論是大眾或國會，都沒有任何人支持以交戰方身分在這場戰爭中選邊站，所以我們不會這麼做。」[111]

在歷史上，美國都傾向反對參與國外的軍事戰爭，除非是美國或其國民遭受攻擊，或者在某些例子中美國已經介入，事後政府受益於「聚旗效應」才向大眾宣傳。*一般而言，在沒有美國領導階層的影響下，大眾充其量只會感到矛盾。在珍珠港事件發生前六個月，民調顯示有百分之七十六的美國人支持提供英國援助，但百分之七十九的國民反對實際參與二戰。[112]當然，一旦美國涉入戰爭後，支持度就會隨之飆升。一九八九年，在美國進攻巴拿馬前兩個月，只有百分之二十六的美國人支持貢獻軍隊，推翻軍事強人曼努埃爾・諾列加（Manuel Noriega），但當實際進攻巴國後，變成有百分之八十的民眾都支持這項決定。[113]一九九〇年八月，海珊入侵科威特後一週，布希總統尚未動員支持美國參戰，多數美國人都反對入侵伊拉克，甚至不同意對伊拉克軍事基地發動空襲。有四成的人民竟表示，美國「不該涉入中東地區的陸地戰爭，就算伊拉克入侵意味著伊拉克將永久控制科威特，美國也不應該參戰。」[114]甚至當總統在海灣地區部署軍隊，將海珊妖魔化為「希特勒」後，美國人也傾向維持經濟和外交制裁。一九九〇年十一月，當民眾被詢問美國是否該參戰時，有百分之五十八的人都反對。大約有百分之六十二的民眾認為，這場危機有可能「陷入僵局，成為越戰的翻版」。[115]當有人提到戰事可能造成美軍傷亡後，民眾的支持度再次下降。[116]然而，當美國部隊與伊拉克共和國衛隊對戰時，有超過八成的民眾都支持布希開戰的決定。[117]

柯林頓沒有帶領美國人民支持人道干預，而是採取迴避策略。政府不會對抗塞爾維亞人，同樣重要的是，他們也不會對抗美國軍方或西方盟國中反對干預的聲音。柯林頓的外交政策團隊等待形成共識，並漸漸採行前任政府慣常的做法。柯林頓曾親自表明，自己對於美國在巴爾幹半島應扮演什麼樣的角色深感矛盾，他表示：「美國應該永遠尋求對抗殘暴行徑的機會，至少要**發聲反抗**。」[118]

於是，政府的措辭從談論道德責任，轉變為無關道德的混亂。族群仇恨的「無效」意義再次出現。克里斯多福國務卿表示：「這三個族群之間的仇恨……幾乎令人難以置信，簡直駭人，而且已有數百年的歷史。那實在是地獄般的難題。我想美國已經盡可能嘗試處理那個問題。」[119]英國首相張伯倫曾將爭奪捷克斯洛伐克的衝突，描述為「發生在外國、在兩個我們一無所知的族群之間的糾紛」。而一九九三年五月，國務卿克里斯多福形容波士尼亞戰爭是「發生在另一塊大陸中央，遠離本國的人道危機」。[120]

許多高級官員都發現，他們很難跟屬下的基層官員爭辯波士尼亞危機的道德嚴重性。然而，如同他們面對猶太大屠殺、柬埔寨和伊拉克庫德人的做法，他們跟自己說有其他利益與價值，都勝過巴爾幹半島牽涉到的利益與價值，並以此化解他們的內部衝突。介入波士尼亞可能會讓美國希望幫助的人承擔反常的後果。

當波士尼亞有愈來愈多維和人員協助運送救濟物資，或阻止塞爾維亞人對安全區的攻擊，西方社會

＊　譯注：指國家面臨戰爭或外交危機時，執政者在短期內支持度高漲的現象。

對維和人員福祉的擔憂，就更容易影響西方國家的政策。如果武器禁運令解除，或塞爾維亞人遭受砲擊，人道援助就會中止。如此一來，聯合國維和人員將會被撤離、和平協商將被取消，而原先預計的受益人——波士尼亞穆斯林的處境將變得更惡劣。

除此之外，美國一些受到珍視的期望也會被波及。在經過共和黨執政超過十年後，民主黨的主導成員提出國內改革的重要性。人們都說卡特總統因為陷入伊朗人質危機的困境，而浪費自己的機會，柯林頓可不能錯過這個歷史性時刻。迪克·莫里斯（Dick Morris）是柯林頓前民意調查員，他擅長涉入外交政策的決策過程，並將不干預波士尼亞作為他政策建議的「核心要素」。「你不會想變成林登·詹森，」早期他曾對柯林頓說：「別因為一次沒完沒了的毀滅性外國干預行動，犧牲能搞好內政的機會。民主黨人的通病，就是他們會受到自己期望改革國內政策的同一份同情心影響，被引誘踏入一場英勇但考慮不周的國外戰爭。」[121]道德風險確實很高，但國內的道德風險更高。[122]

「所有陣營」的暴行

為了消除潛伏在國務院迴廊的不安氛圍，高級官員漸漸改用「譴責受害者」的老招數，只要受害者的道德與其行動抵觸，他們就會加以責怪。從猶太大屠殺以後，沒有任何種族滅絕事件是黑白分明的，而一直以來決策者都一再強調危機事件中道德的灰色地帶，例如亞美尼亞人與庫德人對國家不忠，或波士尼亞的穆斯林軍隊也曾濫權。他們一再表示「所有陣營」都有過失，如同柯林頓總統表示：「在這些人厭倦互相殘殺以前，壞事都會不斷發生。」記者安娜・胡薩爾斯卡（Anna Husarska）在《新共和國》雜誌中提到柯林頓的立場。「我猜如果在一九四三年間華沙猶太區發生起義，而柯林頓總統已經在世，他也會把那場反抗行動稱為『那些人在互相殘殺』。」她寫道：「他會如何描述特雷布林卡集中營裡短暫的武裝反叛呢？」[123]

波士尼亞事務處的科長哈里斯記得，他的主管麥克・哈比卜（Mike Habib）曾質疑塞爾維亞人轟炸當地的傳聞：

他不希望外界發現我們在不會採取任何行動時還頻頻指責。所以他會說：「你怎麼知道那是塞爾維亞人做的？」我會回答，塞爾維亞人持有重型武器駐紮在那座城鎮外，接著那裡就被轟炸了，所以是塞爾維亞人在轟炸那座城鎮。但那不足以說服他。我必須寫下「當地發生砲擊」或「出現砲擊傳聞」這類文字，彷彿波士尼亞各地都在自燃。

比較缺乏經驗的美國官員，比較可能被屠殺事件激起強烈的人性反應，這可能不是出於巧合。儘管這些基層官員瞭解美國干預的可能性極低，但沒有因此掩蓋或改變他們對問題的評估。然而，他們的內部分析與持續呼籲都沒有得到任何回應。每天他們會將在波士尼亞的情報官員、大使館職員與記者報告，往指揮鏈上游呈遞，然後眼睜睜看著那些報告每往上傳遞一層級，就會被消毒一次。等到分析報告抵達國務卿手中（如果真的有送到的話），原始的起草者早已認不得其中內容。「柯林頓的政策很不切實際，但沒有人想改變。」哈里斯說：「於是那些有意無意為政府政策辯解的人，就會扭曲波士尼亞當地的現實，來讓自身採取的政策顯得合乎情理。」柯林頓政府的官員不願改變政策，就必須重新詮釋事實。

一九九三年五月十八日，克里斯多福對眾議院外交事務委員會發表一段令人難以理解的評論，他暗示波士尼亞的穆斯林也曾實施過種族滅絕，這番言論震驚在場的聽眾：

> 首先，關於你們提出的道德論據，有一個部分令人困惑不已。這些道德論據極具破壞性，明確證明發生的暴行，但所有陣營都曾犯下暴行。如同我在聲明中所說，近期最嚴重的一場戰爭，可能是克羅埃西亞人與穆斯林之間的衝突……你會發現在戰爭中的三個主要陣營，都曾對彼此犯下暴行。那種仇恨程度簡直令人難以置信。所以你知道的，這和猶太大屠殺不一樣。我們很容易就會將這起事件與猶太大屠殺類比，但我從沒聽說猶太人對德國人施行種族滅絕。[124]

根據某位國務院官員描述，克里斯多福在出席這次作證前，曾緊急向院內的人權事務局求助，要求他們提供波士尼亞穆斯林暴行的證據。[125]

隨著時間推進，波士尼亞的衝突愈來愈像內戰。在布希總統時代，塞爾維亞的輔助軍隊、警方與正規軍隊曾圍攻手無寸鐵的平民，將他們運送到集中營；他們曾砲轟城市中心、掠奪住宅、強暴婦女，並將大約兩百萬名穆斯林與克羅埃西亞人驅離家園。當柯林頓總統上任時，塞爾維亞人已經完成許多種族清洗行動，並佔領將近四分之三的國土。穆斯林漸漸組織出一支雜牌軍，他們發展出偷渡網絡，讓內部能撐過塞爾維亞人對人道救援不時的阻擾，同時也開始讓他們的防禦人員配備輕型武器。有一句塞爾維亞—克羅埃西亞的話說道：「一支湯匙敲不響。」雖然穆斯林開始透過抵抗塞爾維亞人的攻擊敲響湯匙，但他們只聚集一個小茶匙的力量，卻要對抗一把大鏟子，而且只有在該國特定區域才能辦到。當柯林頓內閣開始仔細調查，想證明兩方勢均力敵時，穆斯林因為在波士尼亞中部對克羅埃西亞人開戰（主要是受到克羅埃西亞人煽動所致），已經喪失額外的支持。波士尼亞開始出現多方侵略者，讓局勢變得更為複雜。一九九二年，在穆斯林缺少武器、軍隊對抗強勢的塞爾維亞人時，布希政府已經謹慎強調「沒有一方是好人」；到了一九九三年中，當同一群穆斯林有了武器、軍隊與第二戰場，「派系」和「敵對陣營」等等措辭會佔據優勢就不令人意外了。

波士尼亞「抵抗勢力」的現實處境更加悽慘。來自南斯拉夫國民軍的塞爾維亞軍隊，穿著國內捐贈的乾淨俐落制服、全身重度武裝；相較之下，波士尼亞的穆斯林軍隊看起來像逛了許多車庫拍賣後拼湊出他們的制服，而且是由不同鄰居提供的各種樣式、尺寸與顏色衣物，這些衣服都不合身也不一致。他們業餘的行動，讓人聯想到喬治．歐威爾描述反法西斯主義群眾試圖捍衛巴塞隆納，抵禦佛朗哥軍隊攻擊的情景。*西班牙的雜牌軍在防禦基地外堆疊沙包，嘗試支撐他們的陣地，並從中央廣場地面拔起沉

* 知名英國左翼作家歐威爾曾在一九三六年受託前往巴塞隆納，報導當時發生的西班牙內戰，由歐陸自由主義國家支持的左翼共和陣營，對抗納粹德國等法西斯勢力支持的佛朗哥將軍陣營。

重的鵝卵石。因為缺乏傭兵所需的本能，他們還耐心停留，用粉筆在每顆鵝卵石上編號，以便在戰爭平息後能將那些石頭放回正確的孔洞。

美國與其盟友的協商者之所以採取對所有陣營都一視同仁的策略，其中一個原因可能是所有陣營都令他們感到失望。外交官很快就察覺到，沒有任何一名巴爾幹半島的領袖特別關心自己人民的命運，無論是穆斯林、塞爾維亞人或克羅埃西亞人。儘管這些政治領袖在協商時不願讓步的強硬態度，造成戰場或街頭上的人民難逃一死，但除了極少數例外，他們似乎絕大多數都不以為意。這種決定開戰的領導者和戰爭實際傷亡人口的分歧，並不是什麼新鮮事。一九一七年，當英譯論詩人齊西格夫里・薩松（Siegfried Sassoon）拒絕回到法國前線時，他寫了一篇論文章〈一名士兵的宣言〉（*A Soldier's Declaration*），指出那些沒有在衝突中受苦的政治人物，會從容不迫地延長戰爭。這篇書信文被刊登在《泰晤士報》（*Times*），薩松在文中表示希望自己能「協助摧毀國內許多人對痛苦持續而冷酷的順從，這些人因為沒有共同體會過苦痛，也沒有充分想像力去理解，因此抱持麻木順從的態度。」[126]波士尼亞戰爭時期的塞爾維亞、克羅埃西亞與穆斯林領袖，全都具備麻木不仁與缺乏想像力的特質，讓西方國家的外交官有失望的充分理由。

然而，美國和歐洲的挫折來源主要是穆斯林拒絕放棄，西方國家對此感到不耐。巴爾幹半島備受珍視但粗暴的「和平進程」，取決於穆斯林是否同意讓出他們被殘忍驅離的多數領地。許多外交官認為，穆斯林應該為了和平簽署協議放棄國土。由於塞爾維亞人在很短時間內佔領大量領土，他們得以為自己塑造反戰的正面形象，穆斯林則是想奪回家園的反派。

後來，一份中情局研究發現，塞爾維亞人是「波士尼亞絕大多數種族清洗事件的罪魁禍首」。中情局發現克羅埃西亞人和穆斯林曾犯下「零星」暴行，但這些暴行缺乏「持久強度、精心的策畫與如同塞爾維亞人般的行動規模」。[127]儘管中情局幾乎不曾支持美國介入，但他們調查研究的結論是在這三年半的戰爭中發生的「九成」暴行，都是塞爾維亞輔助軍隊與正規軍隊幹的好事。

不符國家利益

一九九三年七月，曾舉辦奧運的塞拉耶佛城遭受猛烈砲擊，眼看就要淪陷。美國媒體大量刊登這場屠殺的死亡人數新聞。正當世界期待美國出面領導與解決問題時，國務卿克里斯多福向公眾全盤托出柯林頓政府蒐集政策的資訊，以及自我辯護的思維。當記者詢問美國會做什麼來阻止塞拉耶佛即將淪陷的情況時，克里斯多福回答：「波士尼亞的遭遇是場悲劇，非常悲慘，這是毫無疑問的。我相信這是當今世界上最艱難的外交問題。任何簡單的解決方法都發揮不了作用。而美國在符合國家利益的原則下正在盡其所能。」[128]克里斯多福是卡特外交政策團隊的資深成員，他曾協助將人權相關的辭令引入外交政策。然而，在政府的外交政策中，只有狹隘定義的國家利益才算數，這之中並不包含波士尼亞。美國會盡力協助提供人道救援，維持對塞爾維亞的經濟制裁，並支持外交舉措。當記者繼續追問時，克里斯多福動怒了：「我要請你回去看我說過什麼，或讓我再說一次。我說在符合我們國家利益的原則下，美國正在盡其所能，先前我已經耗費不少時間在討論這種情勢下，我們的國家利益是什麼。」

有些每天都在研究前南斯拉夫問題的國務院基層官員，在他們的辦公室看著電視上的克里斯多福。他們的上司因為記者持續拷問而失去耐心時，他們開玩笑說國務卿似乎在「搜尋現場的非裔或亞洲臉孔」，好讓他能請求某人幫他轉移對「地獄般問題」的討論。隔天，波士尼亞的塞爾維亞人在十六小時內，對塞拉耶佛發射三千七百七十七枚砲彈，這是目前為止數量最高的紀錄。[129]

從一九九二年四月戰爭爆發到一九九三年七月，美國新出現的一批「良心反對者」，相信能從美國政府內部改變政策。當局在面對各階層主張介入的職員時，不曾表示他們的想法荒誕瘋狂。官僚體系的慣例已經擅長容納異己，能夠精明地「馴養」他們，或指派他們扮演「官方異議人士」的角色。由於他們主張的立場很容易被預測，因此也更容易被駁回。前國家安全會議官員小詹姆斯・湯普森（James C. Thomson Jr.）因為越戰，辭退國家安全會議的工作。他描述詹森政府如何一度將國務次卿喬治・鮑爾（George Ball）「溫情地納入制度」，讓他成為越戰議題的「內部魔鬼代言人」。鮑爾曾被敦促要表現得直言不諱。湯普森說道：

> 我猜想鮑爾因為自己為正義奮鬥而心安理得，有的人也因為完整傾聽鴿派的選項而心安理得，這些商議過程沒有發生不快爭執，政府俱樂部依然完好無缺。不過如果鮑爾先生保持沉默，或在一九六六年秋季，在他任滿離職前更早辭職，事態當然可能惡化更快。

根據湯普森所述，當總統在會議上看見他的異議新聞發言人比爾・莫耶斯（Bill Moyers）到場時，總會熱情向他打招呼：「嘿，停止轟炸先生來囉。」[130]

到了一九九三年夏季，國務院和國會內部的波士尼亞議題異議人士，表達的想法都已經被「傾聽」與漠視。從波士尼亞的案例來說，柯林頓和他的高級官員可能會在遇見國會的麥克洛斯基和杜爾，或國務院的哈里斯、胡伯宇偉斯登等鷹派人士時，戲稱他們是「**展開轟炸**先生」。

離開

要離開國務院並不是件容易的事，如同多數科層機構，按照慣例會鞏固「成員」之間的團結。加入政府體制的高昂「代價」，包含通過競爭激烈的外交特考、多年來在世界各地的領事辦公室單調乏味地蓋簽證張，以及在國內辦公處沉悶地工作。由於這份工作常常跟「榮譽」、「國家」連結在一起，離去的人往往被視為叛徒。那些為了原則離職的少數職員，往往會被逐出機構，並貼上告密者的標籤。在美國的外交政策界並沒有太多英勇辭職的故事。

另一個嚇阻國務院職員離職的因素，在於那些在意某項政策到考慮辭職表達抗議的人，往往相信他們離職更不可能改善政策。官僚很容易落入「效力的陷阱」，高估他們能成功改變現狀的機會。[131]而退出讓人感覺像放棄。這造成一種反常結果，當官員認為某個機構的舉措愈糟糕，他們就愈可能展現出強烈的留任傾向。

到了一九九三年八月，儘管一切因素都不利於離去，但待在國務院內已經變得令人難以忍受，以致於有一小群年輕官員選擇職辭。他們認為美國政策太過膽小、被動，並注定會失敗，因而選擇脫離行政部門公開表達不滿。

對馬修・哈里斯來說，他身為波士尼亞事務處科長，也是一九九三年四月起草異議書的主筆，反對一項永遠不會改變的政策與負起責任無關。七月時，哈里斯起草一份「行動備忘錄」，概述緩解塞拉耶佛圍攻困境的選項。然而，當那份備忘錄抵達七樓時，已經被降級為「研討報告」。七月二十一日，克里斯多福提出「不符合國家利益」的聲明是壓垮駱駝的最後一根稻草。一九九三年八月四日，距離集中營骨瘦如柴的人影出現在電視上，以及外交官喬治・肯尼離職一年，哈里斯也跟進辭職。他在離職前已經獲得與麥克洛斯基議員共事的職位，麥克洛斯基將批評行政部門的波士尼亞政策，變成近乎全職的工作。「我很幸運。」哈里斯回想：「至少我能直接轉任到一個還有官方發言權的職位，我還有可能影響政策。」哈里斯在給國務卿克里斯多福的信中寫道：「如今國務院接受一個歐洲國家遭受強勢分割，又不願採取行動，對抗犯下種族滅絕罪的塞爾維亞官員，我無法繼續在這樣的單位服務。」[132]

哈里斯厭倦柯林頓偽善的辭令。政府既不願領導美國人民，也不願領導歐盟國家，又抱怨這兩者不支持他們的政策，導致美國政策受到侷限。在辭職隔年，三十二歲的哈里斯在記者會上談話，初次發表對政府的公開評論：

> 如果（柯林頓總統）出面領導，除了能帶領美國大眾、驅策不願採取任何行動的國會議員，更能啟發歐盟國家投入更多……我想如果政府直接面對這個議題，他們會很驚訝自己能成就多少事。

如果政府採取失敗主義的做法……就會得到失敗主義的結果。[133]

如同肯尼，哈里斯很快就面臨來自上級的批評。有人表示他辭職是因為他被政策圈排擠。國務院發言人麥克．麥柯里（Mike McCurry）對他辭職的決定不屑一顧，表示要找到人取代哈里斯輕而易舉，並說：「我們會為這個職位找到另一個更有興趣改善政府較具有侵略性政策、願意拯救塞拉耶佛與波士尼亞免於滅亡的人。」[134]不過，哈里斯在國務院的同事都為他的勇氣感到高興，對於他能表達出他們挫折深深感激。

國務院情報分析師喬恩．偉斯登載著他的妻子，從他們在維吉尼亞州亞力山卓的家去上班途中得知這則消息。他瞥了《紐約時報》一眼，看見關於哈里斯離職的頭版新聞。偉斯登震驚不已。在報紙下方，碰巧放著他攜帶的詳盡辭職信。克里斯多福提出波士尼亞的屠殺無關乎國家利益的聲明，也讓他的耐心瀕臨極限。這名三十歲的官員夜夜難眠，閱覽波士尼亞的父子被破用嘴咬互相去勢，或青春期前女孩在她們父母面前被強暴的故事。這些事件並不向像克里斯多福一再表示的是場內戰，而是種族滅絕。這幾個月來，偉斯登一直認真考慮辭職，他知道自己正被每日的疲乏擊潰。在克里斯多福出席記者會前幾週，偉斯登曾造訪大屠殺紀念館，聆聽擔任解說員的電視記者吉姆．雷勒（Jim Lehrer），朗誦一九四三、四四年國務院發言人的言論。當時的發言人表示他們握有跟歐洲集中營有關的資訊，但「沒有能力證實那些傳聞」。偉斯登馬上想起一九九二年八月，助理國務卿湯姆．奈爾斯曾表示政府並未掌握「許多被證實的資訊，能證明這些集中營存在」。偉斯登明明親自提供奈爾斯一切他需要的證據。

一九九三年八月六日，偉斯登在讀完哈里斯離職的新聞後，直接遞出了他的辭職信。偉斯登寫道：「無論是以個人或專業人士身分，我都對美國不願將解決前南斯拉夫衝突列為首要外交政策感到悲痛。」他從他四樓的辦公室搭電梯到七樓，將那封信交給國務卿秘書。消息很快就流傳開來。偉斯登在短短幾分鐘後回到辦公室時，他的電話已經響個不停。當哈里斯聽到他同事離職的消息時人在日內瓦，對此他感到又驚又喜。偉斯登已心力耗盡。他在當天的日誌中形容自己「徹底意志消沉與沮喪」。

兩週後，克羅埃西亞事務處的科長史蒂芬．沃克（Steven Walker）成為當月第三名離開國務院的外交官。一九九三年八月二十三日，沃克寫道：「我再也無法贊同美國支持將侵略與種族滅絕合理化的外交程序。」[135]克里斯多福因為對前兩次國務院職員離職事件的暴躁回應招致批評，而在八月十三日召開與巴爾幹官員的會議，以便消除誤解。如今又一人離職的消息傳來，讓國務卿開始懷疑自己是否真能平息這波辭職潮。這次，克里斯多福的態度轉趨和緩。他的發言人麥柯里形容沃克離職是一種「可敬的抗議形式」，並表示波士尼亞戰爭「對國務卿來說，就和對正在處理這個問題的外國事務處科長一樣令人沮喪」。[136]

過去這種事情從未發生過。這是國務院歷史上最大一波辭職潮，有這麼多前途大好的年輕官員離，不僅反映出他們的絕望程度，也反映官員在過往種族滅絕事件中不會外顯的失望忍受力。過去，美國官員都會自行消化政策的限制與高層的冷漠，並鮮少發生爭執。然而，波士尼亞造成了巨大的政策裂痕，儘管晨間報紙不再密切關注相關消息，但此次人員的震盪，讓內部反對美國政策的官員得以鞏固信心，合理化自身的憤怒。

在歷經三人辭職後，國務院重新裝修辦公室，擺上新家具和地毯，並縮短官員的駐外任期，嘗試藉此提振士氣。如同哈里斯回憶道：「我猜他們以為，如果給國務院人員撫慰人心的藍色牆壁，官員就不會輕易擺脫控制離去。」但有問題的是政策，而不是室內設計。

國家安全顧問雷克也曾一度為了抗議辭職。但如今他規畫的政策，讓其他職員想逃離公部門。一九七一年，也就是雷克成為國家安全顧問的前二十年，他曾在《外交政策》寫過一篇題為〈現實政治中的人性現實〉（*The Human Reality of Realpolitik*）的文章，並在文中控訴政策的人性層面鮮少受到討論。「不在乎政策的人性面並不**合乎規矩**。」雷克寫道：「一個穩健的好政策是『講求實際』的人制定出來的……如果談論苦難等同於犧牲『效能』，那政府幾乎無法掌控局勢。外界會將此視為理性論據薄弱的徵兆。」雷克力勸決策者將人類的代價與利益提升為「做**任何**決定時都正當無愧的首要考量之一」。一九九〇年代，在猶太大屠殺結束後近五十年，越戰結束後近二十年，許多人都相信在雷克領導下，美國的外交政策機構會對人類得承擔的後果變得更加敏感。然而，如今官員卻表示在國務院內談論人類苦難依然「不合乎規矩」。那些控訴美國作出的決定（或不決定）對人類造成惡果的人員，依然被貼上情緒化、軟弱與不理性的標籤。華府通用的語言事談論國家的利益，未來這種慣例也會維持下去。

雷克表示當他聽到那些官員離職消息時，心情十分矛盾：

> 一方面來說，我同意他們的決定。他們意識到美國必須做更多，也願意為了原則賭上自己的職涯。如果我完全反對他們，我大可直接認定他們譁眾取寵而不加理會。但那不是我的選項。另一

方面，我認為他們好像讓改變路線變得比較容易，但實際上並非如此。政府內部對這個議題沒有一致立場，更別提要讓美國與歐盟國家達成共識。

雷克大部分時間都待在白宮，處理美國對巴爾幹半島危機的回應。儘管他擔任許多會議的主席，也大量生產文件紀錄，但他投注在協調比領導的時間更多。「如果你想掌控某個議題，」一名美國高級官員說：「你不能只是召開會議並表達你的道德信念。你必須做出冒險的決定，證明你有勇氣實踐信念。」雷克個人支持介入，但因為他沒有在內閣取得共識，因此並沒有如此建議總統。國務卿克里斯多福、國防部部長佩瑞與參謀長聯席會議的主席都反對北約發動空襲，因此雷克選擇外交與人道救濟路線，同時試圖讓這些溫和手段，符合總統絕不容忍種族清洗的公開承諾。一名美國高級官員針對政府內部無數個看似毫無成果的會議進行反思，說道：「這些會議不是在制定政策，而是在進行團體治療。這種會議也是美國思考自身該扮演何種角色的存在辯論。」[137]雷克沒有徹底反對那些主張單憑空軍，無法阻止塞爾維亞恐怖暴行的國防部官員和民眾。「當我們的資深軍官說『這個任務沒辦法完成』時，」雷克解釋：「你很難去說：『你們這些專業人士給我聽著，讓業餘人士告訴你們如何而且為什麼辦得到。』」

柯林頓和軍方的關係一直都十分尷尬，由於布希在離開白宮前，策畫美國介入索馬利亞的計畫不斷失控，讓柯林頓與軍方的關係更加惡化。一九九三年三月，在索馬利亞部署的美國軍隊找到撤離的最佳時機。美軍從一九九二年十二月開始被派駐當地，在離開之後，聯合國軍隊會留下來維持和平與延續救濟行動。然而，正當多數美軍準備撤離，安理會在美國的強烈要求下擴大維和人員的委任工作，包括解除民兵武裝，以及恢復法律和秩序。六月五日，軍事領袖穆罕默德．法拉赫．艾迪德（Mohammed Farah Aideed）率領的陣營，伏擊輕武裝的巴基斯坦維和人員，總共殺害二十餘人。為了向艾迪德施壓，美國特種部隊展開搜捕，旨在搜索並懲罰襲擊巴基斯坦人的民兵。一九九三年十月三日，美國陸軍遊騎兵（U.S. Army rangers）和三角洲特種部隊（Delta special forces）嘗試逮捕幾名艾迪德的高層顧問。索馬利亞民兵為了報復，除了殺害十八名美軍士兵，造成七十三人受傷，更綁架一名黑鷹（Black Hawk）直昇機飛行員。[138]美國的電視網播放那名發抖迷惘的飛行員的受訪影片，以及一列血淋淋的行進隊伍畫面。在摩加迪休街頭，一名美國遊騎兵的屍體被四處拖行

當柯林頓聽聞這起事件後，他提早結束加州行程，在白宮召開緊急危機處理會議。當一名助理開始概述當地情勢時，總統憤怒地打斷他。「別再說這些廢話了。」柯林頓厲聲說道：「我們來解決這件事吧。」「解決」的意思就是一走了之。共和黨已經在國會強力施壓。隔天柯林頓出現在電視上，表示將取消艾迪德的搜捕行動，並宣布所有美軍在六個月內都會返國。波士尼亞的塞爾維亞電視臺高興地播放這些美國受辱的片段，知道這下美國更不可能介入波士尼亞。在摩加迪休交火後一週，美軍在海地再次蒙羞，憤怒的反美示威者阻止美國戰艦夏倫郡號（*Harlan County*）部隊登陸，加入當地的聯合國任務。國防部斷定美軍陷入困境時不會受到幫助，並認為多邊的人道任務似乎只會帶來風險，不會有益處。

儘管立場最偏向鷹派的波士尼亞捍衛人士，也不曾提議讓美軍從陸地進攻巴爾幹半島。然而，國防

部擔心美國最初在波士尼亞發動的有限干預行動，最終會淪為大規模混亂場面。國防部長佩瑞表示，提議透過「積極手段」懲治種族清洗，會讓美國「從平滑的斜坡捧然摔落」，而「斜坡的底部就是美軍陷入地面戰爭。」[139]

受到三名內部倡議人士辭職影響（儘管是基層官員辭職），加上美國政策遲遲發揮不了作用，國務院比起以往都顯得更絕望與憤世嫉俗。新任的基層官員如同他們取代的離職官員一樣日以繼夜工作，但根據其中一名官員所述，他們沒有「投入情感，只是在道德上投入」。我們很難辨認這兩者之間的確切差異，但這暗示三名基層官員在辭職後被貼上的標籤。即使在公開場合他們被讚譽為高貴的人，私底下卻有一股勢力因為他們不專業的立場而對他們多加中傷。

國務院開始沉默不語。隨著柯林頓執政愈久，他就愈遠離自己的競選承諾，而繼續質疑似乎無法被撼動的不干預政策，也顯得愈來愈不明智。行政官員將波士尼亞的經歷與猶太大屠殺進行的類比次數減少了。一名巴爾幹事務處科長表示：「國務院想要的專業人士，是不會認為克里斯多福的所作所為，相當於沒有轟炸通往奧斯威辛集中營鐵路的那種外交官。」國務院的巴爾幹團隊之所以存在，是為了要替政府「控制損害」。他們不是為了引起騷動而存在。

各方皆敗

然而，並非所有人都選擇靜默。麥克洛斯基議員把握每次機會，以重複的話論述行政部門官員。當克里斯多福透過怪罪所有陣營為軟弱的美國政策找藉口時，麥克洛斯基抓住機會大力抨擊克里斯多福企圖假定「道德等價」。這種交火成為這兩名男子間的慣例，其中有一次麥克洛斯基再度詢問國務院對「種族滅絕」一詞的立場，並說道：「我們都知道，我的要求如今還沒被解決。」克里斯多福是一名經驗老到的律師，他同意塞爾維亞人作為侵略者這點無可辯駁，但他也再次抓住機會混淆視聽。他回應：

> 麥克洛斯基先生，謝謝你的提問，讓我有機會說明，我跟你一樣認為波士尼亞的塞爾維亞人是罪魁禍首，我過去也曾多次如此表示。他們是三個陣營中責任最重的一方，然而這三個陣營都得承擔一定責任，而且……正如我們過去數日和數週所見，這個區域的暴行到處皆是。不過我同意塞爾維亞的侵略行動……是該區問題的主因。
>
> 至於種族滅絕的議題，種族滅絕擁有相當嚴格的法律定義。容我現在直接向你解釋。我想我一下就能找到。

克里斯多福暫停片刻，閱讀了公約內容，接著說道：

> 按照一九四八年的公約，我會說波士尼亞不同陣營的行動中，有部分行動構成種族滅絕，塞爾維亞人並且作為主事者。如果他們的目的是要毀滅全部或局部的宗教或種族群體，在我看來，波士尼亞問題某方面也完全符合公約標準。在波士尼亞的部分行動，無疑和種族滅絕一樣嚴重。

克里斯多福仿照他在三月時的言論，表示那些暴行「和種族滅絕同等嚴重」，但拒絕發表帶有相關意涵的正式結論，這讓其他美國官員只能自生自滅，感到焦慮不安。

一九九三年九月十五日，在眾議院歐洲與中東小組委員會（Europe and Middle East Subcommittee）的聽證會上，由於歐洲與加拿大事務助理國務卿史蒂芬．奧克斯曼（Stephen Oxman）仍堅持使用「同等」這個修飾詞，麥克洛斯基提出以下追問：

麥克洛斯基眾議員：如你所知，從四月起我就一直想得到國務院的答覆，關於塞爾維亞的行動是否構成種族滅絕。我今天可以得到這個問題的答覆嗎？

奧克斯曼先生：我今天才知道你還沒得到回應。我回到國務院後第一件事就是找出答覆書。我們會盡快給你答覆。但我可以提供個人看法，我認為當地確實發生與種族滅絕同等嚴重的行動。至於種族滅絕的嚴格法律定義，我想這是你要求的答覆書需要陳述的。

麥克洛斯基眾議員：是的。

奧克斯曼先生：我也認為你有權得到答案。

麥克洛斯基眾議員：「同等」這個詞四處流傳。但我還沒查閱字典，這是我的疏忽。我不知道字典會怎麼定義這個詞，我想我有主觀看法，但這是個耐人尋味的用詞。我期待你的答覆。[141]

不久後，情報研究局的助理國務卿托比·加蒂（Toby Gati），寄給克里斯多福國務卿一份關於種族滅絕問題的機密指引。雖然加蒂的備忘錄讓克里斯多福保留一絲搖擺空間，但整體訊息相當清楚。根據分析師所述，塞爾維亞人確實對波士尼亞穆斯林實施《滅絕種族罪公約》的行為，包含殺害、讓人身體或精神受到嚴重傷害、強迫對方處於生命被毀滅的生活狀態、強迫人停止生育等，而塞爾維亞人之所以施加這些行為，完全因為受害者是穆斯林。一如往常，要判斷這起事件是否為種族滅絕，主要的挑戰在於要判定塞爾維亞人是否抱持「毀滅全部或局部」穆斯林群體的必要意圖。加蒂提供的備忘錄指出，在沒有攔截到書面政策或命令狀況下，要證明這類意圖非常困難，但他建議能「從情勢推斷出」背後意圖。他提到波士尼亞一些情況：

- 個別塞爾維亞犯行者曾表達消滅穆斯林的意圖
- 塞爾維亞人公開陳述打造純種國家的政治目標
- 穆斯林在塞爾維亞人控制的領地面臨大規模肅清，目的是確保人民為同一種族
- 系統性挑選穆斯林、穆斯林男性或穆斯林領袖處決

加蒂的備忘錄寫道，波士尼亞「整體實際的情況」提供「強而有力的根據，讓人判定這些殺戮與其他列舉行為，是根據穆斯林群體的身分，以及摧毀他們的意圖共同達成」。備忘錄說道，美國參議院在批准《滅絕種族罪公約》時附加一條說明，要求屠殺事件必須具備摧毀一個團體「重要」部分的意圖。

參議院對「重要」一詞的定義，是足夠對「該團體實體存續造成危害」的人數。而在波士尼亞的案例中，備忘錄指出「被殺害與受到其他公約中列舉行為傷害的穆斯林人數……很容易就達到重要部分的標準」[142]。

針對外界廣泛認為種族滅絕的判定，會對美國決策者造成嚴重後果的概念，備忘錄援引情報研究局分析指出，《滅絕種族罪公約》對執行的要求其實相當薄弱。情報研究局轉達法律顧問的判斷，提及種族滅絕判定不會帶來「特定的法律利益，或法律上的不利後果」：

> 有人曾主張……一旦波士尼亞事件被判定為種族滅絕，美國就有義務採取進一步措施來「阻止」事件。然而，在我們看來，這種籠統的承諾，不能被解讀成戰事以外國家有義務採取所有可能的必要措施，來阻止種族滅絕，包含使用武力。[143]

有鑑於此，備忘錄表示美國已經完成公約賦予的義務：「美國與其他簽署國正試圖『阻止與懲治』這類行動，」備忘錄撰稿者進一步懦弱補充：「儘管這類舉措可能無法立即且完全發揮效用。」[144]一九九三年十月十三日，距離衝突發生後一年半，克里斯多福終於批准國會關係助理國務卿起草一封信，承認波士尼亞事件為「種族滅絕行動」。然而幾天後，當麥克洛斯基議員在《紐約時報》發表社論呼籲國務卿辭職下臺，克里斯多福又撤銷他的批准。[145]據說克里斯多福讀到那篇社論後，拿起那份授權判定種族滅絕的備忘錄，大大寫下「O.B.E.」，意思是「因故不再適用」。國務卿與議員一連串交火達到最高峰，一個月後，兩人在眾議院外交事務委員會的聽證會上，進行激烈的言詞交鋒。[146]麥克洛斯基的新幕僚馬修·哈里斯曾經大力發洩挫折之情，如今他在幕後協助麥克洛斯基準備一份聲明，總結美國政府的巴爾幹政策的失敗：

> 二月十日，也就是柯林頓上任後三週，國務卿克里斯多福表示，這個政府必須按照他們調查的結果，如實陳述波士尼亞的情勢。接著他又表示，政府下定決心要這麼做。然而就在上個月，他表示這個問題是現任政府「繼承」的問題。同樣地在二月十日，國務卿克里斯多福表示美國「對波士尼亞的戰略方面有明確擔憂」……當我聽到這些評論時，我以我的總統為傲，以這個政府為傲，既自豪又感激克里斯多福先生，更以我的國家為榮。遺憾的是，不久後政府態度就一百八十度大轉彎，簡直是極其可恥。
>
> ……政府默許歐洲拒絕波士尼亞人自我防衛，簽署一項無意義的計畫，呼籲在當地設置安全區，而我們都知道——我們都知道——兩週前我人就在塞拉耶佛。我們都知道塞拉耶佛等被稱為安全飛地的地方，至今仍不安全。事實上，在納粹建立布亨瓦德和奧斯威辛集中營後五十年，歐洲中心依然存在巨大的集中營。
>
> ……七月二十一日，國務卿克里斯多福表示，在符合我們國家利益的原則下，這個政府正在盡力投入行動。隔天如同他的聲明所述，塞爾維亞人在長達十七個月圍攻塞拉耶佛以來，發動最大規模的攻擊行動。上個月，塞爾維亞人持續轟炸塞拉耶佛，殺害數十名無辜平民。《紐約時報》引

述波士尼亞塞爾維亞恐怖主義領袖的言論，他們表示由於知道美國在海地與索馬利亞慘敗後，柯林頓政府不會有所回應，而決定要重啟血腥攻擊。他們說得沒錯，我們唯一的回應就是再度對米洛塞維奇提出警告。

國務卿先生，我們已經警告這些人將近兩年，我很想肯定你的警告，但我希望能看到這些警告在某個時刻，能發揮一點效用。這些警告跟落在波士尼亞首都的無辜男女老少身上的砲彈不同，聽來空洞至極。甚至到了今天，我們都還不願解除對安全區的封鎖，我認為這件事非常重大。

……這些事全都在國務卿的監看下發生，並持續上演。在一九九三年一月，波士尼亞的情勢不再是繼承前朝的問題。從那時候起，有數十萬名波士尼亞人被逐出該國或在國內流亡，數千名無辜平民被謀殺，數萬名裝備不足的波士尼亞士兵因為我們不願提供他們武器而身亡，還有數千名婦女因為塞爾維亞人的系統性侵害而被強暴。

政府持續聲稱……美國要協商解決這場戰爭，就算這意味著要分割波士尼亞這個主權國家跟聯合國成員也在所不惜。政府也表示，這個悲劇複雜的情勢沒有簡單的解方。我們全都希望能協商解決。我們都清楚知道這是一場悲劇，要對付這個危機絕不容易，但這些言論都是空洞地裝腔作勢，用以掩蓋政府極度不足的外交政策。當我們嘴上說著支持民主國家擴大，卻幾乎什麼都不做，數十萬人命因此生死未卜。

種族滅絕正在波士尼亞發生，我認為這件事非常嚴重。克里斯多福先生也心知肚明，但克里斯多福卻不願說出口。在我注意到在至少兩個場合，國務院的律師與其他相關事務局的代表，都建議他如此公開聲明，但我們依然沒有得到答覆。大約兩百天前，他們就已經公開並以書面文字方式提出那項請求。

主席先生，我不再多說。感謝你給我發言的時間。然而，當未來有人撰寫史書，我們不能說因為醫療照護做為優先事項，讓我們放任種族滅絕發生。我們不能說因為美國人民比較關心國內議題，讓我們放任種族滅絕發生。歷史會記載一切，國務卿先生，歷史會記錄這場悲劇，如何在我們與你的監看下發生，記錄你和政府可以也應該採取更多行動。我懇求你，還有數十萬人可能喪命……我懇求你和政府做出更積極的行動，更積極關心這個議題。

當克里斯多福回應麥克洛斯基的譴責時，他罕見爆發怒火。他指責麥克洛斯基提議美國發動大規模的地面入侵行動，但事實上這名議員從未如此建議。克里斯多福表示：

如果面臨最糟糕的情況，你會願意部署數十萬美軍到波士尼亞，強制執行會讓波士尼亞政府滿意的解決方案。但我不會這麼做。我不認為這個議題牽涉到夠重大的利益，值得我們這麼做。我認為我們再繼續辯論這個主題根本沒有任何意義。你和我已經在這個論壇討論過好幾次。我們的意見存在根本上的差異。我不認為我們該為了強制執行解決方案，讓數十萬人的軍隊進入波士尼亞。我還要繼續說，麥克洛斯基先生，在我看來，你對這個主題非常強烈的情感，已經對你的判斷造成不利影響。[147]

麥克洛斯基對巴爾幹半島戰爭關注的啟蒙，始於一九九一年。隨著時間愈久，他的關注反而更深。確實，這名議員無法忘懷這場屠殺，以致於他在至少十五場聽證會上，都提出有關美國對波士尼亞政策的問題。[148]對某些人來說，麥克洛斯基鷹派的波士尼亞狂熱，似乎抵觸他的左派政見、他在一九七〇年代初公開反對越戰的立場，以及他在國會投票反對一九九一年波斯灣戰爭的選擇。有的人則對於他竟然跟同為民主黨的同伴鬥爭，感到十分訝異。確實，他有百分之八十六的時間都投票贊成柯林頓的計畫，是在印第安納州國會代表團中比例最高的一位議員。然而，在波士尼亞戰爭期間，這名被《美國政治年鑑》（*Almanac of American Politics*）形容為「態度認真又孜孜不倦」的男士，搖身一變成為令人意想不到的美國眾議院良心代表。[149]

柯林頓團隊譴責塞爾維亞人侵略的力道，遠比布希團隊強大。舉例來說，一九九四年二月，當六十八名穆斯林顧客與攤販在一場塞拉耶佛市集屠殺中喪命時，柯林頓公開指責這場轟炸是「謀殺無辜平民的行動」。期間有一段短暫時期，柯林頓甚至帶頭發布北約的最後通牒，禁止塞爾維亞人在首都周邊使用重型武器。他表示：「美國絕不會在有人影響我們的利益、觸怒良知而且擾亂和平的衝突發生時坐視不管。」他向美國人民保證，北約發動轟炸得承擔的風險「極小」。「如果我們可以阻止平民被屠殺，」柯林頓說：「我們就應該嘗試。」[150]

由於柯林頓警告「任何人都不應質疑北約的決心」，起初確實沒有人質疑。塞拉耶佛人在沒有砲火與狙擊手的狀態下生活了幾個月。然而當塞爾維亞人重新砲轟安全區，總統的注意力已經轉移到其他地方，北約也沒有發動轟炸。

從一九九四年四月起，同盟國確實偶爾會發起後來所謂的「針扎」空襲（"pinprick" air strikes）。通常他們會先發布大量警告，然後透過單次襲擊，轟炸塞爾維亞人陳舊的軍事裝備。但無論何時塞爾維亞人對穆斯林加強攻勢，或圍捕聯合國維和人員作為人質（他們在一九九四年十一月、一九九五年五月和六月都這麼做過），美國與其盟友都會屈服。美國的決策者耗費無數時間，研擬波士尼亞問題的解決方案，但他們從未負責管理外交程序。無論是對穆斯林或自身，他們都無法坦誠自己願意為了道德承諾承擔的風險極限，而他們也沒準備好發動策略性的快速進擊，或投入爭取國際支持軍事行動需要的政治資本。相反地，他們焦急地絞扭雙手。「歐洲正在等待美國的領導，」霍布魯克說：「但他們等了三年都沒有等到。」

在這段時期，那些專精於這個議題的人士付出代價。在麥克洛斯基高調要求克里斯多福辭職下臺後，任何原先與他維持聯繫的柯林頓政府關係都從此中斷。雖然麥克洛斯基在全國競爭最激烈的選區佔有一席，但他似乎對民調與他發起運動可能造成的後果都不以為意。他的幕僚呼籲他不要再頻頻高調出訪巴爾幹半島，但他不予理會。在一九九四年十一月選舉前，他告訴一名記者，他不在意自己對波士尼亞議題的努力是否會讓他丟掉席位：「對我來說，這件事超越政治，也超越選舉或改選。」他也對一名記者說：「我寧願積極嘗試阻止屠殺，也不願在深知自己沒有面對這個問題的情況下，繼續競選與勝選。」[151]

然而在印第安納州，麥克洛斯基的共和黨挑戰者讓他付出代價，對方嘲諷他「關心波士尼亞勝過關心埃文斯維爾（Evansville）」。埃文斯維爾是麥克洛斯基選區內最大的城市。當共和黨全國委員會（Republican National Committee）主席哈利・巴勃（Haley Barbour）出訪當地，他高興地注意到：「民眾都放下木工出來助選了。」[152]而麥克洛斯基的多數選民都反對軍事干預。馬修・哈里斯回想那些湧入辦公室的選民信件，說道：「當時選民會說：『波士尼亞完全不是我們關心的問題。』他們的言論總是很像華倫・克里斯多福。」最終，連續六任當選的麥克洛斯基，因為不敵印第安那州積怨已久的選民，而在一九九四年十一月共和黨大獲全勝的期中選舉中打包回家。那次的選戰十分激烈，得票率是百分之五十一對百分之四十九。儘管當時五十五歲的麥克洛斯基表示，他不後悔自己為了介入波士尼亞遊說而花去一分一秒，但他確實納悶如果他多花幾週末回到選區，而非橫跨大西洋到波士尼亞，結果是否會有所不同。《印第安納波利斯星報》（*Indianapolis Star*）認為他敗選的原因，是太過執著於巴爾幹議題。《星報》則指出，在麥克洛斯基的印第安納州南部選區，「山地人（Hoosier）對地方事務遠比對半個世界外的區域問題更感興趣。」*

麥克洛斯基在敗選前，曾與柯林頓總統有過一次古怪的互動，並讓他完全瞭解總統如今惡名昭彰的心理防衛機制。在一場華府民主黨的半正式募款晚宴上，麥克洛斯基排在安全圍欄旁，準備問候他一直猛烈批評的總統。麥克洛斯基就像萊姆金一樣，從不浪費任何機會。這名議員拉起柯林頓的手說道：「比爾，轟炸塞爾維亞人吧。你會很驚訝那樣做會讓你有多舒坦。」冷靜自持的柯林頓若有所思點頭幾秒，接著怪罪歐州人猶豫不決。「法蘭克，我明白你在說什麼。」總統表示：「但你真的不知道那些英國佬有多混蛋。」柯林頓沿著安全圍欄前進，與更多人握手，也和更多人閒談，麥克洛斯基以為他們的對話結束了。但幾分鐘後總統掉頭走回麥克洛斯基站立的位置。「順帶一提，法蘭克，」柯林頓爽快表明：「我很欣賞你在做的事。繼續保持！」麥克洛斯基回憶道：「比爾．柯林頓的問題在於他沒有意識到自己是美國總統。」

在波士尼亞戰爭期間，聯合國安理會在共和黨與民主黨政府任期，都通過譴責犯罪行為的決議。安理會創立處理前南斯拉夫問題的聯合國與歐洲國際會議，作為正式的協商管道。理事會呼籲各國與國際人權組織記錄違反人權的行為，也部署聯合國維和部隊（即便部隊中沒有美國人）。安理會還資助從柏林空運以來最長時間的人道空運行動。

除此之外，安理會最徹底冒犯國家主權的舉措，是援引《滅絕種族罪公約》，並設立從紐倫堡法庭以來的第一個國際刑事法庭。[153]這個座落在海牙的法庭，曾審判違反《日內瓦公約》中的戰爭慣例與人道罪重大事件，如今總算也要審判種族滅絕罪。美國駐聯合國大使馬德琳．歐布萊特（Madeleine Albright）是國際法庭最活躍的支持者之一。如果她的同事向她尋求有關越戰的政策指引，歐布萊特總是會說：「我的思維是受到慕尼黑的綏靖政策影響。」歐布萊特是柯林頓團隊中非常罕見的一名官員。在波士尼亞戰爭期間，她努力不懈遊說北約發動轟炸，在公開譴責塞爾維亞人「滅絕」與驅逐人民，還會附帶提及猶太大屠殺。安理會投票通過成立國際法庭時，歐布萊特宣告：「今天這間會議廳響起回音。紐倫堡原則再次受到肯認……這將不會是勝利者的法庭。在這段努力的過程中，唯一獲得勝利的是

* 譯注：「山地人」為印第安納州居民的別稱。

真相。」[154]

然而，在波士尼亞戰爭中，缺少的從來都不是真相，而是美國的意願。無論是冒險將自己的士兵派遣到當地的意願，或者說服歐洲支持北約發起空襲的意願。結果，塞爾維亞針對穆斯林的種族清洗與種族滅絕行動飛快進行，超過二十萬波士尼亞人被殺。

一九九五年六月，柯林頓總統和高爾副總統在《賴瑞金現場》（*Larry King Live*）節目現身，捍衛他們的政策。高爾表示：「這場悲劇上演許久，有些人說已經持續五百年。」柯林頓更勝一籌，表示：「他們的仇恨可以追溯到五百年前，有人說將近千年。」柯林頓也聲稱一九九二年總共有十三萬人被屠殺，一九九四年的死亡人數則不到三千人。「那仍然是一場悲劇，」總統指出，「但我幾乎不認為那是一場嚴重的失敗。」[155]

吉姆．胡伯曾在布希與柯林頓兩任政府

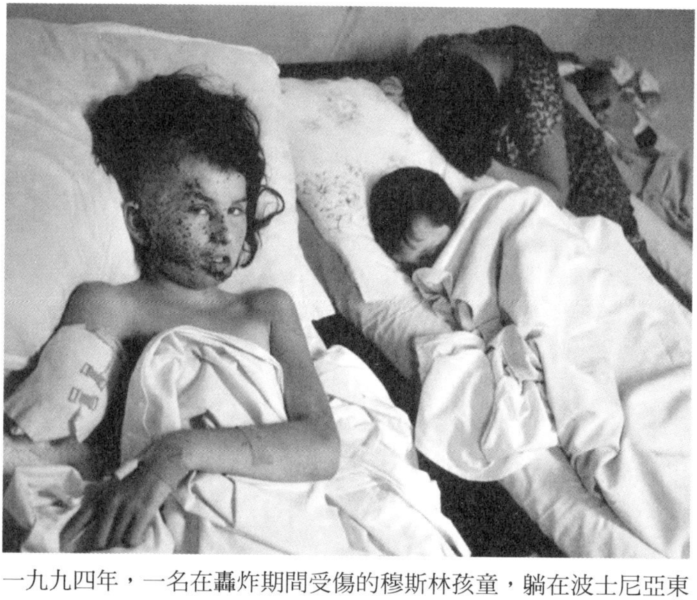

一九九四年，一名在轟炸期間受傷的穆斯林孩童，躺在波士尼亞東莫斯塔爾（East Mostar）的醫院。

（圖片來源：吉爾．佩雷斯／馬格蘭攝影通訊社版權所有）

內就職，但選擇不辭職。他分別列舉在兩段時期呼籲高層干預的難處：

> 你不需要說服布希政府介入是對的事，他們已經介入過海灣地區。你只需要說服他們那是適合介入的地區。對柯林頓政府，我們必須說服他們介入是對的，**以及**這是適合介入的地區。他們的立足點是軍事干預絕對是不對的。這讓事情變得加倍困難。

柯林頓剛勝選那段時期，前英國外交大臣兼歐洲協商者大衛・歐文閣下曾警告波士尼亞人不要依賴美國的承諾。一九九二年十二月，歐文站在塞拉耶佛機場的柏油飛機跑道上，雙頰因為冬天的寒冷而發紅，他宣告：「不要、不要、不要活在西方國家會介入解決這個問題的幻想之中。別做白日夢。」[156]不管這段致詞再怎麼冷酷，歐文誠實且正確地呼籲波士尼亞人，要假設他們只能靠自己。柯林頓政府的官員經常嚴厲談論塞爾維亞人的殘忍暴行，批評歐洲和聯合國的和平計畫會讓波士尼亞分裂並「獎勵侵略」。然而，如果說柯林頓成功保全波士尼亞人被拯救的大夢，那他在任期前兩年半，只是讓波士尼亞人以貧乏的手段獨自面對。一直到一九九五年七月，柯林頓才會採取行動。但當時另一場在盧安達的種族滅絕，已經奪走八十萬人的性命。

第十章 盧安達：多半處於旁聽模式

我絕對不會再當圖西人了

一九九四年四月六日晚上，距離波士尼亞戰爭開打後兩年，羅密歐・達萊爾少將坐在他位於盧安達吉佳利（Kigali）平房住處的沙發，和他的助手布倫特・畢爾茲利（Brent Beardsley）一起收看美國有線電視的新聞節目。畢爾茲利正在籌畫國家體育日的計畫，讓圖西族反叛軍和胡圖族政府軍在足球場上較勁。指揮聯合國維和任務的達萊爾說：「你知道嗎，布倫特？如果真的大事不妙，這些東西就都沒有意義。」下一秒電話鈴聲響起。法國總統密特朗（François Mitterrand）送給盧安達總統哈比亞里馬納（Juvénal Habyarimana）的米斯泰赫獵鷹噴射機（Mystère Falcon）剛被擊落，哈比亞里馬納和蒲隆地總統恩塔里亞米拉（Cyprien Ntaryamira）都在飛機上。達萊爾一掛上話筒，電話再度響起。從當天晚上到隔天，聯合國的電話都響個不停，平均每小時有一百通電話打來。無數名政治人物、聯合國當地人員與盧安達平民都在打電話求助。這兩個加拿大人跳進他們的聯合國吉普車，直奔盧安達軍隊總部，那裡正召開危機會議。兩人再也沒有回到他們的住處。

當達萊爾抵達盧安達兵營時，他發現擔任陸軍參謀長的巴戈索拉（Théoneste Bagosora）上校坐在一張U形桌前端，他是強硬派的胡圖族人。巴戈索拉看似堅定地指揮，宣布總統死亡意味著政府已垮臺，軍隊必須接手。達萊爾打斷他，主張實際上國王死後，政府還會存續。他提醒在場聚集的軍官，領導溫和派的總理烏維依吉馬納（Agathe Uwilingiyimana）已經成為法定國家元首。許多圍在會議桌旁、面無表情的軍官聽到這個人選後開始竊笑。

回到華府，國務院的盧安達事務處科長凱文・艾斯東（Kevin Aiston）跑去敲副助理國務卿普魯登絲・布希內爾（Prudence Bushnell）的門，告訴她盧安達和蒲隆地總統已經在一場空難中喪生。「噢，糟了。」她說：「你確定嗎？」其實起初沒有人能確定，但達萊爾的軍隊在一小時內證實了這則消息。盧安達當局迅速宣布國家實施宵禁，胡圖族民兵和政府軍在首都周圍架起路障。胡圖族極端分子架設的千山之地廣播電臺（Radio Mille Collines）指名圖西族為攻擊目標，他們將圖西人稱為「蟑螂」（Inyenzi）。

布希內爾草擬一份緊急備忘錄給國務卿華倫・克里斯多福。她擔心盧安達與鄰國蒲隆地可能爆發大屠殺。備忘錄中寫道：「如果傳聞是真的，兩國總統都已經身亡，那其中一國或兩國都極有可能爆發大規模的暴力事件，尤其如果證實飛機是被擊落的，情況會更加危急。我們的策略是透過公開聲明與其他方式，呼籲兩國保持冷靜。」[1]後來這幾份公開聲明經過證實，幾乎成為接下來幾週華府採取的唯一策略。

衛斯理・克拉克（Wesley Clark）中將是國防部參謀長聯席會議的戰略計畫與政策署署長，後來負責指揮北約在科索沃的空戰。克拉克記得，當參謀軍官得知飛機失事的消息時，紛紛問道：「是胡圖族和圖西族，還是圖圖族和胡西族？」他慌亂地打電話到五角大廈各部門，詢問關於盧安達事件種族層面的見解。遺憾的是，對於華府最具影響力的計畫人員來說，盧安達一直都不是他們的關注焦點。

在美國，最熟悉盧安達情況的觀察員不是政府官員，而是一位名叫艾莉森·黛絲·弗基斯（Alison Des Forges）的公民，她身兼歷史學家和人權觀察會董事，住在紐約州水牛城。從一九六三年開始，黛絲·弗基斯就多次造訪盧安達。她擁有耶魯大學的非洲歷史博士學位，專門研究盧安達，也會說盧安達語（Kinyarwanda）。在飛機失事後半小時，黛絲·弗基斯接到一名來自吉佳利的摯友來電，對方是人權運動家莫妮克·穆賈瓦馬里亞（Monique Mujawamariya）。由於當地散播仇恨言論的千山之地電臺將穆賈瓦馬里亞稱為「該滅亡的不愛國人士」，幾週以來黛絲·弗基斯一直很擔心她的安危。一週前，穆賈瓦馬里亞已向人權觀察會發出駭人的預警，提及：「過去兩星期，所有吉佳利人都活在一場精心策畫的行動、一個即刻發生的威脅中。這場行動目標，是要消滅所有為哈比亞里馬納總統帶來麻煩的人民。」[2]

如今，哈比亞里馬納已身亡，穆賈瓦馬里亞馬上知道屬於強硬派的胡圖人巴戈索拉會把這件事當藉口，展開大屠殺。「終於發生了。」她在電話中跟黛絲·弗基斯說。接下來的二十四小時，黛絲·弗基斯每半小時就撥電話到她朋友家。每次對話，黛絲·弗基斯都能聽到胡圖族民兵愈來愈接近，槍響也變得愈來愈大聲。最終槍手進入穆賈瓦馬里亞家中。「我不希望妳聽到這個過程。」穆賈瓦馬里亞輕柔地說，「請妳照顧我的孩子。」她掛斷了電話。

穆賈瓦馬里亞的直覺是對的。哈比亞里馬納死後幾小時內，武裝的胡圖人就掌控吉佳利的街道。達萊爾很快意識到，推動胡圖族與圖西族和平進程的支持者已成為目標。在盧安達首都各處，人們哀求聯合國駐盧安達援助團（UN Assistance Mission for Rwanda）總部的維和人員帶他們走。達萊爾尤其擔心烏維依吉馬納總理，也就是那位成為國家名義上元首的改革者的安危。四月七日天剛破曉，五名迦納籍和十名比利時籍的維和人員抵達總理住處，準備送她前往盧安達電臺（Radio Rwanda），好讓她能透過緊急廣播，呼籲眾人保持冷靜。

美國大使館的副館長喬伊絲．里德（Joyce Leader）住在烏維依吉馬納隔壁。當天清早，當胡圖族殺手獵捕並迅速解決第一批受害者時，她都躲在隸屬於大使館官邸的鋼條門後方。里德的電話響起，打來的是烏維依吉馬納。對方哀求道：「請你幫助我躲藏。」原先里德和烏維依吉馬納並不熟識。「她是總理，」這名美國人回憶道：「而我只是個小小的外交官。」她們因為外交聚會逐漸熟稔，有次停電時，烏維依吉馬納還去里德家做頭髮，那被視為緊急事件。

兩人通電後幾分鐘，有一名聯合國維和人員試圖將總理高舉越過分隔她們宅邸的牆，但里德聽見槍響。她催促維和人員放棄嘗試，大喊：「他們會看見你們！」烏維依吉馬納設法與丈夫和孩子溜進另一座聯合國開發計畫署的宅邸。但民兵在院子裡追到他們，烏維依吉馬納夫婦因此就地投降，接著又傳來更多槍響。里德回想：「我們聽見她尖叫，然後在槍響後尖叫聲戛然而止，我們還聽見有一群人歡呼。」當天，總統衛隊的胡圖族槍手系統性搜捕並消滅幾乎所有盧安達的溫和派政治人物。

襲擊烏維依吉馬納宅邸的行動，不僅讓盧安達失去一名重要的和平與人權支持者，還導致達萊爾聯合國援助團瓦解。胡圖族士兵按照事前計畫，圍捕烏維依吉馬納家的維和人員。他們把維和人員帶到一座軍營，引導迦納人到安全地方，然後殺害並野蠻肢解那十名比利時人。過往，美國曾因十八名美軍在索馬利亞喪生而撤出該國；胡圖族襲擊者因此認為，如果屠殺維和人員也會讓比利時撤軍。確實在比利時有人立即大聲疾呼，要求擴大聯合國駐盧安達援助團授權出兵，或者即刻撤離。

達萊爾一直到四月七日晚上九點，才得知比利時人遇害。他前往吉佳利醫院，那裡已經聚集超過千具盧安達人屍體。達萊爾走進昏暗的停屍間，用手電筒照亮他屬下被堆成一堆的屍體。起初他很納悶，他接獲的通知明明是十人遇害，為何有十一具屍體。接著他發現，因為死者遭到嚴重分屍，以致於不可能數得清人數。達萊爾和盧安達當局協商用更有尊嚴的方式擺放屍體，並保存維和人員殘存的制服。

美國五角大廈的大多數官員都認為，比利時人喪命的消息證實聯合國在盧安達的維和任務，已經從「索馬利亞的未來式」變成「索馬利亞的進行式」。這件事加劇人們對聯合國維和行動根深蒂固的偏見，因為比利時人允許被解除武裝。詹姆斯．伍茲（James Woods）從一九八六年起擔任非洲事務副助理國防部長，他回憶道：

> 當大家聽到他們的死訊，尤其他們的死狀悽慘時，都感到很恐懼震驚。但也有人對他們居然沒有自衛感到驚訝。他們沒有掏出手槍。我想這更證實那些執行聯合國和平行動的人員心理，他們一部分的基本規範，包含許多不切實際的愚蠢舉動，這正是另一個要避開聯合國維和行動的原因……我聽見有人說：「唉，你知道的，至少美國在索馬利亞的遊騎兵是死於戰鬥。這些人卻戴

著他們的藍色貝雷帽，一發子彈都沒射出就被殺害了。」[3]

盧安達陷入瘋狂。官方已經提前備妥受害者名單，人們從千山之地電臺的廣播就能清楚得知。電臺會朗誦圖西人和溫和派胡圖人的姓名、地址和車牌號碼。「我會聆聽廣播，」有一名倖存者回憶：「如果頻道中提到你的名字，不久後聯攻隊（Interahamwe）一定會把你強行帶走。你必須立刻改變自己的住址。」[4]

原先盧安達愛國陣線（Rwandan Patriotic Front）的圖西族反叛分子，根據近期和平協議的條款駐紮在吉佳利。如今他們面對胡圖族政府最初展開的屠殺，開始從當地兵營湧出，繼續投入對抗胡圖族政權的內戰。然而，那場戰爭掩蓋正在發生系統性種族滅絕的顯著徵兆。從四月七日開始，胡圖族掌控的陸軍、憲兵隊和民兵攜手合作消滅盧安達的圖西人。許多早期的圖西族受害者都發現，追捕他們的行動是有目的性的，而非沒經過計畫。有一名在基布耶（Kibuye）醫院的屠殺生還者提到，他在攻擊開始前聽到擴音器在朗誦一份名單。另一名生還者表示，當屠殺結束後：

他們會派人穿梭在屍體間，以便核對死者身分。他們會說：「這裡有財務部長和他的妻子跟女兒，但比較年幼的那個孩子在哪？」或是「這是喬蘇埃（Josue）的父親、妻子和母親，但他本人在哪？」在接下來幾天，如果他們認為你還活著，就會試圖追捕你。他們會大吼：「嘿，喬蘇埃，我們看到你了。」好讓你驚嚇得跳起並試圖逃跑，這麼一來他們就能看見你移動，更容易逮到你。[5]

初期在吉佳利，殺手是配備精良的政府軍和民兵，主要仰賴自動武器和手榴彈。後來屠殺逐漸擴展到鄉村地區時，加害者起初使用槍枝，不過有愈來愈多胡圖人加入，他們使用的武器就變得愈簡樸，從刀子、彎刀、矛到傳統的狼牙棒（*masu*）都有。之後，螺絲起子、榔頭和腳踏車把手也成為殺人武器。殺手經常一手拿著武器，另一手拿著正在尖聲播放謀殺命令的電晶體收音機。

數萬名圖西人慌張逃離家園，並在檢查哨被逮捕屠殺。他們的屍體被處置的方法非常隨便，有的人被扔進垃圾掩埋場，屍身在陽光下腐爛。在教堂內，屍體周圍混雜四散的聖餐麵包。如果殺手花時間顧及衛生，那會拖累他們「淨化」國家的速度。

由於胡圖族和圖西族混居，彼此經常通婚，大屠殺的爆發迫使兩個族群的親朋好友作出顛覆人生的決定。他們被迫思考是否該為了保全性命拋下所愛之人。在基布耶鎮的瑪可雷諾教堂，有一對都嫁給圖西族丈夫的胡圖族姐妹就面臨這種抉擇。其中一名女子決定與她的丈夫共赴黃泉，另一人則希望能拯救她十一名子女的性命，因而選擇離去。由於她的丈夫是圖西人，她的孩子也被歸類成圖西族，嚴格說來不得活命。然而當時，揮舞著彎刀的胡圖族攻擊者向那名婦女保證，如果她同意陪同他們，就允許那些孩子安全離開。但當婦女踏出教堂，她卻眼睜睜看著攻擊者屠殺她八個孩子。最年幼的三歲男孩看見哥哥和姐姐被殺害後，苦苦哀求對方饒他一命。「請不要殺我，」他說：「我絕對不會再當圖西人了。」但那些殺手想都沒想，就將他擊倒在地。[6]

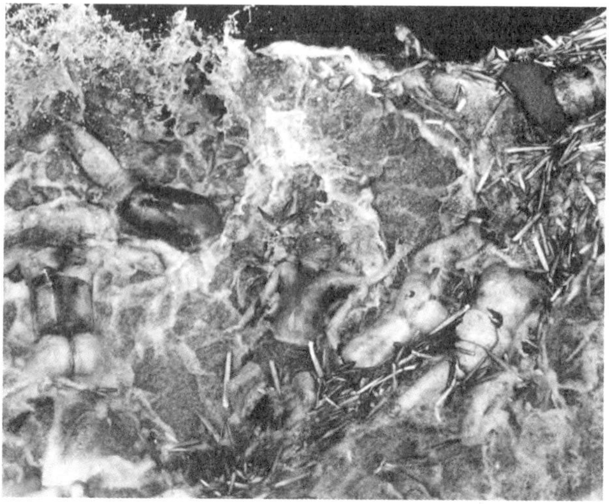
盧安達人的屍體沿著卡蓋拉河（Kagera River）漂浮流下。
（圖片來源：Gilles Peress ／ Magnum）

後來，盧安達大屠殺被證實是二十世紀最快速、最高效率的一次瘋狂殺戮。在百日以內，就有大約八十萬名圖西人和政治立場偏向溫和派的胡圖人被殺害。美國幾乎沒有採取任何阻止行動。在四月六日的空難發生前，美國忽略大量關於大規模暴力即將發生的初期預警，相關當局否決比利時加強維和任務的要求。當屠殺發生後，柯林頓政府不僅沒有派遣軍隊到盧安達，甚至拒絕無數個其他選項。柯林頓總統沒有召開任何一次與高級外交政策顧問的會議，與他們討論美國處理盧安達問題的方案，他的高階助理也鮮少譴責這場屠殺。美國沒有部署相關的技術資產阻斷盧安達的仇恨廣播，也沒有遊說將盧安達政府的大使逐出聯合國。美國實際採取的舉措，甚至導致致命的後果。華府要求聯合國維和人員撤離盧安達，接著拒絕授權聯合國部署援兵。柯林頓總統和他的顧問謹記索馬利亞的教訓，也未收到任何美國人介入的要求。他們深知美國捲入中非血腥衝突的軍事和政治風險極高，但徹底迴避盧安達問題則無須付出任何代價。於是，美國再次袖手旁觀。

預警

背景：聯合國部署軍隊

如果說有任何一名維和人員全心全意相信人道行動的承諾，那人必定是在盧安達指揮聯合國維和人員的少將達萊爾。當時達萊爾四十七歲，他是一名法裔加拿大人，有著寬大的肩膀和一雙深陷的天藍色眼睛。他還有雙厚實長繭的雙手，透露他是在崇尚從軍、服務和犧牲的文化中被教育長大。達萊爾認同聯合國的存在，同時體現這三種精神。[7]

達萊爾受派到盧安達前，在柬埔寨和波士尼亞的維和部隊中擔任司令官，但他從未親眼看過真正的戰鬥。達萊爾回憶：「我就像是一個從未到過火災現場的消防員，多年來都幻想遇到大火時會如何救火。」一九九三年夏天，他接到聯合國總部的電話，被授予盧安達的職位。達萊爾欣喜若狂。「不在軍中的人很難理解獲得指揮權的意義，對於軍人來說，他們不惜出賣母親也要達成此事。我的意思是，那項任務完全符合我的人生目標。」他說：「那

加拿少將羅密歐·達萊爾，擔任盧安達聯合國維和部隊的指揮官。（圖片來源：Romeo Dallaire）

是你一直以來都在等待的事。那是你一直以來**唯**一等待的事。」

達萊爾受命指揮一支在盧安達的聯合國部隊。盧安達和佛蒙特州等大，人口約有八百萬人，並被稱為「千山之地」。盧安達在一九六二年脫離比利時獨立前，佔人口百分之十五的圖西族享有特權地位。然而，盧安達獨立後，胡圖族開啟長達三十年的統治，圖西族因此遭受系統性歧視，並經常面臨屠殺與種族清洗風波。一九九〇年，有群武裝的流亡人民入侵盧安達，他們多半都是被迫聚集在烏干達邊界的圖西族人。接下來數年間，這群被稱為盧安達愛國陣線的反叛分子，逐漸能對抗胡圖族政府軍。一九九三年，在各大西方強權的支持下，坦尚尼亞擔任和談中間人，最後擬定被稱為《阿魯夏和平協議》的權力分享協約。根據該條款，盧安達政府同意在胡圖族反對黨和圖西族少數黨共存的情況下治理國家，聯合國會部署維和人員在國內巡邏確保停火，並協助雙方陣營解除武裝動員。同時，維和人員也會提供安全的環境，讓流亡的圖西族人能夠返國。溫和派盧安達人和外國外交官都期望最終胡圖族和圖西族能和諧共處。

盧安達政府內部的強硬派人士和政府外的胡圖族極端分子，都認為《阿魯夏和平協議》糟糕透頂。他們認定遵從和平條約會讓他們失去與懼怕一切，同時條款也沒有為他們帶來任何好處。胡圖族已經支配盧安達的政經領域長達三十年，他們擔心受到長期迫害的圖西族人如果再次獲得治理機會，將會以牙還牙。由於和平協議沒有赦免過往殺手的惡行，那些手染鮮血的胡圖族領袖擔憂如果政府納入圖西族的政治軍事官員，胡圖族可能賠上人身自由與性命。胡圖人世代相傳獨立前的盧安達記憶，胡圖族孩童能一一詳述圖西族曾對他們祖先犯下的罪行。

有鑒於此，反對《阿魯夏和平協議》的胡圖族極端分子，開始脅迫圖西人和支持權力共享的人。他們開始將裝滿整架飛機的槍枝、手榴彈和彎刀運抵國內。[8]到了一九九二年，胡圖族民兵已經購買、囤積並開始分配約八十五噸的軍火與五十八萬一千把彎刀，平均每三名胡圖族成年男性就有一把。[9]一九九三年，情勢劇烈惡化的程度，已足以引起一些國際和聯合國組織關注。穆賈瓦馬里亞是盧安達保衛人權協會的執行長，她在一九九三年初呼籲國際人權組織造訪她的國家，希望能制止更嚴重的暴力行徑。來自八個國家的十二人組成國際調查委員會，人權觀察會的黛絲．弗基斯正是其中其中一員。委員會在盧安達待了三個星期，訪問數百名盧安達人。當時民眾描述的罪行已經野蠻到令人難以置信。有一次調查員見到一名婦女，她表示胡圖族極端分子殺害她的幾個兒子，並埋葬在市長的後花園。當政府當局否認這名婦女的聲明時，團隊知道他們必須取得具體證明。他們出現在市長家門前，要求他准許他們挖開花園。市長毫不在乎地答應，條件是他們要賠償那些會被連根拔起的豆子金額。調查員多數都是律師，沒有人挖過墳墓，他們連對園藝都不怎麼熟悉，但他們仍開始挖掘。「我們挖呀挖，」黛絲．弗基斯回憶到：「市長就坐在那裡，臉上帶著毫無掩飾的冷笑，看著我們這群外行人。」坑洞的側邊邊緣逐漸往內坍塌，團隊一無所獲，已經準備好放棄。唯一讓他們堅持繼續挖掘的原因，是看到那名婦女在附近等待。「這位婦女是一個母親。」黛絲．弗基斯告訴她的同事：「她或許會搞錯很多事，但唯一不會搞錯的就是她兒子的葬身之地。」幾分鐘後，調查員挖出一隻腳掌，接著又出現更多屍塊。

委員會在一九九三年三月的報告發現，從一九九〇年盧安達愛國陣線入侵以來，已經有超過一萬名圖西人遭受拘留，並有兩千人被殺。[10]政府支持的殺手至少執行三場針對圖西族的大屠殺，極端分子、種族歧視的言論和民兵正在激增。國際調查委員會和一名不久後抵達的聯合國調查員明確警告，當地可能發生種族滅絕。[11]

美國的基層情報分析師敏銳察覺到盧安達發生暴行的可能性。一九九三年一月，一份中情局報告警告大規模的種族暴力可能發生。一九九三年十二月，中情局研究發覺，大約有四百萬噸小型武器從波蘭經由比利時被運送到盧安達。這個數據對號稱遵守和平進程的盧安達政府而言相當不尋常。而在一九九四年一月，一名美國政府情報分析師預測如果盧安達再次發生衝突，「最糟的情況是會引發五十萬人喪生。」[12]

在盧安達，強硬派人士的公開言論跟上彎刀、民兵和暗殺隊激增的速度。一九九〇年十二月，胡圖族報紙《覺醒報》（*Kangura*）刊登了〈胡圖族的十項命令〉（*Ten Commandments of the Hutu*）一文。該十項命令如同希特勒的《紐倫堡法案》和波士尼亞塞爾維亞人在一九九二年的法令，明確表達激進分子希望強加在少數族群身上的遊戲規則：

一、每個胡圖人都要知道，圖西女人無論在哪裡，都是為了圖西族的利益服務。因此任何胡圖人出現以下行為，都應該被視為叛徒：

- 娶圖西女人為妻；
- 和圖西女人交朋友；
- 雇用圖西女人當秘書或小妾。

二、每個胡圖人都需知道，我們的胡圖族女兒扮演家庭婦女、妻子和母親角色比較合適勤懇，這難道不是因為她們比較貌美、更適合擔任好秘書，也比較誠實嗎？

三、胡圖女人務必提高警覺，讓妳的丈夫、兄弟和兒子恢復理性。

四、每個胡圖人都要知道，圖西人做生意都不老實。他們唯一的目標就是維護種族優勢。因此任何胡圖人出現以下行為都是叛徒：

- 跟圖西人合夥做生意；
- 投資個人或政府資金到圖西人的公司；
- 借錢給圖西人或向圖西人借錢；
- 幫助圖西人做生意（取得進口執照、銀行貸款、建築工地、公共市場……）

五、所有牽涉到戰略性的職位，都應該交給胡圖人任職，包括政治、行政、經濟、軍事與安全領域。

六、教育部門的人員必須多數是胡圖人，包含學校職員、學生和教師。

七、盧安達武裝部隊必須完全是胡圖人，一九九〇年十月的戰爭經驗已經讓我們學到教訓，任何軍方成員都不得與圖西人通婚。

八、胡圖人不應該再同情圖西人。

九、無論在什麼地方，胡圖人都必須團結一心，關心胡圖族弟兄的命運。

- 盧安達國內外的胡圖人都必須為自身理想持續尋找盟友，並可以從班圖族（Bantu）弟兄開始結盟；

• 胡圖族必須抵抗圖西族政治宣傳；

• 胡圖族必須堅定警戒地對抗共同的圖西族敵人。

十、一九五九年的社會革命、一九六一年的公民投票和胡圖族的意識形態，都必須傳授給所有位階的胡圖人。每個胡圖人都應該廣為宣傳這種思想。任何胡圖人如果因為自己的胡圖弟兄閱讀、傳播和教授此一意識形態而迫害他，都是叛徒。[13]

堅定的胡圖族政治人物毫不掩飾意圖。一九九二年十一月，哈比亞里馬納的政黨高層里昂．莫傑賽拉（Leon Mugesera）在民族革命發展運動黨（National Revolutionary Movement for Development Party）集會上發表演說，他表示：「一九五九年我們犯下的致命錯誤就是讓他們（圖西族人）逃出去……我們應該把他們丟進尼亞巴隆果河（Nyabarongo River），作為他們去衣索比亞的捷徑。我得堅持這點，我們必須行動，消滅他們所有人！」[14]在一九九三年二月，圖西族掌控的盧安達愛國陣線二度入侵盧安達時，極端主義立場的胡圖族媒體將圖西族描繪成惡魔，並間接提到波布在柬埔寨的統治。胡圖族將自己視為「黑柬」。如同種族滅絕犯行者非常見做法，胡圖族透過號召大眾拉開序幕，他們開始宣傳圖西族正試圖消滅胡圖族，呼籲先發制人以自我保護。[15]雖然對圖西族的威脅暴力傳聞沒有成為主流西方媒體的報導，但外國廣播資訊處跟傳回華府的外交電報，都會定期回報這些消息。

達萊爾對《阿魯夏和平協議》不穩定的情況所知甚少。一九九三年八月他到盧安達初步勘查時，得知這個國家已經承諾要維持和平，因此聯合國必須在場。沒有人帶達萊爾會見那些支持消滅圖西族勝過分享權力的人士，這不讓人意外。但不尋常的是竟然沒有一名美國的聯合國官員，想到要給達萊爾一份國際調查委員會或聯合國調查員準備的預警報告。

達萊爾在初次造訪盧安達前掌握的情報資料中，有一份盧安達簡史百科。這是達萊爾的行政助理比爾斯利少校在最後一刻從他家鄉的地方公共圖書館抓到的一本書。比爾斯利表示：「我們帶著一份米其林公路地圖和一份《阿魯夏和平協議》副本飛去盧安達，僅僅如此。我們對盧安達的印象，是該國情勢很簡單易懂。那裡有團結的政府與反叛陣營，他們一起簽署和平協議，接著請求我們介入幫助執行協議。」

儘管達萊爾嚴重低估盧安達正在醞釀的緊張情勢，他仍認為自己需要一支五千人的軍隊，協助雙方陣營執行《阿魯夏和平協議》。然而，美國對任何被派遣到聯合國的特派團都不感興趣。「任何時候，只要你提到非洲的維和任務，」有一名美國官員說道：「華府美善辦公室的門前都會掛上十字架和大蒜，他們對此相當排斥。」華府擔心盧安達特派團，會像之前去波士尼亞、索馬利亞和海地的特派團一樣任務失敗。以人道救援為目標的多邊行動似乎陷入困境。不過在一九九三年，哈比亞里馬納總統出訪華府時，曾保證他的政府會實行《阿魯夏協議》的條款。最終，美國官員在盧安達主要的外交與軍事資助國法國的強力遊說下，終於接受聯合國駐盧安達援助團有可能成為罕見的「聯合國贏家」論點。即便如此，美國官員清楚表明，華府不會考慮派遣美軍到盧安達，也不會為五千人部隊提供資金。達萊爾將他的書面請求勉強裁減成兩千五百人，他說道：「有人跟我說，『不要要求一整個軍旅，因為那是不可能成功的。』」一九九三年十月五日，美國與索馬利亞交火後兩天，美國不情願地在聯合國安理會投票同意授權達萊爾的任務。[16]

一九九三年十月，當達萊爾實際被派駐到盧安達時，他缺少的不只是情報資料跟人力，同時也缺乏機構支持。來自紐約小小的維持和平行動部（Department of Peacekeeping Operations）由迦納的外交官科菲・安南（Kofi Annan，後成為聯合國秘書長）管理，當時已顯得應接不暇。馬德琳・歐布萊特是美國駐聯合國大使，也是主張軍事介入波士尼亞的主要倡議人。她回想當時情景，說道：「維持和平行動部的全球緊急救難電話常常不是在忙線中，就是沒有人接聽。」聯合國部署幾百人到盧安達同時，也派駐七萬名維和人員，執行世界各地的十七項任務。[17]盧安達在這些大規模危機跟令人頭痛的後勤問題中，本身任務的地位並不高。

美國對維和任務逐漸失去耐心，這讓達萊爾跟聯合國維和辦公室的工作變得更加困難。儘管柯林頓上任後，他領導的政權比美國歷代任何政府都更願意投入維和任務，但當時國會已積欠五億美元的聯合國會費與維和費用。美國國會似乎已厭倦支付三分之一帳單的義務，並對永無止盡的全球混亂與聯合國的特派任務感到厭煩。柯林頓政府同意維持和平行動部需要修正做事方法，並堅持聯合國要學會拒絕冒險與昂貴的任務。

美國與索馬利亞交火後，參議院的共和黨議員要求柯林頓政府對聯合國展現更多不信任。一九九四年一月，參議員鮑伯・杜爾是當時捍衛波士尼亞穆斯林的主事者，他提議立法限制美國參與聯合國的維和任務。[18]在索馬利亞潰敗與美國國會攤牌背景下，柯林頓政府加緊腳步推動美國正式的維和政策。

這項工作被交給國家安全會議的理查．克拉克（Richard Clarke），他是總統的特別助理，以華府最有效率的官僚之一聞名。在持續超過一年的跨部門進程中，克拉克成功制定出第二十五號總統決策方針（PDD-25），列出決策者在決定是否支持維和行動時必須考慮的十六項因素。其中，有七個因素決定美國是否在聯合國安理會，投票支持非美國士兵執行的和平行動；有六個更嚴格的因素，決定美軍是否參與聯合國的維和任務；最後三個因素，則判斷美國部隊是否可能投入實際戰鬥。決策方針規定，美國參與行動的條件包含提升國家利益、行動必須成功，以及獲得國內和國會支持。行動傷亡的風險必須要在「可接受」範圍，並且主事者須提出撤離策略。[19]根據威斯康辛州眾議員大衛．歐貝（David Obey）所述，這份限制性的檢核表試圖滿足美國希望能「零介入、零風險、零痛苦與零混亂」的渴望。[20]制定這些政策原則的人至今仍是最強大的捍衛者。「許多人說第二十五號總統決策方針，是被設計來扼殺維和任務的邪惡東西。但事實上這項方針的目的是要拯救維和任務。」克拉克表示：「維和任務幾乎已經失效了。美國政府內部無人支持，被派駐到實地的維和人員也沒發揮作用。」雖然一直到一九九四年五月三日，這項方針才被公諸於世，當時盧安達的種族滅絕已經進行一個月，但政策原則的考量和政府對維和任務的失望，都大大影響美國官員制定盧安達政策的思維。

在美國國內，盧安達在優先考慮事項清單中的排名極低。當國防部非洲事務局的伍茲，提議將盧安達和蒲隆地加入國防部潛在動盪地區的清單時，根據伍茲所說，他的上級跟他說：「聽著，就算盧安達和蒲隆地有事發生，我們也不在乎，把他們從清單上拿掉。美國的國家利益和他們沒有關係，我們不能把這些愚蠢的人道議題都列在清單上……總之拿掉就對了。」[21]

在各個層面上，達萊爾的聯合國駐盧安達援助團都是以極少資金運作。他們被分配到聯合國柬埔寨任務留下的舊車，其中送達盧安達的三百臺汽車中，只有八十臺可用。一九九四年三月，當醫療補給品用光時，聯合國的紐約總部表示他們缺少再補給的現金。由於盧安達是非洲最窮的國家之一，當地能取得的商品非常少，很難找到備用零件、電池甚至彈藥。達萊爾在盧安達有七成時間，都耗費在與聯合國的後勤搏鬥。[22]

達萊爾屬下的人員也有重大問題。他要指揮來自二十六國的部隊、軍事觀察員和文職人員。雖然一般來說，多國籍是聯合國特派團的優點，但多元背景導致軍人的資源落差甚大。當比利時部隊帶著精良配備，做好萬全出現在盧安達，準備執行任務時，比較貧窮國的代表團卻「光著屁股」現身（根據達萊爾所述），並要求聯合國提供他們制服。達萊爾表示：「由於別的國家沒有意願派遣部隊，我們必須接受能獲得的人力。」達萊爾向一名聯合國高級官員表達擔憂，但對方卻建議他降低期待。他回憶道：「那名官員對我說：『聽著，將軍，你是從北約培訓出來的。但這裡不是北約。』」雖然截至一九九四年四月初，聯合國派駐到盧安達的援助團已經有大約兩千五百人，但絕大多數士兵甚至連執行最基本任務需要的個人裝備都沒有。

盧安達軍事化的徵兆在各地廣泛出現，就算達萊爾缺乏大量情報蒐集能力，他也聽說極端分子的陰險意圖。十二月時，胡圖族政府內部的幾名高階軍官寄給達萊爾一封信，警告他胡圖族民兵正在計畫屠殺。民間開始四處流傳處決名單，有的人開始付錢給地方民兵，以便將他們的名字從名單上移除。而千山之地電臺除了廣播對抗圖西族的煽動性言論，也開始譴責聯合國維和人員跟圖西族是同夥。

一九九四年一月，一位據說是盧安達政府高層人員的匿名胡圖族告密者挺身而出，描述地方民兵迅速武裝與培訓的情況。達萊爾將消息轉達紐約總部，那份匯報現今被稱為「達萊爾傳真」。那位告密者聲稱，胡圖族極端分子「已接獲申報吉佳利所有圖西人的命令」。「他懷疑這是為了要消滅圖西人，」達萊爾寫道：「他舉例說道，他的人員在二十分鐘內能殺害高達一千名圖西人。」

這位被稱為「尚皮耶」（Jean-Pierre）的告密者表示，民兵計畫先煽動並謀殺一些比利時維和人員，藉此「保證比利時會從盧安達撤軍」。告密者已經準備好指認四散在盧安達各地的主要武器貯藏所，其中一處至少包含一百三十五件武器。但那名告密者也想替自己的妻子和四名子女爭取護照和庇護。達萊爾坦承這可能是個陷阱，但表示相信這名告密者是可靠的。他和聯合國部隊已做好準備，要在三十六小時內展開行動。「有志者事竟成。」達萊爾在電報上寫道：「開始行動吧。」[23]他並非在請求許可，只是告知總部他計畫進行的武器查抄行動。

聯合國秘書長安南的副手伊克巴爾．里薩（Iqbal Riza）代表他的上司回覆達萊爾，否決他提議的武器查抄行動。「我們說：『別讓索馬利亞的悲劇重演。』」里薩事後回憶：「當時在索馬利亞，那些美國和巴基斯坦部隊都在他們的委任行動中被殺。此刻達萊爾還要求冒這麼大風險，採取委任以外的行動，因此我們拒絕了。」[24]安南在電報中建議達萊爾轉而致力保護他的軍隊，避免衝突升級。當時，這名加拿大人正要通知盧安達總統哈比亞里馬納，以及吉佳利的西方國家大使這個告密者的聲明。達萊爾對這項決定提出異議，致電到紐約總部爭執，並寄出五封關於此事的傳真。就算達萊爾已經證實這名告密者的可信度，他的政務上司卻一再告訴他，美國不會支持他對委任任務這麼激進的行動。「你們一定要讓我做這件事，」達萊爾請求：「如果我們不阻止這些武器散布，有一天他們會用這些武器對付我們。」華府漠視達萊爾的警告。在《阿魯夏和平協議》進程中的美國軍事聯絡官東尼・馬利（Tony Marley）中校對達萊爾表達尊敬，但知道這是達萊爾第一次在非洲執行任務。馬利回想道：「我想這名新手的本意是良善的，但我懷疑他是否知道自己在說什麼。」

即便在一九九四年春天，盧安達出現政治暗殺潮，也無法吸引國際社會關注該國。一九九四年二月二十一日，右翼極端分子暗殺了公共工程部部長費利希安・加塔巴齊（Felicien Gatabazi）。隔天，胡圖族強硬派的共和國防衛聯盟（Coalition pour la Défense de la République）主席馬丁・布克亞納（Martin Bucyana）在盧安達南部的布塔黑鎮遇刺。外界認定這幾起事件是以牙還牙的小衝突，而非野心更大的試探性行動。[25]達萊爾希望能調查這些謀殺案，但當令人害怕的聯攻隊小組愈來愈猖狂，開始在鎮上唱歌、吹口哨、穿著鮮豔多彩的制服與攜帶武器，達萊爾幾乎愛莫能助。聯功隊小組成員的腰帶

薩伊共和國（Zairean，剛果民主共和國從一九七一年到一九九七年的舊名）的邊界衛兵要求在種族滅絕後逃離盧安達的胡圖族殺手留下他們的武器。這些彎刀堆放在盧安達邊界一處海關外。

（圖片來源：Gilles Peress ／ Magnum）

上掛著彎刀，就像牛仔將槍枝掛在手槍皮套。他們用非常少的錢，就能在市場買到手榴彈。二月二十三日，達萊爾回報，他快被跟暗殺隊目標名單有關的資訊淹沒。「能展開政治商討的時間似乎不多了。」他寫道，並指出「任何在安全層面的擦槍走火，都能造成災難性後果」。[26]

和平進程推手

美國對盧安達情況惡化的程度相當警戒，在三月末，國務院的非洲事務局（Bureau for African Affairs）派遣副助理國務卿布希內爾，以及中非辦公室（Central Africa Office）的主任亞琳·蘭德（Arlene Render）前往盧安達。布希內爾是外交官之女，她從一九八一年三十五歲開始從事外交工作。在任職於美國駐塞內加爾大使館時，她靠著靈活的頭腦和伶俐口才，獲得上司喬治·穆斯（George Moose）關注。穆斯在一九九三年被提名擔任非洲事務助理國務卿時，選擇布希內爾當他副手。當穆斯與哈比亞里馬納總統會談時，能幹的布希內爾曾警告他，如果盧安達無法履行《阿魯夏和平協議》，可能導致美國要求聯合國維和部隊撤離，而且維和部隊的授權即將在四月四日重審。布希內爾向穆斯概述第二十五號總統決策方針的所有「介入因素」，也描述美國國會的氛圍。在散會前，布希內爾表示：「哈比亞里馬納總統，你的名字會成為盧安達這段歷史篇章的標題，這個篇章是光榮或悲劇，決定權在你。」[27]布希內爾離開盧安達前，收到這位精明的總統的手寫便條。他向布希內耳承諾會遵守《阿魯夏和平協議》，並在下週成立過渡政府。

儘管美國官員對盧安達的情況感到擔憂，但美國自身的外交政策也存在一些弱點。其一是，美國外交政策不斷展現對於跟各國談判的偏見。由於多數的外交聯繫都是透過國家代表進行，美國官員傾向信任政府官員的保證。從盧安達例子來說，在與美國交涉的盧安達官員中，有幾名正是種族滅絕行動的幕後策畫者。常常在美國政府內，最瞭解盧安達的官員帶著外交偏見看待升級的暴力行動，這導致他們既在體制上傾向盧安達政府，又不願採取任何措施打破和平。這代表他們會避免對立。如果回顧美國大使館從盧安達政府簽署《阿魯夏協議》，到總統飛機被擊落期間既往華府的電報，就能看出外交官員習慣將挫折視為「對和平進程的危害」，而非「對盧安達人的危害」。如同在兩伊戰爭和波士尼亞戰爭期間美國的回應，儘管在盧安達的案例中，胡圖族政府和民兵部隊是罪魁禍首，美國卻仍堅持對「雙方陣營」進行批評。

當時，在吉佳利的美國大使大衛．勞森（David Rawson）特別容易受這種偏見影響。勞森在蒲隆地長大，他的父親是美國傳教士，在當地設立一間貴格會醫院。一九七一年，勞森開始從事外交工作。一九九三年，五十二歲的他初次獲得盧安達大使職位，他對於那個區域的文化與危險性都再熟悉不過。他會說當地的語言，這在歷任的中非大使中幾乎是史無前例。然而，勞森很難想像在總統周邊的盧安達人是種族滅絕的共謀者。他曾針對哈比亞里馬納阻礙胡圖人跟圖西人權力共享，發布形式上的外交抗議。但當時的電報顯示，勞森接受總統表明已盡其所能的保證。美國對和平進程的投入助長某種一廂情願的想法，那就是以為和平指日可待。勞森回憶道：

我想在政策層面，我們是天真的樂觀主義者。在乎和平的人幾乎不會把協商失效視為可能的選項之一。我們嘗試尋找光明的徵兆，而非黑暗的惡兆。但事實上，我們只是轉頭不看那些黑暗的徵兆……我從盧安達中學到，並且早該知道的教訓是，一旦你啟動一個進程，那像進程就會自動前進。我曾說：「我們試試看這麼做，然後如果沒有用，那我們可以退出。」但官僚體系不允許你這麼做。一旦華府已經相信某種進程，就會近乎盲目地與該進程糾纏到底。

即便在一九九四年四月，胡圖族政府開始消滅國內圖西族以後，美國外交官仍將多數努力投注在「重新停火」和「讓《阿魯夏協議》重回正軌」。為了實現這個目標，美國和聯合國官員經常威脅撤走聯合國維和部隊，以懲罰盧安達的不當行為與《阿魯夏協議》履行失敗。[28]西方國家官員在波士尼亞也採取同樣手段，但這種手段的問題在於那些信奉種族淨化的極端分子，最希望看到的就是聯合國撤軍。正如一名美國高級官員所說：「遇到問題時，美國第一個反應就是『拔掉維和部隊吧』。但這就像小孩在搗蛋時主張『我們把褓母趕走』，好讓小孩把房子燒掉吧。」

美國外交政策的第二個問題，在於種族滅絕發生之前和期間，相關人員容易因為熟悉而產生盲點。在華府，只有極少數人在哈比亞里馬納搭乘的飛機被擊落前，就已經在關注盧安達。這些人已經追蹤盧安達一段時間，已經預期該地區可能會發生一定程度的種族暴力。由於美國政府在一九三三年十月，放任蒲隆地約五萬名平民喪生，因此這些關注盧安達的官員，知道重大的流血衝突無法驚動華府。當盧安達大屠殺在四月開始時，有些美國區域專家猜測當「又發生一次暴亂」，並可能包含另一輪「尚可被接受但慘痛」的種族屠殺。

勞森受派至盧安達前曾鑽研過種族滅絕。他研究當時相對大量、有關種族滅絕成因的學術文獻。雖然他對民族自相殘殺已有預期，但他沒預料到實際發生規模會如此龐大。「在盧安達文化或歷史上，沒有任何事能讓人預測到這種規模。」勞森表示：「我們大多以為戰爭一旦爆發就會很快落幕，因為窮人沒有資源和手段打繁複的戰爭。我不可能事先知道他們竟然用最經濟實惠的手段殺害彼此。」助理國務卿穆斯同意：「無論是心理上或想像力上，我們都太過侷限了。」

舉例來說，達萊爾很快就意識到威脅撤軍只會激勵民兵。盧安達的民兵知道，如果他們再大力逼迫與擾亂更久，就能擺脫幫助履行協議的聯合國維和人員，達到破壞協議的目的。對他們來說聯合國撤軍是蘿蔔，而非大棒。但當這名加拿大軍官反抗同事的政治手段，卻受到責罵和嘲諷。比爾斯利記得：「他們的態度大概就是：『閉嘴，你只是個軍人，讓專家處理這件事。』」

然而在幾星期內，這些「專家」就消失無蹤，達萊爾只能靠自己。

承認

違反人道的罪行

一九九四年四月六日，盧安達開設檢查哨與展開屠殺後的幾天，達萊爾和巴戈索拉上校等盧安達軍官仍保持聯繫，但是這些策劃屠殺的首謀向達萊爾和外國外交官保證，他們正在努力阻止屠殺與延續和平進程。他們甚至向達萊爾求助，請他擔任中間人協商停火，例如塔拉亞特和米洛塞維奇就聲稱，他們需要時間控制「不受控的群體」。

起初，雖然達萊爾對屠殺感到驚駭不已，但他認為胡圖族槍手和民兵只是在追捕「政敵」。最剛開始幾天，溫和派的胡圖人和主要的圖西族政治人物是受到攻擊的主要目標。盧安達的情況就像赤柬時期的柬埔寨，外界認為這些屠殺是嚴格限制對象的報復行為，而非大規模、野心勃勃的種族滅絕前兆。達萊爾等人因而希望一般人不會受到波及。

在大屠殺過程，達萊爾和其他外國觀察員總共經歷兩個認知階段。在第一階段，他們逐漸理解發生的不只是傳統戰爭，而是大規模的違反人道罪，所有圖西人都是目標。第二階段，他們則理解到現在上演的屠殺是種族滅絕。

第一波認知的浪潮很快就席捲聯合國總部，並回傳到西方各國。在盧安達總統的飛機失事後兩天，也就是四月八日，達萊爾寄了一封電報到紐約，指出這場屠殺其中一個特點是種族。他在電報中詳述政治謀殺的情況，當時遇害的不只有十名比利時維和人員和烏維依吉馬納總理，還有自由黨（Liberal Party）黨主席、勞動部部長和農業部部長等數十人。該文駁斥胡圖族當局聲稱圖西族暴力不受控制的現象。達萊爾描述，這場屠殺其實主要是由「總統衛隊發起的恐怖行動，行動計畫不僅縝密、蓄意，而且還有人帶領」。達萊爾力勸聯合國部隊將保護政府領袖作為「首要任務」。[29]當時，他依然認為屠殺行動主要是內戰附帶的政治事件，他自己的角色則是協商停火的中間人。

然而，隔天達萊爾的想法就改變了。那日達萊爾的行政助理比爾斯利接到一通慌亂的無線電呼叫，對方是兩名波蘭籍的聯合國軍事觀察員，他們在城鎮另一頭一間波蘭傳教士管理的教堂。「快來救我們。」那兩名聯合國官員說：「他們在這裡屠殺民眾。」比爾斯利得到達萊爾批准，搭乘孟加拉的裝甲運兵車穿越前線。他通過約二十道路障後抵達教堂。

當我們抵達時，我看見對街的學校有孩童，我不知道總共多少人，可能有四十名、六十名或八十名兒童被堆在外頭，全被用彎刀大卸八塊。有些孩子的母親聽到他們尖叫，趕緊跑到現場，也被民兵殺死。我們走下車進入教堂，在教堂裡發現一百五十人，大多人都已死去，有些前一晚遭受攻擊的人還在呻吟。波蘭神父告訴我們，屠殺行動的組織極奇完善。盧安達軍隊淨空區域，憲兵隊圍捕所有圖西族人，再由民兵亂刀砍死他們。

比爾斯利留下急救箱和他的配給水給受傷的民眾。他承諾當晚會帶著援助回來。然而等到他設法清除額外的數十道路障，民兵已經解決掉那些倖存者。那些痛心疾首的波蘭神父則被用槍管壓在牆上。比爾斯利記得「他們一次又一次重複說：『這些人是我們的教區居民。』」比爾斯利能做的就是將屠殺詳細過程回報給聯合國紐約總部。

到了第四天，也就是一九九四年四月十日，達萊爾得到結論，認定巴戈索拉和胡圖族民兵正在指揮大規模的違反人道罪行。他們的目標是任何持有圖西族身分證的人。「我一直到親眼看見民兵在路障旁將人拉出車輛，才真正清楚意識到真相。」他說：「那時你再也無法主張這只是帶有政治動機的屠殺。」胡圖族官員依然堅稱暴力只是戰爭的產物，但達萊爾已經開始把盧安達愛國陣線反叛軍和政府軍之間的內戰，視為個別的問題。「我看到這兩個陣營的其中一方，在前線後面消滅平民。」達萊爾解釋：「前線發生的事和後方平民被屠殺，這兩者間沒有太大關連。」

當時達萊爾並沒有想像這是一場全國性的種族滅絕行動，即便他很快發覺那些暴力的野蠻本質，但由於他理解當地打過的「上一場仗」，也就是鄰國蒲隆地爆發的圖西族和胡圖族戰爭，他的想像力因而受到限制。「那時蒲隆地才剛爆發戰爭，短短幾天內就有五萬人喪生。」達萊爾解釋：「當飛機失事時，我們預期當地大約會有五萬人死亡。你能想像我們如此預測歐洲的國家嗎？但我們都受到種族偏見影響，而改變預期的數字。」儘管如此預測，盧安達當地的人肉腐爛氣味已讓人無法忍受，達萊爾知道無論有多少人可能遇害，他都需要外援。

四月十日，達萊爾提出他人生中最重要的請求。他打電話到紐約請求增援，好讓他的部隊人力加倍到五千人。同樣地，他也請求更強力且不可或缺的授權，讓他能派遣維和士兵阻止殺戮。如果沒有收到正面回應，他知道自己將缺少能對抗民兵攻勢的兵力、彈藥、燃料、車輛與通訊設備。他甚至沒有水或糧食，手邊剩下的極少量配給都已腐壞無法食用。除了等待聯合國的指令，達萊爾什麼事也做不了。而美國比起其他國家，都更能主導聯合國的回應。

沒有真正介入

當大衛．勞森聽見哈比亞里馬納總統的飛機被擊落的連續爆炸聲時，他和妻子正坐在家中，觀看電視節目「麥克尼爾／萊勒報導」（*MacNeil/Lehrer News*）。勞森身為美國大使，主要擔憂美國公民的安危，他擔心如果當地爆發任何戰爭，會有人喪命或受傷。在四月七日，美國決定撤離該國職員跟國民。勞森受困家中，認為自己一點存在用處都沒有。回顧當年，他說道：「我們有道德責任待在那裡嗎？結果會因此不同嗎？我不知道。但我們在場時，屠殺依然在光天化日下發生。我不認為我們能發揮太大效用。」

儘管如此，大約有三百名來自附近鄰里的盧安達人，聚集到勞森的住處尋求庇護。在美國人離開後，當地人就只能聽天由命。勞森回想：「我告訴那裡的人我們要離開了，國旗也要撤下，他們必須自己決定該怎麼做……沒有人真的請求我們帶他們一起走。」勞森說。他連那些在他身邊工作的人也幫不了。負責為他張羅晚餐與洗碗的大管家，從他家中打電話給大使，苦苦哀求：「我們的處境非常危險。拜託您來救救我們。」勞森說：「我必須告訴他：『我們不能移動。我們不能去。』」後來管家和他的妻子都被殺害。

當時非洲事務助理國務卿穆斯不在華府，所以擔任代理助卿的布希內爾，成為安排盧安達撤僑的工作小組組長。她和勞森一樣，主要關注美國公民的安危。「我非常強烈感受到我的第一要務是保護美國人。」她回憶：「當然，我也對盧安達人的處境感到遺憾，但我的工作是要救出我們的僑民……另一方面，大家不知道當時發生的是種族滅絕。有人告訴我：『聽著，小普，這些人時不時就會這麼做。』我們以為自己再過不久就會回到盧安達。」

四月八日，布希內爾出席國務院的記者會，嚴肅地談論盧安達逐步升級的暴行，以及當地美國人的情況。她離開講臺後，輪到國務院發言人麥克・麥柯里上臺。麥柯里批評外國政府阻礙史蒂芬・史匹柏導演的電影《辛德勒的名單》上映。「這部電影動人地描繪了……二十世紀最可怕的災難。」麥柯里表示：「它證明就算身處在種族滅絕的決定，個人也能帶來改變。」麥柯里呼籲全球都應該播映這部電影。他宣稱：「避免種族滅絕悲劇再次發生的最有效方法，就是確保眾人永遠記得過去的種族滅絕行動。」[30]沒有人把布希內爾和麥柯里的發言聯想在一起，無論美國記者或官員都沒有把重心放在圖西族人身上。

四月九日和十日，勞森大使與兩百五十名美國人分成五支不同隊伍，從吉佳利等地撤離。「我們離開時，車子被攔下搜查。」勞森說：「當時不可能帶圖西人通過。」美國大使館總計有三十五名當地雇員在種族滅絕中被殺。

國務卿克里斯多福對非洲所知甚少。飛機失事後幾週，在一場與高層顧問開的會議上，克里斯多福從他的書架取下一本地圖集，查找盧安達的所在位置。比利時外交部長威利・克拉斯（Willy Claes）記得他曾和美國國務卿討論盧安達問題，但對方告訴他：「我有其他任務。」在美國完成撤僑的當天早上，克里斯多福登上美國國家廣播公司的新聞節目《會見媒體》（*Meet the Press*）。「按照偉大的傳統，大使搭乘的都是最後一輛車。」克里斯多福自豪地說：「因此撤僑過程非常順利。」他強調雖然美國海軍陸戰隊已經被派遣到蒲隆地，但美國並未計畫將他們送到盧安達重建秩序。美軍之所以駐守在當地，是作為安全網絡一部分，以防美國大使需要他們協助撤僑。「撤離美國人的時刻總是令人難過，」他說：「但這才是審慎的做法。」[31]共和黨參議院的少數黨領袖鮑伯．杜爾同意他的說法。「我不認為美國與盧安達有任何相關的國家利益。」杜爾在四月十日表示：「對我來說，美國人已經離開盧安達，這個問題應該已經結束了。」[32]

達萊爾也接獲命令，要把撤離外國人列為首要任務。在聯合國總部，安南主導的維持和平行動部，曾在一月拒絕達萊爾提議的武器貯藏查抄行動。如今他們寄出一封明確電報，跟達萊爾說：「你應該盡力去做的不是放棄你的公正原則，或採取授權以外的行動。只要是撤離外國國民所需，你就能盡力行使決定權。但除非是為了自衛，否則你不該將行動擴大到參與可能引發的戰鬥。再次強調，你不該這麼做。」[33]保持中立是必要的，避免戰鬥是最高原則，但達萊爾可以為不是盧安達國民的人破例。

美國在沒有美軍護衛隊的協助下從陸路撤僑，歐洲人則派遣部隊到盧安達，讓他們的人員搭機離開。四月九日，達萊爾懷抱妄想，看著大約超過一千名法國、比利時與義大利士兵降落在吉佳利機場，開始撤離他們的僑民。這些突擊隊員的鬍子刮得精光、伙食良好，並配有重度武裝，和達萊爾疲憊、飢餓、散亂的維和部隊形成鮮明對比。

如果這些飛機運送來撤僑的士兵，能與聯合國駐盧安達援助團合作，達萊爾就能擁有一支可觀的部隊。當時他負責指揮四百四十名比利時人、九百四十二名孟加拉人、八百四十三名迦納人、六十名突尼西亞人，以及另外兩百五十五名來自二十個國家的士兵。他還能號召在奈洛比的八百位比利時預備兵。

如果各國強權重新配置這一千人的歐洲撤僑軍力，以及三百名在蒲隆地備用的美國海軍陸戰隊員，將這些兵力貢獻給達萊爾的特派團，最終達萊爾就會有能夠發動救援任務與正面對抗殺手的士兵人數。「大屠殺正在發生，而我們在吉佳利突然有了能控制局勢的部隊，甚至可能成功阻止屠殺。」他回憶道：「但他們接完他們的國民後就轉身離開。」

國際社會只關注外國人的後果立即顯現。在飛機失事後幾天，大約有兩千名盧安達人，包括四百名孩童，群集在高等技術學院（*Ecole Technique Officielle*），受到約九十名比利時士兵保護。其中許多盧安達人已被彎刀砍傷。聚集在教室和校外的操場。盧安達政府和民兵部隊在附近等待，他們一邊喝著啤酒，一邊大喊「力量、力量」（"Pawa, pawa"），這句話代表「胡圖力量」之意。四月十一日，比利時維和士兵接獲重新編制的命令，改到機場協助撤離歐洲平民。有幾個盧安達人知道他們已經被圍困，追著吉普車大吼，「不要拋下我們！」聯合國士兵將他們趕離車輛旁，並往天上鳴槍示警。維和部隊一從大門離去，胡圖族民兵就從另一道門進入，發射機關槍並投擲手榴彈。聚集在那裡的兩千人大多遭到殺害。[34]

各國將大約四千名外國人撤出的三天之內，就有大約兩萬名盧安達人喪生。當美國撤離人員安全離去，美國大使館關閉後，比爾和希拉蕊・柯林頓去拜訪那些駐守在國務院緊急行動室的美國官員，為他們的「傑出表現」道賀。

美國知道什麼？

華府是在什麼時候得知盧安達胡圖族對圖西族的邪惡詭計？一如往昔，內戰、美國外交職員的撤離、混亂的媒體報導以及犯罪政府的謊言，都掩蓋了屠殺的確切本質和重大程度。儘管如此，在美國長久處理這項議題的官員證詞，以及國家安全檔案館揭露的解密檔案，都反映出美國對犯罪者的意圖瞭解甚深。最快判斷出盧安達正發生種族滅絕的官員，並不是透過死亡人數判定，畢竟這個數據如同過往事件中的死亡人口般難以查明。他們反而是觀察犯罪者的意圖，那就是胡圖族的軍隊是否嘗試摧毀盧安達的圖西族？這個問題的答案很快出現：「在飛機失事後隔天早上八點，我們就知道發生什麼事。胡圖人正在系統性屠殺圖西人。」美國使節團副團長喬伊絲．里德說道：「許多人打電話給我，告訴我誰被殺了。我知道胡圖人正挨家挨戶展開殺戮。」回到國務院後，里德向她的同事解釋，盧安達當地有三種殺戮正在進行——戰爭傷亡、政治謀殺與種族滅絕。最初達萊爾寄回紐約的電報，同樣描述反叛軍與政府軍的武裝衝突再起，並直接表明針對圖西族的野蠻「種族清洗」正在發生。美國分析師也警告大屠殺將會與日俱增。在四月十一日，國防部政策次長法蘭克．威斯納（Frank Wisner）與亨利．季辛吉準備共進晚餐前，一份提供他的備忘錄中提醒，與季辛吉的談話重點是「除非說服雙方陣營重啟和平進程，否則將發生大規模屠殺，並造成數十萬人死亡」。[35]

無論美國更早之前的情報出現任何不可避免的瑕疵，從盧安達傳來的消息，都嚴重到足以讓人區分胡圖族殺手與內戰戰鬥人員並不相同。美國官方肯定批准加強情報蒐集，而拍下盧安達平民大量聚集或萬人塚的衛星照片、攔截當地的軍事通訊，並實際派遣人員滲透該國。事實上，一個令人震驚的真相剛被揭露，那就是在屠殺行動展開的前幾天，一支大約有二十四人的美國特種部隊被派往吉佳利，展開一日的偵察任務。根據某名美國官員所述，這批海軍陸戰隊員從吉佳利歸國時，「臉色和幽靈一樣蒼白」。他們描述「在街道上的屍體多到你不必碰觸到地面，就能從一具屍身走上另一具。」特種部隊回報汽車的金屬葉片彈簧被磨利成刀刃，屠殺的規模非常龐大。美國高層聽取這些人員的匯報後，立即將消息傳遞給德國司徒加特的美國歐洲指揮總部（European Command Headquarters）。一九九四年四月二十六日，有一份未標記來源，題名為〈盧安達屠殺的罪責〉（*Responsibility for Massacres in Rwanda*）的情報備忘錄提到，盧安達種族滅絕的首謀——巴戈索拉上校和他的危機委員會——決心清算他們的敵人，並消滅圖西族人口。五月九日，美國國防部情報局的報告直接表明，盧安達的暴力事件並非自然發生，而是由政府主導，且官方已事先備妥受害者名單。情報局注意到，「軍隊正在實行類似種族滅絕的行動，旨在摧毀圖西族社群的領導階層。」

達萊爾敏銳意識到媒體的重要性。雖然他在軍事生涯中，沒有過爭取媒體關注的經歷，但他馬上就發覺「一名可以聯繫西方的記者價值，可媲美一整個地面軍營。」達萊爾既要確保屬下維和士兵的安全，也要保護盧安達人，但只要有空，他就會載著記者到吉佳利四處繞。他回想：「當時記者其實是我唯一的武器。」他允許英國廣播公司的馬克．杜伊爾（Mark Doyle）與維和人員同住，讓對方每天能用達萊爾的衛星電話發送兩篇新聞報導。

並非所有報導都有助於向外界澄清這起暴力事件的本質。儘管所有報導都描述盧安達屠殺的規模很大，許多人也認定那只是典型的暴力。當波士尼亞發生種族滅絕期間，美國官員試圖說服記者，表示那場衝突是「古老民族仇恨」的產物。而在盧安達，深在現場的記者採取相同架構。美國有線電視新聞網的記者蓋瑞．史崔克（Gary Streiker）被問到這起事件的成因時，他從奈洛比透過電話連線，提及「這起事件背後的起因，可能是全非洲最嚴重的部族敵意，雙方的敵對狀態可以追溯到數百年前，遠早於歐洲殖民時期。」[36]全國公共廣播電臺記者麥可．史柯勒（Michael Skoler）也從奈洛比連線，提到圖西人與胡圖人互相殺害。[37]當全國公共廣播電臺的記者丹尼爾．茲沃德林（Daniel Zwerdling）訪問霍華德大學（Howard University）非洲研究所的副教授喬治．恩宗戈拉—恩塔拉賈（Georges Nzongola-Ntalaja），茲沃德林無論如何就是無法接受恩塔拉賈對暴力事件細緻入微的解釋：

茲沃德林：為什麼非洲的情勢如此糟糕？為什麼部族暴力如此根深蒂固？

恩塔拉賈：大多是因為渴望更多權力的政治人物才惡化的。

茲沃德林：……嗯，當然，政治人物能讓已經存在的緊張關係惡化。我的意思是，你應該不是在主張，這些部族仇恨在現代政治人物出現以前並不存在吧？

恩塔拉賈：我想表達的是，不同族群之間確實存在偏見，人民確實也會傾向認為自己和其他族群不同，但這不足以讓一個人拿起刀槍，殺害其他人。只有在政治人物出現時，這種情況才會發生。政治人物會煽動激情，試圖威脅人民，並讓人民相信另一個將要被滅絕的族群正在威脅他們。

茲沃德林：當然，可是在這些戰場上，大多都存在由來已久的種族仇恨。我真正感到驚訝的，是你居然將這種分歧與征服，怪罪給現當代的非洲政治人物，指控他們操縱部族互相對立。[38]

儘管報導存在種種瑕疵，尤其是駐點在盧安達**以外**的地方記者報導，但各大媒體仍提供應當高度警戒的動機，給任何閱讀與觀看新聞的民眾。從一九九四年四月八日起，記者報導了大量針對圖西族的攻擊，與在吉佳利街頭累積成堆的屍體。美國記者轉述傳教士和大使館官員無法拯救他們盧安達朋友和鄰居性命的故事。四月九日，《華盛頓郵報》的頭版新聞引述幾個大型國際救援機構的盧安達員工，「在嚇壞的外派工作人員面前」遭到處決。[39]四月十日，一篇《紐約時報》的頭版新聞引述紅十字會的發言，聲稱共有「數萬人」喪命，光是在吉佳利就有八千人死亡，屍體遍布「住家內、大街上，到處都是」。[40]同一天，《華盛頓郵報》的頭版也有一段文字描述，提及當地的大醫院外有「一堆六英尺高的屍體」。[41]四月十二日，被撤離的美國人描述他們在當地的見聞，許多人都是基督教傳教士。菲爾・范・拉南（Phil Van Lanen）是基督復臨安息日會（Seventh-Day Adventist Church）盧安達傳教團的救援工作者，他在接受《紐約時報》記者威廉・施密特（William Schmidt）採訪時當眾哭泣，表示在他工作的牙醫診所，有八名圖西族女孩遭到謀殺。[42]克里斯・古倫德曼（Chris Grundmann）是在疾病管制中心工作的美國人，有人引述他在撤離後的言論：「那是最根本的恐怖。」古倫德曼描述他和家人如何在家中蹲低身子，用床墊擋住窗戶，透過一臺雙向無線電設備，聆聽盧安達受害者的苦難。「聯合國的無線電頻道充斥本國工作人員的求救尖叫。」他說：「他們苦苦哀求：『拜託來救我！我的房子被轟炸了。』或『他們正在殺我。』我們什麼忙都幫不上。後來我們不得不關掉無線電。」[43]

四月十六日，《紐約時報》報導，將近一千兩百名躲在教堂避難的男女老少都被射殺或砍死。[44]人權觀察會靠著黛絲．弗基斯掌握盧安達當地絕佳的消息來源，在四月十九日，他們估計當地死亡人數為十萬人，並呼籲聯合國安理會用「種族滅絕」一詞。[45]西方媒體立刻就採用十萬這個數據（後來證實數字被嚴重低估），紅十字會也同意這個估計，《華盛頓郵報》還在頭版特別提及。[46]四月二十四日，《華郵》報導「受害者的頭部和四肢被整齊分類堆放，這是跟猶太大屠殺　樣令人毛骨悚然的秩序。」[47]四月二十六日，紅十字會針對這場屠殺發布最具權威的聲明，宣告「至少十萬名，但可能多達三十萬名」盧安達人已經慘遭殺害。四月二十八日，英國救援機構樂施會（Oxfam）警告這些估計數據太低，大約有五十萬人被通報失蹤。[48]

盧安達愛國陣線的圖西族反叛分子公開呼籲西方國家回應。他們在四月十三日控訴盧安達政府施行種族滅絕，並援引猶太大屠殺的先例。四月二十三日，盧安達愛國陣線代表克勞德．杜賽蒂（Claude Dusaidi）寫了一封信給安理會主席，提醒安理會理事和聯合國秘書長，「聯合國制度在二次世界大戰創立時，核心目標之一是確保在納粹德國猶太人的悲劇永不重演。」[49]然而，無論是庫德族領袖賈拉勒．塔拉巴尼或波士尼亞政府，大約都在同一時間發現，這些種族滅絕的受害者不被信任。除此之外，當時最能抓住美國人心的事件不是猶太大屠殺，而是索馬利亞。在盧安達發生種族滅絕期間，杜賽蒂與美國大使歐布萊特四度會面。當時杜賽蒂不知情，但歐布萊特清楚知道她參與這些會議的侷限。某次會議前，她收到一份簡要的備忘錄，提醒她：「在這場會議中，大多時候你旁聽就好。你可以表達對盧安達恐怖情勢的同情，但不該替美國政府做出任何承諾。」[50]

G開頭的詞

吉佳利屍體的腐臭味，已經讓達萊爾知道所有要瞭解大屠殺規模的事。在達萊爾心中，當這些被視為戰爭的暴力事件躍升為違反人道罪，他就已經開始用「種族清洗」（ethnic cleansing）一詞形容這場殺戮。過去達萊爾曾領導加拿大部隊在前南斯拉夫執行任務，因此對「種族清洗」這個詞相當熟悉。[51]他回想當時的思考過程：

> 當時，我對要將這起事件描述為「種族滅絕」感到有點綁手綁腳。對我們西方人來說，「種族滅絕」（genocide）等同於猶太大屠殺或柬埔寨的屠殺戰場。我的意思是，那些事件有數百萬人喪生，而「種族清洗」（ethnic cleansing）似乎只牽涉到數十萬人。「種族滅絕」是我們所能想像最高階的違反人道罪，嚴重程度之高以至於遙不可及。要意識到**我們**可能身處在這樣的情況並不容易。我知道如果太早使用這個詞，有人可能會指控我是放羊的孩子，而我將失去可信度。

屠殺發生後兩週，達萊爾打電話給管理國際紅十字委員會盧安達特派團的菲利普・蓋亞德（Philippe Gaillard），請他提供一本關於國際法的書。達萊爾快速瀏覽《日內瓦公約》和《滅絕種族罪公約》，並查詢相關定義。「我發現採取行動試圖消滅某個特定族群，就算是種族滅絕，」達萊爾說：「這正是我們在現場看到的情況……我只是需要被打一巴掌恢復清醒，才能說出：『天哪，這是種族滅絕，不只是種族清洗。』」

四月的最後一週，達萊爾首次在他的情勢報告中使用這個詞彙。路透社在四月三十日引述他的警告：「除非國際社會有所行動，否則他們在被指控沒有任何阻止種族滅絕的作為時，發現自己無法辯駁。」[52]達萊爾在五月時開始大量使用這個詞彙，然而，就算他採用這個標籤，他也選擇不加入語義之爭。「我沒有陷入種族滅絕的術語辯論，」他說道：「我們有足夠證據證明那是種族滅絕，面對不贊同的人，我們則會說那是大規模的違反人道罪。我們還需要更多，才能知道我們該做些什麼嗎？」

就連美國晚間新聞播放卡蓋拉河被屍體堵塞的畫面，證實盧安達的種族滅絕罪證確鑿，這些殘忍真相也只對美國政策造成負面影響。美國官員就像針對波士尼亞的案例一樣，再度避免使用G開頭的詞。他們擔心這個詞彙會迫使美國按照一九四八年的《滅絕種族罪公約》條款行動。他們也認為如果用特定詞彙稱呼這項罪行，卻沒有採取任何行動去遏止，那將傷害美國的信譽，這個推論相當正確。國防部長辦公室的一名官員準備一份盧安達的研討報告，上頭標示的日期為五月一日，其中證實官方思維的本質。這份報告對下次跨部會小組會議可能提出的議題，說明道：「一、種族滅絕調查：呼籲國際調查侵害人權與可能違反《滅絕種族罪公約》的行為等言論。**要小心提防。昨天國務院的法律顧問就在擔心，判定這起事件為種族滅絕，可能會賦予美國政府實際採取行動的義務。**」[53]

四月末，在一場跨部會電話會議上，理查．克拉克屬下的國家安全會議新星蘇珊．萊斯（Susan

Rice）提出一個問題，讓幾名出席的官員大吃一驚：「如果我們使用『種族滅絕』一詞，又被外界認為毫無作為，這對十一月國會選舉會有什麼影響？」馬利中校記得他在國務院的同事對此都感到不可思議。「我們可以料想到人民會有些納悶，」他說：「但他們不一定會真的表達出來。」萊斯並不記得這件事，但她坦承：「如果我曾說過那樣的話，那實在很不恰當也無關緊要。」

柯林頓政府也開始反對使用「種族滅絕」。四月二十八日，國務院發言人克莉絲汀·雪利（Christine Shelly）長達兩個月閃避使用這個詞，讓人想起國務卿克里斯多福在同一時間，也對波士尼亞議題迴避使用特定詞彙。美國官員擔心，「種族滅絕」這個激烈的詞會讓外界要求介入，但行政部門無意滿足此一要求。當一名記者請雪利評論盧安達事件是否為種族滅絕時，她的發言與她上司如出一轍：

> 你知道在我看來，「種族滅絕」這個詞帶有非常精確的法律意義……在我們開始使用這個術語前，必須盡可能瞭解事情真相，尤其是那些犯罪者的意圖……我不是這個領域的專家，但一般而言，我認為要評估三種因素，才能做出這個判斷。

雪利建議美國調查正在發生的「行動類型」與「暴行種類」。政府必須觀察誰採取行動，誰又是攻擊對象，亦即「這些人是否為特定組織、社會、種族或宗教群體」。美國也必須「極其謹慎」評估犯行者意圖，以及他們在試圖消滅整個族群或其中部分成員。「針對這一點，」雪利說：「我們必須進行非常仔細的研究，才能得出最終的判斷。」

顯然，滅絕種族罪公約的副本一直都在國務院內流傳，因為雪利對公約內容熟悉到令人欽佩。在引用公約條款時，雪利表示：「有些已經發生的行動符合條款條件。」她同意屠大殺確實是針對特定族群，問題在如何判斷意圖，她對這個問題的回應十分難懂，並拒絕替美國政府背書：

至於他們的意圖，我是指確切意圖，以及這起事件是否出於偶發指示，或者蘊含實際想消滅全部或局部族群的意圖，這就是比較複雜的問題……我現在沒辦法評估所有準則，說出是或不是。這需要非常仔細的研究，才能得出最終判斷。

當有人問雪利，判斷暴行是種族滅絕，是否會迫使美國出面阻止時，她再次重提《滅絕種族罪公約》的條款，表示法條並沒有「明確要求直接介入」。而當記者再次追問美國是否將這些事件視為種族滅絕時，雪利開始拖延：

唔，我想再次強調，我剛剛試圖傳達的就是這一點——要實際將正在發生的行動歸類為種族滅絕，牽涉到必須評估幾種行動類型。如同我剛剛所說，某些行動非常明顯符合某些類型。但這些行動是否能概括一切，直接得出結論，我現在就是無法做出這種判斷。[54]

在聯合國安理會，不同國對於是否該使用這個詞彙嚴重分歧。捷克大使卡雷爾・柯方達（Karel

Kovanda）開始控訴，安理會有八成時間都聚焦在是否該撤出達萊爾的維和部隊，或如何撤軍，另外兩成時間試圖促成停火協議以終止內戰。他將這種決策比擬為「要球希特勒和猶太人達成停火協議」。[55]聯合國沒有投注任何精力在種族滅絕上。安理會主席要起草一份將罪行稱為「種族滅絕」的聲明時被美國否決。原始的草稿是這麼寫的：「安全理事會重申，系統性屠殺任何種族，並帶有摧毀該群體全部或局部的意圖，都構成種族滅絕行為……安理會更進一步指出，國際法之所以存在，很重要的部分就是對付種族滅絕的犯罪者。」[56]但美國完全不買帳。有一名政治顧問從聯合國總部寄電報到國務院，其中寫道：

> 盧安達發生的事件，看似符合一九四八年《防止及懲治滅絕種族罪公約》第二條的種族滅絕定義。然而，如果安理會承認這起事件為種族滅絕，美國可能就要按照第八條所述，被迫「遵照聯合國憲章，採取適當的行動，以防止與懲治滅絕種族行為」。[57]

在美國和英國堅持下，安理會聲明移除「種族滅絕」一詞。聲明的最終版本既證實萊姆金成功讓這個術語充滿道德判斷，也證實他無法改變決策者的政治算計，其內文如下：

> 安全理事會譴責盧安達所有違反國際人道法律行為，尤其是傷害平民的犯罪。那些教唆或參與這類行為的人士，將為此承擔個人責任。在這個脈絡下，安理會重申，帶著摧毀某群體全部或局部

的意圖進行屠殺，已經構成國際法能懲治的犯罪。[58]

四月的最後一週，美國政府針對種族滅絕議題展開暴躁的辯論，但一直到五月二十一日，也就是盧安達屠殺開始後六週，國務卿克里斯多福才勉強准許外交官使用「種族滅絕」一詞。聯合國人權委員會正準備召開特別會議，美國代表傑拉丁・費拉蘿（Geraldine Ferraro）需要指示，以判斷是否加入聲明種族滅絕已發生的決議。美國固執的立場在國際上已站不住腳。

這是從猶太大屠殺以來，要被歸類為種族滅絕的案例中最沒有爭議的一個。國務院情報研究局的助理國務卿托比・加蒂，曾負責分析塞爾維亞政府的暴行是否為種族滅絕，這次她再展開分析，並在五月十八日的機密備忘錄中概述：根據傳聞，胡圖族當局準備圖西族受害者的姓名與地址清單；盧安達政府軍、胡圖族民兵和青年小組是主要的犯罪者；據說屠殺行為遍及全國；人道機構聲稱「已經有二十萬到五十萬人」喪生。加蒂提出情報局的看法：「我們認為五十萬的估計數據可能有些誇大，但也無從取得正確數字。盧安達在哈比亞里馬納死後數小時內，就展開系統性屠殺，多數被殺害的人都是圖西族平民，包括婦女和兒童。」[59]盧安達事件符合《滅絕種族罪公約》的條款。「我們永遠無法知道確切數據，」加蒂表示：「但我們的分析師長達數週都在回報大量死亡人數。基本上，我們是想表示：**名稱無損其本質**。」這則情報備忘錄的文字檔案被題為「沒有名字的盧安達屠殺」。[60]

儘管屬下提出如此實際的評估，克里斯多福依然不願談論明顯的事實。五月二十四日，克里斯多福發布指示，當時距離人權觀察會確認這場屠殺為「種族滅絕」已經超過整整一個月，指示內容也無可救藥的含糊：

我授權代表團同意一項決議，該決議聲明「盧安達發生了種族滅絕行為」或「盧安達發生種族滅絕」。代表團也可表述，盧安達部分的殺戮行為是種族滅絕，但並非全部都是。另外像是「盧安達正在發生種族滅絕」的表述也成立。代表團不被授權指出任何特定事件是種族滅絕，也不被授權指稱盧安達所有殺戮行為都是種族滅絕。[61]

值得注意的是，克里斯多福在即將展開的人權委員會上，很有限地批准「種族滅絕完全發生」的表述。在會場外，美國國務院官員只能公開表示種族滅絕「行為」已經發生。

一九九四年六月十日，國務院發言人雪利召開記者會。面對路透社記者艾倫．艾爾斯納（Alan Elsner）的挑戰，她嘗試遵循國務卿的指示：

艾爾斯納：妳會如何描述盧安達發生的事件？

雪利：根據我們從現場觀察到的證據，我們完全有理由相信盧安達已經發生種族滅絕行為。

艾爾斯納：「種族滅絕行為」和「種族滅絕」有什麼不同？

雪利：嗯，我認為，你知道的，這個術語有法律定義……盧安達發生的殺戮，顯然並不是都能歸類成那種屠殺……至於這兩種措辭的差異，我們盡可能嘗試描述至今所見，因此我們再次強調，根據證據我們完全有理由相信，盧安達已經發生種族滅絕行為。

艾爾斯納：要出現多少種族滅絕行為才算是種族滅絕？

雪利：艾倫，我實在沒有立場回答這個問題。[62]

同一天，克里斯多福在伊斯坦堡，承受來國內外要他交代事實的沉重壓力，他的態度趨於緩和：「如果把那起事件稱為種族滅絕，會產生任何神奇效果，那我會毫不遲疑這麼表示。」[63]

回應

連餘興節目也稱不上

美國公民一從盧安達被撤離，柯林頓政府多數的高級官員幾乎都不再關注當地屠殺。當哈比亞里馬納的班機遭擊落時，國務院七樓的戰情室急忙釘上一張盧安達地圖，八排電話也響個不停。如今，當美國公民平安返家後，國務院每日主持跨部會會議，常常是透過電信通訊開會，目標是協調中階官員的外交與人道回應。內閣層級的官員關注的是其他區域危機。正好國家安全顧問安東尼．雷克相當瞭解非洲，他回憶道：「我在那段期間一心關注海地跟波士尼亞，因此就像記者威廉．蕭克羅斯說的，盧安達只是個『餘興節目』，事實上甚至連餘興節目也稱不上，根本沒有盧安達這個節目。」

當時，在國家安全會議處理盧安達政策的人不是雷克，而是理查·克拉克，克拉克負責監督維和政策，對他來說，盧安達的消息只是徒增他對聯合國部署的懷疑。克拉克認為如果聯合國再次失利，很有可能讓國會與聯合國之間的關係惡化。他也試圖保護總統不受國會和公眾批評。唐諾·史坦柏格（Donald Steinberg）負責管理國家安全會議的非洲事務卷宗，他嘗試多加關注垂死的盧安達人，但他不擅長勾心鬥角。如同他同事所說，史坦柏格「從來沒有在任何一場爭論中贏過克拉克」。

在美國，最了解盧安達的人士都希望官方能盡力行動。勞森在盧安達的副手喬伊絲·里德是最後鎖上美國大使館大門的人。她回到華府後，得到一間偏僻的辦公室，並受命利用媒體報導和美國情報，準備國務院每日的盧安達情勢摘要。難以置信的是，儘管里德擁有專業經驗與在盧安達的人脈，鮮少有人向她求教，她甚至被要求不要直接聯繫在吉佳利的消息來源。有一次，某位國家安全會議的幕僚確實打電話詢問她：「除了派遣部隊，我們還能做些什麼？」里德不討喜地回應：「派遣部隊。」

在美國政府內部，非洲專家在所有區域專家中影響力最小，影響政策結果的機會也最渺茫。反之，在官僚體系中最有影響力的官員幾乎從未造訪過盧安達，或認識任何盧安達人。

美國政府的高層缺乏盧安達與其所屬區域專家，不僅減低官員評估「消息」的能力，也增加屠殺變成抽象概念的可能性。一九七一年，雷克在他撰寫的文章〈外交政策〉中曾指出這種現象。美國官員認為非洲的「種族屠殺」雖然令人遺憾，但不是什麼新鮮事。他們分析了「國家利益」甚至「人道後果」，但絲毫未注意到人類承擔的風險。

十分湊巧的是，當危機發生時，柯林頓總統本人和盧安達之間竟有巧妙的個人關連。一九九三年十二月，柯林頓曾在白宮和盧安達的人權運動家莫妮克．穆賈瓦馬里亞喝咖啡。這名女士因為一場策畫來阻止她發表異議的車禍，在臉上留下疤痕，她的勇氣讓總統十分感動。柯林頓特別點名她，說道：「妳的勇氣啟發我們所有人。」[64]四月八日，也就是在盧安達殺戮開始後兩天，《華盛頓郵報》報導穆賈瓦馬里亞掛掉電話、獨自面對宿命的新聞，艾莉森．黛絲．弗基斯寄給人權觀察會一封信，寫道：「我認為莫妮克在今天早上六點三十分被殺死了。我幾乎不抱持她還活著的希望，但會持續嘗試取得更多資訊。與此同時……請通知所有關心這件事的人。」[65]穆賈瓦馬里亞失蹤的消息引起總統注意，柯林頓多次詢問她的下落。「我無法跟妳說我們花了多少時間試圖找到莫妮克，」某一名美國官員回憶道：「有時我感覺她彷彿是唯一遇到劫難的盧安達人。」但宛如奇蹟般，穆賈瓦馬里亞逃過一劫。當時她掛掉和黛絲．弗基斯的電話後，躲到她家的屋頂椽子內，最終成功靠著談判和賄賂保住一命。她被撤離到比利時，並在四月十八日和黛絲．弗基斯在美國會合，兩人開始代表那些留在國內的人民遊說柯林頓政府。穆賈瓦馬里亞獲救後，《華盛頓郵報》和《紐約時報》曾詳盡報導她的事蹟，但總統顯然失去對盧安達事件的興趣。

令人震驚的是，在盧安達種族滅絕發生整整三個月內，柯林頓從未召集他的高層政策顧問團，來討論當地的屠殺。安東尼．雷克也從未召集各部會首長，亦即外交政策團隊的內閣層級成員。他們從不認為盧安達的議題，值得召開專門的高層會議。當他們提起盧安達時，總是與索馬利亞、海地和波士尼亞一起討論，而且盧安達比這些地區更不受關注。儘管這場危機牽涉到美國人員，也激起一些公眾興趣，但盧安達事件沒有造成任何急迫感，柯林頓可以安全避開這個議題，無須付出任何政治代價。

聯合國撤軍

當屠殺開始時，羅密歐．達萊爾也請求增援。他在幾小時內寄電報到紐約的聯合國總部：「給我人手，我就能做更多事。」他派遣維和士兵到城市各處展開救援任務，並認為需要增加部隊規模，以改善聯合國的影響力。但美國反對增派援兵，無論是由哪國派兵都反對。他們擔憂一旦開始派兵，會從外國部隊小規模參戰，演變成美軍大規模又耗費甚鉅的交戰。這項擔憂主要由國防部表述。這是美國從索馬利亞得到的教訓，當時美國部隊因為回頭拯救受困的巴基斯坦人而身陷困境，他們因而衍生恐懼，並出現合乎邏輯的行動，那就是完全避開盧安達，並確保其他人也這麼做。唯有拔除達萊爾整支維和部隊，美國才能確保自己不需在將來介入。一名美國高級官員描述：

> 當時，十名比利時士兵喪生的消息就像索馬利亞的悲劇重演。我們感覺到各方都期望美國介入，但我們心想，如果讓維和人員留在盧安達正面對抗暴力，很可能會害我們走上老路。結局早在預料之中，美國不會介入，而且不能再次犧牲聯合國維持和平的概念。

「結局早在預料之中。」美國對盧安達種族滅絕的回應最值得注意的一點，並不是美國沒有採取軍事行動，而是在整個種族滅絕期間，美國甚至沒討論過軍事介入的可能性。美國連外交介入也抗拒。

四月十四日，被殺害的比利時士兵遺體被送回布魯塞爾。在種族滅絕期間的一次關鍵對話，大約發生在那個時間點。當時比利時的外交部長維利．克拉斯打電話到國務院，要求「掩護」。「我們要退出了，但不希望有人看到我們獨自撤軍。」克拉斯說，請求美國人協助聯合國全面撤軍。達萊爾沒有預料到比利時會撤兵，這等同於移除他特派團的骨幹，並在盧安達人最需要的時刻讓他們陷入困境。「我原先預期，這些前殖民國的白人國家就算有傷亡，也會堅持下去。」他記得：「我以為他們的自尊心會讓他們留下來，試圖解決這裡的問題。比利時的決策讓我在毫無防備時受到一記痛擊。我真的非常震驚。」

比利時不想屈辱地獨自撤離。克里斯多福同意比利時對聯合國全面撤出的要求。接下來一個月左右，美國的政策可以如此簡單描述：美國不進行軍事介入，除了強烈要求達萊爾部隊全數撤退，也不支持聯合國執行刺激犯罪者的新任務。比利時得到他們需要的掩護。

四月十五日，國務卿克里斯多福寄給聯合國大使歐布萊特一份文件，這份文件可說是種族滅絕發生的三個月中，最強而有力的指令。克里斯多福指示歐布萊特要求聯合國全面撤軍。這項指令深受國家安全會議的理查．克拉克影響，並繞過史坦柏格，毫不含糊說明下一步該怎麼做。克里斯多福寫道，美國已經「充分」考慮過「聯合國駐盧安達援助團人員留在盧安達的人道理由」，但「沒有足夠的正當理由」讓聯合國部隊留下：

> 國際社會必須將全面撤出所有聯合國駐盧安達援助團人員，視為最優先事項……我們反對任何在此時想讓聯合國駐盧安達援助團留在盧安達的嘗試……我們堅決反對讓聯合國駐盧安達援助團繼

續駐守當地。因為我們相信安全理事會有義務確保維和部隊，讓他們能完成委任任務，並讓聯合國維和人員不會受命留在眼前艱難的處境中。[66]

「當我們知道比利時要離開時，我們只剩一些特派團的殘餘成員，無法做任何事幫助人民。」克拉克記得：「他們沒有採取任何行動阻止屠殺。」

然而，克拉克低估達萊爾寥寥可數的維和人員具有的嚇阻效果。雖然許多士兵蹲下身子瑟瑟發抖，但也有人尋遍吉佳利拯救圖西族人，後來又在城內建立防禦陣地，對成功通過路障、幸運抵達那裡的圖西人敞開大門。一名塞內加爾上尉姆巴耶·迪亞涅（Mbaye Diagne）獨力拯救大約一百人性命。最終，大約有兩萬五千名盧安達人，聚集在聯合國駐盧安達援助團人員控制的幾處陣地。胡圖人大多不願意在外國人在場時屠殺成群的圖西人，無論外國人是否有武裝。當時不需要很多聯合國士兵，就能勸阻胡圖族繼續攻擊。在危機發生期間，有十名維和士兵和四名聯合國軍事觀察員駐守千丘飯店（Hotel des Mille Collines），幫忙保護在那裡避難的數百位平民。聯合國的掩護庇護了大約一萬名聚集在亞馬赫羅體育場（Amahoro Stadium）的盧安達人。達萊爾的行政助理比爾斯利記得：「如果在鄰近的區域有任何堅定的抵抗勢力，政府的人往往就會退開。」國務院的盧安達事務處科長凱文·艾斯東，持續追蹤受聯合國保護的盧安達平民狀況。當副助卿布希內爾告訴他，美國決定要求聯合國駐盧安達援助團撤離時，他嚇得臉色發白。他說：「我們不能這麼做。」布希內爾回答：「這事已經拍板定案了。」

四月十九日，比利時上校路克·馬夏勒（Luc Marchal）在向達萊爾最後一次敬禮後，與他剩餘的士兵一同離去。比利時撤軍導致聯合國駐盧安達援助團的部隊兵力縮減成兩千一百人。更嚴酷的是，達萊爾失去他最精良的部隊。達萊爾殘餘的部隊之間，指揮與管制的力量變得相當薄弱。達萊爾很快就失去所有與鄉村地區的溝通管道，他只剩下一支衛星電話能與外界連結。

聯合國安理會做出的決定，不僅決定圖西族人的命運，也向胡圖族民兵表示他們能為所欲為。美國要求聯合國全面撤兵後，遭到歐布萊特與部分非洲國家反對，於是美國改為遊說聯合國大幅降低兵力。四月二十一日，儘管媒體紛紛報導盧安達約有十萬人喪生，安理會仍投票通過，將聯合國駐盧安達援助團部隊削減為兩百七十人。[67]歐布萊特附和，公開宣告吉佳利將剩下一波「小規模且最基本」的行動，以「展現國際社會的意志」。[68]

聯合國表決後，克拉克寄了一份備忘錄給雷克，描述「美國／聯合國最終加入有關盧安達人民在聯合國保護下，將會安全無虞的言論，以避免在其他方面意見一致的聯合國安理會，在維和人員減少成兩百七十人時，拋下受聯合國保護、身處險境的盧安達人一走了之。」換言之，這份備忘錄暗示，美國正在主導安理會，努力確保聯合國保護下的盧安達人不會被棄之不顧。但事實完全相反。

到了四月二十五日，多數達萊爾的部隊都已被撤離。雖然達萊爾應該只能保留兩百七十名維和人員，但最後有五百〇三人留下。當時達萊爾試圖對付血腥的瘋狂暴動。「我的軍隊正站在高及膝蓋的殘缺屍體堆中，四周都是垂死人們的粗啞呻吟聲，我們看進即將因為流血過多死亡的兒童雙眼，他們的傷口在太陽下灼燒，被肉蛆和蒼蠅侵襲。」他事後寫道：「我走過村莊時，發現唯一有生命跡象是一頭羊、一隻雞跟一隻鳥，全村人都死光了，成群貪婪的野狗吃掉了他們的屍體。」[69]

達萊爾必須在緊縮的人力中工作。他試圖守住掌控的陣地，保護兩萬五千名盧安達人受聯合國監護，並期望安理會的理事國能夠變主意，在還來得及的狀況下提供一些支援。

碰巧的是在種族滅絕期間，盧安達剛好輪到擔任安理會的非常任理事國之一。美國或其他任何聯合國成員都不曾建議，應該將種族滅絕政府的代表逐出安理會，也沒有任何安理會理事國提議，要提供逃脫屠殺的盧安達難民安全的避難所。有一次，達萊爾的部隊成功用飛機疏散一群盧安達人到肯亞。奈洛比當局在飛機降落後將之扣押在棚廠，重複猶太大屠殺期間，美國讓聖路易斯號客輪回頭的決定，強迫那架飛機返回盧安達。最終那些乘客下落不明。

在這段期間，柯林頓政府大多默不作聲。官方最接近公開譴責盧安達政府的一次，發生在人權觀察會一場個人遊說後，安東尼·雷克發布一份聲明，點名盧安達的軍事領袖，要他們「竭盡權力所及一切手段，立刻終止暴力」。人權團體和美國官員指出，這份聲明是唯一一次美國官方嘗試公開譴責盧安達政府。在盧安達發生種族滅絕六年後，當雷克知道此事，他十分震驚。「你在開玩笑吧。」他說：「這實在是太可悲了。」

在國務院，外交事務都是透過電話私下處理。普魯登絲·布希內爾習慣將她的鬧鐘設在凌晨兩點，以便打電話給盧安達政府官員。她曾和盧安達軍事參謀長奧古斯汀·畢濟穆谷（Augustin Bizimungu）交談過幾次。「那幾通電話太詭異了。」她說：「畢濟穆谷說著一口完美迷人的法語。他會說：『噢，接到妳的電話真令人開心。』我告訴他：『我打來是要告訴你，柯林頓總統即將為屠殺的事件追究你的責任。』他回答：『噢，你們的總統還掛念著我，真是太貼心了。』」而當布希內爾打電話給圖西族反叛軍指揮官保羅．卡加米（Paul Kagame）時，卡加米則說：「女士，他們正在殺我的族人。」

國防部的審查

每日盧安達的跨部會工作小組會議，會由來自國務院不同事務局、國防部、國家安全會議與情報單位的代表親自參加，或透過電話參與。任何工作小組的提議都必須經過國防部「審查」。「硬性介入」意味著美國發動軍事行動，這在盧安達的案例中顯然不可能發生；但國防部官員也常阻礙「軟性介入」。

前文曾提及，五月一日盧安達的國防部研討報告，列出工作小組的六項短期政策目標，並對多數目標提出批評。在報告字裡行間，國防部對於工作小組提出一些無傷大雅的建議，傳達滑坡式的恐懼。例如當小組建議美國應該「支持聯合國與其他人嘗試促成停火」，國防部官員在一旁回應：「這裡必須將**嘗**試改成**在政治方面嘗試**。如果沒有強調**政治方面**，那美國可能會面對必須明文同意貢獻部隊的風險。」[70]

國防部支持的一項政策舉措，是要美國施行武器禁運。但同一份研討報告卻坦承這項措施的效用不大：「我們不預期這樣能大幅影響屠殺，因為當地最常見的武器是彎刀、刀子和其他手持工具。」[71]

在種族滅絕期間，達萊爾從未與布希內爾，或美國執行《阿魯夏協議》進程的軍事聯絡官東尼．馬利交談，但這三個人都各自得出相同結論。他們意識到不會有部隊被派去支援，於是轉而關注缺乏全面部署也能採行，而且有可能減輕苦難的措施。當達萊爾懇求紐約總部，布希內爾和她的團隊也向華府提出建議，希望採取某些行動讓千山之地電臺失效。

美國是全世界擁有最完整設備的國家，他們能阻止種族滅絕的策畫者直接對全體居民廣播謀殺指令。那時，馬利提出三個可能做法：美國可以摧毀天線、發送「反面廣播」，呼籲犯罪者停止種族滅絕，也可以干擾仇恨電臺的廣播。這些措施，都能透過空軍國民兵的獨行突擊手（Commando Solo）電子作戰機等航空平臺執行。安東尼．雷克在四月終向國防部長威廉．佩瑞提到此事，但國防部官員認為這三項提議都沒有效用。五月五日，國防部政策次長弗蘭克．威斯納準備一份備忘錄，給國家安全副顧問山迪．柏格（Sandy Berger）。威斯納的備忘錄證實，美國政府甚至不願意做出財政方面的犧牲，來減少殺戮：

> 國防部考慮過中斷廣播的選項，但經過跨部會討論後，我們的結論是干擾廣播是無效又昂貴的機制，無法達成國家安全會議顧問期望的目標。
>
> 國際法律公約讓航空或陸地基地的干擾行動變得複雜，無論執行哪個選項，山脈地形都會減低效果。獨行突擊手是空軍國民兵的資產，也是唯一適合的國防部干擾平臺。這種電子作戰機每飛行一小時，消耗費用約為八千五百美元，且因為容易遭受攻擊，自我保護能力有限，也會需要一個半戒備的行動區。
>
> 我認為如果從空中幫助盧安達，空投糧食與救濟物資會是比較明智的做法。72

美國軍機等待電臺播送時，必須滯留在盧安達空域。「我們必須先搞清楚，出動獨行突擊手是否有意義。」威斯納回想：「接著我們必須將那架作戰機從所在位置調撥過來，確認有空檔能使用。接著我們需要所有鄰近國家的飛航許可，然後需要政治批准。等到一切都搞定時，都已經過好幾週了。而這也無法解決根本問題，盧安達的問題需要軍事行動才能對付。」國防部的計畫者明白，需要軍事方案才能阻止種族滅絕。但無論是他們或白宮都完全不想參與軍事方案。即便不採取其他形式介入手段，他們至少可能拯救一些性命，但他們又返過主張需要軍事方案，為自己的無所作為找藉口。

干擾電臺當然不是萬靈丹，但如果行政部門的高級官員能堅持到底，那能避免多數威斯納提出的拖延狀況。美國為自己袖手旁觀的辯解理由層出不窮。五月初，國務院法律顧問局（Legal Adviser's Office）發布反對干擾電臺的結論，並援引一些國際廣播協定和美國對言論自由的承諾。某次會議上，當布希內爾再度提議干擾電臺時，一名國防部官員責備她天真的想法：「小布，電臺不會殺人。**人**才會殺人！」

國防部不僅蔑視工作小組在會議上提出的政策想法，從備忘錄能看出他們對提出這些想法的人也不屑一顧。有一名國防部助理的備忘錄注意到，國務院非洲事務局曾接到一通來自吉佳利飯店老闆的電話，表示他的飯店與在飯店中的平民即將受到攻擊。備忘錄挖苦描述，非洲事務局提出的「解決方法」，竟然是「讓布希內爾打電話給盧安達軍方，告訴他們如果發生任何事，美國會追究他們個人責任。」[73]事實上，這名飯店老闆在經歷種族滅絕後倖存，事後他承認華府那幾通電話，是說服殺手不屠殺飯店居民的關鍵。

無論在四月和五月，國防部扮演多重要且蓄意妨礙的角色，國防部官員正一步步走上孤立狀態。如同一名美國官員所說：「你看，沒有任何高階官員關心這個混亂局面，在沒有任何高層政治領導的狀態下，如果有一群人非常強烈認為不該做什麼，他們最終極有可能形塑美國的政策。」韋斯利．克拉克中將尋求白宮的領導。「國防部永遠是最不想介入的一方。」他表示：「我們得靠著文官告訴我們要做什麼，然後我們會去搞清楚該怎麼做。」

然而，由於當時沒有權威人士或高階官員大力主張實質行動，國防部的中階官員佔據主導地位，並在國務院與國家安全會議的中階官員提出猶豫的提議時，以否決或拖延的方式為應。如果要戰勝五角大廈的反對意見，總統、國務卿克里斯多福、國防部長佩瑞或國家安全顧問雷克必須挺身，「主導」這個問題，但沒有人這麼做。

美國當局的決策對盧安達人相當不利，盧安達人正試圖躲在任何能藏身的地方，祈禱自己能獲救。美國大眾沒有表達對盧安達議題的興趣。這場危機被視為需要協議停火的內戰，或需要聯合國撤軍的「維和問題」，沒有人將之視為需要立即行動的種族滅絕事件。高層決策者相信他們的下屬正在竭盡所能，與此同時，這些下屬在工作時對美國會採取何種行動的認知卻極度狹隘。

社會集體沉默

柯林頓政府沒有積極考慮過讓美軍介入，同時，他們還阻擋聯合國部署維和人員，並拒絕採取軟性的介入。美國政府之所以無所作為，可以歸因於國家安全會議、國務院和國防部，甚至是美國聯合國代表團的決策。然而，就像過去發生種族滅絕一般，這些美國官員正在進行有力的政治算計，推測美國輿論的風向。這些官員既相信美國人民會反對美軍介入中非，又擔心如果大眾發現種族滅絕發生，可能會支持介入。一如以往，他們仰賴菁英雜誌的專欄、民眾的抗議與國會議論，來評估公眾的熱度。事實證明，美國沒有任何一個團體，讓柯林頓政府擔憂沒採取任何拯救行動，會付出政治代價。所有跡象都要政府迴避。直到種族滅絕**結束之後**，才可能辨識支持行動的美國「選民」。

在波士尼亞戰爭高峰，美國報紙的社論版都在怒吼，但盧安達發生種族滅絕的三個月中，社會大眾則沉默無知，往往認命接受介入無效的說法。四月十七日，《華盛頓郵報》社論提問：「如果可以，我們能做什麼來阻止屠殺？」社論編輯總結：「不幸的是，目前這個問題的最終答案似乎是：我們能做得不多。」

如果美國發起行動，卻得不到任何可見的利益，那他們更不可能擔任領導角色。理論上，地球村所有房子都能利用國際消防車服務，但這種消防服務只能回應小型火災。在這個政治與經濟資源有限的世界，有許許多多場火災，但是並非所有火災都會受到同等照料。盧安達是不受關愛的那一類火災。[74]

四月二十三日，《紐約時報》的社論承認種族滅絕正在發生，但表示安理會已經「放棄那片血染之地」：

盧安達發生與種族滅絕極其相似的屠殺，軍隊將人民拖下汽車與公車，命令他們出示身分證，如果有人屬於錯誤族群，就會被當場處決……各國要為撤離軍隊辯解，或許在道德上站不住腳，但在法律上很容易，因為聯合國部隊的訓練參差不齊，他們的根本目標是保衛和平，而非在內戰中選邊站。索馬利亞的經驗已經充分警告我們，不應毫無限制投入「人道」任務……吉佳利的恐怖事件顯示出我們有必要考慮，如果要處理這種災禍，是否需要一支受到聯合國保護、機動靈敏的部隊。如果沒有這種部隊，世界幾乎別無選擇，只能袖手旁觀，並盡量往好處想。[75]

五月四日在電視節目《夜線》的開場，主播泰德．科佩爾（Ted Koppel）問道：「對於盧安達問題，世界是否疲倦到無法伸出援手？」這段節目播放柯林頓總統的評論。當天有人詢問柯林隊對盧安達問題的看法，柯林頓提起索馬利亞的經驗：「我們學到最重要的一課，就是不要介入這類事件，也不要說：『因為這是人道危機，我們可能一個月就能解決了。』美國介入索馬利亞時就是這麼想的……因為這些危機，幾乎都是由政治問題或軍事衝突造成。」[76]

儘管美國報紙對盧安達暴行有生動描述，報導也十分穩定，但數量卻不多。一九九四年五月初，大約有兩千五百名記者聚集在南非，報導該國舉辦的歷史性選舉。這場選舉正式廢除種族隔離政策，並讓納爾遜・曼德拉（Nelson Mandela）上臺執政。同年四月到六月間，當盧安達的屠殺報導達到高峰時，當地的記者從未超過十五人。[77]編輯們都會判斷要在何時、何地部署人馬，以及為什麼部署，這和總司令部署軍隊的原則大同小異。既然美國或歐洲各國幾乎不可能對盧安達進行軍事介入，那麼就不會有任何主流西方媒體將報導這場危機視為首要任務。當然，如同柬埔寨的情況，由於報導盧安達的新聞不多，公眾與菁英就不會積極施壓軍事介入。

美國國會也同樣沉默。有的國會成員很高興可以不用再為錯誤的聯合國任務買單。一月時，參議員杜爾曾在國會提出《和平權力法案》（*Peace Powers Act*），大肆宣揚他反對美國介入。大多數國會成員也沒聽見選民的聲音。四月三十日，眾議員派翠西亞・施羅德（Patricia Schroeder，科羅拉多州的民主黨代表）提到她的選區相對沉默。「有些團體非常擔心大猩猩。」她說，並指出科羅拉多州有一個研究盧安達大猩猩族群瀕危問題的組織，「可是，雖然這聽起來很糟糕，民眾就是不知道能為當地人做什麼。」[78]

大約在哈比亞里馬納總統的飛機失事時，改變非洲論壇（Trans Africa）的創辦人藍道爾・羅賓森（Randall Robinson）開始絕食，抗議柯林頓政府將受到海地政變影響逃離母國的人民，自動遣返回國。那場政變推翻總統讓—貝特朗・亞里斯第德（Jean-Bertrand Aristide）。一九九四年四月十二日，盧安達屠殺開始後一週，《華盛頓郵報》引述羅賓森談論美國的海地難民政策，提及：「我想不出任何其他公共政策曾讓我如此心神不寧。我想不出美國任何外交政策，能像對海地的政策一樣傷害感情、差別待遇且充滿種族歧視。這實在太惡劣，讓人完全不能容忍。」[79]在那一週，光是在吉佳利就有大約一萬名盧安達人被殺死。四月二十一日，六位美國國會成員因為抗議政府遣返海地難民，而在白宮前被捕。[80]五月四日，羅賓森因為脫水短暫住院，柯林頓在五月九日正式修改他的遣返政策。

非洲小組委員會和國會非裔議員連線（Congressional Black Caucus）的一些成員，最後確實溫和呼籲美國發揮影響力來終止暴力。但同理，他們不敢要求美國以地面戰爭方式介入，他們也沒有試圖激起輿論異議。國會非裔議員連線沒有策畫絕食或遊行，沒有成員在白宮前被捕。最終，連線成員零星上了幾次電視、寄出三封信和聯繫一些私人人脈，就不再試圖影響美國政策。人權觀察會的荷莉．布卡爾特（Holly Burkhalter）坦承，國會非裔議員連線確實有些怠惰，但指出：「我們不能忘記，人數遠遠更多的白人議員連線（White Caucus）也不是很有效率。」

國會辦公室的申訴電話靜默無聲。眾議員艾爾西．哈斯廷斯（Alcee Hastings，佛羅里達州的民主黨代表）事後回憶：「在我的選區，我是第一個承認海地是優先處理事項的議員。你得知道，我來自南佛羅里達州，我們因為難民流入造成的許多衝擊吃了不少苦頭。非洲是如此遙遠，我的選民沒有從非洲身上看見任何重大利益。」加州的民主黨眾議員瑪克辛．沃特斯（Maxine Waters）後來表示，她很難搞清楚發生什麼事。「我不知道胡圖族和圖西族誰是對的，我無法告訴任何人他們應該怎麼做。」她回想：「許多人都和我一樣，他們什麼鬼都不曉得。」[81]在美國生活的盧安達流亡人口並不多，非裔美國人也很少認同特定的祖籍地，或像亞美尼亞人、猶太人跟阿爾巴尼亞人一樣，代表該族群的人遊說。五月十三日，擔任參議院非洲外交關係小組委員會（Foreign Relations Subcommittee on Africa）主席的參議員保羅・賽門，以及擔任該小組委員會共和黨幹部的佛蒙特州參議員詹姆斯・傑佛斯（James Jeffords），都打電話給在吉佳利的達萊爾，詢問他需要什麼幫助。達萊爾孤注一擲，告訴他們如果有五千人的軍隊，他就能終結屠殺。兩名參議員立刻起草一封短信，親手將信送到白宮，要求美國說服安理會授權部署軍隊。「這麼做顯然有風險，」那封信寫道：「但當這場悲劇持續開展，我們不能再袖手旁觀。」參議員沒有得到任何回應。十天後他們打電話關心後續，卻無法聯絡上國家安全顧問雷克，但有另一名官員跟他們說：「我們沒有支持的民意基礎，讓我們在非洲採取任何行動。」「這麼說可能沒錯，」賽門事後指出：「但如果沒有民意基礎支持，總統可以上電視解釋我們應當回應的理由，去創造民意基礎。就算到那時支持的民意仍不強烈，領導階層在這種情況下也會要求行動。」[82]賽門相信輿論的壓力可能改變美國的反應，他表示：「如果眾議院和參議院每個成員都收到家鄉人民寄來的一百封信，表示我們必須在危機初期發展階段，就為盧安達做些什麼，我想我們的回應會有所不同。」[83]賽門對於自己沒親自打電話給柯林頓感到懊悔，他認為當時至少該召開一場記者會：「我曾考慮召集媒體，但當時我直接假定沒人會到場。」一直到六月九日，柯林頓才回信給兩位參議員，他在信中捍衛美國政策，羅列所有美國已採取的重要舉措，從支付醫療補給品的費用到推動停火協商。「我已經公開發言反對屠殺。」總統寫道：「我們已經呼籲針對這些暴行展開全面調查。」[84]

雖然人權觀察會供應美國政府可以堪稱為典範的情報，並和有力人士一對一會面遊說，但他們缺乏草根基礎，無法動員關鍵的國內輿論施壓。四月二十一日，人權觀察會的黛絲・弗基斯、穆賈瓦馬里亞和布卡爾特拜訪白宮，詢問雷克如何改變美國政策，雷克聳了聳肩。「如果妳們想採取這項行動，就必須改變輿論。」雷克說：「妳們必須製造更多噪音。」[85]但當時唯一傳來的噪音，是盧安達圖西人被彎刀切開的聲音。

《第二十五號總統決策方針》

一九九四年四月終，達萊爾部隊的多數人手被撤離後，少數安理會的非常任會員國對屠殺的規模大感震驚，於是開始極力遊說強權國家，希望能派遣一支增強的新部隊（聯合國駐盧安達二號援助團）到盧安達。

一九九三年秋天，達萊爾的部隊剛抵達盧安達時，依據的是傳統的維和授權。他們的行動被稱為「第六章部署」，目標是達成停火，促成雙方陣營遵循和平協議。如今安理會必須決定是否已準備好從維持和平，推進到強制和平（peace enforcement），也就是在《聯合國憲章》第七章提及在不友善環境中的任務。這將需要資源更豐沛的維和人員、更具侵略性的交戰規則，也需要更明確認可駐守當地的聯合國士兵，主要目的是保護平民。

當時針對盧安達問題，總共有兩項提案。達萊爾提出的計畫是要求大約五千名武裝精良的士兵，加入他剩餘的維和部隊。他希望安理會能快速召集這些兵力保全吉佳利，接著讓部隊呈扇形散開，為全國各地的盧安達人建立許多安全避難處。目前已經有大量人民聚集在教堂、學校和坡地。美國是少數能提供快速空運與後勤支援的國家之一，這些都是運送援兵到當地需要的資源。五月十日，副總統高爾在一場與聯合國秘書長布特羅斯．布特羅斯－加利的會議上，承諾美國將協助運輸。

然而，國家安全會議的理查．克拉克和安東尼．雷克，以及參謀長聯席會議的幾名代表，挑戰了達萊爾的構想。克拉克問道，：「你打算如何控制吉佳利機場，好讓那些援兵降落？」他主張以「由外而內」的策略，替代達萊爾「由內而外」的方法。美國提議在盧安達邊界地帶，為難民設立保護區。如此一來，任何參與空運維和人員工作的美國飛行員就能安全遠離盧安達。克拉克堅稱：「我們的提案是最可行與行得通的，短時間內就能完成。」反之，達萊爾的提案「無法在短時間內完成，也無法吸引維和人員加入。」如同一九九一年，同盟國為伊拉克北部庫德族人籌畫的撫慰行動，美國的計畫似乎假設需要援助的人民，是逃到邊界的難民。但多數身處險境的圖西族人都無法成功抵達邊境，最脆弱的盧安達人都在盧安達國內、聚集等待獲救。達萊爾的計畫讓聯合國士兵順利幫助在當地躲藏的圖西族人，美國的計畫則需要平民移動到安全區，還要成功通過途中致命的路障。「這兩個計畫的目標截然不同。」達萊爾說：「我的任務是拯救盧安達人，他們的任務是做一場沒有風險的秀。」

五月三日，美國公佈克拉克協助訂定的新維和原則，美國官員都很積極採用準則。《第二十五號總統決策方針》不僅限制美國參與聯合國任務，更阻止美國支持希望執行聯合國任務的其他國家。這類行動在獲得美國批准前，決策者必須達到總統決策方針的要求，說明美國利益面臨的風險、明確的任務目標、可接受的費用、國會、大眾與同盟國的支持、明確的指揮與管制安排，以及撤離策略。

在五月的前兩週，美國在聯合國安理會與維持和平行動部討價還價。美國官員指出達萊爾計畫的缺失，卻不提供能幫助他改善缺失的資源。五月十三日，副國務卿斯特普・塔柏特（Strobe Talbott）發送美國應該如何回應達萊爾計畫的指引給歐布萊特。塔柏特指出空運部隊進入首都的後勤危險，他寫道：「美國此刻還沒準備好運送重裝設備和部隊進入吉佳利。」並表示「更容易做到」的行動，是在邊界設立保護區，確保人道救援物資能順利運送，以及「敦促恢復停火，回歸《阿魯夏協議》進程」。塔柏特坦承在替代方案中，連這項最低限度的要求也包含「許多尚未解答的問題」：

需要的部隊從哪裡來，如何運送他們，這些安全區應該設在哪個確切位置……是否授權聯合國部隊移動到安全區外，協助不在區域內但受影響的人？盧安達對立的陣營是否同意這個安排？行動必須達到何種條件，才算是成功落幕？

儘管如此，塔柏特總結：「我們將敦促聯合國研討與改善這個方案，並要求秘書長提供安理會包含至少兩個選項的正式報告跟預估費用，接著才讓安理會投票更動聯合國駐盧安達援助團的授權。」[86] 美國決策者提出的問題非常合理。達萊爾的計畫肯定需要部隊介入，在嘗試抵達目標的盧安達人所在位置承擔風險，或與胡圖族民兵與政府軍正面交戰。然而，美國提問中一切如常的語調，似乎和當前發生的這場史無前例、不符合慣例的危機不相稱。

五月十七日，當多數圖西族受害者早已喪命，美國終於同意達萊爾計畫的其中一個版本。然而，幾乎沒有非洲國家站出來提供部隊。就算立即有部隊可用，強權的怠惰也阻礙這些部隊行動。儘管高爾副總統承諾若非洲國家提供士兵，美國就會提供裝甲車支援，但國防部持續拖延。五月十九日，聯合國正式要求美國提供五十五部裝甲運兵車。五月三十一日，美國官員同意將裝甲運兵車從德國運到烏干達的恩特貝（Entebbe）。[87]但五角大廈與聯合國計畫員發生爭執，誰應該支付這些車輛費用？應該使用履帶車或輪胎車？聯合國會買下這些車，還是只是租用？誰來支付船運費用？國防部的規章讓爭端更加惡化，他們規定在簽訂合約前，美國陸軍不得準備運送車輛。國防部針對備用零件和設備運入和運出盧安達，求償一千五百萬美元。六月中，白宮終於介入。六月十九日，距離聯合國提出要求過了一個月，美國才開始運送裝甲運兵車，但裝甲車上缺少聯合國部隊遭受砲擊時，所需的無線電設備和重型機關槍。一直到七月，這些裝甲運兵車才抵達盧安達。

「人道介入」

儘管法國因為與實施種族滅絕的胡圖族政權關係良好，可能是最不適合介入的國家，但六月時他們宣布派遣兩千五百名士兵，在盧安達西南方設立「安全區」。[88]法國展開的「綠松石行動」（Operation Turquoise），是在聯合國駐盧安達二號援助團抵達前進行的「過渡行動」。[89]法國非常快速部署軍隊，讓部隊在六月二十三日進入盧安達。這反映出當一個國家下定決心介入，可以多快採取行動。雖然法軍確實拯救一些性命，但在法國的保護區內仍有屠殺事件發生。當胡圖族將千山之地電臺的發射臺移到該區時，法國部隊既沒有扣押宣傳仇恨的設備，也沒有逮捕協調種族滅絕的人們。但密特朗總統很快開始居功，聲稱法國這場行動拯救「數萬人性命」。他表示，由於盧安達屠殺是在法國離開後才發生，同時法國不能僭越聯合國的工作，在種族滅絕期間介入，因此無須對這些事件負責。[90]

最後，保羅・卡加率領的盧安達愛國陣線反叛軍終止了種族滅絕。他們迫使胡圖族犯罪者逃亡到鄰近的薩伊共和國與坦尚尼亞。七月十九日，盧安達愛國陣線的民族團結政府宣誓就職，當時安理會通過增兵決議已經過了快兩個月，達萊爾還在指揮從四月末以來，就隸屬於他部隊的五百〇三名士兵。聯合國沒有部署任何一名額外士兵。

等到盧安達愛國陣線幾乎佔領權國（除了法國區以外），柯林頓總統才終於命令關閉華府的盧安達大使館，並凍結其資產。柯林頓表示，美國無法容許「支持種族滅絕的政權代表，繼續留在我們的國土」。[91]一九九四年八月二十五日，安理會裁定盧安達無法輪替擔任理事會主席。[92]

柯林頓確實曾派遣美軍到非洲大湖地區。在鄰近的薩伊共和國，受到飢餓、脫水與霍亂蹂躪的盧安達人，大多是逃離盧安達愛國陣線進攻的胡圖族人。當他們開始以每天兩千人的速度死去。柯林頓要求國會撥出三億兩千萬的緊急救濟資金，並宣布部署四千名美軍，協助薩伊共和國的難民營。一九九四年七月二十三日，《紐約時報》的一篇社論便題名為〈終於，盧安達的苦難引起注意〉（*At Last, Rwanda's Pain Registers*）。[93]柯林頓總統命令一支兩百人的軍隊佔領吉佳利機場，讓救濟物資能直接空運到盧安達。當美軍抵達前，達萊爾接到一通電話。有一名美國官員想知道確切來說，有多少盧安達人喪生。達萊爾大惑不解，問對方為什麼想知道。「我們這裡在統計，」那名美國官員說：「一位美國人傷亡，相當於約八萬五千名盧安達人死亡。」[94]

柯林頓政府的官員堅稱，這些美居部隊會協助供應人道救濟物資，而非執行維和任務，索馬利亞**不會是**他們參考的模式。確實，維持和平已經成為一種髒話。「讓我說清楚。」一九九四年七月二十九日，柯林頓總統表示：「任何被派到盧安達的美國軍隊，目的是為了進行人道救援，而非執行維和任務。人道救援是立即且唯一的目標。」他向美國人保證「不會有偏離使命的問題。」[95]

在柯林頓要求的三億兩千萬美元中，美國參議院只授權了一億七千萬美元，並立法明訂，除非國會明確批准更長的駐軍期，否則所有軍隊都要在十月一日前撤出。雖然在種族滅絕發生之前與期間，美國反對聯合國派遣兵力到盧安達的因素之一就是費用，但最後美國光是在人道救濟上，就花費兩億三千七百萬美元，而美國提供維和任務的資金可能只有三千萬美元左右。[96]

一九九四年七月，剛果民主共和國東部的城市哥馬的胡圖族難民遭受致命的霍亂襲擊後，一臺法國陸軍堆土機將死者聚集，以進行大規模埋葬。（圖片來源：Gilles Peress ／ Magnum）

八月末，美國大使大衛．勞森在吉佳利舉行記者會。在八十萬人喪生後，勞森竟然還決心執行《阿魯夏協議》進程：

> 這些人既然都說同樣語言，文化和歷史也大致相同，那現實就是如果他們想在盧安達生活，總有一天必須坐下來談，找出能實現這件事的方案。我們相信阿魯夏方案，經過在阿魯夏激烈協商後一年，這項協議提供可行的權力共享方案。我們相信即便已經發生這一切恐怖情事，若能更堅持遵守阿魯夏方案，那就有機會成功。[97]

達萊爾在臨別前的一封電報中，總結他在聯合國駐盧安達援助團的經驗：

> 我們在這裡過著屈辱的生活。國際社會和聯合國成員一方面對盧安達的事件大感震驚，另一方面，這些權力當局除了少數例外，全都沒任何實質作為改善情況……聯合國部隊在當地一點自尊與效力都沒有……我承認這項任務對聯合國總部來說是後勤的惡夢，但相較於我們周遭上演的人間煉獄，那簡直**微不足道**，加上我們還有義務擋在雙方陣營前面，卻如此缺少支援與可信度……即便這起事件不如猶太大屠殺，但聯合國駐盧安達援助團也身處在可怕的人類悲劇中。包含聯合國安理會成員國在內，所有人都說了許多漂亮話，但實際行動卻徹底無效。[98]

我們的謊言

我們不難想像美國可能採取的不同行動。在四月的屠殺開始前，當盧安達的暴力逐步升級，美國可以同意比利時提出的聯合國增援要求。當盧安達一天開始有數千人被殺害，美國總統能派遣美軍到當地。他們能加入達萊爾受困的聯合國部隊，如果擔心外界將美軍與劣質的聯合國維和行動聯想在一起，那能像六月時的法國一樣，在安理會支持下單方面介入。美國也可以不經聯合國允許就直接行動，如同五年後美國對科索沃採取的作法。雖然要讓國會支持美國介入相當艱難，但到了屠殺發生第二週，柯林頓身為二十世紀最雄辯的總統之一，可以表明現在發生的事件類似於種族滅絕，美國價值已受到威脅，並主張美國部隊能以較低風險阻止一個民族被消滅的命運。

就算白宮無法抵擋國會的反對聲音，美國政府也有多種選擇。行政部門的高階官員不需要將問題留給中階官員，讓下屬在幕後與盧安達領導階層溝通，他們能自己掌控過程。官員可以時常公開譴責屠殺，能在更早階段就將這些犯罪歸類為「種族滅絕」。他們可以呼籲將盧安達代表團逐出安理會，或透過聯合國電話與美國之音（Voice of America）電台，威脅起訴種族滅絕的幫兇，並在可能的情況下直接點名。他們也能調度國防部的資產，對偶爾出現但重要且致命的電臺廣播進行干擾。

美國官員不用要求聯合國撤軍、對費用吹毛求疵，或遲遲才提出更關注難民而非阻止屠殺的計畫；他們可以嘗試讓聯合國駐盧安達部隊處理這個問題。他們可以力勸比利時留下來保護盧安達平民，如果比利時堅持撤軍，那美國可以盡其所能確保達萊爾得到兵力。美國官員可以付出政治資本，召集其他國家的部隊，也可以提供空運與後勤資源給美國曾協助建立的聯盟。簡言之，美國大可領導世界採取行動。

顯然多數制定美國政策的官員，都將不阻止種族滅絕的決定歸類為倫理與道德問題。行政部門利用一些手段澆熄別人的行動熱忱，並讓輿論（以及更重要的讓他們自身）認為美國選擇特定政策，不僅出於精明的政治手腕，也出於可被接受的道德考量。行政官員首先誇大回應措施的極端程度，不斷將選項限縮成兩種：遠離盧安達與「所有國家都參與其中」，並時常表現出只有毫無作為或派遣數十萬海軍陸戰隊員這兩種選項。

第二，執政者經常以「為了更大利益著想」的原因，合理化自身的決策。他們除了將美國政策形塑成是為了提倡國家利益或避免國民傷亡，還經常以努力保護人命的立場反對介入。當時，由於聯合國維和任務的挫敗，美國政府內部許多反對人道干預的人，都十分擔心美國與聯合國未來的關係，以及具體的維和行動。他們認為秉持人道主義理念的聯合國，無法再承擔一次索馬利亞的經歷。許多人都內化一種概念，那就是相較於不介入殺戮，聯合國如果增派援兵又失利，損失反而會更大。美國從盧安達撤離公民後的首要事項，是照顧聯合國維和人員，他們辯稱只要撤離當地的維和人員，就能確保未來進行其他人道干預。換言之，美國必須毀掉達萊爾在盧安達的維和任務，才能保存維和力量在其他地方運用。

美國官方回應事件的第三個特點，是會透過一系列與盧安達相關行動尋求自我安慰。當時，特別關注盧安達的美國官員會透過小型勝利獲取慰藉，例如幫忙莫妮克．穆賈瓦馬里亞等特定人士爭取權益，或協助聚集在飯店跟體育場的盧安達人。「我們就像在貧民窟的孩子，全神貫注保護自己的娃娃。」一名高階官員說：「當周遭世界開始崩塌時，她痛苦得難以承受，但卻能從自己的娃娃身上獲得慰藉。這是她唯一能掌控的事物。」參與決策的官員持續投入會議，用官僚話語來說，他們始終都在「處理這個問題」，既不顯得冷漠，也不認為自己冷漠。即便在華府或紐約，中階官員的會議幾乎沒產出任何有效的介入方式，但他們卻留有大量的備忘錄與文件。

最後一點則是美國認為盧安達事件沒有到達種族滅絕程度。這種近乎固執的妄想，為美國的無所作為創造出特定的倫理架構。**戰爭確實很悲慘**，但戰爭不具有道德強制性。

在盧安達危機發生期間，有一名美國官員寫下日誌。五月末時，這名官員因為在官僚體系內處處可見蓄意阻撓的舉動而感到惱火，匆匆記下悲痛的心情：

> 美軍不願意做任何事，也不願放開他們的玩具，讓其他人採取行動。白宮被高級軍官恐嚇（這樣我們還想展現武裝軍隊聽從文官指揮？），國家安全會議依照規章執行維和任務——更確切來說，他們依據會計帳簿行事。政府提出的輔助方案仍然偏袒白人／歐洲人勝過黑人。在討論到人權問題時，我們毫不猶豫在這片黑暗大陸上劃出底線（反正不要叫我們做任何事，我們的專長是苦惱）；但當我們遇到中國或其他有商業利益可圖的地區，我們從來不這麼做。
>
> 我們的外交政策奠基於沒有道德原則的經濟利益，國家的治理者是一群代表某些價值的業餘人士，這讓我們常常苦惱，但最終仍不願執行任何會付出代價的領導行動。
>
> 有人說盧安達可能有多達一百萬人被屠殺，民兵持續殘殺無辜與受過教育的人民……美國真的沒

有付出任何代價嗎？

餘波

罪惡感

盧安達種族滅絕讓羅密歐・達萊爾付出大量代價。在拯救盧安達人的行動中，達萊爾作為貢獻最多的人，卻也感受到最深的痛苦。這種情況相當矛盾卻也自然。在一九九四年八月，達萊爾開始想要尋死。「在我指揮任務的尾聲，我會開車四處繞，幾乎不帶護衛人員替我留意埋伏。」達萊爾回憶道：「我試著毀滅自己，期望不再受到罪惡感折磨。」

達萊爾剛回到加拿大時，最初表現得像他剛結束一次例行任務。但隨著時間過去，他開始展現憂鬱徵兆。一九九四年末，聯合國安理會為盧安達設立戰爭罪法庭，仿效剛設立不久，為了懲治前南斯拉夫罪行的刑事法庭。一九九八年二月，在種族滅絕結束後四年，聯合國法庭傳喚達萊爾作證，讓他一頭栽進過往回憶。[99]聯合國檢察官皮耶爾・普羅斯伯（Pierre Prosper）回憶當時的景象，說道：「達萊爾表現得非常驕傲與威嚴，就像一名堂堂軍人。他向法庭庭長敬禮，只回答：『是的，長官。』、『不是的，長官。』他非常堅忍不拔。接著，隨著審問進行，你可以看到真相逐漸被揭開。在我們面前，他彷彿重新經歷一次整個事件。」達萊爾一開口，就顯露出這場種族滅絕如何影響他人生一切。一次他描述自己的作戰能力時，說道：「當時在現場我有一群屍體。」接著，他停下來修正說法：「很抱歉，我是說當時在現場有一群部隊。」當他竭力尋找能夠描述自身震驚與失望情緒的詞時，聲音變得粗啞：「讓人難以置信……人們居然可以……每天在媒體上……看著數千人被……屠殺……卻依然消極被動。」[100]

達萊爾似乎在法庭上尋求解答，卻仍無法理解國際強權怎麼會派遣軍隊到種族滅絕正在發生的區域，撤出自己的文職人員和士兵，然後留下盧安達人民與聯合國維和人員在原地。達萊爾直視前方，生硬地表示，那些軍隊在離去時「完全知道聯合國部隊正在面對什麼危險，無論以人類何種準則來看，他們的行為都不可饒恕。」[101]

此時，法庭的辯護律師打斷他說道：「少將，你似乎對此感到遺憾。」達萊爾抬頭一看，彷彿催眠狀態被打破一般，接著定睛望向發問者答道：「你絕對無法想像。」

達萊爾在他作證後的一場記者會上說道：「要重提那些細節非常難受。事實上昨天有一刻，我感覺自己聞到屠殺的氣味，我不知道那個味道是如何出現，但它就是毫無預期，猛然湧上我的腦袋和感官……或許時間久了，我的痛苦會減輕一點。」[102]他希望能在作證後再次造訪盧安達。「除非我再看看許多地方，再看看那裡的墓地，看看那些山丘、山脈和村莊，」他說：「否則我想我永遠無法解脫。」[103]他希望能帶著妻子同行。

在達萊爾作證後一個月，柯林頓總統出訪盧安達，他已經愈來愈熟練公開表示痛悔。柯林頓優雅地發表類似道歉的言論：「美國和國際社會並沒有盡力去做我們應該做的事，試圖阻止所憾事。」柯林頓說：「這對在場的你們來說，或許有些不可思議。但世界各地都有像我一樣的人，日復一日坐在辦公室，沒有全然意識到自己被無法想像的恐怖所吞噬的程度與速度。」[104]然而，柯林頓的自責對八十萬死去的盧安達人以及總是為了自己苟活感到愧疚的達萊爾來說，都已經太遲了。

某些達萊爾的同事推測，達萊爾之所以對於在盧安達的經歷如此傷感，是因為比利時媒體和已故的比利時士兵家人對他的誹謗。達萊爾表示他接受自己當時的決定。「比利時人一直批評我指示他們的部隊，去保護烏維依吉馬納總理，這讓他們『注定要死亡』。」他指出：「我願意承擔這些壓力。我無法承受的是縮著身子、不嘗試給烏維依吉馬納機會向全國呼籲停止暴力。你無法放棄這件事，眼睜睜看著悲劇發生。」

達萊爾更大的課題是他對盧安達人的罪惡感。盧安達人將自己的命運託付給聯合國，卻慘遭殺害：「我的任務失敗了。」他說：「這些死亡發生在我執行任務期間，我實在沒辦法說這不是我的責任。我無法在記憶中抹去我看到的數以千計的雙眼，那些眼睛不知所措望著我。我據理力爭，但無法說服高層，所以我失敗了。」

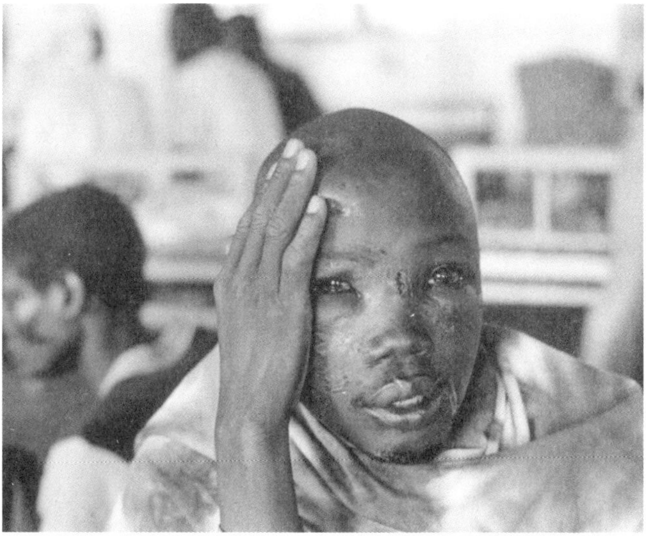

一名經歷彎刀攻擊倖存的圖西族人，在盧安達卡卜蓋（Kabgai）一間醫院養傷。

（圖片來源：Gilles Peress ／ Magnum）

為了幫助加拿大處理軍事經驗帶來的壓力，達萊爾同意錄製一部三十分鐘的影片，片名為〈見證邪惡〉（*Witness the Evil*）。在片中，達萊爾表示盧安達的經驗在過了兩年之後才向他襲來，最終讓他再也無法「封存這些記憶」：

> 我開始出現自殺傾向，因為……沒有其他解決方法。我無法與這種苦痛、聲音和氣味共存。有時我寧願自己失去一條腿，也不想要整個腦袋混亂不安。如果失去一條腿，那種傷害顯而易見，你會得到治療與各式各樣協助。但如果失去的是理智，那就非常非常難解釋，很難得到需要的支持。[105]

當達萊爾逐漸遠離盧安達，他卻在夜晚更接近自己內心的痛苦。他會隨身攜帶一把彎刀，向軍校學生講授什麼是創傷後壓力症候群；他長期失眠，發現只要在超市裡就會開始反胃，因為那讓他想起盧安達的市集，以及散落其中的屍體。一九九八年十月，加拿大國防參謀長莫里斯．巴里爾將軍（Maurice Baril）要求達萊爾為壓力相關的症狀請一個月的病假。達萊爾心碎了。他形容自己掛掉電話後「哭了好幾天」。他嘗試維持勇敢的公開形象，在寄給下屬的道別郵件中寫道：「上級評估我必須充電休息，尤其我的作戰經驗影響了我的健康狀況……不要退縮，不要屈服，不要放棄。」[106]

達萊爾在休假後返回工作崗位，但在一九九九年十二月，巴里爾再次致電給他。他和達萊爾幾名醫師談過，決定下最後通牒強迫他改變。他要求達萊爾放棄「盧安達事務」，不再出庭作證與公開責怪國際社會做得太少，或者他得離開摯愛的軍隊。對達萊爾來說，只有一個答案是可行的：「我跟他們說，我絕對不會放棄盧安達。」他表示：「我是部隊的指揮官，我會完成我的工作出庭作證，不計一切也要讓這些人受到審判。」二〇〇〇年四月，達萊爾被迫離開加拿大軍職，並拿到醫療退伍證明書。

達萊爾總說：「在我脫下制服的那天，也是我回應自己靈魂的日子。」然而自從他變成平民後，他發現自己無法立即喚回靈魂。「我的靈魂還在盧安達。」他說道：「他從未歸來，我也不確定未來他是否能回來。」達萊爾感覺那些死者的雙眼與靈魂仍在凝望他。

二〇〇〇年六月，加拿大通訊社一則短篇新聞報導，達萊爾被發現倒在魁北克赫爾（Hull）的公園長椅上，獨自一人喝醉並失去意識。當時，他吃完每日需服用的創傷後壓力症後群的藥，又喝下一整瓶蘇格蘭威士忌。他再次嘗試自殺。在復原以後，達萊爾寄了一封信給加拿大廣播公司，感謝他們體貼地報導這則消息。他的信件在廣播中被朗誦出來：

> 謝謝你們最親切的關心與祝福。
>
> 有時候即便是最好的藥物和治療，都無法幫助一位受到新世代維和任務傷害的軍人。那種憤怒、憤恨、傷痛和冰冷的孤獨，讓你與你的家人、朋友和社會常態漸行漸遠。那種痛苦強烈到自我毀滅的選項，顯得既真實又誘人。這是上星期一夜裡發生的事。那樣的痛苦浮現、加劇、入侵，最終壓垮了你。
>
> 儘管目前我的治療狀態展現出相當正面的結果，但我的大腦機制還沒成熟到能長久壓制這場內心

戰爭。我的醫師團隊和我仍在努力，建立起我極度渴望達成的平靜與生產力。我的治療師同意，那晚我打的仗是一個切實的案例，反映有一個活生生的人，如何從一名抱持著「任務優先，人員次之，最後才是自己」的軍事領袖精神走出來。上星期一晚上，我應對戰場的方式還有很大改進空間，這將會成為接下來治療任務的重點。

達萊爾依然真心相信加拿大、相信維和任務，也相信人權。這封信繼續寫道：

不用躊躇懷疑，這個國家有能力，甚至能肩負世界上較弱勢族群的期望，去領導已開發國家，讓他們能超脫自身利益、戰略優勢和孤立主義，將視野提升到卓越的人本主義與自由……當人道主義被摧毀，無辜的人被踐踏在地……我們的國民明白人類犧牲的代價與資源成本，並支持所有的士兵、海員和飛行員同胞……這些人會和我們的政治人物攜手……在團結一致的國家聯盟與《聯合國憲章》的守護下，為加拿大打造最獨特的模範。

我期望這件事是可行的。

謝謝你們讓我有發聲的機會。致上最溫暖的問候，

達萊爾

第十一章 斯雷布雷尼察：遭受痛宰

一九九五年七月十一日，圖西族反叛勢力終止種族滅絕一年後，波士尼亞戰爭已開打三年，波士尼亞的塞爾維亞部隊做了幾乎沒人認為他們敢做的事。他們攻破聯合國虛弱的防線，佔領斯雷布雷尼察的安全區，當時共有四萬名穆斯林男女老少住在那裡。

一九九三年春天，斯雷布雷尼察飛地被宣告為「安全區」。當時，柯林頓政府放棄解除對穆斯林的武器禁令，並對塞爾維亞軍展開轟炸。斯雷布雷尼察是聯合國安理會派遣輕度武裝的維和人員保衛的六個人口稠密穆斯林區之一。

聯合國希望能部署夠多維和士兵，去制止塞爾維亞人的攻勢。但柯林頓總統表明美國不會派遣部隊，而在波士尼亞部署士兵的歐洲國家，則不願為了失利的聯合國再貢獻更多維和人員。那些實際駐守當地的藍頭盔士兵日子十分難熬。身處在偏遠地區的塞爾維亞部隊發現，西方國家經歷過索馬利亞和盧安達後，對人員傷亡相當神經質，於是經常將狙擊步槍對準聯合國士兵。塞爾維亞人還多次阻斷聯合國的燃料和糧食供應。到了七月，當斯雷布雷尼察遭受攻擊時，當地六百名荷蘭維和士兵的任務常常是騎著騾完成，並得依靠應急口糧維生。由於人數太過稀少，維和士兵知道如果塞爾維亞人認真發動攻勢，他們會需要北約戰機從空中支援。一九九四年，西方國家訂定程序，讓波士尼亞的聯合國維和人員在遭受砲擊時，能請求「密接空中支援」。如果穆斯林居住的安全區受到嚴重攻擊，他們也能請求對事先選定的目標發動空襲。根據為了限縮維和人員而制定的繁瑣指揮與管制，北約的多名外交部長都同意在派出北約戰機協助波士尼亞的聯合國部隊前，必須轉動「兩把鑰匙」。聯合國任務的文職官員明石康（Yasushi Akashi）得先轉動第一把鑰匙，接著北約的指揮官則轉動第二把。由於聯合國的文職官員都公然質疑北約的轟炸行動，多數空襲要求在初期就被延宕。這些職員認為如果這麼做，將打破和平進程的平衡，讓塞爾維亞人能圍捕聯合國人質，如同他們在一九九四年十一月和一九九五年五月的做法。

一九九五年七月，當塞爾維亞人挑釁國際社會時，他們的攻擊行動幾乎沒遭受聯合國的地面抵抗，也沒遭遇北約戰機挑戰。七月十一日下午四點半，臉色紅潤、身材肥壯的塞爾維亞軍隊指揮官拉德科·穆拉迪奇緩步走進斯雷布雷尼察，並由拉迪斯拉夫·克爾斯蒂奇（Radislav Krstic）將軍陪同。克爾斯蒂奇是執行這次攻擊的德里納兵團幕僚長。在前一年，克爾斯蒂奇因為踩到穆斯林部隊埋藏的地雷而失去一條腿，因此這場勝仗的滋味特別甜美。克爾斯蒂奇站穆拉迪奇身側，在塞爾維亞的電視上宣布：「從達希耶禁衛軍（Dahijas）的叛變後，報復這個區域（的穆斯林）的時刻終於來臨了。」[1]

接下來一週內，穆拉迪奇將斯雷布雷尼察的穆斯林男人男孩與女性分開。他派軍追捕企圖逃進山裡的穆斯林，總共屠殺約七千人。這是五十年來歐洲發生最大規模的一次屠殺。儘管回應的時程較短，但美國仍遵循令人熟悉的模式。在塞爾維亞攻擊之前與期間，美國決策者如同波士尼亞人民一般，再次展現一廂情願的態度。當安全區淪陷後，美國官員狹隘地定義事件可能發生的範圍，他們太過相信外交和理性，並採取更適合「上一場仗」的措施。然而，斯雷布雷尼察事件和二十世紀前幾次種族滅絕事件有個重大的差異，那就是這場屠殺強化了柯林頓政府內部，已經發展成熟的介入遊說與同理，這導致美國的迴避政策在政治上站不住腳。因此，當波士尼亞戰爭中最重大一次種族滅絕發生後，美國遲來的領導讓北約發動連續三週對塞爾維亞人的轟炸，為結束戰爭做出巨大貢獻。

預警

淪為活靶

很長一段時間，外交官、維和人員和波士尼亞的穆斯林都很擔心塞爾維亞人很可能佔領波士尼亞東部這塊脆弱的安全區。這些飛地的存在如此岌岌可危，讓美國的情報分析師甚至打賭安全區能撐多久時間。一九九四年九月，理查德．霍爾布魯克受派成為歐洲與加拿大事務助理國務卿後，終於能參與研擬美國的波士尼亞政策。他向荷蘭女王表示，斯雷布雷尼察的荷蘭部隊等同身處在「歐洲的奠邊府（Dien Bien Phu）」，*面對著「即將發生的大災難」。

一九九五年六月，聯合國部隊指揮官波納德．詹維爾（Bernard Janvier）在安理會揭露一項提議，要將維和士兵從三個東部飛地撤離。他主張那些維和人員武裝不足，人數又太少，無法保護穆斯林平

* 奠邊府為越南城市，過去曾是戰略重地，也是法屬印度支殖民政府在那段期間最大的軍事據點。

民。美國大使歐布萊特一直以來都堅持捍衛波士尼亞剩餘的領地，因此大發雷霆。她認為詹維爾「拋下安全區」的計畫「大錯特錯」。歐布萊特在國家安全會議敗陣過無數次，她無法說服總統下令轟炸塞爾維亞人。如今，儘管她駁斥詹維爾的計畫不人道，卻也知道自己無法對穆斯林平民或輕度武裝維和人員如何面對塞族攻擊，提出有力的建議。所有人都一清二楚，現實就是只有塞爾維亞人選擇放過安全區，當地的穆斯林才能逃過一劫。

事實上，許多西方國家決策者都期待斯雷布雷尼察和另外兩個波士尼亞東部的穆斯林安全區消失。一九九五年夏季，塞爾維亞人與穆斯林領導的政府都筋疲力竭，西方國家認為雙方比過去更可能達成和解。然而，由於包含斯雷布雷尼察在內的三個東部飛地，並沒有與其他穆斯林掌控領地接壤，那片區域一再成為協商的癥結點。國際社會無法理所當然要求在這場戰爭中主要受害的穆斯林離開飛地，尤其多數居住在那裡的穆斯林先前都是被從鄰近村莊的家園驅離。穆斯林政府如果拱手讓出任何一座穆斯林掌握的極少數城鎮，絕對會受到自身國民嚴厲斥責。塞爾維亞民族主義者則不打算接受維持穆斯林飛地的和平條約，這項條約既讓塞爾維亞軍隊綁手綁腳，也允許惱人的穆斯林留在領地。塞爾維亞共和國背後的整體觀念就是要打造一個純種的塞爾維亞國家。

不管西方國家暗中期望飛地會消失或曾公開表達擔憂，一九九五年七月六日，當塞爾維亞人開始攻擊斯雷布雷尼察時，除了當地被圍攻的荷蘭維和士兵和穆斯林，沒有人特別認真看待此事。穆拉迪奇的部隊以坦克車隊，朝聯合國的白色瞭望臺發射砲彈，迫使荷蘭人匆忙離開監視崗位應戰。塞爾維亞人扣押了幾名荷蘭人質，並偷走他們的武器、護身鎧甲、車輛、藍色頭盔與貝雷帽。

斯雷布雷尼察的聯合國維和人員掌握的消息，可能是所有相關陣營中最不靈通的。他們如同達萊爾在盧安達的部隊般，沒有能力自行蒐集情報。負責提供影像情報的聯合國軍事觀察員幾乎不會說塞爾維亞—克羅埃西亞語，他們只會開著發亮的白色四輪驅動車，在鄉村地區招搖繞行。任何人如果想掩蓋事端，只要在看到那臺笨重的車靠近時隱藏就好。因此聯合國指揮官仰賴更強大的聯合國會員國的情報，但這些國家鮮少提供。即便美國的間諜衛星或北約飛機，取得塞爾維亞軍隊要進攻斯雷布雷尼察的影像或消息，也不會分享給聯合國的維和人員。在盧安達，達萊爾的部隊若想記錄民兵行為只能親自正面交鋒，在這裡也是。想瞭解塞爾維亞部隊所在位置，荷蘭維和人員必須不斷巡邏，直到他們遇上塞爾維亞的砲火。[2]這是巴爾幹半島版本的扭曲捉迷藏。

七月八日，在塞拉耶佛的晨間記者會上，聯合國喋喋不休的發言人蓋瑞・柯華德（Gary Coward）以機械式的語調，急促背誦塞爾維亞人佔領的斯雷布雷尼察周邊荷蘭聯合國監視哨。我在記者會後和他攀談，詢問他對塞爾維亞人目標的預估，他聳了聳肩，從附近桌上抓了張紙片，畫出一個用來代表安全區的大橢圓形。「我們認為塞爾維亞人想這麼做。」他說，然後草草塗掉圓形底部的三分之一。柯華德和其他聯合國分析師預測，波士尼亞的塞爾維亞人藉由控制安全區的南部區域，以確保拿下能俯瞰重要補給道路的坡地。柯華德接著又畫了第二個圓。「但我們擔心塞爾維亞人會想這麼做。」他說，接著潦草塗掉整個圓形，一點都不剩。「我們無法預知會發生什麼事。」隔天，我請波士尼亞總理哈里斯・席拉季奇（Haris Silajdzic）評估塞爾維亞人的意圖，總理指向身後牆上一幅大地圖。「妳看到那些綠點了嗎？」他邊說邊指出三個小點，那代表聯合國在波士尼亞東部建立的安全區，該區與其餘穆斯林領地分隔兩處，顯得孤立無援。我點點頭。他說：「塞爾維亞人要讓那些小點消失。」

過去，穆斯林領導的政府經常釋出假警報，導致外界很難判斷何時該聽取警訊。席拉季奇似乎收到斯雷布雷尼察危機的一般警告，但不知道飛地居民將面臨何種遭遇。隨著冬天來臨，塞爾維亞人顯然會試圖建立更有利的「戰略狀況」。儘管那時他們仍掌控該國七成領土，但穆斯林軍隊已開始一點點奪走塞爾維亞人他們贏得的土地，而被西方國家拋棄的波士尼亞政府，也開始收到世界各地伊斯蘭團體和政府的武器與建議，有望變得更加強大。塞爾維亞人需要騰出包圍斯雷布雷尼察的一千人軍隊。在缺少情報的狀況下，只要看一眼地圖，就能推測塞爾維亞人的戰略目標。

儘管如此，塞爾維亞人實際的計畫又是另一回事。無論斯雷布雷尼察這塊領地的防線多麼脆弱，或難以抵禦外敵，它的存在狀態注定長久不變。受到塞爾維亞人的謹慎態度、聯合國的嚇阻、北約的空軍力量、穆斯林的抵抗以及歷史的慣性等因素影響，安全區一直保持完整。在過去兩年，波士尼亞沒有任何主要城鎮被侵佔，多數的巴爾幹觀察員也難以想像塞爾維亞人全面征服波士尼亞土地。一九九三年，當斯雷布雷尼察被宣告作為六個安全區之一時，常常會登上頭版新聞。但從那時起，斯雷布雷尼察就不再是大眾關注焦點。

當時席拉季奇總理提出的預警聽起來更像感嘆，而非警報。波士尼亞的穆斯林在長期嚴重的折磨下，多年來嚴正抗議「世界怎麼能允許這種事發生在我們身上？」，但如今似乎已接受外界的冷漠。那時，聯合國對波士尼亞的武器禁運令仍然存在，儘管北約戰機在頭頂飛來飛去，但只對砲擊安全區的塞爾維亞軍隊發動過幾次小範圍的轟炸。每次只要塞爾維亞人包圍並羞辱聯合國維和人員，北約都會打退堂鼓。而在這場衝突中，西方國家的決策者往往堅持保持中立，拒絕支援穆斯林。席拉季奇尖銳的宿命論反映首都的氛圍，那裡的人看見金屬劃過天空時，已經不會馬上衝到障礙物後方尋求掩護，也不會在鎮上曲折繞路，避免致命的遭遇。如今，多數人都選擇最快抵達目的地的路線。「如果你跑步，你會撞到子彈。」在塞拉耶佛流傳這樣一句話：「但如果你走路，子彈會打到你。」曾經，待在那座城市的外國人受到歡迎，民眾認為他們能幫忙傳遞訊息。但現在他們的存在，只反映外界對波士尼亞袖手旁觀。記者頻頻吃閉門羹，民眾嘲笑聯合國保護部隊（UN Protection Force）其實是聯合國**自我保護**部隊。波士尼亞人經歷多次承諾破滅與生命破碎後，再也不會對任何事感到驚訝。席拉季奇總理似乎也走投無路：

> 到了這個階段，我應該跟誰談？我們知道美國人民同情弱勢，他們知道我們經歷什麼事，也為此感到不安。但美國政府只會談利益，希望做得愈少愈好。波士尼亞跟美國沒有重大利益關係，美國怎麼會在這裡冒險賠上名聲、信譽和威望？

不過，席拉季奇的語氣也帶有一絲挑戰意味。「在戰爭第一年，我們面臨從地表上消失的巨大危險，但波士尼亞已經逃過死劫。」他說：「現在我們就像走在街上，跟前一天才看到我們掛在絞刑臺上的人打招呼。」事實上，雖然國內有許多人保住一命，但斯雷布雷尼察的民眾將難逃一死。

儘管美國的情報分析師預測過斯雷布雷尼察將會淪陷，但當攻擊開始時，他們低估塞爾維亞人的意圖。一九九五年七月九日，中情局的《國家情報日報》（*National Intelligence Daily*）聲稱塞爾維亞人對斯雷布雷尼察的進攻，「最可能是要懲罰波士尼亞政府在塞拉耶佛的攻勢」，那也作為「一種催促停火的手段」。七月十日，中情局沒有改變預測，認為塞爾維亞人不會佔領斯雷布雷尼察，因為他們不會想和那裡的居民打交道，[3]中情局認為他們會讓安全區變成中立地帶，而非完全佔領那裡。七月十一日，塞拉耶佛美國大使館在晚上六點十一分寄出一封電報，當時斯雷布雷尼察已經淪陷將近兩小時，美國大使館轉述「精疲力盡又萎靡不振」的席拉季奇總理的看法：

> 對於塞爾維亞的終極軍事策略，這裡的政府和外交窗口沒有達成共識，不過多數人認為塞爾維亞會採取交互式戰略，也就是他們會刺探抵抗力道，直到找到機會再往前推進。穆斯林官員現在開始擔心塞爾維亞人在斯雷布雷尼察的目標，是要「驅逐並佔領」，穆斯林平民會被殘忍捕抓……另一個聯絡窗口則總結塞爾維亞人的目標：「他們想全部拿下。」[4]

後來有證據顯示塞爾維亞最初進攻時，其實只想佔領南部區域。但當他們驚訝地意識到西方勢力不會抵抗後便開始奮力推進，一口氣吞下整個地區。

在斯雷布雷尼察淪陷前，會四處走訪當地且態度積極的記者對該地區沒有投注太大關心。由於從一九九四年春天起，塞爾維亞人就封鎖那座城鎮，因此在一九九五年夏天到波士尼亞駐點的美國與歐洲記者還沒造訪過當地。除此之外，受困於塞拉耶佛的記者過度依賴聯合國，聯合國的高階官員長期以來又對穆拉迪奇將軍的敏銳軍事能力印象深刻，並被塞爾維亞人的保證所矇騙。七月六日，斯雷布雷尼察的荷蘭維和人員向聯合國部隊指揮官詹維爾求助，請他召集北約空軍支援，然而他們的請求受到回絕。不僅如此，詹維爾也拒絕接下來四次請求，包含塞爾維亞人推進前最後一晚的關鍵求助。他不相信塞爾維亞人會進攻到底，就連塞爾維亞人在砲轟荷蘭部隊，維和人員顯然有正當理由使用武力進行自我防衛時，這名法國將軍仍因為不信任北約的空軍力量，並相信塞爾維亞人的承諾而按兵不動。「我和塞爾維亞將軍茲德拉夫科．托利米爾（Zdravko Tolimir）談過，他說部隊不打算佔領那塊飛地。」七月十日，詹維爾跟聯合國危機小組說：「我相信他。如果他們真的佔領飛地，我會另作結論。」詹維爾也相信塞爾維亞人沒有扣押荷蘭維和人員作為人質的說詞。托利米爾告訴他任何被拘留的荷蘭人，都是「自己要求看管，以確保人身安全」。[5]事實上，當時有超過三十名荷蘭維和人員被迫繳械與監禁。

當戰爭進入這個階段，詹維爾與其他聯合國官員都用既定印象處理情報。他們認為波士尼亞人在破壞和平與挑釁塞爾維亞。七月十日，詹維爾在會議上，強調波士尼亞人正在攻擊塞爾維亞人，而荷蘭人試圖「將我們推上不願走的道路」。聯合國高階文職官員明石康也抱持同樣觀點，並以此合理化聯合國拒絕召集北約空軍的決策。明石表示：「最初是穆斯林軍隊先動手，再要求聯合國和國際社會協助解決他們的錯誤判斷。」到了一九九五年，聯合國高級官員的說法都彷彿是指塞爾維亞人只是在「報仇」，穆斯林做的一切則在「挑釁」。

聯合國的說詞有少部分真實。波士尼亞穆斯林人確實策畫從安全區發動攻擊，在安全區也理應不能從事軍事行動。事實上，對波士尼亞人和外國人來說，沒有比聽到笨重的火砲運過自家窗外，接著聽見砲彈被發射到塞拉耶佛夜空中更糟的感覺。猛烈的砲火總是予人沈重的打擊。然而，波士尼亞發動的襲擊行動，多數是為了從鄰近的塞爾維亞村莊取回糧食和補給品、報復塞爾維亞人的圍攻，或企圖奪回自己家園的土地。塞吉・維埃拉・德梅洛（Sergio Vieira de Mello）是聯合國民政事務的主管，在整整一九九三年，德梅洛都生活在被圍困的塞拉耶佛。他還記得某次經過一週特別猛烈轟炸後，他決定跟塞爾維亞人商量。德梅洛首先聯繫上塞爾維亞政治領袖拉多萬・卡拉迪奇，向對方控訴波士尼亞人每向外發射六十發砲彈，就會受到六百發砲擊。卡拉迪奇聲稱自己不清楚德梅洛在說什麼，並將他交給塞爾維亞軍事指揮官穆拉迪奇。當德梅洛向穆拉迪奇提出同樣控訴時，這名塞爾維亞將軍抬眼發出輕蔑的哼聲，說道：「**那**是最適當的比例。」

如果說外界第一波一廂情願的想法，源於他們沒想到塞爾維亞人會實際攻打斯雷布雷尼察；那第二波想法則源於沒人預期塞爾維亞人會以這麼快速度佔領安全區。塞爾維亞人就跟盧安達的胡圖族政府跟民兵一樣，在發現華府與聯合國毫無反應後便持續進逼。許多在斯雷布雷尼察的人預期短時間內，塞爾維亞的攻擊會結束，國際社會也會介入。有一名五十五歲的穆斯林人事後回想道：

> 到了七月十一日，聯合國部隊的士兵節節敗退……我鎖上家門，加入平民和士兵的撤離行列……有好多人以為當時發生的事只是暫時的，連我也是……我心想：「這裡是聯合國的避難所，沒道理聯合國會放任它淪陷。」這就是為什麼我離家時沒帶走任何東西。我只鎖上門，預估幾小時或最多幾天內就能回家。儘管我還有一大堆東西，但現在我唯一擁有的就是我家前門的鑰匙。[6]

當波士尼亞人悉心呵護自家鑰匙，誤以為聯合國會保護他們，維和士兵卻期待斯雷布雷尼察手無寸鐵的波士尼亞人在第一線抵禦攻擊，並期望北約的空軍能建立起第二道防線。然而當時斯雷布雷尼察的人在如同貧民區的地區，已經待超過兩年，也對他們貪腐的地方領袖非常反感，因此士氣一落千丈。他們不願戰鬥，畢竟他們被長期灌輸無須戰鬥的觀念。一直到塞爾維亞人進入斯雷布雷尼察前幾小時，當地的聯合國部隊荷蘭指揮官湯姆．卡雷曼斯上校（Thom Karremans）才承諾北約會發動空襲。七月十日，卡雷曼斯與幾名穆斯林軍事領袖會面，向他們保證再過不久，四十到六十架北約戰機就會抵達發動「大規模空襲」。卡雷曼斯指著塞爾維亞人剛佔領的斯雷布雷尼察南部廣大領地，告訴絕望的穆斯林領袖：「這個區域到了早上就會變成死亡之地。」他說：「北約戰機將摧毀任何會移動的東西。」[7] 當天晚上，荷蘭維和人員、波士尼亞的士兵和平民都一邊留意天空，期望看見北約轟炸機，一邊注意塞爾維亞的卡車、裝甲運兵車、戰車和步兵逐步接近這座城鎮。由於聯合國已承諾會有轟炸行動，穆斯林沒有收回他們在一九九三年，因為《解除武裝協議》交給聯合國的坦克和高射砲。他們知道如果獨自行動，最終塞爾維亞部隊會佔領他們。他們需要聯合國和北約，而且擔心如果取回武器，維和士兵會以此為藉口，逃避保衛這個區域的職責。[8]

七月十一日中午左右，距離卡雷曼斯上校請求北約支援並再次失利後四小時，也是在他首次提出請求後五天，十八架戰機組成的北約空軍隊伍終於從義大利的基地出發。當時穆斯林平民已經逃離斯鎮，當北約戰機抵達上空時，有兩架美國 F-16 戰機找不到目標，另外兩架戰機在一輛塞爾維亞戰車附近投擲炸彈，但效果不彰。塞爾維亞人威脅如果持續空襲，他們會殺掉荷蘭人質，於是荷蘭政府和聯合國指揮官協商投降。

波士尼亞下午兩點半，當轟炸機呼嘯穿越巴爾幹半島，前往斯雷布雷尼察時，美國時間是早上八點半，柯林頓總統正在轉移某位記者提出有關塞爾維亞攻擊行動的問題。

「總統先生，」那名記者問道：「根據消息，塞爾維亞人正快速攻入斯雷布雷尼察。是時候北約發動空襲了嗎？」

「我們今天稍晚可能會宣布相關消息。」總統說：「但我先表達對當地民眾安危的擔憂，我也很擔心當地聯合國保護部的那些荷蘭人的安危。」[9]

與此同時，約有一萬五千名穆斯林預期穆拉迪奇即將抵達而逃到山丘，其中有多數人是男性，而且少於三分之一的人有武器。所有人都不相信聯合國會保護他們。在長達三十英里的夜間逃亡中，他們要穿越濃密的森林、到處分布的地雷區、塞爾維亞人的砲彈與機關槍，生還機會不大。儘管如此，他們寧

一九九五年七月十二日，塞爾維亞軍隊攻佔聯合國安全區後一天，塞爾維亞將軍拉德科．穆拉迪奇（圖左），正和斯雷布雷尼察的聯合國維和部隊指揮官、荷蘭上校湯姆．卡雷曼斯對飲。

（圖片來源：AP／Wide World Photos）

願把握渺茫的機會，也不要將自己的命運交給從一九九二年開始指揮殘忍作戰行動的塞爾維亞將軍。其餘大約有兩萬五千人留在飛地，包括鎮上一些地方領袖，他們很肯定聯合國會指揮他們撤離。十一號晚上，他們都在斯雷布雷尼察中心北邊四英里的波托查里小鎮（Potocari），推擠爬上聯合國基地的外牆，希望能獲准進入聯合國的防護罩。卡雷曼斯向上級回報，聚集在聯合國大門外的穆斯林正「在極容易受到攻擊的位置，很有可能淪為活靶」。[10]

穆拉迪奇將軍掌握斯雷布雷尼察穆斯林的命運。七月十一日，塞爾維亞人佔領該鎮不久，他邀請卡雷曼斯上校到當地的豐塔納飯店（Hotel Fontana）參與兩場會議。穆拉迪奇發表憤怒熱烈的演說，接著堅持卡雷曼斯和他一起喝酒「祝福長命百歲」，這幅友好的影像在全世界廣傳。在攝影鏡頭外，穆拉迪奇警告如果北約戰機再度出現，塞爾維亞人會轟炸難民群聚的波托查里聯合國基地。後來，穆拉迪奇詢問被叫來協商的波士尼亞政府代表穆斯林是想活下來還是「消失」，卡雷曼斯全程袖手旁觀。

承認

他們全都被槍斃了

隔天，穆拉迪奇將軍回到斯雷布雷尼察，多臺電視臺攝影機跟隨在後面。他看起來已經養足精神，並在夏季進攻時曬黑皮膚，他呼籲聚集在他面前的穆斯林保持耐心。他被拍攝和他的屬下發放巧克力給穆斯林幼童。「那些想離開的人可以離開。」穆拉迪奇說：「不必感到害怕。」穆拉迪奇輕拍一名嚇壞的小男孩的頭，對他說了些安撫的話，穆拉迪奇生性草莽，身邊又圍繞數千名他鄙視的人，這麼做對他來說不容易。「會有人帶你們到安全的地方。」他說，並向焦急的人群保證婦女和小孩會先離開。在克爾斯蒂奇將軍的領導下，接下來二十四小時大約有五十到六十臺公車和卡車抵達，展開驅逐行動。

起初，塞爾維亞人讓荷蘭維和人員上公車，但很快就改變主意。有一名維和人員試圖阻止一臺沒有聯合國人員監管，卻塞滿平民的公車，但穆拉迪奇將軍露齒而笑，說道：「這裡我說的才算數。我會決定怎麼安排事情，我有我的計畫，而且會確實執行。你最好乖乖配合。」[11]

接下來數小時，塞爾維亞將軍下令將男人和婦孺分開。聯合國士兵目睹武裝的塞爾維亞人，將父親、兄弟和兒子與歇斯底里抓著他們的婦女用力扯開。穆拉迪奇聲稱他只是要篩選犯下「戰爭罪」的穆斯林男性，或拘留他們以交換俘虜。最終他們都會平安團圓，質疑穆拉迪奇命令的人則會遭到殘忍處罰。有一名穆斯林婦女描述在聯合國基地的恐怖經歷：

七月十二日四點，他們帶走我的丈夫。接著是我的兒子艾斯米爾……要談這件事實在太困難了，我沒辦法，這會讓我徹底心碎……我把他抱在懷中……我們在擁抱，但他們抓住他，直接割開他的喉嚨。他們把他殺了。我沒辦法再說下去，我真的沒辦法，你必須瞭解這會讓我心碎。我還是希望相關當局或任何人，可以讓我另一個兒子或我的丈夫重獲自由。[12]

許多西方人很快忽略穆拉迪奇不知羞恥的欺詐手段，相信塞爾維亞人會遵守《日內瓦公約》的承諾。但一些人則看見不祥之兆。克莉絲蒂娜・施密特（Christina Schmidt）是無國界醫生組織的德國籍護理師，她將七月十二日的日誌寄給在貝爾格勒的組織辦公室，組織再公開傳播內容：「塞爾維亞士兵把人當畜生一樣趕上公車，所有人應該都能從他們的臉上感受到暴力。」施密特寫道：「一名父親帶著他的一歲兒子，在塞爾維亞士兵跟隨下哭著來找我。他找不到任何人能幫他照顧寶寶，塞爾維亞人要帶他去哪裡？那個場景太可怕了，我必須從他懷中抱走寶寶。我寫下他的名字，感覺他可能再也看不到自己的孩子。」[13]

七月十二日，波托查里附近的荷蘭人開始找到屍體。一名十四歲的少女被人找到掛在屋頂椽子上。前一晚塞族士兵將她帶走一小時，她回來時雙腿間流下鮮血。一名穆斯林小男孩帶著兩名荷蘭士兵去看九位被處決的穆斯林。男孩靜靜等待維和人員拍下屍體的照片。在新卡薩巴鎮（Nova Kasaba）鄰近地帶，荷蘭人開車經過一座足球場，發現數千名穆斯林男子雙膝跪地，雙手放在頭上。現場擺設一張桌子登記他們的身分，他們的背包和袋子放在草堆上。後來，一群荷蘭人聽見球場傳來一聲聲分開的槍響。如同一位中士所說，有人開始懷疑「他們全都被槍斃了。」[14]有人選擇相信塞爾維亞人的謊言，認為那些槍響是在「慶祝」某位新兵入伍，或者荷蘭人想視察的區域因為遭受「穆斯林攻擊」而「太過危險」。

聯合國總部官員在意的是安全區淪陷，會對聯合國名聲造成什麼傷害。在七月十二日會議上，明石康責怪穆斯林「挑釁」，並表示：「如果能有荷蘭人提供難民糧食的電視畫面會大有幫助。」[15]當天的記者會上，記者詢問布特魯斯—卡里秘書長，斯雷布雷尼察淪陷是否等同於聯合國在波士尼亞最嚴重的一次失敗，秘書長答道：「不，我不認為這是失敗。你必須看杯子是半滿或半空。我們依然在提供難民協助……而且我們還將爭端控制在前南斯拉夫範圍以內。」[16]

在盧安達發生種族滅絕時，達萊爾迅速轉述當地的可怕傳聞，不放過任何發言機會，但在前南斯拉夫的聯合國官員則不同，他們都很抗拒宣傳暴行。後來聯合國總部的官員從記者得知的資訊，還比從現場代表團接收到的更多。七月十八日，總部寄了一封不滿的電報給明石，問道：「這些難民提供的大屠殺敘述是怎麼回事？這些傳聞四處傳播，並已被許多國際觀察員證實。但我們卻沒有從聯合國保護部隊接收到任何回報。」[17]

被塞爾維亞人趕上公車的婦女、兒童和老人，經歷一趟從波托查里到土茲拉（Tuzla）鎮外的可怕旅程。土茲拉鎮是另一個一九九三年被穆斯林控制的「安全區」。在兩個半小時的車程中，許多人把臉貼在公車的窗戶玻璃，希望看見他們的男性家人。沿路屍體被隨意棄置，有的遺體殘缺不全，許多人咽喉被割開。有的穆斯林青年渾身發抖，被迫舉起三根手指用塞爾維亞人的方式敬禮。成群的男子雙手被綁在背後、頭碰雙膝，坐著等待指示。公車經常沿路停靠，好讓塞爾維亞槍手能挑選年輕貌美的女子，在路邊強暴她們。到了七月十三日晚上八點，斯雷布雷尼察附近的聯合國基地幾乎被清空。

美國和歐洲執政者與人民從頭到尾追蹤這一連串的事件。西方媒體報導飛地淪陷、塞爾維亞人聲稱要「篩選」犯下戰爭罪的穆斯林，以及駭人的公車之旅。[18]第一波草率處決的消息出現在七月十四日。雖然記者通常不願根據個人提供的謀殺傳聞來推斷，但波士尼亞的穆斯林官員和難民描述的狀況太令人震驚。記者詢問國務院發言人尼可拉斯・勃恩斯（Nicholas Burns）能否證實塞爾維亞人正在將男性與婦女、兒童和老人區隔開。勃恩斯回答：

我沒有獲得男性和老人、婦女和兒童被隔離開的特定資訊。我確實聽說許多人被趕到足球場上。參考三四年前同一群人，也就是波士尼亞的塞爾維亞軍方在同一地方做出的事，我們很擔憂、非常擔憂、極度擔憂現在的情況。我們今天公開呼籲塞爾維亞人肩負人道責任，要好好對待這些人。

然而，勃恩斯代表美國傳遞的唯一威脅，是塞爾維亞槍手最終會在聯合國戰爭罪刑事法庭被究責。[19]柯林頓總統沒有發表任何威脅言論。

當時，波士尼亞駐聯合國大使穆罕默德・薩西爾貝（Mohammed Sacirbey）開始收到比過去更令人不安的屠殺報告。有人告訴薩西爾貝，被穆拉迪奇帶到體育場的那些男性已被全數殺害。薩西爾貝於是致電給美國大使歐布萊特，說明這則傳聞。七月十三日，美國駐倫敦大使寄了一封電報給國務院，描述薩西爾貝的「緊急消息」，表示塞爾維亞人正犯下「各式各樣」暴行。眾所周知，十五到三十五歲間的女性被挑選出來趕下公車，男孩和成年男性則被帶到不知名地點。

儘管世界各國領袖對塞爾維亞人的行為感到憤慨，但他們還沒準備好從聯合國安全區被塞爾維亞人佔領的沮喪，轉變成對該區人民感到擔憂。薩西爾貝大使極力敦促聯合國關顧安全區內的生命，他不斷強調要「記住最重要一件事」，那就是「儘管安全區不在了，但安全區的設立重點不在那塊土地，而是那裡的居民，我們還有機會拯救他們。」

然而，如同盧安達種族滅絕期間的情形，美國和聯合國高官都表現得像在如常辦公。七月十四日，聯合國特別代表明石康傳了一封輕描淡寫的電報到紐約，描述抵達土茲拉的婦孺需要存糧和避難所，以及荷蘭人質的現況。一直到電報第二頁第八段，明石才若無其事提到失蹤的穆斯林男性，說明：「我們發現預期抵達土茲拉的人數有缺少。我們還未掌握大約四千名兵役年齡男性的現況與進一步資訊。」[20] 在美國政府內部，過去三年波士尼亞或盧安達發生的暴行，絲毫都沒讓這群遙遠的外國人更具體體認到威脅的嚴重性。「大家距離這些議題非常遙遠。」霍爾布魯克說：「只有極少數華府的人實際拜訪過難民營。他們對那些危機非常疏離。」西方決策者想像鏡頭之外發生的事的能力和意願很有限。但光是經驗的有限不足以開脫。「拜訪難民營或許會有幫助，」國家安全顧問安東尼．雷克指出：「但沒去過難民營不是缺乏想像力的藉口。」

約翰．曼易思（John Menzies）是長期支持轟炸塞爾維亞勢力的外交官員。一九九三年四月，他簽署波士尼亞事務處科長哈里斯準備的「十二金剛」異議書，並在當時剛被提名為美國駐波士尼亞大使。一九九五年七月十三日，他與波士尼亞總統的重要密友哈桑．穆拉托維奇（Hasan Muratovic）會面。曼易思記得穆拉托維奇原本是典型處變不驚的操盤手，但那時卻「完全亂了手腳」。穆拉托維奇提出瘋狂的呼籲，請求北約戰機投放無線電設備到斯雷布雷尼察，好讓試圖逃亡但失去方向感的人，能用那些設備找到安全離開森林的路徑。「他不知道該如何提出有建設性的意見。」曼易思回想：「我從未見過有人如此無助。」接下來幾天內，曼易思除了轉達穆斯林的危急信號給華府之外也束手無策。他幾乎沒收到任何政治領導者的激勵。

回應

「兩把鑰匙」的規則與限制

當安全區淪陷時，美國決策者認為他們受限於兩項基本事實。第一，在政策上，美國不會在巴爾幹半島部署地面部隊發動戰爭，這點仍然沒有商量餘地。第二，雖然在柯林頓政府內閣有許多人支持北約發動空襲，但他們認為美國受到「兩把鑰匙」的約定所牽制，而將其中一把鑰匙交給受到歐洲政府支持、決心在這場衝突中保持中立的聯合國官員。美國官員表示，他們「不喜歡」這項機制，但既然「規則已經確立」，那美國必須接受跟適應。他們也跟記者說，記者提問對象應該轉向有維和部隊在波士尼亞的歐洲國家。柯林頓早已遺忘競選時的承諾，政府發言人勃恩斯表示，美國在這場辯論中「不是關鍵角色」：

> 我們選擇不派遣地面部隊，因為認為這麼做無助於美國的重大利益。在決定是否讓美軍進入交戰戰鬥狀態時，美國利益永遠都應該是考量標準。前任政府做過這項決定，現任政府重申這項決定，這就是美國的政策。因此，美國對這起事件的影響力不大。[21]

原先美國大可採取許多行動。美國可以利用塞爾維亞人佔領斯雷布雷尼察以及可怕的電視影像，說服歐洲盟友緊急改寫雙鑰匙規則。美國可以威脅塞爾維亞勢力，表示如果塞爾維亞人不從飛地撤軍，至少也要停止轟炸在森林試圖逃亡的穆斯林，否則美國就會轟炸斯雷布雷尼察周遭與波士尼亞其他地區的塞爾維亞人。美國可以超前行動，警告戰勝的塞爾維亞人如果將眼光轉向斯雷布雷尼察正南方的安全區澤帕（Zepa），危及在那裡的一萬六千名穆斯林，那就會進行猛烈的報復行動。假設美國如此具攻擊性的回應無法贏得支持，或者同盟國拒絕支持轟炸，美國官員至少能將當地穆斯林男性的命運列為主要的外交優先事項。他們可以警告塞爾維亞總統斯洛波丹・米洛塞維奇，倘若穆拉迪奇拘留的男性遭受惡劣對待，就會加強與延長對塞爾維亞的經濟制裁。他們可以仔細追查囚犯下落，藉此向穆拉迪奇、克爾斯蒂奇和其他塞爾維亞官員示表示他們正遭受監視。然而，上述的事情美國一項都沒做。

由於美國官員內化已經存在的政策限制，而未積極關注這場危機。當時擔任國家安全會議歐洲事務主任的山迪・維希鮑（Sandy Vershbow）回想道：「我們假定最壞的情況。我們沒有全天候處於備戰狀況，只是無助地旁觀。」

斯雷布雷尼察淪陷後隔天，人稱「推土機」（Le Bulldozer）的法國總統賈克・席哈克（Jacques Chirac）呼籲以武力重建安全區。塞爾維亞的政治領袖卡拉迪奇嗤之以鼻，表示：「我們不會撤軍。斯雷布雷尼察是屬於我們的。」[22]聯合國和美國官員也駁斥法國的想法，認為那「無法實行」。席哈克堅持己見，在七月十三日打電話給柯林頓總統，表示塞爾維亞人隔離男女的做法讓他想起二戰。席哈克說：「我們必須做些什麼。」「是的，」柯林頓同意：「我們必須採取行動。」

然而，「行動」是個相對用詞。對席哈克來說，這代表美國用直昇機運送法國部隊到飛地，奪回斯雷布雷尼察。但對柯林頓來說，這個方案非常不切實際，雖然他也還沒想到其他行動。柯林頓掛掉電話後，喃喃表示似乎只有北約轟炸能發揮作用。他轉向協助安排與席哈克通話的年輕海軍助理，問道：「你覺得我們該如何處理波士尼亞問題？」助理支支吾吾回答：「總統先生，我不知道。」[23]

當柯林頓政府無力地旁觀時，穆斯林男性則在無助祈禱。到了七月十三日晚間，按照隨後展開的聯合國調查描述，斯雷布雷尼察的穆斯林男性可以區分成四種類別：還活著並試圖穿越森林逃亡；在逃亡途中被殺；向塞爾維亞人投降且被處決；已經投降且不久將被處決。[24]

美國大約有五枚間諜衛星隨時在太空運作，每天會拍下大約五千張照片，但這些衛星甚至沒追蹤那些男性下落。每當衛星攝影機按下快門，就會拍下一塊一百平方英里的地區。如果分析師確切知道該搜尋什麼，或知道該在哪區搜尋，那些影像將會是非常寶貴的資源。相片可以拍下外國部隊的位置、放置可疑核武的新造建築甚至萬人塚。然而每天衛星都被佔用，人們希望取得的影像之間競爭激烈。波士尼亞上空的衛星，是透過支援軍事行動的角度（SMO）攝影。這些衛星試圖偵察塞爾維亞部隊動向，或定位出北約戰績能飛越領空，瞄準塞爾維亞空軍防禦系統的位置。除非接獲明確指示，情報分析師不會耗費時日去計算體育場的人口班點，或推斷影像中黯淡的陰影是否代表埋葬坑附近翻出的土壤。只有當美國決策高層要求轉換飛行路徑，分析師才會重新調整衛星偵測位置，但這並沒有發生。「我們不是為了調查暴行而即時分析這些照片。」情報研究局助理國務卿托比．加蒂回憶：「我們是在分析北約飛行員是否容易受到攻擊。」情報資料分析師受到的訓練是提供政策規畫者想知道的事，而不一定是該知道的事。他們被警告不要自願提供資訊，或提出政策建議。中情局甚至對機構設有監察人（ombudsman）感到驕傲，監察人的職責是防範政治化，遏止分析師逾越權責或採取任何倡議。然而如同某位中情局官員說道：「要在政治化分析跟一名探員純粹表達『你又蠢又弄錯了』之間畫出界線很困難。」

即便情報員受命尋找暴行證據，可能也無法立刻詳細說明屠殺經過。分析師表示篩選取得的資料，就像嘗試從消防水帶喝水。[25]加蒂聲稱即便他們齊心協力追蹤那些男子下落，可能也找不到答案：「假設我們拍下這些照片，注意到有人從地面上消失，那也不代表他們就被帶到其他地方、被塞爾維亞人痛擊或喪命。」儘管如此，如果美國當局宣布他們正在監視塞爾維亞人和波士尼亞俘虜，至少能讓一些塞爾維亞人在服從穆拉迪奇的謀殺命令前三思。

在斯雷布雷尼察，失蹤的男人和男孩沒有被徹底遺忘。歐布萊特大使在紐約和薩西爾貝大使談話後曾探查此事。一九九五年七月十四日，她打電話給副國家安全顧問山迪・柏格，並按照他建議要求情報單位找出證據，證實薩西爾貝提供的秘密消息。接下來的發展不太明朗。有人表示，負責分析衛星與U-2偵察機影像的國家照片判讀中心（National Photographic Interpretation Center）特別小組後來才抽出時間處理這件事。[26]又或者當時，照片分析師快速檢查取得的影像，並回報無法證實那些傳聞。無論何者為真，高階行政官員沒有持續關注這個議題，也沒有每天要求更新被拘留男子的位置與安危。即使照片分析師真的調查了，他們也是慢條斯理地處理。如同一名前美國高階情報官員指出：「和分析師說『嘿，不介意的話你可以看一看』或者『該死，這些人情況很危險，甚至可能已經沒命了。馬上來好好調查！從**現在**開始！』完全是兩回事。」

打上一場仗

美國對種族滅絕的回應往往傾向於「打上一場仗」。例如美國官員從越戰獲得的經驗處理柬埔寨問題；從兩伊戰爭的經歷處理庫德族屠殺，以及從索馬利亞的案例處理盧安達問題。至於斯雷布雷尼察事件，國際人道救援與美國政策的前例不是一場實際的戰爭，而是一九九二年八月美國爭取進入塞爾維亞集中營進行的戰鬥。當時，《新聞日報》、獨立電視新聞臺和《衛報》刊登消瘦的囚犯照片，並報導難民受到虐待、挨餓跟處決的口述紀錄。布希政府因此提出威脅以爭取實地調查。布希總統對此曾表示：「在我們能進入那些拘留營前，我們不會善罷干休。」事實上，儘管絕大多數的波士尼亞國民仍生活在可怕的圍困中，美國和歐洲對拘留營的關注確實讓紅十字會展開調查。後來，塞爾維亞最嚴酷的集中營因而關閉，據說在一些其他的集中營，囚犯待遇也有改善。

到了一九九五年，西方國家的決策者對處理塞爾維亞人的暴行已有經驗，他們希望回復過往模式。一九九五年七月十二日，當尼可拉斯．勃恩斯在國務院記者會上回應某位記者拷問時，表示美國「考量到過去慣例」，確實對「塞爾維亞人是否公正對待俘虜有疑慮」。他說道，塞爾維亞人在一九九二年「向全世界展示他們」對待穆斯林囚犯時的「殘忍傾向」。「他們不應該在此刻重複那些嚴重的錯誤。」勃恩斯警告：「他們應該善待這些人。」[27]他從未想到，斯雷布雷尼察的穆斯林男人和男孩並沒有被俘虜這個選項。

西方國家的官員將外交力量灌注在替紅十字會爭取通行權。他們期待逐步改善拘留營的生活條件。「我們想像的是奧馬爾斯卡集中營的模式。」美國人權事務助理國務卿約翰．沙塔克（John Shattuck）說：「我們假設最終能接觸到曾遭受殘酷暴力對待的人。」這些人之中，有許多被緩慢凌遲與毆打，他們會挨餓、被羞辱，有人甚至被被殺害。但多數人會被保存性命以幫忙挖掘壕溝，或當作交換囚犯時的戰利品。西方國家假設塞爾維亞人是理性的行動者，行為模式可以被預期。加蒂回憶：「雖然那場戰爭的歷史很殘酷，但沒有任何一點跡象，顯示穆拉迪奇可能會殺光每一個人。」

當時日以繼夜關注波士尼亞的美國高階官員，沒有真正考慮過可能發生種族滅絕。國家安全顧問雷克記得：「我關注當地夠久，能想像塞爾維亞人會做出哪些糟糕透頂的事，但我沒想到會有『斯雷布雷尼察事件』。這種事從來都沒發生過，讓人還會有震驚空間。就像越戰，你知道情況會有多可怕，從一開始就預期最糟狀況，但美萊村事件仍讓你大吃一驚。」

助理國務卿霍爾布魯克否認斯雷布雷尼查事件會讓柯林頓政府大吃一驚的說法。「我們不需要特定情報，才會知道可怕的事正在發生。」霍爾布魯克表示：「事實上，蒐集情報常常是故意用來避免或拖延行動的藉口。我們知道該做什麼事。如果美國能聽我在十一月和五月提出的建議，轟炸這些混蛋，斯雷布雷尼察事件就不會發生了。」

美國與歐洲國家慷慨接應兩萬名抵達穆斯林領地的難民。儘管這些人在路途上頻頻受到騷擾，但還是存活下來。他們在土茲拉空軍基地建立起帳篷城市，穆斯林婦孺在那邊接受糧食、庇護和醫療照顧。

但穆斯林男性明顯缺席了。

國務院的職員陣容已經失去一些年輕官員，那些官員原先可能會在公開場合大聲呼籲救援。柯林頓政府的內部政策也可預見將產生分歧。即便是最積極與最想改變美國政策的高階顧問，都接受眼下無法及時影響斯雷布雷尼查穆斯林的命運。「這些男人被穆拉迪奇拘留後，」一名國務院官員說道：「我們就把他們遺忘掉了，因為知道我們再也無法影響他們的未來。」

斯雷布雷尼察淪陷後一週，不同組織展現傳統的分工。救援組織、人權團體和聯合國機構嘗試協助土茲拉大量被迫遷的穆斯林。外交官和政治人物權衡安全區淪陷後的地緣政治意涵，辯論如果塞爾維亞人突擊澤帕該如何回應，並預估未來其他穆斯林領地可能遭受的攻擊。聯合國官員最優先也最重要的考量，是仍被穆拉迪奇拘留的荷蘭維和人員安危。而照顧斯雷布雷尼察穆斯林囚犯命運的工作，就交給以瑞士為據點的紅十字會。國際紅十字委員會是個小型非政府組織，他們影響力不大，但收藏過去長期被忽視的公約檔案。他們被指定執行一直以來都在執行的職務：和塞爾維亞人協商通行權、彙整失蹤人口名單，以及調查囚犯的生活環境。當紅十字會要求進入調查被拒時，也不會大肆張揚。紅十字會是在各方陣營都同意的基礎上作業，他們往往保持低調，以期待來日有更好運氣。

如同伊拉克政府以毒氣殺害庫德人時採取拖延戰術，這段時間塞爾維亞人也採取戰爭期間精通的戰術。他們從未**拒絕**國際觀察員通行。他們會先允許通行以避免引發懷疑，接著以無法確保訪客安全為由，阻擋或「延後」調查行動。儘管他們一再重演舊戲，但外交官與紅十字會幹部依然加入這場默劇，沒有意會到他們只有非常短暫的時間能阻止塞爾維亞人行動。

謀殺

由於穆斯林難民持續提供大量生動且一致的謀殺證詞，引發一些美國官員懷疑。七月十六日，《華盛頓郵報》開始報導難民對大規模處決令人毛骨悚然的描述。少女賽娜達．瑟維爾克（Senada Cvrk）回想七月十二日晚間，她看到約二十名穆斯林青年被帶走。隔天早上，在她的公車離去前，她前往一座難民避難的舊汽車電池廠外農田取水。她在那裡看見朋友成堆的屍體，每個人的雙手被綁在背後。[28]一些穆斯林向美國媒體描述他們親眼看見的強暴和割喉景象。各大報紙與電視新聞充斥塞爾維亞人屠殺的露骨描述。七月十七日，中情局的波士尼亞特別小組在每日機密報告中寫道，雖然他們沒有「詳細且具有權威性的資訊」，但難民描述暴行時「提供的細節似乎是可信的」。[29]

一九九三年，柯林頓總統指派彼得．加爾布萊斯擔任克羅埃西亞的美國大使。加爾布萊斯一九九一年在伊拉克北部的英勇行徑，讓他贏得深具影響力的參議員艾爾．高爾和丹尼爾．派翠克．莫尼漢的讚賞。當斯雷布雷尼察遭到佔領時，加爾布萊斯碰巧回到佛蒙特州，七年前，他在當地讀到《紐約時報》中有關庫德人遭受毒氣攻擊的報導。加爾布萊斯跟霍爾布魯克一樣曾在一九九二年拜訪波士尼亞，並曾造訪曼亞加集中營。當時他代表參議院外交關係委員會，訪問穆斯林難民與倖存者，並提出以北約空軍阻止塞爾維亞人攻勢建議。如今，加爾布萊斯不敢相信美國竟放任安全區淪陷，讓超過兩萬名穆斯林婦孺被驅逐，並讓穆斯林男性被拘留甚至被處決。根據接觸柬埔寨與庫德族的經驗，他很快推測被穆拉迪奇拘留的那些男性已遭殺害。「人不會憑空消失。」他回想道：「當我們沒聽到他們消息，也無法抵達那個區域，我們就知道了。我們怎麼可能不知道？」那一週加爾布萊斯都在和霍爾布魯克通話，兩人都提到對美國的回應深感失望，並產生辭職的念頭。霍爾布魯克為加爾布萊斯安排七月十七日與國務卿克里斯多福會面，這是加爾布萊斯第一次獲得與國務卿一對一會面的機會。過去國務卿曾公開表示他不喜歡這位有話直說的大使。加爾布萊斯擔心無論是斯雷布雷尼察的領土，或當地的穆斯林男性都無法被救回來。他不相信自己能說服克里斯多福限縮塞爾維亞人侵略的領地。但他仍表明反對屠殺的立場，他相信如果要拯救鄰近的澤帕安全區的穆斯林，仍需要依靠美國的轟炸威脅。穆拉迪奇已經在七月十四日開始攻擊澤帕，那裡只有七十九名維和士兵守衛。會談過後，加爾布萊斯嚴重碰壁。克里斯多福和其他所有美國官員幾乎都深信無法挽救澤帕，他們說那裡「守不住了」，行動也將徒勞無功。

隔天，副總統高爾加入高層對談。長久以來，他在政府內部都是轟炸行動的擁護者。高爾表示，他相信波士尼亞事件已構成種族滅絕。「最糟糕的解決方法就是默許種族滅絕，放任他們蹂躪另一座城市與更多難民。」高爾在柯林頓內閣會議中說，並表示「我們不能被影像牽著鼻子走，還有許多沒被拍攝到的地方，正在發生可怕的事。」不過他仍補充：「我們也不能忽略影像。」他主張維持一致性的目標不能戰勝人道目標。

《華盛頓郵報》的記者潘文（John Pomfret）發布一篇有關土茲拉暴行的引人注目報導。文章開頭如下：

> 一名年輕女子在死去時沒有穿鞋。星期四夜晚，她爬上自己露宿長達三十六小時的泥濘水道附近

一棵大樹。她的腰帶上紮著一條破爛花卉披巾，她將披巾牢牢綁在一根樹枝，將她留著黑髮的頭顱穿過臨時的繩索，接著往下一跳……她沒有家人相伴，她爬上樹前都在獨自啜泣。[30]

高爾跟柯林頓內閣說，他看見潘文報導刊出的照片，那名女子看起來和他女兒的年紀相仿。「當我二十一歲的女兒問起這張照片時，」高爾說：「我該告訴她什麼？為什麼這種事在發生，我們卻毫無作為？」斯雷布雷尼察事件提供高爾、歐布萊特和霍爾布魯克一個機會，重新啟動有關北約轟炸行動的對話。儘管高爾一在展現出對總統的挑戰，但在場的人表示，他的發言並非要改變柯林頓，而是五角大廈的高階官員，這些官員仍不相信使用空軍的效用。「我的女兒很驚訝世界居然放任這種事發生。」高爾說，並停頓片刻製造懸念，「而我也是。」柯林頓表示美國會採取行動，並按照高爾所說，同意「默許不是一種選項」。[31]

七月十九日，人權事

斯雷布雷尼察的穆斯林難民因為絕望而自縊。一九九五年七月十四日，一名二十歲出頭的女子在土茲拉空軍基地，被發現用一條撕開的布巾上吊自殺。
（圖片來源：AP／Wide World Photos/Darko Bandic）

務助理國務卿沙塔克在一份機密備忘錄中，描述塞爾維亞人侵權的初步狀況，並主張該保護其他安全區：

我們見證的侵害人權行為，一再讓人想起早期最惡劣的「種族清洗」案例。在布拉圖納茨（Bratunac，斯雷布雷尼察附近的城鎮），總共有四千到五千兩百名男人和男孩遭到監禁，塞爾維亞人禁止外界與他們接觸。另外還有三千名士兵在逃離塞爾維亞時喪生，有人選擇自殺以免落入塞爾維亞人手中。可信傳聞也指出許多婦女被草率處決、綁架與強暴。[32]

沙塔克呼籲保護剩餘的安全區，表示波士尼亞安全區的人們都期望國際社會給予「清楚、明確且考慮周全承諾」。他主張假使不發起行動，那不僅會造成安全區淪陷，聯合國也必須撤兵。假使歐洲國家撤離維和士兵，美國就得遵守先前保證協助一起撤軍。那將會是混亂又恥辱的場面。沙塔克警告：「美軍必須實地幫助聯合國部隊撤退，與此同時，塞爾維亞人會對他們發射砲彈，恐懼的穆斯林平民則會試圖阻擋我們離去。」這是最讓美國決策者憂心的景象，沙塔克希望美國能扭轉局勢，避免未來可能發生的血腥威脅，並轉為支持立即干預。

最初，有關塞爾維亞人犯罪最詳盡的證據，在一九九五年七月二十日出現。那天有三位穆斯林男性倖存者蹣跚逃出森林，他們身上的槍傷證明當時眾人擔憂的事——穆拉迪奇正在系統性處決他拘留的男性。

這三名男子由於缺乏食物和水，加上過度恐慌而顯得精神錯亂。他們先是對波士尼亞警察描述經歷，接著才告訴西方記者。每一段敘述讓人難以置信，每位倖存者都祈禱並假裝其他人沒經歷和自己相同的經驗，但他們口中三個不同地點的屠殺方式都離奇地相似，有的是兩兩處決，有的一次處決二十人。男性被命令坐在公車或倉庫中等待梯次。其中一人說七月十三日晚上，他在布拉圖納茨一所學校外的公車。當時塞爾維亞人將人拉下公車就地處決。「一整夜我們都能聽到學校方向傳來槍響和呻吟聲。」那名男子說：「那可能是我經歷過最可怕的事，整夜我都坐在公車上，聽著槍聲和人們的哀嚎聲，不知道自己會受到什麼對待。」隔天早上，當他看見一臺白色的聯合國車輛停在附近時鬆了一口氣。但當那四名穿得像聯合國士兵的男性向塞爾維亞人敬禮，並說了一口流利的塞爾維亞語。他意識到自己期待的救援者，其實是偷了荷蘭人制服與裝甲運兵車的塞爾維亞援兵。[33]

幾千名男子聚集在格拉維奇（Grbavici）學校體育館，被命令脫光全身衣物，只剩下內衣褲。他們被分成二十五人一組趕上卡車，被載到處決地點。有的人拉開蒙眼布，看見他們靠近的草地上散落著穆斯林男性屍體。有一名目擊證人因為躲在屍體堆下而生還。他描述自己經歷的磨難：

> 他們把我們兩兩帶下卡車，把我們帶到類似草地的地方。眾人拿下蒙眼布，因為草地上堆滿屍體而恐懼地大叫。我被排到前排，但我在他們第一次射擊前倒向左側，讓屍體摔在我身上。他們對著我們開槍……從四面八方發射。大約一小時後，我抬頭一看，發現四處都是屍體。他們開來更多卡車，處決更多人。等到某個推土機駕駛走遠後，我爬過死屍堆走入森林。[34]

塞爾維亞人強迫數百名穆斯林囚犯前往克拉維察鎮（Kravica），把他們趕入一座巨大倉庫。士兵在倉庫的窗戶與門口通道就定位，發射步槍和火箭，並把手榴彈丟進建築內。那些男子受困在倉庫中。砲彈碎片和子彈劃破人們血肉，在牆上留下深紅與灰色混雜的醒目痕跡，即使再怎麼用力洗刷都無法移除。接著士兵了結那些還在扭動的男子，留下整座倉庫的屍體等待推土機清除。[35]

令人感到不可思議的是在屠殺中倖存的穆斯林，竟然還懷抱希望。在塞爾維亞士兵掃射倉庫中的人數小時後，有一名塞爾維亞人回到現場大喊：「有人還活著嗎？快出來，你們可以上卡車，成為我們軍隊一員。」幾名男子相信他的話站起身來。隔一陣子，塞爾維亞人再次回到倉庫，這次承諾讓傷者上救護車。又有一批倖存者起身離開倉庫。一名克拉維察屠殺的倖存者因為一直平躺不動，最終順利逃亡。他對於自己的同胞竟然如此容易受騙大感震驚。他也記得當時對倉庫外面傳來的幾輪槍響感到絕望不已。[36]

墳墓

一九九五年七月二十一日，同盟國的領袖在倫敦召開緊急會議，希望能理出新的波士尼亞政策。澤帕飛地仍處於緊急關頭，邪惡的斯雷布雷尼察屠殺事件已經廣為人知。然而，同盟國竟然還發布一項後來被稱為《倫敦宣言》的聲明，令波士尼亞人大吃一驚。這項宣言威脅將啟動「可觀且具決定性的空軍力量」，但只有在塞爾維亞人攻擊戈拉茲德（Gorazde）安全區時才會行動。戈拉茲德是當時少數**沒有**遭受砲火攻擊的波士尼亞安全區。宣言並未提及仍然承受猛烈砲擊圍攻的塞拉耶佛、尚未淪陷的澤帕，或在斯雷布雷尼察還活著的部分男性。

同一天，一支荷蘭維和部隊離開斯雷布雷尼察，抵達札格雷布的聯合國總部時受到英雄式的歡迎。荷蘭國防部長在記者會上宣布，這些荷蘭人曾目睹穆斯林被帶走、聽到槍聲，還聽說約有一千六百名穆斯林在當地某座學校操場被殺害。他表示傳聞的數量太多且「太過真實」，不太可能是假消息。然而，這是荷蘭第一次公開談論他們的擔憂。同時，除了這段嚴厲的描述，國防部長描述的景況相對溫和。他控訴塞爾維亞人仍拒絕讓紅十字會接觸大約六千名穆斯林囚犯，當荷蘭指揮官卡雷曼斯有如大夢初醒般發言時，他對穆拉迪奇「精心策畫的軍事行動」表示肯定，並反省「不能斷然將波士尼亞的陣營為『好人』與『壞人』兩個陣營」。[37]當晚，聯合國總部歡宴慶祝，荷蘭人一路飲酒跳舞到凌晨。

塔德烏什・馬佐維耶茨基是聯合國的前南斯拉夫人權特派員，也曾擔任波蘭總理。七月二十四日，他描述自己長達一週的調查結果。他提及在斯雷布雷尼察四萬名居民中，似乎有七千人「消失」，並呼籲西方強權確保澤帕的一萬六千名居民不會面臨相同命運。儘管聯合國已經宣布不會發動空襲協助防禦，澤帕的穆斯林仍堅持抵禦。[38]

一九九五年七月二十七日，馬佐維耶茨基宣布辭職。他厭惡聯合國拒絕挺身而出，對抗在斯雷布雷尼察和澤帕的塞爾維亞人。他在辭職信中寫道：

當國際社會與各國領袖缺乏一致而勇敢的表現，在談論人權守護時就難以讓人信服……塞爾維亞人的犯行既迅速又殘忍，國際社會的回應卻緩慢而無效……波士尼亞問題讓國際秩序的穩定性和文明原則岌岌可危。我不相信預期的轉機會發生，無法繼續參與假裝保護人權的工作。[39]

加爾布萊斯回到克羅埃西亞的工作崗位時，接收到有關斯雷布雷尼察男性更罪證確鑿的消息。他的未婚妻是一名聯合國政治官員，當時碰巧在土茲拉。偶然間她訪談一名在大規模處決中生還的男性。一九九五年七月二十五日，加爾布萊斯寄給克里斯多福一份禁止散布的高度機密電報，標題為「斯雷布雷尼察男性居民可能遭受大規模處決正是拯救澤帕的理由」：

一、一名聯合國官員向我描述她在土茲拉，與一名斯雷布雷尼察難民進行的訪談。她認為對方敘述的可信度極高，並提供令人不安的證據，證實塞爾維亞人在斯雷布雷尼察淪陷後，已經屠殺多數拘留的五千多名兵役年齡男子，即使不是多數人，也有許多人喪生。

二、假使塞爾維亞軍隊屠殺斯雷布雷尼察的抵禦者，我們可以肯定同樣命運也會發生在澤帕的一萬六千人身上。《倫敦聲明》暗示外界即將放棄澤帕，有鑑於無數跟斯雷布雷尼察暴行有關的敘述，以及那裡極可能發生的大屠殺，我呼籲重新考慮發動空襲以幫助澤帕……。

三、如果這名聯合國官員的描述正確，在斯雷布雷尼察被圍捕的男性，最終可能無人生還。我們應該加倍努力會見這些男性。如果塞爾維亞人拒絕通行，他們言下之意已昭然若揭。

四、再次強調，現在要阻止類似悲劇在澤帕發生還不算太遲。澤帕的抵禦者仍繼續英勇堅持。他們無疑已經意識到即將面臨的命運。他們不該被拋下。

這封電報對聯合國與北約的決策毫無影響，兩天後澤帕也投降。那裡多數將命運交給塞爾維亞當局的男性都遭到殺害。

克里斯多福收到加爾布萊斯的電報後，立刻指派人權事務助理國務卿沙塔克，以及難民事務助理國務卿菲利絲・歐克里到土茲拉驗證倖存者的主張。相較於赤柬時期，查爾斯・特威寧在柬埔寨邊界蒐集證詞，如今美國聽取倖存者與目擊者證詞的速度遠更加快速。沙塔克根據兩天中訪問十二名穆斯林難民的內容，準備一份詳盡的報告。受訪者包含一名少年與一名五十五歲的瘸腿老人，他們都是大規模處決的倖存者。沙塔克向華府回報：「此刻不可能正確預估多少人已遭殺害，但顯然人數非常可觀。我聽到的證詞……反映大量種族滅絕的新證據。」但沙塔克知道美國不打算部署地面部隊、發動單邊轟炸，或立即聯合歐洲盟友展開多邊行動，他唯一的提議是在海牙設立聯合國刑事法庭，提出進一步的戰爭罪公訴。[40]

沙塔克的調查結果，終於讓相關單位認真檢視美國的情報資料，以及尋找大規模處決證據。由於穆斯林倖存者提供確切的姓名與行刑的地點，中情局能掌握地理座標，掃描過去幾週衛星拍攝的航空照片。一九九五年八月二日，有一名中情局影像分析師熬夜檢查數百張在斯雷布雷尼察附近、新卡薩巴小村莊周邊的航空照片，並注意到一些重大差異。在某張間諜照片中，數百名囚犯聚集在鄰近足球場，荷蘭人也在那裡看過他們。幾天後那些囚犯都消失了，附近出現四座被證實為新挖掘的土堆。八月四日，《國家情報日報》報導這些證據，歐布萊特以此施壓，表示要將消息公諸於世。八月十日，歐布萊特在聯合國安理會的非公開會議上，展示這些照片的放大版本，並提供土堆是萬人塚的證據：

- 難民曾待過的地方出現新翻動過的土壤；
- 出現不久前不存在的重型載具痕跡；
- 沒有明顯的軍事、工業或農業因素，造成土壤被翻動的痕跡；
- 多位難民證實敘述；以及
- 現場沒有植被。

歐布萊特總結道：「塞爾維亞人處決、毆打與強暴手無寸鐵的人民。他們在遠離戰場的地方執行計畫過的暴行，而且這些暴行與塞爾維亞部隊高階軍官有直接關聯。他們沒有任何藉口這麼做。」[41]她提出以下聲明：

現在無辜生命仍岌岌可危，大約有一萬名斯雷布雷尼察平民與三千名澤帕平民不知去向。有人可能在躲藏，有人可能被拘留，有人肯定已經身亡。我們有責任去調查，找出能採取的行動，確保躲藏的人民獲得安全的逃生通道，讓被拘留的人受到妥善對待與釋放。我們應該公布死去或被殺害之人的姓名，通知他們的家屬，也該讓那些犯下粗暴罪刑的首謀歸案受審。

有些邪惡的事已為人所知，但連做好心理準備相信最壞情況的人，也難以相信這些暴行有多邪惡。[42]

無論外界抱持多一廂情願的想法，或美國重新振興外交措施，都無法改變最可怕的事實：在斯雷布雷尼查淪陷後一個月內、穆斯林投向後那十天，穆拉迪奇與克爾絲蒂奇監督塞爾維亞軍隊執行系統性屠殺，總共伏擊與處決超過七千名穆斯林男孩與男人。

即便美國準確預測到塞爾維亞人何時會攻擊斯雷布雷尼察，事情也不會有所改變。在斯雷布雷尼察事件後超過兩週，澤帕才跟著淪陷，國際社會對此瞭若指掌。即便各國完全知情，卻無意對抗塞爾維亞人。「這不是情報蒐集方面的失敗。」助理國務卿加蒂表示：「解決種族清洗不是我們政策的優先考量……當你原本就決定在這類事件發生時不予回應，那麼我很抱歉，這種事就是會發生。」

美國試圖為自己的情報和政策失敗辯解，但這不容易。柯林頓政府的官員不願承認他們知道塞爾維亞人要採取何種行動，卻什麼事都沒做。然而，如果他們承認沒有預測到塞爾維亞人突襲，又會顯現出自身弱點。塞爾維亞人得勝後數週，國務院流傳一份關於「底線」的備忘錄，作為官員接受採訪的指引。這份備忘錄提及，當遇到媒體挑戰時，美國官員要說美國事前沒有比聯合國知道更多關於塞爾維亞人佔領飛地的計畫，也未取得塞爾維亞軍隊行動的證據。一名美國官員在備忘錄角落潦草寫下一段話提醒自己，斯雷布雷尼察已經被圍攻將近三年之久，塞爾維亞人任何時刻都可能發動軍事攻擊。筆記中提到：「我們確實評估，除非地面部隊增援並與空軍接應，否則所有東部飛地都難以防禦外敵。」如果媒體提出暴行預估的問題，備忘錄力勸美國官員用以下發言避免正面回應：「我們對穆斯林抵抗者，或塞爾維亞人在斯雷布雷尼察實施暴行的任何意圖都一無所知。但參考巴爾幹半島的種族滅絕與種族清洗歷史，我們確實知道可能會發生這樣的事。」[43]在這份指引中，國務院和白宮官員都對這場「失敗」、「悲劇」與「不完美的現實」深感遺憾，但由於不願承認這個沒有平息跡象的問題，他們小心翼翼不去承擔飛地失守的責任。

斯雷布雷尼察淪陷後幾天，白宮發言人麥柯里與一名記者有過一段關於美國是否感到羞愧的對話：

麥柯里：我想這個政府所有人，都不斷表示當地情勢非常嚴峻，也沒有人滿意那群受國際社會託付、負責維持和平的人們的表現。

記者：但我們是否認為，我們是否接受自己必須為這些事件負起部分責任？

麥柯里：不可能評估波士尼亞一切悲劇的責任歸屬。你必須回顧現任政府、前任政府的努力。老實說，你必須去看不同地方的許多政府，都做出什麼決定。[44]

與此同時，國務院發言人勃恩斯則聲稱，政府正在和歐洲研擬軍事策略。除此之外，勃恩斯的言論也跟盧安達種族滅絕期間多位美國發言人十分相似，他表示美國額外提供五百萬美元的資金供應糧食、避難所和飲水，以「滿足斯雷布雷尼察的集客需求」。[45]勃恩斯強調美國十分留心此事。「我們會滿足任何他們提出的要求，」他說道：「因為我們確實感受到情勢緊迫。」[46]

然而，感受到情勢緊迫與採取緊急行動是兩回事。要讓柯林頓政府按照感受**行動**，就必須讓波士尼亞戰爭與美國內政有所牽連。把波士尼亞議題帶回國內的，正是高齡七十二歲、妙語如珠的堪薩斯州共和黨參議員鮑伯．杜爾。

餘波

從一九九〇年以來，參議院多數黨領袖鮑伯．杜爾一直致力於推動更積極的巴爾幹半島外交政策。那一年，他目睹塞爾維亞警察毆打科索沃的阿爾巴尼亞群眾，當時那群人前來迎接杜爾的美國代表團。目擊的經驗激發他持續關注巴爾幹地區。同時，杜爾的首席外交政策顧問米拉．巴拉塔是一名克羅埃西亞裔美國人，巴拉塔對塞爾維亞人的侵略十分敏感，這讓杜爾更加決定投入行動。杜爾對布希和柯林頓政府一直持批判態度。在一九九五年夏季，他被認為是一九九六年總統選舉中首位挑戰柯林頓的共和黨代表，因此有絕佳立場讓斯雷布雷尼察成為美國的政治議題。那是二十世紀以來，美國總統首度因為放任種族滅絕發生付出政治代價。

一直以來，人權倡議者、積極的國會成員和國務院異議人士對美國的主要批評，都是認為美國決策太過膽小。聯合國官員和歐洲國家對美國的批評，則聚焦在美國常常措辭強悍，行動卻軟弱冷漠的差異。他們認為比起完全不介入，美國的言行不一對波士尼亞穆斯林造成更大傷害。

早在斯雷布雷尼察淪陷前，美國政策就在暗中改變。一九九五年春天，聯合國在波士尼亞的維和任務顯然已無以為繼。六月中，柯林頓總統和高階顧問開了波士尼亞的簡報會議，當時柯林頓對美國一直缺少策略並隨波逐流感到不耐，這讓巴爾幹半島民族主義陣營主導改變的路線。「我們必須擬定清楚的政策。」柯林頓厲聲說：「否則我們會繼續拖延不處理這個問題。現在我們碰到了狀況，卻沒有明確任務，也沒有人掌控事件發展。」[47]柯林頓的發言讓多數外界觀察員以為事情都在總統的掌控之中。

七月十一日，穆拉迪征服斯雷布雷尼察後，美國國內外出現各方壓力，要求柯林頓採取更多行動，其中一個批判聲音來自國會。一直以來美國國會的批評相當嚴厲，但從未到無法抵擋的地步；如今，在杜爾領導下國會的批判聲浪達到高峰。最終國會進行一項決定性投票，同意單方面解除對波士尼亞人的武器禁運令，這可能迫使美國在撤離聯合國維和士兵時，在軍事方面扮演重要角色。在三年的戰爭中，美國保持現狀的狀態，似乎讓美軍注定被捲入巴爾幹戰爭。第二種聲音則來自記者、社運人士、前行政部門官員，以及在整個戰爭期間反覆糾纏政府官員的人士。這些人的批判聲浪讓秉持不干涉原則的白宮人員痛苦不堪。第三種聲音則來自歐洲各國，由於不滿美國指投入部分援助，歐洲領袖開始公開抨擊美國政府懦弱偽善。塞爾維亞人佔領斯雷布雷尼察和波士尼亞仍未止息的戰爭，為美國領導階層帶來危機。

來自國會的壓力

一九九五年一月初，巴爾幹半島的戰爭開打將近三年，杜爾已經和參議員拜登合作，試圖讓國防部恢復穆斯林武裝長達兩年之久。如今，他在美國參議院提出法案，呼籲解除武器禁運令。在一九九五年春天，杜爾都相當激進地談論這件事，甚至在斯雷布雷尼查事件發生前，杜爾已在國會贏得許多民主黨人支持，他們將這項法案視為向柯林頓的波士尼亞政策表達不滿的方式。杜爾厭倦行政部門的拖延，決心在七月表決法案。[48]

正因為關心波士尼亞議題的人是杜爾，柯林頓總統感到特別頭痛。表面上，杜爾不是特別難對付的總統候選人，他曾經兩度競選，兩次都是在南斯拉夫仍是一個國家的時期，結果輸得十分悽慘。但如今杜爾曾親身參戰的經驗、他不分黨派對巴爾幹半島的付出，以及斯雷布雷尼察驚駭的難民影像，都提高他的言論權威。隨著聯合國在波士尼亞的任務逐漸瓦解，美國政府似乎準備好聆聽他的主張。杜爾試圖解除穆斯林武器禁運的努力，不僅反映行政與立法部門再次為了外交政策發生衝突，同時也反映現任總統與他的挑戰者的衝突。柯林頓不希望自己在美國選民前表現懦弱。

於是，柯林頓提出其他主張。如同雷根政府在加爾布萊斯發起對伊拉克制裁運動期間的因應措施，柯林頓也堅持不該在國會上制定外交政策。不過，他真正的擔憂，是杜爾的倡議會迫使他派遣美軍到波士尼亞。柯林頓曾公開承諾，唯有波士尼亞處於「沒有砲火與戰鬥的真正和平狀態」，或碰到英國與法國維和人員在撤退時「受困於波士尼亞某個特定地點」這種「極度不可能發生」的情況，他才會部署美國地面部隊。[49]歐洲政府已清楚表明，如果美國國會解除禁運令，他們就會撤軍。因此如果杜爾的提案通過了，幾乎能保證柯林頓必須遵守對北約盟友許下的承諾，協助他們撤出維和士兵。柯林頓從他一天入主白宮，就一直在避免派遣美國地面部隊到巴爾幹半島。他肯定會在自己努力競選連任前夕，盡其所能避免恥辱的撤軍任務。

被北約稱為「40–104行動」的秘密撤軍計畫讓柯林頓非常困擾。這個計畫讓美國有義務部署大約兩萬五千人的部隊，參與北約總共六萬人的撤離。七月八日，也就是斯雷布雷尼察淪陷前三天，有一名高級行政官員跟《紐約時報》表示：「如果你問總統和他的高級顧問群對波士尼亞最大的擔憂是什麼，他們都會給出相同答案：40–104行動。」[50]這項擔憂讓柯林頓在斯雷布雷尼察淪陷前就主張，美國必須對達成和平協約「全力以赴」。否則他擔心會「在競選期間遇到」要部署美軍的狀況。[51]

杜爾號召眾人關注波士尼亞困境的動機不指出於人道考量。雖然這名參議院多數黨領袖知道，自己不會因為波士尼亞議題贏得很多總統選票，但他得到跟一九九二年的柯林頓相同的結論。當時，柯林頓也是藉由這個議題中傷布希總統。杜爾明白波士尼亞政策會讓柯林頓暴露更大弱點。不過如果說杜爾可能抱持零星政治觀點，那或許可以說，他長久以來對巴爾幹半島人民苦難的關心，顯示出他對柯林頓政府窮追猛打，是因為希望看到政策有所改變。[52]他並不孤單。

杜爾在倡議終止武器禁運時，動用自己尖酸刻薄的本性。隔年，美國選民對他性格的不滿讓柯林頓再度當選。七月十日，塞爾維亞人佔領斯雷布雷尼察前夕，杜爾在國會憤怒地發表演說，大肆渲染現況的危險性。他表示，如果能仰賴聯合國維和士兵保護波士尼亞人，就要玩一場「多邊幻想」的遊戲：

如果要相信美國和歐洲在波士尼亞的舉措有效，只需要玩一個被我稱為「一起假裝」的遊戲就好。遊戲規則很簡單，它是這樣玩的：

我們假裝聯合國部隊正在運送人道救援物資給需要的民眾；

我們假裝聯合國部隊掌控塞拉耶佛機場；

我們假裝聯合國部隊正在保護塞拉耶佛與斯雷布雷尼察等安全區，沒有波士尼亞人死於砲火攻擊；

我們假裝北約發出實際空襲的威脅；我們假裝已經強制實施禁航區規則；

我們假裝塞爾維亞總統米洛塞維奇沒有支持塞爾維亞軍隊；

我們假裝聯合國部隊可以永遠待在波士尼亞，我們永遠不必思考聯合國撤軍的問題。[53]

杜爾指出有幾個聯合國觀察站已經被侵略，塞爾維亞戰車已經進入斯雷布雷尼察鎮方圓一英里內的範圍，儘管聯合國在場，「波士尼亞人仍遭受屠殺，安全區被圍攻，聯合國持續通融塞爾維亞人的……殘忍侵略和種族滅絕。」[54]

那天晚上，當塞爾維亞槍手朝斯雷布雷尼察鎮中心緩慢前進時，柯林頓和國家安全團隊在白宮，與兩大黨的國會領袖共進晚餐，企圖說服他們解除禁運令的危險性。杜爾拒絕了晚宴邀約。

在斯雷布雷尼察淪陷前五十年，杜爾已理所當然爭取到能毫無顧忌談論戰爭與苦難的資格。二戰過後，杜爾從歐洲歸國時從頭到腳都打了石膏。他被迫重新學習走路、飲食和穿衣。雖然他在芝加哥的亞美尼亞裔美國醫師，幫他執行熟練的重建外科手術，但他依然無法使用右手臂。光是扣襯衫鈕釦、穿上沒有鞋帶的鞋子跟刷牙都變成挑戰。在參議院，每個人都知道杜爾會笨拙地以右手拿著一隻筆，藉此提醒和他握手的人必須使用左手。杜爾的座右銘一直都是「有人做事，有人乾著急。」這名堅毅的參議員認為，聯合國、歐洲和美國對波士尼亞什麼事沒做，只是在乾著急。因此當七月十一日斯雷布雷尼察飛地淪陷時，杜爾勃然大怒。

接下來三週內，杜爾一心一意想讓國會兩院通過他與喬瑟夫．李伯曼（Joseph Lieberman，康乃狄克州的民主黨代表）共同發起的《武器禁運令法案》。他在參議院議發言了六次，上了無數次電視，並穿梭在一間又一間攝影棚。杜爾跟萊姆金一樣成為一人遊說團。柯林頓政府對塞爾維亞人征服領地以及聯合國的屈辱處境，提出包含捍衛禁運令的主張都顯得空洞不已。在穆拉迪奇戰勝那天，杜爾宣告：

> 行政部門反對聯合國撤軍與解除波士尼亞武器禁運令，主要提出的論述是這類行動會導致飛地淪陷與人道災難。然而，如今這些災難已經發生，而且是在聯合國監看，北約戰機在空中巡邏的情況下……總統先生……要付出多少代價，行政部門與各界人士才會宣告聯合國的任務失敗？要等六個安全區全都被佔領嗎？[55]

柯林頓的支持者開始在廣播與電視節目上，控訴杜爾的法案會迫使聯合國維和士兵撤軍，導致美軍必須填補他們的空缺。杜爾表示，波士尼亞當地的風險很高，如果必須派軍，他會支持美軍嚴密策畫軍事介入。他也重寫法案，主張在聯合國部隊撤離後才解除禁運令，如此不會讓解禁本身導致聯合國撤軍。然而，政府官員控訴杜爾採取的手段將導致波士尼亞戰爭「美國化」。杜爾則有條有理一一反駁。例如他在《與大衛・布林克林聊本週政論》（*This Week with David Brinkley*）節目上，指出將這個問題美國化的人就是柯林頓總統：

我的看法是，柯林頓總統已經兩度承諾派遣美軍。如果情勢和平，他會派遣兩萬五千人去維持和平。他會派遣兩萬五千人協助法國、英國和荷蘭等在當地有部署軍隊的國家撤離。這就是美國化。我們現在討論的問題是在美國沒有介入的情況下解除禁運令，這在我看來大不相同……塞爾維亞一直是侵略的一方，我們已經知道這一點，但仍然長達兩年半毫無作為。這正是為什麼國會——而非鮑伯・杜爾——為什麼民主黨和共和黨國會成員都表示「忍無可忍」。[56]

柯林頓政府加倍努力廢止被白宮發言人麥柯里形容為「瘋狂」的杜爾—李伯曼提案。約翰・夏利卡什維利（John Shalikashvili）是參謀長聯席會議主席柯林・鮑威爾的繼任者，他和國務卿克里斯多福一同拜訪國會山莊，勸說參議員延後投票表決。針對政府對杜爾提案時機不好的抱怨，杜爾表示一直以來他都被告知這件事。「時機一直都不好」，他說：「我們不斷等待，希望有好事發生，但什麼好事都沒有。」[57]

一九九五年七月十九日，柯林頓打電話給杜爾，請求他將表決延後到同盟國領袖在倫敦會面後。總統堅稱那場會議會討論出更果斷的西方政策。杜爾不情願地同意了。然而，當杜爾聽說倫敦聲明刪去斯雷布雷尼察、澤帕和比哈奇（Bihac），他提出嚴正譴責，表示美國政府「再次亮眼地展示如何逃避問題」，並拒絕再延後表決。[58]七月二十四日，杜爾說道：「據說今天北約擬定更多軍事計畫，但有問題的從來不是計劃，而是執行計畫，而且這個問題至今仍未解決。這場辯論從來都無關乎政策選擇，而是政治意願。」[59]當時杜爾（而非總統）已經成為關注塞爾維亞人強加暴行的美國代言人。[60]

長久以來，杜爾的拿手絕活都是說話帶刺，不過由於這名尖銳的參議員經常單打獨鬥，這對他要在國會爭取足夠票數，推翻柯林頓必然行使的否決權不太有利。杜爾並非不討人喜歡，儘管他在參議院起步時顯得蹣跚踉蹌，被一名共和黨同事形容「非常不受歡迎，甚至無法在運兵船賣啤酒」，但他在國會二十七年的生涯，為他贏得眾人的尊敬，並成為優秀的參議院多數黨領袖。[61]杜爾真正的問題是他不擅長求助，無論是要別人幫他扣大衣鈕扣或從是立法工作皆然。某次，杜爾安排好上新聞節目《面對國家》（*Face the Nation*），但在攝影棚某處迷路了。杜爾的助理尋遍場地後，終於看到杜爾獨自站在一道笨重的雙門前。他無法自己推開門，也沒想到請求協助，反而只是說：「這裡有門。」[62]

不過在武器禁運的議題上，杜爾的固執引發的利大於弊。他沒有在參議院議場用浮誇又不切實際的詞藻，發表跟榮譽、自由或自衛權利有關的言論。反之，他用數千名驚惶穆斯林難民的電視影像說服人心。他憑藉堅持重申論點，彌補自己作風的缺失，並在每天以他特有的生澀真摯語氣，發表簡單扼要的一套論述，探討行政部門失敗的政策，以及那對波士尼亞穆斯林與美國造成的後果。

杜爾並非孤立無援。一九九四年二月，幾名國務院異議人士和一名匈牙利猶太人喬治・索羅斯（George Soros）會面。這群異議人士包含已辭職的馬修・哈里斯與史蒂芬・沃克，以及仍在任的吉姆・胡伯與約翰・曼易思。索羅斯在青少年時期就來到美國賺錢致富，近期他開始將一些財產捐給人道行動。索羅斯召開這場會議，是因為覺得反對柯林頓政策的人士抗議力道太分散，並主張不同人馬必須聯合起來。索羅斯的主要顧問包含雅爾耶・尼爾與艾莫惠，當時尼爾已離開人權觀察會，成為索羅斯慈善組織的執行長，艾莫惠則在一九九二年辭去國務院外交官一職，如今成為卡內基國際和平基金會執行長，開始推動美國軍事介入波士尼亞。在索羅斯支持下，這個小組成立一個新組織——巴爾幹半島和平行動理事會（Action Council on Peace in the Balkans），旨在聯合草根與菁英力量遊說團，提倡介入波士尼亞。胡伯回憶道：「長期以來我們都清楚認知道從內部遊說不會奏效。我們要改變政策的唯一方法，是從政府機關外改變氛圍。」巴爾幹半島和平行動理事會從一九九四年成立，到斯雷布雷尼察淪陷之間，曾發表新聞稿和專欄文章、發展出印製兩黨顯要人物名字、令人敬畏的信紙信頭，並協助召集一些猶太人與草根團體，共組救援波士尼亞行動委員會（Action Committee to Save Bosnia）。

一九九五年七月，杜爾在理事會的支援下發起解除禁運令運動。哈里斯從國會議員麥克洛斯基落選後就一直失業，如今受聘與同樣從國務院辭職的史蒂芬・沃克一起管理理事會，而回到國會山莊。這次他的新角色是一名遊說者。「那段經驗不太令人愉快。」哈里斯記得：「我必須向人攀談，並說：『我知道你不願意，但你能幫忙做嗎？』那真的非常尷尬與糟糕。」理事會除了推動遊說普及化，還委託專家進行軍事分析，以對抗國防部聲稱不管是北約空軍或解除禁運，都無法影響當地情勢的說法。「突然間，我們有軍事人員支持我們，說：『沒錯，這是可行的。』」杜爾的首席外交政策顧問巴拉塔說：「他們詳細說明哪種武器有效對抗塞爾維亞人的軍事裝備，以及穆斯林如何自食其力。」

行政部門官員以一套熟悉的主張提出反擊，希望能藉以澆熄倡議者熱情。他們辯稱如果這麼做聯合國維和人員會陷入危險，並會牽連到美國士兵。穆斯林不知道如何使用武器，也不清楚誰會提供他們武器，解除禁運將顯得徒勞無功。最糟糕的是這種手段可能造成反常後果，因為如同國務次卿彼得·塔諾夫指出，杜爾聲稱情勢無法再惡化的說法錯了，「情況可能遠遠更糟」。[63]但如今想像力的限制終於派上用場，人們沒辦法想像波士尼亞穆斯林遭遇更惡劣的處境，長久以來支配輿論的無效論、悖謬論和危害論也不再令人信服。美國不介入政策的後果變得太過明顯而慘重。

一九九五年七月二十六日，參議院以六十九比二十九票的比數通過法案，要求美國政府不得再執行武器禁運令。法案授權解除禁令，但唯有等到聯合國部隊離開波士尼亞，或波士尼亞政府要求他們撤退後十二週才能解禁。柯林頓總統也提出無條件延期三十天的要求。儘管如此，這是至今最激烈否認美國政策的一項法案。幾乎所有參議院共和黨人（四十八位參議員），以及接近半數的參議院民主黨人（二十一位參議員）都投票支持法案。杜爾在投票後宣告：「這次表決不僅關乎波士尼亞，更關乎美國。這是一場我們應該擁護什麼價值的表決，牽涉到我們的人性與原則。」[64]

對於背離柯林頓總統、加入共和黨挑戰政府外交政策的民主黨人來說，斯雷布雷尼察事件是關鍵。「對我來說當時的轉捩點是斯雷布雷尼察遭受的攻勢，那個週末竟然有那麼多人失蹤。」先前反對解除禁運令的加州參議員黛安·范士丹（Dianne Feinstein）說：「我被一幅影像深深震撼，就是那名在樹上上吊的年輕女子。對我來說那張照片說明了一切。」[65]

表決隔天，柯林頓在與南韓總統金泳三一起出席一場記者會，試圖否認他面臨的領導問題，並將參議院表決怪罪給聯合國與前總統喬治．布希。「你不能在世界各地到處說要採取行動，又不實際行動。」柯林頓責備聯合國無力說服北約發動空襲，並表示自己的領導方針沒有過失。「這種責任分配都來自我擔任總統前一項決策——我再次強調，我並不是在批評這項決策，但它試圖表示：『好，現在歐洲發生一個問題。歐洲人應該帶頭解決。』」[66]即便這位美國總統公開逃避責任，但私底下他已驚慌失措。

媒體／非政府組織的施壓

斯雷布雷尼察淪陷後，柯林頓政府開始隱微感受到在圍困之下可能的生活樣貌。從戰爭開打至今，專欄作家、人權倡議者、前外交官與記者都大力表明對柯林頓政策的反對，但沒有其他事件像安全區淪陷般點燃他們的怒火。七月中的事件罕見引發美國社論版高度一致的風向，在巴黎和倫敦也是。如同《華盛頓郵報》記者查爾斯．楚赫特（Charles Trueheart）所說：「有時西方國家令人憤怒的無能表現以及特定領導人的失敗，會讓人忽視波士尼亞發生的暴行。」[67]

在安全區淪陷後那週，光是在《華盛頓郵報》與《紐約時報》發表批評議論的人士，就包含安東尼．路易斯、威廉．薩菲爾、吉姆．霍格蘭、喬治．威爾（George Will）、瑪格麗特．柴契爾、茲比格涅夫・波辛斯基、布蘭特・史考克羅、查爾斯・蓋蒂（Charles Gati）、羅伯特・卡根（Robert Kagan）、查爾斯・柯漢默（Charles Krauthammer）、安娜・胡薩爾斯卡和喬治・索羅斯等人。資深評論家路易斯提及安全區淪陷「讓人質疑北約組織的未來」，也反映「白宮的領導真空」。《華盛頓郵報》的記者理查德・柯恩（Richard Cohen）形容柯林頓政府是「多嘴的不沾鍋」。薩菲爾批評柯林頓「無恥的失敗」讓「超級強權淪為次要強權」。[68]在《新共和國》雜誌中，前民主黨總統的國家安全顧問茲比格涅夫・波辛斯基則提供一篇總統演講稿，表示「要不是自由世界的領袖崗位目前空無一人」，這篇講稿就能被發表。《新共和國》以整期專題，探討斯雷布雷尼察的淪陷，雜誌獨特的文學編輯里昂・韋塞提耶（Leon Wieseltier）寫道：

> 美國似乎向沉重的歷史請了假，並蒙蔽自己的雙眼，不去觀看種族滅絕與其後果，以逃避權力伴隨的道德與實踐責任……如果讓戰爭美國化，就是讓種族滅絕美國化。既然美國是世界上唯一能阻止種族清洗的強權，假使種族清洗繼續發生，美國就難辭其咎。應該這麼說，難辭其咎的人不完全是美國。美國總統是種族滅絕的共犯，但美國人民不是。美國總統無權讓美國人民表現得和他一樣道德淪喪，他有權力做到點，但他沒有權利這麼做。[69]

就連過去擁護不介入原則的人士，也改變他們的論調。布希總統的前國家安全顧問布蘭特・史考克羅在一九九二年間非常反對使用武力，但他表示如今危急的情況與過往不同：「現在我們有參雜在其中的新因素。國際社會對西方國家的能力與意志已徹底失去信心，我們無法承擔讓這件事發生的代價。」有人詢問史考克羅如果一些美國人因為阻止塞爾維亞人而出現傷亡，是否值得此代價，他毫無遲疑地說：「值得，值得。」[70]

堅定的記者團無情追問國務院和白宮發言人尼可拉斯．勃恩斯與麥克．麥柯里。在安全區失守後一週，記者團以積極堅定的獨白與諷刺的訓斥，猛烈攻擊柯林頓的擁護者。記者在提出每個問題前，幾乎都會先長篇大論總結美國的道德失敗。例如在七月十二日，有一名記者對勃恩斯說：

當你提到聯合國時，彷彿那是遠在月球上營運的組織，我的意思是國務院好像是這樣看待聯合國。第一點，難道美國沒有權力要求北約執行轟炸突擊嗎？美國總統在競選時明明如此提議，卻在當選後撤銷承諾。第二點，難道你們對聯合國沒有道德影響力嗎？為什麼在決定立場前，你們還得到處詢問歐洲國家意見？

十四日，記者問麥柯里：「白宮任何人對相信聯合國與美國政策的斯雷布雷尼察波士尼亞人，會感到一絲愧疚嗎？」

十四日，記者問勃恩斯：

尼可，你可以隨心所欲用冗長發言逃避問題，想針對所謂卑劣與殘忍說多少就多少。但事實是這

> 件事的發言已無關緊要。所以問題是如果國際社會將有所行動，那美國願意採取何種行動試圖改善你一再以恐怖措辭形容的情勢？

十四日，記者問勃恩斯：「你說你非常慎重看待國際社會的結盟與穩定性。但如果這場種族滅絕沒有停止，北約該如何維持下去？北約身為能避免這類事件在歐洲發生的機構，難道不是已經徹底失格了嗎？」

十七日，記者問勃恩斯：

> 從你先前描述的種種會議來看……美國似乎是在提問，並等待其他人回答……難道美國不需要承擔起類似領導的角色，搞清楚該怎麼做？並且讓其他人來問你們問題？為什麼你們沒有在提供答案，在實質上領導與解決這個議題？

十八日，記者問麥柯里：「這個國家似乎有許多人都認為你的政策瘋狂又裝模作樣……我的重點是，當人民慘遭屠殺時，你還要繼續維持這個號稱中立的政策嗎？」[71]

一九九二年八月，許多記者在有關集中營的消息公諸於世，但布希政府不願改變政策時，發展出對波士尼亞議題的獨立關注。三年過後，他們的憤怒滲入報導。當時，美國廣播公司的新聞主播彼得・詹寧斯（Peter Jennings）剛完成他第三部長達一小時的紀錄片，探討西方國家在波士尼亞的失敗。

一九九四年二月，六十八名波士尼亞人在塞拉耶佛市集慘遭屠殺時，詹寧斯距離案發現場只有數個街區之遙，他對此事深惡痛絕。「今日波士尼亞人民再次驚惶逃離家鄉。」詹寧斯在新聞節目重點報導的引言中說：「但西歐國家和美國卻坐視不管。」[72]

當聯合國失利後，幾乎立刻有人援引猶太大屠殺的歷史。針對國務院，新聞記者再次提出外交官員胡伯、福克斯、強森、哈里斯和偉斯登早已提過的主張——美國**再次**放任種族滅絕發生。一名記者問道：「你們是否發現歷史有過前例，六十年前國務院同樣也沒採取行動？」一名記者則指控政府「如常辦事」的回應，跟「一九三九年美國政府在完全相同局勢中做出的反應」如出一轍。[73]

威廉．薩菲爾對塞爾維亞人成功實施「納粹式的種族清洗」哀悼，並表示後人會記得，柯林頓面對「總統任期內重要的道德軍事挑戰」時，展現的「害怕、退縮與挫敗」。[74]查爾斯．蓋蒂是前國務院官員與猶太大屠殺倖存者，七月十三日，他在《華盛頓郵報》斥責柯林頓政府：

> 柯林頓總統，請你去見見斯雷布雷尼察的人民，告訴他們「絕不重蹈覆轍」的承諾，只是為了讓美國人民接受的說詞……國務卿佩瑞，請去見見斯雷布雷尼察的人民，跟他們說美國國防預算會增加，以確保國家軍事力量無可匹敵，能同時參與兩場區域戰爭，在未來也將如此。不過也告訴他們，你無法向他們透露美國在等著打哪兩場仗，這是最高機密，而且沒有一場戰爭是為了斯雷布雷尼察而打。斯雷布雷尼察的人民肯定會瞭解，我們的將領想要的是另一臺轟炸機，而非再次陷入無法脫身的困境。很抱歉，巴爾幹半島沒有涉及我們的重大利益……無論斯雷布雷尼察人民

身在何方，有多少人倖存，他們一定都會欣賞如此坦白的解釋。[75]

眾議院議長紐特．金瑞契（Newt Gingrich）也對杜爾的指控感到認同，他將波士尼亞議題稱為「一九三〇年代以來，西方民主國家最慘痛的恥辱」。[76]法國總統席哈克對這場危機不斷發表評論，將世界對斯雷布雷尼察淪陷的反應，比作英國與法國在慕尼黑對希特勒採取的綏靖政策。霍爾布魯克是政府內部擁護轟炸行動的倡議者，他在《夜線》節目上將波士尼亞的戰事稱為「從一九三〇年代以來西方最嚴重的集體失敗」。索羅斯也指控美國的綏靖政策，表示塞爾維亞人操縱聯合國的方法，「非常類似於納粹德國在集中營，利用囚監管理其他囚犯」。[77]安東尼．路易斯對歐洲各國將軍隊留在波士尼亞，並試圖與塞爾維亞協商談和的想法嗤之以鼻。「你不能和希特勒做生意。一九三八年，當張伯倫在慕尼黑對希特勒卑躬屈膝，並肯定這將帶來『我們時代的和平』時，世界已經學到教訓。對希特勒來說，外交只是通往軍事勝利之路的插曲。」[78]路易斯等人堅稱塞爾維亞人也是如此。

針對白宮聲稱北約的軍事行動可能會「重燃戰火」，並危及那些「安全區」的說法，喬治．威爾反問要如何「重燃已經熊熊燃燒的大火」，他也提醒讀者：「這種愚蠢的言論，讓人想起一九四四年，美國戰爭事務助理國務卿約翰．麥克洛伊（John J. McCloy）的那封信。他在信中表示，不去轟炸奧斯威辛集中營與通往集中營鐵路的原因之一，是因為這麼做『可能會刺激德國人進行更惡意的報復』，人們不應該惹火葬場的經營者生氣。」[79]

全國公共廣播電臺的節目主持人史考特．西蒙（Scott Simon）擔憂，儘管將斯雷布雷尼查事件與猶太大屠殺類比十分貼切，但可能會讓旁觀者有更多不採取行動的藉口。猶太大屠殺、柬埔寨和盧安達種族滅絕，都為美國的關注與行動設下太高（或太低）的標準。「我們可以眼睜睜看著波士尼亞穆斯林遭受謀殺、強暴和掠奪，又安慰自己那裡的受害人數，仍比不上奧斯威辛集中營高效率殘暴處決的人數，或遍布在柬埔寨殺戮戰場、形成一幅恐怖馬賽克景象的大量頭顱。」西蒙在廣播節目《週末版》（*Weekend Edition*）中說道：

> 消息靈通的聰明人已經學會勸自己不要展開行動。如今我們看得新聞夠多，會發覺比起在波士尼亞，盧安達累積死亡人數更快也更多。甚至在塞拉耶佛這座被戰事圍困的城市，狙擊手一個周末射殺的人數，都跟在紐約或其他犯罪率高的城市被射殺身亡的人數一樣多，彷彿死傷程度低於希特勒戰爭罪的事件，都無法讓我們留下印象。這類暴行必須跟猶太大屠殺有多相似，理智的人才會認為已經無法接受更嚴重的種族滅絕？[80]

這是歷史上第一次一些人權團體克服反對武力的立場，呼籲國際發動軍事介入，以阻止塞爾維亞人的種族滅絕。在安全區淪陷前兩週，人權觀察會倡議部的主任荷莉．布卡爾特，曾力勸組織要求聯合國用公車將穆斯林載出斯雷布雷尼察。顯然人數過少的維和人員無法守衛飛地。儘管布卡爾特的同事十分捍衛穆斯林理想，但拒絕了她的提議，並表示保衛斯雷布雷尼察平民是「聯合國的工作」。七月二十日，在安全區被入侵後，布卡爾特在《華盛頓郵報》發表一篇題名為〈我們能夠做什麼來阻止這場種族滅絕？〉（*What We Can Do to Stop This Genocide?*）的社論。她指出塞爾維亞人企圖消滅「全部或局部」非塞爾維亞人口的行動，已經構成「典型的種族滅絕」，而美國有法律義務去阻止。「每一個曾拜訪過大屠殺紀念館的美國人，在離開時心中都會想：『真希望在這麼多人死去前，我們能幫上什麼忙。』」布卡爾特寫道：「這次我們可以做些什麼了。」她呼籲柯林頓號召美軍加入歐洲，一同保衛剩餘的安全區，也主張美國將握有的情報轉交給聯合國戰爭罪刑事法庭，並盡一切所能更快速調查失蹤男性的下落。卡布爾特呼籲：「塞爾維亞應該開放拘留地點，並釋放依然存活的人。」[81]

在這波倡議中，共有二十七個組織結盟，其中有多數組織先前都不曾支持在任何地方使用武力，如今他們卻共同發布新聞稿要求軍事介入：「各國必須透過武力阻止種族滅絕，而不只是從當地撤離，尤其美國要負責領導任務。之前採取的其他措施，都被證實無法奏效。」在新聞稿中連署的組織包含美國猶太委員會、美國護理師協會（American Nurses Association）、反誹謗聯盟、阿拉伯裔美國人反歧視委員會（American-Arab Anti-Discrimination Committee）、難民國際協會（Refugees International）、世界展望會（World Vision）、人權醫師協會和人權觀察會。[82]「你無法想像這對一些團體來說，是多麼重大的一件事。」布卡爾特說道：「我們有許多人過去從未主張使用武力，但就連貴格會也簽署了新聞稿。」人權觀察會執行長肯尼思・羅斯（Kenneth Roth）則利用這個機會，促使組織的理事會制定未來呼籲軍事介入的殺戮標準。經過激烈辯論後，人權觀察會決定從今以後，在任何時刻與地點，只要當地被判定發生「種族滅絕或大屠殺」，組織就會擱置對軍事力量的懷疑，建議武裝介入。在柬埔寨時代，人權團體已經假定美國政府無法做正確的事。如今經過二十年，經歷盧安達和斯雷布雷尼察後，許多團體都呼籲美國**用炸彈**做正確的事。

來自歐洲的壓力

美國行政部門的第三種壓力源，是嚴格詮釋美國國家利益的人都可能會認定為「重大利益」的類別。從二戰後成立北約以來，美國與歐洲國家的盟友關係已跌到谷底。

在七月以前，當柯林頓政府反對讓波士尼亞完全分割成兩個國家，歐洲各國已在低聲抱怨，而在斯雷布雷尼察淪陷後，歐洲開始公開表達不滿。五月十七日，當席哈克就職為法國總統時，他呼籲美國和法國合作重新奪回斯雷布雷尼察，這讓柯林頓措手不及。席哈克的提議讓美國很難繼續怪罪歐洲毫無作為，並讓美國才像拒絕歐洲發動軍事對抗的人。霍爾布魯克說道：「席哈克基本上是在說：『如果你不加入，我們就要退出了。』那次動向改變十分劇烈。」

倫敦、巴黎與波昂的官員表示，他們對華府拒絕扮演北大西洋聯盟領袖的傳統角色愈來愈不滿。有人詢問席哈克，美國不願派兵進入波士尼亞，是否損害美國的領導地位。《華盛頓郵報》則引用席哈克的回答：「北大西洋聯盟沒有領導人。」倫敦當局也表達相似的失望：「我不記得美國政策曾如此深受鄙視。」倫敦大學國王學院的戰爭研究教授勞倫斯·佛里德曼（Lawrence Freedman）跟《華盛頓郵報》標示：「你在英國找不到任何人認為美國的作為是恰當的。他們告訴我們，我們做得不夠好，卻沒有試圖提供援助。」[83]歐洲受夠一九九年外交官哈羅德·尼科爾森對威爾遜總統簽訂《凡爾賽條約》時，*

所犯下缺失的描述：「美國永遠都受到大西洋保護，一邊滿足自以為是的想法，一邊推卸責任。」[84]

雷布雷尼察淪陷帶來的恥辱令柯林頓心煩意亂。歐洲中心發生如此野蠻的事，讓他顯得軟弱無能。這是有史以來第一次，柯林頓相信波士尼亞事件可能阻礙許多他夢寐以求的目標。柯林頓一名高級顧問記得：「這個議題成為美國外交政策與柯林頓政府領導階層的毒瘤。當時我們愈來愈清楚，如果波士尼亞議題持續失利，那會波及到我們其餘內政和外交政策。」柯林頓意識到美國必須做出決定，被動面對塞爾維亞人的侵略行動不再是可行的政策選項。

在動盪的七月天，柯林頓的發言往往像是在乎波士尼亞對他總統任期造成的傷害，勝過於對手無寸鐵的穆斯林性命的影響。七月十四日晚上，總統在白宮高爾夫球場的輕擊區，收到國家安全會議第二顧問山迪・柏格以及第三顧問南希・瑟德貝里（Nancy Soderberg）的簡報。他意識到自己終於面臨選擇不干涉政策的政治代價。在長達四十五分鐘穿插粗話的咆哮中，柯林頓說：「不能再這樣下去了……我們必須奪取這件事的控制權……我現在正遭受痛宰！」[85]

七月十八日，當副總統高爾在會議上提到波士尼亞上吊的年輕女子時，柯林頓表示他支持使用空軍的強大力量，並宣告：「美國不能繼續當世界的沙包。」[86]這場討論雖然受到種族滅絕引起的道德意識影響，但首要重點是奠基在政治上。斯雷布雷尼察已經淪陷，不久後澤帕也會步上後塵，柯林頓必須終止恥辱的循環。

---

* 哈羅德・尼科爾森（Harold Nicolson，一八八六年—一九六八年），英國知名政治家與外交官。

美國的不作為對總統影響如此重大，就連柯林頓的民意調查員迪克・莫里斯也在為轟炸遊說。後來莫里斯回想當時情況，說道：「波士尼亞成為柯林頓弱點的隱喻。」柯林頓的態度讓他十分驚訝。「我發現每次和總統討論波士尼亞議題時，我們都會一再聽到『沒辦法』這個詞。」莫里斯表示：「我曾在某次會議上說：『你說**沒辦法**是什麼意思？你可是三軍統帥，怎麼會**沒辦法**？』」[87]

終局

柯林頓總統的施政受到波士尼亞牽連，讓他勢必得阻止波士尼亞戰爭。早在六月時，國家安全顧問雷克就力勸柯林頓的內閣成員做出決定，要他們預設波士尼亞重組成的模樣，接著再回推操作。雷克試圖讓外交政策團隊從戰略角度思考，以免他們一直陷入危機處理的泥沼。七月十七日，雷克終於在外交政策團隊的早餐會議上，公開他的「終局策略」。美國將接手這場外交大秀，透過威脅轟炸塞爾維亞人與解除禁令，來支持外交舉措。[88]在那場會議中，柯林頓總統罕見出席，並表示他反對現狀。柯林頓說道：「這項政策已大大損害美國在世界的地位，讓我們顯得軟弱無能。」他預測情況只會愈來愈糟，並指出「我們唯一能有所突破的方法，是讓北約真正準備好威脅塞爾維亞。」[89]

時間不多了。一九九五年七月二十六日，美國參議院通過杜爾—李伯曼法案，終結美國對波士尼亞的武器禁運令。八月一日，眾議院起而效尤，授權解除禁令，塞爾維亞人開始在比哈奇安全區附近召集部隊。柯林頓與雷克達成共識，認為是時候跟歐洲說明美國的新政策。他們可以利用杜爾的禁運令法案作為槓桿，藉以「安排相關命令」。相較於盧安達種族滅絕期間以及南斯拉夫戰爭初期，美國完全忽略的應對方式，從七月十七日到八月八日雷克啟程前往歐洲這段期間，美國的國家安全顧問召開二十一次會議。柯林頓總統曾在八月二日、七日和八日參與會議。[90]由於時間緊迫，美國當局認為是時候該「全面施壓」。一九九三年五月，當國務卿克里斯多福出訪歐洲時，曾不太熱忱地推銷柯林頓的「解禁與攻擊」政策。這次和當時不同，雷克說明了該項政策另一個版本，並對歐洲國家具體表示：「如果無法解決事端，我們就準備這麼做，我們想這麼做，希望你們會一起加入。」[91]

柯林頓團隊許多人仍對使用武力感到不安。越戰的回憶讓雷克和美國軍事策畫者，尤其害怕給出開放式承諾。然而，巴爾幹半島的最新情勢鼓舞了美國官員。一九九一年獨立戰爭開打後，克羅埃西亞就遭到塞爾維亞反叛勢力佔領，如今他們發動新攻勢，目標是收復失土並驅逐塞爾維亞少數成員。當雷克公開美國的「終局策略」時，克羅埃西亞軍隊正在橫掃塞爾維亞人掌控的克羅埃西亞與波士尼亞西部領地。克羅埃西亞的勝利揭露所謂無可抵擋的塞爾維亞勢力不過是隻紙老虎，這對多年來聽取國防部的危言聳聽，認定投入戰爭會造成大量美軍傷亡的人來說至關重要。更關鍵的，是克羅埃西亞的捷報也說明塞爾維亞總統米洛塞維奇已準備好退出戰局，放任克羅埃西亞與波士尼亞的塞爾維亞人被擊敗。如果北約介入，他們只需要對抗波士尼亞的塞爾維亞人，而非南斯拉夫國民軍。

當塞爾維亞人佔領斯雷布雷尼察和澤帕時，某些西方國家偷偷鬆了口氣，因為失去兩處穆斯林飛地，等同於消除兩塊惱人的不相連領地，如此能整合波士尼亞地圖，也比較容易達成與執行和平協議。但如今西方國家的外交官終於遲緩意識到，他們是在與邪惡之徒而非紳士協商。軍事力量是唯一解答。

西方國家的全面施壓舉措立刻翻轉情勢。七月，在西方領袖會議上，美國承諾如果塞爾維亞人攻擊戈拉茲德安全區，就會發動轟炸。接下來數週內，雷克和霍爾布魯克等人成功施壓，將北約的保護傘擴大到另外三個安全區：比哈奇、土茲拉和塞拉耶佛。而在發動空襲前，其中一把必須轉動的「鑰匙」，也從處處提防的聯合國文職主管明石康手中，移交到聯合國部隊指揮官詹維爾手上，詹維爾至少指派兩名將領負責空襲。更重要的是華府與歐洲國家明白，下次當北約發動轟炸時，不能只是小規模進攻，也不能讓塞爾維亞人透過挾持人質，削弱同盟國的決心。如果聯合國維和士兵在八月末撤離塞爾維亞領地，那他們在當地幾乎一事無成，只會徒增被當成人治的危險。

一九九五年八月十四日，國務卿克里斯多福將美國對波士尼亞外交政策的主導權，交給助理國務卿霍爾布魯克。八月十九日，霍爾布魯克的五人協商小組開車跨越伊格曼山（Mount Igman），進入塞拉耶佛。塞拉耶佛機場由於受到塞爾維亞人轟炸而關閉，塞爾維亞又拒絕擔保國際航班安全，美國代表團別無選擇，只好沿著危險的山路駕駛笨重車輛。這條山路為了讓波士尼亞卡車司機運送物資到城內，已經被人們拓寬，但成效不彰。那次出訪，載運美國代表團部分成員的聯合國裝甲運兵車滑出山路，滾下山坡。霍爾布魯克的三名同事與友人尼爾森．德魯（Nelson Drew）、羅伯特．弗拉蘇爾（Robert Frasure）、約瑟夫．克魯澤（Joseph Kruzel）因此喪生。這是美國官員首次在巴爾幹戰爭中身亡。霍爾布魯克將他們的遺體帶回美國，在航程中，他的雙膝時常抵著其中一口棺木。這起悲劇激勵新一波的外交行動，也增強美國終結這場戰爭的決心。「這是我們在整起衝突中第一次犧牲性命。」霍爾布魯克說：「而且失去的還是三名寶貴的高階公職人員與摯友。每個人都心碎了，突然間戰爭變得清晰可見。」

一九九五年八月二十八日，一枚砲彈落在塞拉耶佛一座市集。該市集在一九九四年二月，同樣因為砲擊而有六十八人喪生。這次攻擊則造成三十七人死亡、八十八人受傷。霍爾布魯克急忙從巴黎打電話回華府，但柯林頓、高爾、克里斯多福、佩瑞和雷克全都去度假了。副國務卿塔柏特詢問霍爾布魯克，會如何向克里斯多福與柯林頓提出建議，霍爾布魯克則說：「號召我們的協商小組策畫轟炸，我們必須轟炸回擊。」

最終，北約發動了砲擊。從一九九五年八月三十日開始，砲擊維持三週之久。北約出動三千四百次戰機，針對五十六個目標執行七百五十次攻擊任務。他們避開老舊生鏽的塞爾維亞戰車，集中火力在貯存彈藥的掩體、地對空飛彈基地與通訊中心。他們將這次任務稱為慎重武力行動（Operation Deliberate Force），彷彿在預告可能被稱為「敷衍武力行動」（Operation Halfhearted Force）計畫已經過去。頓時波士尼亞的塞爾維亞軍隊陷入慌亂，穆斯林與克羅埃西亞士兵則成功收回一九九二年被佔領與清洗的約兩成領土。當雷克得知戰機正大量轟炸塞爾維亞陣地後，打了電話給在懷俄明州的總統。

「哇——！」柯林頓低聲驚呼。這證明一年前麥克洛斯基議員說的話，轟炸塞爾維亞軍隊確實讓他非常舒坦。[92]

當美國再次握有可靠的軍事力量，他們很容易就說服塞爾維亞人停止轟炸平民。一九九五年十一月，柯林頓政府在俄亥俄州岱頓促成和平協議。這份協議南斯拉夫將百分之四十九的土地，分給佔人口百分之三十一的塞爾維亞人；百分之二十五的土地分給佔人口百分之十七的克羅埃西亞人；而構成人口百分之四十四的穆斯林，只分配到百分之二十五的土地。波士尼亞幾乎只剩下三小塊種族「純淨」的領地。這三個族群在單一國家內共存，但由極度脆弱的中央政府治理。從一九九二年四月戰爭開打以來，共有超過二十萬人身亡。每兩人中就有一人流離失所。一九九五年十二月，柯林頓總統在橢圓形辦公室發表談話，他相當動人地援引斯雷布雷尼察屠殺與近期塞拉耶佛市集的殺戮事件，為部署兩萬美軍到波士尼亞辯護。

儘管戰爭已經落幕，柯林頓仍有個小問題。他的政府從一九九三年五月放棄解禁武器與攻擊政策提議後，高階官員便一直主張波士尼亞是「地獄的難題」。他們表示介入種族滅絕將徒勞無功，或危及到美國利益。如今，同一批官員很難撤回早先說辭，說服國民為什麼美國突然貢獻軍隊，去執行《岱頓協定》。當選舉之年到來，國會的共和黨領導階層已經準備好發動攻勢。

有些共和黨黨員曾試圖挑戰柯林頓，向大眾表示美國不值得為波士尼亞犧牲一條人命。然而，曾挑戰柯林頓總統職位的參議員杜爾卻替三軍統帥撐腰。秋末，杜爾和亞利桑那州共和黨參議員兼戰爭英雄約翰．馬侃（John McCain）攜手合作，兩人公開支持總統部署美軍到波士尼亞的決策。杜爾和馬侃知道，他們拒絕攻擊柯林頓將會惹怒共和黨同事。杜爾在新罕布夏州的競選總幹事告訴他：「你的麻煩已經夠多了，不須要再蹚這場灘水！」他和十二名憤怒的共和黨參議員開會，試圖阻止黨內部分批評。馬侃記得在那場會議中「黨員的言辭非常激烈且情緒化，像是說：『別讓我們國家的孩子陷入危險』、『屍袋』等等。」馬侃表示：「他們只是在攻擊我們……我變得愈來愈沮喪。」當會議終於結束，發動猛烈批評的共和黨人魚貫走到走廊，馬侃感到心灰意冷。然而當馬侃和杜爾走出會議室，原先不發一語的杜爾卻雀躍表示：「有進展了！」儘管場面看似不利，但杜爾原先預期的狀況更糟。[93]最後，杜爾讓二十八位共和黨員改變立場，轉而支持柯林頓的目標。參議院以六十票同意、三十九票反對的比數，批准美國部署軍隊到波士尼亞。

柯林頓知道如果有大量美軍傷亡，他十一月的選舉支持率將受到威脅。他表示：「傳統的政治教訓是部署美軍百害而無一利」，但他願意為此冒險。「你必須捫心自問，十年後當你卸任時，會比較願意捍衛哪個決定。」柯林頓說道：「我寧願解釋為什麼我們要嘗試」，而不是為什麼「北約聯盟四分五裂，並犧牲美國長達十年的影響力」。[94]這是有史以來第一次，柯林頓認為不介入的代價高過介入的代價。

一九九六年，柯林頓總統在總統大選輕而易舉打敗了杜爾。一年後，在一九九七年十一月，柯林頓指派杜爾擔任國際失蹤人口委員會

在簽訂《岱頓協定》（Dayton agreement）後，一個穆斯林家庭在返家時找到一張他們的人臉被塗掉的相片。塞爾維亞人掠奪這家人的家具、器具、櫥櫃、水槽和窗玻璃。這張相片幾乎是他們所剩的唯一物件。

（圖片來源：Ron Haviv-VII）

（International Commission on Missing Persons）主席，這個委員會成立的目的，是要調查在前南斯拉夫戰爭中仍不知去向的四萬人，包括超過七千名在斯雷布雷尼察失蹤的人民。組織並資助蒐集鑑識資料、DNA鑑定和墳場的掃雷工作。杜爾接任主席職位時，發表一段簡短的評論：「有人可能會質疑，也確實曾質疑，起初我們為什麼涉入波士尼亞問題。」杜爾說：「我想答案非常簡單：因為我們碰巧是世界的領袖。」[95]

第十二章　科索沃：連帶關係與戰鬥

通往對峙之路

在北約發動轟炸並在巴爾幹半島部署軍隊後，波士尼亞變得相當風平浪靜。許多人抱怨穆斯林、克羅埃西亞人和塞爾維亞人之間仍存在揮之不去的敵意，民族主義者把持的政權也拒絕讓難民返回家園。然而無論《岱頓協定》再怎麼脆弱且令人不滿，美國領導階層已經終結波士尼亞的野蠻戰爭。六萬人組成的北約部隊巡邏這個戰爭肆虐後的國家，他們監督在過去衝突前線的掃雷工作、協助復員與訓練新的軍隊警力、護送家庭回到被焚燬的村莊，並開啟全面的安全與常態。

不過，北約的任務只完成一半。從一九九三年以來，海牙的聯合國戰爭罪刑事法庭已彙整出長長的嫌疑名單。當塞爾維亞總統斯洛波丹·米洛塞維奇代表波士尼亞的塞爾維亞共犯簽署《岱頓協議》時，他曾呼籲美國官員不要急著決定有嫌疑的戰爭犯是否能在波士尼亞佔據政府高位。他表示：「在一個剛被吊死的人的家裡，不要談到繩索。」[1]西方領袖聽從了他的建議，刻意讓《岱頓協議》的措辭顯得模糊；另一方面，華府擔心逮補戰犯過程會像索馬利亞事件一樣造成人員傷亡，於是拒絕下令逮捕。北約部隊部署不久，擔任指揮官的海軍上將雷頓·史密斯（Leighton Smith）出現在波士尼亞的塞爾維亞電視節目上，公開否認他的部隊有權拘捕嫌疑犯。儘管史密斯的部隊應該密切注意被告，但他沒有提供被告的姓名或照片給下屬。這名美國軍官表示，唯有總統直接下令，他們才會逮捕嫌犯。他們不願身陷險境，重回在索馬利亞的感受。因此，在巴爾幹半島維持「和平狀態」前兩年，民族主義罪犯繼續無法無天。

在美國國防部，只有一個人照例發表異議，那人就是韋斯利．克拉克。克拉克是曾獲得勛章的越戰退伍軍人，他在擔任研究生時期曾榮獲羅德獎學金，並在盧安達種族滅絕與波士尼亞戰爭期間，都擔任參謀長聯席會議的戰略計畫與政策署署長。一九九五年八月，聯合國裝甲運兵車失事導致三位同事身亡時，克拉克和霍爾布魯克在一起。他也曾擔任岱頓和談的軍事聯絡官，並密切監視米洛塞維奇。當各方陣營因為北約轟炸受苦，他主張立即逮捕罪犯。這不是克拉克最後一次受到忽視，美國和歐洲外交官非但沒有下令逮捕罪犯，反而繼續仰賴米洛塞維奇穩定情勢。儘管西方國家認為這名塞爾維亞獨裁者該為波士尼亞的種族滅絕負責，但他們對待他的方式有如不可或缺的外交夥伴。西方國家的官員出訪巴爾幹半島的第一個地點總是貝爾格勒。

相比起來，塞爾維亞全體國民更不尊敬他們的總統。米洛塞維奇策畫與資助克羅埃西亞和波士尼亞塞爾維亞人參與戰爭的行為，讓塞爾維亞飽受摧殘。由於經歷五年軍事化，國內的失業率與通貨膨脹率飆升，人民生活品質也一落千丈，西方嚴格的經濟制裁則讓情況更加惡化。在一九九六、九七年，塞爾維亞躁動不安的人民策畫大型示威活動，抗議民眾由於多年來受到塞爾維亞政府宣傳洗腦，以為塞爾維亞人才是種族滅絕的受害者，因此未提及塞爾維亞的戰爭罪。反之，他們要求米洛塞維奇停止貪腐的統治與對國內的壓迫。米洛塞維奇以嚴密控制作為回應。他封鎖異議言論、授權政治暗殺、關閉獨立媒體電臺，並在自己的政黨無法勝選的選舉上舞弊。他還開始殘暴對待塞爾維亞南部科索沃省的阿爾巴尼亞人。

長期以來，赤貧的科索沃省受到塞爾維亞佔領。在一三八九年，科索沃因為發生黑鳥之地戰役（Field of Blackbirds）而留名青史。在這場戰役中，突厥人擊敗信仰東正教的塞爾維亞人，迎來五百年鄂圖曼土耳其統治。[2]二十世紀下半葉，塞爾維亞人和阿爾巴尼亞人在這個省分，爭奪土地、工作機會和政治特權。由於阿爾巴尼亞人爆炸性的出生率，以及塞爾維亞人大批出走，一百七十萬的阿爾巴尼亞人佔科索沃總體人口九成。到了一九八〇年代，科索沃的塞爾維亞人感覺人數不敵異族，開始抱怨自己遭受迫害。他們獲得塞爾維亞科學與藝術學院（Serbian Academy of Sciences and Arts）民族主義者的道德支持。一九八六年，塞爾維亞知識分子在一份具有煽動性的公開備忘錄中，控訴阿爾巴尼亞人正在策畫「對科索沃塞爾維亞人的身體、政治、法律與文化種族滅絕」。[3]隔年，當時仍是一位默默無名共產黨官僚的米洛塞維奇造訪科索沃，煽動當地的反阿爾巴尼亞情緒與塞爾維亞狂熱。米洛塞維奇對一群憤怒的塞爾維亞暴民宣告：「沒有人膽敢擊敗你們！」[4]一九八九年，米洛塞維奇剝奪南斯拉夫獨裁者狄托授予科索沃的自治權，並強化塞爾維亞的民族主義資格。阿爾巴尼亞人開始被開除工作，學校也被關閉，街上隨處可見塞爾維亞警察。

一九九五年，當北約迫使塞爾維亞人協商解決波士尼亞問題時，科索沃的阿爾巴尼亞人期望美國與歐洲對塞爾維亞施壓，恢復該省分自治。然而在岱頓和談中，西方協商者反而認可塞爾維亞領土的完整性，而未提到科索沃問題。這激怒科索沃的許多阿爾巴尼亞人，並造成一個令人難以捉摸、自稱為科索沃解放軍（Kosovo Liberation Army）的阿爾巴尼亞戰士群體在日後崛起。[5]科索沃解放軍誓言保護家鄉的阿爾巴尼亞族人，為省分贏得獨立。科索沃解放軍成功向阿爾巴尼亞移民募得資金，並從處於無政府狀態的鄰國阿爾巴尼亞偷渡武器。起初他們沒有在科索沃吸引到許多新兵，但到了一九九八年三月，情勢開始有所轉變。當時，由於科索沃解放軍射殺幾名塞爾維亞警員，並遭到米洛塞維奇暴力反擊，人民對科索沃解放軍的支持度開始飆升。之後，塞爾維亞軍隊大舉入侵德雷尼察地區（Drenica），殺害科索沃解放軍強人阿德姆．賈沙里（Adem Jashari）約五十八名親戚，其中包含婦女和小孩。每次科索沃解放軍攻擊塞爾維亞官員，塞爾維亞的報復行動就會更加激烈。塞爾維亞槍手曾縱火焚燒許多座疑似窩藏效忠科索沃解放軍的人民村莊。隔年，約有三千名阿爾巴尼亞人遭到殺害，還有約三十萬名阿爾巴尼亞人被驅離家鄉，他們的財產遭到焚燬、生計被毀掉。電視臺攝影機捕捉到平民因為冬季降雪而瑟瑟發抖的畫面。

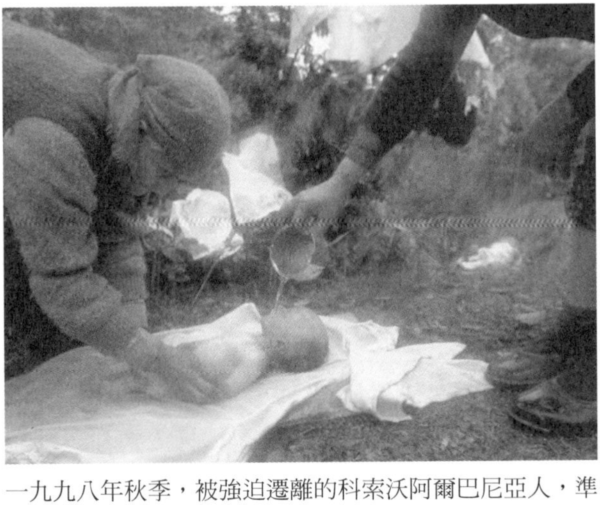

一九九八年秋季，被強迫遷離的科索沃阿爾巴尼亞人，準備埋葬一名在科索沃山上凍死的五週大嬰兒。

（圖片來源：Ron Haviv-VII）

到了一九九〇年代末，西方國家觀察員對科索沃已經非常熟悉。甚至在一九九二年，布希政府堅稱科索沃跟波士尼亞戰爭「沒有連帶關係」的情況下，仍表達對科索沃命運的擔憂。後來，在被稱為布希總統「聖誕警告」中，代理國務卿伊格伯格曾向米洛塞維奇呼籲，如果塞爾維亞攻擊科索沃，美國會「準備用軍事力量對付在科索沃與塞爾維亞境內的塞爾維亞人」。[6]一九九三年四月，柯林頓政府相當提防運用武力的國務卿克里斯多福，區分了科索沃與波士尼亞的情勢。他表示如果科索沃情況惡化，那將「導致該地區其他國家，包含阿爾巴尼亞、希臘與土耳其等被捲入紛爭」。美國擔心那裡的衝突會「像歷史一樣擴大，變成世界戰爭」。[7]外界一直認為科索沃與波士尼亞不同，因為科索沃克能點燃整個巴爾幹半島的暴力衝突。

一九九八年，塞爾維亞警察與民兵犯下更多暴行。消息靈通的西方國家記者與人權團體造訪當地。一九九〇年代的暴行讓許多美國意見領袖理解，他們不能同時要求終結種族滅絕與不干涉政策。沒有實質軍事威脅的外交時常無法阻止濫權行為，柯林頓政府承受必須以軍事行動回應的壓力。

一九九八年十月，美國的糾紛調停者霍爾布魯克再次與米洛塞維奇協商。米洛塞維奇為了避免北約空襲，同意將部分軍隊撤出科索沃，並允許美國部署兩千名非武裝的國際作證人。不過塞爾維亞軍隊忽視他們的存在。一九九九年一月十五日，塞爾維亞的輔助軍隊和警方以砲火猛攻拉察克（Racak）小鎮，三天後又圍捕並處決四十五名阿爾巴尼亞平民，其中包含三名女性、一名十二歲男孩與幾位老人。塞爾維亞軍隊在處決平民後，任憑屍體面朝下倒臥在結冰的深谷。二十四小時內，科索沃作證團的領導人大使威廉·沃克（William Walker）就抵達犯罪現場。沃克在中美洲擔任美國外交官時，便曾遇到暴行發生。當他抵達現場，他聽取村民證詞，爬到附近山丘並在那裡看見第一具遺體。沃克跟一名記者說：「那具遺體頭上覆蓋一條毛毯，毯子拉開後，我看到遺體沒有頭，只剩下極度血肉模糊的頸部。」他仔細檢查另外三具屍體。每具屍體的灰髮或白髮之下都有一個可見的彈孔。沃克對電視臺的攝影機怒吼，表示塞爾維亞人犯下了「違反人道罪」。[8]

柯林頓政府的高級官員既反感又激憤。當時，長期倡議人道介入的馬德琳．歐布萊特接任克里斯多福，成為國務卿。她和柯林頓團隊都記得斯雷布雷尼察，也還在面對盧安達種族滅絕帶來的罪惡感，因此正在尋求補償方法。他們擔心拉察克事件只是一連串縮小版斯雷布雷尼察事件的開端。當時在塞爾維亞軍中，甚至還謠傳一句每日名言：「一天一屠殺，北約不抵達。」有別於一九九〇年代中葉，美國官員跟比起過去積極很多的歐洲外交官結盟。英國首相托尼．布萊爾（Tony Blair）和他的外交大臣羅賓．庫克（Robin Cook）都想阻止米洛塞維奇。一九九九年二月，美國與歐洲國家在巴黎外的朗布耶城堡（château of Rambouillet）召開會議，並提出「不要就算了」的提議。他們要求貝爾格勒當局從科索沃撤離多數部隊，給予阿爾巴尼亞人一定程度自治權，並允許兩萬五千名維和士兵（其中有四千名為美國人）駐紮在塞爾維亞。如果塞爾維亞拒絕，北約就會展開轟炸。塞爾維亞很習慣無視北約的威脅，他們並不打算要放棄一個深具歷史與象徵意義的省分。代表塞爾維亞的協商者甚至拒絕考慮接受協議。從一九九九年三月二十四日起，在歐盟最高司令克拉克將軍的指揮下，北約戰機開始轟炸塞爾維亞。克拉克表示，在米洛塞維奇接受自治的折衷方案前，他們將繼續轟炸。這是美國與歐洲國家史上第一次介入阻止潛在的種族滅絕發生。[9]

回應

價值與利益

北約不僅是出於人道考量。塞爾維亞的暴行當然挑起北約行動，但如果更傳統的美國利益沒有受到公認威脅，美國可能就不會發起「盟軍行動」（Operation Allied Force）。無論阿爾巴尼亞人的苦難再怎麼真實，對於柯林頓總統來說，信譽受到威脅是他採取行動的關鍵因素。當塞爾維亞暴力程度加劇，米洛塞維奇又展現多餘的詐欺手段，人們開始聯想到一九九五年夏天波士尼亞的斯雷布雷尼察事件。種種情況都讓柯林頓與他的內閣，以及美國提出威脅時經常提起的北約都顯得很愚蠢。阻止塞爾維亞失敗是北約聯盟的恥辱，畢竟塞爾維亞只有一千一百萬人口，而且位在北約最新成員國匈牙利伸手可及的範圍。用柯林頓的話來說，西方領袖再次「受到痛宰」。

除了信譽問題之外，巴爾幹半島經過十年動盪與科索沃解放軍的地位提升，無論對阿爾巴尼亞人、美國和歐州來說，不安的局勢顯然沒有消失。塞爾維亞人和阿爾巴尼亞人正如火如荼戰鬥，有可能會破壞鄰近國家馬其頓脆弱的族群平衡。馬其頓有四分之一的阿爾巴尼亞人口，無法再容納更多被迫離開科索沃的阿爾巴尼亞人進入國內。塞爾維亞的壓迫正在危害波士尼亞的脆弱和平，美國不希望看到他們在鄰近區域投注的資源白白浪費。柯林頓政府經過六年執政後，或許最重要的，是他們建立起與塞爾維亞這個特定政權打交道的制度記憶。米洛塞維奇作為一名「累犯」，在前十年輕易勝過同盟國數百次，讓美國外交官打破傳統上認為和平「指日可待」的傾象。簡言之，當北約開始轟炸後，柯林頓政府的行動既用腦也用心。

北約展開空襲行動當晚，柯林頓總統在橢圓形辦公室發表談話。這次他援引猶太大屠殺，問道：「要是有人聽從邱吉爾建議，更早挺身對抗希特勒呢？想像一下，如果當時的領袖夠明智且更早採取行動，那可以拯救多少性命，多少美國人不會因此喪命？」[10]在美國政府內外，有許多人更早開始就採用這種類比策略呼籲介入，卻被認為軟弱與情緒化而遭忽視。如今，柯林頓自己也採用這個手段。

不過，柯林頓認為自己也必須說明發動軍事力量，對美國利益的威脅。「科索沃的利益，值得讓美國軍方冒險嗎？」他問道：「我努力思考這個問題很久。我相信不行動的危險，遠遠大過行動的危險。如果不行動，那對手無寸鐵的人民和我們國家利益都會造成危害。」塞爾維亞人和阿爾巴尼亞人的鬥爭，可能讓該區的美國與其盟友捲入更大規模的衝突。「對我們來說，避免一場更殘酷與昂貴的戰爭是有利的。」他說：「我們的子孫需要也值得和平穩定的自由歐洲。」猶太大屠殺、美國利益與歐洲的穩定情勢，柯林頓需要與懇求援引這三點作為出兵理由。這場幾乎屬於美國的戰爭亟需美國大眾支持。[11]柯林頓也向選民保證，這場戰爭不會成為另一場越戰或索馬利亞事件。他表示：「我並不打算派我們的軍隊去科索沃打仗。」[12]北約必須從空中取得勝利。

北約展開轟炸那一刻起，塞爾維亞的正規軍隊就與警察民兵合作，做出一件前所未有也讓人出乎意料的事：他們用槍口驅逐國內幾乎全數阿爾巴尼亞人。在一場精心協調的戰役中，武裝的塞爾維亞人發動蹄鐵行動（Operation Horseshoe）。南斯拉夫國民軍受到波士尼亞的經驗影響，對如何實施種族清洗十分熟練，他們派遣部隊圍攻科索沃城鎮和村莊，利用大規模且密集的砲火攻擊，威嚇當地居民逃亡。在許多地區，塞爾維亞警察將老弱婦孺與正值兵役年紀的男性區隔開來，並處決部分男性。他們這麼做的目的，一方面是為了消滅反抗勢力，一方面則展示留在科索沃的代價。他們系統性絞碎阿爾巴尼亞人的身分文件、出生證明和財產契據，掠奪一切可見財物。塞爾維亞人會將一整家人塞進火車車廂，強迫其他人步行。村民沉默賣力向前，拒絕回望陷入火海的家園。執行骯髒任務的塞爾維亞人攜帶長刀與自動武器，有人戴著紅色貝雷帽，許多人都戴上羊毛滑雪頭套，彷彿聯合國戰爭罪刑事法庭的存在，讓他們首度意識到自己的行徑在事後可能被認出與懲治。儘管塞爾維亞槍手開始掩蓋他們在戰爭罪中扮演的角色，但這沒有讓他們害怕犯罪。

米洛塞維奇的部隊總共迫使超過一百三十萬科索沃人遷移，其中約有七十四萬人湧入鄰國馬其頓和阿爾巴尼亞。這是那十年間最大規模、最大膽的一次種族清洗行動，而且是在美國與其盟友介入避免更多暴行的**同時**發生。

難民很快就跨越邊界，他們的故事也傳遍全世界。如果說前幾次恐怖屠殺的難民需要數週甚至數年的時間，才能取得西方記者的信任，那麼在巴爾幹半島暴行發生將近十年後，西方記者在科索沃的態度則轉趨堅定，終於學會將證明暴行的責任轉交給被指控的加害者。相比起來，先相信無法確認的證詞，之後再證實資訊有誤總好過相反情況。許多追蹤波士尼亞屠殺的資深記者再次現身於巴爾幹半島，報導歐洲五十年來最大規模一次離境潮，其中包含美國有線電視新聞網的克莉絲汀·艾曼普（Christiane Amanpour）。一位名叫穆罕默德·克拉什尼希（Mehmet Krashnishi）的阿爾巴尼亞人跟艾曼普訴說一段具有代表性的故事。他說北約展開行動後隔天，塞爾維亞部隊抵達他的村莊，將男女區隔開來。「他們對女性說：『妳們可以去邊界了。』接著把我們男性關進兩個大房間，說道：『現在北約可以拯救你們了。』然後他們開始掃射。他們射擊完後，用稻草和玉米蓋住我們，並點火焚燒。我們共有一百一十二人，我和另一名男子存活下來。」克拉什尼希和許多倖存者一樣選擇裝死，在塞爾維亞人尋找更多火葬燃料時逃跑。他的臉上有燒傷的疤痕，雙手纏著厚厚的繃帶。[13]

北約戰機阻止塞爾維亞人清洗行動的成效不彰。他們在一萬五千英尺的高空中飛行，躲避好勝的塞爾維亞空軍進行防禦性反擊，但不敵輔助軍隊。初期當地的天氣和能見度不佳，北約無法使用雷射導引飛彈。塞爾維亞部隊建造假橋樑，掩蔽珍貴的設備，並利用充氣橡膠戰車等假餌，引誘北約浪費昂貴的巡弋飛彈。當時，美國資深飛行員丹尼爾．利夫（Daniel Leaf）准將駕著 F-16 戰機，在砲火攻擊下展開初次的作戰任務，他依然能想起北約飛行員經歷的無助：「我能清楚看見他們在焚燒房屋，那個景象既離奇又駭人。」[14]塞爾維亞部隊低調行事，混入他們正在脅迫的阿爾巴尼亞人群中，以制止北約空襲。當時外界對兩方陣營誰會取得優勢一無所知，不確定塞爾維亞人是否會對北約妥協，或者北約能否凝聚脆弱的同盟關係，支持組織執行這項重大任務。

北約轟炸塞爾維亞的行動，標誌美國與過往回應暴行的決策徹底斷裂。儘管如此，美國與其盟友的介入方式仍複製許多熟悉模式，例如他們延續打「上一場仗」的慣性，期望塞爾維亞人會和一九九五年北約轟炸波士尼亞時一樣，以同樣方式回應北約對科索沃的轟炸行動。西方國家官員與阿爾巴尼亞受害者抱持一廂情願的想法，即便他們將米洛塞維奇妖魔化為巴爾幹的希特勒，也無法想像惡行的嚴重程度，並假設行動者會保持理性。當北約介入時，他們再次受到過去干預波士尼亞與盧安達時一樣的限制影響，害怕美國人傷亡。雖然轟炸行動對多數阿爾巴尼亞人來說相當有利，但實際執行的情況與後果，卻被美國拿來證實阻止暴行的行動無效、反常與造成危害。介入的正面結果因而受到相當少關注。

一廂情願與打上一場仗

起初，北約的介入行動十分隨意。北約的軍事人力是塞爾維亞的三十五倍，防禦花費也佔據優勢，高過塞爾維亞約三百倍。[15]美國的高階官員相信，只要嚴正向塞爾維亞總統米洛塞維奇展示盟軍的威脅，他就會倉皇跑到談判桌上拿起筆簽署協議。一九九五年，北約剛展開轟炸行動兩週，米洛塞維奇就屈服於同盟勢力，接受有關波士尼亞的要求。國防部官員和柯林頓內閣成員仍記得塞爾維亞人微不足道的抵抗，因此預測北約最多只需要轟炸科索沃一週。

另一項假設影響北約的想法。由於一九九五年，米洛塞維奇在岱頓協議中，欣然簽署條約讓出部分波士尼亞國土，西方國家開始將這名塞爾維亞領袖視為理性的行動者。他們認為，米洛塞維奇主要的興趣並不在創造大塞爾維亞，而是關注如何成就「大斯洛波丹」。若依照這個理論，塞爾維亞總統只要能持續掌權（可能是藉由緩解國際經濟制裁以鞏固權位），應該很樂意犧牲科索沃的塞爾維亞人，如同他犧牲克羅埃西亞與波士尼亞的塞爾維亞人。不過他需要北約轟炸的掩護才能這麼做。因此多數西方觀察員預期只需發動輕型的轟炸，就能夠達成目標。北約在發動介入時，只動用最終派出戰機的三分之一。

除了沒有預測到會遭遇塞爾維亞持久的抵抗，西方國家的領導者也沒預料到米洛塞維奇會如此暴力大膽地報復阿爾巴尼亞人。這點他們不孤單，包含國會成員、人權監察者和記者在內也都判斷錯誤。不可思議的是在轟炸前三天，記者團在國務院簡報會議上，提出了一百二十個與科索沃相關的問題，但其中只有一個問題關注阿爾巴尼亞人的安危。在轟炸前兩週內，《華盛頓郵報》與《紐約時報》的十九篇專欄文章跟社論，也只有三段文字提到科索沃可能發生血腥鎮壓。[16]

警訊肯定存在。眾所周知，科索沃省位於塞爾維亞國土內，該省份被四萬名塞爾維亞人組成的軍隊、警方、輔助部隊，以及三百輛戰車佔領。北約介入前幾天，《華盛頓郵報》引用南斯拉夫第三軍團（Third Army Corps）指揮官內博伊沙・帕夫洛維奇（Nebojsa Pavkovic）的發言：「如果受到外界攻擊，南斯拉夫將處置科索沃殘餘的恐怖分子。」參考波士尼亞的案例，「恐怖分子」是對所有超過十六歲的男子（無論是否武裝）的官方說法。儘管如此，幾乎沒有任何一名西方觀察員得出這個結論：如果發動轟炸，米洛塞維奇就會消滅科索沃全部的阿爾巴尼亞人。西方國家再次落入陷阱，將科索沃的情況比作波士尼亞。事實上，這兩地除了地理位置接近之外幾乎毫無共同點。科索沃的阿爾巴尼亞人受制於塞爾維亞掌控，解放軍的反叛分子僅佔領零星坡地，塞爾維亞正規士兵與警方則控制科索沃所有城鎮和主要道路。相比之下，一九九五年幾乎沒有穆斯林和克羅埃西亞人留在塞爾維亞控制的領土。當北約在波士尼亞發動大規模轟炸時，波士尼亞人與克羅埃西亞人早已被驅離當地。因此，塞爾維亞人無法透過屠殺或驅逐，回應一九九五年夏末的砲擊。波士尼亞的種族已經十分純淨，科索沃則還不然。

北約也無法想像米洛塞維奇的計畫有多邪惡與重大。儘管他掌控的波士尼亞塞爾維亞人犯下數十萬起罪行，美國官員和國民依然相信，如果米洛塞維奇要發起系統性破壞行動，那他會親自下令。在美國的認知中，連環殺手會像查爾斯・曼森一樣瞪大雙眼，*或在犯罪現場留下血手印，比如前塞爾維亞輔助軍隊軍閥澤勒可・「亞爾干」・拉茲納托維齊。他們就是不會像斯洛波丹・米洛塞維奇，也不會像他一樣說話。米洛塞維奇會在餐桌上用他的魅力娛樂眾人，並和犯罪現場保持距離。一九九五年十一月，在岱頓和談期間，米洛塞維奇靠著自己的幽默感與個人魅力，讓許多人喜歡上他。他很快記住自己常去的帕奇運動酒吧（Packy's Sports Bar）的女服務生名字，並會在地方官員俱樂部和鋼琴手同唱爵士曲〈柔情〉（*Tenderly*）。[17]美國的協商者認為他既「聰穎」又「見多識廣」，他們不曾用同樣的形容詞描述穆斯林和克羅埃西亞領袖。現在的大屠殺兇手都偽裝得很好，正如柯林頓第一任期的國家安全顧問雷克指出：「我們身邊很少有像成吉思汗一樣，喜歡用敵人的頭打馬球的人。」

北約轟炸行動期間，米洛塞維奇持續現身，迎合西方以博取關注。一九九九年四月三十日，他接受合眾國際社記者阿赫努・德柏希格雷夫（Arnaud de Borchgrave）訪問。在訪談中，他否認塞爾維亞部隊在阿爾巴尼亞人的村莊縱火。「是有焚燒個別房屋。」米洛塞維奇說：「但不像是美國部隊在疑似窩藏越共的村落縱火時，會在電視上看到整座村莊被燒毀的情況。」他批評一九九二年的朗布耶會議，並

---

* 查爾斯・曼森（Charles Manson，一九三四年—二〇一七年），美國罪犯、前音樂人與邪教領袖。一九六〇年代末，查爾斯・曼森在加州領導犯罪集團「曼森家族」，在一九六九年共犯下九起連續殺人案，曼森也指示其追隨者殺害好萊塢演員莎朗・蒂。一九七一年，曼森被美國最高法庭判處死刑，之後於一九七二年被改判無期徒刑。

引用一名他敬佩男士的言論：「季辛吉曾說，朗布耶會議是製造永久問題與對立的機制。」米洛塞維奇說：「柯林頓總統應該聽從這位明智的地緣政治專家，而不是見識較不足的幾名屬下顧問。」[18]

如果有任何人能看穿米洛塞維奇的偽裝，那就是指揮北約行動的克拉克將軍。在岱頓和談時期，克拉克就非常清楚認知到米洛塞維奇的虛假魅力、連篇謊話與鐵石心腸。米洛塞維奇甚至曾嘲笑克拉克，表示他只需要五天時間，就能驅逐科索沃所有阿爾巴尼亞人。[19]儘管如此，當時連克拉克將軍的團隊也預估很快就能達成轟炸行動的目標，而且塞爾維亞人最多只會驅逐二十萬名阿爾巴尼亞人。

即將受到善變的米洛塞維奇報復的受害民眾，也誤判了情勢。幾個月以來，科索沃的阿爾巴尼亞領袖持續呼籲北約發動轟炸，美國官員假設他們知道自己在做什麼。一份科索沃獨立日報《每日時報》（*Koha Ditore*）的編輯巴東·哈久（Baton Haxiu）曾穿過一件T恤，衣服上有一個耐吉勾勾跟一段標語「北約空襲——做就對了」（*NATO AIR—JUST DO*

逃亡中的科索沃阿爾巴尼亞人。

（圖片來源：Gilles Peress ／ Magnum）

IT），這幅圖像刻畫阿爾巴尼亞人的心情。布萊里姆・夏拉（Blerim Shala）是新聞週刊《發聲》（*Zeri*）的編輯，也是在朗布耶和談中代表科索沃的成員。當他從法國返國時，意識到科索沃即將發生的危機。「你必須明白，在轟炸行動展開前，科索沃人的性命都一文不值。塞爾維亞人是我們性命的主宰者。」他說：「當你觸及那條底線，你就不會在乎後果……在阿爾巴尼亞人民心中，死亡好過在塞爾維亞統治下生活。」如果能夠選擇，幾乎每一位阿爾巴尼亞人都寧願下注在北約的轟炸行動，而非因循過往，在米洛塞維奇的掌控下生存。三月二十四日，《紐約時報》刊出一篇少數探討科索沃的社論，提到塞爾維亞可能會報復阿爾巴尼亞人，這篇文章刊登當天北約正展開轟炸，文中指出：「這是阿爾巴尼亞人願意承擔的風險。」[20]

限制：傷亡零容忍

空戰剛開始時，同盟國的領導者都希望塞爾維亞的領導階層，很快就會同意給予科索沃兩百萬名阿爾巴尼亞人自治權。然而，當轟炸行動成為塞爾維亞人加強屠殺與驅逐的藉口，克拉克將軍試圖將華府的焦點，從單純避免北約士兵傷亡，轉移到擊敗塞爾維亞人並推翻他們的清洗行動。克拉克企圖加快作戰行動，計畫從地面入侵，並部署能更靠近地面飛行的阿帕契直升機，以瞄準塞爾維亞的輔助軍隊。但他的計畫被斷然拒絕。因此儘管北約一開始的介入目的，就是壓制科索沃的種族清洗，卻幾乎沒發揮任何作用。「你無法從遠方阻止侵害人權的行為。」曾擔任北約軍事委員會主席的德國將領克勞斯・諾曼

（Klaus Naumann）事後表示：「你必須準備好出動地面部隊，否則一切行動都只是騙局。」[21]有人批評柯林頓提出「不出動地面部隊」的口號，表示美軍拒絕讓士兵冒險的主張，已經升級成新的「戰鬥人員豁免原則」。[*]克拉克主張，這種原則阻礙北約的效力，也讓塞爾維亞與阿爾巴尼亞平民身陷險境。

克拉克的訴求並未受到國防部長威廉・柯漢或參謀長聯席會議支持。柯漢過去是代表緬因州的共和黨參議員，他在柯林頓開始第二任期取代威廉・佩瑞，成為國防部長。過去，其他高級官員見證柯林頓因為對波士尼亞議題的無能，讓他的總統地位受到傷害，但柯漢不曾經歷這樣的學習曲線。當他還在參議院時，甚至問過主張人道介入的人是否擁有必要的堅持。「他們的心大聲狂跳，滿腔熱血希望有所行動，去介入對美國重大利益不構成立即威脅的地區。」柯漢說：「而當這些心臟狂掉的人看到棺材時，就會改口說：『我們在那裡做什麼？』」[22]無論是柯漢或美國高級軍官，都不曾邀請北約的實地指揮官克拉克加入高層討論。他們質疑他的鷹派立場，也質疑克拉克和他們不信任的白宮秘密交流。他們疏遠並拒絕提供任務成功必備的工具，而激怒了克拉克。一次克拉克在華府和參謀長聯席會議對談時，國防部提醒他，美國必須準備好同時在韓國和海灣地區打仗，無法在巴爾幹半島過度擴張行動。克拉克厲聲回道：「你們想必不是在說，我們應該放棄並輸掉唯一在打的一場仗，準備另外兩場不急迫的戰爭吧？」[23]

支持北約任務的人認為，美國如果決心避免軍事人員傷亡，很可能導致行動失敗。一九九九年四月八日，當時隸屬於人權醫師協會的荷莉・布卡爾特在全國公共廣播電臺朗讀一份意見書，她呼籲柯林頓總統部署地面軍隊，阻止可能是種族滅絕的屠殺事件。「米洛塞維奇和他的軍隊顯然在摧毀這個種族群體的一部分。他將半數人口強制驅離科索沃、鎖定與殺害社群領袖、處決科索沃成年男子和男孩，並全面摧毀住家、村落和文化宗教場所。」布卡爾特說：「如果柯林頓總統不採取將塞爾維亞部隊從科索沃驅逐的沉重行動，後人將記得他是三度對種族滅絕袖手旁觀的總統。」[24]

布卡爾特與進步派批評者的陣營，受到保守派的支持。保守派實際地主張：「既然我們已經加入戰局，就要贏得勝利。」作戰行動開始不久，季辛吉在《新聞週刊》寫道：「如果此時北約在還沒達成終結屠殺的目標前就放棄行動，那將影響到北約的存亡。」[25]下個月，季辛吉感嘆進攻行動的基底受到「世代差距」侵蝕。「柯林頓政府中重要人物的經驗形塑，如果不是在抗議越戰的運動，就是在總統競選中，有人可能兩種經驗都參與過。」季辛吉寫道：「他們質疑外交政策的作用，因此以無效且沒有把握的方式施展外交政策。」[26]亞利桑那州的共和黨參議員馬侃宣告：「我們現在該做什麼？那就是採取一切必要手段打贏戰爭。」[27]

當美國和歐洲的高層意識到他們很有可能戰敗時，北約逐漸加強攻擊力道，開始為勝利而戰。這個由不同國家組成的聯盟，沒有像許多人擔心的一樣在沉重壓力下瓦解，反而更加底定決心。在戰鬥第一階段，北約的噴射戰機攻擊了塞爾維亞的防空設施和指揮掩體。一九九九年三月二十九日，北約進入戰鬥第二階段。他們將飛機數量從四百增加到一千架，並擴大目標清單，其中包含北緯四十四度以南、遠離貝爾格勒南方的南斯拉夫基礎建設。四月三日，也就是戰爭開打第十一天，北約進入第三階段，批准

* 這翻轉了「非戰鬥人員豁免」（non-combatant immunity）概念，億指的是非武裝人員在戰爭中有權不受攻擊。

攻擊貝爾格勒內的目標。在四月初，北約就宣布會派遣五千人的鷹隼特遣部隊（Task Force Hawk）到阿爾巴尼亞，其中包含二十四架阿帕契直升機。這個舉措是設計來暗示北約可能展開地面入侵。柯林頓總統和他的內閣仍排除部署美國地面部隊的可能性，但克拉克以佯攻戰術，盡力誘使米洛塞維奇相信地面戰爭仍是隱隱的威脅。華府雖然同意提供克拉克阿帕契直升機，但國防部採取在盧安達種族滅絕期間，也曾用來延遲派遣美國裝甲運兵車的蓄意拖延策略，一直到四月末才運送直升機到當地。而儘管克拉克不斷糾纏，白宮從未允許他動用那些直升機。

當盟軍變得更加堅決，戰爭就愈接近塞爾維亞人民。四月二十三日，在北約高峰會上，北約領導人同意將攻擊任務，鎖定在米洛塞維奇與其親信的個人財產和生意上，並干擾當地交通、供水和電力，目標是要透過攻擊影響數百萬平民。一九九九年五月三日，戰爭開打約四十天，北約戰機開始個別傘投網球罐大小的投放器，到南斯拉夫的電網。這些裝置會釋放出碳纖維線軸，導致瞬間斷電。[28]北約對民間基礎建設的攻擊，讓這場戰爭轉變為《每日時報》編輯維頓．蘇羅伊（Veton Surroi）所說的「濃縮咖啡機戰爭」。蘇羅伊表示：「只有戰爭影響到米洛塞維奇與他親信的私人家庭生活時，塞爾維亞人才會退出戰爭。電力短缺代表他們沒辦法喝到每日的濃縮咖啡。」

由於這次行動是一場「人道干預」，北約策畫者特別謹慎避免違反國際人道法。《日內瓦公約》禁止轟炸軍民合用的地點，如果攻擊行動會「附帶造成平民損失性命……那相對於具體而直接的軍事利益，這種行動是過度的。」美國與歐洲的律師對於這次行動有許多話想說，就跟他們的政治上級一樣。五角大廈軍法署署長辦公室（Judge Advocate General's Office）的律師群根據戰爭法檢視每個潛在的攻擊目標，大幅限縮克拉克最終的目標清單。

儘管北約採取漸進決策的途徑，極其詳細核對法律，而且新式武器的精確度前所未有，但有些導彈仍偏離目標，就連那些確實對準目標的導彈也引發爭議。在那次行動中，北約噴射戰機擊中一列阿爾巴尼亞難民隊伍、一輛塞爾維亞旅客列車和其他平民車隊。最惡名昭彰的一次攻擊，可能發生在一九九九年五月七日，美軍的B-2轟炸機由於仰賴舊地圖，機擊中了中國大使館，造成三名中國國民身亡與至少二十人受傷。克拉克將軍在歐洲的指揮總部，收到蜂擁而至的嘲諷傳真，傳真劈頭就寫道：「親愛的克拉克將軍，我們已經搬家了。我們的新地址是……」[29]北約轟炸機鎖定塞爾維亞軍民兩用的基礎建設，擊中橋樑、發電廠、通訊設施、電視臺和政黨總部。儘管他們聲稱這些攻擊，是為了擾亂塞爾維亞的指揮與控制的必要手段，但批評者控訴炸毀南斯拉夫第三軍團發電機的導彈，也導致附近醫院關閉。雖然炸彈奪走米洛塞維奇每晚在電視上播放謊言所需的衛星設備，但也剝奪塞爾維亞平民觀看新聞的權利。北約想讓盟軍飛行員免除風險，卻似乎增加戰爭的平民傷亡人數。[30]

勝利？

一九九九年五月二十四日，北約展開作戰行動後兩個月，原先是為了回應在克羅埃西亞和波士尼亞的暴行而成立的聯合國戰爭罪刑事法庭，此時對塞爾維亞總統米洛塞維奇前兩個月在科索沃犯下的違反人道罪和戰爭罪提出控訴。這是史上第一次國家元首因為在武裝衝突中違反國際法而遭到起訴。塞爾維亞人幾乎沒有投降認輸的跡象，柯林頓政府許多職員擔心如果起訴米洛塞維奇，會讓他變得更加大膽與抓緊權位不放。據聯合國檢察長路易絲．阿爾布爾（Louise Arbour）所述，美國高級官員曾試圖阻擋起訴。

由於英國首相布萊爾擔心北約可能輸掉第一場戰爭，他開始遊說柯林頓總統準備發動地面入侵。美國官員不情願地嘀咕他們從未「排除」任何選項，克拉克將軍終於接獲命令。這項進攻貝爾格勒的初步計畫被稱為「韋斯計畫」，它呼籲北約出動十七萬五千人組成的部隊，從南部攻入敵對陣營。無論參謀長聯席會議或國防部長柯漢都不喜歡這項計畫，而向柯林頓總統表達憂慮。儘管如此，一九九九年六月二日，國家安全顧問山迪．柏格跟幾名華府外交政策圈的人士召開會議，得出四點結論。第一點是「我們要贏得勝利」，第四點則是「開放所有選項」。有人問柏格，這些選項是否包含出動美國地面部隊，柏格回答：「請你重看第一點結論。」[31]

在塞爾維亞國內，異議聲浪愈來愈高漲。塞爾維亞部隊開始有人員叛亂與擅離職守。他們不想為了科索沃而死，也絕不想為米洛塞維奇而亡。米洛塞維奇的親信開始施壓，要求他保護他們的商業利益，就算這代表要放棄科索沃也在所不惜。原先，米洛塞維奇相信俄國總統鮑利斯．葉爾欽（Boris Yeltsin）會支持他，但葉爾欽卻派了前俄國總理維克托．切爾諾梅爾金（Viktor Chernomyrdin）擔任使節，下達指示：「我不管你得做什麼，反正結束轟炸就對了。這場行動快把一切毀了。」[32]葉爾欽重視俄羅斯與西方的關係，勝過任何過度浪漫化的塞爾維亞與俄羅斯兄弟情誼。突然之間，米洛塞維奇面臨不滿的士兵、士兵的家人、他自己的密友與俄羅斯的各方壓力。他也擔心如果北約真的策畫地面入侵，他會因為戰爭罪被捕。

一九九九年六月三日，米洛塞維奇投降了。六月九日，北約發動轟炸七十八天後，這名塞爾維亞獨裁者簽署協議，強制塞爾維亞部隊與警察離開科索沃，並允許五萬名北約維和人員進入。雖然科索沃仍作為塞爾維亞的一部分，但塞爾維亞軍隊離開後，阿爾巴尼亞人終於能夠自治。超過一百萬名阿爾巴尼亞人回到殘存的家園，開始緩慢重建生活。這可能是有史以來第一次，他們相信自己不會再因為貝爾格勒當局的反覆無常，而輕易遭受傷害。北約出擊三千四百次後，只有兩架戰機被擊落，但沒有任何美軍或盟軍士兵喪生。克拉克將軍成功克服白宮對傷亡的恐懼、五角大廈對他和進攻任務的敵意、北約同盟國之間的齟齬，以及嚴重受限的目標清單。這名因為戰略判斷與政治直覺飽受抨擊的男子，為北約打了第一場勝仗。

一九九九年夏天，北約部署軍隊協助科索沃度過自治過渡期後不久，我造訪科索沃，並遇見一名十四歲的阿爾巴尼亞少女。她白晰的五官神似塞拉耶佛的希德貝拉．吉米克。她的名字叫沃德莉塔．希賽尼（Drita Hyseyni），是一場大屠殺的生還者，她的父母、祖父母和兄弟都在她眼前遇害。雖然德莉塔在大規模處決中身中五槍，但她成功逃離犯罪現場，拖著血淋淋的身軀，和妹妹離開塞爾維亞輔助軍隊剛放火燒毀的屋子。

我聽著德莉塔的駭人故事，很想將她的經歷視為北約轟炸的後果。畢竟在北約發動干涉前，阿爾巴尼亞人在塞爾維亞統治下生活十分惡劣，但仍不至於遭遇這種事情。北約介入前，塞爾維亞人殺害了約三千名阿爾巴尼亞人，但他們沒有去攻擊多數阿爾巴尼亞人，而是讓他們平安留在家中。從表面上看來，北約彷彿是為了修理漏水的水龍頭而介入，結果卻讓整間屋子淹大水。德莉塔記得槍手殘殺她父母時，嘲笑道：「北約現在在哪裡呀，希普塔人（*shiptar*）*？」他們一邊清空機關槍彈匣，一邊對憔悴的希賽尼家族大喊：「柯林頓也救不了你們。」[33]但德莉塔不這麼想。當她回想初次聽見北約戰機飛越頭頂的那一刻，她留下傷疤的臉龐亮了起來。「我當時就是知道，只要有北約在空中支援，我們就會贏得勝利。」她說：「而我們也真的贏了。」儘管我們很難在德莉塔家族多數成員喪生的情況下，認為科索沃獲勝了，但阿爾巴尼亞倖存者視犧牲為自由的代價。「妳必須瞭解，」她堅定地說：「我們終究會被殺死的，只是何時的問題。我們知道自己會在戰鬥中死去，還比較有意義。北約打了一仗，至少現在我們自由了。」

餘波

批評

塞爾維亞人投降後，獲勝的柯林頓總統出訪科索沃。他在科索沃南部美軍主要基地附近的體育館，對聚集在那裡的一群阿爾巴尼亞人發表談話，並總結北約的勝利：「米洛塞維奇先生想消滅你們所有人，來維持對科索沃的掌控，而我們說**不行**。」阿爾巴尼亞人擠進體育館，瘋狂歡呼大喊：「柯林頓！柯林頓！」總統繼續說：「如今他再也無法控制科索沃，你們回來了。不會再有躲在地窖的日子，不會再有在山林中受凍的夜晚。」[34]

對於這場北約戰爭是否成功，以及是否該再次執行這種人道干預，各界看法最多只能說正反交織。通常評價會根據詢問對象和**時機**而有所不同。柯林頓政府官員捍衛北約七十八天轟炸行動的執行方法和成效，但許多人沒有被說服。在整個二十世紀，美國官員經常主張反對介入種族滅絕，並援引無效論、反常論或危害論。當美國終於介入科索沃，遏止塞爾維亞侵害阿爾巴尼亞人人權的行為時，美國政府以外的批評者也提出相同論點。當美國與北約盟友終於介入阻止種族滅絕，他們獲得的支持也相當微小。旁觀者表示，國際上採取人道干預的形式與後續引發的暴行，恰好證明長久以來許多人主張視而不見的理由。

＊　希普塔人為對阿爾巴尼亞人的貶稱。

一九九九年夏季，一名科索沃解放軍士兵展示放有他親戚與柯林頓總統照片的皮夾。（圖片來源：Ron Haviv-VII）

反常論

對於北約行動的第一種批評，是無論北約再怎麼想恢復自身信譽，以及援助科索沃的阿爾巴尼亞人，盟軍行動實際上都導致反常結果。這場行動傷害了北約，也讓阿爾巴尼亞人更痛苦。保守派批評者認為，將珍貴的美國軍事資源運用在拯救遙遠國度的外國人，這種條件本身就是錯誤的。他們表示「社會工作」不應是北約的義務。塞爾維亞人堅持這麼久，已經象徵性羞辱西方強權，而在一個不怎麼重要的國家耗費如此大量砲彈資源，實際上已經侵蝕北約「準備就緒」的基礎。

進步派批評者則譴責美軍選擇在一萬五千英尺的高度飛行，這揭露美國政府的人道承諾有多膚淺。政治理論家麥可・華瑟（Michael Walzer）曾寫道，北約願意殺害塞爾維亞士兵並造成附帶損害，卻不願意派遣美國士兵上戰場，這之間存在著道德矛盾。「這不是合理的道德立場。」他主張：「除非你準備好面對死亡，否則你不能殺人。」[35]這些質疑北約人道干預目標是否真心誠意的人，開始尋找不可告人的動機。他們主張發起這項任務，是為了讓美軍名正言順繼續發揮影響力，藉此維持美國的軍事基地持續運轉，並讓波音公司繁榮發展。不曾長時間待過巴爾幹半島的偏激人士堅稱，北約正試圖為美國公司爭取更多市場，或讓堅定的社會主義者硬生生吞下資本主義。「事實是，無論柯林頓或布萊爾都不在乎科索沃的阿爾巴尼亞人。」英國左翼劇作家哈羅德・品特（Harold Pinter）表示：「這場行動是美國再次把北約當作導彈，公然殘忍地維護美國強權。美國展開行動只是為了鞏固一件事：美國對歐洲的支配。」[36]由於干預行動緊接著柯林頓彈劾案醜聞後發生，有些人也竊笑表示這是總統「本末倒置」的作法，或按照莎士比亞劇作角色亨利四世的說法，是「利用外國紛爭，讓輕浮的心靈」無暇分神。[37]有人則聳聳肩，嘀咕無論美國有什麼更深刻的介入理由，如果這是人道干預該有的樣子，他們可不想參與其中。他們總結到之前對政府的不信任是合理的。如果目標是人道干預，那各國只會採用吝嗇的手段。

雖然在波士尼亞戰爭期間，人權觀察會曾因為是否該呼籲動用武力而分裂，但在二〇〇〇年二月，他們發表一份大力批評北約介入科索沃的報告。根據訪談、媒體報導、一九九九年八月長達三週的塞爾維亞實地考察任務，以及細查砲彈損害評估與驗屍報告，這個組織總結北約在科索沃行動期間，大約有五百名塞爾維亞與阿爾巴尼亞平民喪生。其中有三分之一的事件和超過一半的死亡，都肇因於北約攻擊塞爾維亞電臺和電視總部等可疑目標。人權觀察會建議北約限制白天的攻擊，禁止在人口稠密區域使用集束炸彈，並要小心攻擊機動目標與更謹慎選擇轟炸對象。[38]

同月，美國法學家協會（American Association of Jurists）和一群西方國家和俄羅斯的法律專家，將一份特別報告呈交給海牙的聯合國戰爭罪刑事法庭，聲稱北約的轟炸行動因為胡亂殺害平民，違反了國際法。雖然聯合國法院的檢察機關最終駁回這些控訴，但他們確實進行初步調查，這讓北約官員對未來的人道干預與國際法庭的威脅感到擔憂。這種外國對美國軍事活動的詳細調查，正是美國參議院反對批准《滅絕種族罪公約》的人希望能避免的情況。

北約秘書長喬治．羅伯遜（George Robertson）發布聲明，回應人權觀察會的報告，其中他讚揚北約以「非凡的努力」避免平民喪生，但也坦承發生一些令人遺憾的傷亡事件。他呼籲觀察員要避免畫上錯誤等號。羅伯遜說：「我對於北約行動造成任何一位平民身亡感到遺憾，但這些事件並非蓄意，絕對無法跟米洛塞維奇的部隊和輔助軍隊，對平民施加的系統性可怕暴力相提並論。」[39]然而許多懷疑論者都將這兩種侵犯行為混為一談。

無效論

對於人道干預的第二種批評，是北約獲勝後阿爾巴尼亞人出現的暴力行徑，讓部分人士證實「沒有好人」存在。這種觀點認為阿爾巴尼亞人與塞爾維亞人半斤八兩，由此證實純粹以人道動機服務是無效的。在一九九九年三月前，科索沃的阿爾巴尼亞人長達十年都被開除工作、裸體搜查、禁止上學，無論武裝或非武裝塞爾維亞人經常對他們表示唾棄。在北約轟炸行動之前和期間，阿爾巴尼亞人被就地處決、毆打、強暴，數百座阿爾巴尼亞人居住的城鎮遭到縱火。當塞爾維亞展開蹄鐵行動期間，九成的科索沃人口被迫離開他們的家園。然而，在米洛塞維奇投降後，其他國家許多太理想化的人預期阿爾巴尼亞人返鄉後甘願打不還手，負責任地聽話。如同《每日時報》編輯蘇羅伊的說道：「你們在這裡投資道德，因此也期望收到道德作為回報。」[40]

然而當北約協助逆轉情勢，讓阿爾巴尼亞人重新掌控自己的權益跟命運後，許多返鄉的阿爾巴尼亞人變得十分殘忍。在北約勝利後那一年，當五萬名左右的北約部隊士兵在科索沃巡邏，阿爾巴尼亞極端分子將超過十萬名塞爾維亞人驅離他們在科索沃的家，並殺害約一千五百人。科索沃重要的媒體公開被稱為塞爾維亞「戰爭犯」的姓名，被貼上標籤的人常常遭到槍殺。阿爾巴尼亞當局通常是由科索沃解放軍的軍官組成，他們常常只是把軍服留在家中（但鮮少把槍一起留下），除了會搶劫、對毆打和謀殺事而不見，還會鼓勵人民積極加入暴行。實際上參與施暴的阿爾巴尼亞人很少，但阿爾巴尼亞人之間的普遍氛圍是想「比照塞爾維亞過的事好好對付他們」。塞爾維亞人終於得到報應。猶太大屠殺期間，萊姆金等人曾認為德國人民應該懷抱某種集體罪惡感，如今這種認知再度風行一時。最終留在科索沃的塞爾維亞人，大多聚集在該省北部類似激進種族貧民區的地方。

一九九一年十一月，柯林頓總統在那場宣告北約勝利，贏得阿爾巴尼亞人熱烈喝采的演說中，曾談到阿爾巴尼亞人與塞爾維亞人共存的棘手議題。「你們絕不能遺忘自己遭受的不義。」他在阿爾巴尼亞人高興鼓掌時說：「沒有人能強迫你們原諒曾遭受的對待。」柯林頓再次贏得如雷的喝采，他繼續說道，「但你們必須試著這麼做。」他的結論反而讓喧鬧的群眾陷入慍怒的沉默。

歷史上較少有大規模暴力的受害者，從過去迫害者手中接棒掌權的案例，這多半是因為美國等外部勢力不願介入支援被針對的少數族群。除非有另一個國家為了自身利益採取行動，例如一九七九年越南入侵柬埔寨；或者受害群體的武裝成員試圖反擊並獲勝，例如一九九四年盧安達圖西族反叛軍開啟內戰，否則種族滅絕的犯罪者通常能繼續掌權。然而，受害者鮮少從加害者手中接管權力的事實，仍無法阻止美國決策者聲稱在衝突中的陣營都大同小異，並以此為自己的無所作為找藉口。他們會說：「我們無法讓這些人喜歡彼此。」儘管在現實中，「所有陣營」很少做出相同行動，但美國仍會經常告誡，如果受害者（無論是庫德人、圖西人或波士尼亞穆斯林）獲得能力跟權力，他們會跟屬於暴行陣營的人為敵。這種說詞的邏輯在於，無論展開救援行動的短期後果看似多麼吸引人，從長期來看差別卻不大。今天被美國拯救與賦權的族群，遲早會去折磨那些被美國趕走的族群。因此正如我們所見，那些相信介入無用的人會實際問道：「何必呢？」

這種不介入的無效論藉口在歷史上無法被驗證。猶太大屠殺倖存者普利摩．李維曾在《滅頂與生還》（*The Drowned and the Saved*）一書中，提到這種將犯罪者行為和受害者能力相提並論的觀點：

> 我不知道也不太有興趣知道，在我內心深處是否潛伏一名兇手，但我確實知道我是無辜的受害者，我不是兇手。我知道兇手就在那裡……如果將他們和受害者混為一談，那會是一種審美造作的道德病症與共謀的惡兆；最重要的是無論蓄意與否，這是提供給否認真相之人的寶貴助力。[41]

李維並沒有否認受害者會犯下惡行。他承認在承受可怕折磨後復仇的傾向非常真實，也完全可以被理解。但李維質疑這種假定報復是無可避免的觀點。他也質疑在種族滅絕發生過後，還能否將兩者畫上等號。

有點諷刺的一件事是，在二十世紀的種族滅絕事件中，最終是科索沃讓美國發起首次反暴行的干預行動。在所有有潛力實現「和平」的區域中，科索沃大概是最不可能達到和解的地區。當地甚至沒有原始的和諧狀態能**恢復**。雖然阿爾巴尼亞人和塞爾維亞人在這個省分世代共居，但科索沃不像波士尼亞和盧安達，種族分布一度呈現出色彩斑斕的混雜狀態，讓人聯想到傑克遜．波洛克（Jackson Pollock）的畫作；科索沃的兩個族群鮮少混居，也幾乎沒有通婚。這段歷史不代表阿爾巴尼亞人和塞爾維亞人無法共存，只是代表他們在一段時間內不太可能做到。

然而，國際機構、西方國家政府與社會大眾都想要快速廉價的結果。當塞爾維亞投降後，聯合國建立民政府，由外國人決定當地稅率、電視新聞內容、學校課程與監禁判決。當塞爾維亞官員一夕間離去、法律制度消失，警察成為這個省分最重要的組織。但聯合國以緩慢速度部署警員，負責提供人力的國家也表現得十分吝嗇。德國將軍克勞斯・萊因哈特（Klaus Reinhardt）是北約領導的科索沃部隊指揮官，他指出聯合國第一年撥給科索沃的預算是六千四百萬美元，等同於「北約轟炸一天花費的四分之一」。[42]上千名外國救援工作者開始在科索沃開店，這讓他們逐漸獲得「人道帝國主義者」的稱號。然而，他們缺乏足夠的資源與意識形態支持，難以主導科索沃發展的節奏與限度。相反地，他們試圖利用自身資源影響當地政治決策，以自己的資金打造當地產能。由於克索沃的阿爾巴尼亞人還無法完全掌控自己的命運，他們獲得了「顯著的自主跟自治權」，但並沒有獨立，民眾因而常將自己造成的不幸怪罪給外來者。儘管如此，科索沃的阿爾巴尼亞人經過兩年聯合國過渡統治後，在二〇〇〇年十月選舉中選出的政府，顯露出溫和派的傾向。科索沃並未如許多人預期，選擇強硬路線的科索沃解放軍來治理國家，反而投票給主張和平主義的哲學家易卜拉欣・魯戈瓦（Ibrahim Rugova）。魯戈瓦在科索沃解放軍尚未成軍以前，就已長期領導爭取阿爾巴尼亞族自治的抗爭。

不過，外界的批評者忽略這個鼓舞人心的徵兆。科索沃染上汙點的和平進程，讓旁觀者證實早年的自我辯解，那就是一旦將自己塑造成「受害者」的陣營獲得治理權，他們很容易就會變得濫權。阿爾巴尼亞人對塞爾維亞人實施的鎮壓，讓批評美國的人控訴北約製造出兩輪種族清洗。早前，由於盟軍的轟炸行動解除一九九九年三月到六月間塞爾維亞對一百三十萬名阿爾巴尼亞人的驅逐令，阿爾巴尼亞人得以驅逐十萬名科索沃的塞爾維亞人。[43]許多外國人無法理解塞爾維亞人和阿爾巴尼亞人之間特殊的種族關係，因此當美國的懷疑論者得知該省發生暴力事件的消息時，就抱怨與斷言「他們又來了。」許多試圖辯解自身過去何以對波士尼亞暴行毫無作為的人，開始用科索沃來證明當「不同陣營」不願意共同生活，運用炸彈或支票幫倒忙的外國人也愛莫能助。

背信棄義

對人道干預的第三種批評，是在行動發展過程一些關注事件的政府與難民誇大暴力的嚴重性。批評者控訴美國官員說謊、難民放大暴行，並將行動稱為「種族滅絕」並編造人量屠殺事件。據說他們這麼做是為了激起對轟炸行動的支持。

北約行動期間與之後之所以引發「誇大事件」的爭議，是因為在暴行發生當下人們很難正確評估規模。[44]一九九六年，瑪德琳．歐布萊特成為國務卿時，她在國務院創建戰爭罪分析辦公室（Office of War Crimes Analysis）。她的邏輯是要確保官僚體系關注暴行的最佳方法，是讓某群美國官員專職負責這項任務。一九九九年，在北約介入塞爾維亞期間，戰爭罪分析辦公室的律師與情報機關官員合作分析塞爾維亞的戰爭罪，並在發現後立即公諸於世。比起過去或其他任何外交政策團隊，柯林頓政府都顯得更投入瞭解失蹤平民與難民安危。從一九七五年柬埔寨難民湧入泰國，卻發現幾乎沒有外國人等待他們，許多事已有所改變。大衛・謝弗（David Scheffer）大使是國務院新戰爭罪單位的主任，這名國際律師曾在斯雷布雷尼察和盧安達種族滅絕期間，擔任歐布萊特在聯合國的副手。當米洛塞維奇驅逐阿爾巴尼亞人時，謝弗馬上搭機到馬其頓，也就是難民正在前往的地點。他在馬其頓的邊境入口布拉策（Blace）進行十五小時訪問，與超過兩百位難民談話。謝弗的調查結果以及幾個重要人權團體與記者的發現，令人不安到美國官員開始爭辯，全面驅逐阿爾巴尼亞人是否構成種族滅絕。

這是在六年內，國務院發生第三次有關「種族滅絕」詞彙的爭議。在過去危機中，那些反對美國干預的人士往往也傾向於反對使用這個詞彙。但在科索沃的案例中，反而是許多北約行動的**支持者**，反對將米洛塞維奇的暴行貼上種族滅絕的標籤。他們認為美國已經針對塞爾維亞的種族清洗與違反人道罪行確定發起人道干預行動，為什麼不這樣就好？事後爭取採用這個詞的國務院官員回想，說道：「對於『為什麼我們需要貼上種族滅絕標籤？』這個問題，我的看法是因為他們正在殺害人民，性侵婦女後又將她們刺死。」他表示：「我們看看事實就知道了。這些事實讓我們必須採取行動，現在發生的事件是對平民系統性的攻擊。這樣便足夠了。每個人都陷入『到底是不是』的疑惑中，其實我們無須為此爭論。」

儘管辯論並未止息，但謝弗佔了上風。美國經過一百年迴避「種族滅絕」這個詞彙，在北約和塞爾維亞衝突發生後僅僅十天，國務院就授權謝弗暫時採用這個術語。當時美國官員擔心，塞爾維亞人是為了要處決阿爾巴尼亞族男性，才將他們和其餘難民分開。當第一批難民跨越邊境進入阿爾巴尼亞和馬其頓時，有些人發現難民組成大多為婦女和小孩，受道斯雷布雷尼察的前例影響，這種狀況令他們不寒而慄。「我們看到在科索沃發生的，」謝弗在一場記者會上說道，「是戰爭罪、種族清洗與違反人道罪。這些惡行發生的情況，兼具系統性和全面性，讓我們得以推斷可被形容為**種族滅絕跡象**的事件正在科索沃上演。」[45]謝弗明白，在塞爾維亞實施恐怖行動期間不可能對種族滅絕做出權威性診斷。儘管如此，他做了許久以前萊姆金就曾呼籲的事。由於塞爾維亞的驅逐與殺戮行為如此全面且受到精心規畫，謝弗決定以「種族滅絕跡象」的說法，描述難民的經歷與人權調查員的臆測。他沒有正式發布消息，認定事件為種族滅絕，而是提出種族滅絕的恐怖之處。一九九九年六月二十五日，柯林頓總統也使用了這個詞彙，表示擔心塞爾維亞「蓄意且系統性地施行種族滅絕」。[46]這個宣稱對美國總統來說是個創舉。

雖然謝弗發布相對試探性、不過根據《滅絕種族罪公約》來說十分正確的「種族滅絕跡象」認定，但社論作家、非政府倡議者等人都對柯林頓團隊使用這個詞提出批評。他們認為雖然有十萬名阿爾巴尼亞人遭到驅逐，但他們沒有被謀殺。由於多數人都將種族滅絕與全面絕滅畫上等號，他們控訴美國誇大塞爾維亞的惡行，藉此為北約轟炸任務造成的平民死傷辯解。確實，政府肯定會讓某些人失望。柯林頓政府在波士尼亞與盧安達種族滅絕發生期間，之所以不使用「種族滅絕」相關的詞以避免採取行動並非出於巧合，他們只有在試圖動員外界支持干預行動時，才會主動採用這個標籤。在科索沃的案例中，認定塞爾維亞政府的行徑是「種族滅絕」並不會讓美國丟臉，而會強化他們的道德權威。即便如此，美國官方對《滅絕種族罪公約》的直接解讀，確實捕捉到當時正在發生的驅逐與謀殺行為。米洛塞維奇確實正在毀滅科索沃的阿爾巴尼亞人。

美國官員除了因為使用種族滅絕一詞受到批判，他們也因為可能誇大估計遇害的阿爾巴尼亞人數而遭受指責。事實上，文獻紀錄顯示多數官員都相當謹慎看待發布的數據。一九九九年四月九日，在國務院記者會上，記者追問謝弗，要求他估計阿爾巴尼亞人的死亡人數。「我想此時推測數據會產生很多問題。」謝弗說：「我擔心如果真的去推測，任何估計值都會太低。我們必須等待死亡人數的調查結果。」[47]四月十九日，國務院發言人詹姆斯．魯賓（James Rubin）宣告：「我們還無法確認大約十萬名男性的下落，這項估計值，是根據應該陪同婦女和兒童進入馬其頓跟阿爾巴尼亞的男性人數所推斷出來的。」魯賓提醒記者塞爾維亞在不久前的行徑。「有鑑於他們過去的做法，」他說：「光是想像那十萬名男性的下落，就令人不寒而慄。我們不知道發生什麼事。」[48]魯賓說得沒錯。當時沒有人能夠知道。

魯賓的計算公式成為其他美國官員的參考模式。多數人注意到塞爾維亞將正值兵役年齡的男性從難民隊伍中有系統分離。美國當局回報大規模處決和個別謀殺的具體案例，估計大約有四千六百人遇害。不過他們雖然已經假設可能最糟糕的情況，但沒有進一步公開發表結論。官方區別出他們相信遇害的阿爾巴尼亞人數，和那些只是下落不明的人數。比方說，一九九九年五月七日，國防部發言人肯尼斯．培根（Kenneth Bacon）表示：

> 有十萬名兵役年齡的男性不知去向。我們估計總共有超過四千六百人，在超過七十個地點的大規模處決中被殺……這很可能只是對大規模處決中的遇害人數進行保守評估。有些人可能被用來挖掘墳墓。有人可能被強迫用各種方法支援塞爾維亞軍方。我們取得的報告指出，有些人被當作人肉盾牌。有些人可能在山裡或在勞動中死去。我們就是無法知道確切情況，這是在這場衝突結束

前不會解開的謎團。

當記者繼續拷問培根時，他似乎失去耐性。他聽起來就像在一九八八年庫德族危機期間的克萊伯恩．裴爾，提醒他的聽眾顯而易見的事實：「他們下落不明意味著我們無法訪問他們，調查他們確切發生什麼事。」[49]幾天後，國務卿歐布萊特跟美國人說，直到獨立調查員取得完整通行權前，都必然會存在許多爭議問題。「唯有戰爭已經結束，科索沃的人民安全返鄉，我們才能完整掌握在科索沃發生暴行的嚴重性。」她說：「不過，儘管我們不瞭解所有情況，不代表我們一無所知。儘管我們無法阻止這場悲劇發生，並不代表此刻我們應該忽視它。」[50]即便歐布萊特知道自己的發言，可能會增加美國必須以地面部隊介入的壓力，但她仍透過傳達自己認知的恐怖真相，打破美國過往一貫的做法。

米洛塞維奇投降後那年，調查員開始挖掘科索沃的萬人塚。一九九九年九月，一個西班牙法醫團隊聲稱挖出受到戰爭罪侵害的死者，但死者人數遠比預期的更少。某個西班牙小組的首席驗屍官胡安．洛佩茲．帕拉弗克斯（Juan Lopez Palafox）宣稱：「有人告訴我們，我們要去的地方是科索沃情況最慘烈的地區，應該準備好執行超過兩千次驗屍，而且可能必須工作到十一月底。結果大不相同。我們挖掘出一百八十七具遺體後就打道回府。」西班牙調查員為媒體在科索沃的報導帶來新觀點。「在前南斯拉夫，」洛佩茲．帕拉弗克斯說道：「有些罪行無疑十分可怕，但仍與戰爭有關。我們在盧安達曾見過四百五十名婦孺的屍體堆在一座教堂，他們的頭顱全都被劈開來。」[51]盧安達的種族滅絕替種族滅絕事件設下全新的現代標準。有人在比較遺體數量後，表示科索沃的數目不符合標準。

在十一月，聯合國的戰爭罪檢察官宣布，調查團大約找到四千具掩埋的屍體。而記者用這個「小」數目來證明美國政府說謊。「雖然死亡人數相當可觀，但完全不到戰爭期間美國官員表明的數據。」美國有線電視新聞網記者沃爾夫·布利澤（Wolf Blitzer）表示：「這個數目比戰後美國通報給聯合國的一萬一千人，總共少了七千人。」然而，布利澤的報導沒有提到有超過三百個地點完全沒被探查，或塞爾維亞人竄改證據的惡行。他反而引用一名前布希政府官員的話，描述政府「以詩意的誇大手法處理數據」。[52]

從一九九九年三月二十四日到六月十日期間，塞爾維亞軍隊對阿爾巴尼亞人施暴的真相仍持續浮出檯面。從二〇〇〇年十一月起，聯合國海牙的戰爭罪刑事法庭證實在超過五百個地點，共有四千具屍體或屍塊出土。[53]官員表示所有遭到處決或毆打致死的科索沃人，當然不會全被埋入萬人塚。許多人被棄置在路邊溝渠、水井和菜園。有些最初堆在坑洞中準備被埋葬的遺體已經被移除。當時，塞爾維亞人曾以推土機將現場屍塊分散在多個地點，或使用營火或在工廠內燃燒遺體，藉以掩蓋自身足跡。例如在伊茲比察村（Izbica），在經歷塞爾維亞人屠殺後，倖存的阿爾巴尼亞村民先埋葬約一百四十三具遺體，才在四月初逃亡。當時的間諜衛星影像證實一百四十三座墳墓的存在。可是到了一九九九年六月，當法庭調查員抵達當地時，現場唯一留下的死者跡象，是重型推土機留下的縱橫交錯履帶車痕。所以屍體都消失無蹤。

如果仔細檢查美國和難民的主張，會發現美國政府的預測和難民描述非常正確。儘管多數難民瘋狂逃往邊界並經歷可怕遭遇，但人權觀察會已證實調查員聽到的九成內容是真實的。海牙的聯合國檢察官也發現每五位科索沃難民回報的墳墓遺體數量，就有四位提供的數字是精確的。

屍體不斷出現。二〇〇一年，在五座隱藏在塞爾維亞範圍內的萬人塚，出土大約四百二十七具科索沃阿爾巴尼亞人的遺體。還有人在貝爾格勒郊外尋獲另外三座萬人塚，包含一千多具屍體正等待被挖掘。每個新發現的遺體埋葬地點，都位於南斯拉夫軍隊或警方兵營附近。[54]

在塞爾維亞驅逐行動期間最廣為流傳也最瘋狂的謠言，在後來也獲得證實。在北約發動轟炸時，散文作家克里斯多弗．希鈞斯（Christopher Hitchens）收到一名友人過去的塞爾維亞學生信件，那名塞爾維亞學生是一名卡車司機，他曾收到南斯拉夫軍隊命令，用他的冷藏車載運阿爾巴尼亞人的遺體進入塞爾維亞。希鈞斯堅定支持北約介入，但他沒有公開那封信，因為連他都認為那封信「古怪且太具有幻想姓」。他對戰爭時期流傳的「謠言」懷有疑慮。[55]然而，在二〇〇一年七月，季瓦丁．喬吉維齊（Zivadin Djordjevic）出面證實謠言。喬吉維齊是一名五十六歲的塞爾維亞潛水員，他靠著潛入多瑙河救援車輛和找尋溺水遇難者維生。一九九九年四月，有人請他檢查貝爾格勒東方一百五十英里處的克拉多沃鎮（Kladovo），有人在附近發現一輛白色賓士冷藏車，在多瑙河中載浮載沉。喬吉維齊以為那只是另一臺不幸開入河裡的車輛，於是穿上潛水衣游近那臺卡車的後門。但當他打開車門時，他發現裡頭裝著男人、女人和兒童的遺體，景象駭人。他表示自己先看到「一名半裸、貌美、有著一口大白牙的黑髮女子」。接著辨識出兩名「比八歲還小」的男孩。糾纏在一起的屍體滑到他的懷中。當他努力把一個人塞進卡車時，另個一人就會滑出來。事後這名表示，「這是我人生中第一次也是唯一一次遇到這麼恐怖的事。」[56]

如今我們知道，一九九九年北約展開轟炸後兩天，米洛塞維奇命令他的內政部長弗拉伊科・斯托伊利科維奇（Vlajko Stojilkovic）「清理」科索沃的戰爭罪證據。斯托伊利科維奇派出所有能動用的冷藏車，將遺體從科索沃的行刑場，載到塞爾維亞銷毀或重新掩埋。根據目擊證人所述，部分屍體在塞爾維亞波爾（Bor）和科索沃特雷普察（Trepca）的熔爐被燒成灰燼。因此，米洛塞維奇政府不僅允許、鼓勵與命令保安部隊謀殺阿爾巴尼亞人，甚至試圖掩蓋罪行。聯合國法庭收到的報告指出，光是在科索沃，就有大約一萬一千三百三十四名阿爾巴尼亞人，被埋葬在五百二十九個地點。[57]

儘管調查出來的死亡人數如此高，但如果北約毫無行動，這些數字會更高。經過多年避免對峙，美國與其盟友可能拯救數十萬人性命。除此之外，儘管在過去跟未來，批評美國發動干預行動的人一直強調，干預可能導致負面效果，但北約的行動帶來一些非常正面且意外的結果。米洛塞維奇總統由於在蹄鐵行動期間的暴行，受到聯合國戰爭罪刑事法庭起訴，同時他因為打了敗仗，在家鄉更易受到批評。塞爾維亞人民意識到，米洛塞維奇的政權代表腐敗、壓迫、死亡，國際孤立與經濟凋敝的未來。二〇〇〇年九月，當塞爾維亞經濟學教授沃伊斯拉夫・科斯圖尼察（Vojislav Kostunica）以改變為政見，與米洛塞維奇競選時，米洛塞維奇慘遭痛宰。後來，米洛塞維奇試圖挑戰選舉結果，而引發國內礦工、勞工、警察和士兵加入貝爾格勒知識分子和學生行列，一同終結他致命的十三年任期。二〇〇一年三月，科斯圖尼察政府逮捕米洛塞維奇，而在當年六月，貝爾格勒當局為了回報美國援助國內四千萬美元，而將米洛塞維奇遣送到海牙。政局的翻轉讓全體國民終於能開始處理塞爾維亞的戰爭罪，這是該區域要維持長期穩定的先決條件。

米洛塞維奇在戰場上會落敗，最大因素應歸功於韋斯利・克拉克將軍。北約轟炸行動的成功，讓科索沃得以移除殘忍的塞爾維亞警察小隊，確保一百三十萬名阿爾巴尼亞人返鄉，並讓阿爾巴尼亞人得到自治權利。然而，克拉克在華府卻遭人蔑視。一九九九年七月，他突然接獲通知，得知有人將接替他在歐洲盟軍最高司令的職位。克拉克被迫退位，他三十四年傑出的軍人生涯從此畫下句點。支持人道干預從來都不是一筆好生意。

塞爾維亞投降後，科索沃的阿爾巴尼亞人在普利斯提納建築物的牆上潦草塗鴉，向西方領袖致敬。（圖片來源：Samantha Power）

第十三章 萊姆金的法庭遺緒

法庭的戲劇性事件

當塞爾維亞總統米洛塞維奇抵達海牙的國際戰爭罪刑事法庭時，他是第三十九位南斯拉夫戰爭罪嫌疑犯，並且最終會在聯合國的監獄服刑。最初，他只有以在科索沃違反人道罪的罪名被起訴，但聯合國檢察當局進一步控告他在波士尼亞施行種族滅絕，他的妻子兼政治共犯米拉·馬爾科維奇（Mirjana Markovic）譴責國際法庭是「塞爾維亞人的毒氣室集中營」。米洛塞維奇初期出庭時，猛烈抨擊戰爭罪法庭為「不公法庭」，並拒絕接受法律顧問。當他被詢問是否要聽人朗讀他五十一頁的起訴書，他嗤之以鼻，說道：「那是你們的問題。」[1]在下次開庭中，他說得更加清楚：「別來煩我，強迫我連續好幾個小時聽一篇相當於七歲小孩智商的訴狀，讓我更正一下，是一個弱智的七歲小孩寫的訴狀。」[2]

即便米洛塞維奇維持強硬姿態，時代改變了。當他準備在法庭上發表長篇大論，譴責北約與這個「非法」法庭時，審判長理查德·梅依（Richard May）打斷他。梅依顯然被這名被告滿不在乎的態度激怒，而直接關掉米洛塞維奇的麥克風並宣布休庭。梅依表示：「現在不是發表演說的時候。」曾經無所不能的強人塞爾維亞被護送，從審判分庭回到他十乘十七英尺大的牢房。二〇〇一年八月，渴望獲得關注的米洛塞維奇打破法庭規定，打了一通被禁止的電話給福斯新聞（Fox News）。他在節目播放時重申自己對「非法」法庭的指控，並提到他在巴爾幹戰爭的角色，表示「我以我做的一切為傲。」[3]法庭對他提出訓斥，並威脅要撤銷他的電話特權。這名近十年來大勝西方協商者的男子被警告如果再次違反規定，將會損失他每月的電話卡和每日七分鐘的通話配額。

海牙的拘留中心一度淪為西方國家敷衍荒廢的象徵，如今成為米洛塞維奇許多同夥、下屬和敵人頻繁造訪之地。波士尼亞的塞爾維亞將領拉迪斯拉夫・克爾斯蒂奇，是執行斯雷布雷尼察攻擊行動的德里納軍團指揮官，最終他也被關入荷蘭的監獄。一九九八年十二月，美國軍隊在波士尼亞東部突襲圍捕克爾斯蒂奇。[4]美國軍隊由於正在強制執行一九九五年議定的波士尼亞《岱頓協定》，大多避免發動突襲，這次的逮捕行動並不尋常。在美國部署軍隊前夕，柯林頓的

二〇〇〇年七月，前塞爾維亞總統米洛塞維奇在一名聯合國駐衛警的護送下，走進海牙法庭。（圖片來源：AP ／ Wide World Photos）

民意調查員迪克・莫里斯詢問民間，美國士兵應該在波士尼亞執行何種任務，但民調結果令總統氣餒。「他們最反對美國出動美軍逮捕戰爭罪犯。」莫里斯說：「我想可能是受到美軍在索馬利亞追捕壞人導致悲劇的影響。」莫里斯認為，波士尼亞的戰爭罪犯從未「讓眾人足夠瞭解與產生憎惡」。他估計只有兩成民眾知道波士尼亞的塞爾維亞政治領袖拉多萬・卡拉迪奇，但幾乎所有美國人都認識薩達姆・海珊：「我不認為民眾曾真正理解卡拉迪奇是個大混蛋。因為他不是一國之首，只是個將領，我想多數人都不認識他。」[5]卡拉迪奇確實不是將領，他自封為「總統」。

華府非常緊張逮捕行動會造成美軍死傷，北約指揮官兼美國上將雷頓・史密斯因而對部隊下達清楚指令：「不要挑釁」、「自己保命也讓別人活」。雖然美軍基地距離這名塞爾維亞將領兼波士尼亞通緝犯的總部只有十二英里之遙，美國卻允許這名自負的將領繼續工作。穆拉迪奇是出了名愛亂開槍，美軍極力避免點燃他的怒火，甚至提前宣布他們將造訪他的軍隊總部。

然而到了一九九八年末，塞爾維亞人的組織已經瓦解，北約也改變逮捕政策。美國情報官員知道，克爾斯蒂奇並沒有像穆拉迪奇一樣危險，之後克爾斯蒂奇也在荷蘭的法庭上詳細論述這點。而且因為聯合國秘密起訴他，讓他在猝不及防的狀態下遭到突襲。[6]

克爾斯蒂奇是自一九四五年以來，國際法庭審判過最高階的軍官。二〇〇〇年三月十三日，在斯雷布雷尼察事件後將滿五年，這名塞爾維亞將領發現自己被歸入被告之列。克爾斯蒂奇在某次戰爭中，因為踩到地雷意外失去右腿，當他聆聽美國檢察官馬克・哈蒙（Mark Harmon）的開場陳述時，他揉著自己的殘肢。「這是一場戰勝邪惡的訴訟。」哈蒙表示：

這個故事是關於波士尼亞塞爾維亞軍隊的軍官和士兵。這些人受過良好教育，成為職業軍人。他們公開宣稱信仰全能的上帝，也宣稱代表驕傲卓越的塞爾維亞歷史與理想。然而，他們卻組織、計畫並自願參與種族滅絕行動，或在面對種族滅絕時默不作聲。[7]

哈蒙闡釋要像穆拉迪奇和克爾斯蒂奇領導的部隊一樣，迅速殺害這麼多成年男子和男孩，需要多少辛苦精細的規畫。「請花點時間想想，指揮這種大屠殺行動需要多少程序。」哈蒙告訴法庭，策劃人需要做到以下事項：

- 發布、傳達、散布命令給所有參與或協助行動的部隊，殺害、埋葬與重埋受害者；
- 召集足夠數量的公車和卡車，將數千名穆斯林受害者運送到行刑場附近的拘留中心；
- 取得這些車輛夠用的燃料，當時因為燃料禁運令，讓燃料變得十分珍貴……
- 確保行刑場附近有足夠的拘留設施，以便在殺害囚犯前關押他們……
- 取得足夠數量的蒙眼布和繩索使用在囚犯身上……
- 組織行刑隊；
- 徵用和運送挖掘大型萬人塚所需的重型設備；
- 埋葬數千名在不同地點被處決的受害者，並於事後再次重新埋葬；

- 準備和協調來自德里納軍團、塞爾維亞軍方和政府所有階層的政治宣傳……反駁關於暴行已經發生、理據充足的主張。[8]

在這起案件中，有待裁決的不只是克爾斯蒂奇的個人責任，還包含塞爾維亞軍隊是否在波士尼亞施行種族滅絕的未決問題。

雖然波士尼亞的暴行讓人明確想起猶太大屠殺，但在戰爭結束後，人們依然對種族滅絕的問題爭辯數年之久。波士尼亞的塞爾維亞人由於有米洛塞維奇在背後支持，在一九九二年到一九九五年戰爭期間，顯然曾清除他們掌控領地內的穆斯林，並殺害數萬名平民。然而，他們沒有像納粹和盧安達胡圖族一樣，殺害所有落入他們手中的穆斯林。如果猶太大屠殺和盧安達是明確的種族滅絕，波士尼亞則為法官帶來一大挑戰，必須決定該採用多廣泛的種族滅絕定義。當時在斯雷布雷尼察周邊，只有兵役年紀的穆斯林男性遭到系統性處決，婦女與孩童大致上只是被驅離家園，克爾斯蒂奇的辯護律師團隊因而主張塞爾維亞人沒有施行種族滅絕。

如果說一九四四年萊姆金的倡議，讓滅絕種族罪獲得正式名稱，那這項罪名必須仰賴海牙的聯合國刑事法庭，才能讓犯行者真正受到懲罰，並讓罪名被清晰定義。從萊姆金法案到海牙聯合國刑事法庭開庭已間隔五十年，這對裁決來說並不有利。「種族滅絕」這個詞曾指涉無數行為，包含種族隔離、種族融合、奴隸制度、生育控制與墮胎、絕育、蘇聯關閉猶太教堂，甚至還包含郊區化（suburbanization）。語言的誤用與濫用是難以避免的，但由於九〇年代末到二〇〇〇年初，國際上缺乏一個能阻止種族滅絕的荒謬性，並衡量裁決難以分辨的國際案例，這造成的結果之一是人們無法區辨種族滅絕受害者，與其他遭受反人道罪、社會邊緣化與迫害的人們。

在針對克爾斯蒂奇長達十六個月的審判期間，聯合國法官聆聽一百二十八名證人的證詞，看過一千〇九十三項證據，其中包含出土的墓地照片，有人從墓地中挖出蒙上眼的頭顱與被繩索綁縛的骨瘦嶙峋手腕。二〇〇一年八月，審判法庭宣告判決結果。當時，克爾斯蒂奇身穿深藍色西裝、白色襯衫並繫著黃黑領帶，他一跛一跛走進法庭。在開場時，審判長阿米諾・霍德里吉斯（Almiro Rodrigues）先描述這起案件的爭議性：

有爭議的地方，不只是波士尼亞正值兵役年紀的男性遭到滅絕，還有塞爾維亞軍方殺害男性的蓄意決定。在這背後，他們完全瞭解屠殺會對整個團體造成影響。決定殺害所有斯雷布雷尼察兵役年紀男性，等同於讓該鎮的波士尼亞穆斯林人民無法生存。

「換句話說，」霍德里吉斯說：「原先的種族清洗成為種族滅絕。」[9] 聯合國法庭認為《滅絕種族罪公約》包含對身體和生命的破壞，但並未包含滅絕某個群體所有成員的目標。「一九九五年七月，」審判長描述克爾斯蒂奇的個人責任：「你同意助長惡行……你因為同意執行對所有兵役年紀男性的大規模處決計畫而有罪，你犯下了滅絕種族罪，克爾斯蒂奇將軍。」過去，由於紐倫堡的法官忽視萊姆金的訴求，而將種族滅絕排除在他們的裁決之外；而海牙的國際法庭裁判，是歐洲史上首次種族滅絕判決。

五十三歲的克爾斯蒂奇被判處四十六年徒刑，這是國際法庭至今做出最嚴厲的判決。

背景：執法之路

如果萊姆金能參與海牙的法庭審判，他一定會感到很欣慰。一九九三年，聯合國因為前南斯拉夫案，創建了國際戰爭罪刑事法庭，並進一步在一九四四年成立聯合國法庭成立。聯合國法庭主要審判下令或施行盧安達種族滅絕的人士，聯合國法庭的誕生也讓柬埔寨的赤柬罪犯歸案受審，並懲處海珊犯下的暴行。這些發展促使各國支持建立他們長期追求的國際刑事法庭。在今日，試圖證明種族滅絕事件的檢察官整天都在研究萊姆金的文獻，努力理解這名波蘭律師的原始意圖。

萊姆金一直堅信世界各國的領袖，早晚會明白懲治種族滅絕犯罪者的道德價值與實質效用。當他努力不懈想讓《滅絕種族罪公約》正式成文時，從未天真到相信通過公約就足以執法。他只是相信這是必要的一個條件。訂定公約會先讓輿論譴責罪行；接著國家法庭會起訴國內出現的種族滅絕嫌疑犯；最終在數年過後，當世界做好準備，國際刑事機構將懲治塔拉亞特和希特勒的後繼者。這些國際戰爭罪審判將懲罰邪惡的犯行者、剝奪他們的行動能力、制止未來的種族滅絕、建立相關事件的歷史紀錄，並藉由查明個人罪責，讓族裔或宗教群體在恐怖暴行後還能共存。

在一九五九年，也就是萊姆金逝世那一年，達成執法的法律途徑似乎是死路一條。[10]自從猶太大屠殺以來，不斷有人明目張膽地違反、忽略《滅絕種族罪公約》。為什麼在一九九〇年代，世界突然開始懲治種族滅絕？這些新成立的法庭如果確實達成某些成就，那實際成果又怎麼樣？

伊拉克

戰後第一波擁護國際戰爭罪審判的熱潮，發生在一九九〇年海珊入侵科威特之後。由於海珊挾持西方國家的人質，瑪格麗特・柴契爾率先提出以戰爭罪起訴這名伊拉克獨裁者的主意。這名英國首相在一九九〇年九月的電視訪問表示：「如果那些人質發生什麼意外，那遲早在戰爭都落幕時，我們可以像紐倫堡大審一樣，告發那些關鍵人物做出的野蠻殘忍行為……他們不能找藉口說：『我們只是聽命行事。』這正是紐倫堡傳達的訊息。」[11]十月中，布希總統替柴契爾的提議背書。他警告：「大家要記得，當希特勒的戰爭結束時，還有紐倫堡大審在等待納粹。」[12]一九九〇年十月二十八日，布希闡述：

> 海珊劫掠和平的鄰國、挾持無辜人質，並以毒氣殺害自己的人民。這些所有罪行，都能依照一九四五年同盟國採行、一九五〇年聯合國一致肯認的原則予以懲罰。兩週前，我曾提到紐倫堡審判。海珊必須明白他面臨的風險極高，他被起訴的理由是正義的。現在各國都抱持前所未有的真實決心。[13]

一九九一年四月，美國打贏波斯灣戰爭後，當媒體報導海珊再次殺害庫德族平民，柴契爾與布希的構想受到更廣獲支持。在多名歐洲外交部長敦促下，國際律師提議建立刑事法庭，或根據《滅絕種族罪公約》在國際法院提起訴訟。德國外交部長漢斯—迪特里希．根舍（Hans-Dietrich Genscher）成為起訴海珊的主要代言人，並在一九九一年間不斷透過公開演說提出這個構想。[14]儘管國際社會爆發審判戰爭罪熱潮，人權觀察會也提供安法爾行動的嚴密文件，但美國或個別成員國都沒採取進一步行動。只有在前南斯拉夫內犯下類似罪行時，各國才實際建立戰爭罪刑事法庭。

前南斯拉夫

呼籲國際社會起訴巴爾幹戰爭罪犯的第一個人，可能是南斯拉夫的重要記者米爾科．克拉林（Mirko Klarin）。一九九一年五月十六日，在斯洛維尼亞和克羅埃西亞的戰爭開打前，也是在波士尼亞衝突發生前整整一年，克拉林便有先見之明，在南斯拉夫日報《奮鬥》（*Borba*）上寫了一篇積極的呼章，題名為〈即刻重啟紐倫堡審判！〉（*Nuremberg Now!*）。克拉林嘲諷那些表示會在衝突平息後，處理違反人道罪和戰爭罪的南斯拉夫政治領袖，並堅稱正在煽動種族暴力和挑起仇恨的正是這些領袖。他問道：「如果讓這些大大小小的領袖坐在被告席而非談判桌旁，不是會更好嗎？」他提議讓「外國公正的戰爭國際法專家」組成法庭，並且無論法庭的「規模多小、組成多陽春」，都要審判已經犯下危害和平罪與違反人道罪的領袖。「沒有理由讓南斯拉夫版的紐倫堡審判，拖延到這一切都結束的時刻。」克拉林寫道：「在那之前做，或者更準確說，**不要**等到一切都結束時才做，將會更符合成本效益。」[15]

然而，沒有人重視克拉林的意見。斯洛維尼亞、克羅埃西亞和波士尼亞的戰爭也接續發生。當波士尼亞屠殺在眾目睽睽下發生，西方領袖經常警告犯下暴行與戰爭罪的罪犯，將被迫「負起個人責任」以回應眾怒。當時人權觀察會正在系統性紀錄犯罪證據，並於一九九二年七月呼籲成立法庭。由於幾天後波士尼亞集中營的新聞曝光，觀察會的呼籲引發強烈共鳴。一九九二年八月十三日，在菁英意見領袖施壓下，美國和聯合國安理會攜手請求各國與國際人道組織，提供有關戰爭罪的「已證實資訊」。[16]大約在此時，候選人柯林頓為了讓布希總統感到羞愧，而協助蒐集所有可能取得的集中營證據。柯林頓表示，猶太大屠殺教會我們面對種族滅絕時保持沉默的代價。他大力主張：「我們必須找出誰是這些行動的罪魁禍首，並依照違反人道罪將他們繩之以法。」[17]歐洲高級外交官再次提議成立國際法庭。德國外交部長克勞斯・金克爾（Klaus Kinkel）則接手前任外交部長根舍未盡的工作。一九九二年八月末，金克爾在倫敦舉行的歐洲與聯合國會議上發表演說，宣告：「現在發生的暴行是種族滅絕。無論犯人是誰，國際社會將會追查所有罪行。」[18]然而，「追查」和「罪責」都是相當模糊的用詞。雖然一個國家可以利用國際法院控訴另一個國家犯下滅絕種族罪，但當時尚未存在審判**個人**犯行的任何平臺。

一九九二年十月，國際社會呼籲發起違反人道罪制裁的勢頭高漲。塔德烏什・馬佐維耶茨基是聯合國人權委員會的前南斯拉夫特派調查員，日後他將因斯雷布雷尼察事件引咎辭職，但當時同盟國在他建議下，呼籲建立公正的專家委員會，評估蒐集到的資訊。[19]美國方由於企圖引發大眾對猶太大屠殺的聯想，而聽取美國國際律師建議，刻意遊說各國使用「委員會」這個術語。他們認為這個名稱會將這波新興行動，與同盟國的戰爭罪委員會連結在一起。戰爭罪委員會是由赫伯特・佩爾主管，效用不太大的二戰機構，但作為紐倫堡審判的前身。[20]

一九九二年十二月，當布希政府準備卸任時，代理國務卿伊格伯格在日內瓦點名嫌犯，大力推了聯合國委員會一把。儘管委員獲得美國辭令上的支持，他們仍缺乏能獨立及時調查暴行的財務、政治、人力支援與防護措施。運用戰爭罪委員會這個名稱似乎十分恰當，因為他們看似注定要複製裴爾委員會的失敗。當時，英國和法國比德國跟美國都更同情貝爾格勒當局。英國首相梅傑和法國總統密特朗總統因為相信對殺手究責會妨礙談判和解，而試圖制止委員會獨立運作。他們表示追求正義將推遲和平。[21]

然而，其他國家則堅持，如果巴爾幹半島沒有正義，就無法維持長期和平。國際法教授夏里夫・巴希尤尼（Cherif Bassiouni）長期堅持推動國際正義，在他的領導下，聯合國委員會受到激勵而邁步向前，蒐集大量難民證詞與其他暴行證據。一九九三年二月，委員會的五名律師將期中報告呈交給聯合國秘書長，他們在報告中將波士尼亞的事件定義為「種族清洗」。這個用詞當時是介於違反人道罪和種族滅絕罪之間的委婉折衷說法。委員會成員認為塞爾維亞政府正在實施種族清洗，也就是「運用武力或威嚇手段移除特定族群成員，藉以讓某個區域組成變得徹底同質」，「他們的手段包含謀殺、酷刑、任意逮捕拘留、法外處決、強暴、迫遷、撤離與驅逐平民、蓄意發動軍事攻擊、威脅攻擊平民跟平民區，以及惡意破壞財物。」他們表示這類罪行構成違反人道罪，根據《滅絕種族罪公約》也可能被視為種族滅絕。委員會正式提出成立聯合國法庭以審判這些罪行的可能性。一九九三年二月，由於人權組織和群眾施壓，安理會不再因為冷戰否決權而癱瘓，成員國投票通過在海牙建立聯合國法庭。

我們永遠無法知道不同時空的不同戰爭，最終能否觸發相似進程。不過審理前南斯拉夫案的聯合國戰爭罪法庭之所以能成立，背後因素之一是波士尼亞戰爭和猶太大屠殺間意象重疊的巧合。所有為了起訴波士尼亞犯罪者而展開遊說的人，例如國務院的喬恩．偉斯登、國會議員法蘭克．麥克洛斯基、聯合國大使馬德琳．歐布萊特與無數個人，都受到紐倫堡大審記憶的刺激。人民將他們對希特勒滅絕營的記憶，和波士尼亞塞爾維亞人掌管集中營的視覺影像連結在一起，這點燃國際社會對正義的呼籲。當輿論壓力高漲，要求美國和歐洲領袖「採取行動」阻止波士尼亞屠殺，對西方國家來說成立法庭懲治罪犯，似乎是一個低成本與低風險的方法，以表示他們儘管反對軍事介入，但沒有冷眼旁觀波士尼亞的苦難。

如果說在一九九二、九三年，紐倫堡的記憶有助於改變同盟國和聯合國官員對成立法庭的態度，紐倫堡審判也提供海牙法庭法理的基礎。許多人將紐倫堡審判對德國去納粹化與重新融入歐洲的重要貢獻視為指標，德國的案例顯現戰後前南斯拉夫能如何邁進，以及用何種方式前進。就連海牙法院的建築外觀，也是以紐倫堡司法大樓為範本。一九九〇年代檢察官和辯護律師穿戴的白色胸飾，似乎也是被刻意選擇來呼應聯合國法庭實際運作過的機構前身。

盧安達

海牙法庭成立後一年，盧安達的胡圖族民兵與步兵謀殺大約八十萬圖西族人與溫和派的胡圖族同胞。當時聯合國法庭已準備好聆聽跟波士尼亞人屠殺事件相關的控訴，加上盧安達屠殺是從猶太大屠殺以來最明確的種族滅絕案例。如果放任事件策畫者逍遙法外，將會造成棘手的政治問題與明顯的種族歧視。於是，安理會通過成立法庭以起訴盧安達罪犯的決議。為了在其管轄權下建立法庭，安理會必須證明審理事件「對國際和平與安全造成威脅」，才能讓審判凌駕於聯合國憲章中對介入國家內政事務的禁令。這在前南斯拉夫的案例中很容易做到。因為塞爾維亞實際入侵受到國際承認的鄰國波士尼亞。然而，由於盧安達的屠殺發生在國內，要證明這點更加困難。儘管如此，安理會發現盧安達難民在種族滅絕發生期間外溢到鄰國，就像前南斯拉夫的情況一樣，這證明盧安達的暴行也對國際秩序造成威脅。這讓安理會得以證明一國之內的暴行，也能超脫聯合國憲章對違反國家主權的傳統禁令。

安理會以十四比一的票數通過成立法庭，法庭將座落於坦尚尼亞的阿魯夏，也就是胡圖族與圖西族領袖一度協議推動和平進程的希望之地。[22]如今，盧安達由圖西族反叛勢力和種族滅絕的倖存者治理，卻是唯一一個投下反對票的國家。盧安達官員認為殺手應該被處死，但聯合國法庭規定禁止判處死刑。當種族滅絕首謀巴戈索拉被逮捕後，盧安達領袖保羅．卡加米表示：「比利時在這裡失去十個人，相較之下，這名男子奪走我們一百萬條人命。國際法庭只能判巴戈索拉無期徒刑，但我國對更輕微罪行的罪犯都會判處死刑。巴戈索拉應該在被侵害的全國人民面前接受審判，而且如果被判決有罪，他應該被處絞刑。」[23]盧安達政府擔心特定國家的法官會有所偏頗（例如法國和比利時），因此也反對在盧安達以外的地方進行審判。在安理會上，盧安達代表惱怒地表示：「這個無能的法庭只能滿足國際社會的良知，卻無法回應盧安達人民的期望。」[24]國際法庭成立後招致的評價有好有壞。

一九九八年，國際刑事法庭在審理史上第一起種族滅絕案件時，來自洛杉磯的三十五歲非裔美國檢察官皮埃爾．普羅斯伯試圖說服全體法官，對婦女實施性暴力的意圖可能相當於種族滅絕。他以盧安達塔巴區（Taba）區長尚保羅・阿卡耶蘇（Jean-Paul Akayesu），透過強暴婦女來摧毀圖西族人作為例子。普羅斯伯刻意對《滅絕種族罪公約》的字面意義輕描淡寫，選擇回歸公約的精神意義。他向全體法官介紹萊姆金，大致說明這項公約的立法歷史，並主張如同美國最高法院法官對美國憲法做出的許多詮釋，《滅絕種族罪公約》也是「活生生的文件」。普羅斯伯指出，由於人性可能尚未墮落到最底層的深淵，廣泛詮釋法律相當重要。按照法律術語，盧安達種族滅絕事件是一個首次審理的案件。「對我來說，阿卡耶蘇是否犯下種族滅絕罪，取決於**破壞**這個詞。破壞是什麼意思？」普羅斯伯說道：「五十年前的代表團忽略『破壞』一詞，這是我想重提萊姆金的原因。如果能定義破壞這個詞，那我就能為公約注入新的活力。」

普羅斯伯擬出一份又一份有關「破壞」一詞定義的草稿，最終，他決定將「破壞」定義為直接針對某個族群**根基**發動攻擊，讓族群**弱化**到剩餘成員無法對社會做出有意義貢獻。普羅斯伯重申萊姆金的概念，堅稱「不一定需要發生徹底或蓄意殲滅某個族群的行動」。他主張不只有殺害人民會造成破壞，如果某族群中的知識分子社群被消滅，或婦女遭受系統性強暴，那也會導致破壞。普羅斯伯認為一個族群可能在肉體上存活或逃過滅絕，但在社會上變得極度邊緣弱小，而實際上等同於被破壞。

一九九八年九月二日，聯合國法庭在盧安達案中接受普羅斯伯的論述，發布史上第一份法庭判決書。法官判定阿卡耶穌等人對盧安達塔巴區圖西族婦女的系統性強暴，對該團體成員構成「身體或精神上嚴重傷害」的種族滅絕行為。當這名塔巴區前區長輕皺眉頭之際，聯合國法官萊蒂・卡瑪（Laity Kama）宣告：「被告尚保羅・阿卡耶蘇，我宣判你犯下滅絕種族罪。」

當盧安達法庭展開審判，阿卡耶穌在坦尚尼亞偏遠的城鎮阿魯夏被宣判有罪，曾經無所不能的巴戈索拉上校正在拘留機構打發時間，等待出庭的日子。這名男子曾嘲笑達萊爾嘗試斡旋的行動、拒絕接聽美國副助理國務卿布希內爾的電話，並在幕後策畫屠殺八十萬左右的盧安達人。他在一九九六年三月終於落網，在等待聯合國法庭審判時，巴戈索拉準備長達二十八頁雜亂無章的答辯，希望利用這個機會表達對圖西人的反感，並主張只有部分圖西人被消滅：「圖西民族從來就不存在，無論是在盧安達、蒲隆地或任何地方，這個民族都不存在。」這名盧安達上校寫道：「他們是一群應該節制自己貪婪傲慢行徑的移民。」[25]截至二〇〇一年十一月，巴戈索拉是在阿魯夏被聯合國拘留的五十三位被告之一。在這些被高中，有八人被宣判犯下滅絕種族罪。如果沒有被逮捕，他們可能還在策畫謀殺盧安達的圖西人。

柬埔寨

國際法庭開始審判前南斯拉夫與盧安達罪犯後，眾人的目光很快轉向其他同樣曾因暴力災難受苦的國家。不久後，西方政府、聯合國與柬埔寨非政府組織也開始呼籲以類似機制審判年邁的赤柬領袖。

很長一段時間，柬埔寨倡議人士都為了究責進行遊說。在整個一九八〇年代，曾經紀錄赤柬暴行，會說高棉語的耶魯大學歷史學者班．基爾南，以及人類學者兼律師格列高利．史坦頓（Gregory Stanton）曾試圖說服澳洲外交官，以滅絕種族罪控告仍佔據聯合國柬埔寨席位的赤柬，一名人權社運人士大衛．浩克（David Hawk）也為此努力。儘管如此，無論是澳洲或其他國家都不願意接下這項任務。當時，基爾南和史坦頓組成一個名為「反對赤柬回歸運動」（Campaign to Oppose the Return of the Khmer Rouge）的傘狀組織，努力讓伸張正義的非政府組織變得更有效率。

從一九九〇年開始，這個在華府國會山莊衛理公會（Methodist）教堂外運作的聯盟進一步拓展。他們不僅在國際上呼籲究責，也開始針對特定國會選區發表專欄文章和請願書。維吉尼亞州參議員查克．羅布（Chuck Robb）和紐約州議員史蒂芬．索拉茲在國會召開聽證會讓目標合法化。而參議員羅布辦公室的幕僚之一彼得．克里夫蘭（Peter Cleveland）和基爾南商討後，起草第一份呼籲起訴赤柬的美國法案。一九九四年初，柯林頓政府指派當時還沒上任的柬埔寨大使查爾斯．特威寧與國會議員和非政府組織合作，協助柬埔寨的審判事務。美國政府的態度徹底翻轉，讓反對赤柬回歸運動的執行長葛雷格．艾奇生（Craig Etcheson）大吃一驚。他回想道：「過去國務院曾表示過不會有任何國際法庭。他們只關心我抽什麼菸，他們也想去買。可是在一夜之間，他們的立場從完全反對，變成無論是哪個局處都想參與其中。」

一九九四年，美國國會通過《柬埔寨種族滅絕審判法案》（Cambodian Genocide Justice Act）。這項法案撥出五十萬美元，蒐集赤柬違反人道罪和滅絕種族罪的相關資料，並鼓勵建立國家或國際法庭起訴犯行者。更重要的是，這項法案讓支持國際法庭成為美國官方政策，這明顯背離過去十年來，美國在外交上支援赤柬的政策。[26]基爾南為資金舉辦開放競標，並在耶魯大學發起柬埔寨種族滅絕計畫（*Cambodia Genocide Program*）。一九九五年，他雇用柬埔寨人尤張（Youk Chhang）協助管理計畫的分支機構「柬埔寨文獻中心」（Documentation Center of Cambodia）。這個機構旨在蒐集暴行證據，以利建立歷史紀錄，形成啟動審判的政治壓力。當時史坦頓剛開始在國務院任職，他協助說服國務院人權事務局提供額外一百萬美元，資助文獻整理工作。

文獻中心主任尤張的人生可以分成三個階段。在一九七五到一九七九年的「種族滅絕時期」，尤張不僅失去姐妹和父親，身為一名熱切的十五歲少年，他還曾經對官方殺害一對犯下邪惡罪行的男女大聲叫好，這對男女在未經許可狀態下發展戀愛關係。至今他仍清楚記得，那對年輕情侶被竹子重擊後頸並遭受活埋時，他還嘲弄了他們。在「美國時期」，他從泰國的難民營搬到德州達拉斯，在那裡開始為市政府工作，並漸漸迷上美國已故代表人物約翰·甘迺迪（John F. Kennedy）。如果他如願以償，現今他處於的人生階段則是「正義時期」。

早在外界認定柬埔寨罪犯會實際受到審判前，文獻中心就已指認出柬埔寨全國各地約兩萬處的萬人塚和墓坑，成果可說十分優異。艾奇生認為，這些墳墓中至少有一百一十萬名被處死的受害者。文獻中心蒐集各式犯罪證據，包含官方政黨的政治宣傳、赤柬官員的通訊內容、赤柬會議紀錄、受害者的「自白」，以及赤柬官員的筆記本與個人紀錄。這些文件描繪出在柬埔寨各地區與村莊層級的幹部活動。赤柬就像納粹和海珊政權，都熱愛收集無用的東西。[27]當羅伯特·傑克遜（Robert Jackson）法官在紐倫堡起訴納粹黨羽時，法庭蒐集超過五百萬頁的文獻。尤張認為等到柬埔寨的審判開始時，他可能有辦法提供類似厚重的文件證據。為了向上級展現忠誠與討好，每位柬埔寨幹部都會記錄自己一舉一動。「他們不只是每天回報，而是每個小時都在回報。」尤張對此感到驚訝：「他們把所有細節都記在紙上。」

這些文件反映赤柬領袖要求幹部定期秘密回報酷刑與處決情況。一九七六年九月二十五日，在給赤柬副司令農謝（Nuon Chea）的報告中，記錄者列舉赤柬幹部在吐斯廉對某一位名叫曼桑（Man San）的囚犯施加的酷刑。首先，審問員「用金屬線鞭打曼桑二十到三十次來刑求他」，接著改用藤鞭。施暴者警告囚犯如果他不坦白從寬，他的家人將性命不保。「你有發現你的妻子和小孩都在這裡嗎？」他們詢問曼桑：「你知道他們的健康狀況如何嗎？」到了晚上十點，當施暴者準備「赤手空拳」施加刑罰時，曼桑供認了。隨後他遭到處決，他的妻子和小孩也是。[28]

尤張堅稱，儘管波布的恐怖統治在西方世界廣為人知，但這些文件包含的細節，會讓超過半數在波布任期後出生的柬埔寨國民大吃一驚。「直到今天，多數柬埔寨人大多都是透過美國電影《殺戮戰場》來瞭解波布所作所為，而不是透過任何在家鄉學習到的歷史。」尤張說：「他們必須知道更多，他們也想知道更多。」

然而，建立真相只是蒐集這些文獻的目的之一。唯有這些巨量文件指涉的赤柬高級官員入獄服刑，尤張才會心滿意足。沒有任何一名赤柬領袖承認自己是暴行的罪魁禍首。一九八八年，《遠東經濟評論》（*Far Eastern Economic Review*）在波布逝世前訪問他最後一次，當時波布聲稱柬埔寨多數死亡事件都該歸咎於「越南特務」。他否認知情吐斯廉駭人的酷刑設施。「我深處在高層。」波布解釋：「我只針對大議題做大方向的決策。我告訴你們：吐斯廉是越南的展示品，這是一個記者寫的。人們談論吐斯廉、吐斯廉、吐斯廉，我第一次聽說吐斯廉的事，是從美國之音聽到的。」[29]波布死後，他的下屬將任何「嚴重行為」都怪罪給他。被通緝的赤柬軍事領袖米思穆斯（Meas Muth）表示：「低階人員必須遵守命令，就像納粹聽命於希特勒。希特勒要求戈林（Goering）殺害猶太人，如果戈林不照做，他就會被處死。」[30]赤柬的農謝則駁斥那些文件證據都是「捏造」的。他笑著問道：「我看起來像殺手嗎？」[31]

一九九七年六月，柬埔寨首相洪森首次提議成立國際法庭。當時他在軍事上擊敗赤柬，國際上有兩個特設法庭正緩慢審理南斯拉夫案與盧安達案，而柬埔寨有大約兩百萬人的死因尚未得到交代，民眾普遍渴望正義能被伸張。然而，洪森在向聯合國求助後，卻極力阻止國際社會試圖仿效聯合國南斯拉夫案與盧安達案，在其他國家設立法庭。他不希望柬埔寨人開始主張司法獨立。洪森本身是前赤柬幹部，因此想掌控法律程序。他提出維護柬埔寨主權的重要性，並表示經過這麼多年被外來者干涉踐踏，他的國家不允許遭受像「法院外看門狗」般的對待。這名柬埔寨首相也擔心跟聯合國合作，他責怪聯合國在整個一九八〇年代都孤立他的政權，並認可赤柬為合法政權。[32]

洪森提出的許多要求都被滿足。聯合國同意新設的柬埔寨與國際混合式法庭，將座落在柬埔寨境內，而不會像剛開始提議的在海牙或菲律賓。柬埔寨將保有限制被告人數與階層的權力。柬埔寨警方逮捕了「杜克」（"Duch"）和塔莫克（Ta Mok），「杜克」負責管理惡名昭彰的吐斯廉監獄與領導秘密警察，塔莫克則是高層政治軍事領袖，他曾完全掌控赤柬的西南區領土。不過，洪森似乎不願圍捕前國家元首喬森潘，或前外交部長英薩利。這兩人不受打擾地在西北方拜林省生活，在他們的花園裡養花蒔草，享受孫子女陪伴。雖然外國人會參與審判，但多數法官與檢察官都會是柬埔寨人，並更進一步鞏固洪森對法院的控制。儘管聯合國的交涉代表做出諸多讓步，洪森仍認定這種溫和的法庭過度侵犯他的權力。最終混合式法庭的構想作廢，洪森表示柬埔寨會執行自己的種族滅絕審判，他無疑也會掌控整個審判過程。

伊拉克

對國際律師和正義倡議人士來說，伊拉克案更具有挑戰性。一九九七年，人權觀察會嘗試在國際法院起訴伊拉克未果後三年，英國下議院政府與非政府組織聯盟發起所謂的公訴運動（INDICT campaign）。公訴聯盟呼籲聯合國安理會成立另一個仿效南斯拉夫案與盧安達案的特設法院，他們主張這個法院不僅要審判海珊復興黨政權成員「對庫德人執行的安法爾行動」，還要審理伊拉克入侵伊朗和科威特、鎮壓和處決伊拉克公民等罪行。伊拉克案與柬埔寨、盧安達與最終的塞爾維亞不同的地方，在於當時實施種族滅絕的政權仍在掌權。儘管如此，倡議人士希望能建立司法機構提起公訴，如此至少能避免伊拉克官員因為害怕被捕而離境，也能讓受害者等到海珊的繼任者找到適合將伊拉克嫌疑戰爭犯移交國際機構的一天。柯林頓政府和美國國會支持這項提議。一九九八年十月，柯林頓簽署《伊拉克解放法案》（*Iraq Liberation Act*），其中第六節呼籲建立伊拉克案國際法庭。然而，目前國際社會還未採取任何具體措施，去建立這樣的法庭。

國際刑事法院

在這些起訴過去特定國家的種族滅絕犯罪者行動中，世界各地陸續推行更具野心的行動。如同過去推動《滅絕種族罪公約》的程序，聯合國安理會的會員國一個接著一個，開始提議批准一九九八年的《國際刑事法庭羅馬規約》（*Rome Statute*），這份規約旨在創立永久的國際刑事法院，審判**未來的**戰爭罪、違反人道罪與滅絕種族罪犯罪者。只要有六十個國家批准規約，國際法院就得以成立。到了二〇〇一年十一月，已經有四十三個國家批准規約，其中有將近三分之一都是西歐國家，人們普遍認為在二〇〇二年年末國際法院有望成立。儘管美國之前支持成立種族滅絕案的特赦法庭以及柬埔寨混合式法庭，但他們認為惡劣的檢察官會利用國際刑事法院騷擾美國士兵，而反對創立法院。對此，國際律師和外交官修正法院規約以回應美國的憂慮，讓國際法院僅有最終管轄權。只有在美國法院「無法或不願意」處理案件時，國際刑事法院才會介入。然而，無論是柯林頓或繼任的布希政府都認為，美國從國際法院獲得的益處，沒有大到值得承擔任何可能侵害美國主權的風險。

紀錄

沒手沒腳的巨人

在支持成立國際刑事法院前，可以先檢視聯合國法庭在南斯拉夫案跟盧安達案中的表現如何。這兩個法庭從成立至今，都被大力抨擊是國際社會冷漠態度的「遮羞布」。如果說紐倫堡審判被批評為國家權力工具，是一種「勝利者的正義」，那各國似乎都太不關注海牙和阿魯夏法庭的成果。起初，美國和歐洲沒有提供一個成功法庭所需的國家支持。聯合國會員國對特赦法庭的冷漠態度，就跟在盧安達與斯雷布雷尼察的聯合國維和士兵一樣，這讓聯合國律師相當失望。他們推測比起實際懲罰巴爾幹或盧安達罪犯，各國強權更想讓這些危機從頭版新聞上消失。確實，從一九九三年波士尼亞戰爭爆發以來，到一九九五年十一月塞爾維亞等國簽署岱頓協定期間，安理會都將海牙法庭視為麻煩，而非外交工具。在《岱頓協定》前後，法庭的首任庭長安東尼奧．卡塞斯（Antonio Cassese）現身聯合國大會，並宣告：「我們的法庭就像沒手沒腳的巨人一樣，需要義肢來行走和工作。這些義肢就是各國政府。」[33]美國政府必須提供電話監聽內容與衛星照片，因為他們透過衛星拍到塞爾維亞人將原先充滿非武裝平民的地方，變成大量新翻出的土堆。

然而，在聯合國法庭設立後前兩年，這些情報並非唾手可得。早期在投入資金毫無成果的情況下，儘管卡塞斯努力爭取，都很難找到正當理由籌措每一筆資金與人力，法庭運作因此十分拮据。法庭調查員難以接觸目擊證人或親自前往墓地現場，能逮捕到嫌犯也是出於僥倖，法庭只能拘留誤入敵方領地或在國外偶然跟憤怒的倖存者相遇的嫌犯。

由於從一九九五年末以來，北約部署約六萬名士兵到波士尼亞，許多人希望海牙法庭的程序會更接近紐倫堡審判。然而，起初北約的政策是只逮捕他們軍隊碰巧遇到的戰爭罪嫌犯，這導致些超現實的情況發生——西方記者明明能拜訪罪嫌，卻都在當地咖啡廳鬼混；想滿足好奇心的一般民眾可以在公寓大樓拜訪被告，被告的名字就刻在他們公寓門鈴上方；酷刑的生還者能在當地電視看到過去攻擊他們的人參加搖滾演唱會，並與國家權貴同座，與此同時北約士兵對此迴避不管。北約在部署軍隊前十八個月，沒有逮捕任何一名被告，巴爾幹的戰爭罪嫌犯不僅自由生活還持續坐擁權位、阻擋難民回歸，更利用媒體持續妖魔化他們的前戰場敵人。北約看重的最優先事項往往是「保護軍隊」或避免傷亡。

然而對美國決策者來說，這種迴避政策也有一定代價。無論是人權團體、專欄作家和國會議員，都不會在巴爾幹國家簽署《岱頓協定》後就消失無蹤。他們因為柯林頓政府拒絕逮捕嫌犯的懦弱行為對官方糾纏不休。一九九七年七月，人權觀察會、國際特赦組織、國際赫爾辛基聯盟（International Helsinki Federation）與國際公義聯盟（Coalition for International Justice，慈善家喬治・索羅斯資助的另一個非政府團體）發表完整的被告名單。他們共同發起「即刻拘捕！」（Arrest Now!）運動，列出嫌犯的住家和工作地址，以及他們喜歡去喝咖啡、散步或健身的地點。他們還列出在這些地點周遭的北約部隊士兵人數和國籍等資訊，讓美國和北約官員蒙羞。

參議員傑西・赫姆斯（北卡羅來納州的共和黨代表）是參議院外交關係委員會主席，他在國務院懸賞五百萬美元，徵求外界提供有助於逮捕塞爾維亞頭號嫌疑犯的資訊，然後寄了封信嘲諷國務卿歐布萊特，讓行政部門的處境變得更尷尬。「我有你們在找的資訊。」赫姆斯寫道：

> 米洛塞維奇和穆拉迪奇先生都住在貝爾格勒，米洛塞維奇先生最近在阿瓦拉山上的無名軍人墓園放了一枚花環，紀念北約轟炸塞爾維亞一週年。他的地址是：貝爾格勒德丁尼耶區烏齊茲卡街十五號總統府。
>
> 穆拉迪奇先生顯然沒察覺到他應該躲藏。三月二十四日星期五午後，他曾在米哈伊洛大公街悠閒散步，邊走邊向貝爾格勒人揮手，這個週末也有人發現他在貝爾格勒體育場看足球賽。

卡拉迪奇先生留在波士尼亞的帕萊地區，與數千名北約維和士兵在同一區生活，這幾個月都有人會定期在公共場合看見他。

請將獎金寄給葛福臨牧師（Rev. Franklin Graham）的撒馬利亞救援會（Samaritan's Purse），這是北卡羅來納州知名且備受尊崇的慈善機構。葛福臨是葛理翰（Billy Graham）之子。

獻上最誠摯的問候，

傑西．赫姆斯謹上[34]

這次負面宣傳，讓歐布萊特等美國官員在政府內部提出倡議。與此同時，自由派國際主義者布萊爾當上英國首相，北約也認知到如果讓戰爭罪犯繼續在當地稱霸，北約部隊將永遠無法撤離。這些因素都催化北約政策轉變。

一九九七年七月，在布萊爾的提議下，北約初次逮捕嫌犯。在波士尼亞北部的普利耶多，英國軍隊在兩名塞爾維亞集中營衛兵經常出沒的地方逮到他們，並射殺其中一人。塞爾維亞人策畫零星的抗議行動，但大多只是虛張聲勢。當強權得知塞爾維亞人的團結純屬虛構，他們開始規律將罪犯移送到海牙。拘留中心的點名時間變長了，除此之外，波士尼亞當局開始自行拘留嫌犯，希望能在過程中獲得外國援助，或在國內得到政治資本。北約因為展開實際的圍捕行動，讓一些害怕威脅的嫌犯出面自首。他們寧願在歐洲的監獄生活，也不願逃亡過活。

每當海牙的聯合國法庭看似瀕臨衰退停擺，他們就會獲得資金挹注、罪犯或信譽肯定。一九九六年，當法庭需要拘留新的戰爭罪嫌犯以啟動審判時，有一位名叫杜桑．塔迪奇（Dusan Tadic）的波士尼亞塞爾維亞集中營衛兵晃進一間德國酒吧，被一名他的受害者認出。一九九七年夏季，國際社會對塞爾維亞殺手能輕鬆通過北約檢查哨，提出幾乎淹沒聯合國法庭的尖銳批評，英國軍隊因而策畫普利耶多突襲行動。一九九七年秋季，當國際法庭被批評只針對塞爾維亞人時，西方國家的外交官向克羅埃西亞施壓，要他們交出波士尼亞的克羅埃西亞指揮官蒂霍米爾．布拉斯基奇（Tihomir Blaskic）與另外十名克羅埃西亞嫌犯。一九九九年，塞爾維亞總統米洛塞維奇逃過六年公訴後，在自己的國內省分科索沃領導暴行任務。這讓海牙法庭的檢察官得以建立更清晰的指揮鏈，終於踏出第一步以違反人道罪和戰爭罪起訴他。最終，聯合國法庭耗費兩年才拘留米洛塞維奇。

海牙法庭的發展經超越任何人預期。一九九四年，這個預算只有一千一百萬美元的機構，在二〇〇〇年花費超過九千六百萬美元。最初拘留中心只關押相對低階的塞爾維亞衛兵塔迪奇；到了二〇〇一年十二月，中心監禁四十八名囚犯。法庭剛開始的檢調團隊只有副檢察官格拉漢．布魯依特（Graham Blewitt）一人，到了二〇〇一年增加到一千人以上，其中包含約三百名檢察官。海牙法庭一度只占據林特保險公司（Dorint Insurance）大樓幾個房間，如今已經塞滿這個龐大的複合大樓，並即將兼併鄰近額外的建築。法庭有三間實際運作的審判廳，旁聽克爾斯蒂奇案庭審的訪客，也可以聽到奧馬爾斯卡集中營衛兵為自己辯護作證，或聆聽穆斯林老婦人描述她的家人被屠殺的痛心回憶。當法庭慢慢開始運作，柯林頓政府扮演協助機構拓展的關鍵角色。在柯林頓總統第二任期間，美國是所有國家中提供法庭最多財務支援與資深人員的政府。最重要的是，美國交出技術與攝影情報，大幅推進克爾斯蒂奇將軍等人的

一九九九年，國務院發布五百萬美元的懸賞，徵求能逮捕到南斯拉夫三大戰爭罪嫌犯的資訊，然而在巴爾幹半島的美軍沒有接收到逮捕被告的指令。（圖片來源：Rewards for Justice Program）

審理過程。當然，柯林頓也在波士尼亞戰爭的三大禍首穆拉迪奇、卡拉迪奇和米洛塞維奇逍遙法外時，從總統職位卸任了。

說起圍捕頭號嫌犯，審理盧安達案的聯合國法庭，比起曝光度更高、資源更多的海牙法庭更成功。在波士尼亞，由於《岱頓協定》保障了種族清洗的收益，戰爭罪嫌犯能躲藏在戰後持續由他們民族掌控的領地，甚至在當地發達成功。但在盧安達，圖西族在種族滅絕後開始治理國家，他們威脅要逮捕並處決敢回國的殺手。因此多數的種族滅絕嫌犯都逃亡到鄰近非洲國家，並在各地被逮捕引渡到聯合國的阿魯夏法庭。阿魯夏拘留中心關押的五十三名嫌犯中，有許多胡圖族政府的高階官員，以及種族滅絕的關鍵策畫者和煽動者，這些人不僅包含首謀巴戈索拉上校，還有總理、千山之地電臺臺長和不同彎刀民兵隊伍的領袖。

儘管法庭關押這些令人生畏的種族滅絕罪犯者令人佩服，但實際審理過程確相當刻苦。起初，律師與法官受限於斷斷續續的電話服務、缺少網路與相關研究支持，經常無法聯絡實地調查員。當資源運作的困難減輕後，法庭依然被腐敗、裙帶關係與管理不善的問題頻頻困擾。在中非東部偏僻地區，許多工作人員靠著優渥的聯合國薪水在阿魯夏混水摸魚，為了要去附近的吉力馬札羅山遊賞野生動物和旅行而儲蓄，這讓法庭運作模式極度異常，早期甚至有幾名書記官被發現不會打字。

在初期部分貪腐的員工被開除後，法庭一直到二〇〇一年末還是毫無進展。國際觀察員持續譴責龜速的訴訟程序，盧安達的倖存者也被官司一再拖延惹怒。此外，人權倡議人士注意到如果連續關押被告數年沒有審判，那將導致嚴重的正當程序問題。

爭取關注

儘管聯合國拘留位高權重的被告，但初期審判對倖存者的影響，完全不如一九六一年紐倫堡大審審判阿道夫．艾希曼（Adolf Eichmann）那般強烈。艾希曼是負責遣送猶太人的納粹官員，他的審判為以色列人帶來深遠影響。盧安達與波士尼亞的人民幾乎不關注法庭的訴

波士尼亞的塞爾維亞軍隊指揮官拉德科．穆拉迪奇將軍，在一九九五年就被聯合國戰爭罪法庭以戰爭罪和滅絕種族罪起訴，但截至二〇〇一年十二月仍逍遙法外。照片攝於一九九六年三月，穆拉迪奇正在他一處指揮所休息。

（圖片來源：AP ／ Wide World Photos）

訟程序。以色列人還能回想起那段日子，他們擠在收音機旁第一次聽到納粹恐怖統治的細節；但當波士尼亞人與盧安達人提到法庭時，只是聳了聳肩毫不在意。他們認為那與他們的日常生活無關。人民普遍顯得無知。

國際法庭在成立的前六年，幾乎沒有採取任何行動接觸他們代表審判的國家，而錯失了嚇阻或正當化受害者主張，以及判定個人（而非集體）有罪的機會。雖然每個波士尼亞人幾乎都有電視機，但海牙的審判沒有在當地直播。更令人震驚的是在二〇〇〇年二月以前，聯合國新聞辦公室竟然都沒有將發布的新聞稿翻譯成塞爾維亞—克羅埃西亞文。只有少數公訴書在線上公布。法官與律師習慣在不需要升遷的國家司法體系內工作，他們在勤勉的職業生涯中一直避開媒體，沒有吸引關注的經驗。但如果他們想讓波士尼亞人或盧安達人投入關注訴訟程序，就必須這麼做。有一名海牙法院登記處的資深律師曾如此說道：

> 在西方國家，法官自然而然就能獲得一定程度的尊重。他們在社會上受到認可，人民瞭解他們扮演的角色、媒體會報導他們、公民可以擔任陪審團，他們不需要自我宣傳。然而，如果你在幾百英里之外做我們在做的事，在不同的體系用不同語言，你就必須做原先法官不會做的事……如果你只是坐在那裡審理案子，那根本無法完成工作。

此外，審判進展得十分緩慢，讓當地很難維持對案件的興趣。當犯罪結束後數年要在缺少許多國際法案判例，並得透過國外通譯才能進行複雜調查工作的情況下，審理過程變得相當艱難。法庭人員必須適應法律本身的混合性質。這些法庭的條例，取自英美傳統的兩造對抗與證據規則法制。但在歐洲大陸，法庭否認陪審團制度、允許援引傳聞證據，並允許審問被告。隨著確立先例，以及法庭開始建立戰爭的法學與歷史紀錄，審判的進程開始稍微加快。

不過審理速度的緩慢，不能單單歸咎於新穎與複雜的法庭程序。在海牙和阿魯夏，法庭審判廳空著的時間多過於擠滿人的時間。法官無數次放任訴訟程序中斷，也鮮少挑戰律師經常沒完沒了訴說無關緊要的調查方向。辯護律師每小時能賺取超過一百一十美元，這在美國和西歐是相當平常的收費，但對巴爾幹半島或非洲律師而言，等同於一個月的月薪或意外之財。於是國際法庭這個誘人的體系引發冗長的裝腔作勢，辯護律師為了能增加收費時數而拖延審判。

一九九九年末，海牙法庭終於發動外展計畫（outreach program），目的是協助將審判消息傳達給前南斯拉夫的國民。他們成立五人的辦公小組，舉行教育講座、安排法庭人員造訪巴爾幹半島，並嘗試吸引當地媒體報導。儘管要讓疑心重的波士尼亞民眾敞開心房是相當艱鉅的任務，但新設的外展辦公室在初期成功開發一些新領域。在辦公小組協助下，米爾科・克拉林每週會準備十五分鐘的電視報導，概述法庭的動向。克拉林是一九九一年提議成立國際戰爭罪刑事法庭的獨立記者，在海牙法庭訴訟程序開始時，他便曾報導相關內容。雖然他的報導只有被波士尼亞的獨立電視網採用，但至少觸及到某些觀眾。外展計畫小組還提出更大膽的計畫，要在巴爾幹半島土地上實際舉行部分的聯合國審判。對此，有人抱怨移轉被告、律師和法官到危險地區會造成龐大的安全風險；有人則主張應該將資金花在調查工作上，也認為這種華而不實的長途旅行，必然會讓訴訟程序更像作秀而非真正的審判。引發最多人關注法庭的審判，是在二〇〇二年舉行的米洛塞維奇案的審判。

在盧安達，電臺是特殊的媒體管道。雖然聯合國法庭一開始就對知名的高官嫌犯提起公訴，但鮮少有盧安達人收聽訴訟程序消息。二〇〇〇年，美國具有企業精神的非政府組織互聯新聞協會（Internews）籌備一部以盧安達語言發音的紀錄片，描述阿魯夏的聯合國審判。紐約製作人曼蒂・雅各布森（Mandy Jacobson）在盧安達各地，安排市民集會式的放映會。齊聚一堂的盧安達人從未見過審判片段，當他們看見施暴者出現在被告席時，個個驚訝得倒抽一口氣。

說出真相

儘管盧安達與波士尼亞兩個法庭存在諸多不足之處，但許多法庭人員之所以改變想法，同意將部分審判過程轉移到巴爾幹半島和盧安達，其中理由之一，是他們認為訴訟程序能傳達愈來愈多達成和解所需要的訊息。這是史上第一次，犯下滅絕種族罪與違反人道罪的罪犯被迫出庭，法庭人員也得以挑戰這些人自私自利的主張。如果說米洛塞維奇和巴戈索拉曾經都堅稱，他們在殺的人是「不受控的群體」，那檢察官就有機會拆穿這些主張，證明受害者幾乎都是受到掌權者控制的。許多證據顯示，曾經被稱為「失敗國家」的政權，在實踐自身計畫上其實非常成功。

為了實踐說出真相的目的，檢察官會展示明確的影像和口述證據，包括書面文件紀錄與數百名目擊證人的訪問。這些聲稱自己作為「局外人」的被告，被一再證實佔據領導核心。律師詳細說明各派系內部精細的指揮與控制方式，證明軍事政治領袖跟犯下暴行的部隊有密切聯繫。

舉例來說，在審理斯雷布雷尼察案過程中，克爾斯蒂奇將軍表示，穆拉迪奇將軍才是真正的壞人。當穆拉迪奇開始殺害斯雷布雷尼察周遭的男性時，他已經被調派到澤帕。[35]克爾斯蒂奇表示，他被賦予這項替代性任命「並非出於偶然」，因為穆拉迪奇將軍絕對沒膽在他面前下令謀殺這麼多男性。然而，檢調闕卻提出相關證據，證實克爾斯蒂奇人在犯罪現場，並記錄他下達的指令。他們證明波士尼亞的塞爾維亞領袖卡拉迪奇，後來還稱克爾斯蒂奇為「偉大的指揮官」向他致敬，並因他「策畫與執行斯雷布雷尼察行動」的英勇行為授勛給他。[36]

在南斯拉夫與盧安達法庭，自私自利的被告都幫了檢察官大忙。嫌犯因為希望獲判較輕刑罰經常背叛彼此，這讓幾名罪犯的起訴過程有所進展，並讓法院能以罪犯間的共識建立某種「犯罪事實」。如同前段提到，克爾斯蒂奇為了脫罪，而連累穆拉迪奇將軍與其他五名較低階的軍官，他除了用「瘋狂」形容這些人，更表示他們必須為「任何可能已發生的事」承擔責任。[37]

在這些審判過程中，罪犯提出的第二種主張也違背西方國家決策者偶然會提出的解釋：「種族」暴力事件是自然爆發的。有大量詳細證據證明，最血腥的行動背後都有精密的策畫和組織。多數人要執行大規模屠殺，都必須費心徵用人力、車輛、彈藥和偏遠地點。盧安達案的審判說明加害者如何準備圖西族受害者名單，並系統性按照指揮鏈往下分配任務，從國家層級到區域、縣級與小區，接著再下落到個別村莊或聚落。從犯行者與策畫者人數極少，而且很容易被識別的事實，都能看出暴行是能被阻止的。

至於在南斯拉夫法庭的案例中，雖然加害者明顯因為族裔身份犯罪，但關押戰爭罪嫌犯的拘留中心氛圍，反映出對巴爾幹半島民族激情的諸多抑制。負責管理聯合國監獄的人，是面色紅潤、隨時都在抽菸的愛爾蘭人提姆．麥法登（Tim McFadden）。麥法登在配置關押設施時，要求讓所有族裔囚犯雜處。在監獄中沒有任何一層樓是依據國籍隔離，因此那些過去致力於殺害敵對族群的罪犯，被迫和從前的敵人一起看電視、上英文課、陶藝課或舉重健身，囚犯們沒有威脅警衛或彼此安全。但諷刺的是隨著審判進展，同一族群的被告開始連累彼此，企圖減輕自己的課刑，而導致族群**內部**出現嚴重的安全威脅。如今，麥法登計畫將過去曾共謀的同一族群成員隔離開來。

特設法庭的審判也證實了倖存者、難民與西方記者描述的恐怖事蹟。如同二戰後成立的紐倫堡法庭，這些國際法庭成立目的也是為了以「可信的證據」，驗證「令人難以置信的事件」。[38]截至目前，審判已經給予受害者某種程度上的認可，這些受害者曾被嘲弄說他們的苦難會被忽視與遺忘。不過，儘管西方國家的記者記錄下這些被討論的罪行，巴爾幹半島與盧安達的地方媒體仍常駁斥相關報導為「西方的謊言」。許多公民仍拒絕相信犯行者以族群名義，犯下罪行的本質或規模。

在審判克爾斯蒂奇期間，有一名前波士尼亞塞爾維亞士兵再次代表被告立場，表示：「身而為人，我無法相信這些指控。」一名前德里納軍團軍官也表示同意，指出：「我不想也不願相信。」他聲稱「穆斯林媒體」瘋狂誇大被處死的人數，並表示「難以置信」有超過七千名穆斯林遇害。他說如果「有七千隻麻雀被殺死」，外界一定會注意到，「更別說是人了。」[39]

然而，檢調團隊展示萬人塚與穿著衣服的骸骨的鮮明彩色照片。他們放出成群男性聚集在田地裡，等待處決的衛星照片。他們播放波士尼亞塞爾維亞電視臺的片段，拍攝到塞爾維亞人將男子從樹林拖上公車，對著穆斯林倉皇逃進的森林發射高射砲。有一名低階的塞爾維亞士兵證實，行刑隊不斷開槍，「一次又一次……直到他們的手指都痛了」。但最關鍵的證據，可能是檢察官播放從塞爾維亞高階官員間攔截到的通話內容。在克爾斯蒂奇將軍幾週以來一再否認自己參與斯雷布雷尼察大屠殺後，檢察官播放一段一九九五年七月十五日的錄音。在錄音中，一名塞爾維亞上校和克爾斯蒂奇討論如何殺害與處置穆斯林俘虜。克爾斯蒂奇震驚地呆在原地。通話中的上校詢問他能否取得更多部隊支援，因為「我還有三千五百份包裹要分發」。「包裹」指的是穆斯林男子，「分發」則是謀殺的代號。「他媽的，」克爾斯蒂奇的聲音從錄音中傳來：「我再看看我能做些什麼。」[40]

當法庭播放錄音時，克爾斯蒂奇明顯變得焦慮不安。但他很快恢復鎮定，否認自己參與行動。然而，值得注意的是，克爾斯蒂奇的律師團從未反駁過七千人被殺害的事實。當克爾斯蒂奇被交叉詢問為什麼不回報這些罪行時，他聲稱自己曾「企圖」這麼做，但「擔心自己和家人的安危」。[41]他表示：「我從來沒想過能採取行動。」這番發言證實他犯下野蠻暴行與掩飾罪行的事實。[42]塞爾維亞是斯洛維尼亞、克羅埃西亞、波士尼亞與科索沃戰爭的最初侵略者，但他們的地方領袖卻只強調自己的苦難。由於海牙法庭拒絕放棄，塞爾維亞人民逐漸開始面對以他們之名實施的暴行。很多人甚至意識到，聯合國法庭證實個人的罪責，將大大有助於改變過去世人看待塞爾維亞的眼光。

需要聆聽過去事件證據的人，不只包含犯罪者與一般塞爾維亞人民，很遺憾地受害者也需要知道這一切。許多受害者仍懷抱著希望。二〇〇〇年十一月，一名穆斯林女性對斯雷布雷尼察淪陷，以及丈夫與兩名兒子失蹤提出證詞。她在下臺前，詢問法官能否親自詢問克爾斯蒂奇將軍一個問題。當時，塞爾維亞士兵在荷蘭地聯合國基地外拖走她一個兒子時，那個兒子才十三歲。「我懇求你，替我詢問克爾斯蒂奇先生，是否還有一絲希望。」她對法官說，因為悲痛而哽咽。「至少我想知道他們從我手中帶走的那個兒子存活的可能性。我時常夢見他。他會對我說話。克爾斯蒂奇先生是否知道，他可能在某處還活著呢？」克爾斯蒂奇呆坐著，低頭不語。[43]

第十四章 結語

在上個世紀，美國回應種族滅絕的進步幅度微乎其微。美國政府內部的異議人士和外部的人權倡議者都堅持不懈，而且人數大為增加，讓官方對種族滅絕的沉默政策愈來愈難長久維持。如同塞爾維亞總統米洛塞維奇學到的教訓，國家主權不再必然掩護種族滅絕的犯行者，讓他們不受軍事干預或法庭懲治。

然而，美國對罪大惡極的暴行時常明顯隱忍，以致於掩蓋這些進步。隨著時間推移，影響美國決策的知名人士與地緣政治也跟著改變，但美國仍一貫拒絕承擔鎮壓種族滅絕的風險。美國並不孤單，與種族滅絕社會相鄰的國家與歐洲強權也都別過頭去。儘管國際社會廣泛的共識，是認為種族滅絕事件永遠都不該再發生，許多人也對自由民主價值的提升感到滿足，但在二十世紀這個史上最嚴酷的時代，一九九〇年代是最致命的十年。一九九四年，盧安達的胡圖人可以自由、愉快且有系統性地每天屠殺八千名圖西族人，長達一百天都沒有任何外國勢力介入。在冷戰之後，在人權團體數量成長之後，當科技進步到人們能即時通訊之後，在華盛頓特區的國家廣場設立大屠殺紀念館之後，種族滅絕依然在發生。

反常的是美國公眾對猶太大屠殺的認識，常常讓他們設立極高的關注標準，並讓我們能告訴自己當代的種族滅絕並未符合標準。作家大衛・瑞夫（David Rieff）曾指出，「絕不重蹈覆轍」的最佳定義是「德國人絕不會再於一九四〇年代屠殺歐洲的猶太人」。[1]過去曾對猶太大屠殺表示譴責的美國領袖，無論藉由迴避目光或關心更緊迫的傳統戰略與政治隱憂，都一再放任種族滅絕發生。

美國面對土耳其殺害亞美尼亞人、猶太大屠殺、波布的恐怖統治、伊拉克屠殺庫德族人、波士尼亞的塞爾維亞人屠殺穆斯林，或者胡圖人消滅圖西人，最令人震驚的反應並不是拒絕部署美軍地面部隊對抗暴行。因為在本世紀多數時期，就連最積極的干預主義者也不曾為美軍地面干預展開遊說。最令人震驚的是美國決策者幾乎沒有採取任何行動阻止犯罪。由於美國高級官員認為種族滅絕不會危及美國的「重大國家利益」，而從未投注應有的道德關注。美國官員沒有採行連續的介入措施，包含譴責犯行者、切斷美援、實際轟炸或召集多國聯軍入侵。他們反而相信協商，緊抓外交細節與「中立立場」不放，並運送人道救援物資給受害者。

美國有時會直接或間接幫助正在實施種族滅絕的罪犯。美國曾在聯合國資格審查委員會中，將表決協調成對赤柬有利。當海珊企圖消滅伊拉克的庫德人時，美國選擇支持他的陣營，提供美國農業與製造業信貸給伊拉克。當波士尼亞戰爭暴發時，美國與歐洲盟友攜手維持對波士尼亞穆斯林的武器禁運令，甚至在武器禁令讓穆斯林明顯無法自我防衛時拒絕解禁。美國運用對聯合國安理會的影響，命令聯合國維和人員撤出盧安達，並阻止當地軍隊重新部署的舉措。此外，美國與安理會向波士尼亞與盧安達人民承諾會保護他們，但從未準備好履行這項承諾。

經過美國虛偽承諾的一世紀後，關鍵問題是：為什麼美國如此袖手旁觀？

瞭解

對於這個問題，最常見的回答是「我們並不知情」。但這不是事實。確實，從種族滅絕的受害國家傳出的資訊可能不全。由於大使館人員撤離，實地的情報蒐集資產變得稀缺。通常，新聞媒體的編輯不會願意分派記者到跟美國利益或美國讀者無關的地方，而嘗試報導暴行的記者行動則會受到限制。在這種狀態下，難民的主張難以被證實，死者人數也無法被確認。種族滅絕時常是在戰爭掩護下進行，因此有些美國官員起初真的很難區別刻意針對平民的暴行，以及戰爭中的一般衝突。

儘管美國官員對暴力的本質與規模不可能無所不知，但他們知道的並不少。從一九一五年人脈廣闊的美國駐君士坦丁堡大使老亨利．摩根索，到一九九三年基層的波士尼亞情報分析師喬恩．偉斯登，美國官員已能夠穩定提供資訊給高層決策者，無論是在種族滅絕早期的預警，或發生期間明確的證明文件都有呈交給上級。許多最關鍵的情報都出現在早報上。早在一九一五年，通訊設備還相當落後時，《紐約時報》發表了一百四十五篇有關土耳其屠殺亞美尼亞人的報導。將近八十年後，同一份報紙在盧安達種族滅絕發生後僅僅四天，就報導有「數萬名」盧安達人被殺害。從一九九二年到一九九五年間，《紐約時報》貢獻給波士尼亞恐怖暴行的版面，多過任何其他外國新聞。

在資訊發達的年代，美國官員從聲稱他們「不知情」，轉而暗示他們「並未完全瞭解情況」，例如一九九八年柯林頓總統對盧安達致歉時的主張。這種說法同樣是在誤導外界。確實已知的暴行一直顯得抽象而遙遠，美國大眾很少對事實掌握到會害怕的程度。由於種族滅絕的野蠻程度極度違背日常經驗，我們之中有許多人都無法充分理解。我們逐漸接受猶太大屠殺的邪惡，但又將它歸類為「歷史」，我們抗拒承認種族滅絕正在發生，而倖存者和目擊者很難讓人相信令人無法置信的經歷。因此，旁觀者得以躲進「在知情與不知情之間的模糊狀態」。

然而這一切不是藉口，我們必須為自己的多疑負責。從種族滅絕社會傳來的故事本身就是令人難以置信的，這是我們早該從猶太大屠殺學到的教訓。在一次次種族滅絕事件中，每一段聽起來離奇而無法獨立驗證的敘述，都一再被證實為真。過去有這麼多一廂情願的想法被戳破，我們早該將證明的責任從難民身上轉移到質疑的人士，應該要求他們提供令人信服的理由，去駁斥目擊者的主張並選擇相信那些主張造成的傷害會小於傾向不相信造成的傷害。

美國官員由於事件後續的影響，往往不願想像難以想像之事。他們不積極追查更多資訊，或公開已知情報，反而躲藏在合理推諉的迷霧中。他們以調查正確的事實為藉口停頓拖延。在本書記錄多起種族滅絕案例中，「不知情」或「沒有完全瞭解狀況」的美國官員，都是自己選擇不去瞭解的。

影響

第二種對美國為什麼做這麼少的回應，是美國沒辦法做太多事去阻止恐怖的暴行。雖然阿爾伯特．赫緒曼提出的理由（無效論、反常論和危害論），有助於將美國幾個不行動的主要藉口分門別類，但無法幫助我們判斷美國原先**能夠**達到什麼成果，或必須付出多少代價。要確定美國外交、經濟或軍事舉措帶來何種結果，唯一的方法就是實際去做。然而，我們知道種族滅絕的犯行者學習很快，他們的適應力驚人，無論對他們實施大屠殺的前輩戰術，或對外界的回應都能精確掌握。他們從殘忍的前輩身上學習到讓受害者失去人性、採用委婉說詞、建立集中營與說謊掩飾罪行等一切手段。從外在世界，他們則學到就算自己做壞事也能逍遙法外。

如果有任何一點能證明美國的影響力，那就是每個罪犯在決定如何進行計畫時，都非常密切關注華府與其他西方國家的動向。塔拉亞特經常注意到沒有人阻止阿布杜·哈米德蘇丹殺害亞美尼亞人；希特勒因為完全沒人「記得亞美尼亞人」而變得更加大膽；海珊發覺國際社會對他使用化學武器攻擊伊朗和劃平庫德族村莊的回應相當鬆懈，於是合理假定他對自己的人民施加毒氣攻擊，也不會遭受懲罰。盧安達殺手在種族滅絕初期就蓄意針對比利時維和人員，是因為他們從美國對十八名美軍士兵在索馬利亞喪生的反應得知，謀殺西方部隊能加速讓他們撤離。波士尼亞的塞爾維亞人公開慶祝美軍在摩加迪休遇害的事件，他們從這起事件中，知道自己永遠不需要跟美國的地面部隊對戰。米洛塞維奇發覺自己對克羅埃西亞獨立運動的殘忍鎮壓沒有受到懲罰，於是推斷如果在波士尼亞和科索沃施行種族滅絕，他也不會付出任何代價。在許多種族滅絕事件中，個別犯行者都是首次展開殺戮行動，因此每天都會重新判斷要做到什麼程度。美國與其盟友錯過能嚇阻他們的關鍵機會。當美國官員忽略世界各地發生的種族滅絕時，肯定無意准許犯行者為所欲為，但因為有些殺手認為自己是在幫世界「清除不良分子」，他們可能會將沉默解讀為同意甚至支持。

儘管我們無法證明從未嘗試過的行動結果，但能證明美國可能實現哪些成果的證據，就是美國**已經**

做到的事。許多人認為美國干預可能無效，但在一些美國罕見採取行動的案例中，現實的確有所改變。一九八八年，在國務卿舒茲公開譴責海珊政權，參議員裴爾試圖推動制裁失敗後，海珊不再使用毒氣對付庫德人。當土耳其提出訴求，國務卿貝克親眼看見庫德族難民後，美國與同盟國攜手，在伊拉克北部設立安全避難所，成功讓超過一百萬名庫德族人返家。在盧安達，一間飯店的主人認為正是因為美國外交官幾通電話，就說服民兵不要在種族滅絕期間，攻擊他飯店裡的圖西族居民。當北約終於開始轟炸波士尼亞後，長達三年半的戰爭迅速落幕。一九九九年，北約轟炸科索沃，解放了一百七十萬名阿爾巴尼亞人，讓他們脫離塞爾維亞的暴政統治。此後，北約在前南斯拉夫的幾次逮捕行動，促使數十名戰爭罪嫌犯自首。我們不能假定美國官員盤算的每項措施都能發揮效用，但無疑就連這些微小或遲來的舉措，也拯救數十萬人的性命。如果美國將阻止種族滅絕列為優先事項，那將會拯救更多數不盡的人民。

意願

美國之所以不展開可以也必要的行動阻止種族滅絕，真正的原因並非缺乏理解或影響力，而是缺乏意願。簡言之，美國領袖沒有行動是因為他們不想。他們認為種族滅絕是錯的，但沒有準備好投入所需的軍事、財務、外交或國內政治資本阻止這類行為。本書檢視美國針對每起種族滅絕案件精心制定的回應政策，都不是源於忽略的意外產物。這些政策都是這個國家最具影響力的決策者，經過沒有言明又明確權衡代價與益處後，做出的具體選擇。在每個案例中，行政部門的美國決策者都有兩個目標，並且通常會獲得國會多數成員的被動支持。第一，他們不想涉入對狹義美國利益威脅不大的衝突。第二，他們希望能控制政治代價，避免被冠上放任種族滅絕相關的道德汙名。一般來說，這兩個目標最後都會達成。為了控制政治餘波，美國官員會過度強調事實含糊不清。他們會將任何提議的干預方案，都渲染成可能無效、反常與造成危害。他們堅決避免使用「種族滅絕」一詞，認為這個用詞帶有法律與道德強制性（在政治方面亦然），會迫使他們採取行動。他們在外交政策官僚體系的正常運作中尋求慰藉，形成一種持續在討論、進行多重行動與密切關注的幻覺。因此，本書得出最重要的結論之一，是美國政府並未寫下失敗的執政紀錄。美國創下的執政紀錄是成功的。儘管承認這點十分惱人，但美國官員確實讓這個制度順利運作，這個制度也奏效了。

當然，要瞭解美國為什麼不採取更多行動抵抗種族滅絕，只關注總統或外交政策團隊的舉措是不夠的。在民主國家，就算行政部門不願意行動，也能對他們施壓，這股壓力可能源自於內部或外部。理解相關風險的體制內官僚，可以耐心遊說或明目張膽煽動，期望迫使他們的上級接受全方位選項。遺憾的是，儘管每次種族滅絕事件都會在美國外交政策機構內，引發某種活躍的倡議精神，但公務員和外交官通常會因為認定總統與大眾漠不關心的態度，而假定自身無法撼動美國政策，他們的上級對這種擔憂了然於心，同時發聲或辭職只會削弱他們改變政策的影響力。波士尼亞事件是二十世紀唯一一次引發美國政府官員辭職潮的種族滅絕事件，這可能並非偶然，因為只有在這個案例中，國務院外的民眾與媒體持續抗議，每天都支持外交官提出異議。

行政機關也沒有感受到第二個可能的壓力來源，那就是來自國內的聲音。美國領袖能堅持不面對是因為遙遠國度的種族滅絕，沒有吸引到參議員、國會核心成員、華府遊說團、菁英意見領袖、草根團體或公民的注意。於是在國內的政治領域，阻止種族滅絕的戰役一再失利。雖然一些個別的聲音對屠殺發出抗議，但行政部門以外的美國人在重要關頭時大多默不作聲。這種社會集體的沉默，讓各層級政府官員推測介入阻止種族滅絕的政治代價，遠遠大過於維持事不關己態度的代價。有些例外也證明這種因果關係，例如雷根總統在比特堡潰敗後，通過《滅絕種族罪公約》；當參議院多數黨領袖杜爾、菁英意見領袖和草根社運人士聯合起來，讓柯林頓總統感受到自己因為放任塞爾維亞暴行而被「痛宰」，北約也在波士尼亞發動空襲。

由於全球範圍內的外交政策危機，影響到更傳統的美國利益，種族滅絕從未憑藉自身的價值獲得高層關注。如果要讓華府把種族滅絕放入計畫章程中，就需要施加政治壓力。盧安達種族滅絕發生後兩週，人權觀察會的艾莉森．黛絲．弗基斯和國家安全顧問雷克會面，雷克跟黛絲．弗基斯說沒人打電話來反應此事，並敦促道：「你們得製造更多輿論！」由於種族滅絕事件沒有引發太多議論，美國決策者反對美國干預，並自我說服這是出於必要的利益取捨，以及對國內「可能」採取行動受到高度侷限的考量，他們已經盡力了——更重要的是，他們做了所有應該做的事。

然而最終，人民的惰性無法與政府的冷漠態度切割開來。美國領導者與公眾意見之間，存在一種既迂迴又蓄意的關係。之所以說迂迴，是因為美國選民在沒有政治領導下，幾乎不曾對外國危機產生激情，即便是對種族滅絕事件也不例外。與此同時，美國官員又不斷以缺少民意基底為由，替自己無所作為找藉口。另一方面，會說官方與民間的關係是蓄意的，是因為在這些情況下，美國的領導者從未缺席。他們一直都在場，但主要致力於將民眾的憤怒減至最低。

責任

有一種機制能改變美國領袖的算計，那就是讓他們在公眾領域與專業領域，為自身的無所作為負起責任。美國官員擔心做了不該做的事導致的後果，擔心自己做出的決策出差錯。然而，沒有人擔憂自己得為沒做的事付出代價。如果在政府內部，所有人都希望避免「索馬利亞事件的翻版」或「越戰的翻版」，那很少人會考慮扮演引發「盧安達事件翻版」的角色。

在發生種族滅絕期間，實際有人員在現場的一些國家與機構至少會稍微反省。例如荷蘭、法國與聯合國發動調查，研究是否該為斯雷布雷尼察的淪陷與隨之發生的屠殺負起責任。然而，當聯合國調查員向紐約美國代表團求助時，卻沒有收到任何回音。最終，聯合國團隊被完全禁止自行聯繫美國政府職員。調查員只獲准接觸一群美國官方挑選出的基層與中階官員，但這些職員幾乎沒提供任何美國官員在斯雷布雷尼察屠殺期間得知的資訊。

法國、比利時、聯合國與非洲統一組織都發動調查，探究自身對盧安達種族滅絕的影響。但是在美國，當一些非裔議員連線的國會成員感到不滿，嘗試舉辦聽證會討論美國扮演（或無能扮演）的角色時，卻被斷然回絕。柯林頓政府的兩名官員，包含國家安全會議的一名官員以及國務院一名官員也進行政府如何回應盧安達大屠殺的內部研究，可是他們只有檢視文件紀錄，而且沒有公開揭露他們的調查結果。美國需要依靠國會質詢的影響力，要求行政當局交出相關文件，並號召行政與立法部門所有層級官員。如果缺少具有重大意義的內情揭發措施，但沒有培養公眾意識，官方也缺少羞愧感，那我們很難想像美國下次的回應將有所改善。

就連非政府組織試圖追究責任的行動，也可能帶來改變。二〇〇一年九月，《大西洋月刊》刊登了我長達三年針對柯林頓政府如何回應盧安達種族滅絕事件的研究成果。幾週後，根據國家安全會議的官員所述，一份跟預防種族滅絕有關的備忘錄，被送到小布希總統的辦公桌上。這份備忘錄簡述我在《大西洋月刊》中的研究結果，並警告蒲隆地也可能爆發種族暴力事件。在前一年總統競選期間，小布希曾說阻止種族滅絕不是美國的事。「我不喜歡種族滅絕，我也不喜歡種族清洗。」布希跟美國廣播公司主播山姆·唐納德森（Sam Donaldson）說：「但我不會派我們的軍隊去處理。」[2]然而，布希當選總統後，他讀到這份闡述柯林頓政府失敗的備忘錄，而在文件頁緣用堅定的筆觸寫下：「有我在就不會有這種事。」布希成為三軍統帥後，聲稱種族滅絕不會再發生。

布希的筆記無疑是我們樂見的意向聲明，但事實上，總統只是跟其他發誓「絕不重蹈覆轍」的美國總統並駕齊驅。要將這種心意付諸實行，他必須公開做出有意義的行政承諾去阻止種族滅絕。他和他的高層外交政策助手必須發布明確的決策方針，在演說中號召支持，並要求國家準備好「即時」的偶發事件軍事計畫。否則，下次當種族沙文主義者開始系統性消滅某個少數族群，美國官員或公民幾乎不可能有不同表現。無論如何，二〇〇一年九月十一日，在布希草草寫下他的旁注後不到幾天，伊斯蘭恐怖分子將四架美國民航機當作人肉炸彈，謀害超過三千位平民，除了粉碎美國堅不可摧的觀念，更促使總統將美國資源集中投入長期的「反恐戰爭」。

未來

想當然耳，美國的九一一攻擊事件會改變國家的外交政策。這起攻擊行動可能會讓政府內外的人們，更能同理種族滅絕的受害者。那些以美國為目標的狂熱分子在擁護最兇殘形式的集體責任上，跟種族滅絕的罪犯相當類似。他們之所以以平民為目標，不是因為個人的任何行為，而是因為他們的身分。在二十世紀要獲判死刑，只要是個亞美尼亞人、猶太人或圖西族人就足夠了。而在九月十一日，只要是個美國人也就夠了。一九九四年，盧安達人口只有八百萬人，每天卻有超過兩次世貿中心攻擊事件死亡人數的人民喪命，而且這種殺戮持續百日之久。如果按照比例換算成美國人口，這意味著在三個月內有兩千三百萬人遇害。二〇〇一年九月十二日，當美國向世界各地的盟友求助時，排山倒海而來的回應令美國人備感欣慰。反之，當圖西人大聲呼救時，全世界所有國家都見死不救。

即便美國人開始更能想像屠殺，並同理受害者感受，當美國政府開始更完善保護人民後，可能會將預防種族滅絕視為無法負擔的任務。如今，許多人都提出合乎情理的主張，認為對抗恐怖主義意味著節約使用國家資源，並且避免據說會有損美國「萬全準備」的人道干預行動。有一度干預科索沃與審判米洛塞維奇被認為是重要的先例，如今卻可能代表預防與懲治種族滅絕行動的高峰。

這樣的發展將會是一個悲慘且終將適得其反的錯誤。美國應該阻止種族滅絕的理由有兩個。第一個最令人信服的理由是道德。當有人如此大規模奪走無辜的生命，美國又有能力在承擔合理風險的狀況下阻止屠殺，美國就具備行動的義務。這種信念是多處倡議干預的人們的動機。然而歷史已經證明，受害者的苦難很少引發美國介入。

因此，即便是那些受到道德責任驅使的人士，仍試圖訴諸第二個理由來說服美國：利他即利己。他們警告如果放任種族滅絕發生，那將逐步傷害區域與國際的穩定性，除了造成難民被迫離開國家，更向獨裁者發出信號，示意仇恨與謀殺是被容許的治國工具。然而，由於這些對美國利益的威脅是長期危險，而非立即可見，因此很少能撼動高層決策者。種族滅絕確實會破壞區域穩定性，但那些情勢不穩的地區往往在美國的關注範圍之外。即便難民因為軍事衝突而逃離，一般而言也不會登陸美國。而即便各地的獨裁者接收到信號，美國當局也認為獨裁者對待自身國民的方式，對美國軍事或經濟安全影響不大。因此只有在美國決策者短期政治利益陷入危機的罕見情況下，人道干預才會發生。

如果說在九一一事件之前，美國決策者很難看見放任種族滅絕發生的長期代價，那麼在美國國安需求如此強烈的今日，這件事會更加困難。然而另一方面，由於國內外美國人的安全取決於國際情勢的穩定，當一群武裝精良的極端分子決心以民族、國籍或宗教來消滅某個族群時，那將會是美國得面對的嚴重亂源。

過去西方政府常常會透過綏靖種族滅絕的策畫者，來牽制暴力行動。然而，上個世紀悲哀的紀錄顯示，美國試圖在種族滅絕社會周邊築起的圍牆，幾乎都無可避免碎裂瓦解。當一個國家謀殺虐待自己的國民，他們也會視其他地方的國民為攻擊目標，他們的慾望會變得無法饜足。最初，希特勒先迫害自己的人民，接著對其他歐洲國家發動戰爭，最終對美國開戰。海珊先消滅伊拉克鄉村地區的庫德族人，接著派遣他的種族滅絕同夥阿里．哈桑．馬吉德進攻科威特，治理這個新佔領的國家。如今，美國有充分理由要擔心，海珊在庫德人身上實驗的化學藥劑，接下來會被用來對付美國人。米洛塞維奇將他的戰爭從斯洛維尼亞與克羅埃西亞，帶到波士尼亞與科索沃。至今，美國與其歐洲盟友都為了早期他們忽略的巴爾幹半島付出代價，他們得設法解決馬其頓逐步加劇而且已經威脅到東南歐穩定的暴力行動。

受到種族滅絕迫害或被國際社會拋棄的國民不會成為好鄰居，他們渴望復仇與收復領土，並贊成透過暴力促成改變，這些特質都讓他們可能變成未來的威脅。在波士尼亞，由於美國與歐洲維持對穆斯林的武器禁運令，極端主義的伊斯蘭戰士與勸誘別人改宗的人士現身提供援助。有些穆斯林公民因為這種合夥關係而變得激進。而當世界各國都在迴避伊斯蘭恐怖分子時，失敗的波士尼亞國成為他們的避難所。有一個組織趁波士尼亞困窘時滲透當地，將那裡當作訓練基地，該組織就是沙烏地阿拉伯的蓋達組織（al-Qaeda），他們的首腦是恐怖分子奧薩瑪．賓拉登（Osama bin Laden）。[3]

美國不應該將他們的政策選項，限縮成毫無作為或單方面派出海軍陸戰隊。在鼓勵各國盟友、區域與國際機構升級他們的承諾與實力上，美國扮演不可或缺的領導。有鑒於過往至今種族滅絕造成的龐大傷害，美國承擔沈重的責任要阻止這類事件，他們應該在每個案例中都採取一些行動，而且必須迫切採取回應措施。例如公開指認與威脅起訴犯行者、要求將種族滅絕政權代表逐出聯合國等國際機構、關閉犯罪國家在美國的大使館，以及呼籲與犯行者結盟的國家發揮他們影響力等。當情勢需要時，美國應該實施經濟制裁、凍結外國資產，以及利用美國的技術資源，剝奪殺手宣揚仇恨的手段。美國應該與其同盟國合作，一起設立安全區以安置難民與平民，並運用武裝完備且獲得強力授權的維和人員與空軍，同時保護當地人民。由於種族滅絕公開侮辱美國最珍視的價值與利益，美國協助制止這種駭人罪行時，以必須做好犧牲士兵性命的準備。

在二十世紀下半葉，多數時候《滅絕種族罪公約》的成效似乎都不大。長達四十年來，美國都沒有批准公約，而那些批准公約的國家也從未訴諸法律阻止或懲罰種族滅絕。美國遲來的批准沒有讓決策者更願意阻止種族滅絕，反而讓他們更不願採用「種族滅絕」這個詞彙。儘管如此，萊姆金創造的詞彙利大於弊。如果沒有通過這份公約，前南斯拉夫案與盧安達案的國際法庭，以及未來的國際刑事法院可能都不會出現。長遠來看，這些法庭的懲罰可能有助於嚇阻種族滅絕。此外，由於這份公約的存在與萊姆金的宣傳，儘管直到一九四八年「種族滅絕」一詞才被創造，但到今日已被賦予強力的道德汙名。美國領導者誓言絕不再放任這種罪行發生，同時卻默許種族滅絕發生，這本身就事一種恥辱的證明。要能執行公約，就必須寄望在譴責這份恥辱以及有意敦促美國實踐承諾的人們身上。

試圖敦促美國沉重的政府機制回應種族滅絕的人們，幾乎沒有人一開始就像改革運動的鬥士或先知。多數人都曾經歷某種頓悟與承認的時刻，那改變他們的視野，讓他們走出否認的狀態。這些人之中，許多人曾親臨犯罪現場，並因此發生徹底改變，萊姆金和達萊爾便是如此，而像是摩根索、卡爾斯基、貝克、特威寧、昆因、加爾布萊斯、杜爾、麥克洛斯基、霍爾布魯克和數百名非武裝人員也是。他們目睹的場景在腦中揮之不去，那些景象將每天媒體的敘事，轉化成從墳墓中傳出的響亮哭喊，並衝破隔離令人不適新聞的封鎖線。

二戰期間，作家亞瑟．柯斯勒（Arthur Koestler）曾形容那些極微少數、因為失望而在新聞與公開集會抗議納粹暴行的人為「尖叫者」。柯斯勒寫道，這些尖叫者成功讓民眾短暫聽見他們的呼喊，卻只能看著旁人「有如弄濕狗毛的小狗般」甩乾身體，接著又回到無知與事不關己的無憂狀態。柯斯勒指出：「你可以在一小時內說服他們，」但接著「他們的心理防衛機制會開始運作。一週後，他們難以置信的聳肩動作，就像一種被震驚暫時削弱的反射動作一樣恢復了。」[4]

起初，許多抗議美國政策的人們都認為，只要能成功將恐怖暴行傳達給沒有親眼見證的人，來自一個地域、國家或國際社會的社群就會展開行動。他們對自己曾奉獻忠誠的機構有信心。美國的移民萊姆金深信這個國家，他心中沒有一絲懷疑，認定美國會接受他的倡議，批准執行《滅絕種族罪公約》。愚勇的參議員威廉．普羅麥爾認為美國之所以尚未批准公約，是因為立法程序的高深莫測。有鑑於此，他發誓每天在參議院發表演說，並以為按照參議院累積的工作量，他最多只需堅持行動一年。儘管彼得．加爾布萊斯意識到利益團體對國會的影響力，但他定為美國國會議員有一些不會跨越的底線。羅密歐．達萊爾深信聯合國的承諾與高尚，認為組織絕對不會拋下他們承諾保護的國民。提出異議的國務院職員也相信國務院能改變，他們準備好利用體制內管道，在公開會議上表明意見，並寄送誠摯的備忘錄給國務卿。這些人認為美國「絕不會重蹈覆轍」，任憑男男女女被趕進歐洲集中營，讓難民在營中挨餓、受到強暴與謀殺。

當今的「尖叫者」都將沉默視為更進一步的違反人道罪。他們援引猶太大屠殺作為例子，認為這有助於人們將當下的危機，與過去的悲劇相互連結，也能將當前政府的迴避決策，與過去西方世界的綏靖政策連結。他們在一般人認為受困於必然性與「現實」時，看見機會與替代方案，相信現實是因為無人刺探，最終才無法改變。他們知道個人必須做出改變，這與**相信能改變**有所不同。然而，他們往往被貼上「情緒化」、「不理性」、「軟弱」或「天真」的標籤。許多人認為他們採取的立場毀掉他們的職業生涯，有的人崩潰了，也有人像達萊爾，可能永遠都無法復原。

因為事態的發展，也確實因為種族滅絕一**再**發生，我們很容易認為這些個體過度輕信體制，或對政治太過遲鈍。然而，回顧二十世紀包含猶太大屠殺在內的種族滅絕事件，我們有多少人覺得這些人的努力是錯的？當我們看見總統、參議員、官僚、記者與民眾都毫無作為、選擇別過頭去，而非面對艱難的選擇與痛苦至極的道德兩難，有多少人認為他們是對的？如今回顧這些昭然若揭的事實，為什麼有這麼多人會被制度、匱乏的想像力與自以為理性的想法混淆？為什麼那些為了原則而奮鬥的人，反而被認為不講道理？

蕭伯納曾經寫道：「講理的人會讓自己適應世界，不講理的人則努力堅持讓世界適應自己。因此，所有進步都要仰賴不講理的人才能達成。」經過一世紀幾乎沒有任何行動去阻止、鎮壓與懲罰種族滅絕之後，美國人必須加入不講理之人的行列，藉此為自身平反。

致謝

本書獲得許多人的協助、支持與啟發，我要感謝的名單非常長。

這本書幾乎可說是在甘迺迪政府學院（Kennedy School of Government）卡爾人權政策中心（Carr Center for Human Rights Policy）產生的能量與見解的產物。Greg Carr 以他的洞見催生卡爾人權政策中心，並投入維繫中心營運。我非常感謝他，以及帶我加入這個團隊的 Graham Allison。即便得忍受我這個容易分心的執行長，中心負責人 Michael Ignatieff 仍持續鼓勵我。Jill Clarke 默默成功維持這個中心的營運，讓它能早早上軌道，同時，他也確保我不錯過任何一次訪問。我傑出的研究助理 Serge Troie 深入鑽研種族滅絕的議題，如今他已能自己寫出一套關於美國如何回應種族滅絕的百科全書。Jeremy Freeman 在計畫過程有如英雄般出手幫助，提供重要的研究支持，並在完稿最後的忙亂階段提供評論。Ingrid Tamm Grudin 在這項計畫多次面臨特殊情況時提供睿智的建議。Camilla Catenza、Jim Fleming、Jasmine Friedman、Jess Hobart 和無與倫比的 Sarah Sewall 協助建立一個一流的機構，該機構在未來數年將會產出最頂尖的政策分析。

喬治·索羅斯的開放社會基金會提供的補助金，讓我能訪問數百名來自柬埔寨、庫德斯坦、盧安達與波士尼亞的男性和女性。這些倖存者中，許多人因為認為自己的故事可能會發揮一些作用、觸動他人投入救援行動，而願意重溫自身的創傷經驗。他們的證詞與他們對美國的堅韌信念，是我源源不絕的動力來源。我也很感謝現任與已卸任的美國政府官員，願意開誠布公重新回想多數人希望遺忘的經歷。有些人成為本書角色，但多數人都只在重建敘事或傳達觀點中隱微浮現身影。我盡力公正描述他們決定與不決定背後的邏輯。如果我在事實或語氣上有所偏誤，我希望他們能站出來，提供自己的敘述。

對於本書探討的案件，我們應該進行更詳盡與更國際化的調查，也必須建立對其他案件的新興研究。在美國，有一個機構能促進未來的研究，那就是國家安全檔案館。國家安全檔案館是華府寶貴的非營利組織，在《資訊自由法》的保障下，他們促使美國政府解密文件。當我大學二年級在這間檔案館實習時，完全不曉得自己日後將大大受益於該組織的工作成果。我要特別感謝檔案館中盧安達計畫的主任 Will Ferroggiaro，許多美國政府高級官員會同意和我對談，完全是因為他同意我查閱附有他們簽名的文件。

孜孜不倦的艾莫惠是我第一位主管，也是我穩定的指南。由於他投入波士尼亞議題的倡議行動，以及已故偉大的 Frederick C. Cuny 對我提出的天才建議，讓我相信能移居到巴爾幹半島，親自了解可能採取的措施。幾年後，當我開始在華府展開第一輪訪談時，我的手機響了，摩頓有一些迫切的訊息想傳遞。「你開始訪問人時，你必須防範兩件事。」他咕噥道：「選擇性記憶和絕對的不誠實。」當時我還不知道他會在那麼多案件中出現與成為要角，但我的報導完全證實他在波士尼亞戰爭前，就已經是一個坦率而具有說服力的人。在我寫作期間最後一個月，他再次打電話給我。這次他問了我一個問題：「在妳所有研究中，」他問道：「有任何美國官員沒有滔滔不絕談論他們面臨的所有限制，直接對你說：『老天，我那時真的搞砸了！』嗎？」我重新閱讀數十本筆記後，發現只有唯一一人這麼做，那就是摩頓本人。我很榮幸能與他共事。我知道我在他身上學到很多，也希望自己確實展現了這一點。

六年前，有四個人扮演這項寫作計劃的關鍵角色，鼓勵我將美國如何回應種族滅絕的業餘完整研究寫成專書。其中一人是 Miro Weinberger，他是我非常信任的朋友，在他眼中沒有不可能的事，他敦促我不要只是揭露美國對種族滅絕事件的承諾與實踐之間的鴻溝，還要進一步解釋為什麼。安東尼・路易斯的專欄文章曾協助維持波士尼亞議題在美國的「熱度」，這種熱度甚至在波士尼亞從巴爾幹半島的地圖上消失後依然持續，他說服我寫出這本從來都沒人寫作的著作。在波士尼亞戰爭期間，Martin Peretz 的《新共和國》提供我發聲管道，並適切地狠狠批判美國決策者，他也幫忙說服基礎叢書（Basic Books）出版本著。而里昂・韋塞提耶是華府最有智慧的男士，他也是近期最激勵人心的道德主義者，從一開始寫書到令人疲倦的結尾，他都提供我寶貴的建議。

我感謝以下來自各方人們的支持：Arthur Applbaum、Murat Armbruster、Amy Bach、Doreen Beinart、Peter Berkowitz、Tom Blanton、Julian Borger、Charlotte Bourke、Steven Bourke、Bina Breitner、Sally Brooks、Robert Brustein、Diane Caldwell、Gillian Caldwell、Jack Caldwell、Casey Cammann、Mark Casey、Lenore Cohen、Roger Cohen、Rebecca Dale、羅密歐・達萊爾、Owen Dawson、Debra Dickerson、Christine Dionne、Scott Faber、Gregg Farano、海倫・費因、Marshall Ganz、David Gelber、Pumla Gobodo-Madikizela、Oren Harman、Lukas Haynes、Arnold Hiatt、Stanley Hoffman、Hrvoje Hranski、Swanee Hunt、Tom Keenan、Peter Kornbluh、Roy Kreitner、Kate Lowenstein、Victor Luftig、Jane Mansbridge、Pedro Martinez、Taddy McAllister、Erin McBreen、Jamie Metzl、Bob Mnookin、Katie Moore、Elizabeth Neuffer、Luis Ocampo、Frank Pearl、Ann Peretz、Stephen Power、Josh Prager、大衛・瑞夫、肯・羅斯、

Debra Ryan、Maurice Saah、Moshe Safdie、John Schumann、Alexis Sinduhije、Anne-Marie Slaughter、Mary Smart、Alison Smith、Chuck Sudetic、Stacy Sullivan、Doug Stone、Fred Strebeigh、Rebecca Symington、Margaret Talbot、Piotr Wandycz、Liz Wilcox 以及 Curt Wood。

我尤其感激那些花時間閱讀草稿，替我挑出錯誤並指引我新方向的人。Martha Minow 教會我在理解法律時，如何注意到法律的政治基礎與道德後果。Nick Papandreou 不幸成為本書初稿的第一位讀者，並為我混亂的初稿加上他小說家的視角與運動家精神。許多好朋友與好同事都提供建議，包含：Michael Barnett、Gary Jonathan Bass、伊莉莎白・貝克、Antonia Chayes、Ben Cohen、Chuck Cohen、艾莉森・黛絲・弗基斯、葛雷格・艾奇生、Kate Galbraith、Arkadi Gerney、菲利普・葛維齊、Joost Hilterman、Jonathan Moore、Andy Moravscik、雅爾耶・尼爾、Jennifer Pitts、強納森・蘭達爾、Frederick Wiseman 以及 Jay Winter。我要感謝《大西洋月刊》的 Mike Kelly、Cullen Murphy 和 Yvonne Rolzhausen 無微不至協助我完成盧安達的專文，我也要感謝羅恩・哈維夫、Susan Meiseles 和吉爾・佩雷斯提供他們絕佳的照片，為本書內容增光。

《地獄的難題》能夠問世，要歸功於兩個人的努力。當這本書在失業的法律系學生眼中只不過是一閃而逝的念頭時，威立版權代理公司（Wylie Agency）的 Sarah Chalfant 讓我成為她的客戶。她從未因為出版界的冷淡眼光，動搖自身對這個計畫價值的信念。我在基礎叢書的編輯 Vanessa Mobley 罕見兼具熱忱與優雅，為這本書奮力宣傳。我很幸運能擁有這對盡心盡力、天賦異稟的兩人組在背後支持我。哈波柯林斯出版集團（HarperCollins）的 Gail Winston 和 Christine Walsh 相信這本書能觸及更廣泛群眾，並認為透過出版平裝版的書籍，能讓本書傳達的訊息增添活潑的生命力。而 Jim Fussell 彙整的索引，讓學者和一般讀者都更能方便閱讀本書要旨。

最後，我必須感謝我的夢幻團隊，我七位勇敢無畏的朋友：荷莉・布卡爾特、Sharon Dolovich、蘿拉・彼特、David Rohde、Elizabeth Rubin、Elliot Thomson 與前段提及的 Miro Weinberger。這些人透過傾聽、實際付出行動與毫不介意地在雨中撐起雞尾酒傘引領我前進。安娜・胡薩爾斯卡不僅生日和家鄉都跟拉斐爾・萊姆金一樣，也擁有跟他一樣的精神，她教會我如何報導戰爭與觀察人群。Frederick Zollo 向我介紹我從未見過的美國，她豐富我的藏書，並在我寫作過程遭遇瓶頸時，堅持相信這本書深具意義。她成為我內心的聲音，敦促我保持誠實。Michal Safdie 在最艱難的日子提供我慰藉與熱忱。她讓她的家人成為我的家人，並供應我每日糧食與美景。桃莉絲・基恩斯・古德溫和 Dick Goodwin 無盡的慷慨讓我免於失能。他們藉由對美國政治的洞悉與對美國潛力的信念，提醒我為什麼值得去追尋「良善的天使」。Sayres Rudy 貢獻他的時間、他的批判性思維、他的風趣與他的堅定友誼給我。他令我感到目眩神迷，讓這本書從此改變。

我也要感謝我的父母 Vera Delaney 和 Edmund Bourke。當他們二十三歲的女兒跟他們說，她要去報導戰場上無辜垂死掙扎的人們時，他們曾希望那只是個過渡的階段。當他們發現她持續投入其中，他們不情願加入這項任務，買給她最早一臺筆記型電腦，整齊彙整收藏成堆的波士尼亞報導，並審視本書每個版本草稿的每一個字。他們除了是我的父母、老師和最親密的朋友，也幾乎是我見過最非凡傑出的兩個人。

——薩曼莎・鮑爾

Taylor, John G. *East Timor: The Price of Freedom*. Zed Books, 1999.
Todorov, Tzvetan. *The Conquest of America: The Question of the Other*. Harper & Row, 1984.
______. *Facing the Extreme: Moral Life in the Concentration Camps*. Metropolitan Books, 1996.
Totten, Samuel, William S. Parsons, and Isreal W. Charny, eds. *A Century of Genocide: Eyewitness Accounts and Critical Views*. Garland, 1997.
Wallimann, Isidor, and Michael N. Dobkowski, eds. Genocide and the Modern Age: Etiology and Case Studies of Mass Death. Greenwood Press, 1987.

國際正義

Ball, Howard. *Prosecuting War Crimes and Genocide: The Twentieth Century Experience*. University Press of Kansas, 1999.
Bass, Gary Jonathan. *Stay the Hand of Vengeance: The Politics of War Crimes Tribunals*. Princeton University Press, 2000.
Bassiouni, M. Cherif. *Crimes Against Humanity in International Criminal Law*. M. Nijhoff Publishers and Kluwer Academic Publishers, 1992.
Brackman, Arnold C. *The Other Nuremberg: The Untold Story of the Tokyo War Crimes Trials*. Morrow, 1987.
Cassese, Antonio. *Violence and Law in the Modern Age*. Princeton University Press, 1988.
Fuller, Lon L. *The Morality of Law*. Yale University Press, 1964.
Goldstone, Richard J. *For Humanity: Reflections of a War Crimes Investigator*. Yale University Press, 2000.
Hart, Herbert Lionel Adolphus. *The Concept of Law*. Oxford University Press, 1961.
Hayner, Priscilla B. *Unspeakable Truths: Confronting State Terror and Atrocity*. Rout- ledge, 2001.
Kritz, Neil, ed. *Transitional Justice*. 3 vols. United States Institute of Peace, 1995.
Maguire, Peter H. *Law and War: An American Story*. Columbia University Press, 2000.
Minow, Martha. *Between Vengeance and Forgiveness: Facing History After Genocide and Mass Violence*. Beacon Press, 1998.
Morris, Virginia, and Michael P. Scharf. *An Insider's Guide to the Criminal Tribunal for the Former Yugoslavia: A Documentary History and Analysis*. Transnational Publishers, 1995.
______. *An Insider's Guide to the Criminal Tribunal for Rwanda*. Transnational Publishers, 1998.
Neier, Aryeh. *War Crimes: Brutality, Genocide, Terror, and the Struggle for Justice*. Times Books, 1998.
Osiel, Mark. *Mass Atrocity, Collective Memory, and the Law*. Transaction, 1997. Persico, Joseph. *Nuremberg: Infamy on Trial*. Viking, 1994.
Post, Robert, and Carla Hesse, eds. *Human Rights in Political Transitions: Gettysburg to Bosnia*. Zone Books, 1999.
Scharf, Michael P. *Balkan Justice: The Story Behind the First International War Crimes Trial Since Nuremberg*. Carolina Academic Press, 1997.
Sewall, Sarah, and Carl Kaysen, eds. *The United States and the International Criminal Court: National Security and International Law*. Rowman & Littlefield, 2000.
Taylor, Telford. *The Anatomy of the Nuremberg Trials: A Personal Memoir*. Knopf, 1992.
______. *Nuremberg and Vietnam: An American Tragedy*. Quadrangle, 1970.
Teitel, Ruti G. *Transitional Justice*. Oxford University Press, 2000.
Weschler, Lawrence. *A Miracle, a Universe: Settling Accounts with Torturers*. University of Chicago Press, 1990.
West, Rebecca. *A Train of Powder: Six Reports on the Problem of Guilt and Punishment in Our Time*. Viking, 1955.

Arendt, Hannah. *The Origins of Totalitarianism*. Harcourt, Brace, 1951.

Bowen, Michael, Gary Freeman, and Kay Miller. *Passing By: The United States and Genocide in Burundi*. Carnegie Endowment for International Peace, 1973.

Chalk, Frank Robert, and Kurt Jonassohn. *The History and Sociology of Genocide: Analyses and Case Studies*. Yale University Press, 1990.

Chang, Iris. *The Rape of Nanking: The Forgotten Holocaust of World War II*. Basic Books, 1997.

Charny, Israel W., ed. *Genocide: A Critical Bibliographic Review*.Mansell,1998.

______. *How Can We Commit the Unthinkable? Genocide: The Human Cancer*. Hearst Books, 1982.

______, ed. *Toward the Understanding and Prevention of Genocide: Proceedings of the International Conference on the Holocaust and Genocide*. Westview Press, 1984.

Churchill, Ward. *A Little Matter of Genocide: Holocaust and Denial in the Americas, 1492 to the Present*. City Lights Books, 1997.

Conquest, Robert. *The Harvest of Sorrow: Soviet Collectivization and the Terror- Famine*. Oxford University Press, 1986.

Dunn, James. *Timor: A People Betrayed*. ABC Books, 1996.

Fein, Helen. *Accounting for Genocide: National Responses and Jewish Victimization During the Holocaust*. Free Press, 1979.

Hochschild, Adam. *King Leopold's Ghost: A Story of Greed, Terror, and Heroism in Colonial Africa*. Houghton Mifflin, 1998.

Horowitz, Irving Louis. *Taking Lives: Genocide and State Power*. Transaction, 1997. Jacobs, Dan. *The Brutality of Nations*. Knopf, 1987.

Jonassohn, Kurt, and Karin Solveig Bjornson. *Genocide and Gross Human Rights Vi- olations*. Transaction, 1998.

Korey, William. *An Epitaph for Raphael Lemkin*. Jacob Blaustein Institute for the Advancement of Human Rights, 2001.

Kuper, Leo. *Genocide: Its Political Use in the Twentieth Century*. Yale University Press, 1981.

LeBlanc, Lawrence J. *The United States and the Genocide Convention*. Duke University Press, 1991.

Lemarchand, René. *Burundi: Ethnic Conflict and Genocide*. Woodrow Wilson Center Press, 1996.

______. *Burundi: Ethnocide as Discourse and Practice*. Woodrow Wilson Center Press, 1994.

Lemkin, Raphael. Personal papers. Microfilm. New York Public Library Collection.

Lifschultz, Lawrence, *Bangladesh, The Unfinished Revolution*, Zed Press, 1979.

Muhith, A. M. A. *American Response to Bangladesh Liberation War*. University Press Limited, 1996.

Nekrich, Aleksandr M. *The Punished Peoples: The Deportation and Fate of Soviet Minorities at the End of the Second World War*. Norton, 1978.

Packenham, Thomas. *The Scramble for Africa: The White Man's Conquest of the Dark Continent from 1876 to 1912*. Random House, 1991.

Rabe, John. *The Good Man of Nanking: The Diaries of John Rabe*. Knopf, 1998.

Rotberg, Robert I., and Thomas G. Weiss. *From Massacres to Genocide: The Media, Public Policy and Humanitarian Crises*. Brookings Institution, 1996.

Rummel, R. J. *Lethal Politics: Soviet Genocide and Mass Murder Since 1917*.Transaction, 1990.

Sartre, Jean-Paul. *On Genocide*. Beacon Press, 1968.

Schabas, William A. *Genocide in International Law: The Crimes of Crimes*. Cambridge University Press, 2000.

Staub, Ervin. *The Roots of Evil: The Origins of Genocide and Other Group Violence*. Cambridge University Press, 1989.

Peace. 6th ed. Knopf, 1985.
Morris, Dick. *Behind the Oval Office: Winning the Presidency in the Nineties*. Random House, 1997.
Morris, Roger. *Uncertain Greatness: Henry Kissinger and American Foreign Policy*. Harper & Row, 1977.
Muravchik, Joshua. *The Uncertain Crusade: Jimmy Carter and the Dilemmas of Human Rights Policy.* Hamilton Press, 1986.
Neustadt, Richard E., and Ernest R. May. *Thinking in Time: The Uses of History for Decision-Makers.* Free Press, 1986.
Nicolson, Harold George. *Peacemaking 1919.* P. Smith, 1984.
Niebuhr, Reinhold. *Moral Man and Immoral Society: A Study in Ethics and Politics.* Charles Scribner's Sons, 1932.
Powell, Colin, with Joseph E. Persico. *My American Journey*. Random House, 1995. *Public Papers of the Presidents of the United States: Jimmy Carter, 1979*. GPO, 1979. *Public Papers of the Presidents of the United States: Ronald Reagan, 1987*. GPO, 1987.
Ratcliffe, James M., ed. *The Good Samaritan and the Law.* Anchor Books, 1966. Reed, Laura W., and Carl Kaysen. *Emerging Norms of Justified Intervention.* American Academy of Arts and Sciences, 1993.
Scarry, Elaine. *The Body in Pain: The Making and Unmaking of the World*. Oxford University Press, 1985.
Sheleff, Leon Shaskolsky. *The Bystander: Behavior, Law, Ethics*. Lexington Books, 1978.
Shklar, Judith. *Legalism: Law, Morals and Political Trials*. Harvard University Press, 1986.
______. *Ordinary Vices*. Belknap Press of Harvard University Press, 1984.
Shute, Stephen, and Susan Hurley, eds. *On Human Rights: The Oxford Amnesty Lectures 1993*. Basic Books, 1993.
Smith, Tony. *Foreign Attachments: The Power of Ethnic Groups in the Making of American Foreign Policy*. Harvard University Press, 2000.
Sobel, Richard. *The Impact of Public Opinion on U.S. Foreign Policy Since Vietnam: Constraining the Colossus*. Oxford University Press, 2001.
Stephanopoulos, George. *All Too Human: A Political Education*. Little, Brown, 1998.
Stewart, Graham. *Burying Caesar: Churchill, Chamberlain, and the Battle for the Tory Party*. Weidenfeld and Nicolson, 1999.
Strobel, Warren P. *Late-Breaking Foreign Policy: The News Media's Influence on Peace Operations*. United States Institute of Peace Press, 1997.
Sykes, Jay G. *Proxmire*. R. B. Luce, 1972.
Szulc, Tad. *The Illusion of Peace: Foreign Policy in the Nixon Years*. Viking, 1978.
Tananbaum, Duane. *The Bricker Amendment Controversy: A Test of Eisenhower's Political Leadership*. Cornell University Press, 1988.
Taylor, John. *War Photography: Realism in the British Press*. Routledge, 1991.
Walzer, Michael. *The Company of Critics: Social Criticism and Political Commitment in the Twentieth Century.* Basic Books, 1988.
______. *Just and Unjust Wars: A Moral Argument with Historical Illustrations*. 2nd ed. Basic Books, 1992.
Wills, Garry. *Inventing America: Jefferson's Declaration of Independence*. Doubleday, 1978.
Woodward, Bob. *The Agenda: Inside the Clinton White House.* Simon & Schuster, 1994.
______. *The Choice*. Simon & Schuster, 1996.

種族滅絕

Andreopoulos, George J., ed. *Genocide: Conceptual and Historical Dimensions.* University of Pennsylvania Press, 1994.

Revolution. Harcourt Brace, 1955.

Hearden, Patrick J. *Vietnam: Four American Perspectives: Lectures by George S. McGovern*. Purdue University Press, 1990.

Henkin, Louis. *The Age of Rights*. Columbia University Press, 1990.

Hersh, Seymour M. *The Price of Power: Kissinger in the Nixon White House*. Summit Books, 1983.

Hirsch, John L., and Robert B. Oakley. *Somalia and Operation Restore Hope: Reflections on Peacemaking and Peacekeeping*. United States Institute of Peace Press, 1995.

Hirschman, Albert O. *Exit, Voice, and Loyalty: Responses to Decline in Firms, Organizations and States*. Harvard University Press, 1970.

______. *The Passions and the Interests: Political Arguments for Capitalism Before Its Triumph*. Princeton University Press, 1977.

______. *The Rhetoric of Reaction: Perversity, Futility, Jeopardy*. Belknap Press, 1991. Hobsbawm, Eric. *Nations and Nationalism Since 1780: Programme, Myth, Reality*. Cambridge University Press, 1990.

Hoffmann, Stanley. *Duties Beyond Borders: On the Limits and Possibilities of Ethical International Politics*. Syracuse University Press, 1981.

______. *The Ethics and Politics of Humanitarian Intervention*. University of Notre Dame Press, 1996.

Humphrey, John P. *Human Rights and the United Nations: A Great Adventure*. Transnational Publishers, 1984.

Isaacson, Walter. *Kissinger: A Biography*. Simon & Schuster, 1992.

Jackall, Robert. *Moral Mazes: The World of Corporate Managers*. Oxford University Press, 1988.

Janello, Amy, and Brennon Jones, eds. *A Global Affair: An Inside Look at the United Nations*. Jones & Janello, 1995.

Johnson, Robert David. *The Peace Progressives and American Foreign Relations*. Harvard University Press, 1995.

Kelsen, Hans. *Peace Through Law*. University of North Carolina Press, 1944. Kennedy, John F. *Profiles in Courage*. Harper, 1956.

Knightley, Phillip. *The First Casualty: From the Crimea to Vietnam: The War Correspondent as Hero, Propagandist and Myth Maker*. Harcourt Brace Jovanovich, 1975.

Korey, William. *NGOs and the Universal Declaration of Human Rights: "A Curious Grapevine."* St. Martin's Press, 1998.

Krasner, Stephen. *Sovereignty: Organized Hypocrisy*. Princeton University Press, 1999.

Kull, Steven, and I. M. Destler. *Misreading the Public: The Myth of a New Isolationism*. Brookings Institution, 1999.

Lippman, Thomas. *Madeleine Albright and the New American Diplomacy*. Westview Press, 2000.

Lippmann, Walter. *Public Opinion*. Harcourt Brace, 1922.

______. *The Public Philosophy*. Little, Brown, 1955.

Mansbridge, Jane J., ed. *Beyond Self-Interest*. University of Chicago Press, 1990. May, Ernest R. *"Lessons" of the Past: The Use and Misuse of History in American Foreign Policy*. Oxford University Press, 1973.

McDougall, Walter. *Promised Land, Crusader State: The American Encounter with the World Since 1776*. Houghton Mifflin, 1997.

Milgram, Stanley. *Obedience to Authority: An Experimental View*. Harper & Row, 1974.

Moeller, Susan. *Compassion Fatigue: How the Media Sell Disease, Famine, War, and Death*. Routledge, 1999.

Morgenthau, Hans J., and Kenneth W. Thompson. *Politics Among Nations: The Struggle for Power and*

Press, 1997.

歷史與政治

Allison, Graham. *The Essence of Decision: Explaining the Cuban Missile Crisis.* Little, Brown, 1971.

Anderson, Benedict. *Imagined Communities: Reflections on the Origin and Spread of Nationalism.* Verso, 1983.

Baker, James A. III, with Thomas M. DeFrank. *The Politics of Diplomacy: Revolution, War and Peace, 1989–1992.* G. P. Putnam's Sons, 1995.

Becker, Ernest. *The Denial of Death.* Free Press, 1973.

Berlin, Isaiah. *The Crooked Timber of Humanity: Chapters in the History of Ideas.* John Murray,1990.

Beschloss, Michael, and Strobe Talbott. *At the Highest Level: The Inside Story of the End of the Cold War.* Little, Brown, 1993.

Boutros-Ghali, Boutros. *Unvanquished: A U.S.-U.N. Saga.* Random House, 1999.

Bowden, Mark. *Black Hawk Down: A Story of Modern War.* Atlantic Monthly Press, 1999.

Brodsky, Joseph. *Less Than One: Selected Essays.* Farrar, Straus and Giroux, 1986.

Brzezinski, Zbigniew. *Power and Principle: Memoirs of the National Security Adviser, 1977–1981.* Farrar, Straus, and Giroux, 1985.

Bush, George H.W., and Brent Scowcroft. *A World Transformed.* Knopf, 1998.

Christopher, Warren. *Chances of a Lifetime.* Scribner, 2001.

Clinton, W. David. *The Two Faces of National Interest.* Louisiana State University Press, 1994.

Cohen, Stanley. *States of Denial: Knowing About Atrocities and Suffering.* Polity Press, 2001.

Cramer, Richard Ben. *Bob Dole.* Vintage Books, 1995.

______. *What It Takes: The Way to the White House.* Random House, 1990.

Crozier, Michel. *The Bureaucratic Phenomenon.* University of Chicago Press, 1967.

Damrosch, Lori Fisler. *Enforcing Restraint: Collective Intervention in Internal Conflicts.* Council on Foreign Relations Press, 1993.

Dobbs, Michael. *Madeleine Albright.* Henry Holt, 1999.

Drew, Elizabeth. *On The Edge: The Clinton Presidency.* Simon & Schuster, 1994.

Fishkin, James S. *The Limits of Obligation.* Yale University Press, 1982.

Gamson, William A. *Talking Politics.* Cambridge University Press, 1992.

Gay, Peter. *The Cultivation of Hatred.* Norton, 1993.

Gelb, Leslie, and Richard Betts. *The Irony of Vietnam: The System Worked.* Brookings Institution, 1979.

Gellner, Ernest. *Nations and Nationalism.* Cornell University Press, 1983.

Gilbert, Felix. *To the Farewell Address: Ideas of Early American Foreign Policy.* Princeton University Press, 1961.

Glendon, Mary Ann. *A World Made New: Eleanor Roosevelt and the Universal Declaration of Human Rights.* Random House, 2001.

Goodwin, Richard. *Remembering America.* Little, Brown, 1988.

Haass, Richard. *Intervention: The Use of American Military Force in the Post Cold War World.* Brookings Institution, 1999.

______. *The Reluctant Sheriff: The United States, After the Cold War.* Council on Foreign Relations Press, 1997.

Halberstam, David. *The Best and the Brightest.* Random House, 1972.

Halperin, Morton H. *Bureaucratic Politics and Foreign Policy.* Brookings Institution, 1974.

Hartz, Louis. *The Liberal Tradition in America: An Interpretation of American Political Thought Since the*

Feil, Scott R. *Preventing Genocide: How the Early Use of Force Might Have Succeeded in Rwanda.* Carnegie Corporation of New York, 1998.

Gourevitch, Philip. *We Wish to Inform You That Tomorrow We Will Be Killed with Our Families: Stories from Rwanda.* Farrar, Straus and Giroux, 1998.

Human Rights Watch. *The Aftermath of Genocide in Rwanda: Absence of Prosecution, Continued Killings.* Human Rights Watch, 1994.

______. *Beyond the Rhetoric: Continuing Human Rights Abuses in Rwanda.* Human Rights Watch, 1993.

______. *Shattered Lives: Sexual Violence During the Rwandan Genocide and Its After- math.* Human Rights Watch, 1996.

Keane, Fergal. *Season of Blood: A Rwanda Journey.* Viking, 1995.

Klinghoffer, Arthur Jay. *The International Dimension of Genocide in Rwanda.* New York University Press, 1998.

Kuperman, Alan J. *The Limits of Humanitarian Intervention: Genocide in Rwanda.* Brookings Institution, 2001.

Lemarchand, René. *Rwanda and Burundi.* Praeger, 1970.

Mamdani, Mahmood. *When Victims Become Killers: Colonialism, Nativism, and the Genocide in Rwanda.* Princeton University Press, 2001.

Melvern, Linda. *A People Betrayed: The Role of the West in Rwanda's Genocide.* Zed Books, 2000.

Moore, Jonathan, ed. *Hard Choices: Moral Dilemmas in Humanitarian Intervention.* Rowman & Littlefield, 1998.

Organization of African Unity, International Panel of Eminent Personalities to Investigate the 1994 Genocide in Rwanda and the Surrounding Events. *Rwanda: The Preventable Genocide.* Organization of African Unity, 2000.

Peress, Gilles. *The Silence.* Scalo, 1995.

Peterson, Scott. *Me Against My Brother: At War in Somalia, Sudan, and Rwanda.* Routledge, 2000.

Prunier, Gerard. *The Rwanda Crisis: History of a Genocide.* Columbia University Press, 1995.

United Nations. *Report of the Independent Inquiry into the Actions of the United Nations During the 1994 Genocide in Rwanda.* UN Doc. No. A/54/549. December 15, 1999.

Uvin, Peter. *Aiding Violence: The Development Enterprise in Rwanda.* Kumarian Press, 1998.

科索沃

Buckley, William Joseph, ed. *Kosovo: Contending Voices on Balkan Interventions.* William B. Eerdmans, 2000.

Clark, Wesley K. *Waging Modern War: Bosnia, Kosovo, and the Future of Combat.* Public Affairs, 2001.

Daalder, Ivo, and Michael O'Hanlon. *Winning Ugly: NATO's War to Save Kosovo.* Brookings Institution, 2000.

Ignatieff, Michael. *Virtual War: Kosovo and Beyond.* Metropolitan Books, 2000.

Independent International Commission on Kosovo. *The Kosovo Report: Conflict, International Response, Lessons Learned.* Oxford University Press, 2001. Judah, Tim. *Kosovo: War and Revenge.* Yale University Press, 2000.

Malcolm, Noel. *Kosovo: A Short History.* New York University Press, 1998.

Physicians for Human Rights. *War Crimes in Kosovo: A Population-Based Assessment of Human Rights Violations Against Kosovar Albanians.* Physicians for Human Rights, 1999.

U.S. State Department. *Ethnic Cleansing in Kosovo: An Accounting.* U.S. State Department, 1999.

Vickers, Miranda, and James Pettifer. *Albania: From Anarchy to a Balkan Identity.* New York University

1996.
Human Rights Watch. *Bosnia-Hercegovina: The Fall of Srebrenica and the Failure of U.N. Peacekeeping*. Human Rights Watch, 1995.
Ignatieff, Michael. *Blood and Belonging*. Farrar, Straus and Giroux, 1994.
______. *The Warrior's Honor: Ethnic War and the Modern Conscience*. Henry Holt, 1998.
International Commission on the Balkans. *Unfinished Peace: Report of the International Commission on the Balkans*. Carnegie Endowment, 1996.
Judah, Tim. *The Serbs: History, Myth, and the Destruction of Yugoslavia*. Yale University Press, 1997.
Kaplan, Robert. *Balkan Ghosts: A Journey Through History*. St. Martin's Press, 1993. Malcolm, Noel. *Bosnia: A Short History*. New York University Press, 1996.
Mestrovic, Stjepan, ed. *The Conceit of Innocence: Losing the Conscience of the West in the War Against Bosnia*. Texas A&M University Press, 1997.
Mousavizadeh, Nader, ed. *The Black Book of Bosnia: The Consequences of Appeasement*. New Republic–Basic Books, 1996.
Owen, Robert C., ed. *Deliberate Force: A Case Study in Effective Air Campaigning*. Air University Press, 2000.
Peress, Gilles. *Farewell to Bosnia*. Scala, 1994.
Rieff, David. *Slaughterhouse: Bosnia and the Failure of the West*. Simon & Schuster, 1995.
Rogel, Carole. *The Breakup of Yugoslavia and the War in Bosnia*. Greenwood Press, 1998.
Rohde, David. *Endgame: The Betrayal and Fall of Srebrenica, Europe's Worst Massacre Since World War II*. Farrar, Straus and Giroux, 1997.
Silber, Laura, and Allan Little. *Yugoslavia: Death of a Nation*. Penguin, 1997.
Stover, Eric, and Gilles Peress. *The Graves: Srebrenica and Vukovar*. Scalo, 1998.
Sudetic, Chuck. *Blood and Vengeance: One Family's Story of the War in Bosnia*. Nor- ton, 1998.
Thompson, Mark. *A Paper House: The Ending of Yugoslavia*. Pantheon Books, 1992.
United Nations. *Report of the Secretary General Pursuant to General Assembly Resolution 53/35:The Fall of Srebrenica*. UN Doc. No. A/54/549, November 15, 1999.
Vulliamy, Ed. *Seasons in Hell: Understanding Bosnia's War*. St. Martin's Press, 1994.
West, Rebecca. *Black Lamb and Grey Falcon: A Journey Through Yugoslavia*. Viking, 1941.
Western, Jon. "Warring Ideas: Explaining U.S. Military Intervention in Regional Conflicts." Ph.D. diss., Columbia University, 2000.
Zimmermann, Warren. *Origins of a Catastrophe: Yugoslavia and Its Destroyers—the Last Ambassador Tells What Happened and Why*. Times Books, 1996. Zimmermann, Warren, [et al.] *Bosnia: What Went Wrong? A Foreign Affairs Reader*. Council on Foreign Relations, 1998.

盧安達

Adelman, Howard, and Astri Suhrke, eds. *The Path of a Genocide: The Rwanda Crisis from Uganda to Zaire*. Transaction, 1999.
African Rights. *Rwanda: Death, Despair, Defiance*. African Rights, 1995.
Barnett, Michael. *Eyewitness to a Genocide: The United Nations and Rwanda*. Cornell University Press, 2002.
Berkeley, Bill. *The Graves Are Not Yet Full: Race, Tribe and Power in the Heart of Africa*. Basic Books, 2001.
Des Forges, Alison. *Leave None to Tell the Story: Genocide in Rwanda*. Human Rights Watch, 1999.
Destexhe, Alain. *Rwanda and Genocide in the Twentieth Century*. New York University Press, 1995.

Makiya, Kanan. *Cruelty and Silence: War, Tyranny, Uprising and the Arab World*. W.W. Norton, 1993.
______. *Republic of Fear: The Politics of Modern Iraq*. University of California Press, 1998.
McDowall, David. *The Kurds*. Minority Rights Group, 1991.
______. *A Modern History of the Kurds*. I. B. Tauris, 1996.
Meiselas, Susan. *Kurdistan: In the Shadow of History*. Random House, 1997.
Middle East Watch. *Genocide in Iraq: The Anfal Campaign Against the Kurds*. Human Rights Watch, 1993.
______. *Human Rights in Iraq*. Yale University Press, 1990.
National Security Archive, ed. *Iraq gate: Saddam Hussein, U.S. Policy and the Prelude to the Persian Gulf War (1980–1994)*. Chadwyck-Healey, 1995.
Olson, Robert, ed. *The Kurdish Nationalist Movement in the 1990s: Its Impact on Turkey and the Middle East*. University Press of Kentucky, 1996.
Pelletiere, Stephen C. *The Iran-Iraq War: Chaos in a Vacuum*. Praeger, 1992.
Pelletiere, Stephen C., and Douglas V. Johnson II. *Lessons Learned: The Iran-Iraq War*. Strategic Studies Institute, U.S. Army War College,1991.
Randal, Jonathan C. *After Such Knowledge, What Forgiveness? My Encounters with Kurdistan*. Farrar, Straus and Giroux, 1997.
Shiloah Center for Middle Eastern and African Studies, Tel Aviv University. *Middle East Contemporary Survey*. Vols 1–3. Holmes & Meier, 1978–1980.
U.S. Senate Committee on Foreign Relations. *Chemical Weapons Use in Kurdistan: Iraq's Final Offensive*. 100th Cong., 2nd sess., 1998. S. Prt. 100–148.
______. *War in the Gulf*. 98th Cong., 2nd sess., 1984. S. Prt. 98–225.
______. *War in the Persian Gulf: The U.S. Takes Sides*. 100th Cong., 1st sess., 1987. S. Prt.100–160.

前南斯拉夫

Article 19. *Forging War: The Media in Serbia, Croatia and Bosnia-Herzegovina*. Article 19, 1994.
Banac, Ivo. *The National Question in Yugoslavia: Origins, History, Politics*. Cornell University Press, 1984.
Cohen, Ben, and George Stamkoski, eds. *With No Peace to Keep: United Nations Peacekeeping and the War in the FormerYugoslavia*.Grainpress,1995.
Cohen, Leonard J. *Broken Bonds: Yugoslavia's Disintegration and Balkan Politics in Transition*. Westview Press, 1995.
Cohen, Roger. *Hearts Grown Brutal: Sagas of Sarajevo*. Random House, 1998.
Cushman, Thomas, and Stjepan G. Mestrovic, eds. *This Time We Knew: Western Responses to Genocide in Bosnia*. New York University Press, 1996.
Daalder, Ivo H. *Getting to Dayton: The Making of America's Bosnia Policy*. Brookings Institution, 2000.
Gjelten, Tom. *Sarajevo Daily: A City and Its Newspaper Under Siege*. HarperCollins, 1995.
Glenny, Misha. *The Fall of Yugoslavia: The Third BalkanWar*.Penguin,1993. Gutman, Roy. *Witness to Genocide: The 1993 Pulitzer Prize–Winning Dispatches on the "Ethnic Cleansing" of Bosnia*. Macmillan, 1993.
Halberstam, David. *War in a Time of Peace: Bush, Clinton, and the Generals*. Scribner, 2001.
Hall, Brian. *The Impossible Country*. Penguin, 1994.
Haviv, Ron. *Blood and Honey: A Balkan War Journal*.TV Books/Umbrage,2001.
Helsinki Watch. *War Crimes in Bosnia-Hercegovina*. Vols. 1–2. Human Rights Watch, 1992–1993.
Holbrooke, Richard. *To End a War*. Random House, 1998.
Honig, Jan Willem, and Norbert Both. *Srebrenica: Record of a War Crime*. Penguin, 1997.
Hukanovic, Rezak. *The Tenth Circle of Hell: A Memoir of Life in the Death Camps of Bosnia*. Basic Books,

Kiernan, Ben. *How Pol Pot Came to Power: A History of Communism in Kampuchea, 1930–1975*.Verso, 1985.

______. *The Pol Pot Regime: Race, Power, and Genocide in Cambodia Under the Khmer Rouge, 1975–79*. Yale University Press, 1996.

Kiernan, Ben, ed. *Genocide and Democracy in Cambodia: The Khmer Rouge, the United Nations and the International Community*. Yale University Southeast Asia Studies, 1993.

McNamara, Robert S., with Brian Van DeMark. *In Retrospect: The Tragedy and Lessons of Vietnam*. Times Books, 1995.

Metzl, Jamie Frederic. *Western Responses to Human Rights Abuses in Cambodia, 1975–80*. St. Martin's Press, 1996.

National Foreign Assessment Center. *Kampuchea: A Demographic Catastrophe*. Document Expediting (DOCEX) Project, Exchange and Gift Division, Library of Congress, 1980.

Ponchaud, François. *Cambodia, Year Zero*. Penguin, 1978.

Pran, Dith, comp., and Kim DePaul, ed. *Children of Cambodia's Killing Fields: Memoirs by Survivors*. Yale University Press, 1997.

Rodman, Peter W. *More Precious Than Peace: The Cold War and the Struggle for the Third World.* Charles Scribner's Sons,1994.

Russell, Bertrand. *War Crimes in Vietnam.* Monthly Review Press, 1967. Schanberg, Sydney H. *The Death and Life of Dith Pran*. Penguin, 1985.

Shawcross, William. *Cambodia's New Deal: A Report*. Carnegie Endowment for International Peace, 1994.

______. *The Quality of Mercy: Cambodia, Holocaust and Modern Conscience*. Simon & Schuster, 1984.

______. *Sideshow: Kissinger, Nixon and the Destruction of Cambodia.* Rev. ed. Simon & Schuster, 1987.

Vann Nath. *A Cambodian Prison Portrait: One Year in the Khmer Rouge's S-21*.White Lotus Press, 1998.

Welaratna, Usha. *Beyond the Killing Fields: Voices of Nine Cambodian Survivors in America*. Stanford University Press, 1993.

Wetterhahn, Ralph. *The Last Battle: The Mayaguez Incident and the End of the Vietnam War*. Carroll & Graf, 2001.

伊拉克

Burck, Gordon M., and Charles C. Flowerree. *International Handbook on Chemical Weapons Proliferation*. Greenwood Press, 1991.

Carus, W. Seth. "The Genie Unleashed: Iraq's Chemical and Biological Weapons Program." Policy Papers No. 14. Washington Institute for Near East Policy, 1989.

Chaliand, Gerard, ed. *A People Without a Country: The Kurds and Kurdistan*. Olive Branch Press, 1993.

Cordesman, Anthony H. *Weapons of Mass Destruction in the Middle East*. Brassey's, 1991.

Cordesman, Anthony H., and Abraham R. Wagner. *The Lessons of Modern War.* Vol. 2: *The Iran-Iraq War*. Westview Press, 1990.

Dekker, Ige F., and Harry H. G. Post, eds. *The Gulf War of 1980–1988: The Iran-Iraq War in International Legal Perspective*. Martinus Nijhoff Publishers, 1992.

Eagleton, William. *The Kurdish Republic of 1946*. Oxford University Press, 1963.

Gunter, Michael M. *The Kurds of Iraq: Tragedy and Hope*. St. Martin's Press, 1992.

Hassanpour, Amir. *Nationalism and Language in Kurdistan*. Mellen Research University Press, 1992.

Kreyenbroek, Philip G., and Christine Allison. *Kurdish Culture and Identity*. Zed Books, 1996.

Kreyenbroek, Philip G., and Stefan Sperl, eds. *The Kurds: A Contemporary Overview*. Routledge, 1992.

Laizer, Sheri. *Martyrs, Traitors and Patriots: Kurdistan After the Gulf War*. Zed Books, 1996.

Press, 1988.
O'Neill, William L. *A Democracy at War: America's Fight at Home and Abroad in World War II*. Harvard University Press, 1995.
Robinson, Greg. *By Order of the President: FDR and the Internment of Japanese Americans*. Harvard University Press, 2001.
Rosenbaum, Alan S. *Is the Holocaust Unique? Perspectives on Comparative Genocide*. Westview Press, 1996.
Rosenbaum, Ron. *Explaining Hitler: The Search for the Origins of His Evil*. Random House, 1998.
Rosenfeld, Alvin H. *Thinking About the Holocaust: After Half a Century*. Indiana University Press, 1997.
Rubenstein, Richard L. *The Cunning of History: Mass Death and the American Future*. Harper & Row, 1975.
Sereny, Gitta. *Into That Darkness: An Examination of Conscience*. Vintage Books, 1983.
Shandler, Jeffrey. *While America Watches: Televising the Holocaust*. Oxford University Press, 1999.
Simpson, Christopher. *The Splendid Blond Beast: Money, Law and Genocide in the Twentieth Century*. Grove Press, 1993.
Steiner, George. *Language and Silence: Essays on Language, Literature, and the Inhuman*. Yale University Press, 1998.
Visser 't Hooft, and Willem Adolph. *Memoirs*. SCM Press, 1973.
Wiesel, Elie. *All Rivers Run to the Sea: Memoirs*. Knopf, 1996.
Wood, E. Thomas, and Stanislaw M. Jankowski. *Karski: How One Man Tried to Stop the Holocaust*. John Wiley, 1994.
Wyman, David S. *The Abandonment of the Jews: America and the Holocaust, 1941–1945*. New Press, 1998.
______. *Paper Walls: America and the Refugee Crisis, 1938–1941*. Pantheon Books, 1985.
Wyman, David S., ed. *America and the Holocaust: A Thirteen-Volume Set Documenting the Editor's Book, The Abandonment of the Jews, Vol. 3, The Mock Rescue Conference: Bermuda*. Garland Publishing, Inc., 1990.
Zelizer, Barbara. *Remembering to Forget: Holocaust Memory through the Camera's Eye*. University of Chicago Press, 1998.

柬埔寨

Acharya, Amitav, Pierre Lizée, and Sorpong Peou. *Cambodia: The 1989 Paris Peace Conference, Background Analysis and Documents*. Kraus International Publications, 1991.
Becker, Elizabeth. *When the War Was Over: Cambodia and the Khmer Rouge Revolution*. Public Affairs, 1998.
Bilton, Michael, and Kevin Sim. *Four Hours in My Lai*. Viking, 1992.
Chanda, Nayan. *Brother Enemy: The War After the War*. Harcourt Brace Jovanovich, 1986.
Chandler, David P. *Voices from S-21: Terror and History in Pol Pot's Secret Prison*. University of California Press, 1999.
Fenton, James. *All the Wrong Places: Adrift in the Politics of Asia*. Penguin, 1988.
Haas, Michael. *Genocide by Proxy: Cambodian Pawn on a Superpower Chessboard*. Praeger, 1991.
Hildebrand, George C., and Gareth Porter. *Cambodia: Starvation and Revolution*. Monthly Review Press, 1976.
Jackson, Karl D. *Cambodia, 1975–1978: Rendezvous with Death*. Princeton University Press, 1989.
Kamm, Henry. *Cambodia: Report from a Stricken Land*. Arcade, 1998.

1996.

Golub, Jennifer, and Renae Cohen. *What Do Americans Know About the Holocaust?* American Jewish Committee, 1993.

Goodwin, Doris Kearns. *No Ordinary Time*. Simon & Schuster, 1994.

Gross, Jan T. *Neighbors: The Destruction of the Jewish Community in Jedwabne, Poland*. Princeton University Press, 2001.

Hallie, Philip. *Lest Innocent Blood Be Shed: The Story of Le Chambon and How Goodness Happened There*. Harper & Row,1979.

Hilberg, Raul. *The Destruction of the European Jews*. Holmes & Meier, 1985. Horowitz, Gordon J. *In the Shadow of Death: Living Outside the Gates of Mauthausen*. Free Press, 1990.

Insdorf, Annette. *Indelible Shadows: Film and the Holocaust*. Cambridge University Press, 1989.

Jaspers, Karl. *The Question of German Guilt*. Greenwood Press, 1948.

Karski, Jan. *Story of a Secret State*. Houghton Mifflin, 1944.

Katz, Steven T. *The Holocaust in Historical Context*. Vol. 1: *The Holocaust and Mass Death Before the Modern Age*. Oxford University Press, 1994.

Langer, Lawrence L. *Admitting the Holocaust: Collected Essays*. Oxford University Press, 1995.

______. *The Age of Atrocity: Death in Modern Literature*. Beacon Press, 1978.

Lanzmann, Claude. *Shoah: An Oral History of the Holocaust*. Pantheon Books, 1985.

Laqueur, Walter. *The Terrible Secret: An Investigation of the Truth About Hitler's "Final Solution."* Owl Books, 1980.

Laqueur, Walter, and Richard Breitman. *Breaking the Silence*. Simon & Schuster, 1986.

Lemkin, Raphael. *Axis Rule in Occupied Europe: Laws of Occupation, Analysis of Government, Proposals for Redress*. Carnegie Endowment for International Peace, Di- vision of International Law, 1944.

Levi, Primo. *The Drowned and the Saved*. Summit Books, 1986.

______. *Survival at Auschwitz: The Nazi Assault on Humanity*. Touchstone, 1996.

Lifton, Robert Jay. *The Nazi Doctors: Medical Killing and the Psychology of Genocide*. Basic Books, 1986.

Linenthal, Edward T. *Preserving Memory: The Struggle to Create America's Holocaust Museum*. Viking, 1995.

Lipstadt, Deborah L. *Beyond Belief: The American Press and the Coming of the Holocaust, 1933–1945*. Free Press, 1986.

______. *Denying the Holocaust: The Growing Assault on Truth and Memory*. Maxwell Macmillan International, 1993.

Lochner, Louis Paul. *What About Germany?* Dodd, Mead, 1942.

Lookstein, Haskel. *Were We Our Brothers' Keepers? The Public Response of American Jews to the Holocaust, 1938–1944*. Hartmore House, 1985.

Marrus, Michael R. *The Holocaust in History*. Meridian, 1987.

______. *The Nuremberg War Crimes Trials, 1945–1946*. Bedford, 1997.

Mazower, Mark. *Dark Continent: Europe's Twentieth Century*.Knopf,1998.

Meltzer, Milton. *Rescue: The Story of How the Gentiles Saved Jews in the Holocaust*.Harper & Row, 1988.

Miller, Judith. *One by One, by One: Facing the Holocaust*. Simon & Schuster, 1990.

Morse, Arthur D. *While Six Million Died: A Chronicle of American Apathy*. Random House, 1968.

Müller, Ingo. *Hitler's Justice: The Courts of the Third Reich*. Trans. Deborah Schneider. Harvard University Press, 1991.

Novick, Peter. *The Holocaust in American Life*. Houghton Mifflin, 1999.

Oliner, Samuel P., and Pearl M. Oliner. *The Altruistic Personality: Rescuers of Jews in Nazi Europe*. Free

Press, 1977.
Suny, Ronald Grigar. *Looking Toward Ararat: Armenia in Modern History*. Indiana University Press, 1993.
Toynbee, Arnold. *Armenian Atrocities: The Murder of a Nation.* Hodder & Stoughton, 1915.
Werfel, Franz. *The Forty Days of Musa Dagh*. Viking, 1934.
Winter, Jay, and Blaine Baggett. *The Great War and the Shaping of the 20th Century*. Penguin Studio, 1996.

大屠殺

Arendt, Hannah. *Eichmann in Jerusalem: A Report on the Banality of Evil*. Viking, 1963.
Avisar, Ilan. *Screening the Holocaust: Cinema's Images of the Unimaginable*. Indiana University Press, 1988.
Bartlett, Robert Merrill. *They Stand Invincible: Men Who Are Reshaping Our World*. Thomas Y. Crowell Company, 1959.
Berenbaum, Michael. *The World Must Know: The History of the Holocaust as Told in the United States Holocaust Memorial Museum*. Little, Brown, 1993.
Bierman, John. *Righteous Gentile: The Story of Raul Wallenberg, Missing Hero of the Holocaust*. Viking, 1981.
Block, Gay, and Malka Drucker. *Rescuers: Portraits of Moral Courage in the Holocaust.* Holmes & Meier, 1992.
Breitman, Richard. *Official Secrets: What the Nazis Planned, What the British and Americans Knew*. Hill & Wang, 1998.
Breitman, Richard, and Alan M. Kraut. *American Refugee Policy and European Jewry, 1933–1945*. Indiana University Press, 1987.
Browning, Christopher R. *Ordinary Men: Reserve Police Battalion 101 and the Final Solution in Poland.* HarperCollins, 1992.
Clendinnen, Inga. *Reading the Holocaust*. Cambridge University Press, 1999. Cole, Tim. *Selling the Holocaust*. Routledge, 1999.
Cole, Wayne S. *Charles A. Lindbergh and the Battle Against American Intervention in World War II.* Harcourt Brace Jovanovich, 1974.
Delbo, Charlotte. *Auschwitz and After.* Yale University Press, 1995.
Favez, Jean-Claude. *The Red Cross and the Holocaust*. Cambridge University Press, 1999.
Feingold, Henry L. *The Politics of Rescue, the Roosevelt Administration and the Holocaust, 1938–1945.* Rutgers University Press, 1970.
Fogelman, Eva. *Conscience and Courage: Rescue of Jews During the Holocaust*. Anchor Books, 1994.
Frank, Anne. *Anne Frank: The Diary of a Young Girl*. Trans. B.M. Mooyart. Double- day, 1993.
Friedlander, Saul, ed. *Probing the Limits of Representation: Nazism and the Final Solution.* Harvard University Press, 1992.
Friedman, Saul S. *No Haven for the Oppressed: United States Policy Toward Jewish Refugees, 1938–1945.* Wayne State University Press, 1973.
Geras, Norman. *The Contract of Mutual Indifference: Political Philosophy After the Holocaust*. Verso, 1998.
German Reich Ministry for National Enlightenment and Propaganda. *The Secret Conferences of Dr. Goebbels; The Nazi Propaganda War, 1939–1943*. E.P. Dutton, 1970.
Gilbert, Martin. *Auschwitz and the Allies*. Holt, Rinehart, and Winston, 1981.
______. *The Second World War*. Fontana/Collins, 1990.
Goldhagen, Daniel Jonah. *Hitler's Willing Executioners: Ordinary Germans and the Holocaust*. Knopf,

引用文獻

土耳其

Ahmad, Feroz. *The Young Turks: The Committee of Union and Progress in Turkish Politics, 1908–1914*. Clarendon Press, 1969.

Alexander, Edward. *A Crime of Vengeance: An Armenian Struggle for Justice*. Free Press, 1991.

Ambrosius, Lloyd E. *Woodrow Wilson and the American Diplomatic Tradition: The Treaty Fight in Perspective*. Cambridge University Press, 1987.

Auron, Yair. *The Banality of Indifference: Zionism and the Armenian Genocide*. Transaction, 2000.

Baker, Ray Stannard, and William E. Dodd, eds. *The Public Papers of Woodrow Wilson*. Harper and Brothers Publishers, 1925.

Balakian, Peter. *Black Dog of Fate: A Memoir*. Basic Books, 1997.

Boyajian, Dickran H. *Armenia: The Case for a Forgotten Genocide*. Educational Book Crafters, 1972.

Bryce, James. *The Treatment of the Armenians in the Ottoman Empire, 1915–16.*Gomidas Institute Books, 2000.

Dadrian, Vahakn N. *The History of the Armenian Genocide: Ethnic Conflict from the Balkans to Anatolia to the Caucasus*. Berghahn Books, 1995.

Davis, Leslie A. *The Slaughterhouse Province: An American Diplomat's Report on the Armenian Genocide, 1915–1917*. Ed. Susan K. Blair. A. D. Caratzas, 1989.

Derogy, Jacques. *Resistance and Revenge: The Armenian Assassination of the Turkish Leaders Responsible for the 1915 Massacres and Deportations*. Trans. A. M. Berrett. Transaction, 1990.

Evans, Laurence. *United States Policy and the Partition of Turkey, 1914–1924*. Johns Hopkins University Press, 1965.

Gilbert, Martin. *The First World War: A Complete History*. Henry Holt,1994. Horne, John, and Alan Kramer. *German Atrocities, 1914: A History of Denial*. Yale University Press, 2001.

Hovannisian, Richard, ed. *The Armenian Genocide in Perspective*. Transaction, 1986. ______, ed. *Remembrance and Denial: The Case of the Armenian Genocide*. Wayne State University Press, 1998.

Keegan, John. *The First World War*. Knopf, 1999.

Lewis, Bernard. *The Emergence of Modern Turkey*. Oxford University Press, 1961. Mazian, Florence. *Why Genocide? The Armenian and Jewish Experiences in Perspective*. Iowa State University Press, 1990.

Melson, Robert F. *Revolution and Genocide: On the Origins of the Armenian Genocide and the Holocaust*. University of Chicago Press, 1992.

Miller, Donald E., and Lorna Touryan Miller. *Survivors: An Oral History of the Armenian Genocide*. University of California Press, 1993.

Morgenthau, Henry. *Ambassador Morgenthau's Story*. Taderon Press, 2000. Morgenthau, Henry III. *Mostly Morgenthaus: A Family History*. Ticknor & Fields, 1991.

Morison, Elting E., ed. *The Letters of Theodore Roosevelt: The Days of Armageddon, 1914-1919*, vol. 8. Harvard University Press, 1954.

Riggs, Henry H. *Days of Tragedy in Armenia: Personal Experiences in Harpoot, 1915–1917*. Gomidas Institute, 1997.

Roosevelt, Theodore. *Fear God and Take Your Own Part*. George H. Doran,1916. Shaw, Stanford J., and Ezel Rural Shaw. *History of the Ottoman Empire and Modern Turkey*, vol. 2. Cambridge University

參考腳註 QR Code

Beyond

60

世界的啟迪

地獄的難題

世界警察為何無法阻止種族滅絕？

A Problem From Hell: America and the Age of Genocide

作者　薩曼莎・鮑爾（Samantha Power）
譯者　黃楷君
副總編輯　洪仕翰
責任編輯　宋繼昕
行銷總監　陳雅雯
行銷　趙鴻祐、張偉豪、張詠晶
封面設計　莊謹銘
排版　宸遠彩藝

出版　衛城出版／左岸文化事業有限公司
發行　遠足文化事業股份有限公司（讀書共和國出版集團）
地址　二三一四一　新北市新店區民權路一〇八－三號八樓
電話　〇二－二二一八一四一七
傳真　〇二－二二一八〇七二七
客服專線　〇八〇〇－二二一〇二九
法律顧問　華洋法律事務所蘇文生律師
印刷　呈靖彩藝有限公司
初版　二〇二四年二月
定價　八五〇元

ISBN

國家圖書館出版品預行編目(CIP)資料

地獄的難題：世界警察為何無法阻止種族滅絕?/薩曼莎.鮑爾(Samantha Power)著；黃楷君譯. -- 初版. -- 新北市：衛城出版, 左岸文化事業有限公司出版：遠足文化事業股份有限公司發行, 2024.02
面；　公分. --(Beyond ; 60)
譯自：A problem from hell : America and the age of genocide.
ISBN 978-626-7376-27-0(平裝)

1. 種族滅絕　2. 人權　3. 美國史

546.59　　113000893

ACRO POLIS
衛城出版

Email　acropolismde@gmail.com
Facebook　www.facebook.com/acrolispublish